Revista de Direito Tributário

89

MALHEIROS EDITORES

Revista de Direito Tributário

Publicada sob os auspícios do

Instituto Geraldo Ataliba — IDEPE — Instituto Internacional de Direito Público e Empresarial
Presidente: Prof. Aires Barreto

ISS 0102-7956

REVISTA DE DIREITO TRIBUTÁRIO
publicação trimestral de
MALHEIROS EDITORES LTDA.
Rua Paes de Araújo, 29, 17º andar - conj. 171
CEP: 04531-940 - São Paulo, SP
Tel. (0xx11) 3078-7205
Fax. (0xx11) 3168-5495
Diretor Responsável: Álvaro Malheiros
Diretora: Suzana Fleury Malheiros

Assinaturas e comercialização:
CATAVENTO DISTRIBUIDORA
DE LIVROS S.A.
Rua Conselheiro Ramalho, 928
CEP 01325-000 - São Paulo - SP
Tel. (0xx11) 289-0811 - Fax. (0xx11) 251-3756
Supervisão Gráfica: Vânia Lúcia Amato
Composição: *Scripta*
Impressão: Paym Gráfica e Editora Ltda.

Revista de Direito Tributário

CADERNOS DE DIREITO TRIBUTÁRIO

Fundador: Rubens Gomes de Souza (✝)

CADERNOS DE DIREITO TRIBUTÁRIO

SUMÁRIO

CADERNOS DE DIREITO TRIBUTÁRIO

ASPECTOS TRIBUTÁRIOS RELEVANTES DECORRENTES DO PLANO DIRETOR MUNICIPAL — PROGRESSIVIDADE DO IPTU E OUTRAS EXIGÊNCIAS PECUNIÁRIAS

— AIRES F. BARRETO 7

A REPETIÇÃO DO INDÉBITO E A ATIVIDADE DE COBRANÇA DO CRÉDITO TRIBUTÁRIO

— ENRICO DE MITA 20

EL PRINCIPIO DE IGUALDAD EN MATERIA TRIBUTARIA SEGÚN LA JURISPRUDENCIA DEL TRIBUNAL CONSTITUCIONAL ESPAÑOL

— LUIS MANUEL ALONSO GONZÁLEZ 28

CONTRIBUIÇÕES SOCIAIS. CONTRIBUIÇÃO DE INTERVENÇÃO NO DOMÍNIO ECONÔMICO. NOVA CPMF — ASPECTOS RELEVANTES AO PLANEJAMENTO TRIBUTÁRIO E SIGILO BANCÁRIO

— AMÉRICO LACOMBE 47

PERFIL CONSTITUCIONAL DO REGULAMENTO E ALGUNS REFLEXOS TRIBUTÁRIOS

— JOSÉ ROBERTO VIEIRA, CLÉVERTON BUENO DE OLIVEIRA, FÁBIO ALESSANDRO FRESSATO LESSNAU, MARCELO COSTENARO CAVALI, RENATA BECKERT ISFER e RITA CAROLINA BARRETO 63

CONTRIBUIÇÕES SOBRE FATURAMENTO E RECEITA (PIS E COFINS): NÃO-CUMULATIVIDADE E OUTROS TEMAS

— HELENO TAVEIRA TÔRRES 95

MARCO CONCEPTUAL, CONSTITUCIONAL Y COMUNITARIO DE LA FISCALIDAD ECOLÓGICA

— DOMINGO CARBAJO VASCO E PEDRO M. HERRERA MOLINA 117

DIREITOS HUMANOS E DIREITO COMUNITÁRIO

— RICARDO LOBO TORRES 167

PROCESSO ADMINISTRATIVO TRIBUTÁRIO. Princípios, amplitude, natureza e alcance das funções nele exercidas

— EDUARDO D. BOTTALLO 173

SANÇÕES POLÍTICAS NO DIREITO TRIBUTÁRIO
— HUGO DE BRITO MACHADO 180

COMPENSAÇÃO DO PREJUÍZO RURAL
— JOSÉ HENRIQUE LONGO 187

ESTUDOS E COMENTÁRIOS

A REMUNERAÇÃO DAS MUNICIPALIDADES NA UTILIZAÇÃO DE ESPAÇOS PÚBLICOS DESTINADOS A INFRAESTRUTURA DAS EMPRESAS DE TELECOMUNICAÇÃO, TV A CABO, ENERGIA ELÉTRICA E SIMILARES
— MARCOS ANDRÉ VINHAS CATÃO e ISABELA CAHÚ 191

OS LIMITES DA INTERVENÇÃO LEGISLATIVA PARA A CONTENÇÃO DA ELISÃO FISCAL: UM PROBLEMA PARA A DOGMÁTICA DOS DIREITOS FUNDAMENTAIS
— MARIANA BIGELLI DE CARVALHO 201

O CRÉDITO FINANCEIRO DO ICMS — ART. 20, § 1º, DA LEI COMPLEMENTAR 87/1996 — BENS DE USO, CONSUMO E ATIVO PERMANENTE E O SEU REGIME NO IVA DO MERCADO COMUM EUROPEU
— ANDRÉ LUIZ CARVALHO ESTRELLA 239

A PROGRESSIVIDADE FISCAL DO IPTU À LUZ DO PRINCÍPIO HERMENÊUTICO DA UNIDADE DA CONSTITUIÇÃO
— MARCELO JATOBÁ LÔBO 259

SERVIÇOS PÚBLICOS MATERIALMENTE OBRIGATÓRIOS E SUA REMUNERAÇÃO MEDIANTE PREÇO. RESERVA DE LEI
— JOSÉ ANTONIO SAVARIS 268

CADERNOS DE DIREITO TRIBUTÁRIO

ASPECTOS TRIBUTÁRIOS RELEVANTES DECORRENTES DO PLANO DIRETOR MUNICIPAL — PROGRESSIVIDADE DO IPTU E OUTRAS EXIGÊNCIAS PECUNIÁRIAS

AIRES F. BARRETO

Professor nos Cursos de Especialização em Direito Tributário promovidos pela PUC/SP, CEU/SP, IBET. Presidente do Instituto Geraldo Ataliba (Instituto Internacional de Direito Público e Empresarial). Membro do Conselho de Estudos Jurídicos da Federação do Comércio. Membro da Comissão Especial dos Direitos Fundamentais do Contribuinte da OAB/SP

1. Limites da progressividade do IPTU, no tempo. 2. Outorga onerosa.

O objeto deste estudo é o exame, ligeiro embora, da progressividade, no tempo, do Imposto sobre a Propriedade Predial e Territorial Urbana e do instituto (se é que merece esse título) recém introduzido pela Lei 10.257, de 10 de julho de 2001 — que se autodenominou de "Estatuto da Cidade" — sob o pomposo nome de "outorga onerosa".

1. Limites da progressividade do IPTU, no tempo

Iniciemos versando a progressividade no tempo, cuja instituição é facultada aos Municípios pelo § 1º, do art. 156, conjugado com ao art. 182, da Carta Magna. Essa modalidade de progressão foi introduzida pela Constituição de 1988, persistindo mesmo após as modificações decorrentes da Emenda Constitucional 29/2002.

Apesar de não configurar objeto do trabalho aqui desenvolvido, não seria lícito deixarmos de proceder breve referência quanto ao nosso entendimento de que, mesmo após as alterações trazidas pela Emenda Constitucional 29/2000, o IPTU não pode ser progressivo em razão do valor do imóvel (inc. I, encartado pela modificação). Estamos convencidos de que é inconstitucional a modalidade de progressividade introduzida, por afrontar cláusulas pétreas da Constituição Federal de 1988, tendo o constituinte derivado, no afã de saciar o voraz apetite fiscal dos Municípios, retirado do texto originário do art. 156, § 1º, a expressa condição de que o IPTU seja instituído pelos Municípios, de forma a assegurar o cumprimento da função social da propriedade.[1]

Mas essa questão não é objeto deste estudo. Voltemos, pois ao primeiro dos assuntos de nosso interesse, que é o da progressividade no tempo.

A Constituição de 1988, na esteira das Constituições anteriores, manteve o imposto sobre a propriedade predial e territorial urbana na competência dos Municípios.[2]

A outorga de competência, na Constituição vigente, vem formulada nos seguintes termos:

> Art. 156. Compete aos Municípios instituir impostos sobre:
>
> I — propriedade predial e territorial urbana;
>
> § 1º. Sem prejuízo da progressividade no tempo a que se refere o art. 182, § 4º, inc. II, o imposto previsto no inc. I poderá: (*omissis*).

Com efeito, o legislador constituinte, ao dispor sobre a política urbana municipal, no § 4º, inc. II, do art. 182, estabeleceu:

> Art. 182. (*omissis*)
>
> § 4º. É facultado ao poder público municipal, mediante lei específica para área incluída no plano diretor, exigir, nos termos da lei federal, do proprietário do solo urbano não edificado, subutilizado ou não utilizado que promova seu adequado aproveitamento, sob pena, sucessivamente, de:
>
> I – (*omissis*)
>
> II – imposto sobre a propriedade predial e territorial urbana progressivo no tempo;

À primeira vista, pode parecer que a Constituição tenha facultado a ampla utilização do imposto com fins regulatórios, mediante o emprego da progressividade. Em outras palavras, num exame apressado, concluir-se-á que a Carta Magna autoriza o emprego do tributo com funções extrafiscais, permitindo que as alíquotas sejam graduadas, de acordo com os critérios definidos em lei municipal, em caráter ordinário, corriqueiro. Assim não é, porém. Como veremos, Isso só pode se dar excepcionalmente.

Sem maiores reflexões, seria possível supor que, em face do disposto no art. 145, § 1º, a determinação de que os impostos devam ser graduados, segundo a capacidade econômica do contribuinte, estaria, por si só, a autorizar sua progressividade.

A nosso sentir, todavia, assim não é.

Antes de tudo é necessário ter presente a radical diferença entre graduação e progressão do imposto. A graduação do imposto decorre de sua proporcionalidade (imposto *ad valorem*). A graduação, dessa forma, é obtida pela aplicação de uma alíquota única sobre base tributável variável. Por esse mecanismo se realiza o princípio da capacidade contributiva.

Diferentemente, a progressão atende a outras finalidades. Só tem cabimento, a qualquer título, em relação aos impostos classificados como pessoais. Nos impostos que se classificam como reais, a progressividade, em razão de critérios extrafiscais, somente pode ser legitimamente adotada se restrita às situações e formas previstas expressamente na Constituição Federal (art. 182, § 4º, II).

Não é por outra razão que, para que o imposto sobre a renda pudesse ser progressivo, houve necessidade de previsão de regra expressa: § 2º, I, art. 153, da CF. Por aí se vê que progressão e mera graduação não são conceitos equivalentes. Se o conceito de graduação abrangesse a progressão, não haveria necessidade de norma específica autorizativa do emprego de alíquotas progressivas, no caso do IR.

Essa diferença, aliás, é que justifica a presença da própria regra que faculta a insti-

1. Cf. nosso "IPTU: por ofensa a cláusulas pétreas, a progressividade prevista na Emenda 29/2000 é inconstitucional", *Revista Dialética de Direito Tributário* 80/105-126.

2. Todavia, não é correta a afirmação de que o IPTU seja imposto de competência exclusiva dos Municípios. Também são competentes, de acordo com o art. 147 da Constituição, nas situações a que alude, a União e o Distrito Federal.

tuição da progressividade no tempo, no caso do IPTU. Estivesse a progressão abrangida no conceito de graduação e esse dispositivo reduzir-se-ía a mera sugestão de forma de progressividade; seria, assim, despido de sentido, inócuo, vazio, inútil.

Advirta-se, desde logo, que a Constituição não previu, singelamente, a possibilidade de o imposto ser progressivo no tempo, nos termos de lei municipal. Na medida em que a Constituição remete ao art. 182, § 4º, inc. II (localizado no capítulo destinado à política de desenvolvimento urbano), o imposto somente pode ser progressivo, quando essa progressão vise à asseguração do cumprimento da função social da propriedade. A progressividade deve ter por objetivo, apenas e tão-só, o servir como instrumento da mantença e do uso da propriedade, em consonância com a função social que lhe foi constitucionalmente atribuída.[3]

Precisamente para evitar eventuais abusos e coibir a fúria fiscal dos Municípios, a Constituição preferiu não lhes outorgar uma "carta em branco". Restringiu as situações em que o imposto pode ser progressivo no tempo, ao dispor, no art. 182, sobre a política urbana. O emprego dessa progressividade tem como pressuposto necessário o servir como instrumento da mantença e do uso da propriedade, em consonância com a função social que a própria Constituição lhe impõe desempenhar.

Com efeito, a norma constitucional que disciplina a progressividade no tempo do imposto sobre a propriedade imobiliária urbana, ao estabelecer, no seu art. 182, § 2º, que "a propriedade urbana cumpre sua função social quando atende às exigências fundamentais de ordenação da cidade expressas no plano diretor", evidencia que a própria Constituição Federal classifica a propriedade urbana em duas espécies, absolutamente distintas:

a) a que não cumpre sua função social;

b) a que cumpre sua função social.

Para evitar veleidades na interpretação do conceito de função social, adotou a Constituição o caminho de não deixar à legislação infraconstitucional a definição dos limites entre essas duas categorias, estabelecendo diretamente, que:

a) não cumpre sua função social a propriedade urbana que não atende às exigências fundamentais de ordenação de cidade expressas no plano diretor;

b) inversamente, cumpre sua função social, a propriedade urbana que atende às exigências fundamentais de ordenação de cidade expressas no plano diretor.

Não deixou, assim, a caracterização do cumprimento ou não da função social da propriedade ao alvedrio do legislador tributário, mas condicionou-o a modelar a lei do IPTU, quanto à progressividade, após e na conformidade da lei administrativa. Demarcou, claramente, as hipóteses em que a propriedade urbana deixa de cumprir sua função social. Dispôs, sem margem a dúvida, sobre o critério estremador entre propriedades urbanas em descompasso com sua função social, daqueloutras com ela ajustadas. Visando a esgotar a questão, remeteu à disciplina adrede fixada nos planos diretores; não só os impôs como mecanismo básico da política de desenvolvimento e de expansão urbana, mas, sobretudo, como instrumento de definição das exigências fundamentais de ordenação das cidades.

Ao remeter a caracterização do que seja o cumprimento da função social da propriedade imobiliária urbana, para efeitos do emprego da progressividade do IPTU, às diretrizes e exigências da lei que institui o plano diretor da cidade, a Constituição Federal:

a) vedou o preenchimento discricionário do conteúdo, sentido e alcance desse conceito pelo legislador ordinário, com vistas apenas à obtenção de objetivos fiscais;

3. Cf. nosso "Os Municípios na nova Constituição brasileira", in *A Constituição Brasileira de 1988. Interpretações*, Rio de Janeiro, Forense Universitária, 1988, p. 86.

b) garantiu a uniformização dos conceitos normativos que delimitam o regime jurídico da propriedade imobiliária urbana, segundo critérios estáveis e objetivos, porque extraídos das diretrizes de lei que define a política de desenvolvimento e de expansão urbana, estabelecendo, para tanto, as exigências fundamentais da ordenação das cidades.

Dessas diretrizes e exigências é que surgirão as duas espécies de propriedade urbana: as consentâneas e as não consentâneas com esse ordenamento social. É do confronto com o plano diretor, que resultarão classificadas as propriedades urbanas nas que cumprem sua função social e nas que não cumprem essa função.

Somente para assegurar a função social da propriedade justifica-se a progressividade no tempo. O emprego da progressão das alíquotas tem por condicionante uso (ou não uso) em descompasso com a função social, segundo as normas da lei que estatui o plano diretor da cidade.

Só a propriedade urbana que não cumpre sua função social poderá sujeitar-se a imposto progressivo no tempo, porque, só em relação a esta, a progressividade poderá atuar como mecanismo assecuratório dessa função. A Constituição — assim como as leis que nela se fundam — deve ser interpretada sistematicamente. Ora, a interpretação sistemática do texto constitucional impõe a conclusão de que a progressão das alíquotas só tem respaldo constitucional se e quando a propriedade não cumprir sua função social.

Em face das normas constitucionais, é ilegítimo pretender imposto progressivo no tempo, de propriedades que cumprem sua função social. É que, nesse caso, o imposto seria progressivo, mas não progressivo de forma a assegurar a função social da propriedade, como exige o art. 182, § 4º, inc. II, da Constituição Federal. Ter-se-ia uma progressividade qualquer, mas não aquela autorizada pelo texto constitucional.

A instituição de imposto progressivo, condiciona-se por esses limites, amparados diretamente pela Constituição e previstos na — para tanto, necessária — lei administrativa de definição do plano diretor.

Assentado que a autorização para instituir imposto progressivo no tempo sobre a propriedade predial e territorial urbana se circunscreve às hipóteses em que o imóvel não tem uso compatível com sua função social — como definida nos termos do art. 182, da CF — é hora de ver se, mesmo nesses casos, a progressão pode ser livremente estabelecida pelo legislador ordinário.

O § 4º do art. 182, da CF, dispõe:

> § 4º. É facultado ao Poder Público municipal, mediante lei específica para área incluída no plano diretor, exigir, nos termos da lei federal, do proprietário do solo urbano não edificado, subutilizado ou não utilizado, que promova seu adequado aproveitamento, sob pena, sucessivamente, de:
>
> I — parcelamento ou edificação compulsórios;
>
> II — imposto sobre a propriedade predial e territorial urbana progressivo no tempo;
>
> III – desapropriação com pagamento mediante títulos da dívida pública de emissão previamente aprovada pelo Senado Federal, com prazo de resgate de até dez anos, em parcelas anuais, iguais e sucessivas, assegurados o valor real da indenização e os juros legais.

O exame do art. 182 e seus parágrafos, mostra que outras restrições foram postas pela Constituição. Deveras, flui do § 4º, do art. 182, da CF que, antes de impor alíquota progressiva no tempo, é mister exigir, nos termos da lei, do proprietário do solo urbano não edificado, subutilizado ou não utilizado, que promova seu adequado aproveitamento, sob pena, *sucessivamente*, de parcelamento ou edificação compulsórios; só então é que se faz possível a criação de imposto sobre a propriedade predial e territorial urbana progressivo no tempo.

A Constituição Federal estabeleceu uma ordenação de etapas. O termo "sucessivamente" deixa evidente a fixação de uma escala de precedência. Cada critério sancionador só pode ser utilizado se ineficaz o anterior. É obrigatória — pena de inconstitucionalidade — a observância da ordem preconizada pelo texto constitucional.

Assim, não pode o Município se utilizar dos mecanismos preconizados nos incs. II e III, a não ser depois de esgotada a medida prevista no inc. I; não se pode utilizar da alternativa III, se antes não tiverem se valido das medidas previstas em I e II. O texto constitucional não cogita de *alternatividade*, mas de *sucessividade*: tem o Município que valer-se, primeiro, do critério do inc. I; depois, se este não for eficaz, utilizar-se do segundo; e, se ainda assim, não forem atingidos os fins perseguidos, poderá, então, o Município, chegar à desapropriação.

Apesar de respeitáveis opiniões em contrário, entendemos que só se pode cogitar de imposto progressivo no tempo se o proprietário do solo urbano não edificado, subutilizado ou não utilizado, instado ao parcelamento ou edificação compulsórios, não os promover depois de um certo prazo, definido em lei.[4]

Para a constitucionalidade do imposto progressivo no tempo, é necessário que se esteja diante de propriedade urbana (a) que não cumpra sua função social (nos termos do § 2º do art. 182) e (b) cujo proprietário, embora compelido a parcelar ou edificar, não o tenha feito, após o esgotamento de prazo razoável para fazê-lo. Só depois disso, é que se poderá dispor no sentido de que a alíquota aplicável sobre o valor venal no ano *A* seja majorada nos anos subseqüentes *B*, *C*, *D* e assim por diante.

Não se exaurem aí os limites postos pela Constituição. Em princípio, pode parecer que a progressividade possa recair assim sobre o imóvel edificado como sobre o não edificado. O exame sistemático e harmônico da Constituição desabona essa suposição.

O texto constitucional possibilita à lei municipal criar imposto progressivo a fim de que proprietários (que não tiverem parcelado ou edificado compulsoriamente o solo urbano não edificado, subutilizado ou não utilizado) promovam seu adequado aproveitamento.

Apesar dessa tríplice referência (não edificado, subutilizado ou não utilizado) evidenciar — ao menos aparentemente — o propósito de alcançar assim prédios como terrenos, a conjugação dessas expressões com as que se seguem (parcelamento ou edificação compulsória), demonstra o contrário. Deveras, "parcelamento" e "edificação compulsória" são termos apenas compatíveis com imóveis não edificados. Só terrenos podem ser parcelados[5] ou edificados.

Nem se suponha que essa exegese torne letra morta os termos "subutilizados" ou "não utilizados". Por "subutilizado" deve-se entender o imóvel não edificado, mas dotado de construção inadequada, por isso submetido a imposto territorial e não predial. Vale o mesmo para construção inadequada que não está sendo objeto de utilização.

Em resumo, à luz da Constituição Federal, para haver a progressividade do IPTU com a exacerbação da alíquota no tempo, é de mister estar-se diante de propriedades urbanas:

a) não edificadas;

b) que não cumpram sua função social;

c) que estejam situadas em áreas definidas pelo plano diretor;

d) cujo proprietário, apesar de compulsoriamente instado a parcelar ou edificar, não o faça dentro de razoável prazo assinalado por lei.

4. Consignamos aqui "só ao depois de um certo prazo" porque é evidente que não se parcela e não se edifica da noite para o dia. A lei tem que conceder prazo razoável para o cumprimento dessa ordem.

5. Parcelamento é gênero. Loteamento e desmembramento são espécies de parcelamento.

O IPTU só pode ser progressivo no tempo, desde que sejam observadas as condições acima anotadas, extraídas do sistema, especialmente as fixadas no art. 182, e seus §§ 2º e 4º, da Constituição Federal.

Cumpre sublinhar que a expressão *adequado*, empregada pelo texto constitucional, não remete o critério de julgamento à discrição da administração municipal.

As exigências constitucionais da legalidade (art. 5º, II) e da especial legalidade administrativa (art. 37) deixam claro que o juízo de adequação há de fazer-se em conjunto com os claros e explícitos padrões legalmente estabelecidos. E quem menciona lei, no sistema brasileiro, menciona norma geral, abstrata e impessoal, vigente antes do momento de sua aplicação.

Tais leis condicionam e restringe a atuação do poder público municipal, por exigência da Constituição. Na mesma medida em que restringem a ação do Município, erigem direitos públicos subjetivos aos administrados à sua rigorosa observância, sob pena de censura judicial.

Fixadas essas premisssas de ordem constitucional, podemos então, adentrar o plano da legislação municipal.

Com base no chamado Estatuto da Cidade — Lei 10.257 de 10.7.2001 — que regulamenta os arts. 182 e 183 da Constituição Federal e estabelece diretrizes gerais da política urbana, estabeleceu-se a possibilidade do Município fixar alíquota progressiva no tempo (art. 7º), limitar o aproveitamento dos terrenos localizados na zona urbana, e estabelecer a outorga onerosa do direito de construir acima de certo coeficiente único (arts. 28 a 31).

Todavia, tal como estruturada, a progressividade no tempo do IPTU prevista no Estatuto da Cidade, é manifestamente inconstitucional. Além de implicar absorção do valor da propriedade, configurando nítida exigência do tributo com efeito confiscatório, não observa as etapas fixadas em escala de precedência, no texto constitucional, para a sistemática de majoração das alíquotas no tempo (art. 182, § 4º).

Com base no não-atendimento da função social da propriedade refletido no descumprimento da obrigação de parcelamento, edificação ou utilização do solo urbano não edificado, subutilizado ou não utilizado, o art. 7º e seus §§ 1º e 2º, do chamado Estatuto da Cidade, estatuem o seguinte:

> Art. 7º. Em caso de descumprimento das condições e dos prazos previstos na forma do *caput* do art. 5º desta Lei, ou não sendo cumpridas as etapas previstas no § 5º do art. 5º desta Lei, o Município procederá à aplicação do imposto sobre a propriedade predial e territorial urbana (IPTU) progressivo no tempo, mediante a majoração da alíquota pelo prazo de cinco anos consecutivos.
>
> § 1º. O valor da alíquota a ser aplicado a cada ano será fixado na lei específica a que se refere o *caput* do art. 5º desta Lei e não excederá a duas vezes o valor referente ao ano anterior, respeitada a alíquota máxima de quinze por cento.
>
> § 2º. Caso a obrigação de parcelar, edificar ou utilizar não esteja atendida em cinco anos, o Município manterá a cobrança pela alíquota máxima, até que se cumpra a referida obrigação, garantida a prerrogativa prevista no art. 8º.

Da leitura e interpretação desses dispositivos, vê-se que, inicialmente, a majoração da alíquota no tempo sofre o limite: (a) de 5 (cinco) anos consecutivos, (b) a alíquota a ser aplicada em um ano não poderá exceder ao dobro daquela aplicada no ano anterior, e (c) o teto máximo da alíquota será de 15%.

A autorização para fixar alíquotas em tais extorsivos patamares, implica escancarada agressão ao princípio constitucional que veda a utilização de tributo com efeito de confisco (inc. IV do art. 150 da CF).

A aplicação, sobre o valor venal do imóvel não-construído — mesmo se a base calculada for a mais adequada — de alíquotas que dobrem a cada ano, até atingir o formidável teto de 15% (quinze por cento) previsto no indigitado Estatuto da Cidade, é, a todos os títulos, manifestamente confiscatório. Tome-se um exemplo: dentro das "balizas" estipuladas na famigerada Lei poderá ser adotada uma alíquota original de 10%, passando no 2º ano, para 15%, que seriam aplicáveis, na mesma extorsiva alíquota (15%), nos subseqüentes 3º, 4º e 5º anos.

De ver está que, em apenas 5 (cinco) anos, subtrair-se-á do proprietário o equivalente a 70% do valor do seu imóvel. É dizer, em pouco tempo, ocorrerá absorção expressiva do valor da propriedade, tipificando nítido confisco.

Mas a extorsão não pára aí. Como o § 2º, do art. 7º, dessa desastrada Lei, autoriza a aplicação do teto de 15%, nos anos subseqüentes, se o proprietário não lograr atender (*v.g.*, por falta de recursos financeiros, por problemas de saúde e por tantos outros igualmente relevantes motivos) a obrigação de parcelar, edificar ou utilizar em cinco anos, o Município absorverá o equivalente ao valor total do imóvel, em apenas 7 (sete) anos! Esse inconcebível absurdo, esse flagrante efeito de confisco, é o resultado da aplicação da esdrúxula forma de cobrança pela alíquota máxima de 15%. E como a exigência, nesse inimaginável patamar, pode vir a ser mantida indefinidamente (até que o proprietário proceda ao parcelamento, ou edifique ou utilize a propriedade urbana não edificada) segue-se que sujeitar-se-á, após singelos 7 anos, a arcar com imposto, tendo que lançar mão de outros imóveis (se os tiver) para pagar a malfadada e confiscatória cobrança!

Nem se diga que basta que se cumpra a obrigação, que a cobrança da alíquota cessará. Primeiro, porque, como visto, nem sempre isso se revelará possível. Mas mesmo quando o seja, não se pode deixar de parte a própria finalidade a que está condicionada a progressividade do imposto, à luz da Constituição. A Carta Magna não autoriza o emprego de medidas que conduzam à exigência de tributo com efeito de confisco.

A corroboração de que essas absurdas alíquotas não podem ser aplicadas, senão com ofensa à Constituição, encontra-se no próprio inc. III, do § 4º, do art. 182. A extorsão não prestigia, pelo contrário, ofende e agride, o grau das etapas fixadas para a progressão da alíquota no tempo, previstas constitucionalmente no art. 182, § 4º.

A absorção da propriedade sem indenização, é medida sancionatória intolerável. Não pode a progressão inviabilizar a própria aplicação do inc. III, que versa a desapropriação, como critério último para possibilitar o aproveitamento pretendido. É que, nesse caso, embora a desapropriação se dê, mediante pagamento com títulos da dívida pública, com prazo de resgate de até dez anos, fica sempre assegurado o valor real da indenização e os juros legais.

A desapropriação é empregada somente após o Município ter-se utilizado (a) do primeiro critério (o do inc. I) e, depois, se este se revelar ineficaz, valer-se (b) do segundo (o do inc. II, progressividade no tempo). Só depois de exauridas essas etapas é que poderá desapropriar. E, nesse caso, para fazê-lo terá que pagar ao proprietário do imóvel o valor real da indenização (além dos juros legais).

Ora, se mesmo nesse terceiro patamar há a obrigação de indenizar, segue-se, inexoravelmente, que nenhuma progressividade pode ter o condão de implicar efeito de confisco.

Mesmo se a Constituição não houvesse erigido, como princípio, a proibição ao efeito confiscatório, o inc. III, do § 4º, do art. 182, estaria a proibi-lo. Deveras, se, considerando que, na escala de precedência constitucionalmente preconizada no art. 182, § 4º, a desapropriação está posta como a última etapa do iter, e que, para concretizar-se, subordina-se à indenização do valor da propriedade — em que pese o pagamento possa ser efetuado mediante títulos da dívida pública — como pode o Município seccionar, interromper essa ordenação de etapas estabelecida pela Constituição Federal e adotar medida que provoque o efeito proibido de confisco da propriedade?

Tão gigantesca inversão de valores que não compagina com os próprios meios que visam a manter a função social da propriedade, e promover seu adequado aproveitamento!

O art. 182, da Constituição, prevê uma disciplina extrafiscal, ou seja, a progressividade, no tempo, do IPTU, como instrumento minimizador do uso ou da manutenção de imóveis em descompasso com a função social da propriedade. Mas essa progressão só pode dar-se com observância das condições fixadas especialmente nos §§ 2º e 4º desse preceptivo, especialmente o inc. III, deste último, que, mesmo alvitrando a desapropriação, só a admite com plena indenização, acrescida de juros; equivale a dizer, preservando, integralmente, o direito de propriedade detido por seu titular.

Ao lado da existência desse balizamento, cerceando a liberdade para criar essa progressão de alíquotas no tempo, a interpretação sistemática do texto constitucional denuncia que o legislador está adstrito, também, ao limite da utilização de tributo com efeito de confisco.

É sabido que conceituar efeito de confisco é terreno movediço porque se tem conceito da categoria dos indeterminados. Todavia, mesmo estes tem, ao lado de uma ampla área nebulosa, um círculo dentro do qual a luz é intensa. Neste caso, é visível, flagrante, o efeito confiscatório. Em sã consciência não nos parece que alguém possa afirmar que 15% sobre o valor da propriedade não implique efeito confiscatório, mesmo deixando de parte que essa alíquota teto poderá incidir por mais de um ano.

Nada obstante, façamos brevíssima aproximação recorrendo a aspectos propedêuticos que remontam à origem e à fundamentação do próprio poder de tributar, isto é, o de retirar, compulsoriamente, parcelas do patrimônio do particular, visando a custear atividades estatais em prol da coletividade.

O "poder de tributar" é o poder de transferir, compulsoriamente, para o estado, parcelas do patrimônio do particular. Ora, o conceito de confisco envolve, igualmente, a noção de retirada compulsória do patrimônio particular pelo estado, "sem justa indenização". Até aí, vê-se que são conceitos próximos.

Deveras, se — como expõe Sampaio Dória, no melhor estudo feito entre nós sobre esse tema — "o fisco não indeniza, tanto por tanto, as rendas que aufere, positiva-se, ao menos formalmente, o confisco. E se este é expressamente vedado pela lei suprema" (...) "seguir-se-á, corolariamente, que o imposto, por confiscatório em sua essência, não poderá ser arrecadado".[6]

Esse mestre chama atenção para esse paradoxo, a fim de evidenciar os fundamentos sobre os quais repousa o poder estatal de exigir tributos, que atinam com sua (do estado) própria razão de ser: o estado constitucional, de um lado, afirma e garante direitos aos cidadãos individual e coletivamente considerados e, de outro, tem o poder de retirar-lhes parcelas do patrimônio, para viabilizar sua atuação.

A preservação mesma dos direitos individuais — que se podem condensar, resumidamente, no direito à liberdade, à igualdade de oportunidades e à propriedade — requer o funcionamento do aparato estatal para cujo custeio devem os cidadãos concorrer, entregando-lhe parte do seu patrimônio.

Isso — demonstra-o excelentemente Sampaio Dória — é o que afasta a contradição aparentemente existente entre (a) o poder de tributar e (b) a vedação de confisco.

Nada obstante — relembra o mesmo autor — "o poder tributário se legitima pela existência de serviços públicos de interesse coletivo e pela contraprestação que consubstanciam, embora de natureza mediata, inespecífica e por vezes inequivalente".

A proibição de confisco, portanto, não é obstativa da tributação, mas constitui, um balizamento, um parâmetro, um limite ao seu exercício. Quando uma ordem consti-

6. *Princípios Constitucionais Tributários e a Cláusula "Due Process of Law"*, São Paulo, 1964, p. 259.

tucional — como a nossa — veda a utilização do tributo com efeito de confisco está a antepor, ao legislador, um limite objetivo: não poderá retirar do particular, a título de tributo, parcela tal que importe subtração expressiva, aniquilamento, destruição, do seu patrimônio.

Tributos confiscatórios, ensina Baleeiro, "são os que absorvem todo o valor da propriedade, aniquilam a empresa ou impedem exercício de atividade lícita e moral".[7]

A tributação configura confisco e perde sua legitimidade quando importa a "integral absorção da propriedade, rompendo-se totalmente o já de si precário equilíbrio entre os benefícios genéricos, propiciados pelo Estado, e os tributos que, em contrapartida, demanda dos cidadãos". (...) "O poder tributário, legítimo, se desnatura em confisco, vedado, quando o imposto absorva substancial parcela da propriedade ou a totalidade da renda do indivíduo ou da empresa".[8]

Dessa forma, conforme já manifestamos em outra oportunidade, qualquer imposto sobre a propriedade ou sobre a renda, que implique subtração de parcela igual ou maior que aquela que restará em mãos do produtor da renda ou titular da propriedade, será confiscatório.[9]

Diante disso, é forçoso concluir que a sistemática da progressão das alíquotas do IPTU, no tempo, tal como estruturada no chamado Estatuto da Cidade, implica exigência de tributo, com efeito de confisco. Deveras, *in casu*, a tributação pretendida, retira da propriedade do contribuinte mais da metade daquilo que ela lhe oferece; isso quando não retira totalmente. A parcela real que ficará com o Município, será, seguramente, superior àquela que restará em poder do titular da propriedade.

Em suma, a sistemática de progressão de alíquota no tempo, adotada no chamado Estatuto da Cidade, caracteriza exigência tributária manifestamente inconstitucional, pois não respeita o limite encartado no art. 150, IV, da Constituição Federal, que veda a utilização de tributo com efeito confiscatório.

2. *Outorga onerosa*

O Estatuto da Cidade — Lei 10.257/2001 — nos arts. 28 a 31, prevê também que, o plano diretor poderá fixar áreas nas quais o direito de construir poderá ser exercido acima do coeficiente de aproveitamento adotado, mediante contraprestação a ser prestada pelo beneficiário.

Nada obstante, parece-nos que o Município, não pode nem mesmo sob o eufemístico título de outorga onerosa, ingressar indevidamente no patrimônio do particular e, a partir de uma limitação, ainda que objetivando o ordenado crescimento da cidade, atribuir-se e, posteriormente, pretender "outorgar" um direito que não tem, que nunca foi seu, "vendendo" algo de que não é e nunca foi titular. É o que pretendemos demonstrar.

A idéia de "solo criado" tem sido apresentada com nomes os mais diversos, mas em todos os casos não se tem levado em conta a realidade jurídica nacional. Agora, deu-se-lhe o nome de "outorga onerosa", que, apesar de pomposo, não lhe suprime o vício.

A Constituição Federal, no art. 5º, *caput* e seus incs. XXII e XXIII, assegura de forma objetiva o direito de propriedade, embora com observância à sua função social, *verbis*:

> Art. 5º. Todos são iguais perante a lei, sem distinção de qualquer natureza, garantindo-se aos brasileiros e aos estrangeiros residentes no País a inviolabilidade do direito à vida, à liberdade, à igualdade, à segurança e à propriedade, nos termos seguintes:
>
> (...)
>
> XXII – é garantido o direito de propriedade;

7. *Limitações Constitucionais ao Poder de Tributar*, Rio de Janeiro, Forense, 1960, p. 237.
8. Antonio Roberto Dória, ob. cit., p. 260.
9. *Revista de Direito Tributário* 64/103.

XXIII – a propriedade atenderá a sua função social.

Cravado o marco da asseguração do direito de propriedade, a Constituição, mais adiante, cuidou de definir a extensão desse direito, estabelecendo, expressamente, os seus limites. Com efeito, ao dispor sobre o regime de exploração das jazidas e demais recursos minerais e os potenciais de energia hidráulica, deixou claro que, para esse efeito, constituem eles propriedade distinta da do solo.

É o que preceitua o art. 176, da Carta Magna, *verbis*:

> Art. 176. As jazidas, em lavra ou não, e demais recursos minerais e os potenciais de energia hidráulica constituem propriedade distinta da do solo, para efeito de exploração ou aproveitamento, e pertencem à União, garantida ao concessionário a propriedade do produto da lavra.

O exame desse preceito permite a extração dos seguintes comandos: (a) jazidas e demais recursos minerais e os potenciais de energia hidráulica são destacados como propriedade distinta da do solo; (b) esses bens passam a pertencer à União, mas apenas para fins de exploração ou aproveitamento; (c) com essa específica e restrita ressalva, todos os demais direitos relativos à propriedade prosseguem pertencendo ao seu titular (o proprietário do imóvel).

Quaisquer possíveis controvérsias só poderão ser dirimidas se observada essa extensão do direito de propriedade, institucionalizado constitucionalmente. E, analisado o contexto em que inseridas essas normas, segue-se, inexoravelmente, que o direito de propriedade que a Constituição assegura expressa-se por uma dimensão cúbica, abrangendo, portanto, o solo, o subsolo e o espaço aéreo.

Em outras palavras, a Constituição não apenas assegurou o direito de propriedade, mas definiu-lhe claramente os contornos, que alcançam não apenas uma superfície plana (solo), mas também a profundidade (subsolo) e a altura (sobresolo ou espaço aéreo).

Se assim não fosse, a Carta Magna não teria ressalvado que, apenas para fins de exploração ou aproveitamento, as jazidas, em lavra ou não, e demais recursos minerais e os potenciais de energia hidráulica constituem propriedade distinta da do solo e pertencem à União, garantida ao concessionário a propriedade do produto da lavra.

O seu regime fundamental de Direito Público permite a assertiva de que a restrição, mesmo aquela posta no nível constitucional, não implica subtração ao amplo conteúdo do direito de propriedade, uma vez que não restringiu o domínio do proprietário, senão para os restritíssimos efeitos de exploração e aproveitamento e, assim mesmo, preservando o titular até da propriedade do produto da lavra. É dizer, não teve o condão de subtrair do direito de propriedade — a não ser nesses limitadíssimos termos — o *jus utendi*, *fruendi* e *abutendi*, isto é, o direito de uso, gozo e disposição, que envolve, simultaneamente, o solo, o subsolo e o espaço aéreo, até o limite do interesse econômico.

Esboçados os contornos do direito de propriedade imóvel, já se vê que o conjunto de faculdades atribuídas ao proprietário (uso, gozo e disposição) vem plasmado na Constituição, no qual se contém o direito de construir, que dele decorre. A disciplina do direito de propriedade, em toda a sua extensão (superfície, altura e profundidade), tem radicação constitucional, não podendo ser restringida, diminuída, mutilada por qualquer norma infraconstitucional. Dito de outra forma: às normas civis, administrativas, urbanísticas e comerciais cabe apenas explicitar, minudenciar o conteúdo constitucional desse direito.

Mercê da dimensão cúbica assegurada pela Constituição, eventuais limitações impostas ao exercício do direito de propriedade, como as restrições de cunho urbanístico, são externas à propriedade, na medida em que apenas vinculam a atividade do particular desencadeada por ocasião do exercício do seu direito.

Assim, ao Poder Público Municipal, a despeito dos arts. 30 e 182, § 4º, da Constituição Federal, não é legítimo ignorar ou desfigurar o conceito constitucional do direito de propriedade em sua extensão e apoderar-se de parte do patrimônio do particular.

De fato, não há óbices que impeçam os Municípios de impor limites relativos à taxa de ocupação, ao coeficiente de aproveitamento ou ao gabarito das edificações; mas essa faculdade de limitar — sempre e só visando ao interesse público — não lhe confere nenhuma parcela da propriedade alheia, nenhum direito de propriedade, nenhum direito de construir — que será sempre e exclusivamente do proprietário do imóvel — que lhe permita outorgar alguma coisa. Não pode dar por direito, não pode conceder porque ninguém pode atribuir, transferir, outorgar aquilo que não tem. Não pode o Município, nem mesmo sob o eufemístico título de outorga onerosa, ingressar indevidamente no patrimônio do particular e, a partir de uma limitação, ainda que objetivando o ordenado crescimento da cidade, atribuir-se e, posteriormente, pretender "outorgar" um direito que não tem, que nunca foi seu, "vendendo" algo de que não é e nunca foi titular.

O direito e correspectivo dever de traçar uma adequada política urbanística, valendo-se, inclusive, de limitações administrativas ao exercício do direito de propriedade, não implica o passe de mágica de lhe conferir poder de disposição sobre a propriedade alheia.

No entanto, o que se pretende com a "outorga onerosa" prevista nos arts. 28 a 31, da Lei Federal 10.257, de 10.7.2001 — e que vem sendo implementada por alguns Municípios — é ignorar a configuração do direito de propriedade, cuja extensão (que engloba a superfície, a altura e a profundidade) vem delineada na própria Constituição.

Para fazê-lo, emprega-se condenável artifício: por primeiro, a lei prevê a possibilidade de o Município limitar o direito de construir, até um certo patamar. Até aí, nada de mais. É atribuição do Município disciplinar o uso e a ocupação do solo urbano. É missão sua a de editar normas e restringir o uso da propriedade de modo a obter por resultado um crescimento ordenado da cidade. O equívoco, todavia, decorre do passo seguinte: após restringir a um certo coeficiente o potencial construtivo, "atribui-se a propriedade" da parte de espaço aéreo excedente para, subseqüentemente, vendê-lo ao proprietário do imóvel. É dizer, vincula a ocupação do espaço adicional — que, como visto, está contido no bojo do direito de propriedade, cujos confins vêm demarcados diretamente pela Constituição — a uma contrapartida em dinheiro, em favor do poder público municipal. Em virtude dessa Lei, o direito de construir, acima de certo coeficiente, terá que ser adquirido do poder público, como se o espaço aéreo, além de um certo limite, fosse seu.

Assim, não obstante a plenitude do direito de propriedade enfeixada pelo titular do imóvel, pretende a indigitada Lei 10.257/2001 que a conseqüência das restrições administrativas estabelecidas pelas leis municipais relativas ao uso e ocupação do solo seja a de "transferir" para o Município a área construtiva excedente. Ignorando os preceitos da nossa Carta Política, por essa Lei, o Município estará a outorgar ao proprietário parcela integrativa da propriedade (que já era deste); é dizer, "venderá" algo de que não é titular; estará seccionando, sem título jurídico, o direito de propriedade, para vender aquilo que não é seu.

Sem romper com os cânones constitucionais, já se vê que isso não se faz possível. Falta às comunas respaldo constitucional para fazê-lo; não têm os Municípios legitimidade para tanto, pois a outorga pressupõe um direito primitivo que eles não têm. A validade de ato da espécie está condicionada a precedente direito, uma vez que o poder público não pode outorgar algo que não tem, que nunca foi seu, ou seja, parte de propriedade garantida integralmente em toda a sua extensão pela Constituição Federal.

Para que o poder público pudesse oferecer alguma coisa, seria preciso que, primeiramente, dela fosse dono. Da mesma forma, para outorgar alguma coisa é preciso primeiramente que o outorgante detenha atribuições e título jurídico para tanto; é necessário que seja titular do objeto cuja outorga pretende efetivar. Se a Constituição Federal expressamente assegura ao titular do bem o direito de propriedade, em toda a sua extensão, até o normal proveito econômico que o seu exercício pleno possibilita, não há passe de mágica por força do qual se transfira o direito de propriedade, ainda que parcialmente, para o poder público, e que a este seja permitido negociá-lo, como se fora direito seu. Esse é um embaraço intransponível, que a Constituição Federal não admite, com o qual nem mesmo a lógica consegue lidar.

As limitações ao uso e ocupação da propriedade, em toda a sua extensão, são externas ao direito de propriedade, de forma que não significam, a nenhum título, a transferência de parte da propriedade para o Município. Na realidade, ocorre apenas restrição ao exercício desse direito pelo proprietário, cujo domínio pleno resta intocável.

As restrições administrativas ao direito de propriedade não podem ter por conseqüência a passagem para o poder público de parcela desse direito (de propriedade). Compete ao Município gerir a matéria atinente ao interesse público local; na qualidade de gestor de coisa alheia, pode disciplinar o uso e a ocupação do solo, sem que esse exercício signifique que, a partir daí, assuma algum direito sobre a propriedade imóvel que lhe autorize a "vender" ao particular parte que nunca possuiu, que nunca lhe pertenceu e que, portanto, não tem condições de outorgar, porquanto este não se despojou de nenhuma parcela do direito de propriedade que lhe foi constitucionalmente assegurado. Pretender fazê-lo é realizar venda a *non domino,* repugnada pelo ordenamento jurídico. Mesmo quando postas limitações administrativas ao seu direito de construir, o proprietário continua dono do solo, subsolo e espaço aéreo correspondente, até onde houver normal proveito econômico.

As garantias constitucionais, nas quais se encontram subsumidos certos direitos, em especial o de propriedade — em toda a sua extensão, sem embargo de sua função social — apresentam-se como verdadeiras proibições aos entes federados de incursionar, mesmo por meio de leis, desconsiderando os postulados consagrados pela Constituição Federal.

Eventual modificação no sentido, conteúdo e alcance do direito de propriedade que, frise-se, abrange o solo com sua superfície, o subsolo e o espaço aéreo, só poderá dar-se se introduzida por meio de deliberação do Poder Constituinte originário. Questionável seria essa modificação, mesmo se perpetrada mediante emenda constitucional, restringindo o direito de propriedade assegurado no art. 5º, com o alcance explicitado em seu art. 176, porque ter-se-ia que afastar, primeiramente, o obstáculo de tratar-se de cláusula pétrea.

Caso se entenda, todavia, não haver agressão às cláusulas pétreas (conjugação dos arts. 5º, *caput*, de seus incs. XXII e XXIII, 60 e 176, da CF) — será por emenda que se poderá cogitar de nova conformação ao direito de propriedade, por força da qual o espaço aéreo passe a pertencer ao Município, a partir de um certo índice de aproveitamento.

Em suma, a não ser pelos caminhos apontados, a circunstância de o Município disciplinar os limites do exercício edilício do direito de propriedade, a serem respeitados pelos particulares, não implica se lhe atribua nenhuma titularidade, em relação a qualquer parcela da propriedade. Mesmo quando postas limitações administrativas ao seu direito de construir, o proprietário continua dono do solo, do subsolo e do espaço aéreo correspondente, até onde houver normal proveito econômico.

Melhor sorte não terá essa exigência se, por hipótese, for considerada como tributo. Neste caso, é necessário verificar qual a sua espécie, a fim de concluir se o Município tem competência para criá-lo.

Com apoio na melhor doutrina, parece-nos forçoso concluir que não há amparo constitucional para a nova exigência. Deveras, em sendo tributo, três são as possíveis alternativas: ou se trata de imposto, ou de taxa ou de contribuição.

Se a hipótese de incidência for "o particular construir adicionalmente" tem-se um fato lícito qualquer, exceto uma atuação do Município. Logo, estar-se-á diante de imposto. Todavia, falece ao Município competência para criar imposto tendo por materialidade a outorga de direito de construir, adicionalmente (já que, nos termos do art. 156, da CF, de IPTU, ITBI ou de ISS não se trata).

Não cabe a criação de taxa porque não se está, no caso, diante do exercício do poder de polícia ou da utilização, efetiva ou potencial, de serviços públicos específicos e divisíveis, prestados ao contribuinte ou postos a sua disposição (art. 145, II, da CF).

Uma última alternativa seria possível de alvitrar. A de que se trataria de contribuição assentada em um dos seus traços genéricos: tributo exigido de uns em benefícios de outros. Ocorre, porém, que, em matéria de contribuição, o Município só tem competência para criar aquela destinada ao custeio do sistema de previdência e assistência social de seus servidores (temos por inconstitucional a CIP, "introduzida" pelo art. 149-A da CF, fruto da EC 39/2002).

Conseqüentemente, a designada outorga onerosa, de autorização para construir acima de certo limite, quer configurando imposto, quer caracterizando taxa, quer tipificando contribuição, não encontra respaldo constitucional, à míngua de competência tributária do Município.

Não resta aos Municípios senão o indeclinável dever de respeitar esses limites, sem invadir, contra a Constituição, o direito de propriedade que ela assegura aos particulares. A nossa Lei Suprema estabelece, claramente, a competência e atribuições dos poderes estatais, de sorte que suas atuações só são legítimas enquanto com ela consentâneas. Admitir possam os Municípios subtrair parte da propriedade, a pretexto de estarem, tão-só, a fixar limites ao uso e ocupação do solo, implica grave e frontal ofensa à Constituição, seja em virtude de agressão ao princípio da segurança jurídica, seja por desconsideração às normas atinentes ao direito de propriedade.

A REPETIÇÃO DO INDÉBITO E A ATIVIDADE DE COBRANÇA DO CRÉDITO TRIBUTÁRIO[1]

ENRICO DE MITA
Professor Ordinário da Universidade Católica *Santo Cuore* (Milão – Itália)

Crítica à tendência jurisprudencial de reconduzir a definitividade do débito aos atos e aos limites da atividade de cobrança do crédito tributário.

1. Provavelmente em nenhum país do mundo a doutrina exerce tanta influência sobre a jurisprudência quanto na Itália. Mas estou convencido de que em nenhum país existem tantas distorções entre a doutrina e a jurisprudência quanto na Itália, com o objetivo de motivar escolhas práticas insustentáveis no âmbito da lógica jurídica. Provavelmente em nenhum país a jurisprudência é tão contraditória quanto na Itália.

Tudo resultaria mais sério se as motivações das sentenças fossem menos solenes e mais persuasivas quanto às verdadeiras razões destas decisões, as quais não surgem nunca expressas; ou se os juízes, em suma, deixassem de elaborar uma "sobredoutrina" que, permeada de escolhas preconcebidas, resulta fatalmente fragmentária, contraditória e, portanto, inútil.

2. Não obstante o esforço da jurisprudência em orientar-se pela doutrina, existe um tabu na mente dos nossos juízes: *tributo pago não deve ser reembolsado.*

Todavia, o reembolso de tributo é hoje instituto ordinário da atividade de cobrança fundada sobre a antecipação de seu pagamento (sujeito à revisão pela Administração). Disseminado em diversos dispositivos legais, emerge claramente um princípio geral segundo o qual tributo não devido, ainda que pago, pode ser reembolsado. E o caráter de "devido" resulta do exaurimento da fase de apuração e não das preclusões derivadas da ausência de recursos no procedimento de cobrança. O defeito que a jurisprudência reluta em retirar da própria mentalidade é o de que *tributo pago, somente porque pago, resulta definitivamente devido.*

1. Tradução de DALTON LUIZ DALLAZEM, Professor da PUC-PR, de trabalho publicado no livro de Enrico de Mita, *Interesse Fiscale e Tutela del Contribuente. Le Garanzie Costituzionali*, Milão, Giuffrè, 2000, pp. 362-376.

Nota do tradutor: O título empregado por Enrico de Mita é "Forme della Riscossione e Ripetizione d'Indebito". A palavra "riscossione" possui na linguagem jurídica italiana um significado amplo que aponta para a atividade de cobrança e ingresso de tributos no erário público; engloba desde o pagamento espontâneo até a exigência coativa. Não há uma palavra suficientemente abrangente em português. Algumas passagens do texto não foram traduzidas a fim de facilitar a compreensão, tomando-se o cuidado de não prejudicar o raciocínio do Autor.

A sugestão vem do alto: foi a Corte Constitucional que proferiu sentenças[2] que não encontram outra explicação a não ser a de que não há interesse público em iniciar um contencioso de reembolso; o que desemboca no jamais adormentado espírito fiscal prejudicial na relação fisco-contribuinte, apesar dos princípios fundamentais do ordenamento.

Contudo, a Corte é um juiz que faz política, ainda que filtrada por categorias jurídicas.

3. Menos compreensível resulta o comportamento da Corte de Cassação, que parecia haver conjugado teoria e prática em uma sentença (SS.UU. [*Sessões Unidas*[3]] 4.780/1987) que pretendia desenhar com rigor *o sistema vigente de atuação dos impostos sobre a renda* (pessoas físicas, pessoas jurídicas e imposto local sobre a renda).[4]

Em resumo, segundo a Corte de Cassação, tem-se o seguinte:

a) verificando-se o fato gerador o contribuinte deve calcular o tributo devido, recolhê-lo e comunicar a Administração fazendária, mediante declaração;

b) a atividade da Administração é dirigida ao controle da declaração em relação à regularidade formal, veracidade e completude; o ato administrativo porventura daí proveniente é substitutivo, corretivo ou integrativo da declaração;

c) a obrigação tributária nasce com a ocorrência do fato jurídico normativamente previsto, do qual se originam duas situações correlatas de débito e crédito: a atividade da Administração dirige-se ao exercício do direito de crédito já surgido, e os eventuais atos administrativos daí provenientes são *sempre instrumentais e não geradores da obrigação*;

2. Refiro-me ao hermetismo da Corte em quase todas as questões de legitimidade constitucional, demonstrada particularmente em duas recentes sentenças: n. 574, de 1988, e n. 575, também de 1988. Esta última, para dizer pouco, é desconcertante pelo espírito fiscal que a permeia.

3. *Nota do tradutor*: as Sessões Unidas correspondem ao Plenário.

4. Merecem transcrição os excertos mais interessantes, do ponto de vista doutrinário, da sentença da Corte de Cassação: "No sistema vigente dos impostos diretos (imposto sobre a renda das pessoas físicas, das pessoas jurídicas e imposto local sobre a renda), ao se verificar o pressuposto do tributo, constituído pela disponibilidade de renda no período de apuração, o contribuinte deve calcular o imposto devido, recolhê-lo e comunicar a Administração fazendária mediante a declaração contendo a confirmação daquele pressuposto, a base imponível e os critérios adotados para o cálculo. Nesses casos a atividade administrativa é dirigida ao controle da declaração, em relação à sua regularidade formal, veracidade e completude, bem como à conferência da prestação adimplida; e somente se o controle foi concluído de forma desfavorável ao contribuinte a Administração emite um ato administrativo (de lançamento) substitutivo, corretivo ou integrativo da declaração prestada pelo contribuinte.

"Não se pode contestar, portanto, que a obrigação tributária – segundo a estrutura própria da categoria das obrigações que encontram sua fonte na lei (ou seja, grande parte das obrigações públicas) – nasce *ex lege* com a ocorrência do fato gerador, do qual emanam as duas situações correlatas de débito e crédito que caracterizam a relação jurídica obrigatória, enquanto a (sucessiva) atividade administrativa, de conferência e de qualificação do fato imponível, dirige-se ao exercício do direito de crédito assim surgido, de modo que os eventuais atos daí provenientes são sempre instrumentais e não interferem no nascimento da obrigação.

"De outra parte, pretendendo-se sustentar o contrário, jamais se poderia imaginar que o fato gerador dê lugar a um mero estado de potencialidade idôneo a legitimar um ato (administrativo) de imposição (segundo a opinião doutrinária mais sofisticada, o fato gerador é a realização da hipótese de incidência à qual é correlato o poder da Administração de emanar um ato constitutivo da obrigação tributária), sob pena de se imaginar o surgimento de duas obrigações: uma proveniente da lei, cujo adimplemento está atrelado à declaração prestada à Administração; outra derivada do ato administrativo (substitutivo da declaração, quando necessário). Não obstante, sem desconsiderar seu relevo, este ato é eventual, pois, como se disse, sua exigência somente se manifesta quando o contribuinte não declara de modo fiel – ou declara errado – a base imponível. Ainda assim, deve-se acrescentar que a artificiosa duplicação não encontra fundamento normativo, posto que a uma única situação corresponde uma obrigação única e incindível, enquanto que o tributo reclamado posteriormente (derivado do ato administrativo revisional), enquadra-se no exercício do direito de crédito da Administração, a qual atribui uma diversa formalização à obrigação originária (uma

d) do fato jurídico origina-se uma obrigação única e incindível: a atividade da Administração atribui uma diversa formalização ou quantificação à obrigação originária;

e) a unicidade do débito exclui seu fracionamento em relações jurídicas formalizadas pelos atos administrativos, declarações, avisos ou sentenças judiciais: na presença de um único fato jurídico normativamente previsto a lei considera unitariamente gerado o débito no momento de sua ocorrência concreta;

f) a inscrição é ato pertencente ao procedimento de cobrança da obrigação tributária; em relação a tal ato, o problema relativo à fonte da obrigação tributária nem mesmo é cogitado;

g) o objeto do processo tributário não é somente o controle da legitimidade formal do ato, mas também *a correta adequação dos pressupostos materiais e jurídicos da obrigação tributária.*

maior dimensão do fato imponível, a indedutibilidade de certos valores, a aplicação de uma alíquota maior)."

Negando que o mesmo débito possa fracionar-se em mais de uma relação jurídica, a Corte de Cassação afirma: "Tal fracionamento, de per si injustificável na presença de um único fato jurídico normativamente definido e circunscrito, encontra negação diretamente na lei, a qual, para fins de cobrança do tributo e aplicação de penalidades, considera unitariamente gerado o crédito tributário ao tempo da ocorrência concreta daquele fato, sem distinguir entre débito formalizado em declaração do contribuinte ou em ato administrativo posterior".

No que diz respeito à natureza da inscrição do débito (a expressão em italiano é *iscrizione a ruolo*, que se assemelha, em alguns aspectos, ao nosso procedimento de inscrição em dívida ativa), diz a Corte: "A inscrição é um ato do procedimento de cobrança da obrigação tributária, praticado pela Administração no exercício do poder a esta conferido para a realização material e coativa do crédito, a partir da declaração do contribuinte ou do ato administrativo posterior de revisão. Logo, em relação a tal ato, o problema relativo à fonte da obrigação tributária nem mesmo é cogitado".

Finalmente, quanto ao objeto do processo tributário: ainda que estruturado como impugnativo de atos específicos, o processo tem por objeto "os pressupostos materiais e jurídicos da obrigação tributária".

4. Portanto, a obrigação tributária é, segundo a Corte de Cassação, aquela que se formaliza *unitariamente*, ainda que por via de fases sucessivas, correspondentes a uma seqüência de atos administrativos, sobre a base daquele elemento que chamamos fato jurídico tributário (ou fato gerador).

Segundo penso, tal unicidade comporta a exata identificação do momento em que a determinação unitária da base imponível (e do respectivo tributo) resulta definitiva.

Tal momento é determinado:

a) pela declaração não retificada dentro do prazo de decadência;

b) pela não-impugnação do ato administrativo de retificação/revisão;

c) pela não-impugnação (seja por inércia ou por ausência de recurso cabível) da sentença judicial.

No que diz respeito ao cotejo entre a declaração e o ato administrativo de revisão[5] não há dúvida de que da unicidade do débito emerge a possibilidade de demonstrar ao juiz tributário a falta de correspondência entre a declaração e a realidade prevista legalmente, e o ato administrativo será então substitutivo daquela.

E como o ato administrativo pode ser notificado até o dia 31 de dezembro do quinto ano sucessivo, até aquela data existe (em tese) a possibilidade para que o contribuinte promova uma retratação de sua declaração.

Por conseguinte, não se verifica paridade de tratamento,[6] embora esteja perfei-

5. *Nota do tradutor*: esse ato administrativo de revisão pode ou não ser expedido. Quando expedido, poderá ser substitutivo, corretivo ou integrativo da declaração. No sistema jurídico-tributário italiano é designado por *accertamento*.

6. Foi a jurisprudência da Comissão Central que refletiu em termos de paridade de tratamento: como a Administração fazendária pode retificar a declaração dentro de um determinado prazo, o contribuinte, dentro deste mesmo prazo, pode retificar a declaração. Em caso contrário haveria disparidade de tratamento. De forma justa a Corte de Cassação entende que as posições da Administração e do con-

tamente de acordo que as posições do contribuinte e do Fisco são diversas e com isso se possa explicar uma diversidade de prazos para agir. Enfatizamos aquela unicidade do débito que, segundo a análise precisa da Corte de Cassação, não pode fragmentar-se em tantas obrigações quantas forem os atos administrativos.

5. Ora, essa estrutura não pode mudar segundo o modo ou o tipo do procedimento de cobrança do tributo, ou, ainda, segundo haja pagamento ou inscrição do débito do tributo declarado.

E é esta a conclusão aberrante a que chegou a Corte de Cassação I, n. 3.197, de 28 de abril de 1988, a qual, ainda que relatada pelo mesmo relator, contradiz de modo desconcertante aquela já ilustrada proferida pela Sessão Plenária [Sessões Unidas]. Com tal sentença a Corte de Cassação afirma que, ainda que não tenha se encerrado o prazo para o ato administrativo de retificação da declaração, tem-se o definitivo recolhimento do tributo declarado, no caso de pagamento advindo de uma inscrição em dívida ativa não impugnada no prazo de 60 dias, no caso de pagamento para o qual não se tenha requerido o reembolso no prazo de dezoito meses previsto no art. 38 d.P.R. 602/1973.

Resulta claro que por trás dessa decisão está aquela inacreditável teoria da Corte de Cassação segundo a qual a pronúncia de inconstitucionalidade não atinge as relações jurídicas definitivas (*rapporti esauriti*) entre as quais incluem-se aquelas em que o contribuinte pagou o tributo. A relação jurídica, por força do pagamento, é alçada ao caráter de definitiva por decurso de prazo na utilização dos remédios previstos no procedimento de cobrança do tributo (neste caso o pedido de reembolso).

E assim a Corte de Cassação, concordando com aquela invenção fiscalista do *rapporto esaurito* (relação jurídica definitiva), é obrigada a desmentir-se (em relação às considerações sistemáticas das Sessões Unidas), obviamente para buscar resultados práticos – negar o reembolso – que não possuem fundamento jurídico.

A teoria do *rapporto esaurito* não é compatível com a noção unitária do débito tributário, e esta teoria não sobrevive se pretende compatibilizar-se com a noção de *rapporto esaurito*. Com efeito, a teoria do *raporto unitario* é compatível com a possibilidade de discutir o conteúdo da declaração por ocasião da notificação do ato administrativo de retificação. O raciocínio da Corte de Cassação I funda-se sobre dois pontos inaceitáveis: 1) a natureza constitutiva da inscrição em dívida ativa; 2) a configuração dos recursos, previstos para a fase do procedimento de cobrança, como os únicos previstos para rever os erros contidos na declaração ou o erro radical de haver apresentado uma declaração não devida.

No que tange à inscrição, afirma-se a validade substancial do ato de imposição, em flagrante contraste com a precedente sentença na qual se negava eficácia de ato de imposição, não somente à inscrição, mas também ao ato administrativo que lhe antecede. Ao contrário, afirma-se inopinadamente que "a inscrição possui uma validade substancial ainda quando apenas conforme a declaração, pois para tanto é necessário à Administração percorrer uma complexa atividade de controle que implica o exame, e se necessário, a interpretação da declaração, a verificação dos documentos arrolados, a correta aplicação das deduções, tudo isso por meio de uma operação de liquidação do tributo". "A inscrição constitui o ato externo por meio do qual resulta completamente definida a obrigação tributária e manifesta a pretensão fiscal relativa, de modo que se está certamente em

tribuinte são diversas e que, portanto, a previsão de prazos diversos de per si não constituiria disparidade de tratamento. Entretanto, o problema é posto considerando-se aquela que é a situação jurídica do contribuinte defronte a uma obrigação legal. Tal situação é aquela de direito subjetivo que, portanto, pode ser levada ao julgamento do juiz tributário todas as vezes que a Administração emite um ato de imposição, pois assim cria um interesse de agir.

presença de um ato de imposição e não de um título executivo meramente reprodutivo de situações anteriormente perfeitas."

Ora, qual seja esta complexa atividade de controle e de interpretação da declaração somente Deus é que sabe.

6. Em outra sentença da Corte de Cassação I (n. 3.174/1987) afirma-se que "constitui ato administrativo de revisão do tributo aquele expedido pela Administração na fase de controle da denúncia fiscal que confirma o fato imponível declarado pelo contribuinte. E a inscrição do tributo, daí proveniente, constitui ato de imposição da Administração financeira e não mero ato executivo do ato de liquidação formalizado pelo contribuinte".

Ora, essa pretensa aceitação da declaração seguida da inscrição em dívida ativa, que faria deste ato um ato de imposição, não existe no ordenamento, não existe na prática, é uma argumentação sem substância.

Com efeito, considerando-se as normas que regulam a atividade de cobrança e dos atos administrativos de revisão do imposto sobre a renda, verifica-se que a inscrição em dívida ativa do imposto declarado e não versado é *atividade necessária, reprodutiva do próprio conteúdo da declaração*, e não implica nenhum juízo acerca da determinação do fato imponível e do imposto devido.

Trata-se de uma atividade mecânica, de qualquer ponto de vista, reprodutiva de outros atos e por nada valorativa, que podem ser praticadas tanto pelos diversos ofícios que realizam os atos administrativos de revisão como também pelos centros de serviço. O ato administrativo de revisão, por outro lado, *é atividade eventual*, reservada aos ofícios distritais, efetuada com base em critérios seletivos fixados anualmente pelo Ministério das Finanças (art. 37 d.P.R. 600/1973).

A distinção entre as funções do ato administrativo de revisão e as funções da inscrição em dívida ativa subsiste não só no ordenamento como também na prática: o modo de controle da declaração descrito pela Corte de Cassação somente existe nas suas fantasias.

Tais diferenças foram de há muito identificadas pela doutrina e pela parte atenta da jurisprudência:[7]

a) antes de tudo *a obrigação de motivação* prevista como regra geral somente para o ato administrativo, como elemento que permite ao contribuinte controlar os objetivos da Administração na determinação da base imponível e do imposto. A inscrição, em geral, não necessita de motivação: sua legitimidade reside na subsistência de seus pressupostos, entre os quais a declaração. Uma inscrição de um imposto declarado é legítima mesmo que o débito não subsista;[8]

b) o ato administrativo é dirigido a determinar unitariamente o fato imponível e o imposto devido; já a inscrição poderá trazer mais de um registro em relação ao mesmo imposto, ou, em outras palavras, para o mesmo imposto, poderá haver mais de uma inscrição, pelo que se nota não haver a unicidade presente no ato administrativo;

O recurso em face do ato administrativo suspende parcialmente a cobrança do imposto, enquanto que o recurso em face da inscrição não traz consigo esta conseqüência. O direito processual não influi sobre a produção de efeitos. Não se pode afirmar que, sendo dado ao contribuinte um recurso em face da inscrição, análogo ao recurso em face do ato administrativo (no prazo de 60 dias), a inscrição não impug-

7. Cito por todas a lúcida sentença da Comissão Tributária de segundo grau de Milão, com nota de E. de Mita, "Sulla differenza fra avviso di accertamento e iscrizione a ruolo", in *Boll. Trib.*, 1981, p. 871.

8. O único caso em que a inscrição deve ser motivada é a liquidação do IRPF com base em outras declarações apresentadas pelo mesmo contribuinte: na cartela de pagamentos devem ser indicados os motivos que deram lugar à liquidação por parte da Administração competente.

nada ensejaria os mesmos efeitos do ato administrativo não impugnado.

7. Um dos argumentos ao qual se recorre para demonstrar a função de imposição da inscrição em dívida ativa é o poder de correção da declaração prevista no art. 36-*bis* do d.P.R. 600/1973.

Porém, a inscrição do imposto declarado e a correção da declaração são dois eventos que, pela diversidade de pressupostos, não podem ser utilizados para predicar, em linhas gerais, a função constitutiva da inscrição com base na declaração.

A primeira é a predisposição de um mero ato executivo diante do inadimplemento da obrigação de pagar, que nada adiciona aos efeitos da declaração como ato de apuração/liquidação do imposto. De modo que a afirmação, segundo a qual a inscrição pura e simples da declaração (conforme prestada) "contém, na prática, o ato administrativo faltante" é desprovida de sentido. Os efeitos da declaração não cambiam quer sobrevenha ou não a inscrição do imposto declarado.

No caso do art. 36-*bis* temos, da parte do ofício competente da Administração, uma apuração/liquidação do imposto a recolher com base em um ato privado: a hipótese taxativamente enumerada no artigo concerne à correção de elementos do fato imponível ou do imposto devido, seja porque não previstos em lei ou porque não documentados. A correção acarreta uma inscrição ou um reembolso.

A atividade em exame é relativa aos elementos corretos que emergem da declaração (fala-se em correção e não em retificação); não é um juízo unitário acerca daquele declarado, função esta típica do ato administrativo de revisão, de acordo com a percuciente análise feita pela mesma Corte de Cassação por meio das Sessões Unidas. No artigo 36-*bis* nos encontramos diante de uma fase da atividade de cobrança que nada tem a ver com o ato administrativo de revisão. A inscrição com base nessa disciplina não é ato idôneo a definir o fato imponível, de modo que o recurso faltante em face da inscrição não produz efeitos preclusivos à liquidação da base imponível.[9]

A verdade é que a inscrição nunca é um ato de imposição, se para tanto se entende o ato produtivo de efeitos geradores do débito do imposto, entendendo-se por tal débito aquele unitariamente determinado sobre a base do pressuposto fático: "em relação a tal ato, o problema relativo à fonte da obrigação tributária nem mesmo é cogitado", havia afirmado a Corte de Cassação nas Sessões Unidas.

8. As conseqüências aberrantes e incoerentes da Corte de Cassação I são as seguintes: *a*) a teorização do fracionamento do débito tributário, que precedentemente havia negado; *b*) a obrigação não é mais aquela que se determina unitariamente sobre a base do pressuposto fático, e sim tantas obrigações quantos forem os atos administrativos e inscrições em dívida ativa; *c*) a declaração resulta definitiva não após o escoamento do prazo de decadência para retificação, mas quando escoam os prazos para recurso em face do procedimento de cobrança.

9. O segundo ponto do raciocínio da Corte de Cassação constitui uma das retratações mais vistosas da nossa jurisprudência, não tanto em tema de reembolso quanto em tema de efeitos da declaração e, assim, da concepção do sistema de taxação das rendas.

A proposição é a seguinte: o imposto declarado resulta definitivo e, portanto, irrepetível ao escoarem-se os prazos previstos para a contestação da legitimidade do procedimento de cobrança: para o im-

9. Por meio da Decisão n. 430 de 1988, a Corte Constitucional colocou em evidência a limitada aplicação da inscrição prevista no art. 36-*bis* e a impossibilidade de reconduzi-la à função do ato administrativo de revisão. Tal inscrição, segundo a Corte, funda-se sobre um confronto de cálculo, em casos excepcionais e taxativamente indicados pela lei, tais como erros materiais e de cálculo imediatamente reconhecíveis, sem necessidade de instrução. Falta valoração jurídica que possa aproximar essa hipótese excepcional daquela do ato administrativo de revisão.

posto recolhido, depois de dezoito meses deste recolhimento; para o imposto inscrito, depois de sessenta dias da notificação da cartela exatorial.

É uma nova concepção da definitividade, sobre a qual ninguém jamais havia pensado em termos tão gerais.

Também desse ponto de vista, não obstante algumas aberturas anteriores, confronta-se a resistência da nossa jurisprudência em superar a concepção fiscalista da declaração como ato definitivo.

Para o imposto recolhido a Corte de Cassação funda-se no art. d.P.R. 602, que prevê a possibilidade de se apresentar pedido de reembolso ao Intendente de Finanças dentro do prazo de dezoito meses do pagamento, em função de erro material, duplo pagamento ou inexistência da obrigação de pagar.

10. Há muito tempo a doutrina[10] configurou tal reembolso como remédio facultativo dirigido a discutir os vícios da cobrança, chegando à conclusão, acolhida pela jurisprudência, de que a falta desse remédio não afasta a repetição do indébito a despeito da conseqüente cobrança. O tema é reconduzido à retratabilidade da declaração e à possibilidade de invocar ao juiz, não obstante a declaração, a inexistência do débito.

O raciocínio era o seguinte.

As formas de cobrança do imposto declarado são duas: o pagamento e a inscrição. Para ambas o fundamento e o parâmetro da discussão é a declaração da qual resulta a obrigação de pagar e/ou a inscrição, conforme o caso. A declaração é o título que embasa a cobrança.

Em regra o imposto declarado é pago; em caso de omissão no pagamento o imposto é inscrito e a omissão sancionada.

Nenhuma dúvida paira sobre a configuração do pagamento como obrigação autônoma.

As duas formas de carrear dinheiro ao erário são fungíveis e complementares. O art. 38 do decreto que regula o procedimento de cobrança prevê que o sujeito que pagou pode apresentar pedido de reembolso "no caso de erro material, duplo pagamento ou inexistência total ou parcial do dever de pagar".

Com relação à formulação precedente (art. 171 T.U. de 1958) a reforma tributária contém uma importante novidade terminológica: não se fala mais de inexistência da obrigação tributária, mas de inexistência do dever de pagar.

Posto que o ato de liquidação do débito é dado pela declaração que embasa a cobrança, o contribuinte *pode pagar mais do que o devido* por incorrer em erro de cálculo, por pagar duas vezes ou ainda *por pagar o imposto quando da declaração não emerge nenhuma obrigação de pagar.*

O objeto do dever de pagar não coincide necessariamente com aquele do débito tributário liquidado, como diz a própria Corte de Cassação, sobre a base do pressuposto econômico. Pode dar-se que a uma obrigação tributária não corresponda nenhum dever de pagamento, como no caso em que tenha sido recolhido algo equivocadamente. E se há uma declaração apresentada erroneamente, o dever subsiste, ainda que seja dado ao contribuinte invocar ao juiz (ou por reconhecimento da própria Administração) o equívoco entre a declaração apresentada e a realidade prevista pela lei.[11] Nesse caso o dever de pagar não é contestável se não se comprovar o erro da declaração. Naturalmente, quer seja por um ou outro tipo de erro, surge o direito ao reembolso. Mas a distinção entre o dever de pagamento e a obrigação tributária, como escreveu F. Tesauro, responde não somente a uma exigência sistemática, mas também a questionar a diretriz normativa do art. 38 que confere mais importância ao

10. F. Tesauro, *Il rimborso dell'imposta*, Torino, 1975; E. de Mita, *Le iscrizioni a ruolo*, 1979.

11. Cfr. E. de Mita, "Dichiarazione dei redditi e legalità dell'imposizione", in *Interesse fiscale e tutela del contribuente*, Milão, 1987, p. 139.

montante pago do que ao montante devido com base no dever de pagar e encerra a possibilidade de reembolso ao final do prazo de dezoito meses.

A problemática em torno das relações entre obrigação tributária e dever de pagar é comum tanto quando há pagamento quanto quando há inscrição. É verdade que no caso da inscrição existe um ato administrativo, enquanto o pagamento toma por base a declaração, como diz a lei, mas a inscrição não produz, como creio haver amplamente demonstrado, amparado por farta jurisprudência, outro efeito que a mera exigibilidade da soma declarada e não paga.

A precisão de linguagem operada pelo art. 38 acerca da inexistência do dever de pagar vale também para a inscrição baseada na declaração: o recurso em face de tal ato contesta somente o dever de pagar, do que resulta a conseqüência de que, não impugnada a inscrição, será possível propor a demanda de reembolso.

A confirmação dessas conclusões pode assim ser formulada: imaginemos o exemplo de um imposto recolhido parte mediante pagamento e parte após a inscrição, sempre sobre a base apresentada na declaração; o contribuinte paga menos do que o declarado, a Administração inscreve o débito e cobra a diferença. Pode-se sustentar que o contribuinte, para contestar a existência da totalidade do débito, deva impugnar, sob pena de decadência, a inscrição; de modo que, se não o faz, torna definitivamente adquirida pelo fisco tanto a soma versada quanto aquela recolhida mediante inscrição?

Creio que a inexistência da obrigação tributária por inteiro deva prevalecer, independentemente da contestação dos atos singulares de cobrança do imposto.

A unicidade da obrigação tributária requer um pronunciamento judicial para que se possa modificar.

No entanto, para a Corte de Cassação I, a diferença terminológica é insignificante: dever de pagar é o mesmo que obrigação tributária. E a inexistência de obrigação compreende todas as razões relativas ao *an* e ao *quantum* da prestação objeto da obrigação tributária.

É a clássica simplificação que prova tudo.

Entretanto, o termo "dever" na lógica do art. 38 é perfeitamente compreensível. A inexistência do dever deve alinhar-se com os outros motivos do pedido de reembolso, erro material e duplo pagamento. Se fosse verdade aquilo que a Corte de Cassação afirma, no sentido de que "inexistência de dever" é locução que compreende todas as razões do indébito, não se compreenderia porquê esse motivo foi previsto junto com outros, com os quais deve conjugar, segundo penso, uma homogeneidade lógica. E o erro material e o duplo pagamento são, em verdade, vícios de procedimento.

O artigo 38 refere-se a um dever privado expressamente sancionado: quem não paga é punido.

Que esse artigo abranja todas as hipóteses que podem conduzir a um juízo de inexistência da única obrigação tributária é uma afirmação infundada que conduz a conseqüências aberrantes, do ponto de vista prático, e incoerente com a sistemática de apuração do imposto construída tanto pela doutrina quanto pelas Sessões Unidas da Corte de Cassação.

CADERNOS DE DIREITO TRIBUTÁRIO

EL PRINCIPIO DE IGUALDAD EN MATERIA TRIBUTARIA SEGÚN LA JURISPRUDENCIA DEL TRIBUNAL CONSTITUCIONAL ESPAÑOL

LUIS MANUEL ALONSO GONZÁLEZ
Catedrático de Derecho Financiero y Tributario.
Profesor de la Universidad de Barcelona

1. Introducción. 2. La igualdad en la Constitución. Los artículos 1, 14 y 31 CE. 3. Igualdad jurídica e igualdad de hecho. 4. La dimensión territorial del principio de igualdad. 5. La necesidad de una discriminación justificada para admitir la desigualdad. 6. El término de comparación. 7. El régimen fiscal de la unidad familiar y el principio de igualdad: a) El sistema de sujeción conjunta y solidaria; b) La unidad familiar; c) La acumulación de rendimientos. 8. Otros pronunciamientos sobre la igualdad tributaria en el IRPF.

1. Introducción

El embrión del actual principio de igualdad tiene que situarse en la Revolución francesa donde libertad e igualdad se transformaron en divisa insustituible. Sin embargo, la igualdad que instauraron los revolucionarios se quedó en mera igualdad de oportunidades con lo que el liberalismo económico encontró terreno abonado para su expansión. La vinculación entre la igualdad y la generalidad de la ley, además, impedía lícitamente establecer diferenciaciones entre los individuos. Habrá que esperar al tránsito de la ideología liberal a la ideología democrática y el estado social para que se asuma la necesidad de tomar en consideración las desigualdades reales que en toda sociedad se hacen patentes, para que, en definitiva se comprenda que situaciones iguales deben ser tratadas igualmente, y situaciones desiguales desigualmente. Al fin y al cabo ya lo había dicho Aristoteles: "Parece que la justicia consiste en igualdad, y así es, pero no para todos, sino para los iguales; y la desigualdad parece ser justa, y lo es, en efecto, pero no para todos, sino para los desiguales" (*Política*, Libro III, Capítulo noveno).

En el ámbito tributario también puede observarse una evolución similar. "La situación anterior a la Revolución francesa" — explica Suay Rincon (*El Principio de Igualdad en la Justicia Constitucional*, Madrid, Instituto de Estudios de Administración Local, 1985, pp. 24 y ss.) — "se caracterizaba por el hecho de que los únicos que pagaban los tributos eran los individuos pertenecientes a las clases más pobres, quedando exonerada de ellos la nobleza. La ideología liberal llevará a la forzosa conclusión de la obligación general de contribuir y de ahí habrá que llegarse, por exigencias de la igualdad, a que paguen más quienes más tengan y menos quienes menos tengan. Por dos razones: primera, porque el Estado va a asumir como objetivo propio, corregir las desigualdades de hecho; y segunda, porque al poder legislativo se le acredita legitimidad para producir leyes singulares, y no sólo generales".

2. *La igualdad en la Constitución. Los artículos 1, 14 y 31 CE*

Las constituciones actuales recogen sin ambages ni dobleces el principio de igualdad como valor superior del ordenamiento. En nuestra Constitución la igualdad ostenta desde luego esa categoría y junto a la libertad, la justicia y el pluralismo político inspira el ordenamiento jurídico. Así lo reconocen, en el ámbito tributario, las Sentencias 8/1986, de 21 de enero, y 19/1987, de 17 de febrero. La primera de ellas, en su FJ 4º, expone como la igualdad del art. 1, 1 CE "tiene numerosas manifestaciones específicas y concretas en el propio texto constitucional y, entre ellas, el principio de igualdad que ha de inspirar el sistema tributario, establecido en el art. 31, núm. 1, de la CE y además los poderes públicos tienen el deber de promover las condiciones para que la igualdad sea efectiva y remover los obstáculos que impidan o dificulten su plenitud (art. 9, núm. 2, de la CE)". Y, en conexión directa con el valor superior que recoge el art. 1, 1 se halla el art. 14 CE que establece la igualdad jurídica o igualdad de los españoles ante la ley entendida como "derecho fundamental de la persona a no sufrir discriminación jurídica alguna, esto es, a no ser tratada jurídicamente de manera diferente a quienes se encuentren en su misma situación, sin que exista una justificación objetiva y razonable de esa desigualdad de trato". Este planteamiento, o sea, distinguir un valor superior, la igualdad del art. 1, 1, con el cual se conectan otros principios, la igualdad jurídica del art. 14, y la igualdad como criterio inspirador del sistema tributario del art. 31, 1, se refuerza al ser retomado por la Sentencia 19/1987, de 17 de febrero.

Sin embargo, en nuestra opinión, que se sitúa en la línea marcada, por ejemplo, por Cano Mata (*El Principio de Igualdad en la Doctrina del Tribunal Constitucional*, Madrid, Edersa, 1983, p. 7), es más correcto diferenciar un valor preeminente el del art. 1, 1, desarrollado en el art. 14, como proclamación genérica del principio de igualdad ante la ley, y este último reflejado en otros preceptos constitucionales que delimitan su concreta aplicación: arts. 23, 2, o igualdad en el acceso a cargos públicos; art. 31, 1, o igualdad como criterio inspirador del sistema tributario; art. 39, 2, o igualdad de los hijos ante la ley con independencia de su filiación; art. 139, 1, o igualdad de los españoles en los territorios del Estado; etc.

Como pronto veremos el Tribunal Constitucional ha diferenciado las infracciones de una u otra manifestación del principio de igualdad, quiebra del art. 14 o del art. 31, y, además, ha tenido que conocer de infracciones del principio "en la ley" y "en la aplicación de la ley" (clasificación reconocida en la Sentencia 144/1988, de 12 de julio). Pero, previamente, vale la pena resumir cuales son, en términos generales, los rasgos esenciales del principio de igualdad a juicio del Tribunal. Y para ello nada mejor que acudir a su propia doctrina que él mismo se ha preocupado de sintetizar en el FJ 9ª de la Sentencia 76/1990,de 26 de abril:

> a) no toda desigualdad de trato en la ley supone una infracción del art. 14 de la Constitución, sino que dicha infracción la produce sólo aquella desigualdad que introduce una diferencia entre situaciones que pueden considerarse iguales y que carece de una justificación objetiva y razonable;
>
> b) el principio de igualdad exige que a iguales supuestos de hecho se apliquen iguales consecuencias jurídicas, debiendo

considerarse iguales dos supuestos de hecho cuando la utilización o introducción de elementos diferenciadores sea arbitraria o carezca de fundamento racional;

c) el principio de igualdad no prohíbe al legislador cualquier desigualdad de trato sino sólo aquellas desigualdades que resulten artificiosas o injustificadas por no venir fundadas en criterios objetivos y suficientemente razonables de acuerdo con criterios o juicios de valor generalmente aceptados;

d) por último, para que la diferenciación resulte constitucionalmente lícita no basta con que lo sea el fin que con ella se persigue, sino que es indispensable además que las consecuencias jurídicas que resultan de tal distinción sean adecuadas y proporcionadas a dicho fin, de manera que la relación entre la medida adoptada, el resultado que se produce y el fin pretendido por el legislador superen un juicio de proporcionalidad en sede constitucional, evitando resultados especialmente gravosos o desmedidos.

De una u otra forma estas ideas vertebran las numerosas resoluciones del Tribunal Constitucional, sentencias y autos, en las que se han resuelto conflictos motivados en diversa medida por la alegada quiebra del principio de igualdad.

Hay que formular, no obstante, un par de observaciones con carácter previo.

En rigor, la igualdad tributaria es la recogida en el art. 31 CE. Pero este precepto constitucional no figura entre aquellos cuya protección puede solicitarse vía recurso de amparo (art. 53, 2, CE). No admite el Tribunal Constitucional taimadas reconducciones de la problemática propia de la igualdad tributaria (o, incluso de la justicia tributaria en su conjunto, dada la férrea relación de este principio con el de capacidad económica y generalidad, cfr. Sentencia 46/2000, de 17 de febrero) al art. 14 CE que sí goza de la posibilidad de ser protegido por el recurso de amparo constitucional (Sentencias 54/1993, de 15 de febrero; 55/1998, de 16 de marzo; 71/1998, de 30 de marzo; 200/1999, de 8 de noviembre; o 111/2001, de 7 de mayo).

Por otro lado, el Tribunal Constitucional ha reconocido el derecho de las personas públicas a acudir al recurso de amparo cuando se entiende producida una desigualdad en la aplicación de la ley (Sentencias 239 y 240 de 2001, ambas de 18 de diciembre).

Intentaremos, a partir de este momento, ofrecer en las siguientes páginas un panorama mínimamente clarificador de la producción jurisprudencial del Alto Intérprete del texto constitucional.

3. Igualdad jurídica e igualdad de hecho

Empecemos por una de las Sentencias fundamentales en esta materia, la núm. 8/1986, de 21 de enero, más arriba ya citada. La misma corresponde a un recurso de amparo presentado contra actos administrativos del Consorcio Valencia-capital de la Contribución Territorial Urbana, mediante los cuales se asignaban nuevos valores catastrales a un inmueble de la propiedad la recurrente. Esta revisión catastral, era consecuencia de la aplicación del Real Decreto 11/1979, de 20 de julio, cuya aplicación se adelantaba en Valencia al resto de España. Esta diferenciación es la que, a juicio de la demandante, provoca infracción de los arts. 14 y 19 CE: igualdad jurídica y libertad de residencia.

Respecto al art. 19 el Tribunal suscribe la tesis del Ministerio Fiscal. Este precepto supone para los poderes públicos la no-restricción de la libertad de residencia como derecho fundamental que es, la no-adopción de medidas obstaculizadoras para los españoles con el fin de que puedan fijar libremente su residencia. Pero no implica que "las consecuencias jurídicas de la fijación de residencia hayan de ser, a todos los efectos, las mismas en todo el territorio nacional o, al menos en un mismo municipio". La libertad de elección conlleva una serie de beneficios y perjuicios, derechos, obligaciones o cargas que deben ser soportadas salvo, claro está, se quiera ejercer de nuevo el derecho a cambiar de residencia.

En cuanto al art. 14 de la Constitución se reafirma que su contenido es la igualdad jurídica, la igualdad ante la ley de los españoles, el derecho fundamental a no ser discriminado, esto es, "a no ser tratado jurídicamente de manera diferente a quienes se encuentren en su misma situación, sin que exista una justificación objetiva y razonable de esa desigualdad de trato". Pero, debe subrayarse, se protege una igualdad jurídica, ante la ley, es decir, el derecho a "no soportar un perjuicio — o una falta de beneficio — desigual e injustificado en razón de los criterios jurídicos por los que se guía la actuación de los poderes públicos". Se esta refiriendo a criterios normativos contenidos en las normas jurídicas.

Lo que no se protege como derecho fundamental es la igualdad material o de hecho frente a desigualdades de trato derivadas de circunstancias objetivas y razonables y no de criterios jurídicos discriminatorios. Y, en supuestos de presunta desigualdad en la aplicación de la ley como este del que tratamos, podía haberse añadido, que tales diferenciaciones no se pueden proteger desde un plano lógico por imposibilidad objetiva de conseguir un tratamiento uniforme para situaciones no homogéneas que tienen su causa no en la ley sino en hechos.

En consecuencia, debe averiguarse ahora si esa desigualdad en la aplicación de la norma, desigualdad de hecho, tiene o no una justificación suficiente que aleje el fantasma de la inconstitucionalidad. Y del examen que efectúa el Tribunal se concluye que tal desigualdad no procede de normas jurídicas que la impongan pero tampoco hay nada previsto en las normas reguladoras de la revisión de valores catastrales de los bienes urbanos acerca de la exigible simultaneidad o no en el ámbito nacional o local de tal proceso de revisión. Es esa falta de simultaneidad en la aplicación de la norma lo que perjudica a la recurrente y la impulsa a recurrir, su diferente aplicación en el tiempo. Sin embargo, ello encuentra una justificación razonable. La ley no tiene porque aplicarse simultáneamente a todos los sujetos que caen en su ámbito subjetivo de aplicación en todo caso. La aplicación no simultánea surge de una decisión del Consorcio para la Gestión e Inspección de la Contribución de Valencia-capital que como entidad administrativa, "tiene, en este supuesto y con los límites que la ley establece, la potestad de decidir el momento en que se procede a ella en virtud de su propia y autónoma competencia". De este modo, confirmando la competencia del órgano para decidir, y apoyándose en datos de hecho de difícil refutación (las considerables dimensiones del municipio) motivadores de las actuaciones impugnadas, el Tribunal no aprecia la infracción de criterios objetivos. "Se trata — concluye el Tribunal —, por el contrario, de una desigualdad de hecho producida por la aplicación no discriminatoria de una norma jurídica cuyo contenido tampoco vulnera el derecho fundamental invocado".

El Tribunal Constitucional también podía haber avalado el buen criterio del Consorcio en la adopción de las discutidas medidas si hubiera invocado el art. 103 CE, en la medida en que impone a la Administración actuar de acuerdo con los principios de eficacia, descentralización y coordinación, entre otros, con sometimiento pleno a la ley y al Derecho, aspecto que quedaba fuera de discusión. Recuérdese en este sentido que la Sentencia 58/1986, de 14 de mayo, se pronunció de la siguiente manera: "El principio de igualdad ante la Ley no excluye la posibilidad de un tratamiento desigual de supuestos análogos; es posible la diferenciación de trato, y esta posibilidad viene impuesta por la necesidad de coordinar las exigencias del principio de igualdad con las de otros principios también constitucionalmente protegidos" (vid. también las Sentencias 110/1984, 302/1994 y 55/1998).

Capítulo aparte merece aquellas sentencias en las que se plantea la posible arbitrariedad en la decisión adoptada por un tribunal ordinario cuando, ante un mismo caso, falla de un modo desigual. La cuestión es ciertamente compleja y, por ello, el Tribunal Constitucional ha perfilado su método de análisis. Tomaremos el FJ 3º de la Sentencia 210/2002, de 11 de noviembre, donde maneja los siguientes elementos:

1º) Acreditación de un término de comparación. El juicio de igualdad sólo puede hacerse comparando la sentencia que se impugna con las sentencias previamente dictadas por el mismo órgano judicial en las que, ante casos sustancialmente idénticos, ha resuelto de forma contradictoria.

2º) Existencia de alteridad en los supuestos contrastados de modo que la "referencia a otro" exigible en todo alegato de discriminación en la aplicación de la ley excluya la comparación consigo mismo.

3º) Identidad de órgano judicial a nivel de sección y no solo de sala.

4º) ausencia de motivación que justifique en términos generalizables el cambio de criterio, bien sea para separarse de una línea doctrinal previa y consolidada bien para explicar el abandono de un precedente inmediato en el tiempo.

Se trata ésta de una materia que cada vez se encuentra en la base de un mayor número de conflictos con sede ante el Tribunal Constitucional (cfr., entre otros, Sentencia 159/1997, de 2 de octubre; Sentencia 71/1998, de 30 de marzo — FFJJ 2º y 3º; Auto 104/2001, de 4 de mayo; y Sentencia 111/2002, de 6 de mayo).

La Sentencia 8/1986, en fin, ha puesto sobre la mesa dos de los temas que más se repiten en el análisis de la igualdad referida al ámbito tributario: la dimensión territorial de la igualdad y la necesidad de justificación en la discriminación que provoca la desigualdad admitida.

4. La dimensión territorial del principio de igualdad

La dimensión territorial del principio de igualdad ha sido objeto de estudio en muchas. Hemos escogido como más representativas las Sentencias 19/1987, de 17 de febrero, 37/1987, de 26 de marzo, 150/1990, de 4 de octubre, y el Auto 182/1986, de 26 de febrero.

La Sentencia 19/1987, de 17 de febrero, responde a una cuestión de constitucionalidad formulada por el Auto de 20 de junio de 1984, de la sala de lo Contencioso Administrativo de la Audiencia Territorial de Sevilla, que discutía el acuerdo del Ayuntamiento de Jerez de la Frontera sobre imposición del tipo de gravamen del 5 por 100 sobre la cuota líquida del IRPF y fijaba el tipo de gravamen de la Contribución Territorial Urbana, y Rústica y Pecuaria en el 40 y el 20 por ciento, respectivamente. Tal acuerdo aprovechaba la previsión legal efectuada por la Ley 24/1983, de 21 de diciembre, de Medidas Urgentes de Saneamiento y Regulación de las Haciendas Locales. Los artículos 8 y 9 de esta ley habilitantes del aumento de las Contribuciones ya habían sido declarados inconstitucionales, razón por la cual el examen jurídico se restringe al art. 13 de la Ley, referente al tipo del 5 por 100 sobre la cuota líquida del IRPF.

La labor del Tribunal Constitucional consiste básicamente en desentrañar si el art. 14 o el art. 31 de la Constitución han resultado dañados por el mencionado precepto. A través del mismo la Ley impugnada habilitaba a los Ayuntamientos para adoptar resoluciones de las que derivara de forma directa disparidad. Luego, la ley permite diversidad, trato diferenciado para los contribuyentes del país en función de los acuerdos que sus respectivas corporaciones municipales adopten respecto de los citados tributos. Ahora bien, diversidad no es, sin embargo, discriminación, ni, por sí sola, contraría el art. 14 CE. "Una desigual presión fiscal (...) sobre un determinado territorio, puede encontrar su justificación en una desigual proyección del gasto público sobre ese mismo sector. Por ejemplo — escriben Martin Queralt y Lozano Serrano —, una mayor presión fiscal sobre las grandes concentraciones urbanas puede encontrar su compensación en una política de gasto público que generosamente oriente los recursos públicos hacia esas grandes concentraciones urbanas" (*Curso de Derecho Financiero y Tributario*, 2ª ed., Madrid, Tecnos, 1991, p. 169).

Cabe admitir entonces distintos regímenes jurídicos que pueden ser, por lo menos, parcialmente distintos. Si se halla ese fundamento justificado y racional y se proyecta sobre situaciones legítimamente diversas, la diversidad de tipos impositivos se acomoda, en abstracto, al principio de igualdad del art. 14 según lo entiende la doctrina del Tribunal.

En realidad, ya en el Auto 182/1986, de 26 de febrero, se había dicho, si cabe de forma más explícita, que el dato de residir en un determinado territorio, municipio o comunidad autónoma, podía ser muy relevante a la hora de caer en el ámbito de sujeción de tributos propios de tales entes. Y que el principio de suficiencia de las Haciendas Locales (art. 142 CE) y de autonomía financiera de las Comunidades Autónomas (art. 143 CE) no pueden ceder, sin más ante el art. 139 de la Constitución, a menudo demasiado olvidado, cuando dispone que "todos los españoles tienen los mismos derechos y obligaciones en cualquier parte del territorio del Estado".

La solución se encuentra, a juzgar por el Auto, en, por un lado, salvaguardar la identidad básica de derechos y deberes de los españoles, pero, por otro lado, admitir la diversidad en las cargas fiscales que puedan soportar. "De ahí que la Constitución prevea la existencia de tributos propios de las Haciendas locales (art. 143 de la Constitución Española) y, por lo que respecta a las Comunidades Autónomas, de "recargos sobre impuestos estatales", así como de "sus propios impuestos, tasas y contribuciones especiales".

La posible compatibilidad entre la igualdad de los españoles y las competencias financieras de las Comunidades Autónomas "podría ser justificada por el reconocimiento del hecho de que la desigualdad en la presión fiscal debe ser proporcional a la calidad y a la cantidad de los servicios públicos concedidos por la comunidad autónoma, sin olvidar el nivel de capacidad tributaria de los afectados o beneficiarios" (Ortiz Arce, "El principio de igualdad en el Derecho económico", *Revista Española de Derecho Constitucional* 11/113, 1984).

Por tanto la radicación en un territorio determinado, llámese comunidad autónoma o municipio, puede ser una circunstancia que justifique un tratamiento fiscal distinto al que recibiría en otro diferente.

Eso es lo que podría repetirse de nuevo ante la controversia que refleja la Sentencia 150/1990, de 4 de octubre. El factor de desigualdad en este caso actúa en detrimento de los residentes en la Comunidad Autónoma de Madrid, como sujetos gravados con el recargo del 3% sobre la cuota líquida del IRPF. Pero el Tribunal Constitucional señala que el principio de igualdad no impone que todas las Comunidades Autónomas tengan que ejercer sus competencias de forma o con contenidos y resultados idénticos. Por ello, una Comunidad no ha de esperar a que otras de igual nivel competencial accionen estas competencias. Este argumento procede del FJ 10º de la Sentencia 37/1987, también aludida anteriormente, y remontándonos aún más en el tiempo, del FJ 2º de la Sentencia 37/1981, de 16 de noviembre.

En la Sentencia 37/1987 se resumió lo que parece ser el punto más equilibrado al que en esta cuestión puede aspirarse: "El principio constitucional de igualdad no impone que todas las Comunidades Autónomas ostenten las mismas competencia ni, menos aún, que tengan que ejercerlas de una manera o con un contenido y unos resultados idénticos o semejante. La autonomía significa precisamente la capacidad de cada nacionalidad o región para decidir cuando y cómo ejercer sus propias competencias en el marco de la Constitución y del Estatuto. Y si, como es lógico, de dicho ejercicio derivan desigualdades en la posición jurídica de los ciudadanos residentes en cada una de las distintas Comunidades Autónomas, no por ello resultan necesariamente infringidos los artículos 1, 9.2, 14, 139, 1 y 149.1.1 de la Constitución, ya que estos preceptos no exigen un tratamiento jurídico uniforme de los derechos y deberes de los ciudadanos en todo tipo de materias y en todo el territorio del Estado, lo que sería frontalmente incompatible con la autonomía, sino, a lo sumo, y por lo que al ejercicio de los derechos y al cumplimiento de los deberes constitucionales se refiere, una igualdad de las posiciones jurídicas fundamentales". Y, desde luego, lo que la Constitución no impone, ha dicho taxativamente el Tribunal Constitucional, es una absoluta identidad en esas posiciones jurídicas fundamentales (FJ 3º Sentencia 186/1993, en relación con el Impuesto de Extremadura sobre dehesas calificadas en deficiente aprovechamiento).

Más *in extenso*, no puede soslayarse, al menos un párrafo del FJ 2º de la S. 37/1981:

Refiriéndose a los principios que enuncia el art. 139 CE, "el primero de tales principios es el de igualdad en derechos y obligaciones de todos los españoles en cualquier parte del territorio nacional. Es obvio, sin embargo, que tal principio no puede ser entendido en modo alguno como una rigurosa y monolítica uniformidad del ordenamiento de la que resulte que, en igualdad de circunstancias, en cualquier parte del territorio nacional, se tienen los mismos derechos y obligaciones. Esto no ha sido nunca así entre nosotros en el ámbito del derecho privado y, con la reserva ya antes señalada respecto de la igualdad en las condiciones básicas de ejercicio de los derechos y libertades, no es ahora resueltamente así en ningún ámbito, puesto que la potestad legislativa de que las Comunidades Autónomas gozan potencialmente de nuestro ordenamiento una estructura compuesta, por obra de la cual puede ser distinta la posición jurídica de los ciudadanos en las distintas partes del territorio nacional. Es cierto que esta diversidad se da dentro de la unidad y que, por consiguiente, la potestad legislativa de las Comunidades Autónomas no puede regular las condiciones básicas del ejercicio de los derechos o posiciones jurídicas fundamentales que quedan reservadas a la legislación del Estado (arts. 53 y 149, 1, 1 de la Constitución), cuyas normas, además, son las únicas aplicables en las materias sobre las que las Comunidades Autónomas carecen de competencia legislativa, prevalecen en caso de conflicto y tiene siempre valor supletorio (art. 149, 3)" (vid. también, en el supuesto de la diversidad de tipos de gravamen efectivos del Impuesto municipal sobre bienes inmuebles, la Sentencia 233/1999, FJ 26ª).

También sería posible llegar a esta conclusión, como sugiere Cazorla Prieto (*Recargos e Impuesto sobre la Renta de las Personas Físicas*, Madrid, La Ley, 1986, pp. 232 y ss.), mediante el recurso a lo que Alonso García ha llamado "test de razonabilidad". Éste consiste en examinar directamente las normas dictadas introductoras de la desigualdad para ver si los motivos o razones que se alegan para su justificación resultan acordes con los valores recogidos en la Constitución. Y, en el tipo de supuestos concretos que nos ocupan, principios como autonomía de los municipios o suficiencia de las Haciendas locales son suficientemente valiosos como para modular el principio de igualdad ("El principio de igualad en el artículo 14 de la Constitución española", *Revista de Administración Pública*, núms. 100-102, v. I, 1983, pp. 21 y ss).

5. *La necesidad de una discriminación justificada para admitir la desigualdad*

Se ha dicho anteriormente que es preciso, para poder admitir una situación de desigualdad que la medida que introduce el elemento de discriminación tenga una justificación suficientemente razonable. Este axioma ha sido desarrollado también en diversas resoluciones del Tribunal en materia tributaria.

Veamos los Autos 230/1984, 204 y 392 de 1985 y las Sentencias 214/1994, 134/1996 y 23/1997.

En el Auto 230/1984, de 11 de abril se planteaba la discriminación entre el trato fiscal otorgado a rentas agrarias (según la Disposición Transitoria 2ª de la Ley 44/1978) y a las de distinta naturaleza. Pero la discriminación sólo hubiera podido, en su caso, apreciarse de ser distinto el trato dispensado a perceptores de rentas agrarias, esto es de igual tipo, entre sí.

El art. 31, 1 CE, cuya impugnación no es posible a través de un proceso de amparo como éste del que se ocupa el auto, establece que el sistema tributario ha de ser justo e inspirarse en los principios de igualdad y progresividad. Pero no ha de entenderse esto de forma tal que impida al legislador introducir diferencias entre los contribuyentes en función de sus rentas, por cuantía u origen de las mismas, o "cualesquiera otra condición social que considere relevante para atender el fin de la justicia". Por tanto, no se vulnera el art. 14 CE. Dicha vulneración "sólo se produciría, eventualmente, cuando arbitrariamente se establezcan discriminaciones entre contribuyentes respecto de los cuales no media ninguna razón objetiva de diferenciación". Como anota Escribano Lopez, la exigencia de razones objetivas de diversa índole, cuya racionalidad o no arbitrariedad debe enjuiciar el Tribunal, apunta hacia una nueva forma de manifestarse esa ya calificada por la STC 27/1981 "desigualdad cualitativa" (*La Configuración Jurídica del Deber de Contribuir*, Madrid, Civitas, 1988, p. 268).

En los Autos 392 (de 12 de junio) y 204 (de 20 de marzo) de 1985, ni siquiera se plantea la justificación de la medida discriminatoria por la sencilla razón de que no se aprecia la alegada discriminación. Ambas resoluciones giran alrededor del gravamen complementario de la tasa fiscal que grava los juegos de suerte, envite o azar llevados a cabo por máquinas o aparatos automáticos, exacción que va a ser fuente de numerosas controversias ante el Tribunal Constitucional. El Auto 392/1985 proviene de la interposición de recurso de amparo por la Asociación Provincial de Madrid de Empresas Operadoras de Máquinas Recreativas (OPEMARE) contra el Real Decreto 2570/1983, de 21 de septiembre, dictado en desarrollo de la Disposición Adicional 6ª de la Ley 5/1983, de 29 de febrero, de Medidas Urgentes en Materia Presupuestaria, Financiera y Tributaria, por el que se regula el citado gravamen, así como contra la Sentencia del Tribunal Supremo de 12 de febrero de 1985, desestimatoria del recurso contencioso-administrativo presentado por los demandantes. Éstos estiman que dicha disposición normativa contraría los arts. 9, 14 y 31 de la Constitución. Pero, como no podía ser de otra manera, el Tribunal advierte que la presunta vulneración de los arts. 9 (seguridad jurídica) y 31 (capacidad económica) es una alegación fuera de lugar en un recurso de amparo (FJ 1º), pues la función de éste es velar por el respeto de los derechos y libertades reconocidos en los arts. 14 a 30 de la Constitución, según prevé su propio art. 53, 2 y el 41 de la Ley Orgánica reguladora del Tribunal Constitucional (Ley Orgánica 2/1979, de 3 de octubre).

El FJ 2º del auto se reserva al examen de la presunta quiebra del principio de igualdad. Los recurrentes observan tal fractura en el hecho de que el gravamen complementario sólo recae sobre el empresario que antes del día 30 de junio de 1983 disfrutaba del permiso de explotación de las citadas máquinas, y no sobre aquel que obtiene el permiso en fecha posterior. Sin embargo, el Tribunal Constitucional no puede ignorar, como sí hacen, deliberadamente o no, los solicitantes de amparo, que aquellos empresarios que se encuentran en la segunda de las posiciones expuestas soportan "una tasa fiscal cuya cuantía es igual al conjunto de tasa fiscal y el llamado gravamen complementario que grava a los primeros". El resultado del ajuste de la tasa y la imposición del gravamen complementario es evidente: se iguala para todo el año 1983 la carga fiscal a soportar por los titulares de máquinas o aparatos recreativos, de forma que no se aprecia discriminación de tipo alguno como temerariamente argumentan los recurrentes. Y esa temeridad es retribuida por el Tribunal imponiéndoles las costas del proceso y una sanción pecuniaria de 25.000 ptas.

Téngase en cuenta, por lo demás, que el Tribunal entendió, más tarde, en la Sentencia 126/1987, de 16 de julio, que la Disposición Adicional Sexta respondía al intento de adecuar la presión tributaria, del sector en cuestión al resto de las modalidades de juego "a fin de lograr una mayor justicia tributaria y aminorar las distorsiones que venían produciéndose entre ellas y que, a su vez, estaban afectando negativamente a la recaudación total procedente del juego" (FJ 13º). De tal manera que podría convenirse, con Martin Queralt y Lozano Serrano (ob. cit., p. 168), en que la realidad social desigual legitima un trato claramente discriminatorio como el que, desde el punto de vista de la retroactividad de la ley prevé la Disposición Adicional Sexta, discriminación, así apreciada, insistimos, que desaparece al lograrse como resultado la igualación de la presión fiscal padecida por unos y otros. La discriminación, o desigualdad formal, como vehículo dirigido a lograr la igualdad real resulta ser, pues, un mecanismo que se legitima en función del resultado que alcanza.

Tampoco se aprecia discriminación alguna por la aplicación del gravamen complementario respecto de los titulares de otras actividades o establecimientos sobre el juego, tales como casinos o bingos, sujetos que se encuentran en una situación, fiscal e incluso empresarial, distinta, y, por tanto, acreedores de un trato fiscal diferenciado. "A mayor abundamiento — se añade en el FJ 2º del Auto 204/1985 — lo que realmente solicita el recurrente al respecto no es el restablecimiento en situación de igualdad alguna, sino, por el contrario, un auténtico privilegio. Pues, en efecto, si se accediese a lo solicitado en la demanda y se declarase la no-aplicación al recurrente del gravamen complementario indicado, serían los restantes titulares de máquinas recreativas los que podrían sentirse discriminados con respecto a él".

En cuanto a la Sentencia 214/1994, de 14 de julio, en ella no se acepta el alegado trato discriminatorio que supuestamente padecen las becas privadas frente a las públicas en la medida en que éstas últimas están exentas en el Impuesto sobre la Renta (IRPF) y las primeras no. El Tribunal Constitucional estima que son supuestos no comparables y despliega un variado conjunto de argumentos en apoyo de la constitucionalidad de la norma impugnada, la ley del IRPF. Viene a decir el Tribunal que las becas públicas sólo se destinan a los ciudadanos con menores recursos económicos y en una cuantía legalmente determinada y que las condiciones de acceso a las ayudas públicas o el procedimiento de concesión goza de especiales garantías de las que carecen las ayudas que conceden las entidades privadas. No obstante, y como muestra evidente del carácter dogmático de su respuesta, el Tribunal termina por admitir que "bajo ciertas condiciones las becas privadas pueden servir la misma finalidad general de las becas públicas. Por lo que cabría establecer que (...) pudieran acogerse a un régimen jurídico de concesión similar al de las segundas y, en tal caso, gozar de la exención fiscal reconocida a éstas" (FJ 8º B).

La Sentencia 134/1996 responde a un recurso de inconstitucionalidad interpuesto contra la norma que, a decir de los recurrentes, imponía un trato fiscal discriminatorio entre los perceptores de pensiones de incapacidad permanente. En efecto, una modificación legal operada en 1993 determinó que a partir del primero de enero de 1994 sólo quedaran exentas del IRPF las pensiones de incapacidad permanente causadas por funcionarios públicos cuando el grado de disminución fuera constitutivo de gran invalidez en tanto que las personas de incapacidad permanente reconocidas a quienes ampara la Seguridad Social quedan exentas incluso cuando van referidas a situaciones de disminución menos gravosas, las correspondientes a la categoría de incapacidad permanente absoluta. El Tribunal analiza la naturaleza de las prestaciones, de las pensiones objeto de comparación, y llega a la conclusión de que son idénticas razón por la cual la diferenciación en el trato fiscal que se otorga a unas y otras carece de una justificación objetiva, razonable y proporcionada. En consecuencia, se declara inconstitucional la norma impugnada.

Para terminar, una breve referencia a la Sentencia 23/1997. En ella el Tribunal dirime si vulnera o no el art. 14 CE el hecho de que la Administración niegue al administrado el derecho a percibir intereses de demora desde la fecha en que fueron indebidamente retenidas. Por el contrario, la Administración sostiene que se abonará el interés de demora una vez transcurridos tres meses desde que se notifique la Sentencia dictada a favor del administrado y una vez él haya reclamado su abono de acuerdo con el art. 45 de la Ley General Presupuestaria (cuya constitucionalidad se estableció en la Sentencia 69/1996; vid. también las Sentencias 156/2000, de 12 de junio, y 81/2003, de 28 de abril, FJ 8º). El Tribunal llega a la conclusión que el retraso en el abono de los intereses y, en consecuencia, la reducción del importe que por tal concepto abonará la Administración al administrado, contradice el carácter indemnizatorio de los intereses de demora, que resulta de una exigencia de la igualdad, y constituye, por tanto, un privilegio carente de justificación a favor de la Administración Pública (FJ 5º). No hay aquí asidero que soporte la situación privilegiada y discriminatoria de la Administración pues no tienen juego ni el principio de autotutela, ni el principio de eficacia administrativa ni se ha de tomar en consideración la demora inercial o institucional de la Hacienda (cfr. Sentencias 206/1993, de 22 de junio y 113/1996, de 25 de junio) ni tampoco está en juego el correcto sistema de recaudación de los tributos (Sentencias 76/1990 y 164/1995). Similarmente, véase la Sentencia 141/1997, de 15 de septiembre.

6. El término de comparación

"En toda cuestión de igualdad — ha escrito Suay Rincon — se plantea siempre el mismo problema. Para que pueda concluirse, en efecto, que una persona o un conjunto de ellas están discriminadas, hace falta que 'otros' se encuentren en mejor posición y disfruten de un régimen jurídico más favorable (...). Sin 'término de comparación', expresión acuñada por el Tribunal Constitucional, no hay, así pues, desigualdad posible, ni mucho menos, discriminación" (ob. cit., pp. 856-857).

El término de comparación debe ser puesto a disposición del Tribunal por el recurrente por extensión al campo de la justicia constitucional de la regla por la cual incumbe la prueba del derecho a quien lo alega. El recurrente con esta actividad en el fondo está aportando nuevos elementos, diríase que fundamentales, para apoyar sus pretensiones. Pero, como ha criticado Suay Rincon, es dudoso que la regla de la aportación de la prueba tenga que enjuiciarse con tanto rigor como en Derecho Civil, toda vez que, en el ámbito en el que nos hallamos, la justicia constitucional, la función primera del Tribunal es la defensa "objetiva" de la Constitución (ob. cit., p. 155).

Sin embargo, el Tribunal Constitucional no se ha mostrado proclive a relativizar la exigencia del término de comparación y como veremos en las resoluciones que entramos a comentar su respuesta ha sido inflexible: si no hay término de comparación no procede entrar a examinar discriminación alguna.

En la Sentencia 111/1991, de 20 de mayo, en materia de recurso de amparo, se alega la vulneración del principio de igualdad porque la parte actora fue objeto de una inspección que terminó con un acta al considerarse que carecía de derecho a una determinada exención prevista en el Impuesto sobre las Rentas del Trabajo Personal. La actuación de la inspección se efectuó al amparo de una circular del Ministerio de Hacienda de 6 de febrero de 1978, cuyo contenido se reprodujo en la Orden ministerial de 27 de marzo de 1981, que fue anulada por la Sentencia del Tribunal Supremo de 12 de julio de 1982. En cumplimiento y ejecución de esta Sentencia se dictó la Orden de 1 de septiembre de 1982 que anulaba la antes citada de 27 de marzo de 1981.

La demandante estima que la no-aplicación en su caso de la Orden de 1 de septiembre de 1982 provoca una ruptura del principio de igualdad, un caso de discriminación frente a quienes provocaron y consiguieron la anulación de dicha disposición.

El Tribunal Constitucional no niega que pudo ocurrir que determinados sujetos se beneficiaran de la referida exención, que le ha sido denegada al solicitante de amparo. Pero el obstáculo para apreciar la violación del art. 14 CE "radica en la no-aportación por la recurrente de un supuesto que pudiera servir como término válido de comparación, y en el que (...) se hubiera reconocido por Sentencia del Tribunal Supremo derecho a la exención del Impuesto sobre las Rentas del Trabajo Personal, ejercicio 1977, en aplicación del art. 31 de la Ley 50/1977".

El Auto 301/1985, de 8 de mayo, vuelve sobre un tema que ya nos resulta conocido: el gravamen complementario de la tasa fiscal sobre el juego, creado por la Ley 5/1983 y regulado por el Real Decreto 2570/1983, de 21 de septiembre. Los recurrentes, de forma reiterada, alegan vicio de inconstitucionalidad por infracción, entre otros artículos de la Constitución, del número 14 y, en consecuencia, solicitan el amparo constitucional. Así, se señalan hasta cuatro supuestos de quiebra del principio de igualdad:

a) Se exige el gravamen tanto a quienes ejercieron su actividad mercantil durante todo el año 1983 como a quienes cesaron en su ejercicio inmediatamente tras el abono de la tasa fiscal. Se aduce que en tal caso se dispensa un trato igual a situaciones esencialmente distintas.

b) El gravamen complementario recae de igual forma sobre quienes, sin prever que se produciría la entrada en vigor del mismo explotaban las máquinas automáticas desde antes de dicha fecha, y sobre quienes conociendo esos datos, espontánea y libremente realizan el hecho imponible.

c) La cuantía de la exacción es la misma para quienes explotan las máquinas todo el año y para quienes lo hacen durante un periodo inferior.

d) El gravamen complementario sólo se exige al titular del permiso de explotación y, en ningún modo, al titular del local en el que las máquinas se ubican para su utilización, cuando ambos sujetos participan del producto económico de tales máquinas.

El Tribunal Constitucional, en el FJ 2º del auto, fulmina estas alegaciones, evidentemente inconsistentes, pretextando la imposibilidad de solventar una cuestión previa, a saber, la ausencia total de términos de comparación en los que hacer descansar el juicio sobre lo atinado o no de los argumentos presentados, pues no se precisa "en ningún momento en que, han sido ellos discriminados y respecto de quienes". Con esta maniobra se auto exime de entrar a examinar a fondo tales alegatos, examen que, a nuestro juicio, no se habría calificado de superfluo.

En nuestra opinión, el meollo de la cuestión reside en si se refrenda o combate la calificación de tasa que hace el legislador al denominar el tributo que recae sobre el juego. Caso de aceptarse que este tributo participa de los rasgos que corresponden a esta categoría tributaria fácilmente se desmontan los argumentos que esgrimen los recurrentes. La tasa se exige en función de la autorización, celebración u organización del juego en cuestión y no necesita vincularse al mantenimiento de una determinada capacidad contributiva integrada por los rendimientos que su explotación genera. Siendo lo realmente importante la concesión de la autorización administrativa resulta irrelevante el mantenimiento de la explotación durante todo o parte del periodo impositivo, con lo cual carecerían de sentido las alegaciones que hemos agrupado en los puntos (a) y (c). Y el titular del permiso o autorización, por otra parte, es el único sujeto pasivo del tributo, consideración que apaga la alegación del la letra (d).

Sin embargo, el Tribunal Constitucional ha terminado por calificar la tasa sobre el juego como impuesto en la Sentencia 296/1994, de 10 de noviembre, impuesto cuyo hecho imponible verdadero es la explotación de las máquinas de juego. Desde esta perspectiva, las alegaciones (a), (c) y (d) cobran mayor valor, pero no en cuanto a la presunta quiebra del principio de igualdad sino en cuanto a la posible lesión del principio de capacidad económica si el gravamen a pagar es el mismo para quien explota la máquina durante una porción del período impositivo y para quien lo hace continuadamente todo el año, o si debe gravarse al titular de la autorización o a quienes realmente extraen provecho de esa autorización.

El supuesto (b), relativo, sin duda, al principio de seguridad jurídica, y a través del mismo, con repercusión en el principio de igualdad, es desechado por el propio Tribunal. Según éste, "de ser llevado a su extremo lógico, conduciría a la conclusión de que, por ejemplo, cualquier modificación de la Contribución Territorial Urbana, sólo sería aplicable a quienes después de ella adquirieran vivienda, pero no a los que las hubiesen adquirido antes de tal modificación". Este ejemplo, en el fondo, viene a sostener el postulado, hecho explícito en otras ocasiones (así las Sentencias 27/1981, 6/1983 y 126/1987), según el cual el derecho a la seguridad jurídica no puede implicar una congelación del Ordenamiento Jurídico.

Otras ocasiones en las que el Tribunal ha hecho girar su fundamentación en torno a la ausencia de término de comparación son la Sentencia 186/1993 (FJ 4º, b; relativa al Impuesto de Extremadura de Dehesas Calificadas en Deficiente Aprovechamiento), la 36/2000, de 14 de febrero, y la 1/2001, de 15 de enero, amen del Auto 289/1999, de 30 de noviembre, en el que se estudia el distinto trato fiscal que reciben por parte del IRPF los contribuyentes con hijos respecto de los que no tienen.

7. *El régimen fiscal de la unidad familiar y el principio de igualdad*

Unas de las intervenciones del Tribunal Constitucional que mayor repercusión han tenido a nivel popular y de mayor impacto en el plano jurídico han sido las que destruyeron, a través de dos sentencias, el sistema de tributación de la unidad familiar que el Impuesto sobre la Renta de las Personas Físicas había previsto en su Ley 44/1978. Esas sentencias son la 209 de 1988, de 10 de noviembre, y la 45 de 1989, de 20 de febrero, cuyos argumentos básicos se desenvuelven en torno al respeto al principio de igualdad y también a los de capacidad económica y progresividad.

En la Sentencia 209/1988 se resuelve el recurso de amparo interpuesto contra una sentencia de la Audiencia Territorial de Barcelona (Sentencia 495, de 19.6.1985), confirmatoria de una resolución desestimatoria de una reclamación económico administrativa previa (resolución del Tribunal Económico Administrativo Provincial de Tarragona, de 28 de octubre de 1983). Todos estos pronunciamientos sostenían la corrección de la imposición por parte de la Inspección al recurrente y a su cónyuge de la acumulación de rentas que les correspondía como unidad familiar en la declaración del año 1980, dándose la circunstancia, sin embargo, que habían celebrado su matrimonio el día 27 de diciembre de ese año.

Básicamente se denuncia por parte del recurrente la discriminación por razón de matrimonio que se hace patente en la obligada tributación por el régimen de acumulación de rentas y de declaración conjunta, considerándose que se atacan, principalmente, los artículos 14, 31.1 y 39 de la Constitución.

El Tribunal Constitucional (FJ 4º) empieza por perfilar las quejas del recurrente. Así, entiende que urge examinar la constitucionalidad del régimen tributario especial que corresponde a los contribuyentes casados basado en la acumulación de rentas e impuesto por el solo hecho de haber contraído matrimonio, con independencia de que ello determine un resultado más gravoso, en términos de carga fiscal, que si la declaración se hubiese hecho separadamente, pues, se trata de comprobar si de este modo quebró el principio de igualdad, si hubo discriminación o diferenciación infundada.

Por otro lado, no ha de desconocerse que, en realidad, la desigualdad, si la hay, provendrá de la ley y no de la aplicación que de la misma efectúa la Administración (FJ 5º). Se advierte, en consecuencia, una denuncia indirecta o mediata, de la falta de conformidad constitucional de las normas legales que fijan el debatido régimen tributario (arts. 4.2; 5.1, regla 1ª; y otros conexos de la Ley 44/1978, de 8 de septiembre, del IRPF). O sea, la Sentencia 208/1988 juzgará la concesión del amparo, pues se trata de un recurso constitucional cuya finalidad es poner "remedio frente a vulneraciones singulares de derechos fundamentales" en un caso concreto. Pero, el Tribunal es consciente de que el problema particular del recurrente es únicamente consecuencia de la aplicación particular de una legislación general que tiene visos de ser contraria a la Constitución. Por esta razón, se procederá a seguir la vía prevista en el art. 55, 2 de la Ley Orgánica del Tribunal Constitucional, plantearse la denominada "auto-cuestión" de inconstitucionalidad aunque dejando el examen de la normativa bajo sospecha para un ulterior pronunciamiento, que será la Sentencia 45/1989.

En ese momento se comprendió que muy probablemente el sistema fiscal español iba a sufrir una convulsión semejante a la experimentada por los ordenamientos alemán e italiano cuando sus respectivos tribunales constitucionales decidieron proscribir los sistemas de acumulación de rentas del matrimonio, en sendas sentencias de 17 de enero de 1957 y 15 de julio de 1979, respectivamente.

El FJ 6º inicia el juicio de igualdad, único de los principios constitucionales que se alega infringido cuya protección puede reclamarse a través del instrumento en que consiste el recurso de amparo (cfr. art. 41 LOTC). Esta igualdad del art. 14, indudable protagonista de la sentencia, por ser el ámbito jurídico en el que se desarrollan los hechos discutidos, impulsores de la lenta pero imparable maquinaria en que consiste la justicia constitucional, el ámbito tributario, debe concretar su alcance poniéndose en relación con el art. 31.1 de la Ley Fundamental. "La igualdad ante la ley — ante la ley tributaria, en este caso — resulta, pues, indisociable de los principios (generalidad, capacidad, justicia y progresividad, en lo que ahora importa) que se enuncian en el último precepto constitucional".

La igualdad ante la ley, reiterada una y otra vez en sede constitucional, exige considerar contraria a dicha igualdad tanto "la norma que diversifica por un mero voluntarismo selectivo como aquella otra que, atendiendo a la consecución de un fin legítimo, configura su supuesto de hecho, o las consecuencias jurídicas que se le imputan, en desproporción patente con aquel fin, o sin atención alguna a esa necesaria relación de proporcionalidad".

Siguiendo las pautas precisas para formular el juicio de igualdad, visto el contenido del principio y la necesidad de una justificación razonable y objetiva para tolerar la desigualdad, el Tribunal procede a tomar como término de comparación los propios preceptos de la ley de Renta reguladores de la tributación de los demás sujetos pasivos no integrados en la unidad familiar (FJ 7º). Del contraste entre la situación de los sujetos contribuyentes según estén unidos o no en matrimonio ha de salir la respuesta a la alegada infracción del principio de igualdad.

"Aún cuando el art. 4.1.a) de la Ley identifica a las personas físicas como sujetos pasivos por obligación personal del Impuesto, el n. 2 del mismo artículo sienta el principio del sometimiento conjunto solidario al tributo para quienes se integran en una 'unidad familiar' (para los cónyuges, en lo que este recurso importa: art. 5.1, regla primera), cuyos rendimientos e incrementos de patrimonio se acumularán a estos efectos (art. 7.3), quedando así los integrantes de la unidad familiar — que han de suscribir declaración única (art. 34.3) — solidariamente obligados frente a la Hacienda Pública, sin perjuicio del derecho a prorratear entre sí el importe de la correspondiente deuda tributaria (art. 31.2)."

Paradójicamente, pues, un impuesto que se caracteriza por ser personal, y que, debe, por tanto, gravar individualmente la renta de cada uno de los sujetos a él sometidos, en realidad, configura la "unidad familiar" como "unidad contribuyente", con el efecto, en absoluto despreciable, de originar una carga tributaria mayor sobre el contribuyente casado respecto del que, con magnitud igual de renta no lo está, por el mero juego de la progresividad del impuesto. De esta manera se pone al descubierto el trato desigual y discriminatorio entre los distintos grupos de sujetos gravados.

La siguiente pregunta es si existe alguna razón de peso que avale este trato discriminatorio. En orden a hallar un motivo o justificación que en plano de la legalidad ampare esa discriminación pudo alegarse una presunción de capacidad económica distinta y superior fruto de la acumulación de rentas de dos sujetos que viven en común con las consiguientes "ventajas económicas que comporta el hecho de compartir, por la vida en común, una serie de gastos que en los demás casos se soportan individualmente por cada uno de los sujetos pasivos del impuesto". Pero, el Tribunal (FJ 8º), se apresura a asegurar que la licitud de la diferenciación desde el punto de vista constitucional exige que las consecuencias jurídicas que acarrea "sean adecuadas a aquel fin y proporcionadas a las diferencias mismas" (similar razonamiento pero referido a la igualdad en el plano territorial se desarrolla en la interesantísima Sentencia 96/2002, de 25 de abril). Y ello no sucede en este concreto sistema de obligada acumulación de rentas y declaración conjunta (FJ 9), porque no se salvaguarda ni la coherencia ni la proporcionalidad que impone el respeto al principio constitucional de igualdad.

El mero hecho del matrimonio, y no el incremento de capacidad económica que experimentan los sujetos pasivos del impuesto integrados que viven en común, es lo que la ley toma como índice diferenciador alejándose de la situación económica real de los sujetos pasivos. Y, téngase presente, que se darán casos, frecuentes en la sociedad actual, en los que, por razones laborales y de comunicaciones, no se den esas ventajas, y esos "gastos comunes" no puedan ser asumidos desde una situación de capacidad económica incrementada.

El legislador se basa sólo en la presunción de las ventajas económicas de la vida en común, pero como esta no es tomada como índice diferenciador, sino que dicho índice no es otro que el matrimonio, se deja fuera del régimen de acumulación de rentas a las meras uniones de hecho, o a los parientes que pueden vivir juntos, por poner dos casos ciertamente frecuentes que escapan al citado régimen cuando el fenómeno de incremento de capacidad económica también puede perfectamente presumirse producido (FJ 10º).

La presunción *iuris et de iure*, sin concreción alguna, del supuesto incremento de la capacidad económica de cada cónyuge, sin tener en cuenta la proporcionalidad ("que debe necesariamente existir para garantizar la igualdad de trato normativo fiscal") entre dicho incremento y la carga impositiva, que aumenta, inexorable, a causa de la progresividad del impuesto, no es admisible. Porque quiebra la igualdad y es incoherente con la naturaleza "personal" del tributo (art. 1.1 de la L.44/1978). Una distinta capacidad tributaria sí legitimaría un distinto trato fiscal acorde con el art. 31, 1 CE. Pero esa distinta capacidad económica no puede darse en un caso como el que suscita este recurso de amparo en el que el matrimonio se produce cuatro días antes de terminar el período impositivo y, aun así, se ve sometido a un régimen fiscal solamente aceptable si existe un hipotético incremento de capacidad de contribuir como resultado de la unión matrimonial.

En definitiva, nos sumamos a Lasarte Alvarez cuando termina su análisis de esta sentencia con esta valoración: "Al razonar en términos de capacidad económica para comprobar la correcta aplicación de aquélla, llevó a cabo una laudable integración de ambos principios de justicia fiscal, pues el criterio básico para el reparto de los tributos no puede distorsionar sin causa justificada el principio de igualdad, asumido por la Constitución como uno de sus valores fundamentales" (*Jurisprudencia del Tribunal Constitucional en Materia Financiera y Tributaria, 1981-1989*, con otros autores, Madrid, Tecnos, 1990, p. 150).

Frente a la concisión de la Sentencia 209/88 la Sentencia 45/89 realiza una disección punto por punto de las diversas cuestiones que fueron sugeridas en la anterior. Al fin y al cabo su cometido, al someterse el propio Tribunal a una cuestión de inconstitucionalidad y no tratarse ya, únicamente, de un problema concreto, es profundizar al máximo en la sustancia del entramado normativo en el que consiste el régimen de tributación de la unidad familiar. Del conjunto de cuestiones que se plantean entresacaremos las más sobresalientes desde el punto de vista de la igualdad tributaria.

El Tribunal parte de la premisa de que la carga tributaria a la que cada sujeto ha de hacer frente en función de su capacidad económica, la definición de ésta y el método para determinarla han de ser establecidos mediante normas que efectivamente den a todos los sujetos un trato igual y no introduzcan entre ellos diferencias resultantes de su propia condición personal, o de las relaciones que existen entre ellos y otras personas cuando ni aquella condición ni estas relaciones son elementos determinantes del impuesto en cuestión — FJ 4º. Añadirá, también, que la igualdad es perfectamente compatible con la progresividad del impuesto y que sólo exige que el grado de progresividad se determine en función de la base imponible y no en razón del sujeto es una previsión que, por su obviedad misma, apenas resulta necesaria.

Junto a los artículos 14 y 31, entra en juego también el 39 en la medida en que otorga protección a la familia como institución de la que puede decirse, como mínimo, que se origina en el matrimonio, cuyo régimen, sin dudar ni un momento de que se sustenta en la igualdad jurídica plena de ambos cónyuges, debe, además, establecerse por ley (art. 32).

Sobre estas bases construye el análisis de los siguientes temas: el sistema de sujeción conjunta y solidaria al impuesto, el tratamiento que se otorga a la unidad familiar y la configuración legal de acumulación de rendimientos.

a) El sistema de sujeción conjunta y solidaria

La Ley del IRPF disponía que cuando los sujetos pasivos del impuesto estuvieran integrados en una unidad familiar, todos los componentes de esta última quedaran conjunta y solidariamente sometidos al impuesto como sujetos pasivos.

El sistema de sujeción conjunta y solidaria de los cónyuges (e hijos menores) en sí mismo no tiene por qué ser arbitrario, esto es, causante de una diferencia irrazonable. Pero, esta opción del legislador ha de contemplarse sin perder de vista su conexión sistemática con el conjunto legal del que forma parte antes de formular un juicio definitivo sobre su constitucionalidad.

Primeramente, debe procederse a interpretar el significado de los términos "sujeción conjunta y solidaria" en el marco de un impuesto personal que grava la renta de los sujetos pasivos en función de su cuantía y de las circunstancias personales y familiares. Se trata de un "principio opuesto al de sujeción separada, con arreglo al cual, cada individuo tributa separadamente por sus propias rentas y es responsable de una obligación tributaria absolutamente individualizada". "En la sujeción conjunta varios individuos son considerados como integrantes de una 'unidad tributaria' o contribuyente, de manera que la obligación tributaria principal de cada uno de ellos se concreta mediante la determinación de una cuota única, correspondiente al conjunto, a la unidad tributaria en cuestión".

Repitiendo el razonamiento de la Sentencia 209/1988, se admite que como "simple instrumento técnico" la sujeción conjunta es en sí misma "constitucionalmente neutral" y admisible siempre y cuando no lesione en su configuración legal los derechos constitucionales de los sujetos pasivos del tributo, o sea, individuos aislados y no conjuntos de ellos. O sea, se impone que no traspase una serie de límites:

a) La arbitrariedad en la inclusión de varios sujetos en una unidad tributaria está vedada por contradecir el principio de igualdad. Téngase en cuenta que "el correlato lógico de un tributo personal y directo sobre la renta de las personas físicas es la imposición separada", luego la sujeción conjunta implica claramente un trato diferenciado que sólo será constitucionalmente admisible si se funda en una razón congruente con el fin de la norma, lo cual se traduce en el caso en que nos hallamos en que esta sujeción es necesaria o al menos conveniente para determinar la renta de los distintos sujetos.

b) Ha de respetarse, por desprenderse de los arts. 14 y 31, la capacidad económica de los sujetos integrados en la unidad tributaria en el sentido de que la sujeción conjunta al dar lugar a una cuota única no puede exceder en su cuantía de la que resultaría de sumar las cuotas que separadamente correspondería a cada uno de los sujetos pasivos. No puede superar ese tope pero sí situarse por debajo "si el legislador emplea también este instrumento de la sujeción conjunta, como es casi inexcusable, para cumplir la obligación de proteger la familia que le impone el art. 39.1 de la Constitución". Luego, se abre la puerta a una posible discriminación positiva si el fin que se persigue es la protección de la familia.

c) El desarrollo de la sujeción conjunta no debe originar situaciones que resulten discriminatorias respecto de la sujeción separada. En este sentido, González García ha señalado como la ley puede llevar incluso a que un individuo sea sujeto pasivo del impuesto sin haber obtenido renta alguna, por el solo hecho de pertenecer a una unidad familiar donde exista una persona que obtenga rentas (*Familia e Impuestos*, Barcelona, PPU, 1988, p. 91).

En su FJ 11º el Tribunal concluirá respecto al art. 4.2 que, "en la medida en que ni por su tenor literal, ni a través de la remisión a otros preceptos, el artículo 4.2 abre posibilidad alguna de sujeción separada al impuesto de los miembros de la unidad familiar, para atender esos supuestos en los que la sujeción conjunta es imposible o carece de toda justificación, pero sólo en esa medida, la norma en él contenida ha de ser considerada contraria a la Constitución".

b) La unidad familiar

Se integra la unidad familiar por los cónyuges y, si los hubiere, los hijos menores legítimos, legitimados, naturales, reconocidos o adoptados, con excepción de los que, con el consentimiento de los padres, vivan independientes de éstos.

El Tribunal quiere verificar (FJ 6º) la existencia de razones que expliquen la tributación no separada de los sujetos integrados legalmente en esta modalidad de unidad familiar. Caso de existir tales razones deberá juzgarse si son congruentes con la finalidad perseguida, o si, por el contrario, son arbitrarias y contrarían el art. 14 CE.

La Exposición de Motivos de la Ley 44/1978 aporta dos razones distintas: la existencia de economías de escala derivadas de la vida en común y la dificultad de discernir, en el caso de la familia, los ingresos y los gastos que corresponden a cada miembro. Respecto a la existencia de economías de escala, el Abogado del Estado señala que provocan una disminución del gasto y, en todo caso, la crítica ha de dirigirse al hecho de que el concepto de unidad familiar no recoja todas las situaciones del mismo género y no prevea, tampoco, la posible prueba en contrario. Pero, como dice el Tribunal, resulta muy difícil probar las uniones y separaciones de hecho, y además el art. 18 CE impide una investigación sobre aspectos propios de la esfera más íntima de las personas. Y, por otro lado, la admisión de la prueba en contrario resulta asimismo impracticable "en tanto que no se conozcan con exactitud la magnitud del presumido incremento y los efectos que supuestamente lo originan".

Aunque el Tribunal admite la comunicación de rentas que se produce entre los cónyuges, o éstos y sus hijos menores, realizada al amparo del ordenamiento que posibilita transferencias de capacidad económica (cfr. arts. 164 y 165 CC, en relaciones entre padres e hijos; el régimen económico matrimonial de sociedad de gananciales, en las relaciones entre los cónyuges), sin embargo, pone de relieve determinadas incongruencias de la ley: la configuración de unidad familiar que se analiza excluye a los hijos mayores de edad o ascendientes, entre otros individuos que pueden concurrir con los cónyuges a las cargas familiares, y, paradójicamente, incluye a los cónyuges e hijos menores pese a que puedan vivir separados, unos en España y otros en el extranjero, los cuales, como es obvio, no van a concurrir a ese levantamiento de cargas familiares.

Los argumentos enfrentados llevan al Tribunal Constitucional a concluir que debió preverse alguna fórmula de imposición separada (y su sola previsión permitirá que afirme la constitucionalidad de la siguiente ley de renta, la Ley 20/1989, en la Sentencia 146/1994, FJ 2º y 3º). La sujeción conjunta sólo encuentra justificación en virtud de relaciones jurídicas específicas no relacionables con el presunto incremento de capacidad económica que se dice que se produce. Y, si se opta por un trato diferenciado de la unidad familiar, para que sea admisible debe ser adecuado y congruente con esa diferencia, salvo que la igualdad se rompa para favorecer fiscalmente a los integrados en la unidad familiar, siguiendo el mandato del art. 39 CE.

c) La acumulación de rendimientos

Cuando los sujetos pasivos compongan una unidad familiar se acumularán todos los rendimientos e incrementos de patrimonio para todos los miembros de la unidad familiar, cualquiera que sea el régimen económico del matrimonio, ordena la ley.

El Tribunal se cuestiona la constitucionalidad del incremento de carga tributaria que, por el efecto de la progresividad, ocasiona la acumulación de rentas. La respuesta sería positiva y acorde con los arts. 14 y 31 de la Constitución "si de la convivencia se siguiera también un incremento en alguna medida cuantificable de la capacidad económica de cada uno de los cónyuges y de cada uno de los hijos y si, por último, la mayor cuantía de la cuota a pagar estuviese en relación con este incremento de capacidad económica". Pero esto, de acuerdo con lo visto hasta ahora no es así.

El impuesto sobre la Renta parece partir de una concepción de "impuesto de grupo", de impuesto cuyo sujeto pasivo no es el individuo sino la familia. Esta idea que pudo ser correcta en otros marcos jurídicos pretéritos no lo es en la actualidad, respecto de la Ley 44/1978, donde "el único sujeto pasivo posible de un Impuesto sobre la Renta de las Personas Físicas es la persona misma, el individuo". Pero, además, tamaña concepción se opone a los principios de igualdad y capacidad económica de nuestra Constitución referibles sólo a personas físicas o jurídicas, y a los arts. 32 y 39, pues, ni la familia ni el matrimonio aparecen con un grupo "en el que sólo es *sui iuris* la cabeza y *alieni iuris* todo el resto de sus integrantes, siquiera sea únicamente a efectos fiscales".

En consecuencia, cada miembro de la familia tiene derecho a tributar según su propia capacidad económica y en la misma cuantía en que lo hubiera hecho, con igual capacidad, si hubiera tributado separadamente.

"Pese al esfuerzo del legislador, el art. 7.3 de la Ley 44/1978 es incompatible con el principio de igualdad", y por consiguiente, nulo. Y también hay violación del art. 39.1 porque se penaliza a la familia con el hecho de que el individuo integrado en la unidad familiar tenga una carga tributaria mayor que la que recae sobre otro contribuyente con idéntico nivel de rentas, pero no integrado en una unidad de este género. Estas consecuencias fiscales desincentivan, en el plano social, el interés de la mujer (en general, el segundo perceptor de renta) por incorporarse al mercado laboral, rompiendo la igualdad entre los cónyuges, y resultando difícil de conciliar con los arts. 32 y 39 CE "cuyo respeto exige, en primer lugar, la neutralidad del sistema tributario respecto de la situación recíproca de los cónyuges".

A modo de resumen, se puede tomar esta última afirmación: la legitimidad del trato diferenciador se quiebra en el momento en que el trato que reciben los cónyuges resulta más gravoso que el que recibirían si no lo fueran, "pues la diferencia establecida no autoriza en modo alguno a extraer de ella consecuencias que no son congruentes con su propia razón de ser" (FJ 7ª).

8. *Otros pronunciamientos sobre la igualdad tributaria en el IRPF*

El IRPF es un tributo tan relevante para el sistema tributario español que ha llegado a ser calificado por el propio Tribunal Constitucional como "figura impositiva primordial para conseguir que nuestro sistema tributario cumpla los principios de justicia que impone el art. 31 CE, dada su estructura y hecho imponible", según la Sentencia 46/2000, de 17 de febrero, donde se continúa diciendo: "el Impuesto sobre la Renta de las Personas Físicas, por su carácter general y personal, y de figura central de la imposición directa, constituye una de las piezas básicas de nuestro sistema tributario. Se trata, indudablemente, de un tributo en el que el principio de capacidad económica y su correlato, el de igualdad y progresividad tributarias, encuentran una más cabal proyección, de manera que es, tal vez, el instrumento más idóneo para alcanzar los objetivos de redistribución de la renta (art. 131.1 CE) y de solidaridad (art. 138.1 CE) que la Constitución española propugna y que dotan de contenido al Estado social y democrático de Derecho" (FJ 6º).

Por tanto, como es imaginable, al margen de las Sentencias 209/1988 y 45/1989 muchas otras se han proyectado sobre las diversas regulaciones legales del impuesto, principalmente las Leyes 44/1978, 20/1989 y 18/1991. Sin pretensiones de exhaustividad ofrecemos una síntesis de dos de las más importantes resoluciones dictadas en relación al IRPF en las que se ha analizado su conformidad con el principio constitucional de igualdad tributaria:

A) En la Sentencia 146/1994, que ya ha sido citada en el texto en alguna otra ocasión, el Tribunal debe decidir si es constitucional otorgar un trato diferenciado a las rentas de las unidades familiares según cual sea su régimen económico y, también, si es admisible un trato fiscal distinto según cual sea la fuente de renta (FJ 5º).

En lo que respecta a la posible discriminación fiscal que impone la Ley 20/1989 entre las unidades familiares en régimen de separación de bienes y en régimen de gananciales, el Tribunal la circunscribe a las rentas del capital y, sin negar que se produzca, la estima una consecuencia lógica que deriva de cada clase de régimen matrimonial sin que, al parecer, ello ocasione conflicto alguno en sede constitucional. Por lo demás, el Tribunal niega que a efectos de la igualdad quepa comparar unidades familiares: "el principio de igualdad sólo es referible a los individuos y no a las unidades familiares".

B) En la sentencia 47/2001, de 14 de febrero, se solicita al Tribunal que determine si, en el marco de la Ley 18/1991, la imposibilidad legal de que un matrimonio con hijos se acoja a la modalidad de unidad familiar consistente en padre o madre más hijos menores establece un trato fiscal discriminatorio a favor de las uniones *more uxorio* en las que sí es posible la indicada configuración de unidad familiar. El Tribunal se ampara en la circunstancia tan largamente expuesta de que la tributación conjunta de la unidad familiar no deja de ser una opción y, por tanto, al optar por ella si no se está de acuerdo con su configuración legal no cabrá alegar ser víctima de una discriminación en el trato recibido pues siempre pudo evitarse tributando individualmente. Además, el Tribunal no advierte que en su conjunto la regulación del IRPF depare un régimen tributario más gravoso para los sujetos pasivos casados que para quienes no lo están (FJ 7º). Similares cuestiones se resuelven en las Sentencias 212/2001, de 29 de octubre, y 21/2002, de 28 de enero.

CADERNOS DE DIREITO TRIBUTÁRIO

CONTRIBUIÇÕES SOCIAIS. CONTRIBUIÇÃO DE INTERVENÇÃO NO DOMÍNIO ECONÔMICO. NOVA CPMF — ASPECTOS RELEVANTES AO PLANEJAMENTO TRIBUTÁRIO E SIGILO BANCÁRIO

AMÉRICO LACOMBE

Mestre e Doutor pela PUC/SP. Desembargador Federal aposentado.
Advogado em São Paulo

1. A classificação dos tributos. 2. Contribuições de intervenção no domínio econômico. 3. As inconstitucionalidades da CPMF: 3.1 A natureza da CPMF; 3.2 Violação ao princípio da anterioridade, consubstanciado no art. 150, III, "b", da Carta de 1988; 3.3 Invalidade da revigoração da Lei 9.311/1996; 3.4 A invalidade formal da Emenda 21/1999, por inobservância dos arts. 60 e 65 da Constituição; 3.5 Impropriedade da alteração do ADCT por meio de Emenda Constitucional; 3.6 Violação do § 4º, do art. 195, da Constituição; 3.7 Violação do princípio da capacidade contributiva. 4. O direito à privacidade. O sigilo bancário e a sua quebra.

1. A classificação dos tributos

1.1 A moderna doutrina brasileira aceita quase que unanimemente a classificação formulada por Geraldo Ataliba, que divide os tributos em *vinculados* e *não vinculados*.[1] Este Autor preleciona, com sabedoria:

"Examinando-se e comparando-se todas as legislações existentes — quanto à hipótese de incidência — verificamos que, em todos os casos, o seu aspecto material, das duas, uma: a) ou consiste numa atividade do poder público (ou numa repercussão desta) ou, pelo contrário, b) consiste num fato ou acontecimento inteiramente indiferente a qualquer atividade estatal.

"Esta verificação permite classificar todos os tributos, pois — segundo o aspecto material de sua hipótese de incidência consista ou não no desempenho de uma atividade estatal — em tributos vinculados e tributos não vinculados.

"É que esta averiguação enseja afirmar que — no primeiro caso — o legislador vincula o nascimento da obrigação tributária ao desempenho de uma atividade estatal e — no segundo — não."

1.2 A primeira vez que Geraldo Ataliba tornou pública esta sua classificação

1. *Hipótese de Incidência Tributária*, 5ª ed., 5ª tir., Malheiros Editores, 1996, pp. 115-116.

foi em 1969,[2] que teve a acolhida consagradora de Rubens Gomes de Sousa[3] que assim sintetizou:

"Nesta linha de pensamento que adoto, de Geraldo Ataliba (...) de que os tributos podem ser 'vinculados' ou 'não vinculados' em função da natureza do seu fato gerador, nome que se dá à situação material ou jurídica definida em lei como necessária e suficiente para gerar a obrigação de pagá-los (CTN, Lei 5.172, de 25.10.1966, art. 114). Assim, invertendo a ordem:

"a) o tributo é 'não vinculado', quando o seu fato gerador independa de qualquer atividade específica do governo tributante em relação ao contribuinte: é o caso dos impostos (CTN, art. 16); ao contrário: b) o tributo é 'vinculado' quando o seu fato gerador seja uma atividade específica do governo tributante, a qual por sua vez pode ser (I) diretamente relativa ao contribuinte, como o exercício do poder de polícia ou a prestação ou disponibilidade de um serviço; é o caso das taxas (CTN, art. 77); ou pode ser (II) apenas indiretamente relativa ao contribuinte: é o caso das contribuições (CTN, arts. 81 e 217), como adiante veremos mais amplamente."

1.3 A Constituição atual, posto que não se refira, às expressões classificatórias acima (vinculados e não vinculados), admite tal forma de divisão, quando dispõe, no art. 145:

> Art. 145. A União, os Estados, o Distrito Federal e os Municípios poderão instituir os seguintes tributos:
>
> I — impostos;
>
> II — taxas, em razão do exercício do poder de polícia ou pela utilização efetiva ou potencial, de serviços públicos específicos e divisíveis, prestados aos contribuintes ou postos a sua disposição;
>
> III — contribuição de melhoria, decorrente de obras públicas.

1.4 Verifica-se, em primeiro lugar, que as espécies de tributos são apenas três, vale dizer, impostos, taxas e contribuições de melhoria. Não há outra espécie. A referência feita, no art. 148, a empréstimo compulsório e, no art. 195, a contribuições sociais não lhes confere natureza de espécie tributária autônoma. Os empréstimos compulsórios ou são impostos ou são taxas, dependendo do fato de o núcleo de sua hipótese de incidência vincular-se, ou não, a uma atividade estatal. É apenas um tributo restituível. As contribuições sociais também podem revestir a estrutura lógica de imposto ou taxa, e o art. 195 revela tal possibilidade, ao especificar que elas serão:

> I — dos empregadores, incidente sobre a folha de salários, o faturamento e o lucro; II — dos trabalhadores; III — sobre a receita de concursos de prognósticos.

Ora, a contribuição dos empregadores tem nítido caráter de imposto, visto que não se vincula a qualquer atividade estatal. Incide sobre a folha de salários, faturamento e lucro, base de cálculo próprias de impostos, pois referem-se a atributos inerentes aos sujeitos passivos.[4] Por sua vez, a contribuição dos trabalhadores tem natureza de taxa, vez que vincula-se a atividade estatal da seguradora.[5]

1.5 Não há dúvida de que poder-se-á atribuir a erro técnico do constituinte referir-se a contribuições sociais, denominando-as de forma diversas a impostos ou taxas. Ocorre que a Constituição não é um texto técnico-jurídico; é uma Carta política votada pelo povo, para o povo. Assim, qualquer atividade técnico-jurídica é necessariamente posterior à Constituição, porque antes dela não existe o Estado. Cabe recordar a lição de Michel Temer:

"Tratemos do *poder constituinte originário*. Visa a criar o Estado. Antes dessa

2. "Considerações em torno da teoria jurídica da taxa", *RDP* 9/42.

3. "Natureza tributária da contribuição para o FGTS", *RDP* 17/305.

4. Veja-se Apêndice 1, voto-vista proferido na apelação em MS 4.447-SP, Reg. 89.03.06170-5, no TRF da 3ª Região.

5. Veja-se Apêndice 2, Natureza da Contribuição Previdenciária.

manifestação, o Estado, tal como veio a ser positivado, não existia. *Existe*, é, a partir da Constituição.

"Ressalte-se a idéia de que surge novo Estado a cada nova Constituição, provenha ela de movimento revolucionário ou de assembléia popular. O Estado brasileiro de 1988 não é o de 1969, nem o de 1946, de 1937, de 1934, de 1891 ou de 1824. Historicamente é o mesmo. Geograficamente pode ser o mesmo. Não o é, porém, juridicamente."[6]

1.6 Em conseqüência, a toda a atividade técnica legislativa e técnico-jurídica só tem início, e só tem mesmo sentido lógico, a partir da Constituição. Por tal razão, as palavras da Constituição devem ser entendidas em seu sentido vulgar, salvo quando: a) a palavra só tiver sentido técnico; b) for inequívoco o sentido técnico empregado pela Constituição. Se na lei — fruto do exercício da função legislativa, atividade técnico-política e jurídica — não se pode admitir enganos técnicos, o mesmo não ocorre com a Constituição.

1.7 A Constituição utiliza-se de algumas palavras em seu sentido técnico, como, por exemplo, *mercadoria* (art. 155, II) e *obrigação* (art 5º, II). Mas, nos dois exemplos, tal sentido é indubitável. No primeiro caso, a palavra só tem sentido técnico, pois os próprios dicionaristas recorrem ao sentido econômico para bem defini-la; no segundo, o texto utiliza-se de expressões técnicas para qualificar tipos (*facere e non facere*).[7] Mas a palavra *contribuição* não tem sentido técnico indiscutível. Pelo contrário, qualquer cidadão denomina contribuição as doações feitas às instituições de caridade. Contribuição tem, assim, sentido de entrega de dinheiro, de prestação, e sua utilização pela Carta Magna é insuficiente para determinar as espécies tributárias assim denominadas. Desta forma as chamadas contribuições sociais ou são impostos, ou são taxas.[8]

1.8 Há ainda um outro ponto que deve ser enfocado antes de enfrentarmos a questão da capacidade contributiva. É a distinção entre imposto e taxa. Para tanto, somos levados ao estudo da base de cálculo. Corre magistério no sentido de que este aspecto do mandamento normativo é o único critério de distinção entre tributos. Não é verdade. A base de cálculo não é suficiente, só por só, para caracterizar um tributo. Se assim fosse, o § 2º, do art. 18, da Carta de 1969, e ainda o § 2º, do art. 145, da Constituição atual, seriam inúteis. Com efeito, que sentido teria dizer a Carta anterior que "para a cobrança de taxas não se tomará como base de cálculo a que tenha servido para a incidência dos impostos", se a base de cálculo fosse suficiente para caracterizar o tributo? A disposição constitucional estaria vedando um fato impossível de ocorrer, pois, se uma taxa tivesse a mesma base de cálculo de um imposto, ela não seria taxa, seria imposto. A base de cálculo pode distinguir tributos da mesma espécie, vale dizer, imposto de imposto e taxas de taxas, mas é insuficiente para distinguir tributos de espécies diferentes, vale dizer, imposto de taxa.

1.9 Se a estrutura lógica da norma tributária tem diversos aspectos, deve inexoravelmente existir entre todos eles um corre-

6. *Elementos de Direito Constitucional*, 12ª ed., São Paulo, Malheiros Editores, 1996, p. 33.

7. Exemplo típico de palavra que possui um evidente sentido técnico, e que, no entanto, é empregada pela Constituição em sentido vulgar, é o vocábulo *processo*. O art. 16 afirma que "a lei que alterar o processo eleitoral só entrará em vigor um ano após a sua promulgação". A palavra, aí, não pode ser entendida no sentido de lei processual. É que a Carta Magna, no seu art. 55, emprega a expressão "processo legislativo", que não é processo, mas mero procedimento. Mas, as maiores evidências do emprego da palavra *processo* no sentido vulgar estão nos arts. 215, § 1º, e 225, § 1º, I. O primeiro refere-se a "grupos participantes do *processo civilizatório* nacional", e o segundo fala em "preservar e restaurar os *processo ecológico*". É evidente que não se trata de lei processual.

8. As contribuições instituídas no interesse de categorias profissionais, referidas no art. 149, têm a natureza de taxa de polícia, conforme demonstramos em obra anterior (*Contribuições Profissionais*, São Paulo, Ed. RT, 1987).

lacionamento lógico, sob pena de invalidade da norma, ou por inconstitucionalidade ou pela própria inexistência da norma, pela impossibilidade prática da incidência. Em nossa obra sobre o Imposto de Importação[9] afirmamos que "o núcleo da hipótese de incidência (antecedente normativo) deve estar perfeitamente articulado com as coordenadas de tempo e espaço, devendo obviamente tal articulação ser recíproca. Isto significa que deve haver um correlacionamento lógico entre os componentes do antecedente normativo". Hoje, acrescentamos que tal correlacionamento lógico não se limita aos aspectos do antecedente normativo (hipótese de incidência), mas também entre os aspectos do conseqüente (mandamento, estatuição). E, como a norma não pode ser entendida como dois compartimentos estanques (hipótese e mandamento), os aspectos de um devem se correlacionar logicamente com os do outro.

1.10 Se Geraldo Ataliba[10] afirma que: "A base imponível é uma perspectiva dimensível do aspecto material da h.i. que a lei qualifica, com a finalidade de fixar critério para a determinação, em cada obrigação tributária concreta, do *quantum debeatur*", está claramente admitindo a correlação entre os dois aspectos da norma. O mesmo se verifica em Paulo de Barros Carvalho[11] quando diz que "por base de cálculo entendemos aquela grandeza instituída na conseqüência das endonormas tributárias e que se destina, primordialmente, a dimensionar a intensidade do comportamento inserto no núcleo do fato jurídico e, como função paralela, confirmar o critério material da hipótese endonormativa". E o que dizia a Constituição anterior e o que diz a atual é exatamente isto. Não havendo correlacionamento lógico entre o núcleo da hipótese normativa da taxa (que consiste na utilização de serviço público) e a base de cálculo (tendo esta servido para a incidência de impostos, ou, como diz a Carta atual, em linguagem mais técnica, própria de impostos), a norma é inválida.

1.11 Portanto, a base de cálculo não é suficiente para distinguir imposto de taxa. Para que haja taxa é preciso que o núcleo da hipótese de incidência descreva uma situação de estar alguém sujeito ao poder de polícia ou de utilizar-se de um serviço ou tê-lo à sua disposição. O verbo deve referir-se sempre a um comportamento do sujeito passivo, porquanto é ele que arca com a obrigação. A atuação estatal estará no complemento do núcleo.

1.12 Taxa é, portanto, o tributo vinculado cujo núcleo da hipótese de incidência consiste num verbo, definidor de um comportamento particular, seguido de um complemento consistente numa atuação estatal, efetiva ou potencial, diretamente referida ao mesmo particular, atuação, esta, que se traduz em prestação de serviços ou no exercício do poder de polícia.

1.13 Nunca será demasiado frisar que, entre todos os aspectos da estrutura normativa de qualquer tributo, estejam eles na hipótese de incidência (a saber: núcleo, coordenada de tempo e coordenada de espaço) ou no mandamento (sujeito ativo, sujeito passivo, base de cálculo e alíquota), deve, necessariamente, haver um correlacionamento lógico, sob pena de invalidade da norma. Assim sendo, para citarmos um exemplo, se no núcleo da hipótese de incidência está presente a previsão da prestação de um serviço pelo Estado, a base de cálculo deverá estar logicamente correlacionada com o montante do serviço, e não com um atributo ou algo pertencente ao sujeito passivo, como o lucro, valor de mercadoria, de bens de consumo etc. Não é necessário para se caracterizar a invalidade de uma norma veiculadora de taxa, que a base de cálculo prevista seja idêntica à de um imposto já existente. Basta que seja base de cálculo caracterizadora de imposto.

1.14 Não houve, portanto, qualquer modificação profunda da Carta anterior em

9. *Imposto de Importação*, São Paulo, Ed. RT, 1979, p. 25.

10. *Hipótese...*, 5ª ed., 5ª tir., cit., p. 97.

11. *Teoria da Norma Tributária*, São Paulo, Lael, 1974, p. 162.

relação à atual, se compararmos o § 2º, do art. 18, da Emenda 1, de 1969, com o § 2º do art. 145 da Constituição de 1988. A anterior vedava e a atual veda a possibilidade de terem as taxas bases de cálculo inerentes a impostos.

1.15 Cabe, de conseguinte, indagar o que significa base de cálculo inerente a impostos.[12] Pela própria definição de taxa dada pelo inc. I do art. 18 da Carta anterior, e pelo inc. II do art. 145 da Carta atual, verifica-se que a base de cálculo da taxa só pode mensurar a atividade do sujeito ativo da relação obrigacional tributária. É que, sendo a taxa cobrada pela utilização, efetiva ou potencial, de serviços públicos específicos e divisíveis prestados ao contribuinte, ou postos à sua disposição, a base de cálculo deve mensurar o serviço, isto é, a atividade do sujeito ativo. Por sua vez, os impostos, não sendo tributos vinculados à atividade do Poder Público, têm como hipótese de incidência uma atividade ou um atributo inerente ao sujeito passivo. Assim sendo, a base de cálculo dos impostos deverá mensurar ou uma atividade do sujeito passivo ou algo que lhe diga respeito (como, por exemplo, o seu patrimônio), enquanto que a base de cálculo das taxas liga-se ao sujeito ativo.

1.16 As taxas não podem, de conseguinte, ter base de cálculo tomada de empréstimo da que seria pertinente e compatível para mensurar o núcleo ou aspecto material da hipótese de incidência de impostos. O núcleo a ser dimensionado pela base de cálculo da taxa é a prestação de serviço público, não podendo, de conseguinte, configurar-se num critério que lhe seja alheio.

1.17 Tal entendimento já foi reiteradamente manifestado pelo Supremo Tribunal Federal ao ensejo da questão das taxas de conservação de estradas de rodagem, que diversos Municípios pretendiam cobrar, e cuja base de cálculo não mensurava o serviço prestado, não mensurava uma atividade do sujeito ativo. A base de cálculo era a área do imóvel lindeiro à estrada, o que configura um atributo do sujeito passivo, e, de conseguinte, impróprio para as taxas. A questão foi examinada no RE 98.581 (in *RTJ* 105/858), tendo o Ministro Alfredo Buzaid afirmado: "Tal base de cálculo é peculiar a impostos e não à taxa, que tem como fato gerador a utilização efetiva ou potencial do serviço público específico e divisível, prestado ao contribuinte ou posto à sua disposição".

1.18 Com isso, o ilustre Ministro feriu o cerne da questão, vale dizer, a indispensável relação de pertinência (correlacionamento lógico) entre o núcleo da hipótese de incidência da taxa e a sua base de cálculo. Se a base de cálculo da taxa mensura uma situação independente de qualquer atividade estatal específica, relativa ao contribuinte, para usar a terminologia do art. 16 do CTN, esta taxa será inconstitucional, por afronta ao art. 145, § 2º.

2. Contribuições de intervenção no domínio econômico

2.1 A Constituição Federal no seu art. 149, dá à União a competência para instituir contribuições de intervenção no domínio econômico. Com tal fundamento, a Lei 10.336, de 19.12.2001, instituiu tal contribuição sobre a importação e a comercialização de petróleo e seus derivados, gás natural e seus derivados e álcool etílico combustível.

2.2 Tal contribuição é um verdadeiro imposto com destinação específica, visto que a sua hipótese de incidência não está vinculada a nenhuma atividade estatal, mas pelo contrário, à atividade do sujeito passivo. Basta simples leitura da lei para se chegar a tal conclusão. Assim sendo a chamada CIDE pode ser um imposto, ou ainda uma taxa, se estiver vinculada a uma atividade estatal. É o caso da CIDE criada pela Lei 10.438, de 26.4.2002, confusa e mal redigida, muito provavelmente de forma propositada. Aí estamos diante de verdadeira taxa vez que tal contribuição está vin-

12. Veja-se o Apêndice 1.

culada a uma atividade decorrente de serviço público concedido. Toda a remuneração de serviço público, concedido ou não, é taxa.[13]

3. *As inconstitucionalidades da CPMF*

3.1 A natureza da CPMF

3.1.1 Não se pode definir a natureza da CPMF e fixar a sua espécie tributária, sem um retrospecto histórico, o qual tem, como marco inicial, a Lei Complementar 77, de 13.7.1993 a qual, com base na Emenda Constitucional 3/1993 instituiu o *imposto provisório sobre a movimentação financeira ou a transmissão de valores e de créditos e direitos de natureza financeira*. Tal imposto foi criado por Lei Complementar, em respeito ao art. 154, I, da Constituição, que reza:

> Art. 154 — A União poderá instituir:
>
> I — mediante lei complementar impostos não previstos no artigo anterior, desde que sejam não-cumulativos e não tenham fato gerador ou base de cálculo próprios dos discriminados nesta Constituição.
>
> (...).

3.1.2 A exação foi portanto, em sua criação, definida e tendo a natureza de *imposto* como pode ser verificado pelo seu *fato gerador*, definido no art. 2º, e que não tinha vinculação com nenhuma atividade estatal. Com efeito, assim estava redigido o art. 2º:

> Art. 2º. O fato gerador do imposto é:
>
> I — o lançamento a débito, por instituição financeira, em contas correntes de depósito, em contas correntes de empréstimo, em contas de depósito de poupança, de depósito especial remunerado e de depósito judicial, junto a ela mantida;
>
> II — a liquidação ou pagamento, por instituição financeira, de quaisquer créditos, diretos ou valores, por conta e ordem de terceiros, que não tenham sido creditados, em nome do beneficiário, nas contas referidas no inciso anterior;
>
> III — o lançamento, e qualquer outra forma de movimentação ou transmissão de valores e de créditos e direitos de natureza financeira, não relacionados nos incisos anteriores, efetuados pelos bancos comerciais, bancos múltiplos com carteira comercial e caixas econômicas;
>
> IV — a liquidação de operações contratadas nos mercados organizados de liquidação futura;
>
> V — qualquer outra movimentação ou transmissão de valores e de créditos e direitos de natureza financeira que, por sua finalidade, reunindo características que permitam presumir a existência de sistema organizado para efetivá-la, produza os mesmos efeitos previstos nos incisos anteriores, independentemente da pessoa que a efetue, da denominação que possa ter e da forma jurídica ou dos instrumentos utilizados para realizá-la.

3.1.3 Verifica-se a todas as luzes, tratar-se de imposto, pois as hipóteses de incidência não estão vinculadas a qualquer atividade estatal quer referida direta ou indiretamente ao contribuinte. E tanto isto é certo, que o Supremo Tribunal Federal não teve a menor dúvida em classificá-lo como tal, na ADIn 939-7 (*Lex, Jurisprudência do STF* 186/69), quando afirmou que a Emenda 3/1993 violou a princípios da anterioridade (que nas chamadas contribuições tem um alcance diferente) e da imunidade tributária recíproca (que só alcança os impostos).

3.1.4 Por óbvio, o STF não entendeu desta forma em razão da denominação dada ao tributo de então (imposto). O Supremo Tribunal Federal levou em consideração o art. 4º do Código Tributário Nacional que afirma:

> Art. 4º. A natureza jurídica específica do tributo é determinada pelo fato gerador da respectiva obrigação, sendo irrelevante para qualificá-la:

13. Veja-se o nosso trabalho anterior "Taxa e Preço Público", in *Caderno de Pesquisas Tributárias* 10, São Paulo, co-edição CEEU/Ed. RT, 1985, p. 8.

I — a denominação e demais características formais adotadas pela lei;

II — a destinação legal do produto da sua arrecadação.

3.1.5 O IPMF exauriu-se por decurso do tempo. A Emenda Constitucional 3, de 17.3.1993, no seu art. 2º, permitiu a sua instituição com vigência apenas até 31.12.1994. A este ponto voltaremos adiante.

3.1.6 Posteriormente, foi sancionada a Lei ordinária 9.311, de 24.10.1996, que instituiu a CPMF, para vigorar por um período de 13 (treze) meses, contados após decorridos noventa dias da publicação da lei (art. 20). Tal Lei teve como fundamento de validade a Emenda 12/1996.

3.1.7 O art. 2º da Lei 9.311/1996 define as hipóteses de incidência da CPMF, ligeiramente mais amplas que as do IPMF, mas igualmente não vinculadas a qualquer atividade estatal, conforme podemos verificar no quadro abaixo:

LEI COMPLEMENTAR 77, DE 13.7.1993	**LEI 9.311, DE 24.10.1996**
(...).	(...).
Art. 2º. *O fato gerador do imposto é:*	Art. 2º. *O fato gerador da contribuição é:*
I — o lançamento a débito, por instituição financeira, em contas correntes de depósito, em contas correntes de empréstimo, em contas de depósito de poupança, de depósito especial remunerado e de depósito judicial, junto a ela mantidas;	I — o lançamento a débito, por instituição financeira, em contas correntes de depósito, em contas correntes de empréstimos, em contas de depósito de poupança, de depósito judicial e de depósitos em consignação de pagamento de que tratam os parágrafos do art. 890 da Lei 5.869, de 11 de janeiro de 1973, introduzidos pelo art. 1º da Lei 8.951, de 13 de dezembro de 1994, junto a ela mantidas;
II — a liquidação ou pagamento, por instituição financeira, de quaisquer créditos, direitos ou valores, por conta e ordem de terceiros, que não tenham sido creditados, em nome do beneficiário, nas contas referidas do inciso anterior;	II — *o lançamento a crédito, por instituição financeira, em contas correntes que apresentem saldo negativo, até o limite de valor da redução do saldo devedor;*
III — *o lançamento, e qualquer outra forma de movimentação ou transmissão de valores e de créditos e direitos de natureza financeira, não relacionados nos incisos anteriores, efetuados pelos bancos comerciais, bancos múltiplos com carteira comercial e caixas econômicas;*	III — *a liquidação ou pagamento, por instituição financeira, de quaisquer créditos, direitos ou valores, por conta e ordem de terceiros, que não tenham sido creditados, em nome do beneficiário, nas contas referidas nos incisos anteriores.*
IV — *a liquidação de operações contratadas nos mercados organizados de liquidação futura;*	IV — *o lançamento, e qualquer outra forma de movimentação ou transmissão de valores e de créditos e direitos de natureza financeira, não relacionados nos incisos anteriores, efetuados pelos bancos comerciais, bancos múltiplos com carteira comercial e caixas econômicas;*
V — *Qualquer outra movimentação ou transmissão de valores de créditos e direitos de natureza financeira que, por sua finalidade, reunindo características que permitam presumir a existência de sistema organizado para efetivá-la, produza os mesmos efeitos previstos nos incisos anteriores, independentemente da pessoa que a efetue, da denominação que possa ter e da forma jurídica ou dos instrumentos utilizados para realizá-la.*	V — *a liquidação de operação contratadas nos mercados organizados de liquidação futura;*
(...).	VI — *Qualquer outra movimentação ou transmissão de valores e de créditos e direitos de natureza financeira que, por sua finalidade, reunindo características que permitam presumir a existência de sistema organizado para efetivá-*

continua...

LEI COMPLEMENTAR 77, DE 13.7.1993	LEI 9.311, DE 24.10.1996
	la, produza os mesmos efeitos previstos nos incisos anteriores, independentemente da pessoa que a efetue, da denominação que possa ter e da forma jurídica ou dos instrumentos utilizados para realizá-la. (...)

3.1.8 Portanto, se o IPMF era imposto — e o Supremo Tribunal Federal assim o considerou, como já foi visto — a CPMF também é imposto. Era apenas um imposto com destinação específica, destinando-se ao financiamento da saúde (art. 18), mas a competência para a administração, fiscalização e arrecadação era da Secretaria da Receita Federal (art. 11).

3.1.9 No entanto, a Lei 9.311, de 24.10.1996, exauriu-se no tempo, perdeu a eficácia, e, conseqüentemente, deixou de viger. Mas, se inicialmente previa, como vimos, a sua vigência pelo período de 13 meses, foi alterada pela Lei 9.539, de 12.12.1997, que prorrogou o tempo de vigência da exação para 24 meses (limite permitido pela norma constitucional estatuída no § 4, do art. 74, do ADCT, acrescentado pela Emenda 12/1996).

3.1.10 Finalmente, a Emenda Constitucional 21/1999 pretendeu fazer renascer a CPMF, criando o art. 75 do Ato das Disposições Constitucionais Transitórias, nos seguintes termos:

> Art. 75. É prorrogada, por trinta e seis meses, a cobrança da contribuição provisória sobre movimentação ou transmissão de valores e de créditos e direitos de natureza financeira de que trata o art. 74, instituída pela Lei 9.311, de 24 de outubro de 1996, modificada pela Lei 9.539, de 12 de dezembro de 1997, cuja vigência é também prorrogada por idêntico prazo.
>
> § 1º. Observado o disposto no § 6º do art. 195 da Constituição Federal, a alíquota da contribuição será de trinta e oito centésimos por cento, nos primeiros doze meses, e de trinta centésimos, nos meses subseqüentes, facultado ao Poder Executivo reduzi-la total ou parcialmente, nos limites aqui definidos.
>
> § 2º. O resultado do aumento da arrecadação, decorrente da alteração da alíquota, nos exercícios financeiros de 1999, 2000 e 2001, será destinado ao custeio da previdência social.
>
> § 3º. É a União autorizada a emitir títulos da dívida pública interna, cujos recursos serão destinados ao custeio da saúde e da previdência social, em montante equivalente ao produto da arrecadação da contribuição, prevista e não realizada em 1999.

3.1.11 Ora, se o que a Emenda 21 pretendeu foi prorrogar a Lei 9.311/1996, pretendeu prorrogar um *imposto* pois a hipótese de incidência descrita nesta lei era semelhante em natureza e espécie à da Lei Complementar 77/1993, tratada como imposto pelo Supremo Tribunal Federal.

3.2 Violação ao princípio da anterioridade, consubstanciado no art.150, III, "b", da Carta de 1988

3.2.1 Sendo imposto, a nova CPMF, tendo sido revalidada (caso fosse possível) pela Emenda 21, de 18.3.1999, só poderia ser cobrada a partir de 1º.1.2000, conforme preceitua o art. 150, III, *b*, da Constituição. Seria como se a Lei 9.311/1996, tivesse renascido nesta data, só podendo ser aplicada a partir do primeiro dia do exercício seguinte. *Temos aí a primeira inconstitucionalidade.*

3.3 Invalidade da revigoração da Lei 9.311/1996

3.3.1 A Emenda Constitucional 21/1999, ao pretender revigorar a cobrança da

CPMF, o fez através da criação do art. 75 do Ato das Disposições Constitucionais Transitórias, cuja redação está acima transcrita (inc. 2.2.10). Tal artigo vale-se apenas das disposições da Lei 9.311, de 24.10.1996. Tanto isto é certo, que prorrogou expressamente a vigência da referida Lei visando a arrecadação pretendida e deixa clara a intenção de completar o art. 74 da ADCT, que dera origem a Lei 9.311/1996. Ocorre que a Lei 9.311/1996 foi instituída para regular a Emenda Constitucional 12/1996, que criou o art. 74 do ADCT e seus parágrafos, com a seguinte redação:

> Art. 74. A União poderá instituir contribuição provisória sobre movimentação ou transmissão de valores e de créditos e direitos de natureza financeira.
>
> § 1º. A alíquota da contribuição de que trata este artigo não excederá a vinte e cinco centésimos por cento, facultado ao Poder Executivo reduzi-la ou restabelecê-la, total ou parcialmente, nas condições e limites fixados em lei.
>
> § 2º. A contribuição de que trata este artigo não se aplica o disposto nos arts. 153, § 5º e 154, I, da Constituição.
>
> § 3º. O produto da arrecadação da contribuição de que trata este artigo será destinado integralmente ao Fundo Nacional de Saúde, para financiamento das ações e serviços de saúde.
>
> § 4º. A contribuição de que trata este artigo terá sua exigibilidade subordinada ao disposto no art. 195, § 6º, da Constituição, e não poderá ser cobrada por prazo superior a dois anos.

3.3.2 A Lei 9.311/1996, inicialmente previa a incidência da contribuição (imposto, como vimos) pelo período de 13 (treze) meses. Posteriormente, foi alterada pela Lei 9.539, de 12.12.1997, para o fim de prorrogar a incidência até o limite permitido pela norma constitucional que lhe dava fundamento de validade (24 meses), nos seguintes termos:

> Art. 1º. Observadas as disposições da Lei 9.311, de 24 de outubro de 1996, a Contribuição Provisória sobre Movimentação ou Transmissão de Valores e de Créditos e Direitos de Natureza Financeira — CPMF incidirá sobre os fatos geradores ocorridos no prazo de vinte e quatro meses, contados a partir de 23 de janeiro de 1997.
>
> Art. 2º. Ficam incluídos entre as entidades relacionadas no inc. III do art. 8º da Lei 9.311, de 24 de outubro de 1996, os fundos de investimentos instituídos pela Lei 9.477, de 24 de julho de 1997.

3.3.3 Em conclusão, expirado este lapso de tempo (dois anos), a Lei 9.311/1996 deixou de vigorar no mundo jurídico, em razão de sua vigência temporária. A Lei em questão perdeu totalmente a eficácia, e em conclusão deixou de viger. Vale recordar a lição de Kelsen (*Teoria Pura do Direito*, trad. João Baptista Machado, 6ª ed., Coimbra, Armênio Amado Ed., 1984, p. 30) para quem "(...) *uma norma que* (...) *não é eficaz em uma certa medida, não será considerada como norma válida* (vigente). *Um mínimo de eficácia (como soi dizer-se) é a condição da sua vigência*". Tal lição foi repetida na última obra do Mestre austríaco (*Teoria Geral das Normas*, trad. José Florentino Duarte, Porto Alegre, Sérgio Antônio Fabris Editor, 1986, p. 178) ao afirmar que "*eficácia é uma condição de validade, desde que uma norma isolada e toda uma ordem normativa perdem sua validade, deixam de valer, quando elas perdem sua eficácia, ou a possibilidade de uma eficácia* (...)".

3.3.4 No caso, a Lei 9.311/1996 perdeu totalmente a eficácia. Não havia sequer um mínimo de eficácia. Havia eficácia zero, donde havia validade zero. Logo não poderia a Emenda 21/1999 revigorar o que já não existia. A Lei 9.311/1996 já estava sem eficácia e sem vigência. Já não existia no mundo jurídico. Claríssima é a lição, neste aspecto de Caio Mário da Silva Pereira (*Instituições de Direito Civil*, v. I, Rio de Janeiro, Forense, 1982, p. 109): "Ao dizermos que a cessação da eficácia da lei é a revogação, aludimos a esta como sua causa normal e freqüente. Mas não podemos considerá-la como razão única. Pode, ainda, ocorrer a morte da norma jurídica independentemente da existência de uma lei posterior que a venha destruir. *Há leis que trazem ínsito o germe de extinção de sua obrigatoriedade. Há leis que já começam a vigorar com o estabelecimento de um prazo para a sua vigência, e força obrigatória a termo certo, não necessitando, por isso mesmo, da votação de outra lei para que percam a sua força. São chamadas, então, leis temporárias*" (só o último grifo é do Autor).

3.3.5 Mas, direito positivo consagra a existência de leis temporárias, como o faz o art. 2º da Lei de Introdução ao Código Civil:

> Art. 2º. Não se destinando à vigência temporária, a lei terá vigor até que outra a modifique ou revogue.
>
> (...).

3.3.6 Verifica-se, de conseguinte, que a eficácia da lei destinada à vigência temporária não está subordinada à existência de outra que a modifique ou revogue expressamente. Está sim subordinada ao implemento do prazo determinado. No caso presente, a vigência da Lei 9.311/1996 estava subordinada ao transcurso do prazo de 24 (vinte e quatro) meses da cobrança da CPMF, contados de 23.1.1997. Transcorrido este prazo, a Lei, de imediato, teve sua eficácia regularmente cessada, tornando-se inexistente no mundo jurídico. Vale, para o caso, a transcrição da seguinte decisão do Supremo Tribunal Federal:

> *Ação direta de inconstitucionalidade — Lei 1.848/1991, do Rio de Janeiro (art. 34). Lei de diretrizes orçamentárias — Natureza jurídica — Norma legal de vigência temporária — Pleno exaurimento de sua eficácia jurídico-normativa — Prejudicialidade da ação.*
>
> A Lei de Diretrizes Orçamentárias possui destinação constitucional específica e veicula conteúdo material próprio, que, definido pelo art. 165, § 2º da Carta Federal, compreende as metas e prioridades da Administração Pública, inclusive as despesas de capital para o exercício financeiro subseqüente. Mais do que isso, esse ato estatal tem por objeto orientar a elaboração da lei tributária, além de estabelecer a política de aplicação das agências financeiras oficiais de comento.
>
> *A ordinária vinculação da Lei de Diretrizes Orçamentárias a um exercício financeiro determinado define-lhe a natureza essencialmente transitória, atribuindo-lhe, em conseqüência, eficácia temporal limitada.* Esse ato legislativo — *não obstante a provisoriedade de sua vigência* — constitui um dos mais importantes instrumentos normativos do novo sistema orçamentário brasileiro.
>
> Objeto do controle concentrado de constitucionalidade somente pode ser o ato estatal de conteúdo normativo, em regime de plena vigência.
>
> A cessação superveniente da vigência da norma estatal impugnada em sede de ação direta de inconstitucionalidade, enquanto fato jurídico que se revela apto a gerar a extinção do processo de fiscalização abstrata tanto pode decorrer da sua revogação pura e simples como exaurimento de sua eficácia, tal como sucede nas hipóteses de normas legais de caráter temporário (ação direta de inconstitucionalidade, questão de ordem 612-RJ, Tribunal Pleno 3.6.1993, *DJ* 6.5.1994).

3.3.7 Portanto, a conclusão é óbvia: a Emenda Constitucional 21/1999 não poderia fazer renascer a CPMF, instituindo-a pelo renascimento de uma lei inexistente. Poderia sim permitir a criação de um novo tributo, *sendo necessário uma nova lei, e lei complementar, como veremos, para instituí-lo.* Não como foi feito! A Emenda Constitucional não pode fazer renascer o que já não existe no mundo jurídico. E não tem valor dizer que tal argumento é formalista, pois o direito é essencialmente forma.

3.4 A invalidade formal da EC 21/1999, por inobservância dos arts. 60 e 65 da CF

3.4.1 Note-se ainda, que a proposta da Emenda Constitucional 21/1999 foi alterada pela Câmara dos Deputados e promulgada antes de retornar ao Senado, onde teve origem, para o exame das modificações. A combinação dos arts. 60 e 65 da Constituição nos leva necessariamente a concluir que a Emenda 21/1999 não foi aprovada, sendo ela mesma inexistente.

3.4.2 Assim estão redigidos os arts. 60 e 65, da Carta de 88:

Art. 60. A Constituição poderá ser emendada mediante proposta:

I — de um terço, no mínimo, dos membros da Câmara dos Deputados ou do Senado Federal;

II — do Presidente da República;

III — de mais da metade das Assembléias Legislativas das unidades da Federação, manifestando-se cada uma delas, pela maioria relativa de seus membros.

§ 1º. A Constituição não poderá ser emendada na vigência de intervenção federal, de estado de defesa ou de estado de sítio.

§ 2º. A proposta será discutida e votada em cada casa do Congresso Nacional, em dois turnos, considerando-se aprovada se obtiver, em ambos, três quintos dos votos dos respectivos membros.

§ 3º. A emenda à Constituição será promulgada pelas Mesas da Câmara dos Deputados e do Senado Federal, com o respectivo número de ordem.

§ 4º. Não será objeto de deliberação a proposta tendente a abolir:

I — a forma federativa de Estado;

II — o voto direto, secreto, universal e periódico;

III — a separação dos Poderes;

IV — os direitos e garantias individuais.

§ 5º. A matéria constante de proposta de emenda rejeitada ou havida por prejudicada não pode ser objeto de nova proposta na mesma sessão legislativa.

(...) .

Art. 65. O projeto de lei aprovado por uma casa será revisto pela outra, em um só turno de discussão e votação, e enviado à sanção ou promulgação, se a Casa revisora o aprovar, ou arquivado se o rejeitar.

Parágrafo único. Sendo o projeto emendado, voltará à Casa iniciadora.

3.4.3 Conforme disposições acima transcritas, verifica-se que a proposta de Emenda deve ser discutida e aprovada em cada Casa Parlamentar, e, caso haja alguma alteração, necessariamente, deve a modificação ser reapreciada pela Casa que não a votou. Isto, se se concluir que o art. 65 é de ser aplicado, por analogia, às propostas de Emenda, vez que a sua redação refere-se à projeto de Lei. Então, ou o art. 65 aplica-se às propostas de Emenda, e neste caso a alterações feitas por uma das Casas deve retornar à Casa iniciadora para exame, ou não se aplica, e neste caso qualquer alteração pela Casa revisora será considerada como rejeição ao que foi votado pela Casa iniciadora. O documento anexo demonstra as alterações havidas, na Câmara, no texto aprovado pelo Senado (Casa iniciadora), que são sintetizadas no quadro abaixo:

ALTERAÇÃO DA PROPOSTA DA EMENDA CONSTITUCIONAL 21/1999 NO CONGRESSO	
Senado (origem) — Aprovação 19.1.1999	*Câmara* — Aprovação 18.3.1999
Art. 75 § 1º. Observado o disposto no § 6º do art. 195 da Constituição, a alíquota da contribuição será de trinta e oito centésimos por cento, nos primeiros doze meses, e de trinta centésimos, nos meses subseqüentes, facultando ao Poder Executivo reduzi-la ou *restabelecê-la* total ou parcialmente, nos limites aqui definidos.	Art. 75, § 1º. Observado o disposto no § 6º do art.195 da Constituição, a alíquota da contribuição será de trinta e oito centésimos por cento, nos primeiros doze meses, e de trinta centésimos, nos meses subseqüentes, facultado ao Poder Executivo *reduzi-la total ou parcialmente, nos limites aqui definidos.*

continua ...

ALTERAÇÃO DA PROPOSTA DA EMENDA CONSTITUCIONAL 21/1999 NO CONGRESSO	
Senado (origem) — Aprovação 19.1.1999	*Câmara* — Aprovação 18.3.1999
§ 3º. É a União autorizada a emitir títulos da dívida pública interna, cujos recursos serão destinados ao custeio da saúde e da Previdência Social, em montante equivalente ao produto da arrecadação da contribuição, prevista e não realizada em 1999, *hipótese em que o resultado da arrecadação verificado no exercício financeiro de 2002 será integralmente destinado ao resgate da dívida pública federal.*	§ 3º. É a União autorizada a emitir títulos da dívida pública interna, cujos recursos serão destinados ao custeio da saúde e da Previdência Social, em montante equivalente ao produto da arrecadação da contribuição, prevista e não realizada em 1999.

3.4.4 *Em conclusão, a Emenda Constitucional 21, não foi aprovada, visto que o texto aprovado pelo Senado não foi o mesmo aprovado pela Câmara, violando-se assim o § 2º, do art. 60, da Constituição. Em decorrência, só na próxima sessão legislativa tal proposta de Emenda pode voltar a ser examinada (§ 5º do art. 60). No corrente exercício, a CPMF não existe.*

3.5 Impropriedade da alteração do ADCT por meio de Emenda Constitucional

3.5.1 Já está se tornando comum no Brasil, a promulgação de Emenda Constitucionais ao ADCT, o que é absolutamente impróprio, como bem preleciona o Professor Edvaldo Brito ("I — COFINS e PIS/PASEP: Conceito de Faturamento e de Receita Bruta. II — CPMF: Questionamentos Jurídicos", in *Dialética* 43/59): "O Ato das Disposições Constitucionais Transitórias é, por natureza, *direito transitório*, por isso a sua eficácia é meramente, integrativa, porque veicula matéria de conciliação da eficácia imediata típica da natureza de uma nova ordem constitucional positiva com a das normas jurídicas que resultarem do aperfeiçoamento do texto que exprime essa nova ordem. Portanto, não pode ser objeto de reforma, pela via de *emenda* ou, mesmo, de *revisão*".

3.5.2 Portanto, a Emenda 21/1999 é inválida por qualquer ângulo que se olhe.

3.6 Violação do § 4º, do art. 195, da Constituição

3.6.1 Diz o art. 195, da Constituição, com a redação dada pela Emenda Constitucional 20, de 15.12.1998:

> Art. 195. A seguridade social será financiada por toda a sociedade, de forma direta e indireta, nos termos da lei, mediante recursos provenientes dos orçamentos da União, dos Estados, do Distrito Federal e dos Municípios, e das seguintes contribuições sociais:
>
> I — do empregador, da empresa e da entidade a ela equiparada na forma da lei, incidentes sobre:
>
> a) a folha de salários e demais rendimentos do trabalho pagos ou creditados, a qualquer título, à pessoa física que lhe preste serviço, mesmo sem vínculo empregatício;
>
> b) a receita ou o faturamento;
>
> c) o lucro;
>
> II — do trabalhador e dos demais segurados da previdência social, não incidindo contribuição sobre aposentadoria e pensão concedidas pelo regime geral de previdência social de que trata o art. 201;
>
> III — sobre a receita de concurso de prognósticos.
>
> (...).
>
> § 4º. *A lei poderá instituir outras fontes destinadas a garantir a manutenção ou expansão da seguridade social, obedecido o disposto no art. 154, I.*
>
> (...).

3.6.2 E o art. 154, I, preceitua:

Art. 154. A União poderá instituir:

I — *mediante lei complementar, impostos não previstos no artigo anterior, desde que sejam não-cumulativos e não tenham fato gerador ou base de cálculo próprios dos discriminados nesta Constituição*; (...) (grifo nosso).

3.6.3 Temos só neste ponto, duas inconstitucionalidades. Em primeiro lugar, a Emenda Constitucional não poderia recriar a CPMF, provocando a ressurreição de uma Lei Ordinária, visto que a criação de um novo tributo para financiar a seguridade social só poderia ser feita mediante Lei Complementar. Em segundo lugar é um *bis in idem* em relação ao IOF, *além de ser cumulativa*. Quanto a esta última característica pouco se tem a dizer, pois o tributo (imposto) em questão incide sobre operações de depósito e saques, bem como depósito subseqüente, sem qualquer possibilidade de compensação com operações seguintes. Com isto, torna-se evidente o *efeito cascata*, o que caracteriza cumulatividade. A Constituição vigente, em duas oportunidades define o conceito de *não-cumulatividade*. A primeira, no art. 153, § 3º, II, quando ao traçar as regras básicas para o IPI, diz que ele será "não-cumulativo, *compensando-se o que for devido em cada operação com o montante cobrado nas anteriores*". A segunda, no art. 155, § 2º, I, que fixa um dos princípios norteadores do ICMS, dizendo que ele "*será não*-cumulativo, compensando-se o que for devido em cada operação relativa à circulação de mercadorias ou prestação de serviços *com o montante cobrado nas anteriores pelo mesmo ou outro Estado ou pelo Distrito Federal*".

3.6.4 Isto significa que não-cumulatividade significa possibilidade de compensação. Não havendo tal possibilidade *há cumulatividade*. E a Carta é clara ao dizer (art. 154, I) que qualquer imposto novo não pode ser cumulativo. E tal disposição por ter a natureza de *limitação constitucional ao poder de tributar, configura direito e garantia individual, e, de conseguinte, cláusula pétrea.*

3.6.5 Há muito se pretendeu eliminar, no Brasil, as incidências tributárias em cascata. No relatório de Rubens Gomes de Sousa, como relator da Comissão que apresentou o projeto para a reforma tributária nacional, lê-se: "É, aliás, característica moderna dos impostos sobre a circulação, primeiro elaborada na França e imitada pela maioria dos países, a de só tributarem, em cada sucessiva operação, o valor acrescido, *eliminando-se assim os notórios malefícios econômicos da superposição em cascata*, de incidências repetidas sobre bases de cálculo cada vez mais elevadas pela adição de novas margens de lucro, de novas despesas acessórias, e do próprio imposto que recaiu sobre as operações anteriores" ("Primeiro Relatório da Comissão", in *Reforma Tributária Nacional*, v. 17, FGV, p. 49).

3.6.6 Também Cleber Giardino ("O ICM e o princípio da não-cumulatividade", *RDT* 25-26/189 e ss.) preleciona:

"O primeiro desígnio, a primeira proposta constitucional, o primeiro conteúdo que pode ser inferido do texto do n. II, consiste em que esse sistema se presta a impedir aquilo que, numa linguagem vulgar (e que nós só trazemos à nossa discussão porque já se incorporou à linguagem em matéria de ICM), se denomina de *incidência em cascata*. Dispunha a lei, ao tempo do antigo IVC — Imposto de Vendas e Consignações (que era o imposto que cabia aos Estados antes do ICM), que em cada operação incidisse o imposto sobre o seu *valor total*, sem qualquer dedução. Não se reservava um abatimento — como hoje — que tornasse liquidamente tributável apenas uma parte do valor da operação posterior.

"Ou, de outro modo, não se reservava à incidência apenas uma parte do montante da operação futura.

"Segundo a crítica econômica, essa pluri-imposição, essa sobre-oneração econômica que uma mercadoria sofria ao longo de várias incidências que se sucediam, acabava por trazer perniciosos e maléficos efeitos à ordem econômica nacional. E se atribuiu ao legislador constituinte a tarefa de encontrar uma solução que superasse esse inconveniente da chamada *tributação em cascata.*

"Criou-se, assim, um imposto que deveria evitar esse efeito, ou seja, deveria evitar que a cada nova operação (...) a carga tributária acumulada fosse acrescendo o preço dos bens e, portanto, elevando o custo desses bens para o consumidor. (...) E, com isso, se consagrou um propósito extra fiscal, no conteúdo do n. II do art. 23: a sua chamada *cláusula da não-cumulatividade.*

"Nós preferíamos desiguar esse propósito, esse desígnio, como *dimensão objetiva da não-cumulatividade.*"

3.6.7 E, no dizer do ilustre Juiz da 13ª Vara Federal de São Paulo, Dr. Wilson Zauhy Filho (mandado de segurança 96.34440-0), em sentença prolatada em 15.4.1997, na qual julgou procedente o pedido para garantir à impetrante o direito de não submeter-se ao recolhimento da CPMF em face da inconstitucionalidade da EC 12/1996, "*percebe-se* (...) *que o legislador revisor andou contra a evolução do sistema tributário que de longa data quis afastar a tributação em cascata, agora reavivada de modo sub-reptício, subtraindo num primeiro momento a garantia do contribuinte e retribuindo-lhe, no passo seguinte, a imposição tributária infinita sobre o mesmo aporte econômico*".

3.6.8 Também nenhuma dúvida pode existir em relação ao *bis in idem* com o IOF. Tal imposto incide sobre operações de crédito realizadas por instituições financeiras, sobre operações de câmbio, seguro e relativas a títulos e valores mobiliários e operações com ouro ativo financeiro ou instrumento cambial. O CPMF, conforme já foi visto acima (item 2.2.7), incide também sobre operações financeiras. Veja-se a manifestação do então Deputado e Professor da Faculdade de Direito da USP, Régis de Oliveira, citada na sentença do MM. Juiz Wilson Zauhy Filho (MS 96.34440-0): "Demais disso, ao evitar a incidência do disposto no inc. I do art. 154 da Constituição da República, o Governo pretende ferir um dos mais sagrados princípios de direito tributário que é o *non bis in idem*, a saber, o fato gerador da obrigação tributária não pode ter duas incidências. *É subverter toda a ordem jurídica, pretender que possa o mesmo fato gerador dar margem a duas constrições, do imposto sobre operações financeiras e outro ensejar a contribuição que ora se pretende instituir.* Cuida-se, também, de garantia constitucional. Não se pode falar que atente contra garantia expressa, mas fere de morte princípios implícitos que compõem o todo da Carta Constitucional".

3.6.9 Mas ainda que a CPMF fosse não-cumulativa e não tivesse fato gerador e base de cálculo semelhante ao IOF, teríamos o fato da Emenda 21/1999 ter-se valido de legislação ordinária (Lei 9.311/1996) para o fim de revalidar a cobrança da famigerada contribuição, não arrolada nos incisos do art. 195, da Carta de 1988, quando o art. 154, I, da mesma faz expressa exigência de Lei Complementar para a criação de novo tributo.

3.7 Violação do princípio da capacidade contributiva

3.7.1 Estabelece o art. 145, § 1º, da Constituição:

> Sempre que possível, os impostos terão caráter pessoal e serão graduados segundo a capacidade econômica do contribuinte, facultando à administração tributária, especialmente para conferir efetividade a esses objetivos, identificar, respeitados os direitos individuais e nos termos da lei, o patrimônio, os rendimentos e as atividades econômicas do contribuinte.

3.7.2 A primeira observação é que a expressão *sempre que possível* só pode referir-se ao caráter pessoal dos impostos. Não é de ser conectada com a expressão seguinte, vale dizer, graduação segundo a capacidade econômica do contribuinte. Isto porque a graduação dos impostos segundo a capacidade econômica é um corolário lógico do lógico do princípio da igualdade, e, assim sendo, a sua referência expressa é desnecessária. A conclusão, portanto, é que os impostos sempre deverão ser graduados conforme a capacidade econômica do contribuinte. A expressão *sempre que possível* poderia referir-se à capacidade econômica do contribuinte, caso o parágrafo em exame mencionasse tributos e não impostos. É que as taxas não podem ser graduadas segundo a capacidade econômica dos contribuintes, uma vez que as bases de cálculo a elas inerentes não mensuram um atributo ou algo próprio do sujeito passivo, mas uma atividade do sujeito ativo.

3.7.3 Acresce que a isonomia é um princípio a ser aplicado sem qualquer ressalva, vez que, em relação a ele, a Constituição não admite qualquer exceção. Ora, se assim é, a capacidade contributiva não poderá ser aplicada com ressalvas, salvo diante da impossibilidade lógica, o que daria sentido à expressa *sempre que possível*, se a redação do parágrafo se referisse a tributos e não a impostos.

3.7.4 Em conclusão, o que está escrito no § 1º do art. 145 é o seguinte: *sempre que possível os impostos terão caráter pessoal, sendo graduados, em qualquer caso, segundo a capacidade econômica do contribuinte.*

3.7.5 Mas, da mesma forma que o princípio da capacidade contributiva é um corolário da isonomia, ele mesmo possui sues próprios corolários, quais sejam: vedação do confisco, irretroatividade, anterioridade, *progressividade*, *seletividade* e *não-cumulatividade.* Ora, a CPMF não é progressiva, não é seletiva e é cumulativa.

4. O direito à privacidade. O sigilo bancário e a sua quebra

4.1 O inc. X, do art. 5º, da Constituição Federal, diz que "são invioláveis a intimidade, a vida privada, a honra e a imagem das pessoas, assegurado o direito à indenização pelo dano material ou moral decorrentes de sua violação". Nota-se que o sigilo bancário não está expressamente resguardado, mas deve-se atentar para o § 2º, do mesmo art 5º, que diz que "os direitos e garantias expressos nesta Constituição *não excluem outros decorrentes do regime e dos princípios por ela adotados*, ou dos tratados internacionais em que a República Federativa do Brasil seja parte". Quer portanto nos parecer que ou o sigilo bancário se inclui nos conceitos de intimidade, vida privada ou imagem, ou ele decorre dos princípios adotados pela Constituição, sendo assim um dos direitos implícitos, tão garantidos quanto os expressos, em face do § 2º, acima referido.

4.2 Para nós a garantia do sigilo bancário está incluída na garantia dada à intimidade e à vida privada.[14] Tal foi a decisão do Supremo Tribunal Federal, através do Rel. Ministro Carlos Mário Velloso que em duas oportunidades afirmou ser o sigilo bancário espécie de direito à privacidade, chegando a afirmar textualmente:

> Se se tem presente que o sigilo bancário é espécie de direito à privacidade, que a CF consagra, art. 5º, X, somente autorização expressa da Constituição legitimaria o Ministério Público a promover, diretamente e sem a intervenção da autoridade judiciária, a quebra do sigilo bancário de qualquer pessoa.[15]

14. No mesmo sentido, Luiz Carlos dos Santos Gonçalves, "O sigilo bancário e de dados financeiros e a tutela da privacidade e intimidade", in *Direito Civil Constitucional*, coord. Renan Lotufo, São Paulo, Max Limonad, 1999, pp. 215 e ss.

15. RE 219.780-PE, 2ª Turma, j. 13.0.1999, *DJ* 10.9.1999, pp. 23, ement. v. 01962-03, pp. 473; RE 215.301-CE, 2ª Turma, j. 13.4.1999, *DJ* 28.5.1999, pp. 24, ement. v. 01952-07, pp. 1.303. A votação em ambos os casos foi unânime. Em sentido contrário, há a posição do ex-Ministro Rezek, profe-

4.3 Também o Superior Tribunal de Justiça, posto que não tenha competência para apreciar matéria constitucional, não pode julgar como se a Constituição não existisse, e já decidiu "*no sentido da ilegalidade da quebra do sigilo bancário mediante simples procedimento administrativo fiscal, face a* (*sic*) *garantia constitucional da inviolabilidade dos direitos individuais*".[16] Portanto, a conclusão nos parece clara: o sigilo bancário constitui um direito e garantia individual, uma espécie do conceito genérico da intimidade, amparado constitucionalmente por norma de eficácia plena e imediata (§ 1º do art. 5º da CF). Em conseqüência, nenhuma lei complementar poderá limitar o alcance desta garantia constitucional para permitir a sua quebra por determinação do Ministério Público ou de autoridade administrativa. A quebra do sigilo bancário só poderá ser feita por autorização judicial, em razão da supremacia do interesse público. É, portanto, cláusula pétrea.

rida no mandado de segurança 21.729-4-DF (*apud* ob. cit. na nota anterior).

16. REsp 114760-DF, 2ª Turma, unânime, Rel. Ministro Peçanha Martins, *DJ* 23.8.1999, p. 95.

CADERNOS DE DIREITO TRIBUTÁRIO

PERFIL CONSTITUCIONAL DO REGULAMENTO E ALGUNS REFLEXOS TRIBUTÁRIOS

JOSÉ ROBERTO VIEIRA (COORDENADOR)
CLÉVERTON BUENO DE OLIVEIRA
FÁBIO ALESSANDRO FRESSATO LESSNAU
MARCELO COSTENARO CAVALI
RENATA BECKERT ISFER
RITA CAROLINA BARRETO[1]

1. Introdução. 2. Conceito de "regulamento". 3. Ato administrativo normativo. 4. Competência regulamentar. 5. Leis passíveis de regulamentação. 6. Veículos: decreto e instrução. 7. Espécies de regulamento: 7.1 Regulamentos autônomos ou independentes – 7.2 Regulamentos executivos – 7.3 Regulamentos orgânicos – 7.4 Regulamentos delegados ou autorizados – 7.5 Regulamentos de necessidade ou de emergência. 8. Funções do regulamento. 9. Eficácia regulamentar. 10. Referenda ministerial. 11. Inexistência de regulamento autônomo. 12. "Dever" de regulamentar. 13. Responsabilidade pela omissão do regulamento. 14. Indelegabilidade regulamentar. 15. Deveres instrumentais tributários. 16. Consolidação da legislação tributária. 17. Faculdade de alteração de alíquotas. 18. Conclusões.

1. Introdução

Refletindo acerca dos instrumentos introdutórios de normas jurídicas em geral, e encaminhando-se para o comentário dos regulamentos em particular, Geraldo Ataliba, há mais de duas décadas, sentenciava que o tema "(...) não tem sido adequadamente tratado entre nós, quando não é es-

1. JOSÉ ROBERTO VIEIRA – Coordenador do Grupo de Estudos que produziu este texto – Professor de Direito Tributário da Universidade Federal do Paraná/UFPR e das Faculdades Integradas Curitiba/FIC (Graduação, Especialização, Mestrado e Doutorado) – Mestre e Doutor em Direito do Estado (PUC/SP), com estudos pós-graduados no *Instituto de Estudios Fiscales* (Madri/Espanha) – Ex-Membro Julgador do 2º Conselho de Contribuintes (Brasília/DF) e Auditor da Receita Federal (Curitiba/PR) (redigiu a "Introdução", item 1 deste artigo); CLÉVERTON BUENO DE OLIVEIRA – Estudante de Graduação da UFPR – Técnico Judiciário do TJPR (redigiu os itens 2, 3, 4 e 5); FÁBIO ALESSANDRO FRESSATO LESSNAU – Especialista em Direito Tributário pelas Faculdades Integradas Curitiba/FIC – Advogado (redigiu os itens 6, 7 e 17); MARCELO COSTENARO CAVALI – Graduado pela UFPR – Mestrando na Universidade de Coimbra

candalosamente negligenciado".[2] Testemunho eloqüente da veracidade da assertiva está na *carência monográfica específica* de que ele padece, uma vez que objeto, entre nós, de apenas quatro livros, três deles no âmbito do direito constitucional e do direito administrativo, e somente um na esfera do direito tributário.[3]

É curioso, contudo, que, embora inegável essa indigência monográfica, *não se pode cogitar de carência doutrinária genérica*, em face do grande número de trabalhos curtos (artigos, pareceres etc.) ou partes de obras mais extensas (capítulos, seções ou itens) a ele dedicados.

O primeiro motivo para a vasta bibliografia nacional e internacional sobre o assunto está, indubitavelmente, no alargamento das competências do Executivo, *mundo afora*, especialmente na ampliação da sua ação normativa, como ilustram os testemunhos insuspeitos de Lourival Vilanova, no Brasil, de Ramón Valdés Costa, na América Latina, e de Victor Uckmar, na Europa.[4] Trata-se, aliás, de uma realidade que se coloca além e por sobre as peculiaridades dos numerosos sistemas jurídicos contemporâneos, como sublinha Eduardo García de Enterría, o administrativista da Universidade Complutense de Madri: "La existencia del poder reglamentario de la Administración es algo evidente en el mundo actual, por encima de diferencias constitucionales en los diversos sistemas".[5]

Outra razão se encontra, certamente, no fato de que essa realidade traz a reboque, como indisfarçável corolário, a possibilidade de exorbitâncias, a facilitação aos excessos, *a franquia aos abusos, bem como a respectiva necessidade de lhes impor rédeas*. Nessa linha a motivação apresentada pelo mesmo administrativista espanhol para produzir obra específica sobre a matéria: "(...) la preocupación por el uso sistemático y masificado del poder normativo por la Administración contemporánea (...) y, en segundo lugar, la conciencia de (...) un embridamiento de ese poder mortífero y, no obstante, ya trivializado (...)".[6] Daqui, e no mesmo sentido, outra vez Geraldo Ataliba, escrevendo um pouco antes da Constituição hoje em vigor: "O momento presente da experiência brasileira é melancólico, no que ao tema concerne. Abusos do Executivo, tolerância do Judiciário, penetração de uma literatura superficial e sem compromisso científico (...)".[7]

(Portugal) (redigiu os itens 8, 9 e 11); Renata Beckert Isfer – Estudante de Graduação das Faculdades Integradas Curitiba/FIC – Estagiária de escritório de Advocacia (redigiu os itens 10, 15 e 16); e Rita Carolina Barreto – Especialista em Direito Tributário pelas Faculdades Integradas Curitiba/FIC – Advogada (redigiu os itens 12, 13 e 14).

2. "Prefácio" in Roque Antônio Carrazza, *O Regulamento no Direito Tributário Brasileiro*, São Paulo, Ed. RT, 1981, p. IX.

3. No direito constitucional e administrativo: Diógenes Gasparini, *Poder Regulamentar*, 2ª ed., São Paulo, Ed. RT, 1982 (Biblioteca de Estudos de Direito Administrativo, n. 11); Luciano Ferreira Leite, *O Regulamento no Direito Brasileiro*, São Paulo, Ed. RT, 1986 (Biblioteca de Estudos de Direito Administrativo, n. 16); e Vanessa Vieira de Mello, *Regime Jurídico da Competência Regulamentar*, São Paulo, Dialética, 2001. No direito tributário: Roque Antônio Carrazza, *O Regulamento* ..., cit.

4. Lourival Vilanova: "Atualmente (...) é um fato irreprimível o acrescentamento de poderes do Executivo Federal" ("Novo Poder Executivo para o Brasil", in Aurélio Wander Bastos e outros, *Uma Nova Organização Político-Constitucional para o Brasil de Hoje*, Fortaleza, Universidade Federal do Ceará, 1982, p. 118). Ramón Valdés Costa: "(...) la experiencia de cada país ha demostrado la necesidad de aumentar las funciones colegisladoras del Poder Ejecutivo" (*Instituciones de Derecho Tributario*, Buenos Aires, Depalma, 1992, p. 142). Victor Uckmar: "(...) a experiência demonstra que os Parlamentos não têm a possibilidade (...) de exercer por inteiro a função legislativa, que, portanto, vai sendo confiada, sempre com maior freqüência e amplitude, ao Executivo" (*Princípios Comuns de Direito Constitucional Tributário*, 2ª ed., trad. de Marco Aurélio Greco, São Paulo, Malheiros Editores, 1999, p. 39).

5. *Curso de Derecho Administrativo*, vol. I, Madri, Civitas, 1986, p. 185. Na tradução nacional: *Curso de Direito Administrativo*, trad. de Arnaldo Setti, São Paulo, Ed. RT, 1990, p. 199.

6. *Legislación Delegada, Potestad Reglamentaria y Control Judicial*, 2ª ed., Madri, Tecnos, 1981, p. XV.

7. "Prefácio" in Luciano Ferreira Leite, *O Regulamento* ..., p. 10.

Essas duas causas primeiras e tradicionais da preocupação dos publicistas com os regulamentos foram, recentemente, enriquecidas e fortificadas com novos dados, responsáveis pela adição de *renovados e desafiantes ingredientes* à inquietação provocada por esses instrumentos normativos. Um deles, que pode ser identificado como uma terceira explicação para a larga doutrina pertinente e para a sua atual retomada, é seu novo desenho diante do *quadro da metamorfose estatal* do final do século passado e deste início de século, como o confirma Lúcia Valle Figueiredo.[8] Referimo-nos à diminuição do tamanho do Estado, com a redução numérica de suas competências e a conseqüente assunção de parte delas pela iniciativa privada; transferência que não significa o abandono, mas – ao contrário – a manutenção da hegemonia do interesse público, pois afinal, como leciona Marçal Justen Filho, "(...) o processo de privatização do direito público apenas pode ser compreendido como uma manifestação da mesma tendência que conduz à publicização do direito privado".[9]

Outro elemento novo do debate, que corresponde a uma quarta justificativa para a extensa doutrina atinente à matéria e para sua hodierna renovação, decorrente do aludido panorama de modificação do Estado, especialmente do deslocamento de competências para a iniciativa privada e da conservação da supremacia do interesse público, é *a necessidade do controle estatal e o conseqüente surgimento das agências reguladoras*, cuja atividade normativa é irrecusavelmente problemática (José Joaquim Gomes Canotilho[10]). Confirma esse redespertar do interesse Marçal Justen Filho, ao versar os regulamentos chamados "autônomos": "(...) a instalação de agências reguladoras propiciou a renovação do debate".[11]

Todas essas motivações para a abundante bibliografia sobre o tema, bem como seu interesse recém-restaurado, têm *como indefectível pano de fundo o princípio da tripartição de funções*, cuja evolução registra "(...) o progressivo esbatimento de fronteiras entre as diversas funções do Estado e a fluidez e relatividade dos critérios de caracterização material e de diferenciação entre elas (...)" (Nuno Piçarra[12]); resultando nas irrecusáveis funções atípicas. Por isso, assenta, ponderando, Clèmerson Merlin Clève: "A missão atual dos juristas é a de adaptar a idéia de Montesquieu à realidade constitucional de nosso tempo".[13] E fazê-lo dentro de um cenário de interpenetração funcional, o que implica a permuta da velha teoria da "separação" por uma novel teoria de "cooperação" (Charles Eisenmann[14]) ou de "colaboração" (José Alfredo de Oliveira Baracho e Clèmerson Merlin Clève[15]).

Essas mesmas as razões que, dispostas sobre o cenário da tripartição de funções, em sua presente configuração, justificam a iniciativa da Academia Brasileira de Direito Constitucional de instituir um *Grupo de Estudos sobre o tema*, cuja composição foi fruto de rigorosa e concorrida seleção pública e de cujas atividades resultou o presente trabalho.[16]

8. "(...) a competência regulamentar, um dos temas bastante difíceis no Direito Brasileiro (...) atualmente, mercê da grande transformação do Estado, encontra-se inçado de dificuldades" (Lúcia Valle Figueiredo, "Prefácio" in Vanessa Vieira de Mello, *Regime Jurídico* ..., p. 7).

9. *O Direito das Agências Reguladoras Independentes*, São Paulo, Dialética, 2002, p. 14.

10. *Direito Constitucional e Teoria da Constituição*, 5ª ed., Coimbra, Livraria Almedina, 2002, p. 838.

11. *O Direito* ..., p. 492.

12. *A Separação dos Poderes como Doutrina e Princípio Constitucional: um Contributo para o Estudo das suas Origens e Evolução*, Coimbra, Coimbra Editora, 1989, p. 264.

13. *Atividade Legislativa do Poder Executivo*, 2ª ed., São Paulo, Ed. RT, 2000, p. 44.

14. *Apud* Clèmerson Merlin Clève, ibidem, p. 33.

15. José Alfredo de Oliveira Baracho, *Processo Constitucional*, Rio de Janeiro, Forense, 1984, pp. 29-30; Clèmerson Merlin Clève, *As Medidas Provisórias e a Constituição Federal de 1988*, Curitiba, Juruá, 1991 (Textos Selecionados – Direito, n. 2), p. 97.

16. Este trabalho é conseqüência de numerosas sessões de reflexão e discussão, a partir dos mais

Este trabalho visita *temas pouco versados* pela doutrina nacional acerca dos regulamentos, como: as leis que podem ser objeto de regulamentação (item 5), a instrução ministerial como veículo regulamentar (item 6) e a referenda ministerial (item 10). Não se furta à *tomada de posição resoluta e decidida em temas controvertidos*, como: inexistência de regulamentos autônomos ou independentes (subitem 7.3 e item 11), admissão dos efeitos externos dos regulamentos (item 9), caracterização da função regulamentar como dever e não como faculdade (item 12), tipificação da omissão do regulamento como crime de responsabilidade do chefe do Executivo (item 13) e reconhecimento da impossibilidade de delegação da competência regulamentar a outros órgãos da Administração (item 14). Mais do que isso, atreve-se a oferecer *algumas contribuições doutrinárias*, ao identificar o regulamento orgânico como espécie regulamentar autônoma no Direito Brasileiro (subitem 7.3) e ao intentar uma síntese das funções do regulamento em nossa realidade jurídica, esclarecendo as respectivas relações com a discricionariedade administrativa e com a chamada "discricionariedade técnica" (item 8).

Esses méritos do trabalho estendem-se ao *âmbito tributário*, pois não hesita em analisar a regra da consolidação anual da legislação tributária vigente – assunto praticamente ignorado pela doutrina (item 16); não se esquiva de firmar posição enérgica pela impossibilidade do estabelecimento de deveres instrumentais via decreto e/ou regulamento – questão assaz polêmica (item 15); e não se omite no exame da faculdade de alteração de alíquotas pelo Executivo, questionando sua habitual classificação como exceção à legalidade, e abrindo, com isso, perspectivas para a reconsideração do tema (item 17).

Vê-se, portanto, que, longe de mera compilação de dados ou simples repositório de idéias alheias, o trabalho foi além, e, ainda que seus frutos sejam modestos, constitui *um ensaio de resposta à altura do repto científico*, arriscando-se a pensar de modo criativo e fecundo. Cientes de que "(...) o Direito não é feito para a comodidade dos juristas" (Marcel Waline[17]), seus autores não ignoraram os embaraços nem contornaram os óbices, numa tentativa – humilde, mas determinada – de intrepidez e galhardia jurídicas.

2. *Conceito de "regulamento"*

O conceito de "regulamento" não é algo uniforme e preciso, pois varia de acordo com o país e a época histórica que se tome em consideração.

Por esse motivo, alguns autores adotam um *conceito amplo* de "regulamento", capaz de contemplar os diferentes tipos apontados pela doutrina.[18] De acordo com esse conceito amplo, *regulamentos* são atos administrativos normativos, de caráter geral e abstrato, editados pela Administração Pública.

Muitos juristas criticam essa tentativa de estabelecer um conceito amplo de "regulamento", como se essa categoria pudesse ser universalmente válida.[19] Dessa forma, torna-se necessária a elaboração de um conceito de "regulamento" para o Direito

relevantes textos da bibliografia nacional sobre o tema. Como obra coletiva que é, apresenta, aqui e acolá, inevitáveis diferenças de estilo redacional; questão exclusivamente de forma, pois, no que tange ao conteúdo, seus posicionamentos e conclusões foram sempre objeto de debate e constituem o consenso do grupo.

17. "Les rapports entre la loi et le règlement avant et après la Constitution de 1958", *Revue du Droit Public* 75/717, n. 4, Paris, julho/1959.

18. Cf. Leila Cuéllar, *As Agências Reguladoras e seu Poder Normativo*, São Paulo, Dialética, 2001, p. 45. Cf. também Roque Antônio Carrazza, *Curso de Direito Constitucional Tributário*, 16ª ed., São Paulo, Malheiros Editores, 2001, p. 313. Quanto aos tipos de regulamentos apontados pela doutrina, consulte-se o item 7 deste trabalho.

19. V. Celso Antônio Bandeira de Mello, *Curso de Direito Administrativo*, 13ª ed., São Paulo, Malheiros Editores, 2001, p. 308. Cf. também Clèmerson Merlin Clève, *Atividade Legislativa ...*, 2ª ed., p. 271.

Brasileiro, de acordo com as características e limitações impostas pela nossa Constituição Federal. Chega-se, assim, a um *conceito estrito* de "regulamento", para o nosso Direito, qual seja: ato administrativo normativo, geral e abstrato, de competência privativa do chefe do Poder Executivo, editado com as finalidades de (a) disciplinar o modo de aplicação das leis administrativas cuja execução incumbe diretamente ao próprio Poder Executivo e (b) organizar o funcionamento da Administração Pública.

É interessante observar que esse conceito estrito abrange aquele que a doutrina denomina "regulamento executivo" – ou seja, o regulamento absolutamente subordinado à lei e cuja finalidade é somente aplicá-la.[20] Tal limitação decorre dos princípios constitucionais da legalidade e da tripartição de funções, consagrados entre nós.

Contudo, o conceito apresentado é assaz largo para contemplar, igualmente, os *regulamentos ditos "orgânicos"*, usualmente tidos como uma espécie do gênero dos regulamentos autônomos.[21]

A adequada compreensão do conceito estrito de "regulamento", no Brasil, exige a reflexão sobre algumas questões, tais como: O que são atos administrativos normativos? De quem é a competência para editar regulamentos? Quais leis podem ser regulamentadas?

É justamente com essas perguntas que nos preocuparemos nos passos iniciais desta reflexão.

3. Ato administrativo normativo

À luz do princípio constitucional da tripartição de funções, o regulamento caracteriza-se como manifestação da atividade administrativa, tipicamente atribuída ao Poder Executivo.[22]

Entre tantas outras classificações possíveis – como tão bem e extensamente expõe Celso Antônio Bandeira de Mello –, os atos administrativos podem ser divididos em: *atos administrativos executivos* e *atos administrativos normativos*.[23] A distinção entre tais atos é importante porque são diferentes os regimes jurídicos adotados para cada um deles.

As características da generalidade e da abstração é que distinguem os *atos administrativos executivos* dos *atos administrativos normativos*; pois estes últimos são gerais e abstratos, enquanto os primeiros podem ser gerais e concretos, individuais e abstratos ou individuais e concretos, como esclarece Clèmerson Merlin Clève,[24] esforçado em Jorge Manuel Coutinho de Abreu.

Acerca dessa classificação das normas em gerais ou individuais e abstratas ou concretas já se manifestou Norberto Bobbio. Segundo o ilustre jurista, as normas podem destinar-se a pessoas singulares e determinadas (normas individuais) ou a uma classe de pessoas indeterminadas (normas gerais). Por outro enfoque, as normas podem regular condutas singulares e específicas (normas concretas) ou uma classe de condutas, uma ação-tipo (normas abstratas).[25]

Teoricamente, não há como confundir "ato administrativo executivo" e "ato administrativo normativo". O primeiro é "caso concreto decidido", e o segundo é "critério material de decisão de casos concretos".[26] Além do quê, os atos administrativos normativos integram o ordenamento jurídico e não se exaurem na simples aplicação do próprio ato. Apesar disso, na prática, devido à variedade de atos editados pela Admi-

20. V. maior especificação no subitem 7.2, adiante.

21. A respeito da tipologia dos regulamentos adotada neste trabalho, cf. os itens 7 e 11.

22. Alguns autores afirmam que o Poder Executivo tem duas funções típicas distintas: função administrativa e função de governo. Assim, é possível defender que o regulamento eventualmente constitua manifestação da função de governo, e não da função administrativa.

23. *Curso* ..., 13ª ed., pp. 362 e ss.

24. *Atividade Legislativa* ..., 2ª ed., p. 276.

25. Norberto Bobbio, *Teoria da Norma Jurídica*, trad. de Fernando Pavan Baptista e Ariani Bueno Sudatti, Bauru, EDIPRO, 2001, pp. 180-181.

26. Clèmerson Merlin Clève, *Atividade Legislativa* ..., 2ª ed., p. 276.

nistração Pública, muitas vezes se torna difícil a distinção. Mas, como consta do conceito já exposto, *o regulamento é sempre um ato administrativo normativo* – embora existam outras manifestações desse tipo de ato –, ou seja, é norma jurídica geral e abstrata, adotada como critério de decisão de casos concretos.

Um dado relevante a ser sublinhado é que a competência para editar normas gerais e abstratas – como assinala Marçal Justen Filho – permite um verdadeiro *controle social*, pois tais normas disciplinam um número indeterminado de pessoas e situações.[27] Isso aumenta a importância da análise da competência regulamentar, que passamos a fazer em seguida.

4. Competência regulamentar

O fundamento formal da competência regulamentar está na própria Constituição. Dessa maneira, o dever regulamentar é próprio do Poder Executivo, não necessita de autorização do Legislativo, nem pode por ele ser impedido.

A Constituição Brasileira de 1988 estabelece, em seu *art. 84, IV e VI*, a competência regulamentar como sendo uma dentre as competências privativas do presidente da República, chefe do Poder Executivo, que a exerce pela via do decreto.[28] E, por força do parágrafo único desse mesmo artigo, com exceção do inciso VI, essa competência é indelegável.[29]

Mas a própria Constituição, em seu *art. 87, parágrafo único, II*, determina que os ministros de Estado são competentes para "expedir instruções para a execução das leis, decretos e regulamentos". Portanto, quando um ministro regulamenta uma lei, por meio de instrução, não está, em princípio, invadindo competência privativa do presidente, mas sim exercendo competência que lhe é constitucionalmente atribuída. Há que se ressaltar, porém, que a *instrução ministerial* deve ser compatível com a lei e com o decreto, se ele existir. Em caso de colisão entre o regulamento expedido pelo chefe do Executivo e a instrução ministerial, o decreto, evidentemente, prevalece, por hierarquicamente superior. Tal superioridade do decreto – em face não só da instrução ministerial, mas de todos os demais atos administrativos normativos – deve-se também à liderança hierárquica exercida pelo chefe do Executivo, no seu âmbito. Essa hierarquia permite-lhe restringir o comportamento de seus subordinados e determinar os procedimentos adotados pela Administração Pública.

Alguns autores, no entanto – principalmente em virtude do debate acerca da competência normativa das agências reguladoras –, defendem o entendimento de que a Constituição é apenas exemplificativa ao atribuir a competência regulamentar ao chefe do Poder Executivo e a possibilidade de expedir instrução aos ministros de Estado.[30] Portanto – segundo esses autores –, a competência regulamentar também pode ser exercida por *outros órgãos e entidades da Administração Pública*, inclusive pelas *autarquias e/ou agências reguladoras*. Embora não nos pareça razoável, em face do texto constitucional, ampliar a competência regulamentar para outros órgãos da Administração, isso não significa negar a esses órgãos a capacidade de editar outros atos administrativos normativos (portarias, circulares etc.), necessários para seu próprio funcionamento, desde que subordinados à lei e ao respectivo regulamento.

27. *O Direito* ..., p. 485.

28. "Art. 84. Compete privativamente ao Presidente da República: (...); IV – sancionar, promulgar e fazer publicar leis, bem como expedir decretos e regulamentos para sua fiel execução; (...); VI – dispor, mediante decreto, sobre: a) organização e funcionamento da Administração Federal, quando não implicar aumento de despesa, nem criação ou extinção de órgãos públicos; b) extinção de funções ou cargos públicos, quando vagos; (...)."

29. Cf., a respeito, o item 14 do presente trabalho.

30. É o caso de Leila Cuéllar, *As Agências Reguladoras* ..., p. 116; como também o de Marçal Justen Filho, *O Direito* ..., pp. 518-521.

5. Leis passíveis de regulamentação

A imensa maioria da doutrina brasileira admite apenas a existência de regulamentos executivos em nosso país, ou seja, aqueles cuja finalidade é a aplicação de uma lei. É preciso, então, esclarecer quais leis podem ser regulamentadas pelo Poder Executivo. Entendemos que apenas as leis cuja aplicação é de responsabilidade do chefe do Poder Executivo podem por ele ser regulamentadas. Desse modo, admitem regulamentos somente as *leis administrativas em sentido amplo* – das quais as leis tributárias fazem parte –, cuja execução incumbe diretamente ao Poder Executivo.[31]

Diante dessa limitação, é impossível haver regulamento das *normas constitucionais*, porque o Executivo as aplica apenas indiretamente, cabendo tal função ao Legislativo, através das leis complementares e ordinárias.

Da mesma forma, a maioria das *leis complementares* também não admite regulamento, pois essa categoria de leis geralmente é destinada ao Poder Legislativo. A Constituição de 1988 trouxe, entretanto, em matéria tributária, duas exceções claras a essa regra: a do art. 148 – que autoriza a promulgação de lei complementar federal para a instituição de empréstimos compulsórios; e a do art. 154, I – que admite, mediante lei complementar, a instituição de impostos residuais da União.[32] Nesses casos, o destinatário da lei complementar prevista na Constituição é o próprio Executivo, e não o Legislativo – o que o autoriza a eventualmente regulamentá-la.

Também é impossível pensar em regulamentos de leis civis, penais, processuais, trabalhistas etc., uma vez que não cabe ao Executivo aplicá-las diretamente.

Outra limitação importante decorre do princípio da Federação e se refere ao fato de que o chefe do Poder Executivo só pode regulamentar *leis administrativas emanadas da sua pessoa política*. Assim, cabe ao presidente da República a regulamentação da lei administrativa federal apenas; e, logicamente, ao governador do Estado somente da lei administrativa estadual, e ao prefeito tão-só da lei administrativa municipal.

É adequado lembrar, ainda, que nem todas as leis administrativas aceitam ser regulamentadas, somente as *não auto-executáveis*.

6. Veículos: decreto e instrução

Passamos, agora, a expor os meios ou instrumentos pelos quais esse ato normativo se manifesta, no ordenamento jurídico pátrio, como resultado das competências atribuídas ao Poder Executivo.

O regulamento exterioriza-se por meio do *decreto* expedido pelo presidente da República, governador do Estado, governador do Distrito Federal ou pelo prefeito do Município, como veículo de expressão de seus atos políticos e administrativos, sejam executivos ou normativos.[33]

A suprema manifestação jurídica normativa do Poder Executivo, portanto, concretiza-se através do decreto, sendo esse instrumento, nas palavras de Geraldo Ataliba, "(...) o ato pelo qual o presidente da República exercita suas principais funções jurídicas. Assim, é por meio deste veículo que exerce o *ordinance power* de que é investido pela Constituição como chefe de Estado e como chefe do Poder Executivo".[34]

31. Interessantes, no tema, as extensas e minudentes considerações de Roque Antônio Carrazza, especialmente quanto às repercussões tributárias (*O Regulamento* ..., pp. 49-135).

32. Uma exceção possível é a do art. 153, VII, que atribui competência à União para instituir o imposto sobre "grandes fortunas, nos termos de lei complementar".

33. A palavra "decreto" deriva do Latim *decretum*, da mesma raiz que o verbo *decernere*, tendo já para os romanos o sentido de ordem, determinação, decisão, resolução, preceito, e correspondendo ao grego *dogma* (Antônio Geraldo da Cunha, *Dicionário Etimológico Nova Fronteira da Língua Portuguesa*, 2ª ed., Rio de Janeiro, Nova Fronteira, 1996, p. 242; e José Cretella Jr., *Comentários à Constituição Brasileira de 1988*, vol. 5, Rio de Janeiro, Forense, 1991, p. 2.899).

34. *Apud* Roque Antônio Carrazza, *O Regulamento* ..., p. 9.

Impõe-se destacar que o decreto propriamente dito, nos termos até aqui definidos, distingue-se do *decreto legislativo*, entendido como ato próprio dos corpos legislativos – Senado Federal, Câmara dos Deputados, Assembléia Legislativa e Câmara Municipal –, que trata de assuntos de sua competência privativa e de efeitos externos.[35]

O regulamento exterioriza-se também através da *instrução*, oriunda do ministro de Estado, do secretário de Estado, do secretário do Distrito Federal ou do secretário do Município. O dever de regulamentar as leis não é atribuição privativa do chefe do Executivo, mas também de seus auxiliares imediatos, conforme determinação expressa do art. 87, parágrafo único, II, da *Lex Mater*. Dessa forma, cada ministro ou secretário poderá expedir instrução regulamentar, desde que em seu âmbito de competência.

É oportuno expor questão de relevante interesse e de que cogita Roque Antônio Carrazza, relativa à situação de uma lei vir a ser regulamentada primeiro por meio de instrução e depois por decreto. Conforme entendimento do mencionado autor, prevalecerá, nessa hipótese, nos pontos em que houver colisão entre os atos normativos, o decreto, desde que hierarquicamente superior à instrução, a qual ficará com sua eficácia paralisada.[36]

Portanto, o decreto ou a instrução ministerial assumem a função de *instrumento ou roupagem pela qual o regulamento se exterioriza*, ao passo que o regulamento propriamente dito constitui o conteúdo ou a disciplina estabelecida. Da mesma forma, o próprio texto constitucional designa de "acórdãos" as decisões dos tribunais ou de "leis" os atos do Congresso Nacional.

Por derradeiro, cabe atentar para o fato de que os mencionados veículos de edição dos regulamentos assumem caráter de *limitação de natureza formal* desse instituto, uma vez que somente por meio desses veículos normativos é autorizado o Poder Executivo a exercer a atividade regulamentar.[37]

7. Espécies de regulamento

Várias são as classificações apresentadas pela doutrina acerca das espécies de regulamento no ordenamento jurídico brasileiro, a partir dos diversos critérios de conveniência adotados para suas respectivas exposições.

A grande maioria dos doutrinadores utiliza como critério classificatório *a relação entre o regulamento e a lei*, sendo que, para tanto, buscam freqüentemente a experiência do Direito Comparado. Assim, os regulamentos podem ser divididos em (i) autônomos ou independentes; (ii) executivos; (iii) orgânicos; (iv) delegados ou autorizados e (v) de necessidade ou de emergência.

7.1 Regulamentos autônomos ou independentes

Os *regulamentos autônomos ou independentes* têm origem no ordenamento jurídico francês, tendo sido originariamente normatizados no texto constitucional de 1958, especificamente em seu art. 37, ao

35. Tais são, na exemplificação de José Cretella Jr., os atos do Legislativo autorizando a decretação do estado de sítio, concedendo anistia, outorgando pensão, concedendo licença a funcionário público, resolvendo intervenção federal num Estado, concedendo subsídio a um Estado que solicitar (no caso do art. 5º), decretando a moratória geral, prorrogando ou adiando a sessão do Congresso e comutando ou perdoando pena imposta, por crime de responsabilidade, a um funcionário federal (*Comentários* ..., vol. V, p. 2.897).

36. *Curso* ..., 16ª ed., p. 315, nota 121.

37. Conforme entendimento de Clémerson Merlin Clève, a exata compreensão do conceito de "regulamento" exige a verificação dos seus limites, que podem ser de duas ordens, *in verbis*: "Ou são (i) limitações de natureza formal, ou são (ii) limitações de natureza material (...). O primeiro limite formal liga-se à competência (...). O segundo limite formal diz respeito ao veículo de edição (...). O terceiro limite formal vincula-se à publicação do decreto regulamentar" (*Atividade Legislativa* ..., 2ª ed., pp. 277-279).

estabelecer que todas as matérias que não fossem de domínio da lei se revestiriam de caráter regulamentar – ou seja, o Poder Executivo passou a inovar originariamente a ordem jurídica.[38]

Portanto, são autônomos os regulamentos jurídicos criados pelo Executivo em virtude de competência outorgada diretamente pelo texto constitucional, independente de uma lei à qual estejam subordinados.

Muito embora *grande parte da doutrina negue sua existência* no nosso ordenamento jurídico, *alguns autores admitem* a possibilidade de serem editados regulamentos autônomos ou independentes, como Hely Lopes Meirelles, ao afirmar que "*regulamento* é o ato administrativo geral e normativo, expedido privativamente pelo chefe do Executivo (...) através de decreto, com o fim de (...) prover situações não disciplinadas em lei (*regulamento autônomo* ou *independente*)";[39] e Sérgio Ferraz, ao expor que "os regulamentos autônomos têm como campo de ambiência (...) um dos dois seguintes terrenos: ou aquela área não expressamente reservada à lei, e onde norma legal, *stricto sensu*, ainda não foi editada (...); ou a chamada 'reserva de administração', isto é, aquela em que, por disposição de lei maior, é livre, discricionário e exclusivo o desenrolar da ação administrativa".[40]

Em atenção à área de incidência dos regulamentos autônomos, conforme posicionamento majoritário da doutrina, apesar de não seguirmos esse caminho, pode-se dividi-los em: orgânicos, regimentais – também denominados "internos" – e policiais – também denominados "externos".

São classificados como *regulamentos orgânicos* aqueles em que o chefe do Executivo trata da organização de unidades administrativas.[41] Por sua vez, os *regimentais* são apenas suas determinações no sentido de disciplinar o funcionamento das mesmas unidades administrativas. Enfim, os *regulamentos de polícia* têm o escopo de condicionar o exercício da liberdade e da propriedade dos indivíduos, objetivando o bem-estar social.

A doutrina pátria trata do regulamento "autônomo" ou "independente", utilizando ambos os adjetivos para referir o mesmo conceito acima delineado, na linha dos juristas italianos. Porém, analisando-se o Direito Português, verifica-se singular diferença entre essas espécies de regulamento, com a adoção de cada um dos adjetivos para espécies regulamentares diversas.[42]

Com efeito, a Constituição Portuguesa prevê expressamente os *regulamentos independentes*, os quais não se confundem com os autônomos, desde que eles devem indicar o ato legislativo que reclama a faculdade regulamentar, além do quê essa lei também deve identificar a autoridade que poderá ou deverá expedir o regulamento, bem como a matéria sobre a qual versará.

O ordenamento jurídico pátrio não aceita essa espécie de regulamento, que é própria do Direito Lusitano; todavia, existe uma modalidade normativa com características singulares, que com ela possui algumas semelhanças. A ela se chega pelo disposto no § 3º do art. 33 do nosso diploma constitucional, que determina que "a lei disporá sobre as eleições para a Câmara Territorial e sua competência deliberativa". Embora não venha a dispor de competência legislativa, ser-lhe-á, no entanto, outor-

38. Não era assim anteriormente. O texto constitucional francês de 1852, modificado em 25.2.1875, determinava que as autoridades administrativas somente poderiam realizar atos que consistissem na execução das leis, de forma que o campo de atuação da lei seria ilimitado. Por sua vez, a Constituição de 1946 manteve o princípio da superioridade da lei, conferindo competência ao presidente do Conselho de Ministros para assegurar a execução da lei (Luciano Ferreira Leite, *O Regulamento* ..., pp. 60-61).

39. *Direito Administrativo Brasileiro*, 29ª ed., São Paulo, Malheiros Editores, 2004, p. 126.

40. "Regulamento", in *3 Estudos de Direito*, São Paulo, Ed. RT, 1977, p. 119.

41. Sobre os regulamentos orgânicos, cf. o subitem 7.3 e o item 8 deste trabalho.

42. *Apud* Clèmerson Merlin Clève, *Atividade Legislativa* ..., 2ª ed., pp. 292-293.

gada competência normativa secundária, dentro de limites estabelecidos através de lei federal.[43]

7.2 Regulamentos executivos

O *regulamento executivo* é a modalidade típica do Direito pátrio, encontrando fundamentação no *inciso IV do art. 84* da CF.[44]

Pode-se entendê-lo como ato administrativo normativo, o qual contém comando geral voltado à correta aplicação de lei cuja execução compete ao Executivo, de forma a detalhar e explicitar seus dispositivos ou interpretar seus conceitos, como, também, dispor sobre órgãos e procedimentos convenientes para sua melhor e mais uniforme aplicação.

Essa espécie de regulamento não tem por objetivo inovar originariamente o ordenamento jurídico, um vez que opera unicamente *secundum legem* e *intra legem*, não podendo operar *contra legem*, *ultra legem* ou *praeter legem*.[45]

Nas palavras de Vanessa Vieira de Mello: "O regulamento de execução busca a correta aplicação e execução da lei. É um veículo normativo voltado para a lei, dela não destoando jamais. É necessário porque nem todas as leis se mostram auto-aplicáveis. E também porque as mudanças diárias fazem com que nem sempre o uso de determinada lei seja sempre o mesmo".[46]

O regulamento de execução não é editado com o escopo de simplesmente repetir a lei, pois não faria sentido movimentar a máquina administrativa para tão-somente plagiar o trabalho desenvolvido pelo legislador derivado. Terá, sim, a finalidade de *tornar a aplicação de lei mais fácil* e próxima da realidade social, sem desrespeitá-la.

7.3 Regulamentos orgânicos

Os *regulamento orgânicos* estão previstos no art. 84, VI, da CF. São os atos administrativos normativos editados pelo Executivo que organizam o funcionamento da Administração Pública. O Executivo, "(...) através de regulamentos orgânicos, estrutura as repartições públicas, e dispõe sobre os direitos e deveres dos agentes público-administrativos (...)".[47]

Cabe destacar o entendimento de Luís Roberto Barroso, em estudo elaborado anteriormente à Emenda Constitucional 32, de 11.9.2001.[48] Nesse trabalho, além do regulamento de execução, previsto no art. 84, IV, da Carta Magna, o autor admitia também o *regulamento de organização*, o qual não podia ser considerado do mesmo gênero do regulamento autônomo, diante da letra expressa do inciso VI desse dispositivo, segundo o qual competia privativamente ao presidente da República, na redação original, "dispor sobre a organização e o funcionamento da Administração Federal, *na forma da lei*"[49] (grifamos). Por outro lado, o *Manual de Redação da Presidência da República* aceita sua introdução no ordenamento jurídico pátrio, cha-

43. Idem, ibidem, p. 295.

44. Esse é o entendimento, por exemplo, de Carlos Mário da Silva Velloso, ao consignar que: "O regulamento, que o sistema constitucional brasileiro admite, é o de execução" ("Do poder regulamentar", *RDP* 65/46, São Paulo, Ed. RT, janeiro-março/1983; "Do poder regulamentar", in *Temas de Direito Público*, Belo Horizonte, Del Rey, 1997, p. 450).

45. Celso Antônio Bandeira de Mello, "Regulamento e princípio da legalidade", *RDP* 96/45, São Paulo, Ed. RT, outubro-dezembro/1990.

46. *Regime Jurídico ...*, p. 74.

47. Oswaldo Aranha Bandeira de Mello, *Princípios Gerais de Direito Administrativo*, vol. I, Rio de Janeiro, Forense, 1969, p. 305.

48. Com a Emenda Constitucional 32, de 11.9.2001, o inciso VI do art. 84 da CF passou a ter a seguinte redação: "Compete privativamente ao presidente da República: (...); VI – dispor mediante decreto sobre: a) organização e funcionamento da Administração Federal, quando não implicar aumento de despesa nem criação ou extinção de órgãos públicos; b) extinção de funções ou cargos públicos, quando vagos".

49. "Apontamentos sobre o princípio da legalidade (delegação legislativa, poder regulamentar e repartição constitucional das competências legislativas)", in *Temas de Direito Constitucional*, 2ª ed., Rio de Janeiro, Renovar, 2002, p. 180).

mando-o de "decreto autônomo" e conceituando-o como "decreto que decorre diretamente da Constituição, possuindo efeitos análogos ao de uma lei ordinária".[50]

Diferentemente dos regulamentos executivos, os regulamentos de organização são delegáveis, nos termos do parágrafo único do art. 84 da Lei Maior.

Mesmo após o advento da Emenda Constitucional 32/2001 não se pode conceber os regulamentos orgânicos como subespécie dos regulamentos autônomos. Procedendo ao exame desses atos administrativos a partir do texto constitucional, essa classificação não parece viável. Somente uma inadmissível análise isolada do art. 84, VI, poderia levar à conclusão de que se trata de regulamentos autônomos.

Ainda que não se possa, em rigor, classificá-lo como executivo, o regulamento orgânico não se assemelha ao autônomo. O vigor do princípio da legalidade faz-se sentir em todos os recantos e meandros da Carta Magna. Trata-se, portanto, de uma outra espécie de regulamento, que, se não pode ser dito subespécie dos regulamentos executivos, muito menos poderia ser classificado como autônomo.[51]

7.4 Regulamentos delegados ou autorizados

Os *regulamentos delegados* encontram seu campo de atuação na delegação ou autorização do Poder Legislativo, de forma que a esfera de atuação normativa do Poder Executivo resta ampliada – ou seja, a lei não esgota a regulamentação de determinada matéria, preferindo, todavia, transferi-la, integral ou parcialmente, ao Executivo.

O sistema jurídico pátrio não admite essa espécie de regulamento, repudiando-o de plano, posto que "(...) a lei que limitar-se a (pretender) transferir ao Executivo o poder de ditar, por si, as condições ou meios que permitem restringir um direito configura delegação disfarçada, inconstitucional. Deveras: as funções correspondentes a cada um dos Poderes (Legislativo, Executivo e Judiciário) são, como regra, indelegáveis"[52] (*sic*).

A *indelegabilidade legislativa* encontra guarida no texto constitucional, mesmo que de forma implícita, em seu art. 2º, ao consignar: "São poderes da União, independentes e harmônicos entre si, o Legislativo, o Executivo e o Judiciário". Ademais, o art. 25 do ADCT, da mesma forma, rejeitou a delegação legislativa ao Executivo, ao determinar: "Ficam revogados, a partir de 180 dias da promulgação da Constituição, sujeito este prazo a prorrogação por lei, todos os dispositivos legais que atribuam ou deleguem a órgão do Poder Executivo competência assinalada pela Constituição ao Congresso Nacional, especialmente no que tange a: I – ação normativa; (...)".

Desse entendimento cabe a *ressalva excepcional* disposta nos arts. 59, IV, e 68, ambos da *Lex Mater*, que tratam das leis delegadas, editáveis apenas em decorrência de procedimento legislativo próprio e segundo condições e limites expressamente estabelecidos. Assim, nas precisas palavras de Marçal Justen Filho, ao tratar da delegação excepcional outorgada ao presidente da República pelo art. 68, resta evidente que se trata de "(...) determinação específica acerca do instituto da delegação. Daí a conclusão da impossibilidade de uma interpretação extensiva".[53]

Do mesmo entendimento comunga Carlos Mário da Silva Velloso, em estudo sobre o tema à época da Constituição de 1967; contudo, influenciado pela experiência norte-americana, parece-lhe que o regulamento autorizado, *intra legem*, também

50. Gilmar Ferreira Mendes e Nestor José Forster Jr., *Manual de Redação da Presidência da República*, 2ª ed., Brasília, Presidência da República, 2002, p. 102.

51. Para considerações mais detalhadas sobre o tema, cf. exame acerca da quarta função exercida pelo regulamento, no item 8 deste trabalho, logo adiante.

52. Celso Antônio Bandeira de Mello, *Curso* ..., 13ª ed., p. 322.

53. *O Direito* ..., p. 520.

é admitido pelo direito constitucional brasileiro, sob a fundamentação de que pode haver uma flexibilização na fixação de *standards* jurídicos de caráter técnico.[54]

7.5 *Regulamentos de necessidade ou de emergência*

Os *regulamentos de necessidade ou de emergência* são aqueles em que o chefe do Poder Executivo, para atender a determinadas situações urgentes e extraordinárias – como o caso de guerras, calamidades ou comoções internas de gravidade intensa –, apropria-se de faculdades do Poder Legislativo, editando comandos normativos inovadores, de modo originário.

O direito constitucional pátrio não admite essa espécie de regulamentos, posto que, em situações extremas, o presidente faz uso das medidas provisórias (art. 62), ou decreta estado de defesa (art. 136), ou, ainda, estado de sítio (art. 137). As medidas provisórias, mesmo não sendo leis, estão sujeitas aos controles políticos, exercidos pelo Congresso Nacional, bem como aos controles jurídicos do Poder Judiciário, que poderá, a qualquer momento, analisar a ocorrência de lesão ou ameaça a direito fundamental, ou a compatibilidade do ato de governo com a Constituição.

8. *Funções do regulamento*

Dado nosso conceito de "regulamento", estabelecida a competência para sua edição, delimitados os veículos aptos a introduzi-lo na ordem jurídica e vistas as espécies pelas quais se pode manifestar, cabenos, agora, perquirir acerca de sua função no ordenamento. Trata-se de examinar suas "virtualidades normativas" em nosso Direito.[55] Esse, em verdade, é o problema fulcral de toda e qualquer discussão jurídica envolvendo o tema objeto de nosso estudo.

A doutrina, como regra, sempre admitiu duas funções básicas da atividade regulamentar. A primeira seria aquela destinada a *destrinçar os conceitos sintéticos dispostos em lei*. Nesse sentido, o Poder Executivo levaria a efeito atividade estritamente vinculada, sendo-lhe vedado qualquer resquício de competência discricionária, produzindo atos meramente esclarecedores do conteúdo previamente disciplinado na legislação.[56] Nada mais faria o regulamento que explicar didaticamente os termos legais. Em outras palavras, esse ato teria por objetivo, simplesmente, mediante desdobramento minucioso das expressões sinteticamente esboçadas no texto legal, facilitar a execução da lei.

Enfatiza-se que, ao cumprir essa função, o papel do regulamento se resumiria a explicitar os conceitos legais, não lhe cabendo qualquer ação criativa. Ou seja, não estaria exercendo essa função quando, dentre outras admissíveis dentro da moldura legal, optasse por uma interpretação determinada.[57]

54. Entende o ilustre Ministro do STF que, "(...) ao proibir a delegação de atribuições, estabelece, em caráter excepcional, os casos em que é possível a delegação legislativa: O presidente da República pode elaborar leis delegadas, observadas certas restrições". E arremata seu pensamento afirmando que: "Também não tem guarida, no Direito Brasileiro, o regulamento *praeter legem*, que é o editado para preencher o espaço vazio da lei, também chamado de regulamento independente, que cede, todavia, diante da lei. Laborando no vazio, inova na ordem jurídica, impondo obrigações e estabelecendo limitações à liberdade individual, não previstas em lei" (*sic*) (Carlos Mário da Silva Velloso, "Do poder regulamentar", *RDP* 65/46, e in *Temas* ..., p. 451).

55. Celso Antônio Bandeira de Mello, *Curso* ..., 13ª ed., p. 326.

56. Não concordamos, destarte, com a afirmação de Roque Antônio Carrazza de que "(...) a lei tributária a ser regulamentada deve comportar, sem exceções, discricionariedade administrativa" (*Curso* ..., 16ª ed., p. 318). A função de que ora tratamos é a exceção.

57. É essa orientação que norteia a divisão feita por Celso Antônio Bandeira de Mello, ao considerar que "(...) há também um espaço para o exercício da função regulamentar alheio a qualquer exercício de discricionariedade administrativa. Tem lugar quando o regulamento pura e simplesmente enuncia de modo analítico, é dizer, desdobradamente, tudo aquilo que estava enunciado na lei mediante conceitos de 'síntese'" (*Curso* ..., 13ª ed., p. 330).

A segunda função que usualmente se reconhece ao regulamento é a de *estabelecer, dentro do âmbito de atuação da Administração Pública, os procedimentos a serem por ela seguidos* no trato com os particulares. A atividade diz respeito ao dever regulamentar de proporcionar meios de execução das leis, que, sem tal procedimento, não seriam executáveis ou, por outro lado, seriam passíveis de execução por uma pletora de maneiras distintas, o que atentaria contra o princípio da igualdade. No cumprimento desse dever, o Estado determina "as regras orgânicas e processuais para a sua execução".[58]

O exercício dessa segunda função tem por campo próprio uma área anteriormente deixada à discricionariedade estatal. O regulamento vem a restringir o campo de opções possíveis à escolha da Administração Pública – dentre as quais, cabe-lhe sempre escolher a mais adequada à finalidade legal que representa o interesse público – na aplicação da lei aos casos concretos, mediante edição de atos administrativos concretos e individuais. Ou seja, o Poder Executivo, por meio de seu chefe, *reduz ou elimina a discricionariedade administrativa deixada pela norma legal* – seja, no primeiro caso, restringindo as opções para a escolha concreta do meio de execução da lei, seja, no último, decidindo antecipadamente qual o procedimento mais adequado para tal execução.

Eis aí uma diferença importante entre as duas funções tradicionalmente apontadas pela doutrina como exercidas pelos regulamentos: a decomposição analítica dos termos legais sintéticos não traz inovação alguma ao ordenamento jurídico, na medida em que simplesmente expõe, às escâncaras, aquilo que já estava, por inteiro, ainda que implicitamente, disposto na lei; ao passo que, ao estabelecer o procedimento a ser seguido pelos seus subordinados na hierarquia da Administração Pública, o chefe do Poder Executivo cria, para eles, uma nova situação de sujeição a dispositivos normativos.

Tomando a expressão "*inovação* da ordem jurídica" como criação de novos deveres e obrigações, *não se pode admitir* que seja possível reconhecê-la *no exercício da primeira função apontada*. Absolutamente tudo o que foi disposto no regulamento já estava contido em lei, não existindo, tanto antes como após a edição do ato normativo secundário, competência discricionária da Administração Pública, que meramente passa a contar com um ato administrativo de consulta mais fácil e didática do que a lei.

Em face da afirmação de que, nesse caso, não haveria verdadeira "inovação", poder-se-ia argüir sua inutilidade. Tal argumento, porém, não seria sustentável, eis que o regulamento viria não somente a permitir uma "fiel execução da lei" (art. 84, IV), mas, igualmente, prestigiaria o princípio da eficiência administrativa (art. 37, *caput*).

O mesmo raciocínio não se aplica à segunda hipótese de atuação dos regulamentos – criação de procedimentos. Para os subordinados da Administração Pública o regulamento que estabelece procedimentos para a execução da lei baliza seus limites de atuação, falecendo-lhes a possibilidade de optar, a partir daí, por outro que quiçá pudesse ser admitido antes da edição do regulamento. Daí defender-se a *existência de possibilidades inovadoras do regulamento*, afirmando-se que "(...) o regulamento pode ser inovador; pode criar deveres e obrigações para os subordinados ao editor (funcionários, servidores, agentes públicos) ou para órgãos sujeitos à tutela (autarquias, fundações públicas, sociedades mistas, empresas públicas e até concessionárias), *desde que esses deveres e obrigações sejam instrumentos do fiel cumprimento das leis*"[59] (grifamos).

58. Oswaldo Aranha Bandeira de Mello, *Princípios ...*, vol. I, p. 312.

59. Geraldo Ataliba, *República e Constituição*, 2ª ed., atualizada por Rosolea Miranda Folgosi, São Paulo, Malheiros Editores, 1998, p. 140.

É evidente que, indiretamente, também os particulares que travem contato com o Estado ver-se-ão sujeitos às disposições regulamentares. Não se admite, por óbvio, a hipótese de cidadão que, colocado diante da necessidade de se submeter a um procedimento veiculado por decreto regulamentar para a obtenção de alguma utilidade pública, evoque o princípio da legalidade como fundamento para exigir sua fruição imediata, por meio de procedimento criado por ele ou pelo Poder Judiciário, argumentando que o regulamento somente tem efeitos no interior da Administração Pública, não o podendo afetar.

Examinadas as duas funções indiscutivelmente concebidas para os regulamentos, resta verificar se ainda lhes sobram outras atribuições decorrentes do sistema jurídico brasileiro. Optamos pela resposta positiva a essa questão. Os regulamentos exercem ainda uma terceira e uma quarta funções, inconfundíveis com as duas anteriormente explanadas.

Trata-se – a *terceira* – da *função de redução da ambigüidade* (situação de polissemia, na qual os signos têm a possibilidade de "designar dois ou mais seres em virtude da pluralidade de significados") *ou da vaguidade* (caso em que os termos são imprecisos, "em face da indeterminada extensão do seu significado", que é único, embora largo) da lei.[60] Verifica-se quando "(...) a dicção legal, em sua generalidade e abstração, comporta, por ocasião da passagem deste plano para o plano concreto e específico dos múltiplos atos individuais a serem praticados para aplicar a lei, intelecções mais ou menos latas, mais ou menos compreensivas".[61]

Nessas situações, o regulamento tem atividade criadora, inovadora. São hipóteses em que a lei permitiria ao juiz, se não existisse a atuação regulamentar, o exercício de uma atividade "discricionária", que não se resume à subsunção do conceito da norma ao conceito do fato jurídico. É que "(...) nos casos de penumbra, onde as nossas convenções lingüísticas ainda não estão solidificadas ou determinadas, o juiz deve eleger entre os possíveis significados dos termos gerais antes de realizar a subsunção".[62] Nada impede, porém – e até exige, se favorecer a melhor execução da lei –, que o regulamento exerça, antes das decisões do Poder Judiciário para os casos concretos, essa função. Dessa forma, o campo decisório do juiz, a moldura em que se deve enquadrar sua decisão, fica mais restrito do que originariamente, quando só existia a lei.[63]

Não se confunde, portanto, esta função com a de destrinçar os conceitos sintéticos expostos na lei. É que naquele caso o chefe do Poder Executivo obrava numa área de ausência de discricionariedade; *neste, existe uma competência discricionária*, por vezes ampla, a solicitar a atuação regulamentar para sua restrição. No exercício dessa competência regulamentar, entretanto, o chefe do Poder Executivo não somente restringe a discricionariedade da atuação de seus subordinados, mas também impõe aos

60. José Roberto Vieira, "Reforma tributária: de Salomão a Souto, uma armadilha", *RDTributário* 72/113, São Paulo, Malheiros Editores.

61. Celso Antônio Bandeira de Mello, *Curso* ..., 13ª ed., p. 327. Também esse autor realiza a separação entre essa terceira função regulamentar e a primeira. Cremos que a apresentação dessas funções como distintas possui relevância, na medida em que ressalta a extensão dos respectivos limites.

62. Noel Struchiner, *Direito e Linguagem: uma Análise da Textura Aberta da Linguagem e sua Aplicação ao Direito*, Rio de Janeiro, Renovar, 2002, p. 124.

63. Não se ignora a advertência de Herbert L. A. Hart no sentido de que as Línguas naturais têm irredutivelmente uma linguagem aberta, sendo impossível admitir-se a concepção de uma regra tão detalhada que "(...) a questão sobre se se aplicaria ou não a um caso particular estivesse sempre resolvida antecipadamente e nunca envolvesse, no ponto de aplicação efectiva, uma escolha nova entre alternativas abertas" (sic). E a razão para isso é que "somos homens, não deuses" (*O Conceito de Direito*, 3ª ed., Lisboa, Fundação Calouste Gulbekian, 2001, p. 141). Contudo, o exercício da função regulamentar, se não chega a tanto, ao menos diminui o campo de "discricionariedade" do juiz.

particulares, de modo direto, a observância às normas regulamentares.[64]

É neste campo que se costuma enquadrar a – hoje tão em voga – *discricionariedade técnica*. A idéia de discricionariedade técnica tem forte valor retórico, considerando-se que sugere a absoluta impossibilidade da inclusão de apreciações subjetivas do editor do regulamento, ao desenvolver o conteúdo das disposições legais. A norma regulamentar atuaria, nesse contexto, "(...) por meio da aplicação de regras próprias de outros ramos do saber (a Biologia, a Economia, a Engenharia, a Estatística, a Química, a Medicina, entre outras) e não do Direito".[65] Nesse sentido, em rigor, sequer se poderia enquadrar no conceito de discricionariedade.

A alegação da existência de campo de discricionariedade técnica não é suficiente, todavia, para afastar prontamente a discricionariedade "comum". Somente a adoção de uma concepção positivista de Ciência poderia sugerir que o exercício da discricionariedade técnica nos conduziria a uma única solução correta. O relevante papel que a verificação de uma *discricionariedade técnica* exerce é o de *restringir ainda mais os termos da discricionariedade administrativa* legalmente reconhecida. Ou seja, o exame técnico-científico dos critérios legais é hábil para afastar soluções incompatíveis com os postulados das ciências extrajurídicas com eles relacionadas, minimizando as possibilidades de desvios ou abusos de poder; a escolha, porém, dentre aquelas cientificamente admissíveis ainda envolve a discricionariedade "comum".

De regra, portanto, a atuação dos regulamentos pressupõe a existência de discricionariedade administrativa. Isso não quer dizer, entretanto, que a discricionariedade seja fundamento da competência regulamentar.[66] Os fundamentos da competência regulamentar estão no art. 84, IV e VI, da CF e na própria função de chefe do Executivo, atribuída ao presidente da República (art. 76). Daí *não se poder falar em "delegação"* nos casos em que a lei cria situações de discricionariedade. Assim, "(...) aquilo que, no Brasil, determinada doutrina chama de regulamento delegado corresponde ao regulamento de execução incidente sobre o sítio da discricionariedade".[67]

Por fim, uma *quarta função* pode ser reconhecida ao regulamento. Referimo-nos

64. Autores há – como Clèmerson Merlin Clève – que reúnem as duas funções na mesma categoria, explicando-a como sendo aquela de "(...) precisar o conteúdo dos conceitos (ou categorias) de modo sintético (pronunciada densidade) ou de modo impreciso (vago, ambíguo) referidos na lei" (*Atividade Legislativa* ..., 2ª ed., p. 297). Entendemos importante a distinção justamente para pôr em relevo o fato de que no primeiro caso não há discricionariedade na atividade explicitadora da lei; no segundo há – e, portanto, o regulamento perpetra inovação na ordem jurídica. Já a terceira função percebida pelo autor – "discricionariedade técnica" – preferimos aproximar das hipóteses de vaguidade/ambigüidade do texto legal, posto que em ambas visualizamos atividade criativa.

65. Clémerson Merlin Clève, *Atividade Legislativa* ..., 2ª ed., p. 298.

66. Alguns autores – como Marçal Justen Filho (*O Direito* ..., pp. 518-519), Santi Romano, Oreste Ranelletti, Luigi Raggi e Francesco D'Alessio – vêem na existência de discricionariedade o fundamento da competência normativa, porque, afinal, "(...) se pode o órgão executivo praticar atos concretos, específicos, nos limites da lei, lícito será fazê-lo de forma genérica, abstrata, isto é, desenvolver o que consta dos textos expressos da lei" (*apud* Oswaldo Aranha Bandeira de Mello, *Princípios* ..., vol. I, p. 317). Tomada a discricionariedade como o espaço de livre atuação remanescente ao administrador para, diante do caso concreto, optar por aquele mais adequado à finalidade legal dentre pelo menos dois comportamentos admissíveis, verificável nas hipóteses em que da lei – seja em razão da equivocidade de suas expressões, seja por força da liberdade conferida ao Executivo – não seja possível a escolha objetiva de uma solução unívoca para a situação vertente, não podemos concordar que ela se possa exprimir também como competência para a edição de normas gerais e abstratas. Em suma, é no campo da discricionariedade que a atuação regulamentar se mostra mais relevante; porém, não é a existência de uma competência discricionária que autoriza a edição do regulamento, mas sim a existência de normas constitucionais que atribuem ao Executivo essa competência.

67. Clèmerson Merlin Clève, *Atividade Legislativa* ..., 2ª ed., p. 308. Cf. a parte final do item 14.

à previsão do art. 84, VI, da CF.[68] Os regulamentos atuantes nessa área são chamados "orgânicos", e "se limitam a *regrar* a Administração Pública, quer quanto à estrutura de seus órgãos, quer quanto aos deveres e obrigações de seus agentes"[69] (grifamos).

Em rigor, nesse campo a atividade do Poder Executivo não se pode dizer executiva, eis que não se destina a viabilizar a ação administrativa de aplicar a lei geral e abstrata ao caso concreto. Por essa razão, diferencia-se das três funções anteriormente expostas. Isso, contudo, não significa que o Executivo esteja livre das amarras legais, conforme nos leva a concluir exame atento de todo o texto constitucional, em especial do princípio da legalidade da administração (art. 37, *caput*) e dos arts. 48, X ("Cabe ao Congresso Nacional ... dispor sobre todas as matérias de competência da União, especialmente sobre: ... criação, transformação e extinção de cargos, empregos e funções públicas, *observado o que estabelece o art. 84, VI, 'b'*"), e 84, XXV ("Compete privativamente ao presidente da República ... prover e extinguir os cargos públicos federais, *na forma da lei*" – grifamos). Também aí o vigor da lei mantém-se intacto, obstando a uma atuação desimpedida do Poder Executivo.

Tenhamos presente, ainda, que *não há* – salvo expressas exceções constitucionais, como a competência dos tribunais para a edição de seus regimentos internos – *campo tolhido à atuação legislativa*, de modo que, muito embora sob o prisma da legalidade determinada matéria pudesse ser disposta em regulamento, a partir do tratamento legal queda vedada sua alteração por meio daquele ato administrativo.[70]

Postas as funções do regulamento, verificamos que em nenhuma delas a inovação trazida para os particulares pode ser originária.[71] É dizer que, mais do que a exigência de que o regulamento não vá de encontro ao espírito e conteúdo da lei, é preciso que o *estabelecimento de direitos e deveres* e a *criação de situações jurídicas novas* sejam *veiculados por lei*. Mais tecnicamente, o "princípio da legalidade impõe que uma lei tenha previsto alguns aspectos da hipótese e o núcleo do mandamento normativo".[72] Assim, a regra de conduta deve possuir sua estrutura normativa essencial estabelecida em lei – critério material da hipótese de incidência e determinação objetiva do conseqüente normativo, pelo menos[73] –, de maneira que sempre se possa afirmar que a inovação já fora veiculada por lei, e não pelas disposições regulamentares.[74]

68. Hoje, com a redação dada pela EC 32/2001, o referido dispositivo estabelece que compete privativamente ao presidente da República: "VI – dispor, mediante decreto, sobre: a) organização e funcionamento da Administração Federal, quando não implicar aumento de despesa nem criação ou extinção de órgãos públicos; b) extinção de funções ou cargos públicos, quando vagos".

69. Luís Roberto Barroso, "Apontamentos sobre o princípio da legalidade ...", in *Temas* ..., 2ª ed., p. 182. A doutrina, em regra, costuma incluir os regulamentos orgânicos dentro da categoria dos autônomos: v., por todos, Oswaldo Aranha Bandeira de Mello, *Princípios* ..., vol. I, p. 304.

70. Trata-se do princípio do "congelamento da categoria", bem explicado por Clèmerson Merlin Clève, com base em Canotilho, nos seguintes termos: "Dele decorre que, disciplinada determinada matéria por meio de lei, apenas por meio de lei ou por ato de hierarquia superior poderá sofrer alteração" (*Atividade Legislativa* ..., 2ª ed., p. 289).

71. Com isso esperamos ter rechaçado, igualmente, qualquer cogitação a respeito da possibilidade de fundamentação do regulamento autônomo no silêncio legislativo – o que desvirtuaria não somente o princípio da legalidade, mas a própria estrutura constitucional de separação de Poderes. Sobre o tema, cf. Marçal Justen Filho, *O Direito* ..., pp. 506 e ss.

72. Marçal Justen Filho, *O Direito* ..., p. 523.

73. Quanto à noção de determinação objetiva como integrante do conseqüente normativo, recomenda-se a leitura de Marçal Justen Filho, *O Imposto sobre Serviços na Constituição*, São Paulo, Ed. RT, 1985, pp. 52 e ss.

74. Celso Antônio Bandeira de Mello expõe didaticamente essa necessidade: "Há inovação proibida sempre que seja impossível afirmar que *aquele específico* direito, dever, obrigação, limitação ou restrição já estavam estatuídos e *identificados* na lei regulamentada. A identificação não necessita ser absoluta, mas deve ser suficiente para que se reconheçam as *condições básicas de sua existência em vista de seus pressupostos, estabelecidos na lei e nas finalidades que ela protege*" (*Curso* ..., 13ª ed., p. 321).

Essa regra geral da legalidade, decorrente do art. 5º, II, da CF e descrita pela doutrina como relativa ou normal, não é aplicável, contudo, àquelas hipóteses em que a Lei Magna exige a observância de uma *legalidade absoluta ou estrita*, como é o caso dos arts. 5º, XXXIX (legalidade penal), e 150, I (legalidade tributária), do texto constitucional. Nessas situações o legislador deve, sob pena de criar lei inválida, descer às minúcias em todos os critérios da hipótese e do conseqüente que compõem a norma. Não há, aqui, espaço discricionário aberto à atuação regulamentar.[75]

9. Eficácia regulamentar

Linhas atrás afirmou-se que também os particulares ficam, em determinados casos, diretamente sujeitos à observância das normas regulamentares. O significado dessa conclusão ficará mais claro se tivermos em mente a distinção que se costuma fazer entre os efeitos *internos* ou *externos* gerados pelo regulamento.

A distinção, oriunda da doutrina alemã, tem por critério o âmbito de eficácia dos regulamentos. Há aqueles que se voltam para o interior da Administração, regulando o funcionamento dos órgãos, serviços e agentes estatais (internos); e outros que se dirigem propriamente à relação entre o Estado e os cidadãos – ou seja, "(...) transcendem os limites orgânicos da Administração Pública e se destinam à regulação do vínculo jurídico desta em face das pessoas privadas"[76] (externos).

Existe um mito – arraigado em muitas consciências da doutrina nacional – no sentido de que o *regulamento não poderia*, em hipótese alguma, *subjugar os particulares*, salvo indiretamente, quando em contato com o Estado. Sustenta-se, assim, que "(...) os terceiros não subordinados, nem tutelados, só devem obediência à lei", ressalvando que "(...) indiretamente, porém, obedecerão ao regulamento, ao tratarem com os subordinados sujeitos às regras regulamentares".[77] Desenvolvendo essa concepção, chega-se a defender que "(...) somente os órgãos do Executivo devem ter um determinado comportamento por força de norma regulamentar".[78]

Não acreditamos que esse seja o entendimento mais consentâneo com o sistema jurídico pátrio. Nada há na Constituição Brasileira que impeça que norma regulamentar vincule também os particulares, desde que observados certos limites – que, como visto, são severos. Existem, de fato, campos de atuação do regulamento que se limitam a produzir efeitos no âmbito interno da Administração Pública. Há, contudo, a possibilidade – que pode mesmo ser dita ampla – de que a lei se abstenha de veicular toda a regulamentação aplicável a uma determinada matéria, deixando *margem substancial de discricionariedade ao Executivo*, que, destarte, deverá editar regulamento que se restringirá a optar por um dos caminhos incluídos nos parâmetros da pauta legal.

O regulamento – diferentemente de outros atos administrativos que podem assumir caráter normativo, como as portarias, as instruções e os pareceres normativos – *pode operar efeitos externos*. O regulamento, da mesma forma que as leis, ocupa um lugar determinado na pirâmide normativa que representa o ordenamento jurídico nacional. Cada qual tem suas funções, sendo certo que a margem de atuação das leis é infinitamente maior do que a dos regulamentos. Isso, porém, não significa que os

75. No campo tributário, são certeiras as palavras de Roque Antônio Carrazza ao afirmar que a lei instituidora do tributo, "(...) incontendivelmente, deve alojar todos os elementos e supostos da relação jurídica tributária (hipótese de incidência, base imponível, alíquota etc..), não se admitindo, de forma alguma, a delegação ao Poder Executivo da faculdade de defini-los, ainda que em parte" (*O Regulamento* ..., p. 95).

76. Leila Cuéllar, *As Agências Reguladoras* ..., p. 46.

77. Geraldo Ataliba, *República* ..., 2ª ed., p. 140.

78. Roque Antônio Carrazza, *O Regulamento* ..., p. 147.

regulamentos possam ser ignorados pelos particulares, sob o argumento de que só produzem efeitos internos. Tampouco pode o Poder Judiciário ignorar a definição mais precisa, trazida por disposições regulamentares, dos termos legais vagos e ambíguos.

É evidente que, ao julgar um caso concreto, o Poder Judiciário pode – *rectius*, deve – examinar a compatibilidade do regulamento com a lei regulamentada, em particular, e com o sistema jurídico, em geral. Se, no entanto, a norma regulamentar representar uma das interpretações possíveis dentro das opções que a moldura legal oferece, não há fundamento jurídico para que a ela nos possamos opor, devendo ser prestigiada também pelo aplicador da lei.

Os regulamentos, enquanto válidos, têm a mesma normatividade da lei. O fato de que, postos à apreciação do Judiciário, possam ser então reconhecidos como inválidos, por transposição de seus limites, longe de infirmar essa assertiva, acaba por confirmá-la. Afinal, o fato de que algumas leis podem ser contrárias à Constituição – e de, portanto, podermos nos negar a obedecer a elas – não significa que, em princípio, não sejam vinculantes. Em suma, assim como a lei é de observância obrigatória, também o é o regulamento. A circunstância de ser o regulamento subordinado à lei não constitui argumento para que se lhe negue a possibilidade de produção de efeitos externos.

10. Referenda ministerial

O tema a que nos reportamos neste momento – a *referenda ministerial* – tem sido pouco discutido e analisado pela doutrina pátria. Trata-se de exigência da nossa Constituição, que, em seu art. 87, parágrafo único, I, parte final, determina que os ministros de Estado – e, conseqüentemente, os secretários de Estado, do Distrito Federal e dos Municípios – devem referendar os atos e decretos assinados pelo presidente da República, o que se estende ao governador do Estado ou do Distrito Federal e ao prefeito do Município.

É elemento indispensável, pois "o ato não subscrito é ato incompleto, não entra no mundo jurídico".[79] Em outras palavras: *sem a referenda ministerial o regulamento não se aperfeiçoa*, não entra em vigor no ordenamento jurídico, pois lhe falta um de seus requisitos fundamentais.

Ao referendar o regulamento, o ministro de Estado ou secretário está, de maneira oficial, concordando com os termos daquele ato normativo, afirmando que as disposições nele contidas estão dentro dos limites legais, não ofendem qualquer outro veículo normativo de hierarquia superior e têm seu presumível aval técnico na área de sua competência. Ainda, formalizando esse ato, será seu dever atuar no sentido de cumprir o regulamento e exigir o mesmo de seus subordinados.

Apesar de o cargo de ministro ou secretário ser de confiança – pelo quê seu ocupante pode ser demitido a qualquer tempo –, ele não deve simplesmente subscrever todos os atos emanados do chefe do Poder Executivo apenas porque ele lhe é hierarquicamente superior, pois tal medida poderia acarretar conseqüências severas. Na hipótese de todos os conselhos e orientações oferecidos não serem acatados pelo chefe do Executivo e seu auxiliar, desconsiderando a possibilidade do pedido de demissão, referendar o regulamento ilegal, ele será *co-responsável* por quaisquer irregularidades ou prejuízos causados por tal ato.

No que tange à *divisibilidade da referenda*, podemos afirmar que *ela existe*. Se tal não ocorresse seria suficiente que qualquer auxiliar direto do chefe do Poder Executivo subscrevesse o regulamento, mesmo diante de matérias que não integrassem sua pasta e cuja execução fosse de responsabilidade de outro ministro ou secretário. Notória é a impropriedade de tal entendimento, eis que geraria grande insegurança e

79. Francisco Cavalcanti Pontes de Miranda, *Comentários à Constituição de 1967 com a Emenda n. 1 de 1969*, 2ª ed., t. III, São Paulo, Ed. RT, 1973, p. 371.

confusão no momento de encontrar o responsável por eventual dano advindo do ato normativo secundário em questão.

De fato, cada auxiliar imediato do Poder Executivo deve referendar a matéria que faz parte de suas atribuições, aquela em que seja seu dever a aplicação no caso concreto. Assim, os regulamentos que contenham qualquer disposição normativa referente à área tributária, por exemplo, deverão ser subscritos pelo ministro da Fazenda, sob pena de tais dispositivos não integrarem o ordenamento jurídico pátrio. Como se vê, a Carta Magna Brasileira não exige apenas que determinado decreto seja referendado, mas que o seja por todos os ministros ou secretários que detenham competência sobre a matéria disciplinada.

Pelo exposto, verifica-se que a referenda de cada ministro ou secretário alcança apenas a parte do regulamento incluída no leque de suas atribuições.[80] Dessa forma, se determinado regulamento versar disciplinas que componham, concomitantemente, as pastas dos ministros da Fazenda, da Justiça e da Cultura e somente os dois últimos o referendarem, não serão válidas ou exigíveis as normas relativas à pasta do ministro da Fazenda. Importante lembrar que essa competência atribuída aos auxiliares imediatos do chefe do Poder Executivo é *absolutamente privativa*, sendo vedada sua delegação a terceiro. Somente o ministro ou secretário competente poderá referendar as disposições regulamentares que disciplinem matéria integrante da sua pasta.

Por conseguinte, podemos concluir que para a existência e validade de regulamento tributário é imprescindível a existência de referenda divisível e privativa do ministro da Fazenda, do secretário da Fazenda do Estado ou do Distrito Federal e do secretário da Fazenda do Município.

Cabe, ainda, aqui, a discussão acerca da possibilidade de *co-responsabilização do presidente, governador ou prefeito* naqueles casos em que o regulamento é editado pelo seu auxiliar imediato, por meio de *instrução ministerial ou secretarial*, ou, como geralmente ocorre nos dias atuais, por meio de *portaria*.

O chefe do Poder Executivo não se pode eximir de culpa pela instrução expedida por seu auxiliar, uma vez que quando não edita o regulamento necessário para a fiel execução de certa lei está, de forma tácita, concedendo seu endosso àquele eventualmente editado pelo ministro ou secretário competente. Podemos afirmar, inclusive, que, na verificação da existência de regulamento ilegal – e, de conseqüência, inconstitucional –, deverá expedir um decreto para sanar as irregularidades contidas na instrução ou portaria editada por seu auxiliar imediato, sob pena de ser co-responsabilizado, com a cominação de todas as sanções cabíveis.

11. Inexistência de regulamento autônomo

O tema que ora faz os nossos cuidados é deveras antigo na doutrina nacional. Numerosos são os arautos da *teoria da existência dos regulamentos autônomos no Direito Brasileiro*, seja sob a égide de regimes constitucionais anteriores, seja na vigência da Constituição de 1988. O elenco de autores que sustentam a possibilidade jurídica dos regulamentos autônomos no Brasil[81] é suplantado, entretanto, pelo daqueles que os vêem como não acolhidos,[82]

80. Roque Antônio Carrazza, *Curso* ..., 16ª ed., p. 339.

81. Dentre outros, podemos citar: Leila Cuéllar (*As Agências Reguladoras* ..., p. 123), Eros Roberto Grau (*O Direito Posto e o Direito Pressuposto*, 4ª ed., São Paulo, Malheiros Editores, 2002, p. 253), Hely Lopes Meirelles (*Direito Administrativo Brasileiro*, 29ª ed., p. 179) e Diógenes Gasparini (*Poder Regulamentar*, 2ª ed., especialmente pp. 131 e ss.) – este último, ainda na ordem constitucional anterior. Interessante notar que Diógenes Gasparini abandonou sua posição após promulgada a Constituição de 1988 (*Direito Administrativo*, São Paulo, Saraiva, 1989, p. 95).

82. Michel Temer, *Elementos de Direito Constitucional*, 18ª ed., São Paulo, Malheiros Editores, 2002, p. 160.

não autorizados,[83] inaceitáveis,[84] impossíveis,[85] sequer cogitáveis em nosso Direito.[86]

Rejeitar vigorosamente a existência dos regulamentos autônomos em nosso país, porém, embora consubstancie atitude alinhada com a melhor doutrina, não se apresenta, por si só, como solução para a mais variada gama de problemas a que o tema pode dar azo. Em outros termos, *a singela tomada de posição pela existência, ou não, dos regulamentos autônomos não é suficiente* para permitir uma delimitação do verdadeiro papel desse ato normativo na cadeia de normas jurídicas entrelaçadas, mediante relações de coordenação e subordinação, que é o ordenamento jurídico brasileiro.

Como deixou a desnudo Marçal Justen Filho,[87] trata-se de discussão de caráter fundamentalmente terminológico – mas nem por isso menos importante. Tanto mais se confirma essa assertiva pela comparação de posições doutrinárias, nas quais verificamos que alguns daqueles que defendem a existência dos regulamentos autônomos enxergam balizas muito mais estreitas para a ação normativa do Poder Executivo do que outros que, nada obstante negarem convictamente essa possibilidade, visualizam ampla margem de atuação no âmbito regulamentar.

Por outro lado, a reflexão de que a questão pode, se não ser resolvida, ao menos ter sua complexidade substancialmente diminuída, mediante consenso quanto ao significado dos termos utilizados, não induz à conclusão de que devemos tomar por certas a existência e validade dos regulamentos autônomos no Direito Brasileiro, eis que tal assertiva já vem carregada de uma série de conseqüências teóricas que podem conduzir a equívocos no desenvolvimento do tema.[88]

Preferimos, destarte, admitir que aquilo que possui existência jurídica em nosso ordenamento, sem sombra de dúvida, é a figura do regulamento, veiculado por decreto do chefe do Poder Executivo ou por instrução dos ministros de Estado, ou das autoridades correspondentes nos âmbitos estadual, distrital e municipal. São os *limites ao regulamento* que devemos procurar fixar, como tentamos, no item 8 e na maior parte deste trabalho – sem que, com isso, tenhamos de aceitá-lo na forma de autônomo.

Pelo contrário, *preferimos admiti-lo, no Brasil, somente nas categorias de "executivo"* – adjetivo que deixa claras a subordinação à lei do ato administrativo e a necessidade de lei prévia para sua edição – *ou "orgânico"* – conceito que, como procuramos esclarecer, não está ligado à categoria dos autônomos, eis que se subordina à lei, que lhe deve fixar os contornos de atuação.[89]

83. Clèmerson Merlin Clève, *Atividade Legislativa* ..., 2ª ed., p. 294.

84. Roque Antônio Carrazza, *O Regulamento* ..., p. 13.

85. Geraldo Ataliba, *República* ..., 2ª ed., p. 147. Em seguida, munido de sua famosa verve arrebatadora, o saudoso Mestre paulista afirma que: "Chega a ser ridículo que um brasileiro, tratando da faculdade regulamentar, à luz do nosso Direito, abra um tópico sob tal designação (regulamento autônomo). Tão ridículo como seria criar um capítulo sobre a inspiração de Alah na ação de seus delegados-governantes. Nos dois casos, a finalidade da menção seria afirmar o não cabimento do próprio estudo, pela inexistência de reconhecimento constitucional a esses institutos" (esclarecemos nos parênteses) (p. 148).

86. Celso Antônio Bandeira de Mello, *Curso* ..., 13ª ed., p. 311.

87. *O Direito* ..., pp. 508-509.

88. Pretendemos, com isso, afastar a idéia de que o regulamento autônomo indubitavelmente existe, cabendo à doutrina simplesmente demonstrar quais os seus limites constitucionais. Esse tipo de concepção pode ser ilustrada na seguinte passagem da obra de Leila Cuéllar: "Em verdade, a principal preocupação que deve ser desenvolvida pela doutrina não está na simples resposta positiva ou negativa a algo que faz parte do cotidiano jurídico brasileiro, mas na tentativa de construção de um conjunto hermenêutico que busque, antes do que 'legitimar' a existência de regulamentos autônomos, desenvolver um leque de controle de tais atos administrativos" (*As Agências Reguladoras* ..., p. 123).

89. Sobre os regulamentos *executivos* e *orgânicos* fizemos exposição com pormenores nos subitens 7.2 e 7.3. Relembre-se que para alguns a norma do art. 84, VI, na redação dada pela Emenda Consti-

12. "Dever" de regulamentar

A atividade regulamentar caracteriza-se por ser uma atribuição inerente ao Poder Executivo, outorgada pelo próprio texto constitucional, em seu art. 84, IV, para que ele edite normas jurídicas em caráter secundário. Nesse sentido é que comumente se utiliza a expressão "poder regulamentar" para designar essa atribuição.[90] Nós, porém, filiamo-nos ao entendimento de Celso Antônio Bandeira de Mello, que sustenta a idéia de que sua natureza é de um "dever regulamentar", justamente pelo fato de que, muito mais que um "poder", *tem o Executivo o dever de regulamentar as leis que demandem sua atuação.*[91] Em outras palavras: pode-se dizer que essa atribuição não se configura, como entendem alguns juristas, como sendo mera faculdade regulamentar, pois, como veremos adiante, sua inobservância acarreta responsabilidades ao seu destinatário.[92]

Deve-se observar, contudo, que esse dever do chefe do Poder Executivo de regulamentar determinadas leis encontra certos limites, pois, como toda atividade administrativa, essa também deve estar pautada pelo princípio da legalidade. Dessa forma, por força do que dispõem os arts. 5º, II, 37 e 84, IV, da CF, no âmbito da Administração Pública o que não está, por lei, permitido está de antemão proibido. Ou seja: para agir, a Administração depende integralmente de uma prévia autorização legal, delimitando seu campo de atuação, sendo que somente mediante lei se pode interferir na liberdade e propriedade de alguém.

Isso posto, conquanto já convencidos da natureza da atividade regulamentar como sendo um "dever", abrimos ainda espaço para retomar uma importante questão atinente aos regulamentos, que confirma tal natureza – qual seja: a das suas funções, especificamente as de estabelecer procedimentos para a execução da lei, de reduzir as ambigüidades e vaguidades da lei e de organizar o funcionamento da Administração Pública.[93] Ao expedir um regulamento, no exercício de suas funções, o chefe do Executivo dita à Administração a forma como deverá agir para atender aos interesses da coletividade, impondo um tratamento uniforme às situações análogas, uma vez que a lei, em face da sua generalidade e do seu caráter abstrato, admite várias interpretações, dando ensejo, com isso, a tratamentos desiguais. Há ainda, pois, uma outra exigência que reclama e impõe juridicamente a edição de um regulamento, exigência que deriva do *princípio constitucional da igualdade*, estampado no art. 5º, *caput*, do diploma constitucional.

Para que o exercício da atividade regulamentar ocorra de modo adequado e em tempo hábil, *o Legislativo pode estabelecer, na própria lei a ser regulamentada, um prazo* para que o chefe do Poder Executivo assim o faça. Entendemos que, se o prazo estabelecido for razoável, essa imposição não será inconstitucional; e que em caso contrário caberá ao chefe do Executivo pleitear perante o Judiciário a decretação da sua nulidade. De um modo geral, mesmo que não haja previsão expressa de um prazo a ser cumprido, isso não significa que o chefe do Executivo tenha ampla liberdade para procrastinar indefinidamente a edição de um regulamento – situação em que restaria configurado um abuso de po-

tucional 32/2001, teria ressuscitado a figura do regulamento autônomo (Gilmar Ferreira Mendes e Nestor José Forster Jr., *Manual* ..., 2ª ed., p. 102). Pelas razões expostas no item 8, entretanto, temos que a atuação do regulamento se encontra gizada pelas prescrições legais, não sendo possível admitir, nem mesmo nesse caso, o regulamento autônomo.

90. Clèmerson Merlin Clève, *Atividade Legislativa* ..., 2ª ed., p. 271.

91. *Curso* ..., 13ª ed., pp. 318-319.

92. Dentre outros autores que classificam essa atribuição como faculdade, podemos citar: Geraldo Ataliba, *República* ..., 2ª ed., pp. 106-131, *passim*; Roque Antônio Carrazza, *Curso* ..., 16ª ed., pp. 313 e ss.; e Celso Ribeiro Bastos, *Curso de Direito Constitucional*, 18ª ed., São Paulo, Saraiva, 1997, p. 368.

93. Cf. a análise mais detalhada no item 8 deste trabalho, supra.

der, por retardar a aplicação de uma lei que depende de regulamentação.

Por fim, como já registrado, a atribuição regulamentar emana do próprio texto constitucional, sendo que o Executivo a recebe em *caráter privativo e indelegável* – donde podemos concluir que qualquer interferência do Legislativo, no sentido de impedir que o chefe do Executivo exerça seu dever de regulamentar, seria nula, por inconstitucional, pelo fato de que aquele estaria invadindo o âmbito de competência deste, violando, com isso, o princípio da tripartição dos Poderes. Ou seja: para que o Executivo exerça sua atribuição regulamentar basta simplesmente a prévia existência de uma lei não auto-executável que demande regulamentação, independentemente de autorização legislativa específica.

13. Responsabilidade pela omissão do regulamento

Em razão do que acima restou exposto, a competência regulamentar constitui um dever que incumbe ao Poder Executivo, e sua omissão configura significativo descumprimento desse dever, na medida em que, ao não regulamentar uma lei, está, por conseguinte, frustrando sua aplicação. Demais disso, o art. 85, VII, da CF estatui que, ao atentar contra o cumprimento de uma lei, o chefe do Executivo comete *crime de responsabilidade*. Ora, frustrar a execução de uma lei é descumpri-la por omissão.[94] Mais do que isso: ao não regulamentar uma lei, o Executivo está, de um certo modo, interferindo no âmbito da competência do Legislativo, na medida em que, com sua omissão, está criando uma lei em sentido contrário – legislando às avessas –, o que lhe é totalmente vedado.

A qualificação da omissão do regulamento como crime de responsabilidade reafirma a natureza obrigatória da atividade regulamentar, pois caso inexistisse qualquer ato sancionatório para a omissão ou seu retardamento injustificado estaríamos diante de uma mera faculdade, ficando ao arbítrio do chefe do Executivo exercê-la, ou não, segundo seu juízo de conveniência. Não é assim, porém, e a omissão do Executivo quanto à regulamentação de uma lei sofre conseqüências.[95]

Há, contudo, que se observar que *nem todas as leis têm sua aplicação prejudicada pela falta de um regulamento*, pois, tratando-se de uma lei auto-aplicável, essa falta não impede em nenhum momento sua aplicação, estando ela apta a produzir seus efeitos desde o instante em que entrar em vigor. Outras leis, porém, para surtirem efeitos, dependem da edição de um regulamento. Nesses casos, se a lei depender totalmente do regulamento, tem-se que ela só poderá ser aplicada depois que se verificar a edição do mesmo.[96] Se, todavia, existirem alguns dispositivos que sejam auto-aplicáveis, então, a falta do regulamento só obstará à aplicação dos demais dispositivos, ou seja, daqueles que demandam uma atuação do Executivo, no sentido de que, tendo a lei um mínimo de eficácia, deverá, pois, ser aplicada.[97]

Caso tenha sido estabelecido um *prazo para a edição do regulamento*, e ele não for expedido em tempo hábil, entende-se que, a partir do esgotamento do prazo, a lei

94. Celso Antônio Bandeira de Mello, *Curso* ..., 13ª ed., p. 319.

95. Clèmerson Merlin Clève, esforçado em Pontes de Miranda, assevera, oportunamente, que apenas a eficácia da lei pode ficar condicionada à edição de regulamento. Em decorrência do princípio da autonomia da lei, qualquer previsão legal no sentido de condicionar a própria vigência da lei à edição do regulamento fere o texto constitucional, caracterizando, desse modo, uma delegação vedada de poder (*Atividade Legislativa* ..., 2ª ed., pp. 290-291).

96. Roque Antônio Carrazza assevera que se, "(...) com a omissão do Executivo, a lei tributária quedar ineficaz, o particular prejudicado pode, indo ao Judiciário, fazer valer seus eventuais direitos, seja obtendo uma indenização pelos danos comprovadamente sofridos, seja praticando, afinal, o ato que ela, desde sua entrada em vigor, o autorizou a realizar" (*O Regulamento* ..., p. 113).

97. Roque Antônio Carrazza, *O Regulamento* ..., p. 112.

será eficaz em tudo em que não depender do regulamento, já que antes era totalmente ineficaz.[98] Nessa circunstância, mesmo já tendo o chefe do Executivo cometido crime de responsabilidade por não ter regulamentado uma lei no tempo devido, ele poderá fazê-lo mesmo assim, desde que essa lei ainda esteja em vigor. Em outras palavras: enquanto em vigor a lei tributária não auto-executável, a atividade regulamentar não se esgota, podendo até mesmo ser editado um novo regulamento com fundamento na mesma lei – caso em que o regulamento superveniente revoga o anterior em todos os pontos em que conflitarem.[99]

14. Indelegabilidade regulamentar

Nas palavras de Marçal Justen Filho: "A questão se relaciona, de modo imediato, com a intencional, consciente e voluntária transferência pelo Legislativo em favor do Executivo da competência normativa para disciplinar certa matéria".[100] Nessa linha, por força do que estabelece o art. 68 da CF, há delegação legislativa toda vez que o Congresso Nacional, mediante resolução, transfere ao Poder Executivo atribuições referentes à produção normativa de caráter primário. Tal dispositivo diz respeito às *leis delegadas*, de competência privativa do presidente da República, que são editadas para versar determinadas matérias. Não cabe, pois, fora desse caso, falar em delegação legislativa propriamente dita, que configuraria, entre nós, uma prática inaceitável e inconstitucional, como o confirma o já referido art. 25 do ADCT, que determina expressamente, em certo prazo, a revogação de todos os dispositivos legais que atribuam ou deleguem ao Poder Executivo qualquer competência normativa constitucionalmente deferida ao Legislativo.[101] Ainda no que tange à delegação legislativa, faz-se necessário diferençar a *própria* da *imprópria*, na medida em que neste último caso não se delegam ao Executivo funções normativas de natureza primária, mas se lhe atribui tão-somente competência para que sejam editadas normas acessórias e complementares à lei.

Por outro lado, Marçal Justen Filho entende que toda vez que o Legislativo, ao editar uma lei, optar por estabelecer apenas regras gerais e essenciais, deixando ao Executivo certa margem de liberdade para atuar, complementando ou detalhando seus termos vagos e imprecisos, estará configurada uma delegação normativa secundária.[102] O entendimento, porém, não é pacífico entre os doutrinadores, pois alguns pensam que não há delegação quando o Executivo apenas detalha os conceitos de determinada lei, agindo de forma discricionária.[103]

Do exposto, concluímos que em nosso ordenamento jurídico *não há a possibilidade de delegação de competências*, em virtude de que, como já dissemos, só a lei pode inovar a ordem jurídica de modo inaugural, sendo-lhe vedado transferir ao Executivo o poder de ditar, por si só, regras que atinjam os direitos de liberdade e de propriedade do particular. Tal delegação é inconstitucional, cabendo ao Judiciário fulminar tanto a norma que delegou tais poderes quanto a que foi produzida por delegação.

Por derradeiro, no que diz respeito aos regulamentos, mais especificamente no caso do art. 84, IV, da CF, entendemos *não ser possível que o chefe do Executivo delegue a outros órgãos da Administração a competência para editar regulamentos*, uma vez que tal atribuição, como já assina-

98. Clèmerson Merlin Clève, *Atividade Legislativa* ..., 2ª ed., p. 291.

99. Roque Antônio Carrazza, *O Regulamento* ..., p. 113.

100. Marçal Justen Filho, *O Direito* ..., p. 511.

101. Art. 25 do ADCT: "Ficam revogados, a partir de 180 dias da promulgação da Constituição, sujeito este prazo a prorrogação por lei, todos os dispositivos legais que atribuam ou deleguem a órgão do Poder Executivo competência assinalada pela Constituição ao Congresso Nacional, especialmente no que tange a: I – ação normativa; (...)".

102. *O Direito* ..., p. 513.

103. Nesse sentido, por exemplo, Clèmerson Merlin Clève, *Atividade Legislativa* ..., 2ª ed., p. 306.

lado, tem caráter privativo e indelegável. Aliás, o parágrafo único do artigo em questão reduz de modo exaustivo as possibilidades de delegação pelo chefe do Executivo, ao estabelecer quais incisos admitem tal ação – entre os quais não se encontra o inciso IV.[104] E no que tange ao inciso VI do referido artigo – que constitui, como já vimos, o caso dos regulamentos orgânicos – não há maiores discussões acerca do tema, tendo em vista que no rol apresentado pelo parágrafo único, que deve ser interpretado de modo exaustivo, admite-se a possibilidade de o presidente da República delegar a atribuição de, no presente caso, "dispor, mediante decreto, sobre (...) organização e funcionamento da Administração Federal (...)", bem como sobre "extinção de funções ou cargos públicos (...)".

15. Deveres instrumentais tributários

Os deveres instrumentais, erroneamente denominados pelo Código Tributário Nacional de "obrigações acessórias" (art. 113), compõem o quadro das relações jurídico-tributárias, em conjunto com as obrigações tributárias em sentido estrito.[105] São aqueles deveres, positivos ou negativos, "(...) que gravitam em torno do tributo, colimando facilitar a aplicação rigorosa da norma jurídica que o previu", de cunho não patrimonial, e que podem ser impostos tanto ao próprio contribuinte quanto a terceiros.[106] Como exemplos, podemos citar os deveres de expedir notas fiscais, apresentar declarações, elaborar a escrituração e mantê-la em lugar acessível à Fazenda – entre tantos outros.

Não resta dúvida de que os deveres instrumentais podem ser criados por lei. O princípio da legalidade, pedra fundamental do nosso sistema jurídico, exerce sua influência sobre todos os ramos do Direito, inclusive no que tange à área tributária. Contudo, não é tão fácil verificar a *possibilidade de veiculação desses deveres por meio de regulamento*.

Tradicionalmente, *tem-se admitido essa possibilidade*, sob a condição de que o Legislativo determine a faculdade de estabelecer deveres instrumentais por meio de decreto regulamentar, fixando os limites para essa atividade.[107] Determinação que decorreria, em nosso caso, do disposto no art. 113, § 2º, do CTN – "A obrigação acessória decorre da legislação tributária (...)" –, conjugado com o art. 96 do mesmo diploma legal – "A expressão legislação tributária compreende (...) os decretos (...)".

Todavia, partilhamos da opinião do mestre Roque Antônio Carrazza no sentido de que esse entendimento pode ser compatível com o Direito estrangeiro, mas que *não há como aceitá-lo em nosso ordenamento jurídico*, eis que se choca frontalmente com o princípio da legalidade.

Somente a lei pode interferir na propriedade e na liberdade das pessoas. Os deveres instrumentais, via de regra, por mais simples que sejam, demandam certo gasto de tempo e de dinheiro, afetando es-

104. Marçal Justen Filho, discordando da maioria dos doutrinadores, aceita a possibilidade de delegação da atribuição da competência regulamentar do art. 84, IV, da CF. Segundo o autor, o caráter privativo da competência regulamentar ali estampada não é suficiente para vedar sua delegação. E, uma vez que se admite, constitucionalmente, a delegação da competência legiferante, por parte do Legislativo, em favor do Executivo, deve-se permitir também a delegação da competência regulamentar, que ora refutamos, pois, sendo aquela muito mais extensa do que esta, que "(...) envolve poderes políticos e jurídicos de menor relevo (...)", não haveria justificativas adequadas para proibi-la (*O Direito* ..., pp. 519-521).

105. Justifica-se tal afirmação por dois motivos: primeiramente, porque essas relações jurídicas não possuem caráter pecuniário, não podendo ser apropriadamente classificadas como *obrigações*, mas apenas como *deveres*; segundo, porque muitas vezes não dependem da obrigação tributária *stricto sensu*, não podendo ser adequadamente ditas "acessórias". Sobre o tema, cf. Paulo de Barros Carvalho, *Curso de Direito Tributário*, 15ª ed., São Paulo, Saraiva, 2003, pp. 287-290).

106. Roque Antônio Carrazza, *O Regulamento* ..., pp. 25-26.

107. Esse é o entendimento, por exemplo, de José Manuel M. Cardoso da Costa, *Curso de Direito Fiscal*, 2ª ed., Coimbra, Livraria Almedina, 1972, pp. 363 e ss.

ses direitos fundamentais. O contribuinte ou o terceiro a quem foi imposta determinada providência instrumental precisa contratar pessoas qualificadas, como contadores ou advogados, dispor de espaço, efetuar gastos com impressão de notas fiscais ou compra de livros, além de outras atividades, para cumprir esses deveres instrumentais. Portanto, são situações em que há dispêndio de tempo e de dinheiro, interferindo na propriedade e na liberdade dos sujeitos passivos, não sendo possível que sejam determinadas por instrumento normativo hierarquicamente inferior à lei.

Vale ressaltar que *o descumprimento dos deveres instrumentais* geralmente acarreta cominação de *alguma penalidade*, na maioria das vezes de cunho pecuniário, que somente poderia ser *prevista em lei* – raciocínio que se estende também à previsão dos próprios deveres instrumentais cujo descumprimento é apenado (CTN, art. 97, V), pois: "Repugna ao senso jurídico que uma pessoa (pública ou privada) possa ser compelida a pagar uma multa, com base no não acatamento de um dever criado por via regulamentar".[108]

Ao contrário do que se possa supor, isso não significa que os regulamentos não possuem função alguma no que diz respeito aos deveres instrumentais. Sua importância é fundamental, pois são absolutamente necessários para garantir a fiel execução dos deveres instrumentais fixados em lei. Como já se viu, o Legislativo, ao editar lei que imponha deveres instrumentais a contribuintes ou terceiros, deixa uma certa margem de discricionariedade ao Poder Executivo, que deverá escolher a alternativa que melhor atenda ao interesse público. Em outros casos o regulamento pode ser indispensável para que determinada lei não autoaplicável, que diga respeito a esses deveres, tenha eficácia no mundo jurídico.

E finalizamos o tema com a esclarecedora lição de Roque Carrazza: "(...) uma regra jurídica não é mais útil ou menos útil que outra, mas necessária, ou não. Neste sentido o regulamento é tão necessário (e importante) quanto a lei que o exige".[109]

16. Consolidação da legislação tributária

O CTN – Lei 5172, de 25.10.1966 –, em seu *art. 212*, determinou aos Poderes Executivos Federal, Estaduais e Municipais a expedição, via decreto, da *consolidação da legislação tributária vigente*, em texto único, relativa a cada um dos tributos de sua competência, "(...) repetindo-se esta providência até o dia 31 de janeiro de cada ano".

A julgar pelos exemplos e práticas das consolidações já efetuadas – reflete Aliomar Baleeiro –, é possível afirmar que, ao referir à legislação vigente, buscou o legislador compreender a lei em sentido lato, abrangendo, inclusive, as disposições dos regulamentos de execução dessas leis.[110]

Trata-se de medida salutar, geradora de *certeza jurídica* para o contribuinte, que, devido ao grande complexo de leis, medidas provisórias e decretos de natureza tributária que são emitidos a cada ano, freqüentemente alimenta dúvidas quanto às normas jurídicas que se encontram em vigor.[111]

Sobre o tema, o preclaro professor José Roberto Vieira esclarece que "(...) a noção de certeza de direito é relacionada com a delimitação das esferas jurídicas dos cidadãos entre si e perante o Estado (...)".[112]

108. Roque Antônio Carrazza, *O Regulamento ...*, p. 45.

109. Idem, ibidem, p. 46.

110. *Direito Tributário Brasileiro*, 11ª ed., atualizada por Misabel de Abreu Machado Derzi, Rio de Janeiro, Forense, 2003, p. 1.026.

111. Esse é também o entendimento de Aurélio Pitanga Seixas Filho, "Disposições finais e transitórias – Arts. 209 a 218", in Carlos Valder do Nascimento (coord.), *Comentários ao Código Tributário Nacional (Lei n. 5172, de 25.10.1966)*, 4ª ed., Rio de Janeiro, Revista Forense, 1999, p. 508); e de Maria Helena Rau de Souza, "Comentários aos arts. 183 a 218", in Vladimir Passos de Freitas (coord.), *Código Tributário Nacional Comentado*, São Paulo, Ed. RT, 1999, p. 820.

112. "Princípios constitucionais e Estado de Direito", *RDTributário* 54/99, São Paulo, Ed. RT, outubro-dezembro/1990.

Ora, a certeza do direito e a previsibilidade da ação estatal, somadas, compõem o conteúdo da segurança do direito.[113] Portanto, resta claro e cristalino que a obediência a esse dispositivo *garantiria ao cidadão-contribuinte maior grau de segurança jurídica*.

Todavia, em função de se tratar de norma desacompanhada de providência sancionatória, acabou por converter-se em verdadeiro "sino sem badalo" (Aliomar Baleeiro), cujo som é absolutamente inaudível – assim como a força vinculante do dispositivo –, pois a regra é encarada pelo Poder Executivo, seu destinatário, como puro ornamento, como singelo atavio, e "tem servido de mero adereço do Sistema Tributário Nacional" (Luciano da Silva Amaro).[114] Tanto é verdade que nada mudou quanto à "inobservância total do dispositivo", que há muito já denunciava Fábio Fanucchi.[115]

Oportuno indagar se a inexistência da consolidação ou sua imperfeição, que concorra para a confusão do contribuinte, poderiam escusar eventual falta cometida e excluir ou diminuir as sanções previstas para tanto.

A *doutrina majoritária* entende que *essa norma é meramente programática*, e apenas estabelece uma diretriz a ser observada pelo chefe do Poder Executivo, sem a cominação de qualquer penalidade pela sua não observância. A justificativa para tal afirmação reside no fato de que não há previsão explícita, no Código Tributário Nacional, de que a não-edição da consolidação tributária acarrete qualquer sanção para as esferas do Poder Executivo, e também porque "(...) na prática tem-se por notória a constitucionalidade por conhecida e recepcionada a vigência e eficácia da presente e sábia lei"[116] (sic).

Em sentido contrário leciona Júnio Torres, afirmando que o art. 212 do CTN, "(...) embora não encerre, propriamente, uma inovação, constitui valiosíssima conquista para o direito tributário brasileiro, justificando-se o máximo empenho em defesa de sua eficácia jurídica".[117] Assim, busca atribuir ao dispositivo em epígrafe interpretação que lhe imprime eficácia, alegando que poderia ser convertido em letra morta somente por argumentos a que não se possa responder de forma plausível.

Esse autor rebate o argumento de que devem ser invocados os arts. 101 do CTN, 3º da LICC e 16 do CP como objeções a seu entendimento, defendendo a predominância do art. 212 do CTN, sob a alegação, entre outras, de que esse instrumento normativo é posterior ou concomitante àqueles e, se fosse a intenção do legislador sujeitar-se completamente ao disposto nos dispositivos legais supramencionados, que já eram vigentes, "(...) obviamente iria abster-se de dispor em sentido contrário a estas regras".[118]

Assevera ainda que o art. 3º da LICC (Decreto-lei 4.657, de 4.9.1942), ao determinar que ninguém se escusa de cumprir a lei, alegando que não a conhece, limita-se a impor o cumprimento da obrigação, mas não acrescenta que, independentemente dos motivos que tenham levado alguém a ignorar a lei, esse alguém deverá submeter-se a todas e quaisquer conseqüências da falta. Nesse diapasão, declara que basta a existência de vínculo causal entre a omissão do Fisco na edição da consolidação e a inobservância do contribuinte para que sejam *excluídas ou mitigadas as penalidades* que, em circunstâncias normais, seriam impostas a este, em benefício daquele.

113. Ibidem, pp. 98-99.

114. Aliomar Baleeiro, *Direito* ..., 11ª ed., p. 1.026; Luciano da Silva Amaro, *Direito Tributário Brasileiro*, 4ª ed., São Paulo, Saraiva, 1999, p. 181.

115. *Curso de Direito Tributário Brasileiro*, vol. I, São Paulo, Resenha Tributária/IBET, 1977, p. 423.

116. Ricardo Abdul Nour, "Arts. 194 a 204", in Ives Gandra da Silva Martins (coord.), *Comentários ao Código Tributário Nacional*, vol. 2, São Paulo, Saraiva, 1998, p. 536.

117. "Penalidades fiscais e consolidação anual da legislação tributária", *RT* 506/15, São Paulo, Ed. RT, dezembro/1997.

118. Ibidem, p. 17.

Outro tema que demanda atenção está na *confusão que o Executivo faz entre consolidação e regulamento*, eis que os decretos veiculados mesclam normas de consolidação das leis com normas regulamentares das mesmas. Inclusive, em sua grande maioria, os decretos de consolidação, ou os instrumentos normativos em que a maior parte dos dispositivos possui essa natureza, são erroneamente denominados "regulamentos", pelo quê se infere que o Executivo não percebe com nitidez a significativa diferença entre esses institutos.[119] Isso acaba por criar mais incerteza num sistema jurídico que já é conhecido pela sua grande complexidade.

Por fim, vale ressaltar que a edição desses "regulamentos" vem sendo realizada com *um intervalo de tempo muito grande*, por vezes enorme, acabando por não atingir o objetivo perseguido pelo legislador, de maior segurança jurídica para as relações tributárias.

E nada mais eloqüente do que os *exemplos*, que são fáceis e numerosos. Restringindo-nos a alguns tributos federais. Comecemos pelo *imposto de renda*, cujo Regulamento em vigor já data de 5 anos atrás (Decreto 3.000, de 26.3.1999); o anterior vigorou por 5 anos (Decreto 1.041, de 11.1.1994); e o ainda anterior por longos 15 anos (Decreto 85.450, de 4.12.1980)! No que diz respeito ao *IPI*, seu atual Regulamento tem menos de 2 anos (Decreto 4.544, de 26.12.2002), mas o anterior permaneceu por 4 anos (Decreto 2.637, de 25.6.1998), e o ainda anterior por extensos 15 anos (Decreto 87.981, de 23.12.1982)! Quanto ao *Regulamento Aduaneiro*, relativo aos impostos de importação e de exportação, o Regulamento vigente, a exemplo do do IPI, tem menos de dois anos (Decreto 4.543, de 26.12.2002), mas seu antecessor vigeu por prolongados 17 anos (Decreto 91.030, de 5.3.1985)!

17. Faculdade de alteração de alíquotas

O princípio da legalidade tributária apresenta-se com peculiaridades marcantes e vigorosas, de tal forma que pode ser rotulado de *legalitariedade tributária*, adaptando expressão de Pontes de Miranda para manifestar a supina relevância da legalidade em nosso ordenamento.[120]

A legalitariedade que se projeta no campo do direito tributário, configurada como *princípio da estrita legalidade tributária*, encontra fundamentação específica no art. 150, I, da Carta Magna.

O legislador constitucional originário preocupou-se em limitar o poder do Estado sobre os cidadãos, de maneira que estabeleceu a regra geral do princípio da legalidade, no art. 5º, II, ao dispor que "ninguém será obrigado a fazer ou deixar de fazer alguma coisa senão em virtude de lei". Através desse dispositivo restou consagrado o princípio da *legalidade "em termos relativos"*; ao passo que haverá *legalidade "em termos absolutos"* quando o texto constitucional assim o determinar especificamente, como no caso dos arts. 5º, XXXIX, 150, I, e 170, parágrafo único. Ou seja, não haverá crime ou pena, nem tributo, nem exigência de autorização de órgão público para o exercício de atividade econômica, sem específica lei anterior que os preveja.

Esse entendimento é apresentado por Eros Roberto Grau para fundamentar a competência regulamentar do Poder Executivo, expondo, sinteticamente, que, "(...) se há um princípio de reserva da lei – ou seja, se há matérias que só podem ser tratadas pela lei –, evidente que as excluídas podem ser tratadas em regulamentos; quanto à definição do que está incluído nas matérias de reserva de lei, há de ser colhida no texto constitucional; quanto a tais matérias não cabem regulamentos".[121]

119. Esse entendimento é compartilhado por Aurélio Pitanga Seixas Filho, "Disposições finais e transitórias – ...", in Carlos Valder do Nascimento (coord.), *Comentários* ... 4ª ed., p. 508.

120. Francisco Cavalcanti Pontes de Miranda, *Comentários* ..., 2ª ed., t. V, p. 1.

121. *O Direito Posto* ..., 4ª ed., p. 247.

No mesmo sentido é o entendimento de Fernando Pérez Royo, ao afirmar: "A mi entender, esta referencia específica a las exenciones debe entenderse como un reforzamiento, en este sector de la regulación, del principio de legalidad tributaria. Es necesario entender que la intención del constituyente ha sido la de reforzar la garantía de la legalidad en esta materia, estableciendo una reserva absoluta, que reclama la intervención directa de la ley para el establecimiento o modificación de cada exención"[122] (*sic*).

Analisando-se o disposto no *§ 1º do art. 153* da Carta Magna, que estabelece a faculdade de serem alteradas as alíquotas dos impostos de importação e de exportação, do IPI e do IOF pelo Poder Executivo, desde que atendidas certas condições e limites estabelecidos em lei, verifica-se que há certa dificuldade para a doutrina bem avaliar essa faculdade presidencial.

A doutrina predominante simplesmente encara essa faculdade como exceção à legalidade tributária. Já, seguindo a classificação acima apresentada para o princípio da legalidade, há autores que admitem que essa atribuição ao presidente da República equivaleria a uma *exceção ao princípio da estrita legalidade tributária* ou ao princípio da legalidade em termos absolutos, não sendo excepcionado o princípio da legalidade em termos relativos.[123]

Contudo, estando patente que o princípio da estrita legalidade tributária veda à União, aos Estados, ao Distrito Federal e aos Municípios exigir ou aumentar tributos sem lei em sentido formal que o estabeleça, sua aplicação em termos relativos, ou até mesmo seu entendimento como exceção, caracterizaria verdadeira leviandade, ou a completa desconsideração a esse princípio.

Da mesma forma, *a idéia de exceção, mesmo que "aparente"* – como a adjetiva Roque Antônio Carrazza[124] –, torna-se *difícil de ser aceita*, uma vez que caberá sempre ao legislador determinar as condições e os limites da atribuição presidencial, estabelecendo seu campo de atuação, como também o teto e/ou o piso das alíquotas dos impostos.

O legislador derivado poderá, inclusive, adotar medidas mais enérgicas, como *deixar de estabelecer as balizas legais* para a atribuição do Executivo, de forma que essa omissão resultará na impossibilidade da utilização do permissivo constitucional de alteração das alíquotas.

Outrossim, a *fixação de uma única alíquota* para esses impostos igualmente resultará na restrição do atuar discricionário do chefe do Executivo.

Pode-se afirmar que o § 1º do art. 153 da Carta Magna não atribui ao Poder Executivo a competência para descrever, em caráter inaugural, a hipótese de incidência dos impostos relacionados, nem suas conseqüências, e nem mesmo para descrever o critério quantitativo – onde se localiza a alíquota – que determinará o *quantum* do tributo; ou seja, não lhe cabe determinar qualquer critério da regra-matriz de incidência desses impostos. Ora, é cediço que o Executivo não pode criar suas alíquotas, apenas alterá-las, dentro das condições e dos limites fixados pela lei.

Verifica-se, ainda, que a permissão constitucional para a alteração das alíquotas dos referidos impostos, nos limites do legislador, decorre menos do grau de importância que eles exibem para o abastecimento dos cofres públicos e bem mais da sua *extrafiscalidade* – ou seja, da sua condição

122. "Relaciones entre normas primarias y normas secundarias en derecho tributario", *RDTributário* 25-26/17, São Paulo, Ed. RT, julho-dezembro/1983.

123. Nesse sentido é o entendimento de Roque Antônio Carrazza, ao expor que, "(...) em relação aos impostos apontados nos incisos I, II, IV e V do art. 153 da Carta Magna, o princípio da legalidade não foi levado às últimas conseqüências. Assim, no que tange a estes tributos, vigora, simplesmente, o *princípio da legalidade* (não o *princípio da estrita legalidade*)" (*Curso* ..., 16ª ed., p. 261).

124. *Curso* ..., 16ª ed., p. 258.

de instrumento de controle da política econômica.

Portanto, o legislador tem a faculdade de impor, expressa ou tacitamente, os limites da atuação discricionária do presidente da República para a alteração das alíquotas desses impostos através de decreto. E a desobediência aos parâmetros determinados pela lei implicará a responsabilidade do chefe do Executivo.

18. Conclusões

Ao longo deste trabalho procuramos delimitar as possibilidades de atuação do regulamento no Direito Brasileiro, traçando-lhe um perfil constitucional. Sem pretender esgotar o tema, debruçamo-nos sobre seus aspectos principais, bem como sobre algumas conseqüências relevantes no âmbito tributário. Passamos, agora, à síntese das principais conclusões às quais nos conduziram as reflexões sobre o tema.

18.1 Embora existam diversos conceitos de "regulamento", que variam de acordo com o país e a época, é preciso partir da Constituição Federal para estabelecer suas características e limites em nosso Direito. Em face do texto constitucional, podemos *conceituar o "regulamento"*, em nosso país, como ato administrativo normativo, geral e abstrato, de competência privativa do chefe do Poder Executivo, editado com as finalidades de (a) disciplinar o modo de aplicação das leis administrativas cuja execução incumbe diretamente ao próprio Poder Executivo e (b) organizar o funcionamento da Administração Pública.

18.2 Entre outras classificações, os atos administrativos podem ser divididos em atos administrativos *executivos* e atos administrativos *normativos*, categorias que adotam diferentes regimes jurídicos. Os *atos administrativos executivos* são *casos concretos decididos*, enquanto os *atos administrativos normativos* – conjunto do qual faz parte o regulamento – são *critérios materiais de decisão de casos concretos*; correspondendo, estes últimos, a atos gerais (destinados a uma classe de pessoas indeterminadas) e abstratos (disciplinam uma classe de situações, uma ação-tipo).

18.3 A Constituição Federal estabelece a *competência regulamentar* do chefe do Executivo, via decreto, como privativa e indelegável – exceção feita ao regulamento orgânico, previsto no art. 84, VI; atribuindo aos ministros de Estado – e, por via de conseqüência, aos secretários estaduais, distrital e municipais – a competência para editar instruções para a execução das leis, decretos e regulamentos. Portanto, um desses auxiliares não invade a competência privativa do chefe do Executivo quando regulamenta uma lei por meio de instrução.

18.4 Diante do nosso texto constitucional, entendemos *impossível ampliar a competência regulamentar*, estendendo-a a *outros órgãos ou entidades da Administração Pública*, como é o caso das agências reguladoras. Apesar disso, tais órgãos podem editar outros atos administrativos normativos (portarias, circulares etc.), subordinados à lei e ao regulamento.

18.5 Apenas as leis cuja aplicação é de responsabilidade do chefe do Poder Executivo podem ser por ele regulamentadas. Desse modo, só admitem regulamentos *as leis administrativas em sentido amplo* – das quais as leis tributárias fazem parte –, cuja execução incumbe diretamente ao Poder Executivo.

18.6 Não se admite regulamento das *normas constitucionais*, porque o Executivo as aplica apenas indiretamente. Tampouco da maioria das *leis complementares*, por serem, em regra, destinadas ao Legislativo. Em conseqüência do princípio da Federação, o chefe do Poder Executivo só pode regulamentar leis administrativas emanadas da sua pessoa política E não são todas as leis administrativas da sua esfera de governo que podem ser regulamentadas, mas tão-somente as *não auto-executáveis*.

18.7 A competência regulamentar manifesta-se, no ordenamento jurídico pátrio, através do decreto expedido pelo chefe do Poder Executivo, entendido como o presidente da República, o governador de Estado, o governador do Distrito Federal e o prefeito municipal; como também através da instrução expedida pelo auxiliar do chefe do Executivo, entendido como o ministro de Estado, o secretário de Estado, o secretário do Distrito Federal e o secretário do Município. Tanto *o decreto quanto a instrução* assumem o papel de *instrumento ou roupagem pela qual o regulamento se exterioriza*.

18.8 Várias são as classificações apresentadas pela doutrina acerca das *espécies de regulamento*. Entendemos que a opção mais adequada seja aquela que adota como critério de classificação a relação entre o regulamento e a lei. Desse ponto de vista, os regulamentos podem ser divididos em (i) autônomos ou independentes; (ii) executivos; (iii) orgânicos; (iv) delegados ou autorizados; e (v) de necessidade ou de emergência.

18.9 A doutrina admite, predominantemente, na ordem jurídica nacional, o *regulamento de execução*, que encontra fundamento no art. 84, IV, da *Lex Mater*. Registrem-se, porém, manifestações, embora minoritárias, que sustentam a possibilidade do regulamento autônomo ou independente entre nós.

18.10 O *regulamento orgânico*, que pensamos também aqui existente – art. 84, VI –, não pode ser enquadrado, no ordenamento brasileiro, dentro da categoria dos autônomos; eis que, em seu restrito âmbito de atuação, sofre acentuadamente os influxos do princípio da legalidade, que lhe tolhe a possibilidade da inovação normativa originária, característica dos regulamentos autônomos.

18.11 De nossa parte, além de concebermos *inexistentes*, no nosso direito positivo, *os regulamentos autônomos ou independentes*; também julgamos dele ausentes tanto *os regulamentos delegados ou autorizados* quanto *os regulamentos de necessidade ou de emergência*, restando substitutivamente ao chefe do Executivo – no primeiro caso – a figura da lei delegada (art. 68), de limites constitucionais muito restritos e apertados, e – no segundo – o instituto excepcional da medida provisória (art. 62), cujas balizas constitucionais são igualmente estreitas e acanhadas.

18.12 O regulamento exerce *quatro funções no ordenamento jurídico brasileiro*, sendo as três últimas em campo aberto à discricionariedade administrativa: a) explicitar pormenorizadamente os conceitos sintéticos dispostos no texto legal; b) estabelecer procedimentos a serem seguidos pela Administração Pública em suas relações com os particulares, reduzindo ou eliminando, destarte, a possibilidade de tratamento desigual dos cidadãos na execução da lei; c) reduzir a ambigüidade e a vaguidade dos termos e expressões legais, optando por uma das interpretações deles(as) extraíveis; d) organizar o funcionamento da Administração Pública.

18.13 É no exercício da terceira função regulamentar – a de reduzir ambigüidades e vaguidades – que se localiza o campo da *discricionariedade técnica*, conceito que assume fundamental importância no sentido de permitir um maior controle das decisões tomadas no âmbito discricionário. É dizer que a idéia de discricionariedade técnica não exclui a discricionariedade administrativa; antes, ela atua como limite às possibilidades dentro deste campo.

18.14 O direito constitucional brasileiro prevê *dois tipos de legalidade*. A *legalidade relativa ou normal*, prevista no art. 5º, II, exige que qualquer norma de conduta, criadora de direitos ou deveres para os particulares, tenha sua estrutura normativa fundamental – ao menos, critério material da hipótese de incidência e determinação objetiva do conseqüente normativo – estabelecida em lei. Já a *legalidade absoluta ou estrita*, referida, dentre outros, pelos arts. 5º, XXXIX (legalidade penal), e 150, I (legalidade tributária), demanda a discriminação de todos os critérios da hipótese de incidência e do conseqüente normativo em lei votada pelo Poder Legislativo.

18.15 O regulamento, diferentemente de outros atos administrativos normativos, que lhe são inferiores e que não possuem previsão constitucional, pode exarar *efeitos externos*, dentro de seu campo de atuação. Isso ocorre nos casos em que, existindo discricionariedade administrativa, o Poder Executivo opte por um dos caminhos que a lei lhe permite trilhar. É evidente que, provocado, pode o Poder Judiciário afastar a interpretação regulamentar que vier em detrimento da lei regulamentada ou do sistema jurídico como um todo; esse argumento, contudo, não conduz à negação de sua eficácia externa.

18.16 A referenda ministerial é indispensável, pois sem ela o regulamento não se aperfeiçoa, faltando-lhe um de seus requisitos fundamentais.

18.17 O auxiliar do chefe do Executivo – ministro de Estado e secretário do Estado, do Distrito Federal ou do Município – que veja suas orientações rejeitadas e, abdicando da possibilidade do pedido de demissão, venha a referendar regulamento ilegal, *será co-responsável* por quaisquer irregularidades ou prejuízos causados por tal ato.

18.18 A referenda é divisível e privativa: cada auxiliar imediato do chefe do Poder Executivo deve subscrever a matéria que faz parte do leque de suas atribuições, aquela matéria em que seja seu dever a aplicação, no caso concreto; sendo vedada a delegação dessa tarefa a terceiros.

18.19 O chefe do Executivo é co-responsável pelo *regulamento editado via instrução*, uma vez que quando não edita o regulamento necessário para a fiel execução de certa lei está, de forma tácita, concedendo seu endosso àquele eventualmente editado pelo ministro ou secretário competente.

18.20 Dentre as diversas espécies de regulamento existentes, entendemos que *há no Brasil somente os executivos e os orgânicos*, ambos dependentes da lei e a ela subordinados. E, conquanto se trate de questão eminentemente terminológica, diante do conceito de "regulamento" que assumimos – item 2 e conclusão 18.1, retro –, não há como admitir o regulamento autônomo no sistema jurídico pátrio.

18.21 A atividade regulamentar constitui um dever e não uma simples faculdade, como entendem alguns doutrinadores, uma vez que, com a omissão do chefe do Executivo, ele frustra a aplicação da lei, atentando contra seu cumprimento, e com isso incide em crime de responsabilidade (art. 85, VII), devendo, por conseguinte, arcar com as sanções cabíveis.

18.22 O dever de regulamentar decorre também do *princípio constitucional da igualdade*, pois com a edição do regulamento fica estabelecida uma uniformização de tratamento em face de situações iguais, na medida em que são drasticamente reduzidas as diversas possibilidades de atuação administrativa no trato com os particulares.

18.23 O Legislativo pode estabelecer *prazo para que um regulamento seja editado*. Tal medida visa a assegurar a aplicação da lei a ser regulamentada, restringindo, com isso, a margem de liberdade do chefe do Executivo, que, caso entenda insuficiente e inviável o prazo estipulado, poderá, então, pleitear ao Judiciário a decretação da sua nulidade.

18.24 Mesmo esgotado o prazo, e apesar de já ter cometido crime de responsabilidade, o chefe do Executivo poderá ainda regulamentar a lei, desde que ela continue em vigor. Afinal, *a competência regulamentar não se esgota*, podendo também ser editado um novo regulamento com fundamento na mesma lei, caso em que ele revogará o anterior em todos os pontos em que conflitarem.

18.25 A falta de regulamento não obsta por completo à aplicação de uma lei, pois ela deverá ser aplicada em tudo em que dele não depender. Não sendo auto-executável, a lei deverá esperar a edição de um regulamento para ser aplicada. E, caso haja prazo preestabelecido para a expedição do regulamento, exaurido esse prazo, a lei será eficaz em tudo que dele não depender.

18.26 A atividade regulamentar consiste na atribuição e não na delegação de poderes normativos de caráter secundário, uma vez que esta é inaceitável entre nós, por força dos princípios da legalidade e da separação de Poderes. Mais especificamente, no que tange à competência regulamentar atribuída ao chefe do Executivo, em face do seu caráter privativo e por força do que estabelece o texto expresso do art. 84, parágrafo único, da CF, e com a ressalva do regulamento orgânico (art. 84, VI), entendemos inconstitucional sua delegação a outros órgãos da Administração Pública.

18.27 Os deveres instrumentais tributários não podem ser criados através de regulamento. Somente a lei pode interferir na propriedade e na liberdade das pessoas; e os deveres instrumentais, via de regra, por mais simples que sejam, demandam certo gasto de tempo e de dinheiro, afetando esses direitos fundamentais. Além disso, o descumprimento dos deveres instrumentais geralmente acarreta cominação de alguma penalidade, na maioria das vezes de cunho pecuniário – o que exige previsão legal tanto para a sanção quanto para a conduta sancionada.

18.28 A *consolidação das leis tributárias*, determinada pelo art. 212 do CTN, deve abranger as leis em sentido lato, inclusive as disposições dos regulamentos de execução dessas leis.

18.29 O decreto de consolidação da legislação tributária vigente tem por escopo *gerar certeza jurídica para o contribuinte*, que, em virtude dos numerosos e dispersos instrumentos normativos em vigor, com freqüência alimenta dúvidas quanto às normas jurídicas efetivamente válidas e aplicáveis.

18.30 A função de consolidação das leis tributárias vigentes difere da de regulamentação das leis, a despeito da confusão que entre elas faz o Executivo, tanto que denomina como "regulamentos" os diplomas em que se incluem os dispositivos de consolidação.

18.31 Desde que o art. 212 do CTN não vem acompanhado de providência sancionatória pelo seu descumprimento, ele se converteu em mero ornamento do sistema jurídico tributário, sendo absoluta e simplesmente *inobservado pelas autoridades administrativas.*

18.32 Ao invés de consolidações anuais da legislação tributária, como exige o Código, *a edição desses "regulamentos" vem sendo realizada com um intervalo de tempo muito grande*, às vezes enorme, acabando por não atingir o objetivo perseguido pelo legislador, de maior segurança jurídica para as relações tributárias.

18.33 A norma do art. 153, § 1º, da Carta Constitucional estabelece para o chefe do Executivo, via decreto, a *faculdade de alterar as alíquotas* de alguns impostos, desde que respeitadas as condições e os limites fixados pelo legislador, o qual poderá, inclusive, omitir-se na definição desses parâmetros, ou até mesmo fixar uma única alíquota para os impostos em questão. O Executivo não pode criar as alíquotas; apenas alterá-las, nas condições e nos limites da lei – razão pela qual se torna *difícil acatar a idéia de que esses impostos constituam exceções, mesmo que aparentes, à legalidade genérica ou tributária.*

CADERNOS DE DIREITO TRIBUTÁRIO

CONTRIBUIÇÕES SOBRE FATURAMENTO E RECEITA (PIS E COFINS): NÃO-CUMULATIVIDADE E OUTROS TEMAS

HELENO TAVEIRA TÔRRES

Livre-Docente (USP), Doutor (PUC/SP), Mestre (UFPE) em Direito Tributário.
Professor Associado de Direito Tributário do Departamento de Direito Econômico e Financeiro da Faculdade de Direito da USP e Professor de Direito Tributário Internacional do Programa de Mestrado e Doutorado da PUC/SP. Advogado.

1. Considerações iniciais. 2. A relação entre a Lei n. 9.718/1998 e a EC n. 20/1998 – Relações sintáticas e seus reflexos sobre os atuais regimes. 3. Limites ao alargamento do conceito de "faturamento" e de "Receita" e suas relações com o ordenamento: 3.1 O conceito de "faturamento" no direito brasileiro; 3.2 O conceito de "receita" e seus limites no direito brasileiro. 4. A adoção de medidas provisórias na "regulamentação" de matérias que foram objeto de. 5. A criação da não-cumulatividade para o PIS e para a COFINS – Novo regime de apuração da base de cálculo: 5.1 A não-cumulatividade do PIS e da COFINS na Constituição; 5.2 Não-cumulatividade e determinação do ontante dos descontos e respectivas alíquotas ("de entrada"). 6. Considerações finais.

1. Considerações iniciais

Guardando vistas à tripartição de financiamento da seguridade social, numa breve análise da nossa história constitucional, vê-se que as empresas, desde a Constituição de 1934, sempre participaram do financiamento da seguridade social, ao lado do Estado e dos trabalhadores. Apesar de tímida no início, a participação das empresas na formação da receita para a seguridade social, ganhou importância notável nas últimas Constituições, com especial ênfase na que ora vige, que introduziu novas fontes de custeio apara a seguridade social, em resposta às modificações na estrutura de produção das empresas.

A automação das empresas reduziu em muito a base da contribuição fundada em folha de salários, o que levou a Constituição Federal de 1988 a criar duas novas materialidades para a contribuição previdenciária das empresas: o "faturamento" e o "lucro", além da liberdade para instituição de novas fontes de custeio (artigo 195, § 4º). E essa substituição tende a se acentuar ainda mais com a edição da Emenda Constitucional n. 42, de 19.12.2003, que sugere, mediante a inclusão do § 13 ao art. 195, da Constituição, uma substituição gradual, total ou parcial, da contribuição sobre folha de salário por aquelas incidentes sobre a receita ou o faturamento.

Cuidando especificamente da Contribuição para o financiamento da seguridade social incidente sobre faturamento, sua competência, contida no art. 195, I, da CF/88, foi exercida pelo legislador, mediante a Lei Complementar n. 70, de 30.12.1991, que promoveu o afastamento do Finsocial, instituído pelo Decreto-lei n. 1.940/1982, e que vigorou entre a promulgação da Constituição de 1988 e a edição dessa lei complementar, no que dava cumprimento ao art. 56 do Ato das Disposições Constitucionais Transitórias (ADCT).

Mas ao lado desta, por força da recepção constitucional[1] (art 239), inclusive com confirmação do próprio Supremo Tribunal Federal,[2] permaneceria no nosso sistema jurídico, com idêntica hipótese de incidência, a contribuição para o PIS, editada nos termos da Lei Complementar n. 7/1970, agora, com nova destinação, passando a financiar, nos termos do art. 239, da CF, o programa do seguro-desemprego e o abono de que trata o respectivo § 3º. Na sua nova formulação, a natureza jurídica do PIS voltou a ser qualificada como sendo espécie de "tributo", o que já foi inclusive reconhecido pelo próprio Supremo Tribunal Federal, no Acórdão da Ação Direta de Constitucionalidade n. 1-1-DF, que ademais pacificou o entendimento sobre a distinção existente entre esta e a COFINS, em vista

1. Assim se encontra previsto, na competência conferida pelo art. 239: "A arrecadação decorrente das contribuições para o Programa de Integração Social, criado pela Lei Complementar n. 7, de 7 de setembro de 1970, e para o Programa de Formação do Patrimônio do Servidor Público, criado pela Lei Complementar n. 8, de 3 de dezembro de 1970, passa, a partir da promulgação desta Constituição, a financiar, nos termos que a lei dispuser, o programa do seguro-desemprego e o abono de que trata o § 3º deste artigo. (...) § 3º. Aos empregados que percebam de empregadores que contribuem para o Programa de Integração Social ou para o Programa de Formação do Patrimônio do Servidor Público, até dois salários mínimos de remuneração mensal, é assegurado o pagamento de um salário mínimo anual, computado neste valor o rendimento das contas individuais, no caso daqueles que já participavam dos referidos programas, até a data da promulgação desta Constituição".

2. ADC 1-1-DF, Pleno, rel. Min. Moreira Alves. *DJU*, 16.6.1995, p. 18.213. E em todas as oportunidades seguintes, o STF fez questão de reafirmar sua posição sobre serem tais contribuições espécies típicas de tributos, como se pode ver abaixo:

"Perante a Constituição de 1988, não há dúvida em afirmar que as contribuições sociais têm natureza tributária. De feito, a par das três modalidades de tributos (os impostos, as taxas e as contribuições de melhoria) a que se refere o art. 145 para declarar que são competentes para instituí-los a União, os Estados, o Distrito Federal e os Municípios, os arts. 148 e 149 aludem a duas outras modalidades tributárias, para cuja instituição só a União é competente: o empréstimo compulsório e as contribuições sociais, inclusive as de intervenção no domínio econômico e de interesse de categorias profissionais ou econômicas. No tocante às contribuições sociais – que dessas duas modalidades tributárias é a que interessa para este julgamento – não só as referidas no art. 149 – que se subordina ao capítulo concernente ao sistema tributário nacional – têm natureza tributária, como resulta, igualmente, da observância que devem ao disposto nos artigos 146, III, e 150, I e III; mas também os relativos à seguridade social previstas no art. 195, que pertence ao título da 'Da Ordem Social'. Por terem esta natureza tributária é que o artigo 149, que determina que as contribuições sociais observem o inciso III do artigo 150 (cuja letra 'b' consagra o princípio da anterioridade), exclui dessa observância as contribuições para a seguridade social previstas no artigo 195, em conformidade com o disposto no § 6º deste dispositivo, que aliás em seu § 4º, ao admitir a instituição de outras fontes destinadas a garantir a manutenção ou expansão da seguridade social, determina se obedeça ao disposto no art. 154, I, norma tributária, o que reforça o entendimento favorável à natureza tributária dessas contribuições sociais" (RE 146.733-SP, rel. Min. Moreira Alves, *RTJ* 143/685).

"A natureza tributária das contribuições sociais é induvidosa, não somente em face da referência contida no art. 195, § 6º, à norma do art. 150, III, 'b', acima mencionada, mas também diante da ressalva que o art. 149, *caput*, faz ao mencionado art. 195, par. 6º, após afirmar que as contribuições sociais estão sujeitas às normas do art. 146, III, e 150, I e III, que dizem com a Lei complementar instituidora das normas gerais sobre matéria tributária e com os princípios da retroatividade e da anualidade, que regem a cobrança do tributo" (RE 146.733-SP, rel. Min. Ilmar Galvão, *RTJ* 143/685).

das competências constitucionais virem prescritas em distintos fundamentos.

A seguir, as contribuições para o PIS e a COFINS foram alteradas por diversos diplomas legislativos, mas nenhuma mudança foi tão incisiva quanto a que foi veiculada pela Lei n. 9.718, de 28.11.1998, por criar uma espécie de regime comum para ambas as contribuições, bem como: i) por ampliar o conceito de receita bruta, estendendo-o para incluir a totalidade das receitas auferidas pela pessoa jurídica, sendo irrelevante o tipo de atividade por ela exercida e a classificação contábil adotada para as receitas; e ii) porque elevou a alíquota da COFINS para 3%, instituindo um sistema de compensação com a contribuição social sobre o lucro (CSL).[3]

Na fase mais recente dessas modalidades de contribuições, foram criados os regimes de não-cumulatividade para ambas, com leis específicas que modificaram os requisitos de apuração da base de cálculo das receitas e faturamentos das pessoas jurídicas (Leis n. 10.637/2002 e 10.833/2003). E sobre essa questão, além de outras a ela vinculadas, passamos a cuidar.

2. *A relação entre a Lei n. 9.718/1998 e a EC n. 20/1998 – Relações sintáticas e seus reflexos sobre os atuais regimes*

Como é sabido, com a Lei n. 9.718/1998, o termo "receita bruta" ganhou dimensão material mais elástica, para alcançar a totalidade das receitas auferidas pela pessoa jurídica, sendo irrelevantes o tipo de atividade por ela exercida e a classificação contábil adotada para as receitas. Era a lei superando os limites impostos pela conceituação usada na tipicidade constitucional; o que entendemos se ter seguido mesmo após a edição da EC n. 20/1998, que agrega o conceito de "receita" àquele de "faturamento", como se demonstrará abaixo. Estava assim redigida a ampliação: "Art. 2º. As contribuições para o PIS/PASEP e a COFINS, devidas pelas pessoas jurídicas de direito privado, serão calculadas com base no seu faturamento, observadas a legislação vigente e as alterações introduzidas por esta Lei. Art. 3º. O faturamento a que se refere o artigo anterior corresponde à receita bruta da pessoa jurídica. § 1º. Entende-se por receita bruta a totalidade das receitas auferidas pela pessoa jurídica, sendo irrelevantes o tipo de atividade por ela exercida e a classificação contábil adotada para as receitas (...)".[4]

3. Para maiores considerações, veja-se: Ives Gandra da Silva Martins, "Lei n. 9.718/98. Inconstitucionalidade material. Art. 3º, COFINS: incompetência da União para instituir a contribuição do art. 195, I, da CF, sobre a receita bruta; burla ao art. 195, § 4º da CF; impossibilidade de convalidação do vício de inconstitucionalidade pela EC 20/98; violação à liturgia das formas. Art. 8º: ofensa aos arts. 194, V, 145, § 1º, e 150, II, da CF. Efeito confisco; PIS: ofensa ao art. 239 da CF", *Revista Dialética de Direito Tributário* 102/123-140; e "Lei n. 9.718/98 e base de cálculo da COFINS sobre receita bruta – Inconstitucionalidade", *Revista Dialética de Direito Tributário* 47/133-152.

4. Com isso, a base de cálculo do PIS foi severamente ampliada, com novo conceito da receita bruta e afastamento das deduções dantes existentes, ademais de ser incluída a totalidade das receitas auferidas pela pessoa jurídica, sendo irrelevantes o tipo de atividade por esta exercida e a classificação contábil adotada para as receitas (art. 3º, § 1º). Nesse sentir, afirma Ives Gandra: "Referido comando legal (reporta-se ao art. 2º da Lei n. 9.718/1998) não tem, entretanto, o condão de alterar o disposto no art. 239 da CF, *que recebeu a contribuição ao PIS na forma em que disciplinada pela LC 7/70, constitucionalizando a matéria*. Qualquer alteração na sistemática de recolhimento do PIS só pode ser efetuada por intermédio de emenda constitucional, único meio apto a não infringir a hierarquia constitucional absoluta, que não tolera que lei ordinária dite a ordem jurídica pátria. E não há emenda constitucional dispondo sobre a modificação da base de cálculo do PIS. Nem mesmo a EC 20/98 introduz qualquer alteração no art. 239, da CF, fundamento de validade dessa contribuição" (Ives Gandra da Silva Martins, "Lei n. 9.718/98. Inconstitucionalidade material ..., cit., *Revista Dialética de Direito Tributário* 102/123-140; para meditações mais demoradas, ver: Octávio Campos Fischer, *A Contribuição ao PIS*, Dialética, 1999, pp. 128 e ss.

"Em relação à edição da Emenda Constitucional n. 20, de 16 de dezembro de 1998, estou convicto de que este não tem o condão de outorgar valida-

Pela proximidade, e assim é de se entender, porque assim o foi, esperava-se que a Lei fosse publicada após a publicação da Reforma da Previdência Social, na qual vinha a disposição que alterava a redação do art. 195, estendendo a competência ora discutida para alcançar também as "receitas". Contudo, a Emenda Constitucional n. 20 foi publicada no dia 16 de dezembro de 1998, exatamente 18 dias após a publicação da Lei n. 9.718/1998. Indiscutível, na ocasião em que foi editada a referida Lei, faltava fundamento material de competência, para que se pudesse alcançar o conceito de "receita".

Isso poderia ter sido feito, desde que observados os requisitos legítimos para o exercício de competência residual (art. 195, § 4º, c/c o 154, I, CF). Como não foi essa a forma utilizada, sua inconstitucionalidade era inconteste.

Mas eis que nos veio, então, a Emenda Constitucional n. 20/1998, quando se passou a discutir se o princípio da recepção das normas constitucionais, que garante a manutenção de tudo o que não for com ela incompatível, seria suficiente para garantir a validade e a eficácia da Lei dantes inconstitucional.

O curioso é que, quase cinco anos mais tarde, veio a ocorrer o mesmo – agora, entre a edição da Lei n. 10.637/2002, que instituiu o regime de não-cumulatividade para o PIS, e bem assim a Lei n. 10.833/2003, no caso da COFINS, e a Emenda Constitucional n. 42, de 19.12.2003, que agregou ao art. 195 os §§ 12 e 13, mas que só veio a ser publicada no dia 31.12.2003. Deveras, que o raciocínio empregado a um deve ser o mesmo que se aplique aos demais, em louvor ao dever de coerência que precisa nortear o direcionamento da doutrina, e, nesse caso, com gravidades ampliadas, em particular, pelas diferenças de tratamento que criaram.

A Doutrina mais especializada insurgiu-se de imediato contra a Lei n. 9.718/1998, com argutos defensores dos valores maiores que norteiam a ordem constitucional que não se poderia ver infringida por tamanha incoerência sistêmica.[5] Em que pese a força de convicção das posições assinaladas, todavia, com elas não formamos fila. Por uma, porque o sistema jurídico admite contradições sistêmicas, salvo nas hipóteses de aplicação do direito, quando se deve empregar as regras típicas contra antinomias ou os instrumentos próprios para afastar atos inconstitucionais ou ilegais; segundo porque a ordem de recepção não necessita vir expressa a cada ato do ordenamento; e terceiro, porque a interpretação mais atual do direito deve levar em conta não apenas o vínculo sintático-semântico dos enunciados, mas ocupar-se de adensar, o quanto mais, o vínculo semântico-pragmático, mormente quando se trata de normas constitucionais.[6]

Antecipe-se que sobre os pressupostos estamos plenamente de acordo. Assim, se a *validade formal* exige um processo específico e uma autoridade competente

de à Lei n. 9.718, de 27 de novembro de 1998, legitimando a cobrança da COFINS com relação aos novos integrantes do rol de contribuintes.

5. Como afirmara Paulo de Barros Carvalho:

"A Emenda adventícia nada dispõe em relação ao passado, em particular à existência da Lei n. 9.718, de 27 de novembro de 1998. E para que houvesse recepção essa referência seria imprescindível. Quando o assunto envolve direitos e garantias individuais, como nos domínios da imposição tributária, em que os direitos de liberdade e de propriedade são valores que se acham em constante ameaça, a recepção tem de ser expressa e inequívoca, não comportando a menor dúvida. (...)

"Faço questão de repetir que, em certos territórios da regulamentação jurídica, a recepção expressa se impõe de maneira absoluta, ficando como exemplo o art. 34, § 5º, do Ato das Disposições Constitucionais Transitórias (Constituição de 1988)" (Paulo de Barros Carvalho, "COFINS – A Lei n. 9.718/98 e a Emenda Constitucional n. 20/98", *Revista de Direito Tributário* 75/184. Veja-se ainda: Leo Krakowiak, "Inconstitucionalidade da alteração da base de cálculo da COFINS e da Contribuição ao PIS pela Lei n. 9.718/98", in *Contribuições sociais – Problemas jurídicos*, Dialética, 1999, pp. 181-197.

6. Para outras considerações, ver: Marcelo Neves, "A interpretação jurídica no Estado Democráti-

para inserção da norma como pertinente ao sistema jurídico; a *validade material* exige a plena adequação com o conteúdo da norma hierarquicamente superior, como seu fundamento, sob pena de invalidação. Temos, então, que, em não havendo obediência do legislador aos motivos (materiais) estabelecidos constitucionalmente, irrompe no sistema um problema de contradição sistêmica (incompatibilidade vertical), que implica vício de excesso de poder, uma inconstitucionalidade.

Qualquer desconformidade entre o "fato-norma" – lei[7] – introdutor da norma instituidora de tributos e o texto constitucional (que lhe serve de pressuposto normativo – motivo), impõe-se o controle de constitucionalidade, que se estende ao exame dos motivos (matéria), para declarar a invalidade da lei viciada. Em conseqüência, todo ato que exceda os limites formais ou materiais por ela estabelecidos é inválido e, por conseguinte, inconstitucional.[8]

Lourival Vilanova, com arguta sensibilidade, bem ensinava que para a conformação lógica do sistema jurídico há que se admitir a persistência de contradições: "é possível um sistema de normas jurídicas abrigar contradições. Não podemos, aprioristicamente, dizer que seja impossível. É um fato que há conflitos contraditórios". E mais adiante complementa: "Se as há, as contradições normativas, *então a ciência jurídica, não as admitindo, está-se colocando em função diversa da cognoscente ou descritiva*. Toma a posição de emitente de proposições prescritivas: não pode admitir, não tolera, não suporta (*duldet*). Por isso, desfaz o contraditório, ou refaz o sistema. (...) *eliminar uma das duas conflitantes só é possível através de normas. Normas são eliminadas por normas, proposições prescritivas por proposições prescritivas*". Assim, seguindo a mesma linha, conclui: "Por isso, mesmo *o que é logicamente impossível, a validade conjunta de normas contraditórias, é empiricamente existente*".[9]

É nossa opinião que a Lei atacada participava do ordenamento com presunção de constitucionalidade e, como não houve declaração de inconstitucionalidade no período, não há porque não se admitir o efeito de recepção pela Emenda Constitucional n. 20/1998. E, mais ainda, porque a própria Emenda Constitucional n. 20/1998 previa a manutenção da legislação vigente até que outras fossem editadas,[10] tampouco é válida a pretensão de se exigir que a Lei n. 9.718/1998 houvesse de ser recepcionada expressamente.

Ora, quando editada a Lei n. 9.718/98, de fato, pela incoerência material firmada entre ela e o texto constitucional, no que alargava a competência sobre a materialidade da hipótese de incidência da COFINS, sem dúvidas, quedava-se em campo de contradição, somente superada com o advento da EC n. 20/1998, dezoito dias depois. E digo superada porque, como não

co de Direito", in Eros Roberto Grau, e Willis Santiago Guerra Filho, *Direito Constitucional – Estudos em homenagem a Paulo Bonavides*, Malheiros Editores, 2001, pp. 356-376; com uma análise exclusiva sobre as questões tributárias, o clássico estudo, já de agora: Giuseppe Melis, *L'interpretazione nel Diritto Tributario*, CEDAM.

7. Entenda-se "lei", para efeito deste estudo, como um fato jurídico, resultante da incidência de normas constitucionais. Lei como "fato-norma". Como fato, então, não pode prescindir de seus pressupostos, particularmente os normativos, sem os quais sua legitimidade e validade ficariam comprometidas. Ausentes tais pressupostos, restaria a finalidade desvirtuada e não se teria por preenchida a relação de adequação entre o "fato-norma" (lei) e a regra constitucional, configurando-se uma espécie de "incompetência material" do legislador;

8. "Define-se inconstitucional uma lei cujo conteúdo ou cuja forma contrapõe-se expressa ou implicitamente, ao conteúdo de dispositivos da Constituição" (Marcelo Neves, *Teoria da inconstitucionalidade das leis*, Saraiva, 1988, p. 73.

9. Lourival Vilanova, *Estruturas lógicas e o sistema de direito positivo*, EDUC, 1977, pp. 144-146.

10. É a redação do art. 12, segundo o qual: "Até que produzam efeitos as leis que irão dispor sobre as contribuições de que trata o art. 195 da Constituição Federal, são exigíveis as estabelecidas em lei, destinadas ao custeio da Seguridade Social e dos diversos regimes previdenciários".

houve norma jurídica que a retirasse do sistema, por revogação, suspensão de eficácia ou por declaração de inconstitucionalidade,[11] sua permanência sob presunção de constitucionalidade a garantia na existência, para os fins de produzir seus efeitos.

Admitir a existência de inconstitucionalidade na espécie equivale a concluir que as normas jurídicas são objetos dados que a experiência colhe previamente a qualquer ato de interpretação,[12] que é o mesmo que dizer de aplicação do direito, numa postura de mera literalidade e apego ao pragmatismo. Mas a lógica do sistema jurídico refuta esse tipo de raciocínio *a priori*, motivo por que admite existir normas contraditórias.

A partir da entrada em vigor da Emenda Constitucional n. 20/1998, com abrigo da nova configuração dada à competência firmada no art. 195, I, da Constituição Federal, não há que se falar propriamente em saneamento de vícios, mas, sim, de recepção – esse efeito que só as normas constitucionais possuem para emprestar validade às normas já existentes, mas que não sejam com elas incompatíveis. É a vontade constitucional sobrepujando os interesses da vontade legislativa, com indiscutível mácula aos direitos fundamentais, por não se admitir, a partir de decisão discutível do Supremo Tribunal Federal, que a alteração do quadro de competências não implica afetação à cláusula pétrea do art. 60, § 4º, "d", da CF. Mas só por isso. Após admitida ao sistema, pela recepção da competência modificada, já não cabe discutir sua inconstitucionalidade à luz do regime anterior.

Conclui-se, pois, que uma lei pode ser declarada inconstitucional apenas quando sua incompatibilidade for averiguada no momento do julgamento,[13] preservando a constitucionalidade das leis no momento que entraram em vigor, em face da Constituição vigente, mesmo que naquela oportunidade fossem inconstitucionais.[14] E a razão é totalmente lastreada pelas teorias do direito que só admitem retirada de instrumento normativo do sistema por ato jurídico previamente destinado a tal finalidade, para os fins de revogação, suspensão de eficácia ou declaração de nulidade (por ilegalidade ou inconstitucionalidade).

Tampouco vale a assertiva, comum na doutrina, segundo a qual deu-se uma modalidade de repristinação, *de todo proibida pelo sistema*. Esse conceito não tem qualquer sentido quando empregado na relação com normas constitucionais, até porque a regra que a prevê é ato infraconstitucional e tampouco pode-se afirmar como uma categoria *a priori* e absoluta. Falo da Lei de Introdução ao Código Civil, veiculada pelo Decreto-lei n. 4.657/1942, cujo art. 2º, § 3º assim dispõe: "Salvo disposição em contrário, a lei revogada não se restaura por ter a lei revogadora perdido a vigência".

Lendo o dispositivo acima vê-se aflorar mui claramente o erro contumaz da doutrina, ao dizer-se acriticamente que nosso direito admite, sem restrições, a vedação à

11. Com opinião similar, apesar de chegar a conclusões distintas, cf. Fernando Osório de Almeida Júnior, "A COFINS sobre a receita bruta e a Emenda Constitucional n. 20/98: inconstitucionalidade *in concreto*", in *Contribuições sociais – problemas jurídicos*, Dialética, 1999, pp. 25-31;

12. Cfr. Eros Roberto Grau, *Ensaio e discurso sobre a interpretação/aplicação do direito*, Malheiros, 2002, *passim*.

13. Reconhecendo as mazelas do controle de constitucionalidade vigente no País, observa Manuel Gonçalves Ferreira Filho, *Aspectos do Direito Constitucional Contemporâneo*, Saraiva, 2003, p. 231: "(...) o ato inconstitucional não é mais, como ensinavam doutrina e jurisprudência, nulo e írrito". Vide os art. 27 e 28 da Lei n. 9.868, de 10.11.1999.

14. No Brasil, cumprindo a exigência constitucional para regulamentar os critérios de produção de leis no ordenamento (art. 59, parágrafo único, da CF), foi editada a Lei Complementar n. 95, de 26.2.1998. Nesta, fica muito evidente o espírito de prevalência das leis com presunção de constitucionalidade, mesmo que o vício seja de ordem formal. É o que se dessome do art. 18, *in verbis*: "Eventual inexatidão formal de norma elaborada mediante processo legislativo regular não constitui escusa válida para o seu descumprimento".

repristinação de leis revogadas. A redação do dispositivo não poderia ser mais clara: "Salvo disposição em contrário (...)". Ou seja, tão-somente se não houver expressa disposição a respeito,[15] determinando a restauração dos efeitos da lei revogada, pode-se afirmar a impossibilidade de se restaurar os efeitos de lei revogada. Outrossim, o Decreto-lei fala em "lei revogadora" que tenha "perdido a vigência" em relação à "lei revogada", que não pode ser restaurada, salvo expressa disposição que o autorize. "Lei" com "Lei" é de que trata a Lei de Introdução ao Código Civil, no plano das relações de coordenação, entre atos de mesma hierarquia; não de "Lei" com "Constituição", fundadas em relações de subordinação e validação. Nessa segunda relação vale a teoria da recepção, de tal sorte que, sob a vigência das normas constitucionais, só terão espaço para surtir seus efeitos atos com ela compatíveis, mesmo que fossem incompatíveis com o texto constitucional anterior à sua vigência – e isso vale, inclusive, para as normas editadas por meio de Emendas à Constituição.

Após a vigência da Emenda Constitucional n. 20/1998, contudo, assiste razão a qualquer contribuinte perquirir em juízo o que eventualmente tenha desembolsado no período que medeia entre a data de entrada em vigor da Lei n. 9.718/1998 e aquela da vigência da Emenda Constitucional n. 20/1998, refletido após passados os 90 dias, pela anterioridade do art. 195, § 6º, da CF, por ausência de compatibilidade material com o texto constitucional da época.

E no que concerne aos regimes de não-cumulatividade introduzidos pelas Leis que modificaram a Contribuição para o PIS, as assertivas acima referidas valem por igual.

15. Nesse entendimento, também Vicente Ráo, para quem "A lei revogada só pode renascer se uma nova disposição legal expressamente o determinar. Em princípio e sem essa disposição nova, a revogação é sempre definitiva, ainda quando nenhum outro preceito se substitua ao que se continha na lei suprimida" (*O direito e a vida dos direitos*, 4ª ed., Ed. RT, 1997, v. 1, p. 343).

3. Limites ao alargamento do conceito de "faturamento" e de "receita" e suas relações com o ordenamento

Diversamente do "vício formal" (relativo ao processo ou à autoridade competente), o "vício material" do ato normativo, que diz respeito à *incompatibilidade entre o conteúdo da lei* e a *correspondente demarcação constitucional da matéria*, envolve um necessário excesso de poder do legislador. E bem se sabe que este vício de inconstitucionalidade constitui-se num dos mais sérios problemas que o direito tem para enfrentar.

A liberdade do legislador, ante a textualidade constitucional, é plenamente limitada, pela imprescindível vinculação do ato legislativo às normas e fins (materiais) da Constituição, para efeito da compatibilidade e congruência vertical do sistema de normas jurídicas em todo o sistema.

Desde logo, vale ressaltar que somos inteiramente contrários à máxima, tão em voga, segundo a qual o legislador não teria compromisso com a precisão dos termos técnicos, reservando-se-lhe direito ao uso dos termos da linguagem social,[16] comum. Antes que uma máxima desprovida de sustentação, é proposta que contraria o próprio direito positivo vigente.

A essa conclusão deve-se chegar porque a Lei Complementar n. 95/1998 reclama, no seu art. 11, que as disposições normativas sejam redigidas com *clareza, precisão* e *ordem lógica*, observadas, para esse propósito, as seguintes normas: "I – para a

16. E não estamos sós nesse sentir. O Ministro Marco Aurélio já demonstrou que "o conteúdo político de uma Constituição não é conducente ao desprezo ao sentido vernacular das palavras, muito menos ao do técnico, considerados institutos consagrados pelo Direito. Toda ciência pressupõe a adoção de escorreita linguagem, possuindo os institutos, as expressões e os vocábulos que a revelam, conceito estabelecido com a passagem do tempo, quer por força de estudos acadêmicos quer, no caso do Direito, pela atuação dos Pretórios" (RE 166.772-9-RS, STF Pleno, rel. Min. Marco Aurélio, *DJU* de 16.12.1994, p. 34.896).

obtenção de *clareza*: a) usar as palavras e as expressões em seu sentido comum, *salvo quando a norma versar sobre assunto técnico, hipótese em que se empregará a nomenclatura própria da área em que se esteja legislando*; determinação hermenêutica. (...) II – para a obtenção de *precisão*: a) articular a linguagem, técnica ou comum, de modo a ensejar perfeita compreensão do objetivo da lei e a *permitir que seu texto evidencie com clareza o conteúdo e o alcance* que o legislador pretende dar à norma". Mister recordar que essa norma jurídica deve ser observada inclusive quando se esteja diante da elaboração de Emendas à Constituição, pelo Legislativo Nacional.

Sendo a matéria tributária tipicamente um "assunto técnico", impõe-se que seja empregada *a nomenclatura própria da área em que se esteja legislando*, e, mais, que se observe também os limites materiais constantes do art. 110 do CTN, sobre os limites do exercício de competência restrito ao significado que os termos possuírem no direito privado.

Segundo o art. 110 do Código Tributário Nacional, o sentido que se deve atribuir ao termo juridicamente qualificado como *faturamento* ou *receita*, pela Constituição, para o exercício de competência da União, deverá ser aquele que a legislação de direito privado designe como tal. Os conceitos de "faturamento" e de "receita" tornaram-se o núcleo da competência tributária em questão, prescrevendo, assim, seus limites materiais. Logo, não poderiam ser superados pelas leis postas.

Parece óbvio, mas cabe repisar. A Constituição prescreve *limites* perante os quais o *legislador* tributário não encontra opções para inovar, devendo conter-se em reenvios, plenos ou parciais, aos conceitos, formas e institutos de outros ramos jurídicos, mormente ao direito privado. E isso ocorre quando tais conceitos são usados como medidas de limitação ao exercício da competência tributária. Neste caso, a aplicação dos princípios gerais que informam o conteúdo do respectivo instituto será de suma importância.

Desse modo, o art. 110, do CTN, apenas declara o quanto já deveríamos dessumir desde a Constituição, *in verbis*: "A lei tributária não pode alterar a definição, o conteúdo e o alcance de institutos, conceitos e formas de direito privado, utilizados, expressa ou implicitamente, pela Constituição Federal, pelas Constituições dos Estados, ou pelas Leis Orgânicas do Distrito Federal ou dos Municípios, para definir ou limitar competências tributárias".

Refletindo sobre o teor desse artigo temos que "A lei tributária" somente poderá alterar *a definição, o conteúdo e o alcance de institutos, conceitos e formas de direito privado* quando estes não forem tipos constitucionalmente previstos para repartição de competências. O art. 146, I, da CF, impõe na atualidade esta coerência. Pudessem a União, Distrito Federal, Estados ou Municípios manipular os conceitos que servem à repartição de competências, mediante leis suas, modificando os tipos prescritos, restaria prejudicada a hierarquia normativa (da Constituição em face das leis) e os princípios garantísticos de certeza e segurança jurídica.

Trata-se de reforço ao quanto já se dessome da própria Constituição, mas que é sempre importante. É a mais lídima afirmação das funções de norma geral em matéria de legislação tributária, prescrita pelo art. 146, I, da CF, em favor da eliminação de eventuais conflitos de competência, em matéria tributária.

3.1 O conceito de "faturamento" no direito brasileiro

Na oportunidade da edição da Lei n. 9.718/1998, prescrevia o art. 195, da CF, competência para instituir contribuição: "I – dos empregadores, incidente sobre a folha de salários, o *faturamento* e o lucro". E é a partir dessa demarcação constitucional de competência que devemos encaminhar nossa construção semântica do sentido delimitado pela regra, ou seja, a partir do conceito de "faturamento", tal como se encontrava prescrito.

Cumpre desde logo definir o que se deve entender por "faturar", como conduta juridicamente qualificada para servir como materialidade da hipótese de incidência tributária.

No direito positivo encontramos duas referências muito importantes. Antes da sua derrogação pela Lei 10.406, de 10.1.2002, que instituiu o novo Código Civil, o art. 219 do Código Comercial assim dispunha: "Nas vendas em grosso ou por atacado entre comerciantes, o vendedor é obrigado a apresentar ao comprador por duplicado, no ato da entrega das mercadorias, a *fatura* ou conta dos gêneros vendidos, as quais serão por ambos assinadas, uma para ficar na mão do vendedor e outra na do comprador. Não se declarando na fatura o prazo do pagamento, presume-se que a compra foi à vista (artigo n. 137). As faturas sobreditas, não sendo reclamadas pelo vendedor ou comprador, dentro de 10 (dez) dias subseqüentes à entrega e recebimento (artigo n. 135), presumem-se contas líquidas". Vinculavam-se, pois, as faturas, aos contratos de compra e venda mercantil, nas operações entre comerciantes, por atacado.

A Lei n. 5.474, de 18.7.1968, que veio para disciplinar as duplicatas, prescreveu, no seu art. 1º, a obrigação de emissão de faturas, nos seguintes moldes: "Em todo o contrato de compra e venda mercantil entre partes domiciliadas no território brasileiro, com prazo não inferior a 30 (trinta) dias, contado da data da entrega ou despacho das mercadorias, o vendedor extrairá a respectiva *fatura* para apresentação ao comprador. § 1º. A *fatura* discriminará as mercadorias vendidas ou, quando convier ao vendedor, indicará somente os números e valores das notas parciais expedidas por ocasião das vendas, despachos ou entregas das mercadorias".

Passou, assim, a legislação, a exigir a *fatura*, cumulativamente, nos casos de vendas a grosso, por força do art. 219, do Código Comercial, e em qualquer venda a prazo, superior a 30 dias, por exigência da referida Lei. Não precisa dizer o quanto isso trazia de complicações para os comerciantes e prestadores de serviços (que passaram a obrigar-se à emissão de faturas por outros motivos). Mister, pois, que se criasse uma uniformização.

Por isso, como explica Ives Gandra da Silva Martins, a partir desse momento a fatura passou a ser utilizada no direito brasileiro[17] como instrumento comprobatório de qualquer venda, a prazo ou a vista, em virtude de uma preferência de se emitir, num mesmo documento, fatura e nota fiscal, que passara a ser exigida pela legislação tributária.

Em vista disso, generalizou-se "o entendimento de que *o termo 'faturamento' corresponde ao somatório dos valores das vendas de mercadorias e prestações de serviços a vista ou a prazo*, conceito esse encampado pela LC 70/91".

Na doutrina do direito mercantil, a noção de faturamento sempre foi pacífica. Assim, J. X. Carvalho de Mendonça já conceituara fatura como "a escrita unilateral do vendedor que acompanha as mercadorias, objeto do contrato, ao serem entregues ou expedidas". Este mesmo autor afirmava ainda ter ela, como objeto, o contrato de compra e venda de mercadorias ou de prestação de serviços espelhando seu preço.[18]

"Faturar" significa extrair faturas, o somatório das diversas faturas, que corres-

17. Ives Gandra da Silva Martins, "Lei n. 9.718/98. Inconstitucionalidade material. Art. 3º. COFINS ...", cit., *Revista Dialética de Direito Tributário* 102/128-129; Veja-se também: Hugo de Brito Machado, in *Contribuições sociais – problemas jurídicos*, Dialética, 1999, pp. 100-102.

18. J. X. Carvalho de Mendonça, *Tratado de Direito Comercial*, Freitas Bastos, 1938. No mesmo sentido: Waldemar Ferreira, *Tratado de Direito Comercial Brasileiro*, Saraiva; Rubens Requião, *Curso de Direito Comercial*, Saraiva, 1988, v. 2, pp. 442-443.

ponde à designação das mercadorias ou artigos vendidos, com a indicação da quantidade e espécie, além do respectivo preço. E não foi outro o juízo de Geraldo Ataliba,[19] quando afirmava que "(...) Faturamento é a soma de faturas – a cada venda extrai-se uma fatura. Periodicamente, somadas as faturas, obtém-se o faturamento. (...) Tributar faturamento é onerar tributariamente as operações a que correspondem às faturas – logo, é o mesmo que tributar as vendas (...)". Não quer dizer que estejamos totalmente de acordo com a inteira cita, pois tributar "faturamento" e tributar "vendas" são coisas bem distintas.

Em outra ocasião, assim se pronunciaram Geraldo Ataliba e Cléber Giardino, sobre o termo *fatura,* a significar "(...) a relação de mercadorias ou artigos vendidos, com os respectivos preços de venda, quantidade e demonstração acerca de sua qualidade e espécie, extraída pelo vendedor e remetida por ele ao comprador".[20] Ademais, lembram que o termo passou a designar outros objetos que não a simples venda de mercadorias, assumindo a acepção de "(...) somatório do produto de vendas ou de atividades concluídas num dado período (ano, mês, dia). Representa, assim, o vulto das receitas decorrentes da atividade econômica geral da empresa".[21]

Na qualificação do *faturamento*, faz-se mister a prévia concretização de operações mercantis que o suporte, mediante venda de produtos, prestação de serviços, ou realização de outras operações suficientes para esse fim. Com o termo *fatura* indica-se, pois, a quantidade de mercadorias ou intangíveis vendidos, ou serviços prestados, com os respectivos dados acerca de sua qualidade e espécie, seguidos do preço de venda, emitida pelo vendedor ao comprador.

Para definir a hipótese de incidência da Contribuição, a Lei Complementar n. 70/1991 qualificava então o *faturamento* (mensal) como "a receita bruta das vendas de mercadorias, de mercadorias e serviços e de serviços de qualquer natureza" (art. 2º, *caput*).

Como se vê, não seria a operação isolada de vendas ou de prestação de serviços que definiria o faturamento, mas o somatório de todas estas.

A opção pelo conceito de "faturamento" supera o fato jurídico tributário isolado das vendas, das operações com produtos industrializados ou com prestações de serviços. E assim, o legislador autorizou apenas a incidência do tributo sobre a obtenção de receita decorrente das operações: por vendas de mercadorias (i), vendas de serviços (ii) ou vendas de mercadorias e serviços (iii).

Nesse diapasão, a simples emissão de "faturas" não seria suficiente para justificar a tributação sobre as operações que antecedem sua emissão e possibilitam a ulterior formação do faturamento. A emissão de fatura torna-se, pois, irrelevante para a configuração do fato jurídico tributário, porquanto não se exigiria nenhum procedimento formal de documentação, e mesmo quando o contribuinte não promovesse a expedição de fatura, ainda assim ocorreria a incidência do tributo.[22] Carecem os tributos sobre faturamento do chamado *princípio documental*, que consiste no "acréscimo de um *plus* à configuração do fato gerador, com a exigência de que, além da essencial consistência do fato, ato ou negócio qe nele se contém (*gestum*) – *id quod interest* – tal fato tenha por forma de exteriorização uma versão documental, um *scriptum*, um instrumento específico".[23] Tal exigência, portanto, não se faz sobre aqueles.

19. *RDA* 196/305.

20. Geraldo Ataliba e Cléber Giardino, "PIS – Exclusão do ICM de sua base de cálculo", *Revista de Direito Tributário* 35/152.

21. Ibidem, p. 153.

22. Nesse sentido, também: Nicolau Konkel Júnior, *Contribuições sociais*, 2003, inédito, *passim*.

23. Amílcar de Araújo Falcão, *Fato gerador da obrigação tributária*, 5ª ed., Forense, 1994. p. 38.

3.2 *O conceito de "receita" e seus limites no direito brasileiro*

Veio, então, a Emenda Constitucional n. 20/1998, com uma ampliação evidente do critério material, permitindo que o legislador alcançasse tanto o "faturamento" quanto a formação de "receita". Mas isso não quer dizer que o Constituinte tenha atribuído ao legislativo federal liberdade para atingir toda e qualquer espécie de "entrada" na sociedade empresária que se *incorpore ao patrimônio*, independentemente da origem ser ou não vinculada à atividade empresarial desempenhada, porquanto devem manter nítido vínculo com as atividades que constituem as fontes do seu resultado.

A expansão material da COFINS sobre receitas que refogem ao conceito de *receita bruta*, nos moldes do quanto seria possível sua equiparação ao conceito constitucional de *faturamento*, não se pode aceitar. É o caso das receitas financeiras, por exemplo. A Lei n. 9.718/1998, nesse diapasão, suplantou os limites da redação conferida pela EC n. 20/1998 ao art. 195, I, da CF. E aqui concentramos os limites da nossa crítica.

Receita e *faturamento* não são sinônimos. Antes, "faturamento" tem campo semântico assaz diverso do conceito genérico de "receita", o qual, inclusive, encontra-se positivado, abrangendo, além da receita obtida com a comercialização ou prestação de serviços – que são as chamadas *receitas operacionais* (art. 187, III, da Lei n. 6.404/1976) –, também as ditas receitas não-operacionais (artigo 187, IV).[24] Sobre o conceito de faturamento, já fizemos as devidas considerações acima. Resta falar sobre o conceito das "receitas".

A noção de *receita* está diretamente vinculada ao *resultado* da empresa. Como afirma Bulhões Pedreira,[25] a formação do resultado da sociedade empresária decorre dos processos de mutação patrimonial das diversas categorias que compõem os elementos do custo e da receita.

Receita, para ele, define-se como a "quantidade de valor financeiro, originário de outro patrimônio, cuja propriedade é adquirida pela sociedade empresária ao exercer as atividades que constituem as fontes do seu resultado".[26] E prossegue: "Receita é valor financeiro cuja propriedade é adquirida por efeito do funcionamento da sociedade empresária. As quantidades de valor financeiro que entram no patrimônio da sociedade em razão do seu financiamento e capitalização não são receitas: na transferência de capital de terceiros a sociedade adquire apenas o poder de usar o capital; na de capital próprio adquire a propriedade de capital destinado a aumentar seu capital estabelecido".[27]

As receitas podem ser derivadas do exercício da função empresarial ou de outras fontes, previstas para o custeio da atividade produtiva da empresa. No primeiro caso, se a empresa produz outro tipo de bem econômico, a sociedade vende ou fornece produtos recebendo em contraprestação "receita bruta" de venda de bens ou de serviços, enquanto valor financeiro cuja dis-

24. A Lei n. 9.718/1998 somente excluiu (art. 3º, § 2º): "I – as vendas canceladas, os descontos incondicionais concedidos, o Imposto sobre Produtos Industrializados (IPI) e o Imposto sobre Operações Relativas à Circulação de Mercadorias e sobre Prestações de Serviços de Transporte Interestadual e Intermunicipal e de Comunicação (ICMS), quando cobrado pelo vendedor dos bens ou prestador dos serviços na condição de substituto tributário; II – as reversões de provisões operacionais e recuperações de créditos baixados como perda que não representem ingresso de novas receitas, o resultado positivo da avaliação de investimentos pelo valor do patrimônio líquido e os lucros e dividendos derivados de investimentos avaliados pelo custo de aquisição que tenham sido computados como receita; III – os valores que, computados como receita, tenham sido transferidos para outra pessoa jurídica, observadas normas regulamentadoras expedidas pelo Poder Executivo; IV – a receita decorrente da venda de bens do ativo permanente".

25. José Luiz Bulhões Pedreira, *Finanças e demonstrações financeiras da companhia – Conceitos fundamentais*, Forense, 1989, *passim*.

26. Ibidem, p. 455.

27. Ibidem, p. 456.

ponibilidade adquire com a venda dos bens ou prestação dos serviços.

Para demonstrar que a noção de receita supera aquela de receita bruta, é preciso ainda considerar uma diferença fundamental, entre *receita líquida* e *receita bruta*, sendo esta o total recebido pela sociedade; e "receita líquida, aquela receita bruta deduzida dos respectivos sacrifícios financeiros da sociedade para sua obtenção, que se qualifiquem como custos,[28] Como diz Bulhões Pedreira, "receita líquida é esse valor diminuído de deduções e abatimentos e dos tributos cujo fato gerador seja a venda dos bens ou o fornecimento dos serviços". Uma clara demonstração do papel de cada uma encontra-se na Lei n. 6.404/1976, quando esta trata da *demonstração de resultados do exercício* da sociedade empresária no seu art. 187.[29]

A receita, portanto, não pode ser usada como referência a tudo quanto ingresse na sociedade empresária e se *incorpore ao patrimônio*, independentemente da origem ser ou não vinculada à atividade empresarial desempenhada, porquanto devem manter nítido vínculo com as atividades que constituem as fontes do seu resultado. Pensar de outro modo implicaria desvincular o conceito de "receita" daquele de "resultado", o que seria uma sandice.

A esta advertência esteve atento o legislador quando dispôs sobre o assunto em matéria de Imposto sobre a Renda, como se pode perceber no RIR,[30] art. 224: "A receita bruta das vendas e serviços compreende o produto da venda de bens nas operações de conta própria, o preço dos serviços prestados e o resultado auferido nas operações de conta alheia. Parágrafo único. Na receita bruta não se incluem as vendas canceladas, os descontos incondicionais concedidos e os impostos não-cumulativos cobrados destacadamente do comprador ou contratante dos quais o vendedor dos bens ou o prestador dos serviços seja mero depositário".

Dito isso, é de se ver o quanto foi longe nosso Legislativo Federal, ao definir, como base de cálculo da Contribuição para o PIS e da COFINS, o "faturamento", que corresponde à "receita bruta" da pessoa jurídica, assim entendido o "total das receitas", independentemente do tipo de atividade por ela exercida e da classificação contábil adotada para as receitas auferidas no período. Quer dizer, todos os conceitos foram superados nas suas significações de base, sem qualquer critério ou zelo pela técnica, contra a legislação que dispõe sobre os critérios de elaboração das leis (LC n. 95/1998) e em prejuízo da exigência de respeito aos conceitos de direito privado que sejam usados para atribuir competência (art. 110, do CTN).

Como bem descreveu Misabel Derzi: "Portanto, não importa mais que a empresa-contribuinte não venda mercadorias ou

28. Ibidem, 457.

29. Lei n. 6.404/76 (Demonstração do Resultado do Exercício):

"Art. 187. A demonstração do resultado do exercício discriminará: I – a receita bruta das vendas e serviços, as deduções das vendas, os abatimentos e os impostos; II – a receita líquida das vendas e serviços, o custo das mercadorias e serviços vendidos e o lucro bruto; III – as despesas com as vendas, as despesas financeiras, deduzidas das receitas, as despesas gerais e administrativas, e outras despesas operacionais; IV – o lucro ou prejuízo operacional, as receitas e despesas não operacionais (*redação dada pela Lei n. 9.249, de 26.12.1995*); V – o resultado do exercício antes do Imposto sobre a Renda e a provisão para o imposto; VI – as participações de debêntures, empregados, administradores e partes beneficiárias, e as contribuições para instituições ou fundos de assistência ou previdência de empregados; VII – o lucro ou prejuízo líquido do exercício e o seu montante por ação do capital social. § 1º Na determinação do resultado do exercício serão computados: a) as receitas e os rendimentos ganhos no período, independentemente da sua realização em moeda; e b) os custos, despesas, encargos e perdas, pagos ou incorridos, correspondentes a essas receitas e rendimentos. § 2º O aumento do valor de elementos do ativo em virtude de novas avaliações, registrados como reserva de reavaliação (art. 182, § 3º), somente depois de realizado poderá ser computado como lucro para efeito de distribuição de dividendos ou participações."

30. *Regulamento do Imposto de Renda*, Decreto n. 3.000, de 26.3.1999, art. 244 (Lei n. 8.981/1995, art. 31).

não preste serviços ou, mais especificamente, não preste serviços de captação e de investimentos financeiros. Interessam apenas entradas (próprias) ou receitas de qualquer natureza. Em lugar de incidir o tributo sobre o faturamento (como o produto das vendas de mercadorias e serviços, conforme o tipo de atividade exercida pela empresa), de acordo com o que determinava a Constituição Federal, em sua redação original, o fato gerador e a base de cálculo das contribuições para a COFINS e o PIS, por determinação da Lei 9.718/98, abrangem quaisquer receitas, operacionais, não operacionais ou financeiras".[31] Essa é a situação de coisas na qual nos encontramos; mas, daí a nos conformamos com tamanha afronta aos caros princípios do ordenamento, vai uma longa distância.

Pense-se, por exemplo, nas receitas de partes alheias, ou mesmo nas receitas financeiras. Dentre essas receitas, que se compõem dos juros, dos descontos, da correção monetária prefixada, do lucro na operação de reporte e do prêmio de resgate de títulos ou debêntures ganhos pelo contribuinte, apenas por serem incluídos no lucro operacional, passam a servir à base de cálculo da contribuição. Diga-se o mesmo com as variações monetárias e cambiais ativas, os rendimentos de participação societária, os acréscimos decorrentes de investimentos em sociedades coligadas ou controladas avaliados pelo valor de patrimônio líquido e as subvenções e recuperações de custo.

4. A adoção de Medidas Provisórias na "regulamentação" de matérias que foram objeto de Emendas – Cabimento

Há algumas questões técnicas, no tratamento das contribuições em tela, que precisam ser compreendidos nos seus devidos limites, sob pena de se cair em excessos inconcebíveis. Veja-se, por exemplo, o quanto se diz a respeito do art. 246, da CF, *in verbis*: "É vedada a adoção de medida provisória na *regulamentação* de artigo da Constituição cuja redação tenha sido alterada por meio de Emenda promulgada entre 1º de janeiro de 1995 até a promulgação desta Emenda, inclusive" (texto original que se encontrava na Emenda Constitucional n. 6, de 15.8.1995, com redação alterada pela Emenda Constitucional n. 32, de 11.9.2001).

Entendem alguns autores que a adoção de medida provisória para dispor sobre qualquer modificação dos elementos da regra-matriz de incidência das materialidades inseridas na Constituição, entre os dois limites temporais indicados pelo referido artigo, seria sempre inconstitucional. Essa é afirmação que precisa, sem dúvidas, de reparos.

No âmbito do direito administrativo, o poder regulamentar nunca pode desbordar os limites da legalidade,[32] e, por esse motivo, em cumprimento ao quanto prescreve a Constituição, todo e qualquer agir da Administração, nos atos de regulamentação

31. Misabel de Abreu Machado Derzi, "COFINS, PIS e a Lei 9.718, de 27 de novembro de 1998", in *Grandes questões atuais de direito tributário*, Dialética, 1999, p. 233.

32. Para Oswaldo Aranha Bandeira de Mello, *Princípios gerais de direito administrativo*, 1ª ed., Forense, 1969, p. 303, "Os regulamentos são regras jurídicas gerais, abstratas, impessoais, em desenvolvimento da lei, referentes à organização e ação do Estado, enquanto poder público. Eles são emanados pelo Poder Executivo, mediante decreto". Nas abalizadas palavras de Roque Carrazza: "Como se sabe, uma das funções mais importantes do Direito é conferir certeza à incerteza das relações sociais, subtraindo do campo de atuação do Estado e dos particulares, qualquer resquício de arbítrio. O regulamento também contribui para que se alcance esta meta, na medida em que, por meio dele, o Executivo reduz, discricionariamente, o campo de ação que a lei lhe traça, dando a todos um maior grau de certeza, quanto às providências que adotará, em cada caso concreto" (Roque Antonio Carrazza, *O Regulamento no Direito Tributário Brasileiro*, Ed. RT, 1981, p. 137. Veja-se ainda o artigo "Lei e Regulamento", no clássico *Problemas de direito público e outros problemas*, Victor Nunes Leal, Imprensa Nacional, 1999, pp. 56-91;

das leis, deve adotar sempre os veículos próprios: *decretos* do Presidente da República (84, IV) ou *instruções* dos Ministros de Estado (art. 87, parágrafo único, I, da CF); e nos limites da legalidade, sob pena de serem sustados pelo Congresso Nacional (art. 49, V), quando exorbitem tal poder.

A Constituição usa de terminologia imprópria quando fala de "regulamentar" a matéria, ao se referir às atividades do Poder Legislativo, mas certamente o único modo de bem compreender esse dispositivo é assentar o impedimento para a primeira inserção do tratamento legal aplicável, ao que suas ulteriores mudanças nada teriam que ver com a "regulamentação" reclamada. Passada a "regulamentação", entendida esta como primeiro tratamento legislativo, qualquer alteração pretendida passaria a ser regime típico de mutação legislativa, o que, salvo os impedimentos do art. 62, da CF, não seria matéria vedada à adoção das medidas provisórias. O Complemento agregado ao termo "regulamentação", *i.e.*, "artigo da Constituição cuja redação tenha sido alterada por meio de emenda", é a base da nossa argumentação. Pretendeu o Poder de Reforma constitucional afastar da Administração o direito de dispor sobre as matérias contempladas em emendas; mas, uma vez que tais matérias já foram objeto do exercício do poder legislativo, não se justificaria a permanência de tal vedação, o que passaria a ser regido pelo quanto prescreve o art. 62, da CF.

Contudo, se é possível dizer isso sobre as alterações realizadas pelas leis acima citadas, o mesmo já não se pode afirmar quanto às modificações perpetradas pela Lei n. 9.718, de 28.11.1998, por ser esta conversão da Medida Provisória n. 1.724, de 29.10.1998, especialmente no que concerne à ampliação do conceito de faturamento, para alcançar a "receita bruta". Ou seja, a Lei n. 9.718/1998, conforme já dito anteriormente, ao ser recepcionada, no que tange à determinação da base de cálculo das contribuições à seguridade social, pela Emenda Constitucional n. 20/1998, porquanto fosse Lei que se prestava a regulamentar artigo modificado por meio de emenda constitucional, quedava-se prejudicada por força da redação do artigo 246 da Constituição, incluído pela Emenda Constitucional n. 6/1995. E, desse modo, todas as arrecadações fundadas no conceito de "receita bruta", em superação ao quanto se definia como faturamento, são irremediavelmente gravadas pelo vício da inconstitucionalidade.

Quer dizer, o tratamento conferido à expansão da base de cálculo das contribuições ao PIS/PASEP e à COFINS, com fundamento na modificação da Emenda à Constituição n. 20/1998, sobre o inciso I do art. 195, por ter sido veiculado por lei cuja origem amparava-se em medida provisória, perdera sua completa subsistência na ordem vigente, pela mácula grave de inconstitucionalidade, haja vista a afronta aos termos do art. 246, da CF. E assim, tanto no que concerne a essa questão formal, quanto ao desbordamento dos limites materiais supra afirmados, não há espaço para as cobranças fundadas no quanto se tenha por superados os contornos do conceito de "faturamento", nos termos do direito privado vigente, até a entrada das Leis ns. 10.637/2002 e 10.833/2003.

Destarte, é o nosso entendimento que o regime da base de cálculo atribuído pela Medida Provisória n. 135/2003, que deu origem à Lei n. 10.833/2003, no caso da COFINS; bem como da Medida Provisória n. 66/2002, que serviu para conversão na Lei n. 10.637/2002, no caso da Contribuição para o PIS, encontram-se perfeitamente compatíveis com o texto constitucional, por disporem de matéria já anteriormente versada em Lei. Nesta hipótese, não se pode desconsiderar a preexistência de lei vigente, com presunção de constitucionalidade, apesar de inconstitucional. Ausente a declaração de inconstitucionalidade da Lei n. 9.718/1998, antes da entrada em vigor das referidas Medidas Provisórias, estas foram editadas sob a égide da presunção de coerência sistêmica, de tal modo que a eventual declaração de inconstitucionalidade da Lei n. 9.718/1998 não lhes pode afetar. Desse modo, é o nosso entendimento que as Leis ns. 10.833/2003 e 10.637/2002 estão plenamente habilitadas para surtir seus efeitos, nos limites materiais do conceito jurídico de "receita" acima exposto.

5. *A criação da não-cumulatividade para o PIS e para a COFINS – Novo regime de apuração da base de cálculo*

As contribuições sob análise, PIS e COFINS, são tributos plenamente passíveis de serem subordinados à tributação plurifásica, por alcançarem a receita bruta ou faturamento, decorrentes da produção ou das vendas de bens ou ainda prestações de serviços. Por conta disso, ambas podem ser cobradas de forma cumulativa ou não-cumulativa, submetidas à substituição tributária ou mantidas em regimes ordinários de tributação, de modo monofásico ou plurifásico. Acompanham, portanto, os mesmos princípios dos impostos incidentes sobre a circulação de mercadorias que fomentam a conformação da receita bruta do estabelecimento.

Para atender aos interesses dos contribuintes e reduzir as graves injustiças fiscais perpetradas pelos anos seguidos de emprego do mecanismo cumulativo, advieram as regras gerais de determinação da base de cálculo da contribuição ao PIS e da COFINS, visando a garantir o direito à eliminação dos malefícios causados, inclusive sendo acompanhadas de regra constitucional de proteção.

Nesse contexto, veio-nos a Medida Provisória n. 66, de 29.8.2002, que introduziu a não-cumulatividade para apuração da base de cálculo da Contribuição ao PIS, além de majorar a alíquota para 1,65% (um inteiro e sessenta e cinco décimos por cento), sendo convertida na Lei n. 10.637, de 30.12.2002, modificada posteriormente pelas Leis ns. 10.684/2003 e 10.833/2003. E no que concerne à COFINS, a não-cumulatividade para apuração da sua base de cálculo só veio com a Medida Provisória n. 135, de 30.10.2003, que estabeleceu, ademais, a alíquota da referida contribuição à base de 7,6% (sete inteiros e seis décimos por cento), sendo posteriormente convertida na Lei n. 10.833, de 29.12.2003.

Apesar de terem sido instituídos em diferentes leis, manteve-se a "unidade" material projetada pela Lei n. 9.718/1998, para o PIS e para a COFINS, seguindo idênticos: i) a *materialidade da hipótese de incidência*, definida como sendo o *faturamento*, *i.e.*, a *receita bruta* das pessoas jurídicas, nos termos do art. 1º da Lei n. 9.718/1998; ii) os *contribuintes*, qualificados como as pessoas jurídicas que auferem a receita bruta; e iii) a *base de cálculo*, qualificada como o faturamento, que corresponde à receita bruta da pessoa jurídica, assim entendida o total das receitas, independentemente do tipo de atividade por ela exercida e da classificação contábil adotada para as receitas auferidas no período. Reside distinção, no critério quantitativo, apenas sobre as alíquotas: 1,65% para o PIS e 7,6% para a COFINS,[33] bem como sobre os critérios para atender a algumas deduções, em casos específicos.

A nova técnica de apuração da base de cálculo dos tributos acima indicados consiste na permissão para serem descontados da base de cálculo da pessoa jurídica, apurada sobre a receita bruta, os valores relativos a certas operações de entrada de bens, encargos, custos e despesas. Encontrada a base de cálculo não-cumulativa, aplica-se então a respectiva alíquota, pertinente ao regime geral ou a algum regime especial, se houver.

Em resumo, esse é o novo modelo de tributação do PIS e da COFINS, quanto à

33. Para um debate dos valores envolvidos e a respeito dos conflitos de pontos de vista gerados, veja-se: Aires F Barreto, "A nova Cofins: primeiros questionamentos", *RDDT* 103/7-16; Oswaldo Othon de Pontes Saraiva Filho, *Revista Fórum de Direito Tributário* 7/81-107.

apuração de base de cálculo e definição das alíquotas aplicáveis:

I – BASE DE CÁLCULO:

1. *Regime geral de apuração* – técnica de *não-cumulatividade* fundada nos descontos de certos elementos;

2. *Regime especial de apuração* – *cumulatividade*, do qual a monofasia é espécie, excluindo-se o direito aos descontos.

II – ALÍQUOTAS:

1. *Regime geral de apuração* – 7,6%, para COFINS; 1,65%, para o PIS;

2. *Regime especial de apuração* – a previsão de alíquotas acompanha as previstas no regime cumulativo dantes vigente e aquelas adotadas em regimes especiais, como os monofásicos e "demais atividades".

Essa separação de regimes e alíquotas fica muito evidente na leitura do art. 2º, seguido do art. 3º, da Lei 10.833/2003, *in verbis*: "Para determinação do valor da COFINS aplicar-se-á, sobre a base de cálculo apurada conforme o disposto no art. 1º, a alíquota de 7,6% (sete inteiros e seis décimos por cento)". Esse é um modo de apuração ordinário, e para este, diz o art. 3º: "Do *valor apurado na forma do art. 2º* [*o que deixa evidente existir outros modos de apuração, que é o da COFINS "cumulativa"*], a pessoa jurídica poderá *descontar créditos calculados em relação* a: (...)".[34] E só nessa hipótese, agora, aplicar-se-ão as alíquotas típicas dos regimes especiais que não tenham sido revogados ou que no futuro possam ser criados.

A COFINS *cumulativa* foi preservada no art. 10 da referida Lei, ao prescrever que: "Permanecem sujeitas às normas da legislação da COFINS, vigentes anteriormente a esta Lei, não se lhes aplicando as disposições dos arts. 1º a 8º: (...)" (é dizer, não se aplicando o regime de não-cumulatividade, com direito aos descontos ali referidos, salvo as exceções expressas).[35]

Nesse sentir, a técnica de apuração não-cumulativa da base de cálculo das aludidas contribuições inaugura o ordenamento como um regime todo novo, autônomo em relação tanto à forma preexistente de cálculo destes, como sobre os modelos de não-cumulatividade por todos conhecidos e empregados na circulação plurifásica do IPI e do ICMS, ao superar o regime de crédito escritural sobre o mesmo bem; limi-

34. "I – bens adquiridos para revenda, exceto em relação às mercadorias e aos produtos referidos nos incisos III e IV do § 3º do art. 1º; II – bens e serviços, utilizados como insumo na prestação de serviços e na produção ou fabricação de bens ou produtos destinados à venda, inclusive combustíveis e lubrificantes; III – energia elétrica consumida nos estabelecimentos da pessoa jurídica; IV – aluguéis de prédios, máquinas e equipamentos, pagos a pessoa jurídica, utilizados nas atividades da empresa; V – despesas financeiras decorrentes de empréstimos, financiamentos e o valor das contraprestações de operações de arrendamento mercantil de pessoa jurídica, exceto de optante pelo Sistema Integrado de Pagamento de Impostos e Contribuições das Microempresas e das Empresas de Pequeno Porte-SIMPLES; VI – máquinas, equipamentos e outros bens incorporados ao ativo imobilizado adquiridos para utilização na produção de bens destinados à venda, ou na prestação de serviços; VII – edificações e benfeitorias em imóveis próprios ou de terceiros, utilizados nas atividades da empresa; VIII – bens recebidos em devolução cuja receita de venda tenha integrado faturamento do mês ou de mês anterior, e tributada conforme o disposto nesta Lei; IX – armazenagem de mercadoria e frete na operação de venda, nos casos dos incisos I e II, quando o ônus for suportado pelo vendedor."

35. "I – as pessoas jurídicas referidas nos §§ 6º, 8º e 9º do art. 3º da Lei n. 9.718, de 1998, e na Lei n. 7.102, de 20 de junho de 1983; II – as pessoas jurídicas tributadas pelo imposto de renda com base no lucro presumido ou arbitrado; III – as pessoas jurídicas optantes pelo SIMPLES; IV – as pessoas jurídicas imunes a impostos; V – os órgãos públicos, as autarquias e fundações públicas federais, estaduais e municipais, e as fundações cuja criação tenha sido autorizada por lei, referidas no art. 61 do Ato das Disposições Constitucionais Transitórias da Constituição; VI – as sociedades cooperativas; VII – as receitas decorrentes das operações: a) referidas no inciso IV do § 3º do art. 1º; b) sujeitas à substituição tributária da COFINS; c) referidas no art. 5º da Lei n. 9.716, de 26 de novembro de 1998; VIII – as receitas decorrentes de prestação de serviços de telecomunicações; IX – as receitas decorrentes de prestação de serviços das empresas jornalísticas e de radiodifusão sonora e de sons e imagens; X – as receitas submetidas ao regime especial de tributação previsto no art. 47 da Lei n. 10.637, de 30 de dezembro

tando-se, agora, em determinar descontos (art. 3º, da Lei n. 10.833/2003) de créditos relativos aos elementos que ingressaram na sociedade empresária com pagamento da Contribuição por outra sociedade que com eles tenha auferido receita ou faturamento. Trata-se de desconto sobre o *valor de ingresso*, e não sobre o de saída, a título de valor agregado ou equivalente.

No modelo vigente de apuração da base de cálculo, importa averiguar o que não se deve somar ao cômputo da "receita bruta" da pessoa jurídica, porque já serviu a esse fim numa operação anterior, na apuração da base de cálculo de outra sociedade empresária. Comprova-o o § 12, do art. 3º, da Lei n. 10.833/2003, quando diz: "O valor dos créditos apurados de acordo com este artigo não constitui receita bruta da pessoa jurídica, servindo somente para dedução do valor devido da contribuição". Com isso, cada elemento passível de circulação sujeita-se a uma única incidência concreta, sem que se verifique qualquer espécie de "tomada de crédito", para os efeitos de "compensação" ulterior, na operação seguinte.

Discutível, contudo, é a exclusão que faz sobre determinados elementos para fins de apuração do crédito, como o valor de mão-de-obra paga a pessoa física (art. 3º, § 2º, da Lei n. 10.833/2003) ou dos bens e serviços adquiridos de pessoa jurídica domiciliada no exterior (§ 3º, I). Essa medida não se coaduna com a determinação constitucional do § 12, do art. 195, porquanto essa regra deixa apenas duas alternativas: garantir a não-cumulatividade na apuração da base de cálculo de todas as pessoas jurídicas (i) ou, de acordo com o setor de atividade econômica, reservar-se à cumulatividade para as que excepciona de modo expresso (ii), com alíquotas diferentes das que se empregaram ao sistema de não-cumulatividade, mas desde que isso se reflita como estímulo e fomento, e nunca como agravamento da situação econômica do contribuinte.

Do que se disse para a COFINS, naquilo que a legislação contempla como equivalente, aplica-se também ao PIS, segundo sua legislação específica.

5.1 A não-cumulatividade do PIS e da COFINS na Constituição

Com a edição da Emenda Constitucional n. 42, de 19.12.2003, agregaram-se ao art. 195 os §§ 12 e 13, elevando o regime geral de não-cumulatividade à condição de "direito constitucional à *não-cumulatividade* nas contribuições[36] que tenham como fato gerador e base de cálculo *receita* ou *faturamento*"; aplicando-se, inclusive, na hipótese de eventual substituição da contribuição sobre folha de salários,[37] desde que a substitutiva mantenha os mesmos pressupostos.

de 2002; XI – as receitas relativas a contratos firmados anteriormente a 31 de outubro de 2003: a) com prazo superior a 1 (um) ano, de administradoras de planos de consórcios de bens móveis e imóveis, regularmente autorizadas a funcionar pelo Banco Central; b) com prazo superior a 1 (um) ano, de construção por empreitada ou de fornecimento, a preço predeterminado, de bens ou serviços; c) de construção por empreitada ou de fornecimento, a preço predeterminado, de bens ou serviços contratados com pessoa jurídica de direito público, empresa pública, sociedade de economia mista ou suas subsidiárias, bem como os contratos posteriormente firmados decorrentes de propostas apresentadas, em processo licitatório, até aquela data; XII – as receitas decorrentes de prestação de serviços de transporte coletivo rodoviário, metroviário, ferroviário e aquaviário de passageiros; XIII – as receitas decorrentes do serviço prestado por hospital, pronto-socorro, casa de saúde e de recuperação sob orientação médica e por banco de sangue; XIV – as receitas decorrentes de prestação de serviços de educação infantil, ensinos fundamental e médio e educação superior."

36. "§ 12. A lei definirá os setores de atividade econômica para os quais as contribuições incidentes na forma dos incisos I, "b", e IV do *caput*, serão não-cumulativas. § 13. Aplica-se o disposto no § 12 inclusive na hipótese de substituição gradual, total ou parcial, da contribuição incidente na forma do inciso I, "a", pela incidente sobre a receita ou o faturamento."

37. Ao que se vê, a Emenda Constitucional veda o exercício de competência residual sobre as materialidades aduzidas (a receita ou o faturamento),

Trata-se de cláusula pétrea que se adiciona à Constituição, como medida inerente ao direito de tributação segundo a capacidade contributiva, em matéria de contribuições sobre receita ou faturamento que, por força do § 2º, do art. 5º, assoma-se aos direitos individuais protegidos pelo art. 60, § 4º, "d", da CF, de tal modo que sequer outra Emenda à Constituição poderá modificar seu conteúdo. É que os métodos de progressividade, proporcionalidade e não-cumulatividade são técnicas em favor do atendimento a tal desiderato, na graduação da carga tributária, todos reconhecidos e positivados na Constituição.

O § 12 atribui à "lei" o papel de definir os *setores de atividade econômica* para os quais as contribuições serão não-cumulativas. Dessa atribuição de dever ao legislador, contudo, não se pode dessumir que fora interesse do Constituinte deixar à liberdade legislativa a opção entre conceder ou não o direito à não-cumulatividade aos respectivos contribuintes; mas sim, e só nesses limites, que caberá à lei veicular: i) o *regime geral de não-cumulatividade*; e ii) garantir tratamento mais favorável a determinados contribuintes, a depender do setor e das atividades, quando a não-cumulatividade aplicada seja insuficiente para atingir esse objetivo em determinados segmentos ou pessoas jurídicas, sempre identificadas na generalidade dos "setores de atividade", que foi o único critério eleito pelo Constituinte para discriminar contribuintes, quando, então, torna-se possível o recurso à "cumulatividade".

Desde a Emenda n. 20/1998, que fez inserir, no art. 195, o respectivo § 9º, segundo o qual "as contribuições sociais previstas no inciso I deste artigo poderão ter alíquotas ou bases de cálculo diferenciadas, em razão da atividade econômica ou da utilização intensiva de mão-de-obra", nosso ordenamento somente admite tratamento diferenciado entre contribuintes, em matéria de contribuições, quanto aos elementos determinantes do critério quantitativo, em razão da *atividade econômica* ou da *utilização intensiva de mão-de-obra*; pelo que qualquer outro modo contraria frontalmente o art. 150, II, da CF, que garante a *não-discriminação* entre contribuintes que se encontrem em situação equivalente. Esse é o fundamento maior do nosso sistema tributário e se mantém preservado sempre, mesmo nas hipóteses do referido § 9º do art. 195, da CF.

Cumpre lembrar que tal orientação impõe-se exclusivamente à COFINS, e não ao PIS, pela referência que faz, expressamente, ao inciso I do art. 195, dizendo aplicar-se às contribuições "do empregador, da empresa e da entidade a ela equiparada na forma da lei, incidentes sobre: a) a folha de salários e demais rendimentos do trabalho pagos ou creditados, a qualquer título, à pessoa física que lhe preste serviço, mesmo sem vínculo empregatício; b) a receita ou o faturamento; c) o lucro". Nenhuma referência ao art. 239, da CF.

Desse modo, para todos os demais tributos, inclusive contribuições que não se encontram previstas no art. 195, I, da CF, como o PIS, cuja competência ampara-se no art. 239, da CF; bem como para as demais formas de situações equivalentes que não sejam vinculadas ao desempenho de atividade econômica, deve-se atender ao princípio da isonomia e da não-discriminação constante no art. 150, II, cuja eficácia também se propaga sobre a determinação das alíquotas e base de cálculo, internamente, entre contribuintes que se encontrem em situação equivalente, é dizer, desenvolvendo a mesma "atividade econômica".

Nenhuma liberdade tem o legislador de selecionar o *setor de atividade econômica* para o qual deva empregar o regime não-cumulativo; deve adotá-lo para todos, reservando-se a liberdade para restringir o seu uso apenas quando, apesar da não-

ao dizer, no § 13, que a garantia somente se aplicaria na hipótese de substituição gradual, total ou parcial, da contribuição sobre a *folha de salários e demais rendimentos do trabalho pagos ou creditados, a qualquer título, à pessoa física que lhe preste serviço, mesmo sem vínculo empregatício*. Não prescreve outra alternativa.

cumulatividade, não seja possível atingir a finalidade de manutenção da capacidade contributiva, destacando para estes a manutenção de regimes de cumulatividade ou de monofásicos. E assim o será para os setores que não têm condições de formar crédito suficiente para compensar com os débitos, por exemplo; mas também como critério de incentivo e promoção, conferindo-lhes tratamento mais favorável. É dizer, há duas opções legislativas: ou emprega a não-cumulatividade, com os descontos correspondentes, que se prestam à técnica adotada pelo legislador (i); ou mantém o regime cumulativo com as alíquotas pertinentes, em geral, mais vantajosas ao contribuinte (ii).

Feita essa consideração, podemos perfeitamente designar os regimes existentes para esses tributos na seguinte ordem: i) PIS cumulativo (incluídos os monofásicos) e ii) PIS não-cumulativo; iii) COFINS cumulativa (incluídos os monofásicos) e iv) COFINS não-cumulativa, todos variando segundo a seleção legal dos *setores de atividade econômica* ou da *utilização intensiva de mão-de-obra*.

Quanto ao *método* a ser adotado, não lhe fez menção os §§ 12 e 13 do art. 195, da CF, a exemplo do que consta sobre IPI (art. 153, § 3º, II[38]) e ICMS (art. 155, § 2º, I, CF[39]). Por conseguinte, ficou livre o legislador para empregar a técnica que melhor lhe convier, contanto que suficiente para eliminar a superposição de créditos tributários na cadeia da plurifasia, garantindo-se, assim, que em toda ela a carga tributária seja a mesma.

Com isso, não é possível afirmar que todo o regime vigente da COFINS, tal como do PIS, seja não-cumulativo. Deverá ser não-cumulativo, mas com licença para a cumulatividade, a depender do setor de atividade econômica. Assim, cumpre ao legislador empregar: i) o sistema de não-cumulatividade, com a respectiva alíquota majorada (PIS: 1,65%; COFINS: 7,6%) e descontos permitidos à correspondente base de cálculo; ou ii) o regime de cumulatividade, segundo seleção dos *setores de atividade econômica*, com alíquotas fixas (PIS: 0,65%; COFINS: 3,0%, ou típica dos monofásicos e outras especiais), sem que isso possa ser usado para agravar a situação do contribuinte, que deveria ter direito inafastável à garantia de não-cumulatividade na plurifasia.

Do exposto, como se dessome, a não-cumulatividade da contribuição ao PIS e da COFINS ganhou estatura constitucional e convive ao lado dos regimes cumulativos existentes que não foram revogados expressamente ou derrogados pela referência à natureza do regime geral adotado. Ou seja, o regime geral não prevalece sobre os regimes especiais que não foram expressamente revogados. E esse é um vetor hermenêutico fundamental para descortinar o regime aplicável.

Seguindo o ideário da Lei n. 10.833/2003, esta reconhece como "regime geral" aplicável a toda e qualquer pessoa jurídica, no seu art. 2º, o emprego da técnica de não-cumulatividade (i), com direito ao desconto dos valores indicados no art. 3º; contudo, excepciona, para algumas pessoas a sua utilização, mantendo-as no regime cumulativo, em âmbito tipicamente extraordinário, do qual a técnica de tributação monofásica é espécie (ii), naquelas operações com receitas apuradas no limiar da cadeia de plurifasia, dantes submetidos ao regime de substituição tributária.

Excetua-se o regime geral sob fundamento calcado integralmente nas atividades e situações econômicas do sujeito passivo, como determina o próprio art. 195, § 12, da CF, o que justifica seu cabimento, exclusive a pretensão de extremar pessoas jurídicas pelo critério de apuração da base

38. "Art. 153. (...) § 3º. O imposto previsto no inciso IV: (...) II – será não-cumulativo, *compensando-se o que for devido em cada operação com o montante cobrado nas anteriores*; (...)".

39. "Art. 155. (...) § 2º. "O imposto previsto no inciso II, atenderá ao seguinte: I – será não-cumulativo, *compensando-se o que for devido em cada operação* relativa à circulação de mercadorias ou prestação de serviços *com o montante cobrado nas anteriores* pelo mesmo ou outro Estado ou pelo Distrito Federal; (...)".

de cálculo do Imposto sobre a Renda, o que não encontra amparo inconstitucional. Quero reafirmar o que foi dito acima: somente a seleção dos *setores* pelos critérios constitucionais da *atividade econômica* ou da *utilização intensiva de mão-de-obra* poderá servir, com legitimidade, à separação dos regimes aplicáveis às pessoas jurídicas. Nesse campo de exceções foram postas, por exemplo, as operações sujeitas às técnicas monofásicas de tributação, que são aquelas de concentração das alíquotas sobre o primeiro elo da cadeia de plurifasia, no processo de circulação de mercadorias. As atividades que desenvolvem justifica tal separação.

5.2 Não-cumulatividade e determinação do montante dos descontos e respectivas alíquotas ("de entrada")

Uma das principais inovações dessa nova legislação foi, sem dúvidas, a introdução de um novo método para promover o benefício da não-cumulatividade, afastando-se da técnica usada no IPI e no ICMS, de tomadas de créditos de operações anteriores para compensação com os débitos das operações futuras, pagando exclusivamente a diferença verificada entre ambos.

Na nova modalidade, cada pessoa jurídica apura sua base de cálculo, sem qualquer direito a crédito; mas, sim, afastadas as exclusões legais, mediante dedução dos "descontos", permitidos por lei, de determinadas receitas da formação da chamada "receita bruta". Desse modo, há dois cálculos a fazer: i) aquele de apuração dos descontos (modalizado em permitido); e o outro, ii) de apuração da base de cálculo do débito da pessoa jurídica (modalizado em obrigatório), a título de "receita bruta" resultante do total de receitas, excluídas aquelas que a lei determina e operado o respectivo desconto permitido por lei.

A pessoa jurídica pode não ter direito a qualquer regime especial. Nesse caso, a alíquota (conhecida como "de entrada", terminologia que é uma espécie de *reflexo condicionado* do direito de crédito do IPI ou ICMS) a ser usada na apuração dos *descontos* (i) será a mesma alíquota (chamada "de saída") a ser empregada na apuração do débito tributário (ii), pela determinação da *base de cálculo* (PIS: 1,65%; COFINS: 7,6%).

Contudo, por que os art. 10 e 8º, das Leis ns. 10.833/2003 e 10.637/2002, respectivamente, excluem as pessoas jurídicas e atividades que não se encontram listadas do regime não-cumulativo, mantendo-as na condição de sujeitos passivos das contribuições na modalidade de apuração cumulativa da base de cálculo, deve-se verificar se para tais pessoas jurídicas há algum regime especial pertinente à alíquota aplicável. Vendo-se que tais alíquotas, de fato, existem, deverão ser aplicadas à apuração do tributo devido, incidindo, assim, na base de cálculo apurada, em face da ausência de revogação expressa. Só a legalidade pode retirar direitos dos contribuintes; nunca a interpretação, e tampouco o recurso à analogia.

Mas o valor do desconto, cujo cômputo exige atendimento à legalidade em todos os seus contornos, por ser elemento integrante do dimensionamento da base de cálculo, deverá ser calculado segundo as regras previstas nos arts. 1º a 3º, das Leis ns. 10.833/2003 e 10.637/2002. Nesses casos, manda a Lei, aplica-se a alíquota do art. 2º (PIS: 1,65%; COFINS: 7,6%) aos fatores de despesas, encargos de depreciação e custos listados, no seu somatório do período. Após isso, para os fins de apurar a base calculada do débito da pessoa jurídica, da receita bruta mensal (exceto as exclusões), subtrai-se a base calculada dos descontos, encontrando-se, como resultado, a base de cálculo à qual se aplicará a "alíquota do débito", para determinar o montante do tributo devido.

Que a apuração dessas duas bases calculadas seja feita com alíquotas diferentes, nenhum problema se verifica, desde que seja preservado o direito à garantia de não-cumulatividade para o contribuinte; por isso, tendo em vista os requisitos que justificam diferenciação de tratamento entre contribuintes, em face dos setores de atividades econômicas onde atuam, a manutenção das alíquotas do regime especial é inconteste, devendo ser aplicadas, sem prejuízo dos descontos se operarem sob a égide da "alíquota de desconto".

Como se vê, quanto à determinação da *alíquota de desconto*, não há regime especial para esse fim, e tampouco as alíquotas de saída podem ser reclamadas nessa hipótese: por uma, porque aquelas são aplicadas sobre a base calculada da pessoa jurídica que a Lei menciona; e por duas, porque pretendê-las aplicar para fins de definição dos descontos seria o mesmo que usar de analogia, haja vista a ausência de cominação legal, em prejuízo do disposto no art. 108, § 2º, do CTN, o que vedado de plano pelo ordenamento.

6. Considerações finais

Há muitas outras questões relevantes a serem discutidas no âmbito desse complexo tributo, mormente após a entrada em vigor da Medida Provisória n. 164, de 29.1.2004, que criou para a Contribuição para os Programas de Integração Social e de Formação do Patrimônio do Servidor Público (PIS/PASEP) e a Contribuição para o Financiamento da Seguridade Social (COFINS) ampliação do campo de incidência, para alcançar a importação de bens e serviços, sejam estes prestados por pessoa física ou pessoa jurídica residente ou domiciliada no exterior, quando executados no País ou executados no exterior, mas cujo resultado se verifique no País. A dificuldade de sua manutenção, ante o evidente conflito com o art. III do Acordo Geral de Preços e Tarifas, conhecido como GATT/1994, que dispõe acerca do princípio do tratamento nacional,[40] (Súmula n. 20 do STJ) é mais que notório, haja vista criar uma oneração fiscal superior para os produtos importados, em virtude da ausência de creditamentos e outros. Cumpre salientar que as disposições do GATT aplicam-se independentemente da espécie de tributo que gerar o respectivo gravame desconforme com o tratamento equiparado; bem como que a idéia de regime de operações não se coaduna com suas disposições, porque a afetação sobre o comércio internacional, gerando barreiras internas indevidas, independe se o mesmo se aplica à pessoa do importador, quando a base de cálculo é o somatório das receitas, ou ao preço da mercadoria, isoladamente, porquanto uma incidência sobre faturamento ou receita bruta leva sempre em conta o somatório do preço de mercadorias importadas.

Preferimos, contudo, fixar vistas sobre as dificuldades hermenêuticas que ainda repercutem perplexidades e na operacionalidade das contribuições assinaladas. Contudo, ao final, buscamos reafirmar nosso entendimento de que qualquer incidência sobre faturamento ou receita bruta, nos limites da conceituação de direito privado, deve sempre resultar na menor carga fiscal possível, pela grave afetação do regime pro-

40. "Artigo III – *Tratamento nacional em matéria de impostos e de regulamentação internos.*

"Os produtos de qualquer Parte Contratante importados no território de outra Parte Contratante *serão isentos* da parte dos tributos e outras *imposições internas de qualquer natureza que excedam aos aplicados, direta ou indiretamente, a produtos similares de origem nacional*. Além disto, nos casos em que não houver no território importador produção substancial de produto similar de origem nacional, nenhuma Parte Contratante aplicará tributos internos novos ou mais elevados sobre os produtos de outras Partes Contratantes com o fim de conceder proteção à produção de produtos, diretamente competidores ou substitutos, não taxados de maneira semelhante; os tributos internos dessa natureza, existentes, serão objeto de negociação para a sua redução ou eliminação".

"Os produtos originários de qualquer Parte Contratante importados no território de qualquer outra Parte Contratante *gozarão de tratamento não menos favorável que o concedido a produtos similares de origem nacional* no que concerne a todas as leis, regulamentos e exigências que afetem a sua venda, colocação no mercado, compra, transporte, distribuição ou uso no mercado interno. As disposições deste parágrafo não impedirão a aplicação das taxas diferenciais de transportes, baseadas exclusivamente na utilização econômica dos meios de transporte e não na origem de produtos" (grifo nosso).

dutivo e repercussões danosas sobre o desenvolvimento das empresas. O que é de mais visível é sua propriedade de garantir melhor controle sobre as atividades econômicas destas, o que permitiria, juntamente com os controles da CPMF, maior arrecadação do Imposto sobre a Renda, a incidir sobre os lucros do período. Tal prática redundaria em estímulo à produção e ao crescimento. Lamentamos, assim, o desvirtuamento da finalidade das contribuições ao PIS/PASEP e da COFINS e a gravidade das suas conseqüências financeiras sobre as empresas e preços dos seus produtos.

CADERNOS DE DIREITO TRIBUTÁRIO

MARCO CONCEPTUAL, CONSTITUCIONAL Y COMUNITARIO DE LA FISCALIDAD ECOLÓGICA[1-2]

DOMINGO CARBAJO VASCO
Inspector de Hacienda — Oficina Nacional de Inspección
y
PEDRO M. HERRERA MOLINA
Profesor Titular de Derecho Financiero y Tributario
Universidad Complutense de Madrid

1. Introducción. 2. Aproximación al concepto de tributo ambiental. 3. Categorías tributarias ambientales: 3.1 Excursus: crisis y reformulación de las categorías tributarias: 3.1.1 Mimetismo, metamorfosis y mixtificación de las categorías tributarias; 3.1.2 Relevancia la taxonomía según categorías tributarias; 3.1.3 Crisis de las fronteras entre categorías tributarias; 3.1.4 Crisis del nacimiento "ex lege" como nota esencial de los tributos; 3.1.5 Concepto constitucional de tasa y posible reformulación del concepto positivo; 3.2 Impuestos ambientales; 3.3 Tasas ambientales: 3.3.1 Aspectos generales; 3.3.2 Tasas por prestación de servicios ambientales; 3.3.3 Tasas por utilización privativa o aprovechamiento especial del dominio público; 3.3.4 Tasas por actuaciones administrativas de tolerancia ambiental; 3.3.5 Contribuciones especiales ecológicas; 3.3.6 Tributos ambientales como nueva categoría tributaria. 4. Coordinación con prohibiciones y sanciones: 4.1 Planteamiento; 4.2 Tributos de ordenamiento sobre actividades ilícitas; 4.3 Peculiaridades de los tributos ambientales de carácter compensatorio. 5. Gastos fiscales de carácter ambiental: 5.1 Planteamiento; 5.2 El Presupuesto de Gastos Fiscales; 5.3 Gastos fiscales e intervenciones medioambientales; 5.4 El Presupuesto de Gastos Fiscales en España; 5.5 El presupuesto de gastos fiscales para 2003; 5.6 Los gastos fiscales en otros presupuestos distintos a los del Estado en España; 5.7 Gastos fiscales y ayudas de Estado. 6. Conclusiones. 7. Bibliografía.

1. Introducción

La protección fiscal del medio ambiente constituye ya una realidad en los ordenamientos jurídicos de la Unión Europea. La fiscalidad ambiental abarca el estable-

1. La versión original de este trabajo ha sido elaborada para la obra dirigida por Miguel Buñuel González, *Tributación Medioambiental: Teoría, Práctica y Propuestas*.

2. Los epígrafes 3.1 y 3.9 han sido redactados conjuntamente por ambos autores; los epígrafes 3.2 a 3.4 por P. M. Herrera Molina y el epígrafe 3.5 por D. Carbajo Vasco, excepto el subepígrafe 3.5.7, redactado por P. M. Herrera. Por otra parte, ambos han aportado mutuas sugerencias incorporadas a la versión final. Los autores agradecen a Almudena Serna Rodríguez, Becaria de Investigación del Instituto de Estudios Fiscales, la cuidadosa revisión del texto original.

cimiento de tributos diseñados para proteger el medio ambiente y de medidas fiscales incorporadas a la regulación de los tributos ordinarios.[3]

En la primera parte de este trabajo (epígrafe II) nos centraremos en los tributos ambientales, precisando sus características, analizando como afecta el objetivo ambiental a la configuración de las categorías tributarias tradicionales (impuestos, tasas y contribuciones especiales) y delimitando su ámbito de aplicación respecto de las medidas sancionadoras. Para realizar esta labor tenemos en cuenta principalmente el marco jurídico diseñado por la Constitución y por el Tratado Constitutivo de la Comunidad Europea. Además propondremos algunas reformas normativas que podrían orientar el debate político.[4]

En la segunda parte (epígrafe III) analizaremos la importancia de los gastos fiscales en materia de medio ambiente, con particular referencia al presupuesto español de gastos fiscales y a otros presupuestos no estatales de gastos fiscales en España. Aunque esta nota tiene un carácter introductorio y general, destacaremos algunos problemas peculiares que presenta la fiscalidad de la energía, por constituir el aspecto más relevante de la fiscalidad ambiental.[5]

Los tributos y gastos fiscales forman parte de los instrumentos económicos de política ambiental (*economic instruments in environmental policy*). Se trata de utilizar diversos mecanismos para suplir las deficiencias de mercado, de modo que los agentes económicos y los consumidores perciban el coste real de las actividades contaminantes. En el caso de la energía, esto implica que el importe del tributo deberá reflejar los daños ambientales originados por su producción, distribución y consumo.

La OCDE distingue las siguientes modalidades de instrumentos económicos:[6]

• Cánones sobre emisiones (*emission charges*). Se trata de "pagos directos basados en la medición o estimación de la cantidad y la cualidad de una sustancia contaminante".[7] Así pueden medirse las emisiones de ciertos gases originados por la producción de energía (caso del impuesto gallego sobre emisiones atmosféricas).

• Cánones de utilización (*user charges*). Es decir, "pagos por el uso de servicios colectivos" que se utilizan primordialmente por parte de los entes locales para financiar la recogida y tratamiento de residuos sólidos. También puede tratarse de cantidades exigidas por el uso de recursos naturales (*user fees* en la terminología de la OCDE).[8] Teóricamente podrían exigirse cánones de utilización por el uso de la atmósfera como lugar de emisión de residuos en el caso de que ésta se considere integrada en el demanio natural. También pueden configurarse como "cánones de utilización" las cantidades exigidas por el uso de las carreteras u otras vías públicas, favoreciéndose así el uso de medios de transporte de mayor eficiencia energética.

• Cánones sobre productos (*product charges*). Estos gravámenes recaen sobre "los productos que ocasionan la contaminación, bien sea mediante su elaboración, consumo o eliminación". Con esta figura se pretende "modificar los precios relativos de los productos y/o financiar los sistemas de recogida y tratamiento".[9] Este es el caso de la antigua propuesta de directiva CO_2/Energía y de la propuesta de directiva-

3. Para aproximarse al análisis económico de los diversos instrumentos de protección ambiental resulta imprescindible el trabajo de Buñuel (1999).

4. En cuanto a la incidencia recaudatoria de los tributos ambientales (energéticos) en España, cfr. Álvarez Villamarín y Gago Rodríguez (2002:151).

5. Cfr. Gago y Labanderia (2002:15) y Durán Cabré y Gispert Brosa (2002:171).

6. La comparación de los efectos de los permisos de emisiones e impuestos pigouvianos sobre la estructura del mercado ha sido analizada por M. Buñuel (2001:3 y ss.).

7. OECD (1999:7).

8. OECD (1999:8).

9. Ibidem.

marco sobre la fiscalidad de los productos energéticos.[10]

• Impuestos sobre recursos naturales (*taxes for natural ressource management*), que la OECD define como pagos sin contraprestación que se exigen por la manipulación de recursos naturales.[11] Se trata de una figura semejante a los "cánones" (*charges*) por el uso de recursos naturales, con la diferencia de que el pago no es proporcional a las ventajas otorgadas por las autoridades públicas.[12] Dado que las fuentes de energía derivan del uso de productos naturales, sería posible establecer este tipo de impuestos, que actuarían de modo semejante a los "cánones sobre productos" ya mencionados.

• Permisos, derechos o cuotas negociables (*marketable permits, rights or quotas*, también conocidos como *emissions trading*). Es decir, títulos para contaminar de carácter transferible, "basados en el principio de que cada aumento de emisiones o incremento en el uso de los recursos debe compensarse mediante una disminución idéntica o superior".[13] No obstante, existen nuevas tendencias que apuestan por utilizar permisos de emisiones como alternativa parcial a los impuestos sobre el dióxido de carbono. El parlamento danés ha aprobado una ley que introduce el sistema de permisos negociables de emisiones de CO_2 en el ámbito de las empresas productoras de energía eléctrica.[14] Debe recordarse que el Protocolo de Kioto de 11 de diciembre de 1997 prevé el establecimiento de un mercado de "reducciones certificadas de emisiones" (artículo 12.9) y la Propuesta de Directiva de 23 de octubre de 2001, del Parlamento Europeo y del Consejo por la que se establece un régimen para el comercio de derechos de emisión de gases de efecto invernadero en la Comunidad y por la que se modifica la Directiva 96/61/CE del Consejo, COM (2001) 581.[15] Un instrumento distinto, aunque relacionado con el anterior es el mercado de "certificados verdes" para el fomento de energías renovables.[16]

• Depósitos reembolsables (*deposit-refund systems*). Mediante este sistema la adquisición de ciertos productos exige desembolsar una suma de dinero que será objeto de reembolso cuando el producto se devuelva al fabricante o a las instalaciones de tratamiento de residuos.[17] Desde el punto de vista jurídico este mecanismo puede estructurarse como un auténtico depósito o como un impuesto susceptible de reembolso. Encontramos un ejemplo en la devolución de las cuotas del impuesto sobre hidrocarburos correspondientes a los productos que se devuelvan a la fábrica o depósito fiscal cuando de modo accidental se hayan mezclado con otros productos o hayan resultado contaminados. Este tipo de mecanismo puede fomentar la incineración de productos peligrosos como modo de producir energía [art. 52.c) LIIEE]. Aunque no se trate de un depósito reembolsable, cabe recordar aquí la exención del uso como combustible de aceites usados comprendidos en el ámbito de la aplicación de la Ley de Residuos Tóxicos y Peligrosos, siempre que tal utilización se realice con ciertas cautelas (art. 51.4 LIIEE).

• Tarifas por incumplimiento (*non-compliance fees*), que se imponen median-

10. Entre los estudios más recientes, cfr. Serrano (2002:362 y ss.) y Márquez (2002:10 y ss.).

11. Ibidem.

12. OECD Working Party on Economic and Environmental Policy Integration, *Economic Instruments*, cit., p. 9.

13. OECD Working Party on Economic and Environmental Policy Integration, *Economic Instruments*, cit., p. 8.

14. Cfr. Speck y Ekins (2000:15-16).

15. Cfr. Franco (2003); Franco y Herrera (2003). Sobre la adhesión de la Comunidad Europea al Protocolo, vid. la Propuesta de Decisión del Consejo relativa a la aprobación, en nombre de la Comunidad Europea, del Protocolo de Kioto de la Convención Marco de las Naciones Unidas sobre el cambio climático y al cumplimiento conjunto de los compromisos contraídos con arreglo al mismo, COM/2001/0579 final — CNS 2001/0248, *Diario Oficial* C-075-E de 26.3.2002, pp. 17-32.

16. Cfr. Franco (2002).

17. Speck y Ekins (2000:15-16).

te mecanismos de derecho privado a los agentes contaminantes que hayan cumplido las condiciones exigidas por la normativa ambiental. Como hemos visto, la ley danesa combina este mecanismo con permisos negociables de emisiones de CO_2 en el ámbito de las empresas productoras de energía eléctrica. Las empresas que superen las emisiones permitidas deberán afrontar un gravamen de 5,4 euros por tonelada de CO_2. El Reino Unido está aplicando un sistema semejante y también las instituciones comunitarias han estudiado esta posibilidad (*Green Paper* de marzo de 2000).[18]

• Fianzas (*performance bonds*): el agente económico debe desembolsar una suma de dinero que le será reintegrada cuando haya cumplido las exigencias ambientales.[19] Tales fianzas pueden exigirse en el caso de actividades energéticas peligrosas como el transporte de crudo, posibilidad de especial interés para prevenir negligencias que acarreen graves catástrofes naturales, como la que ha producido recientemente el hundimiento del *Prestige*.

• Responsabilidad civil: pagos exigidos por el derecho civil como consecuencia del daño causado por el derecho ambiental. El beneficiario de estos pagos puede ser el Estado o los particulares que han sufrido el daño. En algunos casos pueden preverse aportaciones de los sujetos contaminantes a un fondo de compensación.[20] En el supuesto de ciertas actividades energéticas que implican un riesgo especial, pueden exigirse contribuciones especiales dirigidas a financiar el establecimiento de un servicio que reduzca el riesgo. Aunque su naturaleza jurídica es dudosa, puede mencionarse el gravamen catalán sobre elementos patrimoniales afectos a actividades peligrosas, que afecta — entre otras — a las instalaciones y estructuras destinadas a la producción, transformación, transporte y suministro de energía eléctrica (arts. 59.5º y 6º de la Ley 4/1997, de 20 de mayo, de Protección Civil de Cataluña).

• Subvenciones en sentido amplio. La OECD las define como "cualquier forma de apoyo financiero explícito otorgado a los agentes contaminantes o a los usuarios de recursos naturales con un fin de protección ambiental". Esta figura abarca no sólo las subvenciones en sentido estricto, sino los préstamos a bajo interés y los *gastos fiscales*. En el ámbito de la energía, el problema radica en la existencia de diversas subvenciones y gastos fiscales contrarios al interés ambiental. Baste citar la exención del carburante utilizado en el transporte aéreo. La protección del medio ambiente también parece exigir que se eliminen las subvenciones a la protección de carbón. En el caso alemán, la Federación y los principales *Länder* productores de carbón (Renania del Norte — Westfalia y Saarland) llegaron a un acuerdo con la industria y los sindicatos para reducir drásticamente estas subvenciones en el período 1997-2005, adoptando otras medidas dirigidas a la reconversión de este sector.[21]

Como puede observarse, los instrumentos económicos desbordan el ámbito del Derecho Tributario. Ahora bien, algunos de ellos *operan claramente mediante normas tributarias*: es el caso de los tributos ambientales (*environmental charges and taxes* en la terminología de la OCDE)[22] y de los *gastos fiscales*. Estas medidas de ordenamiento interfieren con los principios tradicionales del Derecho Tributario y se ven condicionadas por ciertas exigencias constitucionales (principio de legalidad y reserva de ley en materia tributaria). Todo ello justifica un análisis conjunto de los tributos y gastos fiscales ambientes como instrumentos económicos con características propias.

Desde luego, la política ambiental no sólo cuenta con instrumentos económicos, sino con *mecanismos de regulación directa*

18. Ibidem.
19. Ibidem.
20. OECD (1999:9).
21. Bundesministerium der Finanzen (2000:23).
22. Vid. *supra*.

(*standards* ambientales, prohibiciones y sanciones). Paradójicamente, desde un punto de vista económico, la diferencia no es del todo clara, pues los tributos ambientales de ordenamiento — al igual que las sanciones — imponen una *carga económica* sobre ciertas conductas indeseables. Así, por ejemplo, la propuesta de Baumol y Oates se basa en el uso de medidas fiscales para alcanzar ciertos *standars* de protección.[23] A juicio de Carbajo Vasco, *el Derecho Penal destinado a la protección del medio ambiente no es fácilmente diferenciable del tributo en el terreno económico, sino en el campo de la Teoría de la regulación.* Esto nos obligará a analizar con detalle la coordinación entre sanciones y tributos desde una perspectiva primordialmente jurídica.

2. *Aproximación al concepto de tributo ambiental*

Desde el punto de vista de la *política ambiental*, puede calificarse como tributo ecológico todo aquel cuya principal finalidad es servir a la protección del medio ambiente.[24] Esta definición tan amplia incluye también aquellos tributos cuyo objeto imponible no esté relacionado con actividades contaminantes, siempre que *la recaudación quede afecta a proteger el medio ambiente*. En efecto, tales tributos constituyen un instrumento más de política ambiental (de financiación de políticas ambientales).

Desde la perspectiva de la Economía Política existen diversos planteamientos:[25] algunos se centran en el *vínculo* existente entre los tributos y la actividad contaminante[26] y otros en la existencia de un *doble beneficio* (recaudatorio e incentivador).[27]

En el ámbito del Derecho Tributario sólo tiene interés calificar como tributo ambiental aquél cuya estructura establece un incentivo a la protección de la naturaleza, o un mecanismo para que recaigan sobre el causante de la contaminación las deseconomías externas derivadas del deterioro ambiental.[28] En cambio, un tributo cuya única nota ambiental radique en el destino de su recaudación *no presenta especialidad alguna desde la perspectiva del Derecho Tributario*.[29]

Por otra parte, el planteamiento que aquí asumimos es coherente con las definiciones de gravámenes ambientales elaboradas por la OECD (centradas en la vinculación entre tales exacciones y el hecho contaminante).[30] La Comisión Europea ha adoptado un planteamiento similar, señalando que "una característica habitual para que una exacción determinada se considere de carácter ambiental sería *que la sustancia o actividad gravada tenga un efecto negativo claro sobre el medio ambiente*". También "podría considerarse que una

23. Baumol y Oates (1988:155).

24. Määttä (1997:38); Borrero (1999:153).

25. Cfr. un enfoque actualizado en Yábar (2002).

26. Cfr. OECD (1994:56). El Informe del Seminario de Dublín llega a definir los impuestos y tasas ambientales como "una obligación exigida por los poderes públicos a los usuarios del medio ambiente como consecuencia de tal uso" [Ekins (1996:10)].

27. Esta es la idea de la reforma fiscal ecológica propuesta por von Weizsäcker y Jesinghaus (1992:18). Sobre la realización práctica de estas propuestas en el Derecho comparado, cfr. Yábar Sterling (2002:*passim*) y Gago, Labandeira, Rodríguez Méndez (2002:103 y ss.).

28. El Informe del Ministerio de Finanzas alemán sobre los tributos ecológicos considera como tales aquellos cuya base imponible se funda en supuestos de hecho relevantes para el medio ambiente Bundesministerium der Finanzen (2000:5). En la doctrina italiana, cfr. Menti (1999:4). En palabras de Buñuel (2002.a:6) "no basta con que el uso que se dé a los ingresos sea medioambiental, sino que el mismo tributo ha de generar un incentivo que redunde en la consecución del fin medioambiental perseguido. De esta forma, quedan excluidos de la etiqueta de "medioambientales", "ecológicos", o "verdes" muchos tributos que reciben indebidamente esta apelación porque sus ingresos se destinan a fines medioambientales. Esta denominación tiene tanto fundamento como lo tendría denominar al IRPF como impuesto medioambiental si se pudiera afectar a fines medioambientales, un porcentaje de su recaudación". Una postura semejante ha sido defendida por Bokobo (2000:96), "las medidas fiscales con fines ambientales dependen de la existencia de la relación estable entre la base imponible del gravamen y la contaminación".

29. Cfr. Jiménez (1998:130).

30. Vid. *supra*, epígrafe 3.1.

exacción es de carácter ambiental cuando tiene un *efecto sobre el medio ambiente que es menos claro pero resulta visiblemente positivo*", como sucede con los diferentes tipos aplicables a las gasolinas con plomo y sin plomo". En cambio, es indiferente el destino que otorgue a la recaudación.[31]

Debe reconocerse que este planteamiento sufre cierta tensión en la STJCE de 9 de marzo de 2000, *Evangelischer Krankenhasusverein Wien*, As. C-437/97, relativo a la prohibición de gravámenes sobre productos sujetos a impuestos especiales armonizados, *salvo que persigan finalidades específicas* (art. 3.2 de la Directiva 92/12/CE). El tribunal afirma que la financiación municipal no puede considerarse una "finalidad específica", pero advierte — *obiter dicta* — que *una afectación específica* o *una relación del objeto imponible con la fuente del gasto* constituyen finalidades específicas en el sentido de la Directiva. La cuestión es relevante desde la perspectiva ambiental, pues nuestro "Impuesto sobre las ventas minoristas de determinados hidrocarburos"[32] sólo sería compatible con el Derecho comunitario si se considerase como finalidad específica su afectación a financiar la sanidad y determinadas actuaciones ambientales.[33-34]

Además, existen diferencias significativas entre los conceptos elaborados por la OECD y por la Comunidad Europea. Ambas instituciones utilizan las expresiones *taxes* y *charges* en sentidos distintos. En efecto, para la OECD *charges* son gravámenes exigidos *mediante contraprestación* (*compulsory requited payments*);[35] es decir, *tasas* con arreglo a la terminología de nuestra Ley General Tributaria [art. 26 a)].[36] En cambio, la Comisión Europea define la expresión *taxes and charges* (cuya traducción oficial es "impuestos y *gravámenes*") como "todo pago obligatorio y sin contraprestación".[37]

Esta asimetría pone de manifiesto las diferencias presentes en el Derecho Comparado sobre el concepto de tributo (inexistente en algunos ordenamientos) y la difícil delimitación entre impuestos, tasas y otras posibles categorías tributarias. Desde la perspectiva del Derecho español es difícil precisar el concepto de tributo ambiental si no se realiza un análisis detallado de cada una de las categorías tributarias, pues los "gravámenes ambientales" no responden bien a los esquemas conceptuales de la Ley General Tributaria.[38] Pre-

31. Comisión Europea (1997:7).

32. Creado por el art. 9 de la Ley 24/2001 y "cedido" a las Comunidades Autónomas (arts. 36 y 44 de la Ley 21/2001).

33. Art. 9.1.3 de la Ley 21/2001 y art. 69.2 de la Ley 21/2001, que modifica el art. 86.2 del TR de la Ley General de Seguridad Social.

34. La "Contestación de 14 de junio de 2001 del Sr. D. Michel Aujean, Director de Política Fiscal de la Dirección General de Fiscalidad y Unión Aduanera de la Comisión Europea al Sr. D. Javier Lasarte, Presidente de la Comisión para la Reforma del Sistema de Financiación Autonómica" considera que "España podría crear nuevos impuestos *nacionales* sobre el tabaco y los hidrocarburos bajo ciertas condiciones, en particular I) que el objetivo perseguido sea otro que principalmente el presupuestario (...). Si se puede demostrar que la medida fiscal se integra en el ámbito nacional en el marco de las políticas de sanidad o de protección del medio ambiente, conviene acreditar sin equívocos que las diferencias regionales que se efectuarían responderían a imperativos generales de coherencia entre el montante del impuesto y los problemas que aspira a resolver. De esta manera el importe del impuesto debería estar definido en las Comunidades Autónomas en función de criterios objetivos de ámbito nacional. En su defecto, el objetivo esencial de la diferenciación regional aparecería básicamente como objetivo de naturaleza presupuestaria" [en Lasarte *et al.* (2002:215)]. La Ley 24/2001 utilizando la terminología de la contestación advierte que los gastos sanitarios y ambientales a que se afecta el impuesto deberán "orientarse por criterios objetivos fijados en el ámbito nacional", aunque atribuye a las comunidades autónomas competencias para determinar su cuantía. Por tanto, debería demostrarse cómo se coordinan las competencias autonómicas para modular los tipos de gravamen con los *criterios objetivos* que se fijen en el *ámbito nacional* [cfr. Herrera (2002.b:77)].

35. OECD (1999:9).

36. Entiéndase realizada esta afirmación con los necesarios matices respecto al carácter "impropio" de la contraprestación presente en el hecho imponible de las tasas.

37. Comisión Europea (1997:7).

38. Tampoco responde bien la categoría "transversal" de las "exacciones parafiscales" (art. 26.2

cisamente al hilo de estas categorías estudiaremos la relevancia que presenta el principio de capacidad económica sobre los tributos ambientales y la tendencia del legislador a crear "falsos" tributos ambientales.

La mayoría de los tributos ecológicos presentes en los catálogos internacionales son tributos sobre la energía. Este planteamiento responde a la idea de que la producción y consumo de energía produce un deterioro ambiental. Sin embargo, los impuestos sobre la energía son más antiguos que el interés por la protección ambiental y responden inicialmente a finalidades recaudatorias. Por tanto, *los impuestos energéticos no siempre constituyen impuestos ambientales.* Esta afirmación no queda desvirtuada por el hecho de que el 80 por 100 de la energía mundial se produzca a partir de combustibles de origen fósil,[39] pues la auténtica imposición ambiental debería discriminar según el potencial contaminante de las diversas fuentes de energía.[40]

Desde el punto de vista de la protección ambiental sería necesario suprimir el trato favorable de los productos energéticos más contaminantes y establecer bases imponibles que reflejasen con precisión el impacto ambiental. La propuesta de Directiva de imposición de los productos energéticos no parece idónea para conseguir estos objetivos. Como se ha puesto de relieve, el establecimiento de tipos mínimos en el ámbito comunitario no atiende al diverso impacto desincentivador del gravamen derivado de las diferencias de poder adquisitivo entre los Estados miembros. Por otra parte, la base imponible no atiende al impacto ambiental, y las numerosas exenciones y devoluciones benefician a los sectores industriales intensivos en energía.

LGT), aunque *de lege ferenda* podría ofrecer ciertas posibilidades.

39. Según González-Méndez (2000:14).

40. Para valorar el fundamento económico de los tributos ambientales, resulta imprescindible el trabajo de Buñuel (2002.b:85 y ss.).

3. Categorías tributarias ambientales

3.1 Excursus: crisis y reformulación de las categorías tributarias

3.1.1 Mimetismo, metamorfosis y mixtificación de las categorías tributarias

La clasificación tripartita de los tributos tiene su origen en la Ciencia de la Hacienda y se plasma por Enno Becker en la *Reichsabgabenordnung* de 1919. Sin embargo, no estamos ante un dogma jurídico generalmente aceptado. Así, en los países anglosajones no suele utilizarse el concepto de "contribuciones especiales" y la diferencia entre *taxes* (impuestos) y *charges* (tasas) es más flexible que la formulada por la dogmática continental. En el propio ámbito germánico, la jurisprudencia constitucional ha desarrollado el concepto de "tributos especiales" (*Sonderabgaben*) junto a las categorías tradicionales del Impuesto (*Steuer*) la tasa (*Gebühr*) y la contribución especial (*Beitrag*).

Es más, aunque se opte por defender la relativa solidez de la clasificación tripartita, pueden observarse fenómenos de mimetismo y — más notables aún — metamorfosis entre gravámenes pertenecientes a distintas categorías tributarias, así como la existencia de figuras híbridas.[41]

Determinados impuestos adoptan la apariencia o el *nomen iuris* de tasas (mimetismo), mientras que ciertas tasas sufren una evolución histórica que termina por trasformarlas en impuestos. Encontramos incluso algún supuesto en el que — según la doctrina — una figura nacida en un estado larvario de contribución especial termina por convertirse en tasa sin necesidad de que se produzcan cambios normativos (una vez amortizada la obra pública sigue exigiéndose por los costes de funcionamiento del servicio).

41. Cfr. en relación a los tributos ambientales, con una terminología distinta, Villar Ezcurra (2002:401).

En efecto, puede observarse cierta tendencia al deslizamiento de las tasas hacia los impuestos: los derechos medievales por la autorización real de ciertos consumos se convierten en impuestos especiales (su origen se recuerda en la expresión *excise duties*) los derechos de pontazgo y portazgo evolucionan hacia tributos aduaneros y las licencias para ejercer determinadas profesiones hacia impuestos sobre el mero ejercicio de la actividad. Como ejemplos más modernos puedem citarse la supresión de las tasas por recogida de basuras en diversos municipios a cambio de un incremento en el Impuesto sobre Bienes Inmuebles y los efectos de la conflictividad frente a las tasas municipales por autorizaciones de obras que dio origen — como si de una Hidra de Lerna se tratase — al Impuesto sobre Construcciones, Instalaciones y Obras.

Pensemos también en la polémica naturaleza de ciertas figuras, a las que el legislador atribuye la condición de tasa, mientras que la jurisprudencia o un sector doctrinal sostiene su carácter impositivo: es el caso de las tasas sobre el juego, de la tasa por el uso del subsuelo municipal por parte de entidades suministradores o del antiguo canon de vertidos y el nuevo canon de control de vertidos regulado por la Ley de Aguas. En esta línea se mueven también aquellas tasas municipales por concesión de licencias cuya cuantía se establece en torno a baremos objetivos que recuerdan la tarifa del Impuesto sobre Actividades Económicas (es el caso de las tasas exigidas por algunos municipios catalanes en el marco de la normativa autonómica que desarrolla la Directiva sobre control integrado de la contaminación).

Por otra parte, encontramos tributos semejantes a las tasas por el aprovechamiento especial del dominio público, que se configuran como impuestos al referirse a bienes públicos — la atmósfera — que no tienen el carácter de demaniales.

En sentido contrario, están surgiendo diversas figuras de naturaleza predominantemente impositiva — aunque el legislador los denomine "cánones" — cuya estructura presenta, no obstante, *algunos caracteres propios de las tasas* (es el caso de los cánones de saneamiento autonómicos).

Tampoco resultan claras las fronteras entre tasas y contribuciones especiales: así lo pone de relieve el primer *Informe para la Reforma de la Ley General Tributaria*[42] al sugerir que el importe de las contribuciones especiales pueda abarcar los costes del funcionamiento del servicio (y no sólo de su prestación) en la medida en que tal funcionamiento beneficia a ciertos sujetos que, sin embargo, no son destinatarios de actuaciones concretas (sería el caso de las entidades aseguradoras respecto del servicio de extinción de incendios). De hecho, al margen de la legislación general, ya existen figuras semejantes a las contribuciones especiales cuya cuantía abarca los costes de funcionamiento (pensemos en el canon de regulación y el canon de infraestructura hidráulica de la Ley de Aguas).

3.1.2 Relevancia la taxonomía según categorías tributarias

Es de sobra conocida la querencia de los juristas por las clasificaciones y el tópico de su justificación en razones de "relevancia jurídica". Dadas las dificultades que en ocasiones ofrece la clasificación triparta, es preciso analizar *cuál sea su relevancia* y — más importante aún — el fundamento de dicha relevancia.

Desde una perspectiva constitucional la relevancia es triple: los principios materiales que ordenan una u otra figura, la diversa incidencia de la reserva de ley[43] y el régimen de distribución de competencias. Desde la perspectiva ordinaria hay que atender al régimen jurídico *general* de dichas figuras (la relevancia es menor en cuanto la ley se separe de dicho régimen al diseñar un concreto tributo).

42. Comisión para el estudio y propuesta de medidas para la reforma de la LGT (2001:34-35).

43. Cfr. Ruiz Garijo (2002:57 y ss., con una crítica de la jurisprudencia constitucional).

En realidad, la Constitución se limita a enumerar *las categorías tributarias* sin establecer diferencias en su régimen jurídico: "los recursos de las Comunidades Autónomas estarán constituidos por (...) b) Sus propios *impuestos*, *tasas* y *contribuciones especiales*" (artículo 157.1).[44] El art. 31 tampoco parece establecer diferencias desde la perspectiva de los principios materiales de justicia (párrafo primero) o la reserva de ley (párrafo tercero), pues se refiere respectivamente al "sistema *tributario*" y a las "prestaciones patrimoniales de carácter público" (que parecen incluir, al menos, todos los tributos).

Las diferencias proceden, por tanto, de la jurisprudencia constitucional (respecto del principio de capacidad económica y la reserva de ley) y de la LOFCA y los Estatutos de Autonomía en relación con el régimen de competencias.

3.1.3 Crisis de las fronteras entre categorías tributarias

Los rasgos constitucionales y ordinarios que definen cada una de las categorías tributarias se basan en las características de los tributos ordinarios; es decir, aquellos que tienen una finalidad esencialmente recaudatoria.[45] Esto provoca notables distorsiones cuando se intenta proyectar dicho esquema sobre los tributos extrafiscales; particularmente sobre los tributos dirigidos a proteger el medio ambiente.

Pese a la literalidad del art. 31.1 CE, son los impuestos la categoría tributaria cuya cuantía a de graduarse en función de la capacidad económica de los contribuyentes.[46] Las tasas han de respetar el mínimo existencial como límite externo, *pueden* graduarse en ciertos casos según criterios de capacidad económica, y no pueden representar tal porcentaje sobre el conjunto de la recaudación que distorsionen el principio de capacidad económica como criterio inspirador del *sistema tributario*.

Sin embargo, el criterio esencial en que se basa la cuantificación de las tasas no puede ser la capacidad económica, sino el *principio de equivalencia*[47] (o provocación de costes),[48] que constituye en último término una manifestación del principio de igualdad.

Pues bien, aquellos impuestos extrafiscales dirigidos a desincentivar conductas indeseables responden precisamente a la citada idea de equivalencia o causalidad (*vgr.*, el principio quien contamina paga pretende internalizar los costes externos ocasionados por las actividades contaminantes). Por ello — desde el punto de vista jurídico — las tasas constituyen el cauce natural para el desarrollo de ciertos tributos extrafiscales.

Por otra parte, nuestro Tribunal Constitucional ha reconocido que la reserva de ley en materia tributaria admite una especial flexibilidad en relación con los tributos "sinalagmáticos" de carácter local: suficiente que la ley delimite *el supuesto de hecho* por remisión a las competencias legales de la entidad local, excluyendo determinadas actividades esenciales, y que precise la cuantía mediante un límite máximo o mediante criterios técnicos suficien-

44. La letra a) se refiere también a "Impuestos cedidos total o parcialmente por el Estado; recargos sobre impuestos estatales y otras participaciones en los ingresos del Estado".

45. En cuanto a los límites constitucionales a la expansión de las tasas como recurso financiero público, cfr. el excelente trabajo de J. M. Barquero Estevan, sobre la función del tributo en el Estado social y democrático de Derecho (2002:79 y ss.).

46. Utilizamos esta palabra en un sentido amplio.

47. Cfr., en este sentido, Simón (1999:30), con la peculiaridad de que el citado autor prefiere hablar del *principio de provocación de costes.* A juicio de Martín Fernández, "el principio del beneficio (...) deja de responder a la equidad cuando determinados servicios públicos conllevan una mayor utilidad y, por tanto, una mayor carga tributaria en personas con una menor capacidad económica" (1995:148).

48. En este trabajo utilizamos ambos términos como sinónimos, si bien el principio de provocación de costes suele hacer referencia a los costes sociales y el de equivalencia a los costes administrativos [cfr. Martín Fernández (1995:149) y la bibliografía allí citada].

temente precisos que permitan determinarlo, fórmula que no excluye un cierto margen de apreciación por parte de las entidades locales (STC 233/1999, FJ 19). Así, el Tribunal considera que la referencia al valor de mercado o a la utilidad reportada por el uso privativo o el aprovechamiento especial de los bienes de dominio público constituyen criterios suficientemente precisos.

Si descendemos del plano constitucional a la concreta configuración de los impuestos extrafiscales, nos encontramos con que el hecho imponible hace referencia a una conducta que produce un coste social — y, en ocasiones, un concreto gasto público. Surge así una notable analogía con el régimen jurídico de las tasas.

Desde el punto de vista técnico la diferencia entre impuestos, tasas y contribuciones especiales se basa esencialmente en el hecho imponible *y* los elementos cuantitativos. Pues bien, el legislador puede crear figuras mixtas, en el sentido de diseñar un hecho imponible propio de una tasa (uso galerías municipales) y un criterio de cuantificación más semejante al de un impuesto (un porcentaje de la facturación). En sentido inverso puede utilizarse un supuesto de hecho de corte impositivo (consumo de agua) y unos criterios de cuantificación próximos a las de las tasas, aunque la ley no lo ponga de manifiesto (la ley fija los elementos cuantitativos en atención a unos cálculos que permitan afrontar el coste de las instalaciones de saneamiento, a cuyas obras se afecta la recaudación).

La mixtificación también puede realizarse introduciendo elementos que maticen el presupuesto de hecho de un impuesto, aproximándolo al de una tasa (*vgr.*, exención del canon de saneamiento para determinados municipios en los que *no esté previsto* instalar infraestructura de saneamiento, sin que el tributo se subordine a la efectiva realización de dichas obras).

En estos casos es irrelevante calificar el tributo como impuesto, tasa o contribución especial *desde la perspectiva de su régimen jurídico*, pues éste no responde a las reglas generales, sino a las previstas específicamente en la ley. Sí podría crearse cierta inseguridad desde la perspectiva del régimen supletorio, pero el problema es menor, en cuanto las posibles lagunas se referirán fundamentalmente a cuestiones procedimentales comunes a las diversas categorías tributarias. En el caso de que la laguna fuese *específica*, no parece posible resolverla atendiendo a una calificación unitaria del tributo discutido como impuesto, tasa o contribución especial, sino que deberá tenerse en cuenta la peculiaridad del aspecto concreto sobre el que se plantee la necesidad de acudir a las normas supletorias.

Desde el punto de vista inconstitucional *pueden* producirse incoherencias si el fundamento del tributo responde, en parte, al principio de capacidad económica y, en parte, al principio de equivalencia: es el caso del Impuesto Balear sobre Estancias Turísticas, cuyo fundamento responde al principio de equivalencia, mientras que su cuantificación es la propia de un impuesto ordinario.[49]

Ahora bien, en la medida en que estemos ante auténticos tributos extrafiscales, el principio de capacidad económica retrocede frente al principio de equivalencia, por lo que pueden justificarse mixturas entre el impuesto y la tasa para conseguir — por ejemplo — una aplicación más sencilla y practicable del tributo. Este podría ser el caso — aunque habría que demostrarlo concretamente — de los cánones de saneamiento autonómicos o del canon estatal de control de vertidos. Desde luego, los principios constitucionales no se oponen a una figura que integre rasgos propios de las tasas y contribuciones especiales, como sucede con el canon de obras hidráulicas.

Así sucedería también con las denominadas "tasas por tolerancia"[50] o "tasas

49. Cfr. una detallada valoración constitucional de este impuesto en Lasarte y otros (2001:25) quienes mantienen una opinión favorable al citado tributo.

50. Cfr. Meyer (1995:121).

por riesgos permitidos", a las que nos referiremos enseguida. Su hecho imponible es la autorización de actividades molestas o peligrosas y cuya cuantificación no responde al coste del servicio, sino al ahorro de costes para el contribuyente, o a los costes sociales que origina (incluido en su caso, la cobertura del riesgo generado, calculada con técnicas actuariales).

3.1.4 Crisis del nacimiento *ex lege* como nota esencial de los tributos

M. Villar Ezcurra ha puesto de relieve la necesidad de revisar las categorías tributarias tradicionales frente a las nuevas tendencias del ordenamiento.[51] Así, tal vez pudiera propugnarse un *nuevo concepto legal* de tasa que abarcara también aquellas cantidades exigidas en virtud de un vínculo contractual con el ente público, cuando la recepción del servicio y los términos del contrato vengan impuestos unilateralmente por los poderes públicos. Este planteamiento supondría una revisión del concepto *legal* de tributo, y un mayor distanciamiento entre las categorías de tasa e impuesto (distanciamiento que resulta tradicional en Alemania[52] y que en ocasiones ha sido propugnado en España[53]). Diversos autores han destacado el elemento sinalagmático presente en las tasas,[54] postura que ha asumido expresamente el Tribunal Constitucional.[55]

Quizá pudiera darse un paso más admitiendo en el *concepto legal* de tasa el nacimiento contractual de la obligación,[56] siempre que la propia ley regulara de modo suficientemente preciso los criterios para determinar el importe de la contraprestación económica.

Un posible ejemplo está constituido por las cantidades que exigen los municipios a las entidades gestoras de envases y residuos de envases por el coste adicional derivado de la recogida selectiva. Formalmente la obligación de pago deriva de un convenio firmado por el municipio y la entidad gestora del sistema integrado de gestión: es decir se trata de una obligación contractual y no del mecanismo *ex lege* propio de un tributo. La Resolución de la DGT de 30 de septiembre de 1998 se basa en este argumento para descartar que estemos ante una prestación de naturaleza tributaria.[57]

51. Cfr. villar ezcurra (1997:9 y ss.).

52. Cfr., por ejemplo Tipke (1993:189 y ss.); es más, pese a lo que su nombre pudiera indicar, la Ordenanza tributaria alemana resulta sólo de aplicación a los impuestos [cfr. Palao (1980:57, nota 1)]. Este distanciamiento no impide la existencia doctrinal del concepto de tributo (*Abgabe*), ni de opiniones doctrinales que niegan el carácter de tasa (*Gebühr*) a las prestaciones derivadas de contratos de derecho público, por no concurrir en ellas la nota de imposición unilateral por parte del ente público [Wilke (1993:6). De todos modos, puede observarse que la existencia formal de un contrato no excluye la coactividad por parte del ente público.

53. Cfr. Vicente-Arche (1975:467).

54. Cfr., con diversos matices, Corral (1993:119); Palao (1996:9); Ferreiro (1998:554); García de la Mora y Martínez Lago (1999:125).

55. La STC 233/1999 afirma de modo expreso el carácter de "contraprestación" de las tasas y añade que en ellas "se evidencia de modo directo e inmediato un carácter sinalagmático que no se aprecia en otras figuras impositivas" (FJ 9º).

56. En la actualidad, el art. 28 LGT prevé el nacimiento *ex lege* de las obligaciones tributarias al señalar que "el hecho imponible es el presupuesto de naturaleza jurídica o económica fijado por la Ley para configurar cada tributo y cuya realización origina el nacimiento de la obligación tributaria". Por ello la doctrina suele señalar el carácter *ex lege* de las obligaciones tributarias como un rasgo esencial del concepto de tributo (cfr. Martín Queralt *et al.* (2001:82); Simón (1999:27).

57. Comentando la citada resolución señala R. Falcón Y Tella que la base imponible de los servicios prestados por las entidades gestoras "está constituida por la totalidad de la contraprestación, incluyéndose en este concepto las cantidades que, por cada producto envasado, aportan los envasadores al sistema integrado de gestión a que están adheridos, así como las cuotas iniciales de adhesión o afiliación al sistema abonadas por los envasadores. A nuestro juicio debe precisarse que ello es así exclusivamente respecto a las entidades que gestionan el sistema, y aun esto resulta discutible, pero en ningún caso para los entes locales que materialmente prestan el servicio en virtud de un convenio de colaboración" (1999:7). La Dirección General de Tributos estima que los entes locales realizan una actividad empresarial por la que se perciben contraprestaciones no tributarias, lo que impide aplicar el supuesto de no sujeción previsto en el art. 7.8 LIVA, pero no puede olvidarse el mandato incondicional y preciso establecido por el art. 4.5 de la Sexta Directiva: "los Estados, las

Por otra parte, la Ley 11/1997, de Envases y su desarrollo reglamentario establece un régimen jurídico especial para esta prestación, basado en los términos pactados en el convenio, con ciertas garantías adicionales.

Desde esta perspectiva parece sostenible *que no nos encontramos ante una figura sometida al régimen jurídico de las tasas previsto en los arts. 20 y ss. LHL.* La exigencia de la prestación trae causa del convenio regulador y no de la realización del hecho imponible previsto por la entidad local en una ordenanza fiscal. Esta especialidad queda consagrada por la Ley 10/1998 (de residuos): la citada norma obliga a los municipios con una población superior a 5.000 habitantes "a implantar sistemas de recogida selectiva de residuos urbanos que posibiliten su reciclado y otras formas de valorización",[58] añadiendo que "*no obstante, en materia de residuos de envases se estará a lo dispuesto en la normativa específica correspondiente*" (art. 20.3).[59]

No obstante, debe reconocerse que no existe *auténtica voluntariedad* en la recepción del servicio, puesto que la entidad gestora ha de garantizar la recogida selectiva de los envases y residuos de envases en el domicilio del consumidor o en sus proximidades (art. 7.2 Ley 11/1997), y las corporaciones locales han de garantizar el cumplimiento en su ámbito territorial de los objetivos previstos en la ley bien mediante convenios con las entidades gestora, o en su defecto con la Comunidad Autónoma. Nos encontramos así con un servicio de recepción coactiva que se presta por entes públicos sin que existe una verdadera concurrencia con el sector privado.[60]

En principio, cualquiera de estos dos requisitos — coactividad o no-concurrencia — obligaría a que la cantidad exigida por el servicio tuviera el carácter de tasa (obligación *ex lege*) por *la prestación de servicios públicos municipales* con arreglo al art. 20.1 LHL. No obstante, la propia Ley de envases prevé el carácter contractual de la obligación y la somete a un régimen jurídico especial. Desde luego, se trata de una prestación patrimonial de carácter público en el sentido que atribuye a este término la jurisprudencia constitucional (SSTC 185/1995 y 182/1997),[61] y — si se prescinde del nacimiento contractual de la obligación y de las especialidades previstas en la Ley

regiones, las provincias, los municipios y los demás organismos de Derecho público no tendrán la condición de sujetos pasivos en cuanto a las actividades u operaciones que desarrollen en el ejercicio de sus funciones públicas, ni siquiera en el caso de que con motivo de tales actividades u operaciones perciban derechos, rentas, cotizaciones o retribuciones". El TJCE ha interpretado que "las actividades desarrolladas *en el ejercicio de sus funciones públicas* en el sentido de esta disposición son las realizadas por los organismos de Derecho público en el marco de su régimen jurídico propio, con exclusión de las actividades que ejercen en las mismas condiciones jurídicas que los operadores económicos privados" (STJCE de 17.10.1989, As. C-231/87 y C-129/1988 *Carpaneto Piacentino*, Rec., 1989, p. 3.233; en idénticos términos se pronuncia la STJCE de 15.5.1990, Rep. 1990, pp. I-1.869; cfr. Herrero de la Escosura (1996:138). Pues bien, el servicio de recogida selectiva debe prestarse de acuerdo con el régimen especial previsto en los arts. 9 y 10 de la Ley 11/1997, que pueden considerarse como normas de derecho público e imponen determinadas limitaciones y garantías. Por tanto, aunque las "retribuciones" percibidas por las entidades locales no constituyan tasas, cabe sostener que la prestación del correspondiente servicio no está sujeta al Impuesto sobre el Valor Añadido.

58. Como advierte M. Villar Ezcurra, se trata de un servicio por cuya prestación podrían exigirse tasas, con arreglo al art. 24.4 s) LHL (2001:99 y ss.).

59. La DT 3ª de la Ley 10/1998 precisa que "la obligación de los municipios de población superior a 5.000 habitantes de implantar sistemas de recogida selectiva, establecida en el artículo 20.3, no será exigible hasta el día 1 de enero del año 2001".

60. La Ley no establece una reserva expresa en favor de los entes públicos, pero presupone que estos serán los únicos capaces de garantizar la recogida selectiva.

61. En este sentido se pronuncian diversos autores: M. Villar Ezcurra (1998:53 y 1997:22); García Novoa (1997:1394); Vaquera (1999:336). Tales trabajos se refieren a las cantidades pagadas a la entidad gestora, pero el argumento es plenamente trasladable a las sumas percibidas por las entidades locales y en este sentido se pronuncia expresamente M. Villar Ezcurra (2001:99 y ss.).

de Envases[62] — se observa una cierta semejanza con el *concepto legal* de tasa, incluso desde el punto de vista de los elementos cuantitativos: el importe de la contraprestación debe corresponder a "la diferencia de coste entre el sistema ordinario de recogida, transporte y tratamiento de los residuos y desechos sólidos urbanos en vertedero controlado, establecido en la Ley 42/1975, de 19 de noviembre, y el sistema integrado de gestión regulado en la presente sección, incluyendo entre los costes originados por este último, el importe de la amortización y de la carga financiera de la inversión que sea necesario realizar en material móvil y en infraestructuras" (art. 10.2 Ley 11/1997).

3.1.5 Concepto constitucional de tasa y posible reformulación del concepto positivo

Si se aceptara esta perspectiva, el fundamento jurídico de las tasas quedaría delimitado por dos coordenadas: la coactividad y el principio de provocación de costes. En cambio, resultaría accidental que la ausencia de voluntariedad se plasmara en un mecanismo *ex lege* o en un contrato de derecho público cuyo contenido quedase predeterminado por la ley. Este planteamiento puede resultar polémico, pero cabe mencionar en su favor los problemas que plantea la categoría de las prestaciones patrimoniales de carácter público no tributarias,[63] y el giro — al menos aparente[64]

62. A juicio de Pagès (1999:370-371) "nada impide que una prestación patrimonial de carácter público que según las citas leyes (LOFCA, LGT, LTPP o LRHL) deba regularse como tasa, se regule como si fuera un precio de Derecho público o de Derecho privado. Es decir, ora como una obligación *ex contractu* en que la Administración goza de prerrogativas exorbitantes para exigir la prestación, ora como una obligación *ex contractu* en que la Administración no goce de tales prerrogativas. Lo único que (según la doctrina del TC) ni el legislador y, ni mucho menos la Administración, pueden hacer, es regular tal prestación coactiva sin observar las exigencias constitucionales, como son las derivadas del principio de legalidad, las cuales se centran en que el establecimiento y regulación de los elementos esenciales de la prestación deben ser acordados por el legislador. Este supuesto presupone que el ente privado percibe las "tarifas" en nombre del ente público a título de entidad colaboradora en el cobro.

63. Martín Queralt y otros (1999:114) consideran "impropio mantener los precios públicos como instituto jurídico diferenciado de las restantes categorías tributarias. La solución, en nuestra opinión, pasa por su incorporación al concepto de tasa, es decir, a una de las categorías tributarias, o, alternativamente, cuando corresponda, que se considere como precio, como un ingreso patrimonial: sin que sea posible encontrar argumentos que, con visos de solidez, permitan seguir manteniendo un *tertium genus* entre tributos e ingresos patrimoniales". En opinión de Martín Jiménez (2000), desde el punto de vista constitucional "el concepto de tributo se dilata enormemente hasta el punto de que casi podamos identificar los conceptos de prestación patrimonial de carácter público del artículo 31.3 CE. Y verdaderamente, desde un punto de vista material, creemos que la distinción únicamente tiene sentido si con ella se trata de diferenciar prestaciones patrimoniales cuya finalidad es contribuir a la financiación del gasto público de aquellas otras que no tienen esta finalidad (*v.gr.*, multas, expropiaciones forzosas, garantías para recurrir), una distinción de otro tipo, en contra del criterio que parece mantener la STC 182/1997, no tiene un significado sustantivo, pues todas las prestaciones patrimoniales coactivas orientadas a financiar el gasto público, entendido en sentido amplio, se encontrarían sometidas al principio de capacidad económica como fuente y las prestaciones coactivas con finalidad pública de estructura similar al impuesto deberán regirse por el principio de capacidad económica como criterio". En esta dirección había apuntado ya Martín Fernández señalando que la mención del principio de capacidad económica como criterio de justicia tributaria "no excluye, sino todo lo contrario, el que opere como principio informador de otras prestaciones financieras que el Estado recaba de los particulares (...)" (1995:197).

64. A juicio Martín Jiménez, *la STC 233/1999 no ha supuesto ningún giro, simplemente, aplica la doctrina derivada de las SSTC 185/1995 y 182/1997: si los tributos, desde un punto de vista constitucional se caracterizan por ser pagos coactivos al ente público, está claro que la STC 233/1999 no podía más que concluir que los precios públicos son tributos, por lo que la solución que alcanza es perfectamente continuista con la doctrina anterior* (2000). No obstante, la STC 185/1995 señala expresamente que *no* son "sinónimas la expresión "tributos" del artículo 133.1 de la Constitución Española y la más genérica de "prestaciones patrimoniales de carácter público" del artículo 31.3 de la Constitución Española" (FJ 3º), y que "en uso de su libertad de configuración el legislador puede crear las categorías jurídicas que considere adecuadas. Podrá discutirse *en otros foros* la corrección científica de las mismas,

— operado por la jurisprudencia constitucional al sostener que "los precios públicos que hemos identificado como prestaciones de carácter público son materialmente tributos" (STC 233/1999). Es más, siguiendo a Martín Jiménez, cabe afirmar que el *concepto constitucional de tributo* depende *del grado de coacción en la realización del supuesto de hecho, mientras que el hecho de que pueda o no existir contrato con el ente público no es relevante desde el punto de vista constitucional para concluir que estamos ante un tributo.*[65]

Además, debe mencionarse la posibilidad de acudir a modalidades indirectas de gestión[66] para prestar servicios públicos ambientales. La doctrina ha discutido si en tales casos es posible la exigencia de tasas (en la práctica hay supuestos en que tales tasas se han aprobado mediante ordenanza fiscal).[67] En alguna ocasión la ley ha seguido el camino inverso: atribuir la prestación del servicio a la propia entidad municipal y fomentar la creación de entidades *privadas* sin ánimo de lucro que canalicen la obtención de recursos económicos para financiar el sistema. Nos referimos de nuevo a las entidades gestoras que asumen la responsabilidad de la recogida selectiva de los residuos de envases, percibiendo a cambio una cantidad de los agentes económicos y pagando a los municipios una compensación por el servicio de recogida selectiva que éstos prestan. *De lege ferenda* sería posible adecuar la atípica prestación patrimonial de carácter público que perciben las entidades gestoras al concepto legal de tasa atribuyendo a la entidad gestora la condición de sustituto de los agentes económicos, u otorgándole la condición de entidad colaboradora[68] en la gestión de un

así como su oportunidad desde la perspectiva de la política legislativa; sin embargo, en un proceso de inconstitucionalidad como el presente sólo puede analizarse si la concreta regulación positiva que se establece de esas categorías respeta los preceptos constitucionales que les sean aplicables" por constituir prestaciones patrimoniales públicas [FJ 6º.a)], mientras que la STC 233/1999 considera que los precios públicos coactivos "son *materialmente* tributos" [FJ 19.c)]. Esta aparente contradicción podría resolverse interpretando que la STC 185/1995 se refiere al concepto legal de tributo (que puede no coincidir con el constitucional siempre que se respeten las exigencias del art. 31 CE), mientras que la STC 233/1999 delimita el ámbito del concepto constitucional. En todo caso se observa un cierto cambio de "actitud" en el tribunal, puesto que la STC 233/1999 realiza una labor de delimitación conceptual que la STC 185/1995 consideraba propia de "otros foros" (*sic*).

65. Cfr. Martín Jiménez (2000). En relación a las tasas por el uso privativo o aprovechamiento especial del dominio público, advierte Martín Fernández (1995:228), que "la inalienabilidad o *incomerciabilidad* — de la que ha hablado algún autor — del dominio público supone tan sólo que, en palabras del TS, "está sustraído al tráfico jurídico-privado, pero es susceptible de un tráfico jurídico-público". Se trata más bien de un garantía según la cual la utilidad que satisfacen no será traicionada. Por tanto, no debe ser traducida esta norma de protección en el sentido de imposibilidad de contratar o ceder su uso".

66. Es decir, concesión, gestión interesada, concierto, arrendamiento y sociedad mixta (art. 85.4 Ley 7/1985, Reguladora de las Bases del Régimen Local).

67. Es el supuesto de el servicio de recogida de vehículos, que habitualmente se presta mediante empresas mixtas, aunque en estos supuestos la jurisprudencia exige que conste la orden del agente municipal [cfr. Simón Acosta (1999:47)].

68. Gomar Sánchez (1997:46), tras sostener que la prestación de un servicio público por parte de una empresa mixta no debería dar lugar a la exigencia de tasas, señala que en los supuestos en que exista una situación de monopolio *deben* exigirse tasas, excluyendo lógicamente la prestación del servicio mediante empresas mixtas. Por su parte, Pagès (1999:389) advierte que "se *deberán* regular como tasas todas las tarifas que se exijan por servicios o actividades prestados por entes públicos en las que concurra alguna de las notas determinantes de la coactividad. Esto es, que se trate de servicios o actividades de solicitud o recepción obligatoria, que sean imprescindibles o que se presten por la Administración en régimen de monopolio de hecho o de derecho. Siendo a tales efectos irrelevante el régimen jurídico público o privado con que se preste el servicio y la modalidad gestora elegida". No obstante, el citado autor matiza que *las tarifas percibidas por el gestor privado del servicio* sólo *podrán* tener la consideración de tasas cuando *figuren en el presupuesto del ente público titular del servicio* (1999:394). "En estos supuestos — señala Perdigó (1997:573), cita traducida por Pagès (1999:394) — se mantiene la doble relación — tributaria, entre el ente local y los usuarios — y contractual entre el ente y el gestor privado —, si bien la retribución por "subvención"

tributo devengado en favor de los entes locales.[69]

Dando un paso más — según ha propuesto A. J. Martín Jiménez[70] — cabe sostener la existencia de un *concepto constitucional* de tributo que abarca todas las prestaciones económicas exigidas por los poderes públicos con la finalidad de atender las necesidades públicas, con independencia de que su origen fuese *ex lege* o contractual, y de que el sujeto activo sea un ente público tradicional o *una corporación de derecho público*, entendida esta expresión en el sentido amplio que también le atribuyen M. Villar Ezcurra y C. García Novoa.[71]

Suscribimos plenamente esta construcción y consideramos conveniente desarrollarla para definir el *concepto constitucional de tasa*.[72] Este concepto desborda el actual marco legal — origen *ex lege*, percepción por un ente público — para centrarse en las notas de coactividad y provocación de costes públicos (o sociales). Además, debe tenerse en cuenta que en el marco de los tributos ambientales se produce una aproximación entre los impuestos y las tasas, pues el principio quien contamina paga — núcleo informador de los impuestos ecológicos — constituye una peculiar modalidad del principio de provocación de costes.[73]

No podemos desarrollar aquí por completo este planteamiento. Baste apuntar que en la actualidad el concepto legal de tasa no coincide con el constitucional. El algunos aspectos el concepto legal es más restringido, pues incluye el nacimiento *ex lege* de la obligación; por otra es más amplio que el constitucional, pues es posible establecer tasas locales por servicios plenamente voluntarios que se prestan en concurrencia con el sector privado (*ex* art. 20.1 LHL). El concepto legal de tasa es relevante, en cuanto determina el régimen jurídico (vía de apremio, infracciones y sanciones, etc.). Por ello hemos señalado en alguna ocasión que la cantidad cobrada por las entidades gestoras de la Ley de envases a los agentes económicos no constituyen tasas (en el sentido *legal*) del término. Ahora bien, desde el punto de vista *constitucional* debe reconocerse que responden al concepto de tasa. Con esta precisión, nos adherimos plenamente a la postura que en su día mantuvieron M. Villar Ezcurra y C. García Novoa. Se trata, en definitiva, de

ya no se hará libremente, sino por compensación entre derechos y deudas". Esto supone que el ente privado actuará como mera entidad colaboradora en el cobro de las tasas. Esta técnica presenta la ventaja de extender las garantías propias de las tasas a la prestación de servicios públicos por entidades privadas. *De lege ferenda* podría aplicarse a las cantidades percibidas por las entidades gestoras de los sistemas integrados previstos en la Ley de Envases, que según la Ley, no pueden tener ánimo de lucro.

69. Partiendo de la situación actual esto requeriría — en nuestra opinión — sustituir el origen contractual de estas obligaciones por un mecanismo *ex lege*, o bien eliminar este último elemento del concepto *legal* de tasa. También podría defenderse el carácter de tasa de estas prestaciones — si se salvara el escollo de su origen contractual — atribuyendo a la entidad gestora la naturaleza de administración corporativa (cfr. en este sentido la argumentación de M. Villar Ezcurra (1998:53) y García Novoa (1997:1395).

70. Martín Jiménez (2000).

71. Respecto al concepto amplio de corporaciones públicas, cfr. Villar Ezcurra (1998:53) y García Novoa (1997:1395), si bien este autor niega expresamente la posibilidad de atribuir a las tasas un origen contractual, pues — a su juicio — tal idea constituye "una vía más de erosión de la indisponibilidad del tributo, y sería el triunfo de toda una tendencia doctrinal dirigida a demoler la figura de la tasa en cuanto categoría y a confundirla con el precio" (nota inédita). La STC 182/1997 define el concepto constitucional de tributo como "prestaciones patrimoniales coactivas que se satisfacen, directa o indirectamente, a los entes públicos con la finalidad de contribuir al sostenimiento de los gastos públicos".

72. En efecto, debe tenerse presente la diversa intensidad con que se proyecta el principio de capacidad económica sobre las diversas categorías tributarias: criterio de determinación de la carga tributaria en los impuestos y mero límite externo en las tasas y contribuciones especiales.

73. En palabras de Palao (2000:27-28) "los límites conceptuales entre las especies de tributo, ya de por sí controvertibles (...) se hacen aún más borrosos cuando estas categorías se aplican a un ámbito extrafiscal como es el de la protección del medio ambiente".

tasas parafiscales, en el sentido de que no se someten al régimen legal de las tasas ni se perciben por un ente público en el sentido estricto del término. Tal concepto de *tributo parafiscal* es más restringido que el previsto por el art. 26.2 con relación al art. 28.1 LGT, pues estos preceptos presuponen el nacimiento *ex lege* de la obligación.

3.2 Impuestos ambientales

En ausencia de fines extrafiscales, la medida general del reparto de la carga impositiva debe estar constituida por la capacidad económica de los contribuyentes (*ex* art. 31.1 CE). El mero hecho de que la recaudación de un impuesto concreto quede afecta a determinados fines no justifica desviarse del principio de capacidad económica. Si no desean establecerse impuestos sobre las actividades contaminantes, sino tan sólo obtener mayores recursos para proteger el medio ambiente, tales recursos deberán distribuirse entre los contribuyentes con arreglo a los principios generales de justicia tributaria (entre los que destaca el de capacidad económica). El Tribunal de Justicia de las Comunidades Europeas ha llegado a conclusiones análogas respecto al concepto de *finalidades específicas* que justifican el establecimiento de impuestos sobre consumos específicos distintos de los armonizados.[74]

La distinción entre impuestos y tasas se ha elaborado en el marco de los tributos ordinarios (sin finalidad extrafiscal). Como principales criterios de distinción suelen señalarse los diversos principios rectores (capacidad económica *vs.* equivalencia), la diferente estructura del hecho imponible (circunstancias que ponen de relieve la riqueza *vs.* actividad administrativa) y los distintos criterios de cuantificación (destinados a detraer parte de la riqueza gravada o bien a recuperar el coste del servicio).[75]

En el caso de los tributos ecológicos, estos criterios se desdibujan: tanto los impuestos como las tasas ambientales responden al principio *quien contamina, paga* modalidad específica del principio de equivalencia (la STC 289/2000, de 30 de noviembre apunta *obiter dicta* que constituye una manifestación del principio de *capacidad económica* en su FJ 5º, pero se trata de una afirmación que no puede interpretarse

74. STJCE de 9.3.2000, Asunto C-437/97, *Evangelischer Krankenhausverein Wien*. El órgano jurisdiccional *a quo* cuestionaba si el artículo 3, apartados 2 y 3, de la Directiva sobre los impuestos especiales se oponía al mantenimiento de un tributo como el impuesto sobre las bebidas vigente en Viena y en Alta Austria en el momento de los hechos de los procedimientos principales. El TJCE recuerda que, conforme al artículo 3, apartado 2, de la Directiva sobre los impuestos especiales, los productos mencionados en el apartado 1 del mismo artículo (en el que están comprendidas las bebidas alcohólicas) podrán estar sujetos a impuestos indirectos distintos del impuesto especial si, *persiguen una o varias finalidades específicas, en el sentido de dicha disposición*, siempre que respetan las normas impositivas aplicables en relación con los impuestos especiales o con el IVA para la determinación de la base imponible, la liquidación, el devengo y el control del impuesto. Según el Gobierno de Austria, la *finalidad específica* del impuesto sobre las bebidas consistía en reforzar la autonomía financiera de las entidades territoriales. El TJCE advierte que *el aumento de la autonomía municipal mediante el reconocimiento de una potestad tributaria constituye un objetivo puramente presupuestario, que no puede, por sí solo, constituir una finalidad específica en el sentido del artículo 3, apartado 2, de la Directiva sobre los impuestos especiales.* El Gobierno también sostuvo que la finalidad específica del impuesto sobre las bebidas consiste en compensar las considerables cargas soportadas por los municipios debido a las obligaciones que causa el turismo. El Tribunal también rechaza esta alegación, no sólo por el hecho de que no se estableciera la afectación del impuesto, sino porque su objeto imponible no estaba relacionado con las infraestructuras turísticas o con el desarrollo del turismo, puesto que dicho impuesto, que grava las bebidas con independencia del lugar en el que se consumen, también se percibe en lugares no turísticos. El Gobierno alegó, por último, que el impuesto tenía la finalidad de proteger la salud pública, porque incita al consumo de bebidas no alcohólicas, menos gravadas que las bebidas alcohólicas. Sin embargo — advierte el Tribunal — esta finalidad es incompatible con la exención de la venta directa de vino en Austria, de forma que es discutible que dicho impuesto tenga por objetivo disuadir del consumo de bebidas alcohólicas y persiga una finalidad de protección de la salud pública.

75. Cfr. Ferreiro (1998:549 y ss.).

literalmente).[76] Por otra parte, el hecho imponible de las tasas ambientales — además de la prestación de servicios — puede consistir en la actividad que autoriza el *aprovechamiento especial de los recursos naturales* o en dicho aprovechamiento especial. En estos supuestos la actividad administrativa pasa a un segundo plano o desaparece, situándose en primer término la *actividad contaminante del contribuyente*. De este modo, el hecho imponible de una tasa ambiental puede aproximarse mucho al de un impuesto (cabe mencionar la polémica sobre la naturaleza del canon de vertidos previsto en la Ley de Aguas,[77] y las peculiaridades del impuesto extremeño sobre aprovechamientos cinegéticos, figura próxima a una tasa). Los elementos cuantitativos de los impuestos y tasas ambientales se inspiran en el principio "quien contamina, paga", por lo que pueden adoptar una estructura muy semejante.[78] Esto genera importantes problemas, pues la distinción entre impuestos y tasas determina el grado con que opera la reserva de ley e incide sobre el régimen de distribución de competencias entre los diversos entes territoriales.[79]

Los impuestos ambientales presentan el inconveniente de su deficiente coordinación con las prohibiciones administrativas. Puesto que el hecho imponible no presenta relación con el otorgamiento de una licencia, el impuesto recae indistintamente sobre actividades lícitas e ilícitas. Esto puede provocar resultados injustos, pero facilita la gestión del tributo. En cierto sentido podría afirmarse que los impuestos ambientales constituyen un mecanismo tributario *simplificado* de protección ambiental.

Por este motivo, el objeto ideal de los impuestos ambientales está constituido por aquellos elementos o actividades que no son objeto de prohibiciones radicales, como sucede habitualmente con los productos energéticos. En estos casos, los elementos cuantitativos no intentan reflejar con una cierta precisión las deseconomías externas, sino establecer un incentivo eficaz para que los citados productos se utilicen del modo más eficiente posible, reduciendo el impacto ambiental del crecimiento económico.

Puesto que la protección impositiva del medio ambiente se realiza mediante mecanismos esquemáticos o simplificados, existe una cierta facilidad para utilizar la "bandera ambiental" como excusa para crear figuras esencialmente recaudatorias.

76. En efecto, el Tribunal se basa en el art. 6.4 LOFCA para sostener que las Comunidades Autónomas no pueden establecer tributos sobre *objetos imponibles* reservados por ley a las entidades locales. La sentencia ilustra esta doctrina sirviéndose del concepto clásico de "objeto imponible" elaborado a partir de tributos con fines meramente recaudatorios: "la manifestación de riqueza efectivamente gravada, esto es, el elemento de la realidad que soportará la carga tributaria configurada a través del hecho imponible exponente de la verdadera riqueza sometida a tributación como expresión de la capacidad económica de un sujeto" (FJ 4º). El Tribunal culmina el argumento aplicando esta definición al impuesto balear: la verdadera riqueza gravada como expresión de la capacidad económica es la titularidad de las instalaciones, de modo que se produce una superposición con el objeto imponible del IBI; otra cosa sucedería si el *objeto imponible* del Impuesto balear sobre instalaciones contaminantes fuese la capacidad de contaminar [cfr. Herrera (2002.a:403)]. No obstante, debe reconocerse que algún autor considera la producción de deseconomías extenrnas como una manifestación de "capacidad contributiva" Selicato (1996:116). Cfr. también Albiñana García Quintana (2000).

77. En relación al canon de vertidos (vigente hasta el 31.12.2000) señala Carbajo (1993:16) que sólo es posible considerarlo como tasa si se entiende que los vertidos constituyen una utilización especial del demanio, pero — precisa este autor — "pensamos que su naturaleza esencial es la de un impuesto que grava coactivamente una operación (vertido) ligada a un bien público, indivisible (la calidad de las aguas), ya que la primer hipótesis supondría aceptar que un vertido es una ocupación (*sic*) del dominio público o que lo gravado es un servicio público obligatorio: la autorización para verter".

78. Por otra parte, como advierte González-Méndez, el "inconveniente fundamental" de los tributos ambientales, "reside en la dificultad de evaluar el coste del daño ambiental, y, por tanto, de cuantificar adecuadamente una base imponible del tributo que pretenda realizar una correcta medición del hecho imponible" (2000:12).

79. Esta problemática ha sido puesta de relieve por Carbajo (1995:979).

Es el caso de los impuestos extremeño y balear sobre instalaciones contaminantes, este último declarado inconstitucional por invadir la materia imponible reservada a las entidades locales al recaer esencialmente sobre bienes inmuebles sin tener en cuenta la incidencia ambiental de las actividades (STC 289/2000).[80]

Nuestro Tribunal Constitucional parece considerar que los tributos extrafiscales no quebrantan el principio de capacidad económica siempre que el hecho imponible refleje al menos una riqueza potencial (SSTC 27/1987, de 26 de marzo, FJ 13 y 186/1993, FJ 4º) y la mayoría de las actividades contaminantes suponen una producción o un consumo que indican dicha riqueza. Al menos así sucede con las actividades relacionadas con el ámbito energético. Es más, como hemos visto, la STC 289/2000 llega a afirmar que "la verdadera aptitud de cada sujeto para incidir en el medio en que se desenvuelve" es una "modalidad del principio de capacidad económica" (FJ 5º). Pensamos que estas palabras del Tribunal, pese a su literalidad, tan sólo pretenden controlar si la estructura del tributo responde a la finalidad ambiental que en apariencia lo justifica. Así, entre los gravámenes que afectan al sector energético el desaparecido impuesto balear y el impuesto extremeño sobre instalaciones contaminantes son, en buena medida, ejemplo de gravámenes sobre el beneficio bruto con una finalidad meramente recaudatoria, a diferencia de lo que sucede con el Impuesto sobre actividades que inciden sobre el medio ambiente establecido por la Comunidad Autónoma de Castilla-La Mancha.[81]

El Tribunal Constitucional ha considerado que el impuesto balear *no grava la actividad contaminante, pues desconoce el impacto ambiental en que incurren los sujetos pasivos* (STC 30.11.2000, FJ 5º). Se está quebrantando así una exigencia del principio de capacidad económica respecto de los tributos ordinarios (gravamen de la renta neta o disponible) sin que exista justificación alguna de carácter ambiental. Lo mismo cabía decir del Impuesto balear sobre instalaciones contaminantes, declarado inconstitucional por contrario al art. 6.3 LOFCA (STC de 30.11.2000).

Sin embargo, la "simplificación" propia de los impuestos ambientales puede provocar efectos perversos en el ámbito de la fiscalidad energética. Un buen ejemplo se encuentra en la imposición sobre la electricidad. La STJCE de 2 de abril de 1998[82] afirma que es contrario al Derecho comunitario un impuesto que grava la electricidad de origen nacional con tipos diferenciados según el método de producción empleado, mientras que grava la electricidad importada (cuyo origen es difícil de determinar), con un tipo único que en algunos casos da lugar a una tributación superior a la de la electricidad importada. La Ley alemana de 24 de marzo de 1999 (*Gesetz zum Einstieg in die Ökologische Steuerreform* BGBl. I p. 378) ha pretendido resolver el problema exonerando la electricidad procedente de energías renovables, cuando el consumidor final esté conectado a una red alimentada *exclusivamente* por tales energías (§ 9.1.1). Esto supone reducir la exención a supuestos simbólicos, como la instalación de placas solares en ciertos edificios.[83] La ley española utiliza una técnica similar al exonerar la energía destinada al consumo de los titulares de instalaciones acogidas al régimen especial (cogeneración y electricidad procedente de fuentes renovables).[84]

Por otra parte, es posible que el elemento ambiental introducido de manera esquemática en la fiscalidad de los produc-

80. En este sentido se pronuncia Carbajo (1995:980).

81. Ley 11/2000, de 26 de diciembre.

82. As. C-213/96, *Outokumpu Oy.*

83. Cfr. Friedrich (1993:663).

84. Cfr. C. Fernandez Rozado, L. C. Más García, G. Maganto Fernández, J. Olaguibel del Olmo, J. L. Martínez Martín, L. J. Sánchez Tembleque, L. Silva Amador, A. Yábar Sterling (2001:289); Angulo, Chico, García Barquero, Herrera, Monreal (2002:243); Fernández Rozado y Sánchez Tembleque (2002:119); Chico, Grau y Herrera (2003:15).

tos energéticos colisione con otras normas o principios ajenos a la protección del entorno. Así, aunque el establecimiento de impuestos ambientales no se encuentra armonizado, la STJCE de 10 de junio de 1999[85] estima que el art. 8.1 de la Directiva 92/81/CEE, relativa al impuesto especial sobre hidrocarburos, se opone a la percepción de un impuesto como el controvertido en el asunto principal, que grava el tráfico aéreo interior de carácter comercial y que se calcula en función de datos relativos al consumo de carburante y a las emisiones de monóxido de nitrógeno en un trayecto aéreo medio del tipo de avión utilizado.

La doctrina deduce de esta sentencia que los Estados Miembros pueden establecer impuestos energéticos con una *finalidad específica* de carácter ambiental, pero "esos impuestos habrán realmente de ser tales porque así se deduzca de su completo régimen jurídico, por lo que no bastará su simple denominación o la configuración de su hecho imponible. Porque, de no ser ello así, es decir, si no inciden de modo efectivo — en cuanto tributos de ordenación — en la conducta de los agentes económicos para que éstos desplieguen actuaciones menos contaminantes, tales impuestos pueden correr la misma suerte que el impuesto sueco, por cuanto en muchas ocasiones se tratará de meros gravámenes sobre el consumo que pueden violentar las Directivas armonizadoras de la imposición indirecta, provocando de paso distorsiones en el funcionamiento del mercado interior que precisamente esas Directivas pretenden evitar".[86]

De todos modos, no cabe negar que se produce una cierta tensión entre la finalidad ambiental — reconocida en el Tratado CE — y las libertades comunitarias. Aunque el Tribunal de Justicia no haya afirmado una primacía abstracta de las libertades económicas, estas han prevalecido en los diversos casos concretos en que se ha planteado el conflicto: el tributo alemán por el uso de carreteras cuyo importe se determinaba en función del peso de mercancías importadas (STJCE 16.2.1977, As. 20/76); la tasa alemana por autorización del transporte pesado por carretera para fomentar el transporte por ferrocarril (STJCE 19-5-1992, As. C-195/90) los beneficios fiscales a las energías renovables en el impuesto sobre la electricidad (STJCE 2.4.1998, As. C-213/1996); y el impuesto municipal belga sobre antenas parabólicas (STJCE 29.11.2001, As. C-17/00).[87]

Los principios de protección ambiental consagrados en el Tratado tampoco han servido para inclinar la balanza en favor del medio ambiente cuando se ha puesto en el otro platillo una norma de harmonización fiscal. Así ha sucedido con el gravamen de los hidrocarburos utilizados en la navegación aérea por un impuesto sueco de pretendida finalidad ambiental (STJCE 10.6.1999, As. C-346/1997), o con la exención de biocarburantes elaborados mediante proyectos pilotos (ST Primera Instancia de 27.9.2000). Es cierto que el Tribunal admite la compatibilidad de un impuesto austriaco sobre el turismo con el art. 33 de la Sexta Directiva (prohibición de impuestos sobre el volumen de ventas) pero en este caso no son las características ambientales del tributo las que deciden la postura del tribunal (STJCE 8.6.1999, As. C-338/97, C-344/97 y C-390-97). Lo mismo cabe decir de la STJCE 25-1-2001 (Comisión/República Francesa, As. C-429/97), que obliga a Francia a devolver a una empresa alemana el IVA repercutido a una empresa alemana por subcontratistas franceses en una operación compleja de eliminación de residuos.[88] La solución — favorable a la empresa alemana — se basa exclusivamente en los criterios de la Directiva 79/1072/CEE, y no en consideraciones ambientales.

Quizá suponga un cierto cambio de tendencia la STJCE de 13.3.2001 (*PreussenElektra AG/Schleswag AG,* As C-379/

85. As. C-346/97, *Braathens Sverige AB*.
86. Ortiz Calle (2000:100).
87. Cfr. Galán (2003).
88. Cfr. Martín dégano (2002:221 y ss.).

98). El Tribunal considera que el sistema de primas vigente a la sazón en Alemania no constituye una ayuda de estado prohibida, puesto que las primas pagadas obligatoriamente por la empresa distribuidora de electricidad al productor de electricidad de origen renovable no constituyen "fondos públicos". Resulta significativo que el Tribunal aluda, entre otros argumentos, a la protección del interés ambiental por el Tratado CE. La STJCE 8.11.2001, *Adria-Wien Pipeline GmbH*, As C-143/99, supone un caso peculiar: en ella se declaran contrarios al Derecho comunitario ciertos beneficios fiscales a empresas intensivas en el uso de energía en un impuesto ecológico sobre la electricidad. Ahora bien, debe tenerse en cuenta que dichos beneficios no buscaban proteger el medio ambiente, sino amortiguar el impacto del impuesto ecológico sobre ciertas industrias más sensibles a sus efectos.

Así pues, cabe sostener la esperanza de que en el futuro la finalidad ambiental se admita por el tribunal como un fin que justifique ciertas restricciones a la libre circulación de mercancías y servicios. Hasta ahora el Tribunal no ha rechazado esta posibilidad, si bien ha considerado que las diversas restricciones resultaban desproporcionadas.

3.3 Tasas ambientales

3.3.1 Aspectos generales

En nuestra opinión, en el ámbito de las tasas el principio de capacidad económica sólo opera como límite externo al *principio de equivalencia*[89] (o provocación de costes),[90] y la finalidad extrafiscal de los verdaderos tributos ambientales responde precisamente a la citada idea de equivalencia o causalidad (como hemos señalado, el principio quien contamina paga pretende internalizar los costes externos ocasionados por las actividades contaminantes).[91] Por ello — desde el punto de vista de la técnica jurídica — las tasas constituyen el instrumento más preciso para el desarrollo de la fiscalidad ambiental.

Por otra parte, nuestro Tribunal Constitucional ha reconocido la "flexibilidad" de la reserva de ley en materia tributaria en el ámbito local. Por lo que se refiere a los tributos de carácter *sinalagmático*, es suficiente que la ley delimite *el supuesto de hecho* por remisión a las competencias legales de la entidad local, excluyendo determinadas actividades esenciales, y que precise la cuantía mediante un límite máximo o mediante criterios técnicos suficientemente precisos que permitan determinarlo, fórmula que no excluye un cierto margen de apreciación por parte de las entidades locales (STC 233/1999, FJ 19). El Tribunal considera que la referencia al valor de mercado o a la utilidad reportada por el uso privativo o el aprovechamiento especial de los bienes de dominio público constituyen criterios suficientemente precisos. Este marco constitucional ofrece notables posibilidades para que los municipios establezcan tasas de carácter ambiental, o refuercen los elementos incentivadores de las ya existentes.

3.3.2 Tasas por prestación de servicios ambientales

La prestación de servicios ambientales es objeto de tasas en los ámbitos estatal,[92]

89. Cfr., Simón (1999:30), con la peculiaridad de que el citado autor prefiere hablar del *principio de provocación de costes.* A juicio de Martín Fernández, "el principio del beneficio (...) deja de responder a la equidad cuando determinados servicios públicos conllevan una mayor utilidad y, por tanto, una mayor carga tributaria en personas con una menor capacidad económica" (1995:148).

90. En este trabajo utilizamos ambos términos como sinónimos, si bien el principio de provocación de costes suele hacer referencia a los costes sociales y el de equivalencia a los costes administrativos (cfr. J. Martín Fernández (1995:149) y la bibliografía allí citada.

91. Cfr., no obstante, las fundadas consideraciones de Ruiz Garijo (2002:226 y ss.).

92. Puede citarse la "tasa por inspección y control de funcionamiento de las instalaciones nucleares de almacenamiento", prevista en el art. 10 de

autonómico[93] y local.[94] La cuantía de cada una de estas tasas "*en general* (...) no podrá exceder, *en su conjunto* del coste real o previsible del servicio o actividad de que se trate o, en su defecto, del valor de la prestación recibida (...) Para la determinación de dicho importe se tomarán en consideración los costes directos e indirectos, inclusive los de carácter financiero, amortización del inmovilizado y, en su caso, los necesarios para garantizar el mantenimiento y *un desarrollo razonable* del servicio o actividad por cuya prestación o realización se exige la tasa" (art. 19.2 y 3 LTPP).[95]

Se trata de un criterio relativamente flexible, que no impide establecer factores de *progresividad ambiental*: es decir, exigir a quienes más contaminen una cuota que exceda del coste individual del servicio, bonificando a quienes mantengan su actividad contaminante dentro de unos límites muy reducidos.[96] Es más, sin necesidad de aplicar estas técnicas se producirá un efecto desincentivador en la medida en que — por ejemplo — la recogida y tratamiento de residuos más contaminantes requieren un mayor coste y justifican un incremento de las tasas.[97]

Es más, la mera proporcionalidad entre los residuos generados y la tasa de recogida de basuras puede constituir un incentivo de carácter ambiental. Sirva de ejemplo la tasa por recogida selectiva de basuras implantada por Torrelles de Llobregat, a partir del modelo diseñado por Ignasi Puig Ventosa: "las basuras (...) [se depositan] delante de la puerta de la casa o del establecimiento comercial, entre 20 y

La Ley 14/1999 que establece cuantías mucho más elevadas para los residuos de alta actividad, justificándolo por el mayor coste de la prestación del servicio de control y seguimiento. De todos modos, puede señalarse que en el ámbito estatal y autonómico las tasas por servicios ambientales vigentes no han incorporado una auténtica finalidad de ordenamiento.

93. La gestión en materia de protección del medio ambiente ha sido asumida por todos los Estatutos de Autonomía. Encontramos ejemplos de tasas por prestación de servicios ambientales en las leyes de diversas Comunidades Autónomas (Ley andaluza 4/1988, de 5 de julio (Tasa por servicios de la Agencia del Medio Ambiente); Ley aragonesa 8/1984, de 27 de diciembre (Tasa por prestación de servicios y ejecución de trabajos que afectan a la Dirección General de Conservación del Medio Natural); Ley 7/1989 de la Comunidad de Castilla y León (tasa por prestación de servicios y ejecución de trabajos por el personal facultativo de la Dirección General del Medio Natural).

94. La Ley de Haciendas Locales prevé expresamente algunas tasas municipales de carácter ambiental, relacionadas con las inspecciones técnicas y sanitarias, el tratamiento y depuración de aguas residuales y la gestión de residuos sólidos urbanos (art. 20.4). Además, deberán tener la consideración de tasas las prestaciones que exijan los entes locales por prestación de servicios relacionados con el medio ambiente, siempre que tales servicios sean de solicitud o recepción obligatoria, o que no exista concurrencia con el sector privado (art. 20.1 LHL), y debe tenerse en cuenta que *la protección del medio ambiente constituye un servicio obligatorio para aquellos municipios con población superior a 50.000 habitantes* [art. 26.1 d) LRBRL].

95. En idénticos términos se pronuncia el art. 24.2 LHL. El art. 7.3 LOFCA se limita a señalar que "el rendimiento previsto para cada tasa por la prestación de servicios o realización de actividades no podrá sobrepasar el coste de dichos servicios o actividades". La Ley catalana 15/1997 de Tasas y Precios Públicos establece que "la cuantificación de las cuotas de las tasas debe realizarse de forma que el rendimiento de las mismas no exceda, en su conjunto, su coste total" (art. 13.1).

96. Cfr. en este sentido, García Frías (1991:171). Sirva de ejemplo la Ordenanza fiscal de recogida de basuras de Barcelona, que establece una bonificación de la cuota del 75 por 100 en los casos en que se disponga de sistemas de compactación mecánica o de instalaciones para la recogida selectiva de basuras o compostage *in situ* de la materia orgánica (art. 6). En el ámbito estricto de la tarifa, admitir la progresividad Martín Fernández (1995:116 y 138), si bien el citado autor se funda en consideraciones de capacidad económica. Martín Fernández considera, además, que el establecimiento de exenciones dirigidas a garantizar la progresividad "es un elemento más de la tarifa" y recuerda que el límite máximo de la tasa "opera respecto del conjunto de ingresos de la tasa, no sujeto a sujeto" (1995:141).

97. Cfr. Rozas (1997:526) y Rozas (2002:236), con diversos ejemplos de derecho comparado. A juicio de Gómez Verdesoto (2000:44-45), puesto que "el art. 24.2 LRHL obliga a tener en cuenta, para determinar su importe, los costes directos e *indirectos* necesarios para garantizar el mantenimiento y un desarrollo razonable del servicio o actividad (...) nada impide que el coste *ambiental* se introduzca en el informe técnico-económico que justifique el importe de la tasa".

22 horas. A partir de esa hora empieza la recogida puerta a puerta. La materia orgánica y el papel/cartón se [recogen] gratuitamente. La fracción inorgánica (...) debe ser entregada obligatoriamente en unas bolsas estandarizadas por el Ayuntamiento. El Ayuntamiento vende estas bolsas a través de comercios colaboradores (...) [por un importe] de 0,60 EUR/ unidad que incorpora una parte de la tasa de basuras. De esta forma (...) se crea un incentivo hacia la reducción y el reciclaje (...). Los (...) grandes generadores de materia orgánica deben alquilar anualmente para esta fracción contenedores que pagan en función de su tamaño y periodicidad de recogida".[98]

También es posible prever un *desarrollo razonable* del servicio para conseguir unos niveles elevados de protección ambiental, que disuadan de realizar las actividades contaminantes relacionadas con el servicio.[99]

En el ámbito energético este tipo de tasas resultarán relevantes cuando se trate de controlar actividades de producción, distribución y consumo de energía que impliquen un riesgo especial y requieran, por tanto, de ciertos controles administrativos. Pensemos en las tasas exigidas por el cotrol de instalaciones nucleares u otras instalaciones energéticas clasificadas como peligrosas.

3.3.3 Tasas por utilización privativa o aprovechamiento especial del dominio público

La utilización del dominio público ambiental constituye un campo idóneo para el establecimiento de tasas[100] (a nuestro juicio esta es la naturaleza del nuevo *canon de control de vertidos* previsto en la Ley de Aguas).[101] Algún destacado autor considera que el hecho imponible de tales tasas no puede estar integrado por el uso degradante o destructivo del mismo.[102] Coincidimos plenamente en el supuesto del deterioro prohibido,[103] pero no en los casos tolerados por la ley (y todo uso de un bien supone un cierto desgaste del mismo). Como hemos visto, el art. 20.2 LTPP prevé que el importe de la tasa calculado en la memoria económico-financiera, contemple el deterioro del dominio público derivado de la utilización privativa o el aprovechamiento especial, y sólo cuando no se haya hecho así existirá obligación por parte del sujeto pasivo de reintegrar el coste total de los gastos de reconstrucción o reparación, al margen del importe de la tasa.[104] El hecho imponible de estas tasas se funda "en la provocación de costes, que pueden consistir en gastos soportados por las arcas públicas o *en restricciones del disfrute de bienes o servicios soportadas por el resto de los ciudadanos*, incluyendo en este concepto "el llamado uso común especial, en el que concurren circunstancias singulares de intensidad, peligrosidad u otras semejantes".[105] Entendemos, por tanto, que la contaminación especial del dominio pú-

98. Puig (2003). Agradecemos al autor que nos haya facilitado esta documentación.

99. En una nota inédita, el profesor García Novoa ha observado cómo "el razonamiento según el cual no se puede modular la cuantía de la tasa en función de la contaminación producida por el principio del coste del servicio es falso, porque el cálculo general del coste del servicio no significa que no deba tenerse en cuenta que a mayor contaminación, mayor provocación de costes".

100. En este sentido se pronunciaba ya hace años Fernández Junquera (1985:1263-1264).

101. Tal opinión no es pacífica: para García Novoa se trata de un impuesto, "porque los hechos imponibles consistentes en realizar vertidos no contemplan, para su perfección ninguna actividad administrativa, imprescindible para que se pueda hablar de tasa, sobre todo cuando no se gravan solamente los vertidos autorizados, y no se puede decir que lo que se grava es la actividad autorizadora" (2000:13). Aunque el tema es polémico, consideramos posible sostener que el canon de control de vertidos sólo grava los vertidos autorizados y los vertidos no autorizados susceptibles de autorización.

102. Cfr. C. García Novoa (2000:13).

103. Así lo ha señalado Simón (1999:44).

104. Recordemos que el art. 24.5 LHL no contempla la posibilidad de incluir tales costes en el importe de la tasa, pero prevé como un supuesto ordinario que la realización del hecho imponible "lleve aparejado" un deterioro del dominio público municipal.

105. Simón (1999:41-42).

blico puede integrar el hecho imponible de estas tasas.

En estos casos el uso privativo o el aprovechamiento especial darán lugar a la exigencia de tasas, y en su cuantificación debería tenerse en cuenta el elemento ambiental. El art. 19.1 LTPP señala que "el importe de las tasas por la utilización privativa o aprovechamiento especial del dominio público se fijará *tomando como referencia* el valor de mercado correspondiente o el de la utilidad derivada de aquella. El art. 24.1 LHL se pronuncia en términos similares: "el importe de las tasas previstas por la utilización privativa o el aprovechamiento especial del dominio público local se fijará tomando como referencia el valor que tendría en el mercado la utilidad derivada de dicha utilización o aprovechamiento, si los bienes afectados no fuesen de dominio público. A tal fin, las ordenanzas fiscales podrán señalar en cada caso, atendiendo a la naturaleza específica de la utilización privativa o del aprovechamiento especial de que se trate, los criterios y parámetros que permitan definir el valor de mercado de la utilidad derivada".

En la determinación del valor de mercado han de influir las consecuencias ambientales del uso o aprovechamiento de los bienes. Tal camino — aun por explorar — debería recorrerse para introducir en estas tasas elementos incentivadores que estructuren las tarifas en función del impacto ambiental del uso privativo o el aprovechamiento especial.

La posibilidad de exigir tasas ambientales por el aprovechamiento especial del dominio público pone de relieve la proximidad entre tasas e impuestos ambientales — recordemos las polémicas sobre la naturaleza del canon de vertidos y el canon de control de vertidos de la Ley de Aguas, y la debilidad *doctrinal* que ofrece el carácter *ex lege* de la obligación como nota esencial del concepto de tasa.[106] Pensemos, por ejemplo, en el supuesto de que "se utilicen procedimientos de licitación pública", en cuyo caso, el importe de la tasa por el uso del dominio público "vendrá determinado por el valor económico de la proposición sobre la que recaiga la concesión, autorización o adjudicación" (art. 24.1 LHL).

En el ámbito energético esta cuestión plantea la posibilidad de exigir *tasas por el aprovechamiento especial del dominio público* cuyo hecho imponible consista en un impacto sobre el paisaje (como consecuencia de las instalaciones de transporte de energía) o por la práctica de emisiones atmosféricas derivadas de la producción energética. *De lege lata* esto no parece posible, pues ni el paisaje ni la atmósfera constituyen bienes de dominio público. No obstante, debe apuntarse la existencia de una corriente doctrinal que tiende a definir el dominio público como un mero régimen protector de ciertos bienes con independencia de su titularidad. En el Derecho Comparado encontramos algún caso en que las emisiones atmosféricas derivadas de la producción de energía reciben la calificación legal de *tasas*. Así sucede con la tasa sueca sobre el óxido de nitrógeno, que recae sobre las emisiones derivadas de hornos, turbinas de gas y generadores diesel utilizados para generar calor o energía eléctrica.

3.3.4 Tasas por actuaciones administrativas de tolerancia ambiental

Otro terreno que debería examinarse es la posibilidad de establecer tasas por la tolerancia administrativa de actividades lícitas, pero indeseables, por un impacto ambiental negativo que no recae sobre bienes de dominio público.

106. Según advierte Martín Fernández (1995:228), "la inalienabilidad o *incomerciabilidad* — de la que ha hablado algún autor — del dominio público supone tan sólo que, en palabras del TS, "está sustraído al tráfico jurídico-privado, pero es susceptible de un tráfico jurídico-público". Se trata más bien de un garantía según la cual la utilidad que satisfacen no será traicionada. Por tanto, no debe ser traducida esta norma de protección en el sentido de imposibilidad de contratar o ceder su uso".

En esta figura — denominada por la doctrina alemana *tasas por tolerancia*[107] y por otros autores tasas por molestias y riesgos permitidos[108] — la actividad administrativa queda reducida a la autorización de las correspondientes actividades, lo cual supone un *coste despreciable*. En estos casos debería aplicarse la regla de cuantificación supletoria prevista en el art. 19.2 LTPP: "en general (...) el importe de las tasas por la prestación de un servicio o por la realización de una actividad no podrá exceder, en su conjunto, del coste real o previsible del servicio o actividad de que se trate, o, en su defecto, del valor de la prestación recibida".[109] El *valor de la prestación recibida* es el valor de la autorización, y esta equivale al coste económico que supondría prescindir de la actividad autorizada (si se trata de una actividad contaminante, al coste de evitar la contaminación).[110]

Encontramos un ejemplo que quizá pueda causar sorpresa en la "Ordenanza de la tasa fiscal (*sic*) reguladora de emisiones de CO_2 y SO_2 ("tasa verde"), del ayuntamiento de Cerceda.[111] Constituye el hecho imponible "la actividad Municipal, técnica y administrativa, tendentes a verificar si se dan las condiciones necesarias para autorizar la continuación de las actividades" que generan dichas emisiones (art. 2). "La cuota tributaria correspondiente exigirá de una sola vez la cantidad de 0,06 euros por Tm de CO_2 y SO_2 al año" (art. 5). El devengo se produce el 1 de enero (art. 7). "Los sujetos pasivos o sustitutos del contribuyente formularán las declaraciones de alta y baja en el censo de sujetos pasivos de la tasa en el plazo que media entre la fecha en la que se produzca la variación en la titularidad de la actividad y el último día del mes natural siguiente. Estas últimas declaraciones surtirán efecto a partir de la primera declaración que se practique una vez finalizado el plazo de presentación de dichas declaraciones de alta y baja. La inclusión final en el censo se hará de oficio una vez comprobada la actividad".

Dado que el devengo se produce el uno de enero, es de suponer que la tasa se liquida atendiendo al volumen de toneladas de CO_2 y SO_2 que se autoriza a emitir a lo largo del año, lo cual reduce los efectos incentivadores. En cuanto al importe de la tasa debería justificarse en la memoria económica, lo cual habrá resultado difícil para un pequeño municipio, al margen de diversos problemas de gestión. Lo que debe destacarse es que ya existen *tasas por tolerancia de emisiones atmosféricas*.

Cerceda ha establecido también un "precio público" por emisión de ruidos y malos olores,[112] si bien la ordenanza no lo vincula a una licencia administrativa, sino a "la emisión de ruidos por encima de 30 decibelios emitidos desde los centros de trabajo" (art. 1) y por "el desprendimiento de malos olores y otras incomodidades (*sic*), que por su intensidad altere al vecindario, provenientes de centros de trabajo". Debe señalarse como curiosidad que el *precio público* "no se aplicará a las personas físicas" (art. 3).

Las "cuotas exigibles por la realización del hecho imponible (*sic*) son las

107. Cfr. Meyer (1995:121).

108. Cfr. Ortega (2003).

109. El art. 24.2 LHL se pronuncia en términos similares: "el importe de las tasas por la prestación de un servicio o por la realización de una actividad no podrá exceder, en su conjunto, del coste real o previsible del servicio o actividad de que se trate o, *en su defecto, del valor de la prestación recibida*". En cambio, el art. 7.3 LOFCA dispone que "el rendimiento previsto para cada tasa por la prestación de servicios o realización de actividades no podrá sobrepasar el coste de dichos servicios o actividades", sin establecer un criterio subsidiario fundado en el valor de la prestación.

110. El Proyecto de Código Ambiental alemán de 1998 desarrolla este planteamiento, pues prevé el establecimiento de tasas (*Gebühren* § 190.2) por "las actividades que incidan sobre el medio ambiente (*umwelterhebliche Handlungen*), en particular por la realización de emisiones y el aprovechamiento de recursos naturales" (§ 190.1). [Bundesministerium für Umwelt, Naturschutz und Reaktorsicherheit (1998:182-183).

111. BOP 251, de 2.11.2001.

112. Ibidem.

siguientes: a) Por la emisión de ruidos en las cantidades relacionadas, 120,20 euros, por cada emisión que sobrepase 10 decibelios de la fracción anterior y dos minutos de duración. El doble de las anteriores cuando se repitan varias veces en la misma semana y el triple cuando sea en el mismo día. b) Por el desprendimiento de malos olores y otras incomodidades 60,10 euros, cuando no sobrepase una hora; más de una hora 602, y 1.202 euros diarios cuando sobrepase (*sic*)" (art. 4). "Los servicios técnicos municipales levantarán acta contra de los hechos imponibles (*sic*) referidos dando parte mensual de los mismos al objeto de la liquidación fiscal correspondiente, la cual será aprobada por la Comisión de Gobierno" (art. 5).

Desde luego esta tasa o "precio público" no constituye un modelo de rigor jurídico (merecería la pena visitar este municipio para apreciar que "incomodidades" desprenden las industrias allí ubicadas). Sin embargo, sería posible construir un tributo similar con una estructura mucho más depurada atendiendo a aquellas emisiones de ruidos que no constituyeran una infracción. La mayor dificultad radicaría en justificar el importe de la tasa a través de la memoria económico-financiera.[113]

Desde luego, este planteamiento no es pacífico, pues los términos de los arts. 19.2 LTPP y 24.2 LHL ("en su defecto") son lo suficientemente ambiguos como para permitir diversas interpretaciones por parte de la jurisprudencia. Es más, los tribunales rechazan la exigencia de tasas por inspecciones técnicas cuando la inspección no se realiza o se ejecuta sólo de forma aparente,[114] así como las tasas por licencia de apertura de establecimientos, cuando no se justifica una intervención del ayuntamiento para salvaguardar los intereses de los vecinos.[115] A nuestro juicio, las tasas de tolerancia ambiental presentan una problemática distinta: se trata de supuestos en los que la intervención del Ayuntamiento (otorgamiento de la licencia) es necesaria para los intereses públicos, aunque se trate de un mero control formal de la documentación presentada por el solicitante.[116] En estos casos el coste de la actividad administrativa es despreciable y el valor de la prestación recibida elevado, lo que justifica aplicar el criterio subsidiario de cuantificación. De

113. Sin embargo, esta valoración no es imposible. Cfr. Linares Llamas (2002:63).

114. Simón (1999:50), con cita, entre otras, de la STS de 20.1.1975 (*RJ* 1975, 65) de la STSJ Madrid de 5.12.1995 (*JT* 1995, 1647).

115. Simón (1999:52-53, con cita, entre otras, de las SSTS de 19.6.1995 (*RJ* 1995, 4709), 15.11.1996 (*RJ* 1996, 8132) y 12.3.1998 (*RJ* 1998, 1942).

116. Como figura próxima a las tasas de tolerancia en materias ajenas al medio ambiente podría citarse la denominada "tasa fiscal sobre rifas, tómbolas, apuestas y combinaciones aleatorias", cuyo hecho imponible se define como "la autorización, celebración u organización de juegos de suerte, envite o azar" (art. 3.1º RDL 16/1977), si bien la a base imponible está constituida por "los ingresos brutos que los casinos obtengan procedentes del juego o las cantidades que los jugadores dediquen a su participación en los juegos que tengan lugar en los distintos locales, instalaciones o recintos donde se celebren juegos de suerte, envite o azar" (art. 3.3º RDL 16/1977). La STC 126/1987 (FJ 8º) apuntó la naturaleza impositiva de este tributo, afirmada expresamente por la STC 296/1994 (FJ 4º): "el tributo sobre el juego (...) es una figura fiscal distinta de la categoría de 'tasa', puesto que con ello no se pretende la contraprestación proporcional, más o menos aproximada, del coste de un servicio o realización de actividades en régimen de Derecho público, sino que constituye un auténtico 'impuesto' que grava los rendimientos obtenidos por actividades de empresarios privados de manera virtualmente idéntica a los impuestos que gravan la adquisición de renta por actividades expresiva de capacidad económica". Este planteamiento quizá pudiera matizarse, pues resulta significativo que el tributo grave los *ingresos brutos* derivados del juego, y no el beneficio obtenido, como debería hacer un impuesto basado en la capacidad económica. A nuestro juicio, en las tasas ambientales de tolerancia está presente de manera clara el principio de provocación de costes sociales, lo cual permite diferenciar esta figura de los impuestos. Desde luego, no puede negarse la aproximación que se produce entre los impuestos extrafiscales con finalidad ecológica y las tasas por tolerancia, pues el elemento extrafiscal presente en los primeros responde precisamente a la finalidad de internalizar los costes externos derivados de la contaminación.

forma paralela debería establecerse un servicio general de inspección cuyas concretas actuaciones no darían lugar al devengo de tasas.

Si no se admitiesen estas ideas, siempre sería posible conseguir un resultado similar al de las auténticas tasas de tolerancia, mediante *tasas de vigilancia* en las que se desarrollara efectivamente un servicio de control de gran calidad y elevado coste, utilizando además criterios de progresividad ambiental para la determinación de la cuota individual, sin superar, en conjunto, el coste del servicio. También podría realizarse una actividad pública para alcanzar ciertos *estándares* ambientales obligatorios afectados por la actividad del sujeto contaminante. Así sucedería con una tasa por la autorización para el funcionamiento de las calderas de carbón, cuya recaudación se afectara a incrementar las masas arbóreas del municipio.

Las tasas por tolerancia — subsidiariamente, por vigilancia — presentan una mayor potencialidad ambiental que aquellas basadas en el aprovechamiento especial del dominio público municipal. Así, una prestigiosa doctrina considera que "la intervención por razones medioambientales puede dar lugar a una tasa por el otorgamiento de la correspondiente licencia, pero no a una tasa por utilizar terrenos que no son del Ayuntamiento", postura que parece admitir el Tribunal Supremo.[117] A nuestro juicio, el ámbito idóneo para la exigencia de este tipo de tasas por parte de los municipios se encuentra en la tramitación de licencias de actividades clasificadas. No obstante, en la actualidad — es el caso del Ayuntamiento de Madrid — estas tasas se cuantifican atendiendo a la superficie del local y la potencia nominal a utilizar.

En el ámbito energético, las tasas por tolerancia pueden constituir un importante instrumento destinado a completar el uso de permisos negociables de emisiones. Pensemos en el sistema danés que combina dichos permisos con el pago de una tarifa por un incumplimiento cuando se superen las cantidades previstas en dichos permisos. Dicha "tarifa" constituirá una tasa y no una sanción, en la medida en que tales emisiones suplementarias no estén radicalmente prohibidas (en cuyo caso la Administración debería acudir a su autotutela ejecutiva para asegurar el cese de la actividad).

Es más, probablemente deberían configurarse como tasas por tolerancia las cantidades exigidas por los entes públicos como consecuencia de la adjudicación mediante subasta de permisos de emisiones de CO_2.[118]

117. Simón (1999:46). El citado autor se refiere a la STS de 31.1.1995 (*RJ* 1995, 455) que declara ilegal un precio público municipal (con arreglo a la antigua regulación) por *aprovechamientos* que alteren el estado natural de cualquier terreno por no recaer sobre bienes de dominio público municipal. El tribunal añade que si las competencias ambientales del ayuntamiento implican "la necesidad de someter a previa licencia el ejercicio de determinadas actividades, al tratarse de una licencia de carácter necesario, la actividad administrativa desarrollada para la verificación de si concurrían las circunstancias necesarias para su otorgamiento no daría lugar a un precio público, sino a una tasa" (FJ 2º).

118. Por otra parte, y aunque se haya elegido un sistema de *grandfathering* (reparto gratuito atendiendo a la situación preexistente) para el primer período, en cualquier caso la autoridad pública reguladora mantiene en su poder una determinada cantidad de permisos no distribuidos, para asignarlos a nuevos agentes económicos que vayan incorporándose al mercado. En relación con estos títulos, podríamos plantearnos si el importe cobrado por ellos a las nuevas empresas tendrá naturaleza jurídica de tasa, o en cambio será un precio, exactamente igual que el que cobrarían los operadores que ya están en el mercado a los que pretenden incorporarse a él. De acuerdo con la normativa vigente en España, sólo estaríamos ante precios públicos (cuya cuantía no podría superar el valor de mercado) si existiera plena concurrencia con el sector privado y sean de solicitud voluntaria por los administrados (en el sentido de que no venga impuesta por disposiciones legales o reglamentarias ni se trate de bienes, servicios o actividades imprescindibles para la vida privada o social del solicitante (arts. 6 y 26 LTPP). En principio, podría pensarse que tales condiciones quedarían cumplidas en el supuesto de que el reparto principal de permisos sea gratuito — de modo que existiría un mercado privado de títulos (concurrencia con el sector privado) — sin que la adquisición de títulos adicionales venga impuesta por la normativa o sea necesaria para la vida privada (las emisiones difusas, generadas por particulares, no se someten al sistema

Es cierto que la Propuesta de Directiva de 23 de octubre de 2001 sobre Comercio de Derechos de Emisión prevé la asignación gratuita de los permisos, pero es previsible que ello sólo tendrá lugar durante un período transitorio. Desde luego, la existencia de una subasta no excluye acudir a la tasa. El art. 24.1 de la Ley 39/1988, de Haciendas Locales señalaba ya que "cuando se utilicen procedimientos de licitación pública [por la utilización privativa o el aprovechamiento especial del dominio público] el importe de la tasa vendrá determinado por el valor económico de la proposición sobre la que recaiga la concesión, autorización o adjudicación".

3.3.5 Contribuciones especiales ecológicas

De lege lata el ámbito de las contribuciones especiales ecológicas está limitado por la exigencia de un beneficio especial[119] en favor del contribuyente [arts. 26.1 b) LGT, 8.1 LOFCA y 28 LHL].[120] *De lege ferenda* podrían establecer contribuciones por gastos especiales del ente público (obras públicas o establecimiento de servicios públicos) dirigidos a proteger el medio ambiente cuando hayan sido ocasionados por la conducta contaminante de ciertos sujetos, *aun en el caso de que la obra o el establecimiento o ampliación del servicio no supongan un beneficio o un aumento de valor de los bienes del contribuyente.* Esta figura — que algunos autores denominan *contribuciones negativas*[121] — respondería plenamente al principio "quien contamina, paga", como modalidad específica del principio de equivalencia que inspira el establecimiento de contribuciones especiales.[122] En cuanto al porcentaje del coste de la obra que se financie mediante esta figura tributaria, constituye una decisión discrecional del legislador.[123]

En algunos casos la obra pública o el establecimiento o mejora del servicio público ambiental supone un beneficio para el contribuyente, en cuanto éste puede prescindir de ciertos gastos obligados por la normativa ambiental, o bien se reduce el riesgo de que incurra en responsabilidad ambiental. En estos supuestos no serían precisas modificaciones legislativas para establecer contribuciones especiales de carácter ambiental.

Además, en el ámbito autonómico existe la posibilidad de eludir las limita-

de permisos). No obstante, podrían plantearse serias dudas, pues la normativa *sí exige* la adquisición de permisos a las empresas que deseen incorporarse a las actividades que producen emisiones de gases de efecto invernadero, por lo que no existe auténtica voluntariedad (vid. *supra*). Pensamos, por tanto, que en cualquier caso debería acudirse a la figura de la tasa [Franco y Herrera (2003)].

119. A juicio de Merino Jara.

120. Como señala Rozas (1997:515), "la rehabilitación de un vertedero ubicado en el extremo de una zona residencial, la adquisición de una flota de vehículos de limpieza de las aceras destinados a operar en unos distritos determinados o la adquisición de mobiliario urbano destinado a la limpieza de excrementos de animales domésticos, justificarían sobradamente, por ejemplo, el cobro de una contribución especial a los vecinos de la zona residencial o de los distritos beneficiados a los propietarios de animales de compañía. Los dos primeros ejemplos pueden reconducirse sin dificultades a la normativa vigente. El tercero resulta más problemático sin una reforma que admita expresamente las contribuciones por gastos especiales del ente público de los que sean responsables determinados contribuyentes.

121. Cfr. Vadri I Fortuni (1994:354) cit. por Rósembuj (1995:205)

122. El uso de contribuciones especiales ambientales ha sido defendido en la doctrina alemana por Messerschmidt (1986:119 y ss.), y en la doctrina española por Rósembuj (1995:205), *Los tributos...*, cit., p. 209 y Chico de la Cámara (1998:72).

123. Según la STC 233/1999, de 16 de diciembre, "la LHL podía haber establecido un porcentaje distinto del 90 por 100, pero (...) esta es una decisión que toca exclusivamente al legislador. Así es, el poder legislativo opta por una configuración legal de un determinada materia o sector del ordenamiento (...) no es suficiente la mera discrepancia política — ínsita en otra opción — para tachar a la primera de arbitaria, confundiendo lo que es arbitrario legítimo con capricho, inconsecuencia o incoherencia creadoras de desigualdad o distorsión a los efectos legales". Cfr. una detallada valoración de las contribuciones especiales desde la doble perspectiva constitucional y comunitaria en Chico (2002:247 y ss.).

ciones impuestas a las contribuciones especiales, creando un impuesto cuyo hecho imponible consista en una situación de responsabilidad ambiental y cuyos fondos queden afectos a la realización de obras públicas o la prestación de servicios ambientales. Un posible ejemplo podría encontrarse en el Gravamen de protección civil de la Comunidad Catalana que afecta especialmente a las instalaciones destinadas a la producción y distribución de energía eléctrica (art. 58 Ley 4/1997 CA Catalana).[124]

Debe señalarse también que no siempre resulta fácil distinguir las tasas y contribuciones especiales de carácter ambiental, pues en algunos casos el objeto imponible consiste en la *mera posibilidad de disfrutar del servicio* (lo que excluye la exigencia de una tasa) y sin embargo el tributo se destina a financiar meros gastos de *funcionamiento* (lo que excluye que estemos ante una contribución especial).

3.3.6 Tributos ambientales como nueva categoría tributaria

Algunos tributos ambientales responden con claridad a las definiciones legales de tasas o impuestos; por consiguiente, los tributos ambientales no constituyen una *cuarta categoría tributaria* que se añada a las demás. Sin embargo, como ya hemos analizado, la clasificación tradicional de los tributos se adapta mal a las peculiaridades de los gravámenes extrafiscales en general y de la fiscalidad ambiental en particular. Esta situación genera distorsiones importantes en el régimen jurídico de los tributos ambientales, puesto que su régimen jurídico varía en función de la categoría tributaria en que se encuadren (pensemos en el alcance de la reserva de ley o en el régimen de distribución de competencias). Para superar estas dificultades podría integrarse en la legislación general tributaria (LGT, LOFCA, LHL) el concepto de tributo ambiental, como centro de atribución de un régimen jurídico especial adecuado a las peculiaridades de estas figuras. No se trataría de definir una *cuarta categoría tributaria* situada *junto a* los impuestos, tasas y contribuciones especiales, sino de una modalidad especial de tributo que puede abarcar impuestos, tasas, contribuciones especiales u otras figuras de carácter híbrido que presentan unas características comunes en algunos aspectos de su régimen jurídico, con independencia de la categoría tributaria *tradicional* a la que pertenezcan que resultaría irrelevante.

Si se opta por esta solución, no bastaría con una definición legal de los tributos ambientales. La norma debería precisar también en qué medida tales figuras quedan sometidas a un régimen jurídico especial (por ejemplo, la distribución de competencias o los criterios de cuantificación).

Dicha definición no incluiría una referencia específica a los tributos energéticos, pero proyectaría su eficacia sobre ellos. Por una parte podrían distinguirse con claridad los verdaderos tributos ambientales de aquellos tributos energéticos esencialmente fiscales. Además se pondría de manifiesto que los auténticos tributos energéticos ambientales no pueden cuantificarse atendiendo al precio de la energía o al valor de las instalaciones, sino al impacto ambiental del objeto imponible. Además, podría preverse la elaboración de una memoria económico-ambiental como instrumento técnico para justificar el importe del tributo, de manera que se especificasen los daños ambientales derivados de la producción o consumo de los diversos productos energéticos.

Además, podría discutirse la conveniencia de introducir un precepto paralelo en la LOFCA que estableciera unas exigencias mínimas sobre los tributos ambientales autonómicos de modo coherente con los criterios previstos en el ámbito estatal. Este precepto debería dejar un amplio margen de actuación a las Comunidades Autónomas, si bien tendría la consideración de legislación básica sobre el medio ambiente. La propuesta limitaría la creación de

124. Cfr. Chico (2002:244).

falsos tributos ambientales estructurados como gravámenes sobre la energía y potenciaría la creación de tasas y contribuciones especiales ambientales de carácter autonómico (por tolerancia y control de actividades energéticas peligrosas y por el establecimiento de servicios que reducen el riesgo de dichas actividades).

Este modo de proceder evitaría la situación actual en la que las comunidades autónomas tienden a crear figuras ambiguas que generan importantes dudas sobre el régimen de competencias aplicable. En el ámbito de la fiscalidad energética cabe citar el Gravamen catalán sobre instalaciones de riesgo o el gravamen murciano sobre emisiones atmosféricas (este último inaplicable por falta de desarrollo reglamentario).

No obstante, debe reconocerse que la posibilidad de establecer esta regulación en la LOFCA es discutida por la doctrina. Como alternativa podría introducirse en la LOFCA la posibilidad de ceder los "tributos ambientales" del Estado. De este modo, las Cortes Generales podrían tomar la iniciativa en la regulación de tributos energéticos de carácter verdaderamente ambiental y cederlos a las Comunidades Autónomas. Naturalmente esto exigiría una negociación previa con las Comunidades, precisando también las competencias normativas que serían objeto de cesión.

En el ámbito local no parece precisa una definición específica de los tributos ambientales, pero sí de las tasas y contribuciones especiales de carácter ambiental. Desde esta perspectiva, la reciente reforma de la Ley de Haciendas Locales ha supuesto una oportunidad perdida.[125]

4. Coordinación con prohibiciones y sanciones

4.1 Planteamiento

Como hemos visto, los tributos ambientales no constituyen la única ni la principal medida de protección ambiental. Deben coordinarse con otros instrumentos *económicos* y de regulación directa. Entre estos destacan los mandatos y prohibiciones directas acompañados de las correspondientes sanciones.

Ahora bien, si un tributo *ambiental* constituye siempre un incentivo a realizar o evitar determinada conducta, no parece que tenga sentido utilizar esta técnica frente a aquellas actuaciones contaminantes que se encuentren radicalmente prohibidas. Por el contrario, el hecho imponible de los tributos ambientales debería contemplar conductas *toleradas* por el ordenamiento, que se consideran indeseables.

Esta idea parece contrastar con cierta jurisprudencia favorable a la tributación de las actividades ilícitas. En el ámbito del IRPF el Tribunal Supremo entiende que deben tributar las ganancias delictivas.[126] Por lo que se refiere a los derechos de aduanas,[127] el IVA[128] y los impuestos especiales,[129] la jurisprudencia comunitaria exige la tributación de las actividades ilícitas, salvo que se trate de situaciones específicas en que queda excluida toda competencia entre un sector económico lícito y un sector ilícito de modo que no se quebrante el principio de neutralidad fiscal. Esto es lo que sucede con productos tales como los estupefacientes o la moneda falsa que presentan

125. Debe reconocerse, sin embargo, el esfuerzo por introducir beneficios ambientales potestativos en los impuestos municipales.

126. STS 21.12.1999.

127. STJCE 5.2.1981, *Joszef Horvath*, As. 50/80, Rec. p. 385; STJCE 26.10.1982, *Wilfried Wolf*, As. 221/81, Rec. p. 3.681; STJCE 26.10.1982, *Senta Einberger I*, As. 240/81, Rec. p. 3.699.

128. STJCE 28.2.1984, *Senta Einberger II*, As. 294/82, Rec. p. 1.177; STJCE 5.7.1988, *W.J.R. Mol*, As. 269/86, p. 3.627; STJCE 5.7.1988, *Vereniging Happy Family Rustenburgerstraat*, As. 289/86, Rec. p. 3.655; STJCE 6.12.1990, *Maz Witzemann*, As. C-343/89; STJCE 2.8.1993, *Wilfried Lange*, As. C-111/92, Rec. p. 4.677; STJCE 28.5.1998, *John Charlees Goodwin y Edward Thomas Unstead*, As. C-3/97, Rec. p. 3.257; STJCE 11.6.1998, *Karlheinz Fischer*, As. C-283/95, Rec. p. 3.369; STJCE 29.6.1999, *Coffeeshop Siberië*, As. C-158/98; STJCE 29.6.2000, *Kaupo Salumets*, As. C-455/98.

129. STJCE 29.6.2000, *Kaupo Salumets*, As. C-455/98.

características especiales en la medida en que caen, por su propia naturaleza, bajo una prohibición absoluta de comercialización en todos los Estados miembros. Veamos si los principios en que se inspira tal jurisprudencia son trasladables a los tributos ambientales.

4.2 Tributos de ordenamiento sobre actividades ilícitas

En el Impuesto sobre la Renta, la fiscalidad de las operaciones ilícitas debe ordenarse atendiendo a la generación o no de una renta cuya titularidad corresponda al sujeto pasivo. El gravamen sólo será adecuado si se produce la obtención de renta. La citada STS 21.12.1999 se basa en estas ideas, aunque las desarrolle de modo muy discutible.

En el ámbito comunitario las medidas de harmonización fiscal tienen por finalidad la realización del mercado único. Por ello considera el TJCE que deben someterse a los gravámenes armonizados aquellos productos ilícitos que concurren con otros legales (no, en cambio, los que se encuentran radicalmente prohibidos en todos los Estados miembros).

A nuestro juicio, este modo de razonar no puede trasladarse mecánicamente a los tributos de ordenamiento, pues tales gravámenes se apartan del principio de capacidad económica y no responden a criterios de neutralidad fiscal, pues pretenden precisamente utilizar la carga tributaria como instrumento regulador de conductas.

Precisamente es el fin desincentivador el elemento que debe tenerse en cuenta para enjuiciar los tributos extrafiscales sobre actividades ilícitas. Si determinada conducta está radicalmente prohibida, no tiene sentido desincentivarla mediante medidas fiscales. Por el contrario, deberá establecerse una pena suficiente para conseguir los deseados efectos de prevención general y especial.

Frente a esta consideración, no puede argumentarse que se da un trato más favorable al sujeto infractor que no queda obligado a pagar el tributo. Si no ha de pagarse el tributo es *porque resultará aplicable la sanción*, y ésta ha de ser más gravosa. En el caso de que las sanciones estuviesen deficientemente graduadas, de modo que resultasen más benévolas que el tributo, la solución no estaría en acumular sanción y tributo, sino en incrementar la sanción. Así, el art. 131.2 LRJ-PAC señala que "el establecimiento de sanciones pecuniarias deberá prever que la comisión de las infracciones tipificadas no resulte más beneficioso para el infractor que el cumplimiento de las normas infringidas". Aplicando esta idea como criterio de gradación, el art. 24.3 de la Ley catalana 6/1999, de 22 de julio, de ordenación, gestión y tributación del agua señala que "en ningún caso la imposición de una sanción puede ser más beneficiosa para el responsable que el cumplimiento de las obligaciones infringidas".

Entre los argumentos tradicionales contrarios a la fiscalidad de los actos ilícitos se encuentra la existencia de un *bis in idem* originado por la concurrencia del tributo y la sanción. Hoy día esta tesis se considera superada, "ya que se basa en una errónea identidad de los presupuestos de hecho (conducta ilícita y *manifestación de capacidad económica*), que ni siquiera tienen que coincidir totalmente (dependerá, en cada caso, del grado de ilicitud que afecte a la manifestación de riqueza); además, la identidad del acreedor no basta para configurar un *bis in idem* si una de las prestaciones (el tributo) no tiene carácter represivo".[130]

Ahora bien, en el caso de los tributos de ordenamiento, ni el objeto imponible ni el presupuesto de hecho recaen sobre una manifestación de capacidad económica, sino sobre una conducta que — por motivos extrafiscales — se considera indeseable. Parafraseando la jurisprudencia del Tribunal Supremo sobre el concurso de

130. Soler Roch (1995:16). En parecidos términos se pronuncian Caamaño y otros (1999:289).

normas penales podríamos afirmar que entre el gravamen de ordenamiento y la sanción existe — o puede existir — unidad de acción en la vertiente natural (hecho tipificado) y en la vertiente jurídica (bien jurídico tutelado).[131]

Podría arguirse, pese a todo, que no existe un *bis in idem*, porque el tributo de ordenamiento no constituye una sanción. Ahora bien, en cuanto recae sobre el acto *radicalmente prohibido*, se convierte *materialmente* en una sanción, con el inconveniente de que opera de plano, sin respetar las garantías del derecho sancionador. Como señaló el Abogado General Jacobs en sus conclusiones al caso *Lange*, "utilizar el Derecho fiscal para imponer sanciones no sólo pervierte la aplicación correcta de ese Derecho fiscal sino que puede llegar incluso a *distorsionar la aplicación del Derecho penal, dado que puede dar lugar a la imposición de sanciones que se sumarían a aquellas impuestas por los órganos jurisdiccionales de competencia penal.* Además, tamaña utilización sería contraria al principio conforme al cual no puede imponerse ninguna sanción en defecto de una base jurídica clara e inequívoca (véase el asunto *Koenecke*, 117/83, Rec. 1984, p. 3.291, apartado 11 de los considerandos de la sentencia)" (núm. 19).

Nuestra jurisprudencia constitucional considera que "el principio general del Derecho conocido como *non bis in idem* supone, en una de sus más conocidas manifestaciones, que no recaiga duplicidad de sanciones — administrativa y penal — en los casos en que se aprecie la identidad del sujeto, hecho y fundamento, sin existencia de una supremacía especial de la Administración. Tal principio está íntimamente unido a los de legalidad y tipicidad de las infracciones y se encuentra implícitamente recogido en el artículo 25 de la Constitución (STC 2/1981). El principio también es aplicable dentro de un mismo proceso o procedimiento, a una pluralidad de sanciones principales ante una identidad de sujetos, hecho o fundamentos, objeto o causa material y acción punitiva (SSTC 615/1988, 204/1996, 221/1997 y ATC 189/1992). La existencia de una relación de sujeción especial no basta por sí misma para justificar la dualidad de sanciones, sino que es precisa la presencia de un específico interés legítimo por parte de la Administración, que justifique tal concurrencia (por ejemplo, el interés en la irreprochabilidad penal de los funcionarios) (STC 234/1991).

El Tribunal Constitucional es restrictivo a la hora de delimitar el ámbito de aplicación del principio: éste se limita a la materia administrativa y penal, sin que puedan considerarse sanciones el pago de los salarios de tramitación (ATC 416/1984) o la condena a una indemnización por lesiones del derecho al honor (ATC 578/1988). No obstante, el ATC 355/1991 parece admitir el carácter sancionador de un recargo en la prestación de la Seguridad Social. También resulta significativo que el Tribunal Constitucional rechace la aplicación por unos mismos hechos de penas y medidas de seguridad, y el argumento según el cual en un caso se tiene en cuenta la *culpabilidad* y en el otro la *peligrosidad* (SSTC 23/1986 y 21/1987). Además, el Tribunal admite expresamente que el *nomen iuris* de una figura no basta para negar su carácter sancionador, debe atenderse a su finalidad "represiva, retibutiva o de castigo" (STC 239/1988, 164/1995 e implícitamente las SSTC 198/1995, 44/1996 y 141/1996). Recordemos que la jurisprudencia constitucional proscribe el uso de "sanciones encubiertas" en el ámbito administrativo (STC 22/1985 y 17/1996). La STC de 276/2000 considera que "la previsión de un recargo del 50 por 100, con exclusión del interés de demora, establecida por el art. 61.2 LGT, en aquellos casos en que los contribuyentes ingresen la deuda tributaria fuera de plazo, tiene consecuencias punitivas que, al aplicarse sin posibilidad de que el afectado alegue lo que a su defensa considere conveniente y al obviar la declaración de culpabilidad en un procedimiento

131. Cfr. la STS de 21.12.1999.

sancionador, que la imposición de toda sanción exige, conduce derechamente a la declaración de inconstitucionalidad del mandato normativo por vulneración del art. 24.2 CE, con los efectos previstos en el inciso final del art. 40.1 LOTC" (FJ 7º, *in fine*). Esta doctrina ha sido reiterada por la STC de 30 de noviembre de 2000, relativa a la Imposición del Recargo del 100 por 100 por presentación de la declaración del IVA fuera de plazo y sin ingreso de la deuda tributaria.

La STC 164/1995 (relativa a un recargo por cumplimiento espontáneo fuera de plazo cuya cuantía era inferior a las multas porcentuales mínimas por infracciones tributarias) considera "claro que la función disuasoria de una figura jurídica no determina sin más su naturaleza sancionadora" y menciona a título de ejemplo cómo "la Sentencia del Tribunal Constitucional 37/1987, estudiando el Impuesto sobre Tierras Infrautilizadas regulado en la Ley andaluza 8/1984, declara que "la *intentio legis* del tributo no es crear una nueva fuente de ingresos públicos con fines estrictamente fiscales o redistributivos sino disuadir a los titulares de propiedades o de empresas agrícolas del incumplimiento de las obligaciones inherentes a la función social de la propiedad de la tierra que la propia Ley define". Ahora bien, entendemos que este argumento no es trasladable al supuesto en que el tributo extrafiscal recaiga sobre una conducta radicalmente prohibida. Si existe una *prohibición radical acompañada de una sanción expresa*, carece de sentido superponer una norma *meramente desincentivadora*. En los ejemplos citados por el Tribunal — multas compulsivas, recargo tributario por cumplimiento espontáneo fuera de plazo, impuesto sobre tierras infrautilizadas — la conducta indeseable no es objeto de una medida punitiva concurrente.

Es más, o bien se admite que los impuestos de ordenamiento que recaen sobre conductas prohibidas son sanciones, en cuyo caso quebrantan la prohibición del *bis in idem* y otras garantías del derecho sancionador,[132] o bien carecen de todo fundamento, pues el gravamen no responde al principio de capacidad económica *ni tampoco encuentra anclaje en la finalidad desincentivadora*, pues esta se encuentra ya garantizada por la sanción administrativa o penal.[133] Recientemente el Tribunal ha afirmado que no puede utilizarse un tributo para establecer medidas punitivas, pues ello equivaldría a imponer de plano una sanción administrativa, quebrantando las garantías constitucionales del derecho sancionador (STC 194/2000, FJ 10º, *in fine*).

De modo implícito, encontramos un planteamiento similar en las primeras sentencias comunitarias sobre el gravamen de las actividades ilícitas. Tal jurisprudencia se refería a los gravámenes aduaneros, *típico ejemplo de impuesto extrafiscal*. Los derechos a la importación no responden al principio de capacidad económica, sino que pretende regular la entrada de mercancías procedentes de terceros Estados. Ahora bien, si dicha entrada está radicalmente prohibida y castigada penalmente, no tiene sentido aplicar un tributo de ordenamiento. Por eso señala la Sentencia *Horvath*[134] que "no cabe aplicar un impuesto aduanero a aquellas mercancías que, con arreglo a su naturaleza no pueden comercializarse en ningún estado miembro, sino de ser descu-

132. Recordemos los votos particulares de los Magistrados Mendizábal Allende y Gimeno Sendra a las SSTC 196/1995, 198/1995, 44/1996 y 141/1996, considerando que el recargo por incumplimiento espontáneo fuera de plazo — en cuanto excede el importe del interés de demora — constituye una sanción encubierta, e inconstitucional.

133. A juicio de A. Sánchez Pedroche (1996:507), "la característica fundamental de las sanciones impropias sería (...) colocarse al lado de las verdaderas sanciones en un diferenciación jurídico-formal y al mismo tiempo remarcar el efecto desventajoso que se ha ocasionado a aquel que ha transgredido la norma tributaria. El debate más importante sobre las mismas se ha centrado en su calificación jurídica. No ya sólo su posible incompatibilidad con la Constitución, sino su posible conceptuación como verdaderas sanciones jurídicas".

134. STJCE de 5.2.1981, *Horvath*, Rec. 1981, p. 385.

biertas han de confiscarse y destruirse por la autoridad competente" (núm. 11). La sentencia añade que "todas las disposiciones del Reglamento del Consejo núm. 803/68 sobre el valor aduanero de las mercancías parten de la base de que los correspondientes productos pueden ser objeto de comercio e introducirse en el circuito económico" (núm. 12). En efecto — aunque este argumento no se menciona expresamente en la Sentencia — si no pueden introducirse en el tráfico en ningún estado miembro ¿qué sentido tiene someter tales productos a un tributo de ordenamiento?

Las anteriores afirmaciones requieren algunos matices. En el caso de que la actividad gravada no resulte ilícita por sí misma, sino por ejercerse sin la correspondiente autorización, parece claro que la exigencia del tributo de ordenamiento (*por el mero ejercicio de la actividad* que se desea desincentivar) es compatible con la imposición de la sanción *por no haberse obtenido la correspondiente licencia.*[135] En este caso no existe identidad en los hechos tipificados ni en el bien jurídico tutelado. Podemos encontrar un ejemplo en la denominada Tasa sobre los Juegos de Suerte, Envite o Azar, cuyo hecho imponible está constituido por la autorización o, *en su defecto, por la organización o celebración de juegos de suerte, envite o azar*" (art. 3.1º y 5º del RDL 16/1977 y arts. 2 y 3 del RD 2221/1984).[136]

En la realidad puede presentarse un *hecho complejo* que integre tanto el presupuesto de la norma sancionadora, como el presupuesto de la norma tributaria, sin que se produzca una auténtica superposición normativa. Este es el caso cuando la norma administrativa prohíbe radicalmente el vertido de ciertos productos y la ley tributaria grava el vertido de otros. Si se produce un vertido que integre unas y otras sustancias, no hay inconveniente en admitir el gravamen de tal actividad contaminante, aunque se haya cometido una infracción: desde el punto de vista normativo estamos ante supuestos de hecho distintos, aunque desde el punto de vista fáctico se produzca una concurrencia en la composición de los vertidos.

Encontramos un posible ejemplo en el canon de control de vertidos creado por la Ley 46/1999, de modificación de la Ley de Aguas (LA). La normativa sobre calidad de las aguas prohíbe radicalmente los vertidos de ciertas sustancias tóxicas y peligrosas (art. 93.4 LA, por remisión a la normativa específica). Además, "queda prohibido con carácter general el vertido directo o indirecto de aguas y de productos residuales susceptibles de contaminar las aguas continentales o cualquier otro elemento del dominio público hidráulico, *salvo que se cuente con la previa autorización administrativa*" (art. 92.1 LA). Los vertidos al dominio público hidráulico están gravados por el canon de control de vertidos, tributo con un período impositivo anual (art. 105.4 LA) cuyo importe "será el producto del *volumen de vertido autorizado* por el precio unitario de control de vertido" (art. 105.3 LA). "Cuando se compruebe la existencia de un vertido, cuyo responsable carezca de la autorización administrativa a que se refiere el artículo 92, con independencia de la sanción que corresponda, el Organismo de Cuenca liquidará el canon de control de vertidos por los ejercicios no prescritos, calculando su importe por procedimientos de estimación indirecta, conforme a lo que reglamentariamente se establezca".

Este precepto plantea algunos problemas de interpretación: aparentemente ordena el gravamen de los vertidos con independencia de su licitud. Ahora bien, la única *definición* de la base imponible se basa en "volumen de vertido autorizado". La ley no define una base imponible alternativa para los vertidos ilícitos (*vgr.*, el "volumen de vertido"), sino que se limita a ordenar el uso de la *estimación indirecta*, es decir, el recurso a métodos indiciarios. Cabría pen-

135. Cfr. Herrera (2000:68-69).

136. Caamaño y otros (1999:290), se refieren a este tributo como ejemplo de gravamen sobre actos ilícitos.

sar, por tanto, que el canon debe liquidarse calculando por métodos indiciarios el "volumen de vertidos legalizables" [ex art. 97.2 b)].

Dado que se trata de un tributo periódico, la concurrencia durante el año natural de vertidos autorizados (o autorizables) y otros radicalmente prohibidos debería llevar a la exigencia del canon con relación a los tributos susceptibles de autorización.

También puede suceder que el tributo grave determinada conducta indeseable en función de su intensidad (*vgr.*, el volumen de emisiones industriales de cierta sustancia, como sucede en el impuesto gallego sobre emisiones atmosféricas) y que las normas administrativas o penales prohíban radicalmente que se supere cierto umbral de emisiones, castigando la infracción. En este caso el *bis in idem* no alcanzaría a la totalidad del tributo, sino al importe devengado por el exceso de emisiones sobre el volumen permitido. Entre otras hipótesis este supuesto podría concurrir en situaciones catastróficas o de emergencia relacionadas con el campo de la energía.

Como hemos señalado, en el ámbito energético el principal problema se plantea con las *tarifas por incumplimiento* de ciertas exigencias ambientales; en particular, del límite de emisiones atmosféricas legitimado por la titularidad de permisos negociables (sistema danés).

4.3 Peculiaridades de los tributos ambientales de carácter compensatorio

Algunos tributos ambientales se dirigen en primera línea a compensar las externalidades negativas provocadas por la agresión ambiental. Estos tributos también presentan una cierta finalidad desincentivadora en la medida en que internalizan los costes externos en el precio de la actividad contaminante. La peculiaridad radica en que el importe del tributo no atiende al incentivo necesario para alcanzar ciertos niveles de contaminación, sino a los costes externos que se generan.

En este caso, la exigencia del tributo debería ser compatible con la sanción, *salvo que esta venga acompañada de otras medidas compensatorias equivalentes*. Dichas medidas pueden imponerse en vía administrativa o penal. Así, el art. 37.3 de la Ley 4/1989, de 27 de marzo, sobre Espacios Naturales Protegidos establece la obligación del infractor de reparar el daño causado, al margen de las sanciones penales o administrativas que en cada caso procedan, teniendo la reparación como objetivo el lograr la restauración del medio natural en la medida de lo posible. Por su parte, el art. 339 CP establece que "los Jueces o Tribunales, motivadamente, podrán ordenar la adopción, a cargo del autor del hecho, de medidas encaminadas a restaurar el equilibrio ecológico perturbado, así como adoptar cualquier otra medida cautelar necesaria para la protección de los bienes tutelados en este Título" (delitos relativos a la ordenación del territorio y la protección del patrimonio histórico y del medio ambiente). Al aplicarse dichas medidas desaparece el fundamento del tributo ambiental. En tales supuestos la exigencia del tributo resultaría arbitraria, puesto que no existe fundamento para exigirlo (ni capacidad económica, ni provocación de costes): en todo caso se trataría de una sanción encubierta, figura que no admite el Tribunal Constitucional.

En la práctica puede resultar difícil determinar si el tributo tiene una finalidad compensadora. Para ello, deberá atenderse fundamentalmente a sus elementos cuantitativos: el art. 20.2 LTPP prevé que el importe de la tasa calculado en la memoria económico-financiera, *contemple el deterioro del dominio público derivado de la utilización privativa o el aprovechamiento especial*, y sólo cuando no se haya hecho así, existirá obligación por parte del sujeto pasivo de reintegrar el coste total de los gastos de reconstrucción o reparación, al margen del importe de la tasa. En este caso la propia exigencia del tributo impide adoptar otras medidas compensatorias.

En cambio, el art. 24.5 LHL señala que "cuando la utilización privativa o el aprovechamiento especial lleve aparejada la destrucción o deterioro del dominio público local, el beneficiario, sin perjuicio del pago de la tasa a que hubiere lugar, estará obligado al reintegro del coste total de los respectivos gastos de reconstrucción o reparación y al depósito previo de su importe". Esto supone *a contrario*, que los costes del deterioro no pueden incluirse en la memoria económico-financiera.

En algunos casos el principio de equivalencia puede operar de otro modo: la cuantificación del tributo no atiende a las deseconomías externas, sino al *ahorro* que supone para el contribuyente el no evitar la contaminación.[137] Así, el Proyecto de Código Ambiental Alemán (1998) consideraba *el importe necesario para evitar la contaminación* (*Vermeidungskosten*) como un criterio de cuantificación adecuado para los tributos ecológicos (§ 192).[138]

Ahora bien, en estos casos el "ahorro de costes" también desaparece al operar las consecuencias accesorias del delito o la responsabilidad civil derivada de la infracción. Así, a juicio de Gracia Martín, "si en una empresa se desarrolla una actividad contaminante constitutiva de delito contra el medio ambiente, cabrá considerar ganancias a las cantidades no invertidas en los mecanismos e instalaciones anticontaminantes reglamentarios, y tales cantidades podrán ser decomisadas". Por lo que se refiere a la finalidad desincentivadora, también resultará innecesaria cuando se trate de conductas radicalmente prohibidas.

137. Algún documento [IEF (2000:4)] denomina "tasas de no-conformidad" los "tributos aplicados en caso de emisiones superiores al máximo legalmente establecido, [que] gravan bien el valor económico del coste social originado, o el beneficio extraordinario derivado de la actividad contaminadora". El documento destaca el carácter desincentivador de ambos tipos de "tasas" al señalar que "la cuantía de la tasa determina la eficacia de su aplicación, ya que de ésta dependerá la presencia o no de comportamientos disuasorios".

138. *Bundesministerium für Umwelt* (1998: 182-183).

Debe tenerse en cuenta que las emisiones atmosféricas, la producción de ruido o el deterioro del paisaje suponen un ahorro de coste para las empresas energéticas que no realizan las inversiones necesarias para evitar dichas externalidades negativas.

5. Gastos fiscales de carácter ambiental

5.1 Planteamiento

Tradicionalmente, el Presupuesto del Estado constituye el instrumento jurídico y económico más importante de intervención económica pública, a través de sus dos vertientes: el ingreso y el gasto público.

Por esta razón, cualquier estudio de los denominados "instrumentos económicos de la Política Medioambiental" incorpora en el mismo tanto los gastos públicos directos, dirigidos a las actuaciones medioambientales, en sus diversas modalidades: subvenciones de renta, subvenciones de capital, préstamos blandos, gastos corrientes, etc., como las actuaciones por el lado de los ingresos públicos, especialmente, los tributos ya que éstos constituyen la fuente más importante de obtención de recursos de las Haciendas Públicas modernas en los países occidentales, superando en todos los casos el 80% de los ingresos anuales de carácter público.

No es de extrañar, en consecuencia, la abundante literatura existente sobre las relaciones entre Gasto Público y medio ambiente o los documentos, análisis, propuestas, etc., sobre tributación medioambiental (empezando por la propia denominación de esta Comisión, así como su antecedente en el Instituto de Estudios Fiscales, vinculadas siempre a las relaciones entre la vertiente tributaria de la Política Fiscal del sector público y el medio ambiente), así como las políticas que se derivan de estas relaciones y sus efectos en el logro de determinados objetivos de protección y mejora del Medio Ambiente.

Sin embargo, las aportaciones al análisis de las relaciones entre los gastos fiscales y la problemática medioambiental son muy escasas o bien se integran, de forma superficial, en el estudio de la tributación medioambiental y sus problemas.

5.2 El presupuesto de gastos fiscales

La causa fundamental que subyace en ese desinterés o en la atención marginal dedicada a esta problemática es el desconocimiento existente en el Derecho Financiero y en la Hacienda Pública, es decir, tanto en el análisis jurídico como en el análisis económico del Presupuesto del Estado, sobre la existencia de una tercera vertiente del Presupuesto del Estado, de tanta relevancia, aunque sea cuantitativamente (por poner un ejemplo, el Presupuesto de Beneficios Fiscales en España para el año 2001 su cuantía asciende a 6.198.214 millones de pesetas, el 25,23% del total de los Ingresos Tributarios del Estado estimados para ese ejercicio), como son los gastos o beneficios fiscales, conocidos en la terminología anglosajona como *tax expenditures*.

La doctrina del gasto fiscal tiene su origen en la obra del profesor de la Universidad de Harvard, Stanley S. Surrey, que la incorpora con posterioridad, mediante su trabajo en el Tesoro norteamericano, a los debates del Presupuesto USA.

Para Surrey, existían una serie de desviaciones intencionadas en cada uno de los tributos que integran el sistema tributario de una nación que suponían una ruptura de la base estructural, el *benchmark*, que el tributo en particular debería someter a tributación. Estas desviaciones, originadas y justificadas por las causas más diversas, generaban pérdidas recaudatorias al Tesoro nacional, ya que suponían excluir de gravamen determinados conceptos tributarios que integraban esa "base estructural", modélica de imposición, o hacerlos tributar de forma más reducida, respecto a otros elementos integrantes del hecho imponible del tributo.

Tales pérdidas recaudatorias eran, en el fondo, equivalentes a una subvención directa del Estado a esos elementos o actividades excluidas de tributación o sometidas a una carga tributaria inferior y, en consecuencia, equivalían a un gasto público directo; de ahí, que se tratase, en el fondo, de gastos públicos realizados por el Estado a favor de determinadas actividades, sujetos o parámetros tributarios pero realizados por medio del ingreso público.

Evidentemente, era imprescindible conocer la existencia y cuantía de tales gastos fiscales, así como sus efectos sobre la sociedad y la economía nacionales, pues suponen una forma de intervención poco transparente del Estado, desconocida para el gran público, de gran importancia recaudatoria, dados los menores recursos que conllevan, y con sus propios problemas de eficacia, eficiencia, control, etc.

En estas condiciones, todo Presupuesto del Estado que se precie, a la hora de aportar información y permitir un debate democrático sobre la incidencia del Estado en la actividad económica, debería diferenciar esta tercera vertiente de la actividad presupuestaria: la del gasto fiscal, incluyendo un Presupuesto de Gastos Fiscales en los Presupuestos Generales del Estado, con sus conceptos, metodología de cálculo, cuantificaciones propias y un estudio sobre sus resultados, al igual que sucede con el ingreso y con el gasto público.

Ahora bien, los planteamientos de S. Surrey estaban excesivamente condicionados por la realidad fiscal norteamericana, tanto por la importancia de la imposición sobre la renta para el Presupuesto federal, como por la ausencia de un tributo sobre el consumo general, tipo IVA, que pudiera servir como modelo de referencia, de base estructural, para a partir de esta citada "base" analizar las diferencias en la realidad legislativa; de ahí que su identificación del gasto fiscal como toda desviación de la base estructural de un impuesto era más o menos sencilla de determinar en lo que respecta a los gravámenes sobre la renta, a partir de la identificación de esa base estructural como un modelo de renta, derivado de la conocida como concepción Schanz-

Haig-Simons del tributo, pero resultaba mucho más ardua de articular en otros tributos.

Junto a esta concepción del "gasto fiscal", la doctrina internacional (empezando por la española, tal y como demuestran, por ejemplo, las redacciones de los artículos 14 y 15 de la "norma básica de nuestro Ordenamiento Tributario", la Ley General Tributaria, las cuales ya exigían una cuantificación individualizada y una justificación de los beneficios fiscales)[139] conoce bajo rúbricas y contenidos muy diversos: exenciones, créditos fiscales, incentivos tributarios, beneficios fiscales, la existencia de una serie de disposiciones que por diversas causas excluyen o reducen la imposición sobre determinados parámetros tributarios. Estos "beneficios fiscales" generan, asimismo, una minoración de la recaudación potencial del Impuesto, atentan contra un principio básico de la imposición como es el de capacidad económica y se justifican en atención a otros fines de interés general o por la necesidad de que los tributos no sólo obtengan recursos del Estado, sino que atiendan al cumplimiento de otros principios rectores de la actividad económica y social, es decir, que cumplan lo que la doctrina española conoce como "finalidad extrafiscal" del sistema tributario, entre cuyos objetivos se encuentra, lógicamente, la obtención de determinados fines medioambientales: protección de la calidad del aire y de las aguas, ausencia o reducción de emisiones contaminantes, lucha contra la "contaminación blanca", etc.

La doctrina internacional, especialmente, la OCDE ha tratado de unificar bajo una terminología unitaria los conceptos de "gasto fiscal" y "beneficio fiscal", pues el segundo no pone el acento en diferenciarse de una hipotética base estructural del impuesto, sino en la existencia de mecanismos incentivadores en el seno del sistema fiscal que disminuyen la recaudación, tienen una justificación de índole social, política, económica o, incluso, de simplificación tributaria y pretenden beneficiar al sector, colectivo o actividad hacia la cual se dirigen. En cualquier caso, producen pérdidas recaudatorias que deben ser cuantificadas y, en el fondo, son equivalentes a la intervención por medio del gasto público directo, aunque su metodología de cálculo (normalmente, centrada en el llamado método *revenue forgone*, es decir, los ingresos perdidos por su inexistencia) y sus efectos son muy distintos, así como su regulación y su propia difusión pública, al ser, precisamente, la carencia de una exposición pública, ordenada y sistemática de estos "beneficios fiscales" uno de los problemas más importantes para conocer y evaluar sus efectos.

En todo caso, no existe todavía un consenso internacional sobre qué debe entenderse por "gasto fiscal", e inclusas aparecen en el debate internacional categorías novedosas vinculadas a esta idea, supuesto del llamado "gasto fiscal negativo", es decir, al igual que determinadas actividades, contribuyentes, regiones, inversiones, etc. están beneficiadas, con menor carga tributaria, por la normativa fiscal, otras actividades, sujetos pasivos, inversiones, pueden sufrir una desviación al alza de la carga tributaria, por considerar perjudicial su consumo, su uso, su aplicación de renta, etc. De hecho, esta categoría del "gasto fiscal negativo" identificaría, incluso, impuestos como los Impuestos Especiales como tales, ya que la existencia de una exacción espe-

139. El art. 14 LGT establece que "1. Todo proyecto de Ley por el que se proponga el establecimiento, modificación o prórroga de una exención o bonificación tributaria requerirá que, previamente, el Ministro de Hacienda haya expuesto al Gobierno de forma razonada: a) La finalidad del beneficio tributario y b) La previsión cifrada de sus consecuencias en los ingresos públicos. 2. La memoria se unirá al proyecto de ley para su presentación a las Cortes". Según el art. 15 LGT "Las normas por las que se otorguen exenciones o bonificaciones tendrán limitada su vigencia a un período de cinco años, salvo que se establezcan expresamente a perpetuidad o por mayor o menor tiempo, y sin perjuicio de los derechos adquiridos durante dicha vigencia. El Gobierno, por iniciativa del Ministerio de Hacienda, propondrá periódicamente a las Cortes la prórroga de las que deben subsistir".

cífica sobre un consumo particular como es el tabaco, o lo son las bebidas alcohólicas o los hidrocarburos, separada de su gravamen natural (*sic*) y general sobre el mismo consumo, caso del IVA, se justifica en atención a las deseconomías externas y perjuicios, *vgr.*, de salud pública, que generan.

Precisamente, la categoría del "gasto fiscal negativo", poco desarrollada por la doctrina y la práctica hacendística puede tener una aplicación relevante en el campo de la fiscalidad medioambiental, pues la doctrina conoce que uno de los graves problemas del sistema tributario en su conjunto es que desconoce las externalidades negativas de ciertos comportamientos; es más, muchos parámetros del sistema tributario favorecen comportamientos y actividades contrarias al medio ambiente, por lo que podían perfectamente ser gravados (si, por otras razones, se desea mantenerlos o regularlos) de una forma diferencial, más gravosa que otras actividades entendidas como "normales" o sin efectos negativos apreciables en el Medio Ambiente.

En el campo de la imposición energética la categoría del "gasto fiscal negativo" se hace más relevante aún, si consideramos que solo determinadas fuentes energéticas en España están sometidas a imposición, mientras que otros, *vgr.*, gas natural, no lo están.

Cualquiera que sea la opción que se escoja para estimar/evaluar estos "beneficios" o "gastos" fiscales (y dejando de lado, la compleja problemática del "gasto fiscal negativo", por su incipiente desarrollo doctrinal), lo cierto es que el interés por identificar, cuantificar y evaluar los mismos es creciente y de forma cada vez más habitual, los Estados miembros de la OCDE publican, con mayor o menor rigor, estimaciones sobre la cuantía de los beneficios tributarios que existen en su sistema fiscal.

5.3 Gastos fiscales e intervenciones medioambientales

Con independencia del concepto que tengamos del "gasto fiscal", ya como una excepción o situación singular del Ordenamiento Tributario, lo que vincula más este planteamiento a la vertiente del ingreso público, ya como una forma de fomentar determinadas actividades, rentas o contribuyentes, lo que equivale a una actuación desde la vertiente del gasto público; su existencia e importancia cuantitativa obliga a computarlos y a considerarlos en cualquier análisis de las intervenciones en el medio ambiente realizadas con instrumentos económicos, pues al final se traducen en excluir esas rentas, actividades o contribuyentes de una carga tributaria y, en consecuencia, modulan comportamientos económicos que se entiende deben ser favorecidos.

De hecho, en las clasificaciones más conocidas de los "instrumentos económicos de la Política Medioambiental", como la realizada por la OCDE, aparecen bajo la rúbrica, ambigua y poco precisa, de "incentivos tributarios" o "subvenciones" en sentido amplio y cualquier estudio sobre Fiscalidad Medioambiental les dedica alguna atención. El verdadero problema es que o bien no se les estudia de forma autónoma, con independencia de los tributos y, por la misma razón, no se consideran sus diferencias (en todos los órdenes: jurídicos, políticos y económicos); o bien se analizan algunos incentivos tributarios, alejados de un marco general de estudio o comprensión del fenómeno del gasto fiscal.

En estas condiciones, cabe reivindicar, ante cualquier finalidad de Política Económica, incluidas la medioambiental y la energética, un estudio de los gastos fiscales y sus efectos en la protección del medio ambiente, vinculado, pero con cierta independencia del análisis de la Fiscalidad Medioambiental.

Precisamente, la doctrina y los datos cuantitativos reflejan, de forma contundente, que muchos beneficios fiscales potencian actividades industriales o productivas que dañan gravemente el medio ambiente o benefician el uso excesivo e ineficiente de la energía e, incluso, apoyan consumos energéticos con fuertes externalidades negativas.

Por ello, el análisis de los gastos fiscales en el terreno medioambiental se enfrenta a una doble necesidad:

• Identificar y cuantificar, en su caso, los beneficios fiscales que favorecen al medio ambiente.

• Identificar y cuantificar, en su caso, los beneficios fiscales que favorecen actividades, operaciones o productos dañinos para el medioambiente.

5.4 El presupuesto de gastos fiscales en España

España es uno de los Estados de la OCDE donde mayor interés (por razones que no son al caso, pero que tampoco son neutrales o derivadas de un simple interés abstracto) se ha dedicado al Presupuesto de Gastos Fiscales.

La exigencia de un Presupuesto de Gastos Fiscales, integrado anualmente en los Presupuestos Generales del Estado, dotado de independencia y con relevancia política propia, aparece claramente recogida en la Constitución Española, cuyo artículo 134.2 afirma: "Los Presupuestos Generales del Estado tendrán carácter anual, incluirán la totalidad de los gastos e ingresos del sector público estatal y en ellos se consignará el importe de los beneficios fiscales que afecten a los tributos del Estado".

Tal y como se deduce del rango de la norma, el Presupuesto de Beneficios Fiscales español es entendido de forma relevante para conocer y, en su caso, estimar la actividad presupuestaria del Estado; por la misma razón, cualquier estudio de los impactos económicos de la actividad pública en los temas medioambientales en España tiene que dedicar, siquiera un excurso, a las relaciones entre gasto fiscal y Medio Ambiente.

Pues bien, aunque con una calidad variable y con cambios metodológicos significativos, los Presupuestos de Gastos Fiscales se elaboran en España desde 1979 y desde 1996 se presentan, con una abundante información, como Memoria de Beneficios Fiscales (disposición adicional vigésimo cuarta de la Ley 41/1994), tomo II del Informe Económico y Financiero que se adjunta a los Presupuestos Generales del Estado.

Conceptualmente, los diversos Presupuestos de Beneficios Fiscales en España han ido construyendo un concepto de "gasto fiscal", asimilable a la doctrina internacional al respecto, pero muy vinculado a la tradición española, más interesada (como demuestran los artículos de la Ley General Tributaria mencionados *supra*) en cuantificar "beneficios fiscales", justificar su existencia como ruptura del principio de "capacidad económica" (reconocido como principio de la imposición por el artículo 31.1. de la Constitución Española) y estudiar su impacto en la realidad socioeconómica; de esta forma, nuestro Presupuesto de Gastos Fiscales es más, incluso terminológicamente, un Presupuesto de Beneficios Fiscales que un intento de determinar las desviaciones que el sistema tributario mantiene frente a una "base estructural" en cada impuesto.

Nuestro Presupuesto de Gastos Fiscales, por otra parte, emplea en su cálculo el sistema de "pérdida de ingresos" (*revenue forgone*) y, de forma coherente con nuestra forma de computar el ingreso público, determina los gastos fiscales siguiendo el método de caja. En otro orden de cosas, y a pesar de algunas referencias al respecto, carece de un estudio sistemático de la eficacia y eficiencia de los diversos beneficios tributarios que lo integran. Asimismo, aunque existan algunas excepciones, especialmente, en lo que respecta a los incentivos a la inversión en el Impuesto sobre Sociedades, la doctrina científica española ha prestado poca atención a este último tema.

Por último, nuestro Presupuesto de Gastos Fiscales incorpora una clasificación por objetivos de sus diversos beneficios tributarios que deriva de la clasificación por Políticas de Gastos de los propios Presupuestos, entre las cuales no figura de forma independiente la protección al Medio Ambiente, la energía o finalidad similar.

5.5 El Presupuesto de Gastos Fiscales para 2003

El Presupuesto de Gastos Fiscales (en adelante, PGF) para el ejercicio 2003, incorporado como Anexo a los Presupuestos Generales de Estado para este año, plantea un problema previo: la imposibilidad de comparar sus cifras con las del ejercicio anterior, con el argumento de que "El PGF de 2003 incorpora de forma plena — y no parcial, como el precedente — los efectos del nuevo sistema de financiación de las Comunidades Autónomas, una vez completado el proceso de cesión tributaria a todas las Comunidades. En consecuencia, ni su importe total ni la mayor parte de sus cifras intermedias son homogéneos con los de años anteriores".[140]

Esta falta de homogeneidad no puede excusarse, reflejando, una vez más, la pérdida de calidad de la información sobre las actividades del sector público estatal,[141] pérdida de calidad reiteradamente denunciada por la doctrina hacendística española y que para este autor atenta contra principios básicos de una democracia moderna, como son la información a los ciudadanos sobre la gestión de los bienes y servicios públicos y la transparencia.

Ante esta dificultad procede informar simplemente sobre las cuantías de algunos gastos fiscales vinculados a la protección medioambiental, aunque esta pérdida de información dañe decididamente tal propósito, pues un tributo tan esencial a nuestro tema como es el Impuesto sobre la Electricidad, al estar totalmente cedido a las CCAA, no se presenta ya en el PGF del Estado. De todas formas, la obligación, incorporada por las normas de equilibrio presupuestario, de que los Presupuestos de las CCAA proporcionen, asimismo, datos respecto de los GF en los tributos de su competencia podrá permitir, en un futuro próximo, mejorar nuestros conocimientos en esta materia, siempre, claro está, que tal obligación sea respetada y que la metodología de cálculo de los PGF autonómicos resulte homogénea.

En primer lugar, conviene decir que el importe estimado de los beneficios fiscales que afectan a los impuestos estatales para el ejercicio 2003, asciende, en términos absolutos, a 35.600 millones de euros, siendo los más importantes los correspondientes: al Impuesto sobre la Renta de las Personas Físicas (IRPF), 12.977,28, el 36,45% del total anterior; el Impuesto sobre Sociedades (IS), 3.393,02 millones de euros, el 9,53% y el Impuesto sobre el Valor Añadido, 17.110,85 millones de euros, el 48,067%.

Evidentemente, estas cifras y porcentajes están muy distorsionados por la cesión de la recaudación de muchos gravámenes o de participaciones relevantes de determinados tributos a las CCAA desde el 1 de enero de 2002.

Piénsese, por ejemplo, que las cuantías anteriores en el IVA solamente exponen el 65% de los ingresos del tributo, pues el 35% de la recaudación se encuentra cedida a las CCAA o que los Impuestos Especiales, precisamente, los más significativos desde el punto de vista ambiental, se han cedido, en algunos supuestos, el 100% a las CCAA, por ejemplo, el Impuesto sobre la Electricidad y el 40% para los Impuestos sobre Hidrocarburos.

Asimismo, un tributo de tanta incidencia medioambiental como es el llamado Impuesto sobre las Ventas Minoristas de Determinados Hidrocarburos se cede (aunque no, por ejemplo, en Navarra) al 100% a las CCAA, pudiendo éstas modificar un

140. Ministerio de Hacienda (2003:163).

141. Ello a pesar de algunas iniciativas loables, como es la publicación por parte del Instituto de Estudios Fiscales, en su página *web* (<www.ief.es>), de una Base de Datos sobre el Sector Público Español que se va actualizando con cierta regularidad.

tramo autonómico del mismo (tal y como ha hecho la Comunidad Autónoma de Madrid, mediante la Ley 7/2002, de 25 de julio, por la que se regula el tipo de gravamen autonómico del Impuesto sobre Ventas Minoristas de Determinados Hidrocarburos en la Comunidad de Madrid ("Boletín Oficial de la Comunidad de Madrid" de 26 de julio de 2002 y "Boletín Oficial del Estado" de 23 de agosto).

En estas condiciones, a las que suma la inexistencia, dentro de la denominada "clasificación funcional del PGF", de una imputación de los gastos de esta naturaleza a la Política Medioambiental, la información que podemos proporcionar seguidamente no resulta muy significativa. Así, dos únicos conceptos del PGF estatal para el año 2003 pueden situarse decididamente en el ámbito de los gastos fiscales con vocación medioambiental:

a) En el IS, las deducciones para inversiones protectoras del medio ambiente (cuya regulación fue modificada en el año 2002, introduciéndose nuevos supuestos incentivados para la renovación del parque de medios de transporte, cuya finalidad medioambiental no nos parece, precisamente, muy clara). El gasto fiscal previsto asciende a 38,60 millones de euros, lo que supone el 0,11% del total de los PGF.

b) En el Impuesto Especial sobre Hidrocarburos, nos encontraríamos con el gasto fiscal ligado al tipo reducido del gasóleo, cuyo gasto fiscal se evalúa en 526,41 millones de euros, el 1,48% del PGF. Si extrapolamos esta cifra, incorporando el porcentaje, el 40%, que se cede de este gravamen a las CCAA, el valor total del beneficio tributario por esta partida sería de unos 877,35 millones de euros.

En suma, la determinación en los momentos actuales de los gastos fiscales vinculados al medio ambiente se ha complicado mucho más, obligando a una labor de vigilancia, homogeneización y estudio de los diversos Presupuestos Generales de las CCAAs.

5.6 *Los gastos fiscales en otros presupuestos distintos a los del Estado en España*

El artículo 134.2 *in fine* de la Constitución Española sólo afirma la obligación de determinar y cuantificar un Presupuesto de Gastos Fiscales en el "Estado"; ahora bien, por obligación legal o por decisión política, otras Administraciones Territoriales españolas con poder tributario más o menos autónomo: CCAA y Ayuntamientos han ido creando, *ad hoc*, con criterios poco explícitos o no conocidos y, salvo el caso de Navarra, no homogéneos a los del Estado Central, sus propios Presupuestos de Gastos Fiscales.

Sería, en consecuencia, imprescindible delimitar los gastos fiscales que en los tributos autonómicos y locales se vinculan al Medio Ambiente, estimarlos, conocer su impacto y su eficacia/eficiencia en la obtención de sus fines y elaborar al final un Presupuesto de Gastos Fiscales consolidado (si es posible) de todo el Estado Español vinculado al Medio Ambiente.

Entre los gastos fiscales ambientales de carácter autonómico cabe mencionar diversas deducciones de la cuota autonómica del IRPF.

En el ámbito local, la Ley 51/2002 ha introducido algunas modificaciones en los incentivos fiscales ya existentes (IBI e Impuesto sobre Circulación) y ha introducido otros nuevos (IAE e Impuesto sobre Construcciones, Instalaciones y Obras).

- Está exenta del Impuesto sobre Bienes Inmuebles "la superficie de los montes en que se realicen repoblaciones forestales o regeneración de masas arboladas sujetas a proyectos de ordenación o planes técnicos aprobados por la Administración forestal. Esta exención tendrá una duración de quince años, contados a partir del período impositivo siguiente a aquel en que se realice su solicitud" [art. 63.2 c) LHL].

- "Las ordenanzas fiscales podrán regular una bonificación [del Impuesto sobre Bienes Inmuebles] de hasta el 90 por 100 de la cuota íntegra del Impuesto a favor de los bienes inmuebles urbanos ubicados en áreas o zonas del municipio que, conforme a la legislación y planeamiento urbanísticos, correspondan a asentamientos de población singularizados por su vinculación o preeminencia de actividades primarias de carácter agrícola, ganadero, forestal, pesquero o análogas y que dispongan de un nivel de servicios de competencia municipal, infraestructuras o equipamientos colectivos inferior al existente en las áreas o zonas consolidadas del mismo, siempre que sus características económicas aconsejen una especial protección.

"Las características peculiares y ámbito de los núcleos de población, áreas o zonas, así como las tipologías de las construcciones y usos del suelo necesarios para la aplicación de esta bonificación y su duración, cuantía anual y demás aspectos sustantivos y formales se especificarán en la ordenanza fiscal" (art. 75.1 LHL).

• "Cuando las ordenanzas fiscales así lo establezcan, se aplicarán las siguientes bonificaciones [en el Impuesto sobre Actividades Económicas]: (...) c) Una bonificación de hasta el 50 por 100 de la cuota correspondiente para los sujetos pasivos que tributen por cuota municipal y que:

"Utilicen o produzcan energía a partir de instalaciones para el aprovechamiento de energías renovables o sistemas de cogeneración.

"A estos efectos, se considerarán instalaciones para el aprovechamiento de las energías renovables las contempladas y definidas como tales en el Plan de Fomento de las Energías Renovables. Se considerarán sistemas de cogeneración los equipos e instalaciones que permitan la producción conjunta de electricidad y energía térmica útil.

"Realicen sus actividades industriales, desde el inicio de su actividad o por traslado posterior, en locales o instalaciones alejadas de las zonas más pobladas del término municipal.

"Establezcan un plan de transporte para sus trabajadores que tenga por objeto reducir el consumo de energía y las emisiones causadas por el desplazamiento al lugar del puesto de trabajo y fomentar el empleo de los medios de transporte más eficientes, como el transporte colectivo o el compartido" (art. 89.2 LHL).

• "Las ordenanzas fiscales podrán regular, sobre la cuota del impuesto [sobre circulación de vehículos], incrementada o no por la aplicación del coeficiente, las siguientes bonificaciones:

"a) Una bonificación de hasta el 75 por 100 en función de la clase de carburante que consuma el vehículo, en razón a la incidencia de la combustión de dicho carburante en el medio ambiente.

"b) Una bonificación de hasta el 75 por 100 en función de las características de los motores de los vehículos y su incidencia en el medio ambiente" (art. 96.6 LHL).

• "Las ordenanzas fiscales podrán regular las siguientes bonificaciones sobre la cuota del impuesto [sobre construcciones, instalaciones y obras]:

"(...) b) Una bonificación de hasta el 95 por 100 a favor de las construcciones, instalaciones u obras en las que se incorporen sistemas para el aprovechamiento térmico o eléctrico de la energía solar para autoconsumo. La aplicación de esta bonificación estará condicionada a que las instalaciones para producción de calor incluyan colectores que dispongan de la correspondiente homologación de la Administración competente" (art. 104.2 LHL).

Puesto que los municipios han dispuesto de un plazo sumamente breve para adaptar sus ordenanzas fiscales al nuevo marco legal, habrá que esperar al próximo año para analizar con mayor perspectiva en qué medida se adoptan los nuevos beneficios fiscales de carácter potestativo.

5.7 *Gastos fiscales y ayudas de Estado*

Ante la falta de concreción del principio quien contamina paga,[142] la Comisión

142. Cfr. Wasmeier (1995:82); Borrero (1999:30-31).

parece intentar una interpretación extensiva de los preceptos sobre ayudas de Estado para controlar así los beneficios fiscales contrarios al principio quien contamina paga (aquellos que hacen recaer el coste de las medidas ambientales obligatorias sobre la generalidad de los contribuyentes). A juicio de la Comisión, las ayudas estatales en favor del medio ambiente suelen cumplir los requisitos del art. 87.1:[143] "confieren una ventaja a determinadas empresas, a diferencia de las medidas generales que benefician a todas las empresas, y pueden afectar a los intercambios comunitarios".[144]

Esta vía facilita a la Comisión un control directo y un cierto margen de discrecionalidad para autorizar o no diversos beneficios fiscales, ponderando las distorsiones de la competencia y la adecuación a los objetivos del art. 87.3.[145] La Comisión fundamenta la autorización de las ayudas de Estado en materia ambiental en los supuestos previstos para "fomentar la realización de un proyecto importante de interés común europeo" [art. 87.3.b) TCE] y "facilitar el desarrollo de determinadas actividades" [art. 87.3.c)].[146]

La Comisión aprobó unos criterios para la autorización de ayudas de Estado en materia ambiental mediante las *Directrices comunitarias sobre ayudas de Estado a la protección del medio ambiente* de 1994,[147] cuya vigencia se prorrogó hasta el 31 de diciembre de 2000.[148] Posteriormente la Comisión ha aprobado unas nuevas *Directrices*[149] cuya aplicación finalizará el 31 de diciembre de 2007, si bien, "la Comisión, previa consulta con los Estados miembros, podrá modificar estas Directrices antes del 31 de diciembre de 2007, cuando así lo justifiquen razones importantes relacionadas con la política de competencia o de medio ambiente, o para tener en cuenta otras políticas comunitarias o compromisos internacionales" (*Directrices* 2001, núm. 81).

El Tribunal de Justicia considera que este tipo de "directrices" constituyen una disposición destinada a producir efectos jurídicos con fundamento en el antiguo art. 93.1 TCE (actual art. 87).

Las Directrices de 2001 — como ya hacían las de 1994 — distinguen diversos tipos de ayudas, entre los que cabe destacar los incentivos a la inversión para proteger el medio ambiente (que pueden instrumentarse mediante beneficios fiscales en tributos ordinarios), y las ayudas de funcionamiento (que abarcan las desgravaciones presentes en la estructura de tributos ambientales). Dentro del primer grupo, las nuevas Directrices prestan especial atención a las inversiones en el sector energético.

143. Según este precepto, "salvo que el presente Tratado disponga otra cosa, serán incompatibles con el mercado común, en la medida en que afecten a los intercambios comerciales entre Estados miembros, las ayudas otorgadas por los Estados o mediante fondos estatales, bajo cualquier forma, que falseen o amenacen falsear la competencia, favoreciendo a determinadas empresas o producciones".

144. Directrices comunitarias sobre ayudas estatales en favor del medio ambiente (94/C 72/03), ap. 3.1.

145. Destacan este control de proporcionalidad Tesauro (1995:486); Fichera (1998:123); Evans (1998:432) y Vaquera García (1999:220).

146. Directrices comunitarias sobre ayudas estatales en favor del medio ambiente (94/C 72/03), ap. 3.6 y 3.7. Según dichas Directrices "la excepción de la letra b) del apartado 3 del art. 92 del Tratado CE [ant.] podrá aplicarse a las ayudas destinadas a fomentar la realización de un proyecto importante de interés común europeo en ámbitos en que la protección del medio ambiente sea prioritaria y que, por lo general, puedan tener efectos benéficos allende las fronteras de los Estados miembros u otros Estados interesados. Es también imprescindible que la ayuda sea necesaria para realizar un proyecto concreto y detallado, importante en términos cualitativos y que constituya una contribución ejemplar y verificable al interés común europeo. En la aplicación de esta excepción, la Comisión podrá autorizar ayudas cuyos niveles rebasen los límites definidos para las ayudas autorizadas en virtud de la letra c) del apartado 3 del art. 92 [ayudas para facilitar el desarrollo de determinadas actividades]" (ap. 3.7).

147. *DO*, núm. C 72, de 10.3.1994, p. 3.

148. *DO*, núm. C 184, de 1.7.2000, p. 25.

149. Directrices comunitarias sobre ayudas estatales en favor del medio ambiente, *DO*, núm. C 37, de 3.2.2001, p. 3.

Con arreglo a las citadas Directrices, los beneficios fiscales en tributos ordinarios con el carácter de ayudas a la inversión serían admisibles cuando se concedieran como medida transitoria para adoptar nuevos *standards* obligatorios, para superar las normas obligatorias o para mejorar los resultados ambientales en ausencia de normativa obligatoria.[150] En cambio, las exenciones en impuestos ecológicos no armonizados — o superiores a los mínimos armonizados — podrían autorizarse durante diez años, con ciertos requisitos, siempre que fuera necesario para compensar una pérdida de competitividad, internacional.[151]

Por otra parte, con arreglo al artículo 89 TCE, el Consejo puede adoptar por mayoría cualificada los reglamentos apropiados para la aplicación de los artículos 87 y 88 y determinar, en particular, las condiciones para la aplicación del apartado 3 del artículo 83 (notificación previa a la Comisión) y las categorías de ayudas que quedan excluidas de tal procedimiento. Esta técnica normativa parece más adecuada y ofrece mayores garantías que las meras "directrices" de la Comisión para regular las ayudas de estado en materia ambiental. El Consejo ha aprobado ya un reglamento por el que se establece el procedimiento para el control y la autorización de las ayudas.[152] También ha aprobado un Reglamento por el que autoriza a la Comisión a exonerar determinadas categorías de ayudas — entre otras las destinadas a proteger el medio ambiente — del requisito de notificación previa. Tal exoneración deberá realizarse mediante reglamentos aprobados por la Comisión en los que se especifique la finalidad de la ayuda, las categorías de beneficiarios, los umbrales aplicables (expresados en términos de intensidad de la ayuda con respecto a un conjunto de costes subvencionables o en términos de cuantías máximas), las condiciones y las condiciones de control.

A nuestro juicio estos Reglamentos constituirían el instrumento idóneo para desarrollar las exigencias del principio quien contamina paga sobre el régimen de las ayudas de Estado.

Debe tenerse en cuenta que también constituyen ayudas de estado los gastos fiscales introducidos con fines de Política Económica (no ambientales) en los impuestos sobre la energía. Con ellos se intenta reducir el impacto de dichos impuestos sobre la competitividad de las empresas, en especial de aquellas que realizan un uso intensivo de la energía. Dichas ayudas de Estado quedan sometidas también al control de la Comisión.[153]

6. Conclusiones

1. Los tributos sólo tienen auténtica naturaleza ambiental cuando el diseño de sus elementos cuantitativos constituye un incentivo para la protección del entorno natural. En la actualidad los impuestos sobre la energía contienen importantes desgravaciones con fines de política económica contrarios al interés ambiental. Además, existen otros impuestos energéticos de carácter pretendidamente ambiental que encubren finalidades meramente recaudatorias.

150. Directrices 2001, cit ap. E.1.

151. Directrices 2001, cit., ap. E.3.2. Respecto a las Directrices de 1994, cfr. Careaga (1999:1347 y ss.).

152. Reglamento (CE) 659/1999 del Consejo de 22.3.1999 por el que se establecen disposiciones de aplicación del artículo 93 del Tratado CE (*DO*, L 083 de 27.3.1999, pp. 1-9).

153. En cambio, según el Tribunal de Justicia, "una normativa de un Estado miembro que, por una parte, obliga a las empresas privadas suministradoras de electricidad a adquirir la electricidad generada en su zona de suministro por fuentes de energías renovables a precios mínimos superiores al valor económico real de este tipo de electricidad y, por otra parte, reparte la carga financiera derivada de esta obligación entre dichas empresas suministradoras de electricidad y los gestores privados de redes eléctricas situados en un nivel de distribución anterior no constituye una ayuda de Estado en el sentido del artículo 92, apartado 1, del Tratado CE (actualmente artículo 87 CE, apartado 1, tras su modificación)" (STJCE, de 13.3.2001, As. C-379/98, *PreussenElektra AG*).

2. La mayor parte de los instrumentos económicos de protección ambiental presenta conexiones con la fiscalidad ecológica de la energía: impuestos sobre emisiones contaminantes derivados de la producción energética, cánones de utilización por el uso de la atmósfera o de las infraestructuras del transporte, impuestos sobre productos energéticos, tarifas por emisiones contaminantes de centrales energéticas que excedan el volumen de los permisos negociables, devoluciones tributarias vinculadas a la eliminación de combustibles contaminados, contribuciones especiales por el establecimiento de servicios que disminuyen el riesgo ambiental de las empresas del sector energético, beneficios fiscales a las energías limpias, etc.

3. Los impuestos ambientales deben coordinarse con las sanciones. Las medidas fiscales no deben gravar conductas radicalmente prohibidas, sino conductas toleradas, como sucede con la producción, distribución y consumo de productos energéticos.

4. La simplificación propia de los impuestos ambientales — en especial de los impuestos sobre productos — puede llegar a desvirtuar su fin ambiental hasta el punto de crear conflictos con las normas armonizadoras del impuesto sobre hidrocarburos o con las libertades comunitarias.

5. Pueden instrumentarse tasas ambientales cuando la Administración controle actividades de producción, distribución y consumo de energía que supongan un riesgo especial, como sucede con las tasas exigidas por el control de instalaciones nucleares.

6. La doctrina ha discutido la posibilidad de exigir tasas por el aprovechamiento especial del dominio público cuyo hecho imponible consiste en un impacto sobre el paisaje como consecuencia de instalaciones de transporte de energía o por la práctica de emisiones atmosféricas derivadas de la generación de energía.

7. En el ámbito energético, las llamadas *tasas por tolerancia* pueden constituir un importante instrumento destinado a completar el uso de permisos negociables de emisiones. Pensemos en el sistema danés que combina dichos permisos con el pago de una tarifa por un incumplimiento cuando se superen las cantidades previstas en dichos permisos. Dicha "tarifa" constituirá una tasa y no una sanción en la medida en que tales emisiones suplementarias no estén radicalmente prohibidas (en cuyo caso la Administración debería acudir a su autotutela ejecutiva para asegurar el cese de la actividad).

8. En algunos casos puede tener sentido la compatibilidad parcial entre las sanciones y los tributos ambientales. Con ciertos requisitos, esto podría suceder en el caso de situaciones catastróficas o de emergencia relacionadas con el campo de la energía. En cambio, no deberían aplicarse sanciones en el caso de que se exija una tasa de tolerancia por superar las emisiones correspondientes a los permisos negociables (aunque el establecimiento de una prohibición radical acompañada de sanciones podría constituir una alternativa al establecimiento de tributos).

9. La distinción entre impuestos, tasas y contribuciones especiales se desdibuja en el ámbito de la fiscalidad ambiental. Esto provoca importantes distorsiones dado el diverso régimen de distribución de competencias sobre cada una de estas figuras. Una posible solución estaría en elaborar un concepto genérico de tributo ambiental con un régimen jurídico de distribución de competencias común a las tres categorías tributarias tradicionales. Así se evitaría la tendencia — especialmente presente en el ámbito energético — a manipular las categorías tributarias para eludir las limitaciones competenciales.

10. A la hora de cuantificar los tributos energéticos de carácter ambiental debe tenerse presente que las emisiones atmosféricas, la producción de ruido o el deterioro del paisaje suponen un ahorro de coste para las empresas energéticas que no realizan las inversiones necesarias para evitar dichas externalidades negativas.

11. Una regulación genérica del concepto de tributo ambiental permitiría distinguir con claridad los verdaderos tributos ecológicos de aquellos tributos energéticos esencialmente fiscales. Además se pondría de manifiesto que los auténticos tributos energéticos ambientales no se cuantifican atendiendo al precio de la energía o al valor de las instalaciones, sino al impacto ambiental del objeto imponible. Además, podría preverse la elaboración de una memoria económico-ambiental como instrumento técnico para fijar los elementos cuantitativos del tributo en función de los daños ambientales derivados de la producción o consumo de los diversos productos energéticos.

12. En el ámbito energético existen numerosos gastos fiscales contrarios al interés ambiental. En ocasiones estos gastos fiscales llegan a plasmarse en la estructura de los impuestos ambientales, desvirtuando su eficacia. Tales disposiciones pueden considerarse ayudas de estado, sometidas al control de la Comisión Europea.

13. También existen beneficios fiscales con un fin de protección ambiental. Sin embargo, nuestro presupuesto de gastos fiscales no identifica qué beneficios tributarios y con qué cuantía se destinan en España a la protección del Medio Ambiente, pues la clasificación funcional de los gastos fiscales se vincula en nuestro Presupuesto a los programas de gasto directo que figuran en el mismo y en estos Programas no aparece de forma independiente el Medio Ambiente.

14. Parece necesaria la elaboración de un presupuesto de gastos fiscales ambientales de carácter consolidado que integrase los presupuestos de las diversos entidades territoriales con competencias sobre el medio ambiente.

7. *Bibliografía*

ALBIÑANA GARCÍA-QUINTANA, C. (2001): "Anotaciones a la Sentencia del Tribunal Constitucional de 30 de noviembre de 2000", *Impuestos* 5/2001.

ÁLVAREZ VILLAMARÍN, X. C. y GAGO RODRÍGUEZ, A. (2002): "La imposición energético-ambiental: análisis de datos de recaudación", en la obra colectiva dirigida por A. GAGO y J. LABANDEIRA, *Energía, Fiscalidad y Medio Ambiente en España*, Madrid, IEF.

ANGULO, J.; CHICO DE LA CÁMARA, P.; GARCÍA BARQUERO, C.; HERRERA, P. M.; MONREAL PALOMINO, I (2002): "El tratamiento fiscal de las nuevas energías", en la obra colectiva dirigida por A. GAGO y J. LABANDEIRA, *Energía, Fiscalidad y Medio Ambiente en España*, Madrid, IEF.

BARQUERO ESTEVAN, J. M. (2002): *La Función del Tributo en el Estado Social y Democrático de Derecho*, Centro de Estudios Políticos y Constitucionales, Madrid.

BAUMOL, W. J. y OATES, W. E. (1988): *The Theory of Environmental Policy*, 2ª ed., Cambridge, Cambridge University Press.

BOKOBO MOICHE, S. (2000): *Gravámenes e Incentivos Fiscales Ambientales*, Madrid, Civitas.

BORRERO MORO, C. J. (1999): *La Tributación Ambiental en España*, Madrid, Tecnos.

Bundesministerium der Finanzen (2000): *Ökoabgaben*, <www.bundesfinanzministerium.de>.

Bundesministerium für Umwelt, Naturschutz und Reaktorsicherheit (org.) (1998): *Umweltgesetzbuch. Entwurfder Unabhängigen Sachverständigenkommission zum Umweltgesetzbuch beim Bundesministerium für Umwelt, Naturaschutz und Reaktorsicherheit*, Berlin, Dunker & Humblot.

BUÑUEL GONZÁLEZ, M. (1999): *El Uso de Instrumentos Económicos en la Política del Medio Ambiente*, Colección Estudios 75, Madrid, Consejo Económico y Social.

———. (2001): "The Effect of emisión Permits and Pigouvian Taxes on Market Structure", *Papeles de Trabajo sobre Medio Ambiente y Economía* 1/2001.

———. (2002.a): "El uso de instrumentos fiscales en la política del medio ambiente: teoría, práctica y propuesta preliminar para España", *Papeles de Trabajo sobre Medio Ambiente y Economía* 1/2002.

———. (2002.b): "Teoría de la imposición ambiental", en la obra colectiva dirigida por A. GAGO y J. LABANDEIRA, *Energía, Fiscalidad y Medio Ambiente en España*, Madrid, IEF.

CAAMAÑO, M. A.; CALDERÓN, J. M. y MARTÍN JIMÉNEZ, A. (1999) "Comentario a la STJCE de 23 de junio de 1998", *RDFHP* 251/1999.

CARBAJO VASCO, D. (1993): "La imposición ecológica en España. El caso de la fiscalidad de las aguas", *Impuestos* 21/1993.

———. (1995): "Instrumentos económicos para la protección del medio ambiente: tipología, fiscalidad y parafiscalidad", *RDFHP* 238/1995.

CAREAGA, A. M. (1999): "Compatibilidad de los impuestos ambientales en el mercado único (Comentarios a la Comunicación de la Comisión *Impuestos y Gravámenes Medioambientales en el Mercado Único*)", *Impuestos* 1999- I.

CHICO DE LA CÁMARA, P. (1998) "El uso de contribuciones especiales para financiar la ejecución de obras hidráulicas medioambientales", *Noticias de la Unión Europea* 162/1998.

CHICO DE LA CÁMARA, P.; GRAU RUIZ, A.; HERRERA MOLINA, P. M. (2003): "Incentivos a las energías alternativas como instrumento de desarrollo sostenible", *Quincena Fiscal* 2/2003, p. 9.

Comisión Europea (1997): Comunicación *Impuestos y Gravámenes Ambientales en el Mercado Único*, *DOCE* C 224.

Comisión para el estudio y propuesta de medidas para la reforma de la LGT (2001): Presidida por E. GIMÉNEZ-REYNA, *Informe para la Reforma de la Ley General Tributaria*, Madrid, IEF.

CORRAL GUERRERO, L. (1993): *Introducción al Derecho Financiero y Tributario (para Ciencias empresariales)*, Trivium, Madrid.

DURÁN CABRÉ, J. M. y DE GISPERT BROSA, C. (2002): "Imposición energético-ambiental en España", en la obra colectiva dirigida por A. GAGO y J. LABANDEIRA, *Energía, Fiscalidad y Medio Ambiente en España*, Madrid, IEF.

EKINS, P. (1996): *Environmental Taxes & Charges. National Experiences & Plans*, Dublin, European Foundation for the Improvement of Living and Working Conditions.

EVANS (1998): *A Textbook on EU Law*, Oxford, Hart Publishing.

FALCÓN Y TELLA, R. (1999): "Aspectos tributarios de los sistemas de depósito, devolución y retorno", *QF* 9/1999.

FERNÁNDEZ JUNQUERA, M. (1985): "¿Un impuesto municipal industrial anticontaminante?", en la obra colectiva, *Organización Territorial del Estado*, v. II, Madrid, IEF.

FERNÁNDEZ ROZADO, C. y SÁNCHEZ TEMPLEQUE, L. (2002): "Otros instrumentos correctores del deterioro ambiental en el sector energético", en la obra colectiva dirigida por A. GAGO y J. LABANDEIRA, *Energía, Fiscalidad y Medio Ambiente en España*, Madrid, IEF.

FERNANDEZ ROZADO, C.; MÁS GARCÍA, L. C.; MAGANTO FERNÁNDEZ, G.; OLAGUIBEL DEL OLMO, J.; MARTÍNEZ MARTÍN, J. L.; SÁNCHEZ TEMBLEQUE, L. J.; SILVA AMADOR, L.; YÁBAR STERLING, A. (2001): "Energía, instrumentos económicos y desarrollo sostenible", en *Seminario Internacional Fiscalidad del Medio Ambiente y Desarrollo Sostenible*, Madrid, 22 y 23 de mayo de 2001 (texto multicopiado de los trabajos del congreso), IEF y Club Español de la Energía.

FERREIRO LAPATZA, J. J. (1998): "La clasificación de los tributos en impuestos, tasas y contribuciones especiales", *REDF* 100/1998.

FICHERA, F. (1998): "Gli aiuti fiscali nell'ordinamento comunitario", *Rivista di Diritto Finanziario e Scienza delle Finanze*, 1/1998.

FRANCO, Y. (2002): "El sistema de certificados verdes en el marco de la Directiva 2001/77/CE sobre promoción de la electricidad de procedente de fuentes de energía renovables", *Unión Europea Aranzadi*, nov. 2002.

———. (2003): "El sistema europeo de comercio de derechos de emisión de gases de efecto invernadero. Análisis de la Propuesta de Directiva europea de 23 de octubre de 2001", *Noticias de la Unión Europea*, 2003 (en prensa).

——— y HERRERA MOLINA, P. M. (2003) "Los nuevos instrumentos económicos para el fomento de energías renovables desde la perspectiva del derecho financiero comunitario", *Noticias de la Unión Europea*, 2003 (en prensa).

FRIEDRICH, K. (1999): "Die "Ökologische Steuerreform", *DB* 13/1999.

GAGO, A. y LABANDEIRA, J. (2002): "Fiscalidad, energía y medio ambiente", en la obra colectiva dirigida por los mencionados autores, *Energía, Fiscalidad y Medio Ambiente en España*, Madrid, IEF.

——— y RODRÍGUEZ MÉNDEZ, M. (2002): "La práctica de la imposición ambiental y las reformas fiscales verdes", en la obra colectiva dirigida por A. GAGO y J. LABANDEIRA, *Energía, Fiscalidad y Medio Ambiente en España*, Madrid, IEF.

GALÁN SÁNCHEZ, R. M. (2003) ¿Es posible un gravamen municipal sobre las antenas parabólicas? A propósito de la STJCE de 29.11.2001, *François de Coster*. As. C-17/00", *Impuestos*, mar. 2003 (en prensa).

GARCÍA DE LA MORA, L. y MARTÍNEZ LAGO, M. (1999): *Derecho Financiero y Tributario*, Barcelona, Bosch.

GARCÍA FRÍAS, A. (1991): "Los fines extrafiscales en las tasas", en *Tasas y Precios Públicos en el Ordenamiento Jurídico Español*, Madrid, IEF/Marcial Pons.

GARCÍA NOVOA, C. (1997): "Comentarios a los aspectos fiscales de la Ley de Envases", *Impuestos* 1997-II.

———. (2000): "La reforma de la Ley de Aguas en materia de cánones Hidrológicos (y II)", *QF* 7/2000.

GOMAR SÁNCHEZ, J. I. (1997): "¿Se pueden cobrar tasas y precios públicos en la prestación de servicios públicos por empresas mixtas?", *QF* 14/1997.

GÓMEZ VERDESOTO, M. (2000): "Condicionantes constitucionales a las medidas financieras de las Corporaciones locales en materia medioambiental", *NUE* 180/2000.

GONZÁLEZ-MÉNDEZ, A. (2000): "La configuración y determinación de la base imponible de los impuestos sobre las emisiones atmosféricas contaminantes y la medida del daño ambiental", *Impuestos* 21/2000.

HERRERA MOLINA, P. M. (2000): *Derecho Tributario Ambiental. La Introducción del Interés Ambiental en el Ordenamiento Tributario*, Madrid, Marcial Pons.

———. (2002.a): "Anexo de actualización", en la obra colectiva dirigida por A. YÁBAR STERLING, *La Protección Fiscal del Medio Ambiente. Aspectos Económicos y Jurídicos*, Madrid, Marcial Pons.

———. (2002.b): "Comentario a la STJCE 9.3.2000 *Evangelischer Krankenhausverein Wien*, As. C-437/97. Impuesto Municipal sobre Bebidas. IVA", en la obra dirigida por P. M. HERRERA y coordinada por B. GARCÍA CARRETERO, *Comentarios de Jurisprudencia Tributaria del Tribunal de Justicia de las Comunidades Europeas. Años 2000-2001*.

HERRERO DE LA ESCOSURA, P. (1996): *El IVA en la Jurisprudencia del Tribunal de Justicia de las Comunidades Europeas*, Madrid, Servicio de Publicaciones de la Universidad de Oviedo/Marcial Pons.

Instituto de Estudios Fiscales (2000): *La Fiscalidad Medioambiental en España y en la Europa de los Quince* (IEF, versión preliminar, 26.6.2000).

JIMÉNEZ HERNÁNDEZ, J. (1998): *El Tributo como Instrumento de Protección Ambiental*, Granada, Comares.

LASARTE ÁLVAREZ, J.; ESEVERRI MARTÍNEZ, E.; ADAME MARTÍNEZ, F.; MARTÍN, J. (1991): *Turismo y Financiación Autonómica y Local. Comentarios sobre la Llamada "Ecotasa" y otras Alternativas de Financiación*, Granada, Comares.

LASARTE ALVAREZ, J. *et al.* (2002): *Informe sobre la Reforma del Sistema de Financiación Autonómica*, Madrid, IEF.

LINARES LLAMAS, P. (2002): "Externalidades de la energía y su valoración", en la obra colectiva dirigida por A. GAGO y J. LABANDEIRA, *Energía, Fiscalidad y Medio Ambiente en España*, Madrid, IEF.

MARQUEZ, R. (2002): "La fiscalidad de la energía en la Unión Europea: el estado de la cuestión", *Papeles de Trabajo sobre Medio Ambiente y Economía* 2/2002.

MARTÍN DÉGANO, I. (2002): "Comentario a la STJCE 25.1.2001, *Comisión/República*

Francesa, As. C-429/97: Devolución del IVA pagado en otro Estado. Lugar de realización de los servicios de recogida, clasificación, transporte y eliminación de residuos, en la obra dirigida por P. M. HERRERA y coordinada por B. GARCÍA CARRETERO, *Comentarios de Jurisprudencia Tributaria del Tribunal de Justicia de las Comunidades Europeas. Años 2000-2001.*

MARTÍN FERNÁNDEZ, J. (1995): *Tasas y Precios Públicos en el Derecho Español*, Madrid, IEF/Marcial Pons.

MARTÍN JIMÉNEZ, A. J. (2000): "Notas sobre el concepto constitucional de tributo en la jurisprudencia reciente del TC", *REDF* 106/2000.

MARTÍN QUERALT, J.; LOZANO SERRANO, C.; CASADO OLLERO, G.; TEJERIZO LÓPEZ, J. M. (1999): *Curso de Derecho Financiero y Tributario*, 10ª ed., Madrid, Tecnos.

———. (2001): *Curso de Derecho Financiero y Tributario*, 12ª ed., Madrid, Tecnos.

MÄÄTTÄ, K. (1997): *Environmental Taxes. From an Economic Idea to a Legal Institution*, Helsinki, Kauppakaari OY, Finnisch Lawyers' Publishing.

MENTI, F. (1999): *Ambiente e Imposizione Tributaria. Il Tributo Speciale sul Deposito dei Rifiuti*, Padua, CEDAM.

MESSERSCHMIDT, K. (1986): *Umweltabgaben als Rechtsproblem*, "Schriften zum Umweltrecht", v. 5, Berlin, Duncker & Humblot.

MEYER, S. (1995): *Gebühren für die Nutzung von Umweltressourcen*, Berlin, Duncker & Humblot.

Ministerio de Hacienda (2003): *Presentación de los Presupuestos Generales del Estado para el 2003*, Madrid.

OECD (1999): Working Party on Economic and environmental Policy Integration, *Economic Instruments for Pollution Control and Natural Resources Management in OECD Countries: a Survey*, ENV/EPOC/GEEI(98)35/REV1/FINAL. Distribuido el 8.10.1999.

———. (1994): *La Fiscalidad y el Medio Ambiente. Políticas Complementarias*, Madrid, OECD/Ediciones Mundiprensa.

ORTEGA MALDONADO, J. M. (2003): *Las Tasas por Molestias y Riesgos Permitidos*, Tesis Doctoral, Universidad Complutense de Madrid (inédita).

ORTIZ CALLE, E. (2000): "Harmonización comunitaria de la imposición especial sobre hidrocarburos y fiscalidad medioambiental (Comentario a la sentencia del Tribunal de Justicia de las Comunidades Europeas, de 10 de junio de 1999, dictada en el asunto C-346/97 y relativa a las cuestiones prejudiciales planteadas en el litigio entre *Transwede Airways AB* y la Administración tributaria sueca", *Noticias de la Unión Europea* 189/2000.

PALAO TABOADA, C. (1980): Traducción de la *Ordenanza Tributaria Alemana*, Madrid, IEF.

———. (1996): "Los precios públicos y el principio de legalidad", *QF* 17/1996.

———. (2000): "Prólogo" a la obra *Derecho Tributario Ambiental*, Madrid, Ministerio de Medio Ambiente/Marcial Pons.

PAGÉS Y GALTÈS, J. (1999): "Las tarifas de los servicios prestados en régimen de Derecho privado: su consideración como tasas, precios públicos o precios privados", *RDFHP* 252/1999.

PERDIGÓ Y SOLÀ (1997): "Les tarifes dels serveis locales", *Dret Local*, Barcelona/Madrid, UAB-Marcial Pons-UB.

PUIG VENTOSA, I. (2002): *Torrelles de Llobregat da un Paso Adelante en la Gestión de los Residuos y su Tratamiento Fiscal* (nota inédita de 22.1.2003).

RÓSEMBUJ, T. (1995): *Los Tributos y la Protección del Medio Ambiente*, Madrid, Marcial Pons.

ROZAS VALDÉS, J. A. (1997): "Haciendas locales y medio ambiente", *Impuestos* 1997-II.

———. (2002): "Tasas y precios públicos", en la obra colectiva dirigida por A. YÁBAR STERLING, *La Protección Fiscal del Medio Ambiente. Aspectos Económicos y Jurídicos*, Madrid, Marcial Pons.

RUIZ GARIJO, M. (2002): *Problemas Actuales de las Tasas*, Valladolid, Lex Nova.

SÁNCHEZ PEDROCHE, A. (1996): "Sanciones 'indirectas' o 'impropias' en Derecho Tributario", *REDF* 91/1996.

SELICATO, P. (1996): "Fiscalità ambientale e Costituzione", en la obra redactada conjuntamente con F. PICCIAREDDA, *I Tributi e l'Ambiente. Profili Ricostruttivi*, Milán, Giuffè.

SERRANO ANTÓN, F. (2003): "La protección fiscal del medio ambiente en la Unión Europea: el Impuesto comunitario sobre Productos Energéticos", en la obra colectiva dirigida por A. YÁBAR STERLING, *La Protección Fiscal del Medio Ambiente. Aspectos Económicos y Jurídicos*, Madrid, Marcial Pons.

SIMÓN ACOSTA, E. (1999): *Las Tasas de las Entidades Locales (el Hecho Imponible)*, Pamplona, Aranzadi.

SOLER ROCH, M. T. (1995): "La tributación de las actividades ilícitas", *REDF* 85/1995.

SPECK, S. y EKINS, P. (2000): *Recent Trends in the Application of Economic Instruments in EU Member States plus Norway and Switzerland and an Overview of Economic Instruments in Central and Eastern Europe. Update of Database of Environmental Taxes and Charges*, Informe a la Dirección General de Medio Ambiente de la Comunidad Europea, jul. 2000.

TESAURO, G. (1995): *Diritto Comunitario*, Pádua, CEDAM.

TIPKE, K. (1993): *Die Steuerrechtsordnung*, 1ª ed., Colonia.

VADRI I FORTUNI, M. T. (1994): "La naturaleza jurídica dels instruments econòmics en la gestió dels residus", *RJC* 2/1994.

VAQUERA GARCÍA, A. (1999): *Fiscalidad y Medio Ambiente*, Valladolid, Lex Nova.

VICENTE-ARCHE DOMINGO, F. (1975): "Apuntes sobre el instituto del tributo, con especial referencia al Derecho español", *REDF* 7.

VILLAR EZCURRA, M. (1997): "La necesidad de revisar las categorías tributarias ante el deslizamiento del Derecho comunitario: un ejemplo claro en la Ley de Envases y Residuos de Envases", *QF* 18/1997.

———. (1998): "Comentarios críticos de urgencia a la Ley de Residuos y a la modificación de la Ley de envases", *QF* 12/1998.

———. (2001): "La fiscalidad al servicio de la eliminación de los residuos urbanos", *Noticias de la Unión Europea* 193/2001.

———. (2002): "Los tributos ambientales en el marco de un desarrollo sostenible", en la obra colectiva dirigida por J. L. PIÑAR MAÑAS, *Desarrollo Sostenible y Protección del Medio Ambiente*, Madrid, Civitas.

——— y ALBIÑANA GARCÍA-QUINTANA, C. (1999): "Los impuestos ecológicos ante el ordenamiento constitucional español", *Revista de Contabilidad y Tributación* 52/1999.

von WEIZSÄCKER, E. U. y JESINGHAUS, J. (1992): *Ecological Tax Reform. A Policy Proposal for Sustainable Development*, Londres/Nueva Jersey, Zed Books.

WASMEIER, M. (1995): *Umweltabgaben und Europarecht. Schranken des staatlichen Handlungsspielraumes bei der Erhebung öffentlicher Abgaben im Interesse des Umweltschutzes*, Munich, C. H. Beck.

WILKE, D. (1993): voz "Abgaben, öffentliche", en la obra colectiva dirigida por F. KLEIN, *Lexikon des Rechts. Steuer — und Finanzrecht*, 2ª ed., Neuwied/Kriftel/Berlín, Luchterhand.

YÁBAR STERLING, (2002): *La Protección Fiscal del Medio Ambiente: Aspectos Económicos y Jurídicos*, Marcial Pons.

CADERNOS DE DIREITO TRIBUTÁRIO

DIREITOS HUMANOS E DIREITO COMUNITÁRIO

RICARDO LOBO TORRES
Professor Titular de Direito Financeiro na UERJ

I — Introdução. II — Direito Comunitário Europeu: 1. A positivação dos direitos humanos e os tributos; 2. A jurisdição da liberdade; 3. A não-discriminação; 4. Os princípios gerais do direito comunitário: 4.1 Soberania; 4.2 Subsidiariedade. 5. Mínimo existencial; 6. Capacidade contributiva. III — O Mercosul: 7. O Tratado de Assunção; 8. Direitos humanos e tributação nos países latino-americanos; 9. O Pacto de San José da Costa Rica. IV — Conclusão. V — Bibliografia.

I — Introdução

A problemática das relações entre os Direitos Humanos e o Direito Comunitário se abre para duas vertentes: a do Direito Comunitário Europeu e a do Mercosul. Aquele, já consolidado, exibe admirável produção legislativa e jurisprudencial. O Mercosul, ainda no seu início, está à espera de algumas definições básicas, no campo político e econômico, por parte dos países interessados, o que vem dificultando o fortalecimento de uma cultura dos direitos humanos. Seja como for, os progressos alcançados no âmbito da União Européia projetarão a sua influência para a futura consolidação do direito comunitário na América do Sul.

II — Direito Comunitário Europeu

1. A positivação dos direitos humanos e os tributos

A Convenção Européia dos Direitos do Homem, assinada solenemente em Roma, em 4.11.1950, constitui o primeiro texto europeu para a afirmação dos direitos humanos. Não contém nenhuma declaração genérica de direitos, posto que visa sobretudo à sua garantia. O dispositivo mais importante, por sua influência sobre a tributação, é o que estabelece a proibição de discriminação:

> Art. 14. A fruição dos direitos e liberdades declaradas nesta Convenção será assegurada sem discriminação sob qualquer fundamento, como sexo, raça, cor, língua, religião, opinião política, origem nacional ou social, associação com minorias nacionais, propriedade, nascimento ou outro *status*.

O Protocolo Adicional ao Primeiro Protocolo trouxe a novidade de radicar no direito de propriedade o poder de tributar:

> Art. 1º. Toda pessoa física ou moral tem direito ao respeito aos seus bens. Ninguém pode ser privado de sua propriedade senão por motivo de utilidade pública e nas condições previstas pelas leis e pe-

los princípios gerais do Direito Internacional.

As disposições anteriores não prejudicam o direito de os Estados aprovarem as leis que considerem necessárias para regular o uso dos bens conforme o interesse geral ou para assegurar o pagamento dos impostos ou outras contribuições e das multas.

O Tratado da União Européia, assinado em 7.2.1992, em Maastricht, trouxe alguns dispositivos importantes para o tema dos direitos dos contribuintes, principalmente o princípio da subsidiariedade (art. 5º, ex-art. 3B).

O Tratado de Amsterdam, assinado em 2.10.1997 e que entrou em vigor em 1º.5.1999, introduz significativos princípios sobre os direitos humanos. Estende a não-discriminação para outros casos que não a nacionalidade, proibindo o discrime em função do sexo, raça, origem étnica, religião ou crença. O art. 6º declara:

> A União assenta nos princípios da liberdade, da democracia, do respeito pelos direitos do homem e pelas liberdades fundamentais, bem como do Estado de Direito, princípios que são comuns aos Estados-membros.

A Carta Européia de Direitos Fundamentais, aprovada em 8.12.2000, traz o elenco completo dos direitos da liberdade e dos direitos econômicos e sociais. Começa a ser vista como frouxa e abundante, por declarar os diversos direitos sem se preocupar com a sua jurisdicionalização.[1] Não foi incluída no Tratado da União.

2. *A jurisdição da liberdade*

A evolução do direito comunitário europeu esbarrou em um problema sério, ainda não totalmente resolvido, que é o da dualidade de jurisdição, eis que possuem competência para o exame das causas sobre os direitos humanos tanto a Corte Européia de Direitos Humanos, com sede em Estrasburgo, como o Tribunal de Justiça das Comunidades Européias, com sede em Luxemburgo.

A Corte Européia de Direitos Humanos vem examinando inúmeros casos relacionados com direitos dos contribuintes, nomeadamente a proibição de discriminação.[2] O Décimo Primeiro Protocolo à Convenção de Direitos Humanos admitiu as demandas individuais perante a Corte Européia de Direitos Humanos; por outro lado, permitiu-se que os processos cheguem diretamente à Corte sem que passem pela Comissão Européia de Direitos Humanos.

O Tratado de Amsterdam formalizou a competência do Tribunal de Justiça das Comunidades Européias para controlar o respeito aos direitos pelas instituições comunitárias. O TJCE tem apreciado o relacionamento entre os direitos humanos e o direito tributário. Constatou inicialmente a fragmentação das Constituições nacionais e afirmou a supremacia do direito comunitário. Enfrentou a resistência dos tribunais nacionais. Mas teve papel relevante para o reconhecimento dos direitos fundamentais e a constitucionalização dos tratados.[3]

3. *A não-discriminação*

Na ausência de um catálogo dos direitos fundamentais do cidadão europeu, o princípio da não-discriminação, proclamado no art. 6º da Convenção, tornou-se o grande tema para a afirmação dos direitos

1. Cf. Jean-Francois Renucci, *Droit Européen des Droits de l'Homme*, p. 25.

2. Cf. Fernando Pérez Royo, "El derecho de propriedad y la prohibición de discriminación en su disfrute como limites al poder tributario en el Convenio Europeo de Derechos Humanos", *CIVITAS, Revista Española de Derecho Financiero* 109-110/23-44. Cf. tb. Celso de Albuquerque Mello e Ricardo Lobo Torres (dir.), *Arquivos de Direitos Humanos*, a partir de 1999, publicação anual que divulga diversas decisões da Corte Européia de Direitos Humanos.

3. Competente estudo sobre o TJCE é o de Adolfo J. Martin Jimenez, "El Derecho Financiero Constitucional de la Union Europea", *CIVITAS, Revista Española de Derecho Financiero* 109-110/111-161.

da liberdade. Proíbe-se a discriminação em razão da nacionalidade, conceito amplo que protege não só o estrangeiro mas também os residentes e, entre estes, os diversos grupos de residentes uns contra os outros.[4] Mas a discriminação reversa, ou seja, a distinção favorável ao estrangeiro, está é aceita.[5] O igual tratamento dos indivíduos e das pessoas jurídicas aparece claramente no art. 1º do Protocolo n. 1, o que não é comum nos tratados de direitos humanos.

4. *Os princípios gerais do direito comunitário*

Tendo em vista a inexistência de um catálogo de direitos fundamentais na Convenção e nos textos comunitários ulteriores, esforçou-se o TJCE no sentido de construir a rede de proteção dos direitos humanos a partir dos princípios gerais do direito comunitário. Como os direitos humanos também se expressam por princípio, foi possível procurar a passagem através dos princípios gerais, máxime os da soberania, subsidiariedade, proporcionalidade, ampla defesa, inexigência de auto-incriminação etc.[6] Exerceram também influência na construção da tipologia dos princípios garantidores dos direitos humanos as chamadas "quatro liberdades", da Convenção de Direitos Humanos: a livre circulação de mercadorias (art. 28, antigo art. 30), livre circulação de pessoas (arts. 39 e 43, antigos 48 e 52), livre prestação de serviço (art. 49 do TCE, antes art. 59) e livre circulação de capitais (art. 56, antigo art. 73b).[7]

4.1 Soberania

O princípio da soberania dos Estados não fica prejudicado pela legislação ou pela jurisdição comunitárias sobre os direitos humanos.

A doutrina vem reconhecendo que a União Européia não é um Estado e que a soberania tributária (*Steuerhoheit*) não pode ser afetada, sob pena de se desestruturar a própria noção de soberania política.[8] O TJCE aderiu à tese da autolimitação da soberania pelos próprios Estados.[9] A doutrina alemã tenta resolver o problema na via da interpretação, falando em uma "interpretação conforme a comunidade" (*einen Gemeinschaftskonformen Interpretation*), ou conforme o direito europeu (*einen europarechtskonformen Auslegung*), que, à semelhança da "interpretação conforme a Constituição", pretende conduzir à construção pelo juiz de um direito nacional compatível com o direito comunitário.[10]

4. Cf. Ekhehart Reimer, "Die Auswirkungen der Gundfreiheiten auf das Ertragssteuerrecht der Bundesrepublik Deutschland — Eine Bestandaufnahme", in Moris Lehner (org.), *Gundfreiheiten im Steuerrecht der EU — Staaten*, pp. 43 e 53; Kees van Raad, *Nondiscrimination in International Tax Law*, p. 36.

5. Cf. Otmar Thömmes, "Verbote der Diskriminierung von Steuerausländem und Steuerinländem", in Moris Lehner (org.), *Steuerecht im Europäischen Binnenmarkt*, p. 84; Conor Quigley, "Equal Treatment, The Internal Market and Indirect Taxation", in Alan Dashwood e Siofra O'Leary (ed.), *The Principle of Equal Treatment in EC Law*, p. 277.

6. Cf. A. J. Martin Jiménez, ob. cit., p. 132: "O TJCE reconheceu que os direitos fundamentais formam parte integrante dos princípios gerais do direito, cujo respeito compete ao próprio TJCE garantir. As fontes desses direitos fundamentais comunitários são: as tradições constitucionais dos Estados-membros, os Convênios internacionais em matéria de proteção dos direitos humanos e muito especialmente a Convenção Européia de Direitos Humanos".

7. Cf. E. Reimer, ob. cit., p. 40; João Mota de Campos, *Direito Comunitário*, III v., "O Ordenamento Econômico", p. 257.

8. Cf. Dieter Birk, "Besteuerungsgleichheit in der Europäischen Union", in M. Lehner (org.), *Steuerrecht im Europäischen Binnenmarkt*, cit., p. 71.

9. Cf. A. Martins Jimenez, ob. cit., p. 139: "el TJCE afirmó que la Comunidad constituye un nuevo ordenamento jurídico de Derecho internacional en beneficio del cuel los Estados han limitado sus derechos soberanos, 'aunque en campos limitados'. Casi treinta años más tarde, en el Dictamen del TJCE sobre el Acuerdo del Espacio Económico Europeo (EEE), el TJCE continúa repetiendo la misma frase con una ligera, pero importante diferencia: en lugar de referir-se a 'campos limitados', ahora los campos son 'cada vez más amplios'".

10. Cf. Wolfgang Schön, "Gemeinschaftskonforme Auslegung und Fortbildung des nationalen

4.2 Subsidiariedade

O princípio da subsidiariedade, que sinaliza no sentido de que a União só deve intervir quando os Estados não possam resolver internamente ou em harmonia os seus problemas, também exerce papel importante para a afirmação dos direitos humanos. Moris Lehner chega a dizer que "a política de uma 'concorrência dos sistemas tributários' leva em conta a precedência do princípio da *subsidiariedade* (*den Vorgaben des Subsidiarietätsprinzip*) e constitui um bom exemplo para a política tributária futura no mercado interno europeu".[11]

5. Mínimo existencial

Problema intrincado é o de saber se a proteção do mínimo existencial se estende aos estrangeiros residentes e a certos rendimentos produzidos em outros países. Na Alemanha, por exemplo, garante-se, em nome dos direitos humanos, o mínimo existencial familiar, principalmente o referente aos filhos (*Kindergeld, Kinderfreibetrag*), bem como o direito ao desconto, para efeito de imposto de renda, das bolsas e auxílios aos estudantes. A tendência é estender a mesma proteção ao residente ou às bolsas obtidas no exterior, com base na interpretação conforme o direito comunitário, que teria princípios gerais compatíveis com tais proteções.[12]

6. Capacidade contributiva

Outra questão que vem se colocando ultimamente é a da necessidade de se respeitar a capacidade contributiva nas relações tributárias no mercado interno europeu.

A tendência é contrária, a partir do argumento de que a capacidade contributiva é princípio de justiça ou de igualdade diante da lei (*Gleichheit vor dem Gesetz*), que não pode vincular o legislador comunitário.[13]

Observe-se que também no direito internacional, máxime no imposto de renda, prevalece o ponto de vista de que a capacidade contributiva não é princípio obrigatório para os tratados de bitributação.[14]

III — O Mercosul

7. O Tratado de Assunção

No Tratado de Assunção, e nos outros pactos que compõem o quadro normativo do Mercosul, não há referências diretas ao relacionamento entre os direitos humanos e a tributação. Alguns princípios importantes para o assunto podem ser lidos a partir do princípio da democracia, ao qual há explícita adesão dos signatários, inclusive através de instrumentos complementares.[15] Mas, até mesmo pela circunstância de o Mercosul ainda ser uma incipiente forma de organização comunitária, em decorrência de problemas políticos e econômicos ainda não resolvidos, há grande déficit na temática dos direitos fundamentais.

8. Direitos humanos e tributação nos países latino-americanos

Outra coisa acontece com as Constituições dos países latino-americanos. Nelas há extensa rede de garantias dos direitos fundamentais diante do poder tributário, o que poderá facilitar a construção de um verdadeiro direito comunitário. Os

Steuerrechts — unter Einschluss des Vorlageverfahrens nach Art. 177 EVG", in M. Lehner (org.), *Steuerrecht in Europäischen Binnenmarket*, cit., p. 187; E. Reimer, ob. cit., p. 91.

11. "Resümee", in M. Lehner (org.), *Steuerrecht im Europäischen Binnenmakt*, cit., p. 271.

12. Cf. E. Reimer, ob. cit., p. 91.

13. Cf. Birk, ob. cit., p. 78; M. Lehner, "Resümee", cit., p. 258.

14. Cf. Klaus Vogel, "Üver Besteuerungsrechte" und über des Leistungsfähigkeitsprinzip im Internationalen Steuerrecht", *Festschrift für Franz Klein*, p. 373.

15. Cf. Gustavo E. Pinard, *Los Derechos Humanos en las Constituciones del Mercosul*, p. 132; Roberto Dromi, Miguel A. Ermekdjian e Julio C. Rivera, *Derecho Comunitário. Sistemas de Integración. Regimen del Mercosur*, p. 49.

Anais das XX Jornadas do ILADT, realizadas em Salvador/Bahia, no ano de 2000, exibem rico material sobre o tema.[16]

9. O Pacto de San José da Costa Rica

O Pacto de San José da Costa Rica contém diversos princípios e normas sobre os direitos humanos e a tributação,[17] que vão exercendo grande influência sobre os direitos nacionais.

Organismos regionais, como a Corte Interamericana de Direitos Humanos, vêm construindo sólida doutrina sobre os direitos fundamentais, com reflexos na temática da tributação.

IV — Conclusões

A consolidação do Mercosul e o fortalecimento dos direitos humanos na América Latina passam pela recepção dos princípios hoje adotados pela União Européia e, principalmente, pela afirmação de uma cultura dos direitos fundamentais em cada qual dos países latino-americanos, eis que o direito comunitário e o direito internacional dependem de uma legitimação pelos direitos humanos proclamados nas Constituições nacionais.[18]

V — Bibliografia

BIRK, Dieter. "Besteuerungsgleichheit in der Europäischen Union", in LEHNER, Moris (org.), *Steuerrecht im Europäischen Binnenmarkt*, Köln, O. Schmidt, 1996, pp. 63-80.

CAMPOS, João Mota de. *Direito Comunitário*, III v., "O Ordenamento Econômico", Lisboa, Fundação Calouste Gulbenkian, 1991.

DROMI, Roberto, ERMEKDJIAN, Miguel A. e RIVERA, Julio C. *Derecho Comunitário. Sistemas de Integración. Regimen del Mercosur*, Buenos Aires, Ed. Ciudad Argentina, 1995.

HABERMAS, Jürgen. "Zur Legitimation durch Menschenrechte", in *Die postnationale Konstellation. Politische Essays*, Frankfurt, Suhrkamp, 1998, pp. 170 a 191.

LEHNER, Moris (org.). "Resümee", in *Steuerrecht im Europäischen Binnenmarkt*, Köln, O. Schmidt, 1996, pp. 251-271.

MARTIN JIMENEZ, Adolfo J. "El Derecho Financiero Constitucional de la Unión Europea". *Civitas, Revista Española de Derecho Financiero* 109-110/111-161, 2001.

MELLO, Celso de Albuquerque e TORRES, Ricardo Lobo (dir.). *Arquivos de Direitos Humanos*, Rio de Janeiro, Renovar, 1999/2000.

PÉREZ ROYO, Fernando. "El derecho de propriedad y la prohibición de discriminación en su disfrute como límites al poder tributario en el Convenio Europeo de Derechos Humanos", *CIVITAS, Revista Española de Derecho Financiero* 109-110/23-44, 2001.

PINARD, Gustavo E. *Los Derechos Humanos en las Constituciones del Mercosul*, Buenos Aires, Ed. Cuidad Argentina, 1996.

QUIGLEY, Conor. "Equal Treatment, The Internal Market and Indirect Taxation", in DASHWOOD, Alan e O'LEARY, Siofra (ed.), *The Principle of Equal Treatment in EC Law*, Londres, Sweet & Maxwell, 1997, pp. 268-289.

RAAD, Kees van. *Nondiscrimination in International Tax Law*, Deventer, Kluwer, 1986.

REIMER, Ekhehart. "Die Auswirkungen der Gundfreiheiten auf das Ertragssteuerrecht der Bundesrepublik Deutschland — Eine Bestandaufnahme", in LEHNER, Moris (org.), *Gundfreiheiten im Steuerrecht der EU — Staaten*, Munique, C. H. Beck, 2000, pp. 39-101.

RENUCCI, Jean-Francois. *Droit Européen des Droits de l'Homme*, Paris, LGDJ, 2001.

SCHÖN, Wolfgang. "Gemeinschaftskonforme Auslegung und Fortbildung des nationalen Steuerrechts — unter Einschluss des Vor-

16. Tema 1. *Derechos Humanos y Tributación*, Relator Geral: Ricardo Lobo Torres (Brasil), pp. 3 a 36.

17. Cf. Agostinho Toffoli Tavolaro, "Os tratados sobre tributação e a Constituição de 1988", *Cadernos de Direito Tributário e de Finanças Públicas* 1/218-227.

18. Cf. Jürgen Habermas, "Zur Legitimation durch Menschenrechte", in *Die postnationale Konstellation. Politische Essays*, pp. 170 a 191.

lageverfahrens nach Art. 177 EVG", in LEHNER, Moris (org.), *Steuerrecht in Europäischen Binnenmarket*, Köln, O. Schmidt, 1996, pp. 167-200.

TAVOLARO, Agostinho Toffoli. "Os tratados sobre tributação e a Constituição de 1988", *Cadernos de Direito Tributário e de Finanças Públicas* 1/218-227, Ed. RT, 1992.

THÖMMES, Otmar. "Verbote der Diskriminierung von Steuerausländem und Steuerinländem", in LEHNER, Moris (org.), *Steuerecht im Europäischen Binnenmarkt*, Köln, O. Schmidt, 1996, pp. 81-106.

TORRES, Ricardo Lobo. "Derechos humanos y tributación", Relatório Geral, *Anais das XX Jornadas Latino-americanas de Direito Tributário*, Rio de Janeiro, ABDF, 2000, pp. 3 a 36.

VOGEL, Klaus. "Über Besteuerungsrechte" und über des Leistungsfähigkeitsprinzip im Internationalen Steuerrecht", *Festschrift für Franz Klein*, 1994.

CADERNOS DE DIREITO TRIBUTÁRIO

PROCESSO ADMINISTRATIVO TRIBUTÁRIO

Princípios, amplitude, natureza e alcance das funções nele exercidas

EDUARDO D. BOTTALLO
Professor de Direito Financeiro e Direito Constitucional das Faculdades de Direito da USP e de São Bernardo do Campo. Juiz. Jurista do TRE/SP. Advogado

1. Os princípios que informam o processo administrativo tributário. 2. O devido processo legal. 3. A natureza da atividade exercida pelo Estado no processo administrativo tributário. 4. O controle da constitucionalidade pelos Tribunais Administrativos.

1. Os princípios que informam o processo administrativo tributário

Diversos princípios constitucionais conjugam-se para fundamentar o entendimento de que é vedado à Administração exigir tributos e/ou aplicar penalidades a contribuintes sem assegurar-lhes prévia e ampla defesa: o da legalidade, os que garantem os direitos de propriedade, o de petição, o do devido processo legal e o do contraditório e ampla defesa (CF art. 5º, II, XXII, XXXIV, *a*, LIV e LV).

Estes princípios, por seus respectivos títulos e alcance, condicionam amplamente toda a atividade estatal, de modo a impedir que se desenvolva senão dentro dos limites por eles previamente traçados.

Daí por que, sendo a atividade de apuração do "*crédito tributário*" (aqui tomado em sua expressão mais ampla, no sentido de abranger também as penalidades pecuniárias) eminentemente infralegal, deve ser exercida com a observância de procedimentos que resguardem os direitos de contribuintes (Geraldo Ataliba).

Da mesma forma como não se admite que o Estado arrecade tributos ou aplique sanções senão com base em lei, igualmente lhe é vedado fazê-lo, ainda que fundado em lei, se esta negar ou amesquinhar tais direitos.

Seria, por outro lado, manifestamente absurdo o raciocínio que se desviasse destas acatadas premissas, sob a alegação de que, em última análise, sempre cabe ao particular o direito de pleitear, perante o Judiciário, a correção ou anulação dos atos da Administração Pública que eventual mente viessem a causar lesões a seus direitos (CF, art. 5º, XXXV).

Na verdade, tal ponto de vista, de um lado, implicaria a inaceitável admissão de que, fora do Poder Judiciário, o Estado estaria autorizado a exercer, sem contraste, seu *imperium* e, de outro, que os direitos e garantias individuais, expressamente consignados na Carta Magna, somente teriam algum significado dentro do processo judicial, quando é certo que os mesmos existem exatamente para proteger os particulares contra eventuais abusos e arbítrios do Poder Público em todos os seus desdobramentos.

A propósito do tema, Pontes de Miranda deixou preciosas considerações, que, embora voltadas para a Constituição de 1967/1969, não perderam atualidade: "*Defesa e direito público subjetivo* — Tanto o Direito Fiscal, quanto os outros ramos do Direito Administrativo, inclusive o Direito relativo às contribuições de empregados e empregadores, têm de atender *ao princípio da possibilidade de defesa*. Quem quer que encontre infração tem, logicamente, de encontrar ato que infringe lei; portanto, há de saber e dizer qual a lei e qual o ato, para que o apontado como coator possa apreciar a *comunicação de conhecimento*, que se faz, e defender-se, ou com a alegação de que a comunicação de conhecimento, o *statement of fact*, é falso, ou com a alegação de que não há a regra jurídica, que se invoca no auto de infração, ou que a regra jurídica, que se invoca, é contrária à lei, ou que, ainda quando lei, é contrária à Constituição. É preciso que o acusado de infringir possa discutir as argüições, quer impliquem *quaestiones facti*, quer impliquem *quaestiones júris*".

E, mais adiante, invocando lição de Manuel Lopes Ferreira: "É da tradição do nosso Direito que dos autos há de ter conhecimento o acusado e serem feitos com os requisitos para isso, porquanto cada um deve ser citado para dizer do seu direito o que tiver que alegar, porque a defesa é natural e a ninguém se deve negar" (*Comentários à Constituição de 1967 com a Emenda 1 de 1969*, t. II, São Paulo, Ed. RT, 1971, pp. 4 e 5).

Em interessante estudo sobre "A garantia da ampla defesa no Direito Administrativo Processual Disciplinar", Sérgio de Andréa Ferreira assim se expressa a respeito da garantia da ampla defesa na órbita administrativa:

"Originariamente, numa estrita, a garantia em questão tão-somente ao processo judicial penal. A evolução tem mostrado, todavia, a ampliação de sua área de abrangência.

"Ademais, é de se acentuar a ocorrência da chamada jurisdicionalização do procedimento administrativo, isto é, a recepção, pelo mesmo, de princípios e regras do processo judicial, notadamente no que se refere às garantias de defesa, tornando-o, sem tirar-lhe a natureza ou autocomposição, o mais justo possível na pesquisa da verdade" (*RDP* 19/61 e 62).

Esta observação, aliás, mostra bem a medida de que se deve valer a identificação do Estado de Direito, cujo conteúdo material acabou encontrando confortável acolhida no texto da Lei Maior, como bem revela o dizer sempre autorizado de Alberto Xavier:

"A Constituição anterior estabelecia no seu art. 153, § 15, que 'a lei assegurará aos acusados ampla defesa, com os recursos a ela inerentes', acrescentando, logo após, que 'não haverá foro privilegiado nem tribunais de exceção'. Verifica-se assim que o novo texto constitucional concedeu expressamente o direito de ampla defesa, não apenas aos 'acusados em geral', mas também aos 'litigantes', seja em processo judicial, seja em processo administrativo.

"Por sua vez, arvorou o 'contraditório' em princípio autônomo do de ampla defesa" (*Do Lançamento: Teoria Geral do Ato, do Procedimento e do Processo Tributário*, 2ª ed., Rio de Janeiro, Forense, 1997, p. 161).

2. *O devido processo legal*

A especificação dos requisitos que o processo administrativo deve preencher, visando a atender adequadamente aos ditames constitucionais aos quais está preso, leva à análise da cláusula do devido processo legal (*due process of law*), garantia que — em perspectiva mais ampla, mas que cabe, sem qualquer rejeição, no presente contexto — Hélio Ivo Dória identifica como sendo a que "respeita não só às normas preexistentes de Direito Material e Formal, mas também se rege por dispositivos constitucionais pertinentes à organização e atuação do Poder Judiciário, ao contraditório e à amplitude da prova" (*Direito Processual Tributário*, São Paulo, José Bushatsky Editor, 1963, p. 36).

Dentre tantos que se debruçaram sobre o assunto, o ilustre administrativista Agustín Gordillo é, segundo nosso entendimento, o responsável por uma das melhores sínteses a respeito da aplicação da cláusula do devido processo legal ao procedimento administrativo tributário (o trabalho aqui referido foi publicado na *RDP* 10/16-24, sob o título "La garantía de defensa como principio de eficacia en el procedimiento administrativo"; trata-se, na verdade, da seção IV, ns. 16-21, pp. 72-87, do Capítulo I de seu livro *Procedimiento y Recursos Administrativos*).

Por esta razão, à qual se alia a de que as idéias expostas por este autor têm dimensões universais, sua invocação cerca-se de grande pertinência e propriedade.

Para Gordillo a garantia do devido processo legal compreende dois aspectos essenciais.

O primeiro deles consiste no que denomina de *direito de ser ouvido*, o qual, por sua vez, pressupõe: a) a publicidade do procedimento (direito de conhecimento), manifestada pelo leal conhecimento da atuação administrativa; b) a oportunidade de o administrado expressar suas razões antes da decisão e também depois (dupla instância de julgamento); c) a expressa consideração dos argumentos do administrado e das questões propostas, desde que voltadas para a solução do caso; d) o dever da Administração de decidir expressamente os requerimentos; e) o dever da Administração de proferir decisões fundamentadas, analisando os pontos levantados pela parte; e, finalmente, f) o direito do administrado de fazer-se representar por profissional habilitado ao patrocínio de seus direitos.

O segundo aspecto erigido por Gordillo consiste no *direito de oferecer e produzir provas*, o qual, por igual forma, se expressa em uma série de pressupostos: a) o direito a que toda a prova razoavelmente requerida seja produzida, ainda que pela própria Administração (requisição de informações etc.); b) o direito a que a produção da prova seja efetuada antes que se profira decisão sobre o mérito da questão; e c) o direito de controlar a produção da prova feita pela Administração.

Estes dois requisitos, com os seus respectivos desdobramentos dão, com efeito, conteúdo e materialidade à cláusula do devido processo legal, na medida em que possibilitam uma adequada proteção ao direito de defesa de que são titulares todos quantos se vejam constrangidos pela ação sancionadora do Poder Público.

De um lado, o prévio conhecimento, por parte dos contribuintes, do conteúdo das prestações cujo cumprimento lhes está sendo exigido constitui inafastável condição para validade do procedimento administrativo tributário. Tal necessidade, cujas raízes remontam ao Direito Romano — *nemo inauditus damnare potest* —, a par de *aquisição colada à personalidade humana*, para usarmos a forte expressão de Pontes de Miranda (*Comentários ao Código de Processo Civil*, 2ª ed., t. III, Rio de Janeiro, Forense, 1974, p. 200), diz respeito também à observância de outro princípio, como seja, o da boa-fé, que adquire, no campo do Direito Tributário, importante expressão na figura da espontaneidade tal como definida no art. 138 do CTN (como ensinava o saudoso Mestre Geraldo Ataliba: "É um princípio jurídico universal — decorrente do princípio da boa-fé — que a espontânea denúncia de uma irregularidade exclui a aplicação de toda e qualquer sanção administrativa" — "Princípios do procedimento tributário", in *Novo Processo Tributário*, São Paulo, Resenha Tributária, 1975, p. 34).

A seu turno, o direito a produção de provas apresenta-se intimamente relacionado com a própria eficácia do procedimento, devendo ser respeitado ainda quando não expressamente previsto, sem o que não haverá como atender-se ao pressuposto essencial à formação de qualquer juízo, que consiste em "verificar se o suporte fático concreto contém as notas desenhadas no suporte fático abstrato" (cf. Lourival Vilanova, *Proteção Jurisdicional dos Direitos numa Sociedade em Desenvolvimento*, ed. OAB/SP, 1970, p. 43).

Conforme conduza a concepção que se tenha acerca da área de atuação do procedimento administrativo tributário, ou, ainda, em função de limitações de maior ou menor amplitude que, em aspectos subsidiários, possam ser estabelecidas, alguns dos meios de expressão dos requisitos citados poderão eventualmente variar em seu dimensionamento.

Todavia, sua substância deve, em todos os casos, ser preservada, sob pena de esvaziamento da cláusula do devido processo legal, disso resultando, conseqüentemente, sua imprestabilidade para tutela de direitos e sua ineficácia como garantia para a distribuição do "justo legal" (Seabra Fagundes).

3. *A natureza da atividade exercida pelo Estado no processo administrativo tributário*

A clássica concepção da divisão dos Poderes leva, *grosso modo*, a identificar os atos do Legislativo, Executivo e Judiciário, respectivamente, como de criação da norma jurídica, de sua aplicação concreta e de solução de litígios que eventualmente possam resultar de tal aplicação.

Todavia, conforme adverte o mesmo Seabra Fagundes:

"Enquanto o conceito de função legislativa decorre facilmente do contraste entre os fenômenos de formação do Direito e os de realização, o mesmo não sucede com o das funções administrativa e jurisdicional.

"Constitui um delicado problema doutrinário fixar, para cada uma destas, o conceito específico, pois que ambas, se prendendo à fase de realização do Direito, identificam-se como funções de execução" (*O Controle dos Atos Administrativos pelo Poder Judiciário*, 4ª ed., Rio de Janeiro, Forense, p. 18).

A crescente e complexa gama de atribuições cometidas ao Estado e, conseqüentemente, das funções que deve desempenhar — certamente *più di tre* (Maximo Severo Giannini) —, demonstra estarmos, atualmente, muito longe daquela idéia de que as competências atribuídas a cada um dos "Poderes" deveriam ser absolutas, impenetráveis, para o fim de assegurar-se, adequadamente, as liberdades políticas e civis dos cidadãos.

Na verdade, Legislativo, Executivo e Judiciário não representam, em si, "Poderes", mas sim "centros", ou órgãos, que exercitam o *poder estatal*, tendo em vista as funções *normais* e características que lhes são atribuídas e das quais tomam sua denominação.

Nesta linha de raciocínio pode-se perfeitamente estabelecer, seja no plano científico, seja diante da realidade do Direito Positivo, a possibilidade de cada um desses "centros" ou órgãos de exercício do poder estatal executar, concomitantemente, funções consideradas legislativas, executivas ou jurisdicionais.

3.1 *Características da denominada função administrativa*

A mais típica e, sob o ponto de vista quantitativo, provavelmente mais presente manifestação da atividade que se reconhece como peculiar ao órgão Executivo do Estado se expressa no exercício da chamada função administrativa.

Referindo-se concretamente às mais freqüentes manifestações resultantes do desempenho desta função, e após destacar sua variedade e complexidade, Renato Alessi assim as enumera: a execução da organização do próprio Estado; o zelo e manutenção da segurança e ordem públicas; a prestação de serviços inerentes às necessidades físicas, econômicas, morais e intelectuais da coletividade; a preordenação do desenvolvimento da jurisdição em relação a seus órgãos; a preparação dos meios adequados para a defesa externa do Estado; o provimento dos meios necessários para o desenvolvimento de todas as funções estatais etc. (*Instituciones de Derecho Administrativo*, 3ª ed., Barcelona, Bosh Casa Editorial, p. 9).

A função administrativa, em suma, consiste na aplicação concreta da lei, determinada por fatores ou razões de interesse ou utilidade pública.

3.2 A atividade judicante como modalidade peculiar de função administrativa

A par desta função, entretanto, apresenta-se outro tipo de atuação exercida pela Administração Pública, que Rubens Gomes de Sousa denominou de administração "judicante", em contraste com a por ele qualificada como "ativa", que, na essência, não é outra senão a anteriormente tratada:

"A administração ativa tem por objeto a atuação concreta da vontade do Estado declarada abstratamente na lei. (...)

"Não visa fazer justiça nem declarar direitos, senão apenas efetivar coativamente a realização de uma função administrativamente regrada ou discricionária.

"(...)

"A administração judicante, ao contrário, tem por objeto solucionar, conforme o Direito, as controvérsias surgidas com os administrados em conseqüência do funcionamento da administração ativa" ("Revisão judicial dos atos administrativos em matéria tributária por iniciativa da própria Administração", *RDA* 29/441).

Diferem, assim, em pontos fundamentais: a administração ativa age em função do interesse público; a administração judicante visa aos interesses da ordem jurídica, estando, conseqüentemente, voltada para o restabelecimento da plenitude desta, mediante solução de controvérsias originadas entre as partes, pela lesão de direito.

Vejamos, agora, brevemente, quais são os mais relevantes traços desta atividade judicante.

Em primeiro lugar, seu exercício se dá em uma situação de conflito, surgida no processo de aplicação do Direito.

Releva notar que tal situação contenciosa é *instaurada não pela Administração Pública, mas sim pelo particular*, na medida em que este, valendo-se da existência do processo administrativo, opõe resistência à pretensão estatal, mediante o exercício de seu direito de defesa.

Voltando os olhos para o caso específico da atividade tributária do Estado, notamos que, enquanto o lançamento (função administrativa típica) é sempre de iniciativa do Poder Público (CTN, art. 142), o processo contencioso só pode ser instaurado pelo particular, "porque a este compete alegar o que entenda ser de seu direito, seja contraditando o lançamento de iniciativa do Fisco, seja alegando diretamente que não deve ser lançado, seja ainda pedindo restituição do que já tenha pago" (Rubens Gomes de Sousa, *Compêndio de Legislação Tributária*, Financeiras, p. 121).

Em segundo lugar, pela função judicante realiza-se trabalho de interpretação do direito controvertido, como *modo* de alcançar sua finalidade.

Do exercício dessa função, com efeito, resulta mais do que mero ato de aplicação da norma jurídica, mas sim a fixação de seu sentido no caso concreto.

É certo que a interpretação assim alcançada nem sempre será definitiva, pelo menos quando dela decorrer prejuízo ou dano a direitos de particulares. Porém até mesmo este sentido de definitividade muitas vezes está presente na atividade ora considerada, embora sem revestir-se da solenidade da *res judicata*.

Por último, o objetivo da função judicante é remover uma situação contenciosa.

Este dado pode, também, ser apropriadamente invocado como um dos traços característicos da referida função na medida em que se reconhece que, pelo menos em uma hipótese, o resultado de seu exercício implicará forçosamente a eliminação definitiva do conflito, como seja aquela em que *a própria Administração* admite a improcedência ou invalidade da prestação em um momento anterior imposta ao administrado, determinando, em conseqüência, seu cancelamento.

Por outro lado, ainda quanto oposto ocorrer, isto é, mesmo nos casos em que a decisão proferida for no sentida da confirmação da exigência formulada, o litígio poderá desaparecer pela satisfação voluntária da obrigação por parte do atingido.

Por certo que esta última possibilidade é aqui apresentada com um objetivo mais definido do que meramente o de aventar o óbvio.

A consideração especial que nos leva a formulá-la é a de que muitas vezes os tribunais Administrativos, "pela sua especialização técnica, possuem melhores elementos do que as próprias instâncias judiciais para apreciar certas condições de fato, e os dados técnicos necessários ao pleno conhecimento da controvérsia" (Themistócles Cavalcanti, *Teoria dos Atos Administrativos*, 2ª ed., São Paulo, Ed. RT, p. 139).

4. O controle da constitucionalidade pelos Tribunais Administrativos

Uma das mais incompreensíveis limitações que, em geral, ainda se auto-impõem os órgãos singulares ou coletivos encarregados, na esfera administrativa, do julgamento de questões tributárias diz respeito à recusa na consideração de questões constitucionais suscitadas pelos contribuintes.

Criticando esta postura, o saudoso Gilberto de Ulhôa Canto, com muita acuidade, observava que ela decorre de um engano fundamental e de um argumento superado:

"O engano consiste em supor que desse ato (decisão administrativa) decorrem os efeitos que a Constituição reserva para o pronunciamento dos Tribunais Judiciais pela maioria absoluta de totalidade dos seus membros.

"(...)

"O argumento é o de que o funcionário é subordinado ao Poder Executivo (...) (devendo, portanto) obediência ao seu Ministro ou ao Presidente da República" (*Do Processo Tributário Administrativo — Teoria do Direito Tributário*, ed. da Secretaria da Fazenda do Estado de São Paulo, p. 103).

Quanto ao primeiro ponto, é bem de ver-se que não se trata, em absoluto, de atribuir à decisão administrativa os mesmos efeitos da declaração judicial de inconstitucionalidade, mas apenas de levar em conta a hierarquia que as diversas espécies de normas têm dentro do sistema jurídico.

Esta consideração é inexorável, porque sua negativa conduz ao absurdo de aceitar-se que, dentro do processo administrativo tributário, a Constituição pode ser desconhecida ou, como se fosse mera coisa fungível, ser "substituída", "modificada" ou "revogada" por portarias, regulamentos e outros atos administrativos.

A seu turno — e quanto ao segundo ponto —, as próprias características da função exercida dentro do processo administrativo tributário (cf. item 3.2, *retro*) revelam, ao menos sob o ponto de vista conceitual, uma clara independência dos órgãos julgadores em relação a outros setores da Administração.

Para gáudio da ordem jurídica, a conquista desta consciência gradativamente está se fazendo presente. Exemplo significativo de tão generosa postura é relatado por Celso Alves Feitosa, Juiz do Tribunal de Impostos e Taxas de São Paulo, ao assinalar que o Plenário dessa Corte, por esmagadora maioria, já assentou sua plena competência para julgar a ilegitimidade de norma inferior em face do texto da Constituição ("A crescente formalização do processo administrativo fiscal, sua transformação e conseqüências", in *Processo Administrativo Fiscal*, v. 3º, São Paulo, Dialética, p. 41).

Ademais, são reiterados os pronunciamentos — tanto do Poder Judiciário quanto da própria Consultoria-Geral da República — com respeito à faculdade reconhecida ao Executivo (*lato sensu*) de, espontaneamente, deixar de cumprir lei por considerá-la inconstitucional, assegurando-se aos eventuais prejudicados, como não poderia deixar de ser, pleno acesso à jurisdição (Gilberto de Ulhôa Canto, ob. e loc. cits.).

Esta compreensão é essencial, porque somente com a sua adoção é que se poderá atender ao propósito maior de possibilitar ao administrado, no âmbito do processo administrativo tributário, o exercício de seu direito de defesa nas dimensões em que, mesmo fora do Judiciário, a Constituição admite e assegura.

Como já se afirmou, "todo o Direito Administrativo é constituído em torno do binômio *prerrogativas da Administração/ garantias do administrado*" (Garrido Falla).

Disto decorre que interesse público e direitos fundamentais não são conceitos antagônicos ou incompatíveis, mas, sim, valores igualmente prestigiados pela ordem jurídica — e, portanto, valores jurídicos —, que, como tais, se integram e harmonizam.

CADERNOS DE DIREITO TRIBUTÁRIO

SANÇÕES POLÍTICAS NO DIREITO TRIBUTÁRIO[1]

HUGO DE BRITO MACHADO

Juiz Aposentado do TRF da 5ª Região. Professor Titular de Direito Tributário da UFC.
Presidente do Instituto Cearense de Estudos Tributários

Em Direito Tributário a expressão *sanções políticas* corresponde a restrições ou proibições impostas ao contribuinte, como forma indireta de obrigá-lo ao pagamento do tributo, tais como a interdição do estabelecimento, a apreensão de mercadorias, o regime especial de fiscalização, entre outras.

Qualquer que seja a restrição que implique cerceamento da liberdade de exercer atividade lícita é inconstitucional, porque contraria o disposto nos arts. 5º, inciso XIII, e 170, parágrafo único, do Estatuto Maior do País.

O Supremo Tribunal Federal sumulou sua jurisprudência no sentido de serem inconstitucionais as sanções políticas. A Súmula 70 diz que é *inadmissível a interdição de estabelecimento como meio coercitivo para cobrança de tributo*. Diz a Súmula 323 que *é inadmissível a apreensão de mercadorias como meio coercitivo para pagamento de tributo*, e a 547 estabelece que *não é lícito à autoridade proibir que o contribuinte em débito adquira estampilhas, despache mercadorias nas alfândegas e exerça suas atividades profissionais*.

Não obstante repelidas, como se vê, pela jurisprudência da Corte Maior, as *sanções políticas*, que remontam aos tempos da ditadura de Vargas, persistem e a cada dia se fazem mais numerosas, mais freqüentes, e mais arbitrárias, consubstanciando as mais diversas formas de restrições ao direito do contribuinte, como forma oblíqua de obrigá-lo ao pagamento de tributos, nem sempre devidos, ou às vezes como forma de retaliação contra o contribuinte que vai a Juízo pedir proteção contra cobranças ilegais.

São exemplos mais comuns de sanções políticas a apreensão de mercadorias sem que a presença física destas seja necessária para a comprovação do que o Fisco aponta como ilícito; o denominado regime especial de fiscalização, a recusa de autorização para imprimir notas fiscais, a inscrição em cadastro de inadimplentes com as restrições daí decorrentes, a recusa de certidão negativa de débito quando não existe lançamento consumado contra o contribuinte, a suspensão e até o cancelamento da inscrição do contribuinte no respectivo cadastro, entre muitos outros.

Todas essas práticas são flagrantemente inconstitucionais, entre outras razões, porque:

1. Versão atualizada do texto publicado na *RDDT* 30, mar. 1998.

a) implicam indevida restrição ao direito de exercer atividade econômica, independentemente de autorização de órgãos públicos, assegurado pelo art. 170, parágrafo único, da vigente Constituição Federal; e b) configuram cobrança sem o devido processo legal, com grave violação do direito de defesa do contribuinte, porque a autoridade que a este impõe a restrição não é a autoridade competente para apreciar se a exigência do tributo é ou não legal.

A suspensão e o cancelamento da inscrição no cadastro fazendário implicam verdadeira proibição do exercício da atividade econômica pelo contribuinte. Nada, portanto, justifica tal providência, posto que o art. 5º, inciso XIII, da CF/1988, coloca no altiplano dos direitos fundamentais a liberdade profissional, a dizer que *é livre o exercício de qualquer trabalho, ofício ou profissão, atendidas as qualificações profissionais que a lei estabelecer*, enquanto o art. 170, parágrafo único, da Lei Maior, diz que *é assegurado a todos o livre exercício de qualquer atividade econômica independentemente de autorização de órgãos públicos, salvo os casos previstos em lei.*[2]

No primeiro desses dispositivos consagra-se a liberdade de exercício profissional, e a única exigência possível, como condição para tal exercício, diz respeito à capacidade profissional. Assim, por exemplo, para exercer a atividade de médico, ou de advogado, é válida a exigência do diploma universitário, que atesta a respectiva capacitação profissional.

No segundo consagrada está a liberdade de exercício de atividade econômica. Mais ampla, tanto que não comporta exigência nenhuma, nem mesmo de capacitação, seja de que natureza for.

É certo que a norma constitucional, acima transcrita, ressalva os casos previstos em lei. Isto, porém, não quer dizer que a lei possa condicionar o exercício da atividade econômica ao pontual pagamento dos tributos. Admitir que somente os que pagam pontualmente os tributos têm direito ao exercício da atividade econômica e, em conseqüência, admitir o cancelamento da inscrição do contribuinte inadimplente, seria converter em regra a exceção prevista no art. 170, parágrafo único, da Constituição. Como as atividades econômicas estão, em princípio, sujeitas aos tributos, a inscrição funcionaria como autorização para o respectivo exercício.

A ressalva contida no final do dispositivo na verdade diz respeito a certas atividades que, por questão de segurança, ficam a depender da autorização estatal, como acontece, por exemplo, com o fabrico e comercialização de determinadas armas e munições. Obviamente não seria razoável admitir-se a produção, ou o comércio, de metralhadoras, por exemplo, sem autorização e controle do Estado.

A legislação de alguns Estados, faculta a suspensão, e até o cancelamento, da inscrição no cadastro de contribuintes, como forma de punição. A legislação tributária do Estado do Ceará, por exemplo, admite a suspensão das inscrições de contribuintes que praticarem determinadas infrações, que menciona, e até a cassação da inscrição, *na hipótese de não resolução das pendências no prazo de 60 dias.*[3] A de Pernambuco, a seu turno, estabelece o cancelamento da inscrição como forma de punição das infrações que menciona, chegando ao cúmulo de colocar entre os casos de cancelamento *outras hipóteses previstas em portaria do Secretário da Fazenda.*[4]

A legislação do Rio Grande do Sul estabelece tratamento curioso para o problema, determinando que o deferimento da inscrição como contribuinte desse imposto "fica condicionado à prestação de fiança idônea, cujo valor será equivalente ao im-

2. A propósito do tema, veja-se Antonio Vital Ramos de Vasconcelos, "A inconstitucional cassação do CGC", em *Repertório IOB Jurisprudência* 4/97, p. 104.

3. Decreto 24.569, de 31.7.1997, arts. 101 a 103.

4. Decreto 14.876, de 12.3.1991, art. 77.

posto calculado sobre operações ou prestações estimadas para um período de 6 (seis) meses, caso o interessado, tendo sido autuado por falta de pagamento de impostos estaduais, tenha deixado de apresentar impugnação no prazo legal ou, se o fez, tenha sido julgada improcedente, estendendo-se o aqui disposto, no caso de sociedades comerciais, aos sócios ou diretores".[5]

Estabelece, também, o regulamento gaúcho, que a garantia exigida como condição para inscrição do contribuinte "não ficará adstrita à fiança, podendo ser exigida garantia real, ou outra fidejussória"; e mais, "deverá ser complementada sempre que exigida e, sempre que se tratar de garantia fidejussória, atualizada a cada 6 (seis) meses".[6]

Diz ainda o referido regulamento que a inscrição do contribuinte do ICMS poderá ser cancelada, entre outras hipóteses também inadmissíveis, se este não prestar a fiança exigida. Inscrição que somente poderá ser novamente concedida "se comprovado terem cessado as causas que determinaram o cancelamento e satisfeitas as obrigações dela decorrentes" (*sic*).[7]

Maior absurdo não pode haver, porque isto significa colocar como condição para o exercício da atividade econômica o pagamento do tributo.

A inscrição no cadastro de contribuintes não pode ser transformada em autorização para exercer a atividade econômica. Nem o seu cancelamento em forma de obrigar o contribuinte a cumprir seus deveres para com o Estado. Mesmo o contribuinte mais renitente na prática de infrações à lei tributária não pode ser proibido de comerciar. Mesmo aquele que tenha sido condenado, no juízo criminal competente, por prática de crime de sonegação de tributos, tem o direito de continuar exercendo o comércio, porque a lei não comina aos que cometem esse crime a pena de proibição do exercício do comércio.

Aliás, mesmo a lei penal, lei ordinária federal posto que à União compete legislar em matéria penal, não pode cominar a pena de cancelamento da inscrição do contribuinte, posto que estaria instituindo pena de caráter perpétuo, que a Constituição proíbe.[8]

A ilicitude do não pagar os tributos devidos não exclui o direito de exercer a atividade econômica, que é direito fundamental. Atividade econômica lícita, é certo, mas a ilicitude do não pagar o tributo não faz ilícita a atividade geradora do dever tributário. Uma coisa é a ilicitude de certa atividade. Outra, bem diversa, a ilicitude consistente no descumprimento da obrigação tributária, principal ou acessória. Mesmo incorrendo nesta última, quem exercita atividade econômica continua protegido pela garantia constitucional. Cabe ao Fisco a utilização dos caminhos que a ordem jurídica oferece para constituir o crédito tributário, e cobrá-lo, mediante a ação de execução fiscal.

Neste sentido se tem manifestado a jurisprudência, merecendo destaque o julgado do Tribunal Regional Federal da 2ª Região, que afirma:

> 1. A exigência para a inscrição da pessoa jurídica no CGC/MF de que seus sócios tenham prestado declarações de renda nos últimos cinco (5) anos é inconstitucional.
>
> 2. Tal exigência afronta o art. 170, parágrafo único, da Constituição Federal, que assegura o livre exercício de qualquer atividade econômica.[9]

Do voto proferido pelo Relator do caso, o Desembargador Federal Ney Valadares, merece transcrição a parte em que analisa as restrições admissíveis ao direito

5. Art. 3º, do Regulamento aprovado pelo Decreto 37.699, de 26.8.1997.
6. Art. 3º, parágrafo único, alíneas *a* e *b*.
7. Art. 6º, inciso I, e seu parágrafo único.
8. CF/1988, art. 5º, inciso XLVII, alínea *b*.
9. Remessa *ex officio* em mandado de segurança proc. 96.02.39112-0, Rel. Dessembargador Federal Ney Magno Valadares, j. 24.6.1997, *DJU*-2 5.8.1997, p. 59.068 e *RDDT* 25/171-172.

de exercer qualquer atividade econômica, afirmando:

> Perfilho da teoria de que o princípio da liberdade econômica estabelecida pelo art. 170 da Constituição Federal não é absoluto, admitindo, e, em certas hipóteses, até mesmo exigindo, a limitação dessa liberdade ao bem comum, para garantir os demais princípios que informam o próprio Texto Constitucional.
>
> Assim, ainda que livre, a atividade econômica deve ser limitada e regulada para garantir, em última análise, a própria efetividade do princípio, coibindo a formação de grupos especulativos, o comércio predatório; e também para salvaguardar os interesses dos consumidores, de minorias etc.
>
> Dessa forma, ainda que se aceite a regulamentação, esta deve ter em foco a própria manutenção do princípio, e não impedir inexoravelmente que se o exerça.

Do mesmo Tribunal merece destaque, ainda, o julgado em que afasta a sanção política consistente na inscrição da empresa em cadastro de inadimplentes, afirmando:

> *Tributário. Inscrição da empresa no CADIN. Sanção indireta. Afastamento.*
>
> I — Em sede de análise microeconômica, o cerceamento de atividades lucrativas no que diz respeito ao arresto de instrumento de produção não é elemento economicamente válido como política de estímulo à produção.
>
> II — No plano jurídico merece repúdio, posto que, a pretexto de ver quitada a obrigação, reduz o devedor à inadimplência total.[10]

É certo que as sanções políticas constituem um instrumento cômodo para a Administração Tributária. Permitem a cobrança dos tributos com eficácia. Mas não são compatíveis com o Estado de Direito porque permitem também a cobrança, com igual eficácia, de quantias absolutamente indevidas. Exatamente porque impedem o direito de defesa do contribuinte elas frustram as garantias que a ordem jurídica promete, segundo as quais os tributos serão somente aqueles instituídos por lei, e que as leis serão obedientes à Constituição.

As sanções políticas, em síntese, constituem abuso de poder inteiramente incompatível com o Estado de Direito porque neste, como afirma Celso Antônio Bandeira de Mello, "o Poder Público não pode fugir das vias previstas na ordem normativa".[11]

Interessante é observar que na Argentina, por exemplo, a *Corte Suprema de Justicia de la Nación* tem admitido que a pena de clausura é constitucional. Entretanto, entre aquela forma de sanção e as sanções praticadas no Brasil, existem significativas diferenças, a saber: (a) A pena de clausura destina-se especialmente a coibir o descumprimento de deveres formais que prejudicam o controle fiscal, sendo tutelada pela lei a função fiscalizadora, para manter o funcionamento do sistema tributário como fonte de receitas públicas,[12] enquanto as sanções políticas no Brasil constituem forma indireta de cobrança do tributo. (b) A pena de clausura é aplicada em regular processo, com garantia de defesa para o contribuinte, destacando-se o efeito suspensivo dos recursos em que a legalidade da mesma é discutida, enquanto as sanções políticas no Brasil são aplicadas sem processo algum, e assim sem qualquer oportunidade de defesa. (c) Na Argentina a garantia constitucional é bem menos ampla, sendo certo que os direitos assegurados "estan sujetos a las leyes que reglamentan su ejercicio".[13] Na verdade, o art. 14 da *Constitución de la Nación Argentina* diz que todos os habitantes daquela nação gozam

10. Ac. un. da 1ª T. do TRF-2ª R., AMS 97.02. 41363-0-RJ, Rela. Desembargadora Federal Julieta Lídia Lunz, j. 28.4.1998, *DJU*-2 de 15.9.1998, p. 77 e *RIJ* 22/98, p. 552 texto 1/12.842.

11. Celso Antônio Bandeira de Mello, *Curso de Direito Administrativo*, 9ª ed., Malheiros Editores, São Paulo, 1997, p. 289.

12. Cf. Carlos Enrique Edwards, Astrea, *La Pena de Clausura Tributaria*, Buenos Aires, 1994, pp. 7-8.

13. Carlos Enrique Edwards, *La Pena...*, cit., p. 27.

dos direitos que enumera, *conforme a las leyes que reglamentam su exercicio*. Já em nossa Constituição, a norma é incondicional, garante a todos o livre exercício da atividade econômica, ressalvados os casos previstos em lei. A lei não regula o modo de exercer a atividade econômica, apenas pode colocar o exercício de certas atividades sujeito a autorização, como acontece, por exemplo, com uma fábrica de armas de metralhadoras ou de outros instrumentos bélicos.

Ressalte-se, para melhor compreensão do que se disse acima (letra a, acima), que a preservação do sistema de controle fiscal, com o cumprimento dos deveres formais, ou obrigações tributárias acessórias, é muito importante na Administração Tributária de um Estado de Direito, porque viabiliza a cobrança do tributo pelas vias estabelecidas pela ordem jurídica. Pode-se afirmar, sem exagero, que a importância do cumprimento das obrigações acessórias é bem maior do que o cumprimento das obrigações principais, porque é a partir dos elementos fornecidos à Administração Tributária com o cumprimento das obrigações acessórias que são criadas condições para o controle do cumprimento das obrigações principais.

Importante, também, é a distinção que se há de reconhecer entre uma situação na qual o descumprimento, seja de obrigação tributária principal, seja de obrigação tributária acessória, não é questionado pelo contribuinte, daquela outra na qual a ocorrência ou não da infração é objeto de questionamento administrativo ou judicial, ainda não definitivamente resolvido. Essa distinção é importante porque nesta última situação, além das inconstitucionalidades que caracterizam as sanções políticas em geral, tem-se mais uma, configurada pela afronta ao direito à jurisdição.

Inconsistente, de todo modo, é a invocação do Direito argentino, como argumento a justificar as sanções políticas no Brasil. Aliás, ainda que a Constituição e as leis do país vizinho autorizassem as sanções políticas naquele país, o exemplo não deveria ser invocado porque ninguém deve seguir os maus exemplos.

De todo modo, apesar de flagrantemente inconstitucionais, as sanções políticas seguem sendo largamente praticadas, no mais das vezes por puro comodismo das autoridades da Administração Tributária, que nelas encontram meio fácil de fazer a cobrança de tributos. Tem sido freqüente, assim, a impetração de mandados de segurança para garantir aos contribuintes a prática da atividade econômica, livrando-os das restrições arbitrárias que as autoridades fazendárias teimam em lhes impor.

Ocorre que do deferimento do *writ* nenhuma conseqüência decorre, capaz de inibir tais práticas arbitrárias. Por isto proliferam, e se repetem até para o mesmo beneficiário da ordem judicial, que tem de ser repetida em todos os casos, gerando enorme encargo para o Judiciário.

O caminho para inibir as sanções políticas é a ação de indenização por perdas e danos, contra a entidade pública, com pedido de citação também da autoridade responsável pela ilegalidade, tudo com fundamento no art. 37 e seu § 6º, da vigente Constituição Federal. A sanção política, conforme o caso, pode causar dano moral, dano material, e lucros cessantes, tudo a comportar a respectiva indenização, desde que devidamente demonstrados.

A questão da responsabilidade da Administração Tributária pelos danos causados ao contribuinte vem sendo objeto de atenção de juristas do Velho Mundo, onde também o assunto não era tratado.[14] Cuida-se de reação legítima do cidadão contra os freqüentes abusos do Fisco, que se não reprimidos poderão provocar grande e indesejável retrocesso na relação tributária, que de relação jurídica poderá voltar a ser relação simplesmente de poder.

14. Cf. Maria Teresa Mata Sierra, *La Responsabilidad Patrimonial de la Administración Tributaria*, Valladolid, Lex Nova, 1997.

No Brasil a questão não tem sido abordada pela doutrina, mas a jurisprudência já registra precioso precedente do Supremo Tribunal Federal que, em recente julgado, condenou o Fisco a indenizar dano causado ao contribuinte por indevida resposta a consulta que este lhe formulara.[15]

O referido julgado da Corte Maior fundou-se no art. 107 da CF de 1969 (vigente na época dos fatos), ao qual corresponde o § 6º do art. 37 da CF/1988, a dizer: "*As pessoas jurídicas de direito público e as de direito privado prestadoras de serviços públicos responderão pelos danos que seus agentes, nessa qualidade, causarem a terceiros, assegurado o direito de regresso contra o responsável nos casos de dolo ou culpa*".

A nosso ver, porém, ainda se faz necessária a responsabilização pessoal da autoridade. Não basta a do Estado. O caminho que nos parece necessário trilhar, para reduzir a limites aceitáveis as práticas abusivas de autoridades, é a responsabilidade pessoal do agente público. Nos dias atuais quem corporifica o Estado age de modo praticamente irresponsável no que diz respeito aos direitos individuais que eventualmente lesiona. O agente do Fisco, que formula em auto de infração exigência que sabe ou deveria saber indevida, não sofre nenhuma conseqüência de seu ato ilícito, não obstante esteja este legalmente definido como crime de excesso de exação.[16] Não se conhece um único caso de ação penal por excesso de exação, e não é razoável acreditar-se que nenhum agente do Fisco o tenha praticado.

Preconizamos, pois, a responsabilidade do agente público por lesões que pratique a direitos do contribuinte, sem prejuízo da responsabilidade objetiva do Estado. Entendemos que esta é a forma mais adequada de se combater o cometimento arbitrário do Fisco.

15. RE 131.741-SP, Rel. Ministro Marco Aurélio, j. 9.4.1996, *Informativo STF* 26/1.

16. Código Penal, art. 316, § 1º, com redação que lhe deu o art. 20, da Lei 8.137, de 27.12.1990.

É sabido que a indenização por cometimento ilícito tem dupla finalidade. Uma, a de tornar indene, restabelecer, o patrimônio de quem sofreu o dano. A outra, a de desestimular a conduta ilícita de quem o causou.

A responsabilidade objetiva do Estado por danos ao cidadão pode assegurar a este a indenização correspondente, mas não atua como fator desestimulante da ilegalidade, pois quem a pratica não suporta o ônus da indenização que, sendo paga pelos cofres públicos, recai a final sobre o próprio universo de contribuintes.

E não são poucas as práticas que podem ensejar a responsabilidade pessoal do agente público. Quem exerce atividade direta ou indiretamente ligada à tributação sabe muito bem que os agentes do Fisco geralmente não respeitam os direitos do contribuinte e tudo fazem para arrecadar mais, ainda que ilegalmente.

É certo que a responsabilidade pessoal não existirá para o agente público que atua em cumprimento a determinação oficial, posta em ato administrativo de efeito concreto, ou em ato administrativo de caráter normativo. Em tais casos, se o ato administrativo em cuja obediência atua o agente público é arbitrário, a responsabilidade será da autoridade que o emitiu, e nos casos em que o arbítrio esteja na própria lei não haverá responsabilidade da autoridade administrativa que simplesmente a aplica, pois essa autoridade, como temos sustentado, não pode eximir-se de cumprir a lei alegando a sua inconstitucionalidade.

Quando o arbítrio reside na própria lei, tem-se caso de inconstitucionalidade que há de ser declarada pelo Judiciário. Uma vez transitada em julgado essa declaração, porém, a autoridade administrativa já não pode aplicar a lei inconstitucional. Se o fizer — e na prática são inúmeros os casos em que o fez — poderá ser pessoalmente responsabilizada.

É certo que a declaração de inconstitucionalidade no denominado controle difuso não produz efeitos gerais, e por isto é possível sustentar-se que a autoridade administrativa não está obrigada a abster-se de aplicar a lei que nessa via tenha sido declarada inconstitucional, antes da suspensão da vigência desta pelo Senado Federal. Na verdade, porém, assim não é. Uma vez declarada a inconstitucionalidade de uma lei, em decisão definitiva, a autoridade administrativa já não a pode aplicar. Se a Fazenda Pública é parte no processo onde se deu a declaração de inconstitucionalidade — como geralmente acontece em matéria tributária — não há dúvida de que todas as autoridades administrativas a ela vinculadas estarão obrigadas a não mais aplicar a lei declarada inconstitucional. Tanto em razão do efeito processual que se produz em relação à parte, como em razão do princípio da harmonia entre os Poderes do Estado.[17] Se a Fazenda Pública não é parte no processo onde se deu a declaração de inconstitucionalidade — o que dificilmente ocorrerá em matéria tributária — mesmo assim, em razão do dever de preservar a harmonia entre os Poderes do Estado, as autoridades administrativas estarão, todas, impedidas de seguirem aplicando a lei declarada inconstitucional.

Em se tratando de declaração de inconstitucionalidade proferida no controle concentrado, dúvida não pode haver quanto aos efeitos gerais que esta produz. Assim, dúvida não pode haver de que todas as autoridades, sejam fazendárias ou não, estarão impedidas de aplicar a lei declarada inconstitucional.

Nos casos em que a autoridade administrativa esteja, como acima explicado, no dever de não aplicar a lei que foi declarada inconstitucional, se o faz comete ato ilícito, pelo qual poderá ser pessoalmente responsabilizada. E a responsabilização pessoal da autoridade é, repita-se, o caminho mais adequado no combate às práticas arbitrárias do Poder Público.

17. CF/1988, art. 2º.

CADERNOS DE DIREITO TRIBUTÁRIO

COMPENSAÇÃO DO PREJUÍZO RURAL

JOSÉ HENRIQUE LONGO

Advogado. Mestre em Direito Tributário – PUC/SP.
Membro do 1º Conselho de Contribuintes do Ministério da Fazenda

Pretende-se com o presente estudo apreciar a questão do aproveitamento do prejuízo fiscal gerado no exercício da atividade rural para compensação com lucro auferido nas demais atividades praticadas pela mesma pessoa jurídica.

Assim, o objetivo é estabelecer interpretação das normas jurídicas que regem a hipótese de compensação de resultados da empresa que desenvolve tanto atividade rural[1] quanto atividade não-rural.[2]

Até 1995, a compensação de prejuízo da atividade rural sofreu a restrição genérica quanto à compensação de resultados tributados com alíquotas diferentes, nos termos do art. 8º do Decreto-lei 2.429/1988, assim redigido: "Art. 8º. A pessoa jurídica que exerça atividades sujeitas à tributação por alíquotas diferenciadas somente poderá compensar os prejuízos decorrentes do exercício de atividade tributada por alíquota reduzida, com lucros da mesma atividade".

Ou seja, o prejuízo decorrente de atividade cuja alíquota de Imposto sobre a Renda (IR) era inferior à alíquota aplicável às demais atividades somente podia ser aproveitado para reduzir lucro gerado por aquela mesma atividade.[3]

A vontade do legislador é de fácil compreensão. O prejuízo decorrente de uma atividade incentivada com alíquota menos gravosa não pode diminuir a base de cálculo de outra atividade que não seja beneficiada pelo mesmo incentivo, pois, se assim não fosse, quando a atividade incentivada voltasse a gerar lucro, não haveria mais prejuízo – utilizado para compensar lucro tributado com alíquota maior – para que se compensasse o lucro tributado com alíquota menor. Daí, seguindo o raciocínio, o contribuinte teria deixado de pagar imposto calculado sem benefício (em função da compensação promovida) e pagaria imposto com menor alíquota, já que o prejuízo dessa atividade teria sido compensado pela outra atividade.

A equiparação de alíquotas ocorreu com a Lei 8.023/1990, com a aplicação da alíquota de 25% ao lucro da pessoa jurídica que explorasse a atividade rural (art. 12), correspondente ao mesmo percentual de

1. Assim entendida como uma daquelas previstas no art. 2º da Lei 8.023/1990, com acréscimo do art. 59 da Lei 9.430/1996.

2. Na legislação encontra-se o termo "demais atividades".

3. Por esse motivo, o MAJUR/1990 estabeleceu que deveria tal contribuinte desdobrar o controle dos prejuízos por período-base de apuração e pela alíquota do imposto correspondente a cada atividade.

alíquota para as pessoas jurídicas em geral (Lei 8.541/1992, art. 3º). Contudo, a Lei 8.023/1990 não previu a aplicação do adicional do IR, tal como para as demais atividades (art. 10 da Lei 8.541/1992).

Desse modo, ainda que com alíquotas iguais, o prejuízo fiscal da atividade rural não podia ser compensado com o lucro das demais atividades, pois no cálculo do *quantum debeatur* do IR aplicavam-se percentuais distintos sobre os resultados da atividade rural e das demais atividades; a distinção de percentuais decorria do adicional que representa um acréscimo da alíquota, em respeito ao caráter progressivo do IR previsto no art. 153, § 2º, I, da Constituição Federal.

A 1ª Turma da Câmara Superior de Recursos Fiscais, do Conselho de Contribuintes do Ministério da Fazenda, firmou entendimento no sentido de que, enquanto tributados com alíquotas diferenciadas, os resultados de atividade rural e de demais atividades não podiam ser compensados entre si (Ac. CSRF/01-03.765).

Mas, desde 1996, não há mais essa limitação para compensação do prejuízo fiscal da atividade rural, pois os resultados dessa e das demais atividades passaram a ser igualmente tributados, com alíquota de 15% e adicional de 10% para lucro superior a R$ 20.000,00 a cada mês do período-base (Lei 9.249/1995, art 3º, § 3º) .

Porém, existe outra limitação na compensação de prejuízo fiscal – que é a de 30% do lucro líquido ajustado –, que não tem recebido por parte dos intérpretes da legislação tributária a devida atenção, especificamente quando se trata de prejuízo decorrente da atividade rural. A atenção mencionada é na redação da lei, do decreto e de instrução normativa com essa limitação, que, em função de troca de posição de palavras nos textos, geram prescrições distintas.

Essa limitação proporcional foi estabelecida inicialmente pela Medida Provisória 812/1994, posteriormente convertida na Lei 8.981/1995 (e mais adiante alterada pela Lei 9.065/1995), cujo artigo 42 estabelecia: "Art. 42. A partir de 1º de janeiro de 1995, para efeito de determinar o lucro real, *o lucro líquido* ajustado pelas adições e exclusões previstas ou autorizadas pela legislação do imposto de renda, *poderá ser reduzido* em, no máximo, 30% (trinta por cento)" (grifo nosso).

O que se pode afirmar é que, na determinação do lucro real, o lucro líquido podia ser reduzido por compensação em, no máximo, 30%. Apesar de, neste momento parecer irrelevante, merece nota para as observações que estão adiante o fato de que nesse dispositivo legal o *parâmetro* para a limitação é o próprio *lucro líquido*.

Entretanto, com a nova redação estabelecida pela Lei 9.065/1995, o parâmetro da limitação passou a ser o prejuízo. Vejamos: "Art. 15. O *prejuízo fiscal* apurado a partir do encerramento do ano-calendário de 1995 poderá ser compensado, cumulativamente com os prejuízos fiscais apurados até 31 de dezembro de 1994, *com o lucro líquido* ajustado pelas adições e exclusões previstas na legislação do imposto de renda, *observado o limite máximo, para a compensação, de 30% (trinta por cento) do referido lucro líquido ajustado*" (grifos nossos).

Isto é, como regra geral, *o prejuízo fiscal pode reduzir o lucro líquido em 30% do montante deste*. Esse dispositivo foi fielmente mantido pelo Regulamento do Imposto de Renda (Decreto 3.000/1999): "Art. 510. O *prejuízo fiscal* apurado a partir do encerramento do ano-calendário de 1995 *poderá ser compensado*, cumulativamente com os prejuízos fiscais apurados até 31 de dezembro de 1994, *com o lucro líquido* ajustado pelas adições e exclusões previstas neste Decreto, observado o limite máximo, para a compensação, de trinta por cento do referido lucro líquido ajustado" (grifos nossos).

Vê-se, portanto, que, anteriormente, o lucro líquido podia ser reduzido em 30% e, posteriormente à Lei 9.065/1995, o prejuízo fiscal passou a reduzir o lucro líquido em 30%. Ou seja, apesar de conterem quase o mesmo comando, cada norma (art. 42 da Lei 8.981/1995 e art. 15 da Lei 9.065/1995) utilizou um parâmetro distinto: uma o lucro líquido e outra o prejuízo fiscal. Isso representa diferença quando a legislação atribui tratamentos distintos à utilização do prejuízo conforme sua natureza e à diminuição do lucro.

Acontece que, para a atividade rural, antes mesmo da instituição do limite acima mencionado (MP 812, Lei 8.981/1995 e Lei 9.065/1995), havia legislação específica sobre compensação dos prejuízos: "Art. 14. *O prejuízo apurado* pela pessoa física e pela pessoa jurídica *poderá ser compensado com o resultado positivo* obtido nos períodos-base posteriores" (grifos nossos).

No caso da atividade rural, o tratamento é, desde o início, relativo ao prejuízo fiscal (e não ao lucro); por outras palavras, o prejuízo fiscal rural pode ser compensado com o lucro posterior sem qualquer limitação. Ou seja, a natureza do lucro é indiferente para compensação com o prejuízo rural.

Desse modo, foi prevista sua aplicação no RIR/99: "Art. 512. *O prejuízo apurado* pela pessoa jurídica que explorar a atividade rural *poderá ser compensado com o resultado positivo* obtido em períodos de apuração posteriores, não se lhe aplicando o limite previsto no *caput* do art. 510" (grifos nossos).

Assim, tanto o art. 14 da Lei 8.023/1990 quanto o art. 512 do Decreto 3.000/1999 prevêem a possibilidade de *compensação do prejuízo fiscal decorrente da atividade rural com resultado positivo de períodos posteriores, sem qualquer limite.* Vale notar que, na redação desse dispositivo do regulamento, o prejuízo é especificamente o rural, mas o lucro não, o que autoriza concluir que o prejuízo fiscal gerado pela atividade rural pode ser aproveitado integralmente e ilimitadamente com lucros posteriores, independentemente de sua natureza.

Entretanto, a Secretaria da Receita Federal ao baixar sua orientação distorceu, ainda que sutilmente, as normas jurídicas acima transcritas. Parece-nos que a pretensão é a de fazer prevalecer uma regra geral em detrimento de uma regra especial.

Na Instrução Normativa SRF 11/1996, adotou-se como parâmetro do limite à compensação o lucro líquido tal qual era pela Lei 8.981, apesar de que, à época da sua edição, já estivesse em vigor a Lei 9.065: "Art. 35. Para fins de determinação do lucro real, o lucro líquido, depois de ajustado pelas adições e exclusões previstas ou autorizadas pela legislação do imposto de renda, poderá ser reduzido pela compensação de prejuízos fiscais em até, no máximo, trinta por cento".

O § 4º desse dispositivo reconheceu, ainda que por pouco tempo, o previsto no art. 14 da Lei 8.023 e, posteriormente, no art. 512 do RIR/1999: "§ 4º. *O limite de redução de que trata este artigo não se aplica aos prejuízos fiscais decorrentes da exploração de atividades rurais*, bem como aos apurados pelas empresas industriais titulares de Programas Especiais (...)" (grifo nosso).

Com efeito, não se previu que o prejuízo fiscal da atividade rural sofreria algum tipo de restrição. Mas, ainda no mesmo ano de 1996, a IN SRF 39/1996 veiculou novo entendimento com pretensão de inovar o ordenamento, fixando distinção entre compensação com resultado de outra atividade ou não operacional:

"Art. 2º. *À compensação dos prejuízos fiscais decorrentes da atividade rural, com lucro real da mesma atividade, não se aplica o limite de trinta por cento* de que trata o art. 15 da Lei n. 9.065, de 20 de junho de 1995.

"(...)

"§ 2º. O prejuízo fiscal da atividade rural apurado no período-base poderá ser compensado com o lucro real das *demais atividades* apurado no *mesmo período-base, sem limite.*

"§ 3º. À compensação dos prejuízos fiscais das demais atividades, assim como *os da atividade rural de com lucro real de outra*, apurado em período-base subseqüente, *aplica-se o disposto nos arts. 35*[4] e 36[5] da Instrução Normativa n. 11, de 21 de fevereiro de 1996" (grifos nossos).

Em face do texto da Instrução Normativa SRF 39/1996, verifica-se a interpretação errônea por parte da Secretaria da Receita Federal acerca do limite da compensação do prejuízo fiscal da atividade rural com lucro das demais atividades. De acordo com essa interpretação, apenas o lucro da atividade rural é que poderia ser integralmente compensado com prejuízo fiscal rural.

Além de não existir explicação razoável sobre os tratamentos distintos, isso está contra o comando da lei ordinária específica, que estabelece plena liberdade em compensar prejuízo rural. A única restrição seria a já extinta situação de atividades tributadas com alíquotas diferenciadas.

Enfim, ainda que o *caput* do art. 2º da IN SRF 39/1996 contenha previsão como a da Lei 8.023 e do art. 512 do RIR, o seu § 3º contraria de modo gritante a norma legal, quando cria exceção não prevista em lei. Não há, no nível de lei ordinária – nem de decreto –, tratamento diferenciado entre a atividade rural e a atividade não-rural com períodos-base distintos.

Como conclusão, é de se afirmar:

1. A IN SRF 39/1996 é ilegal, na medida em que pretende alterar o comando previsto nas Leis 8.023/1990 e 9.065/1995, bem como no Regulamento do Imposto de Renda (Decreto 3.000/1999); e

2. Considera-se legítima a compensação integral do prejuízo fiscal da atividade rural com lucros posteriores, independentemente da natureza destes.

4. Limite de 30% na compensação de prejuízo.

5. Impossibilidade de compensação de prejuízo decorrente de resultado não operacional com lucro de resultado operacional.

ESTUDOS & COMENTÁRIOS

A REMUNERAÇÃO DAS MUNICIPALIDADES NA UTILIZAÇÃO DE ESPAÇOS PÚBLICOS DESTINADOS À INFRA-ESTRUTURA DAS EMPRESAS DE TELECOMUNICAÇÃO, TV A CABO, ENERGIA ELÉTRICA E SIMILARES

Marcos André Vinhas Catão

Mestre em Direito Tributário. Professor de Direito Tributário da Universidade Cândido Mendes, RJ.
Advogado no Rio de Janeiro

e

Isabela Cahú

Advogada no Rio de Janeiro

1. Introdução. Exame sob a ótica do Direito Financeiro. 2. A dupla possibilidade: preço público ou taxa: 2.1 A imposição do tributo taxa como forma de ordenamento do solo urbano; 2.2 A cobrança de preço público. 3. A Jurisprudência. Bibliografia.

1. Introdução. Exame sob a ótica do Direito Financeiro

Antes de enfrentar o tema em questão, é relevante destacar que a utilização de espaço público municipal para a construção de infra-estrutura necessária ao provimento de serviços públicos[1] (telecomunicações, energia, gás, esgoto...) não é um modelo novo no cenário nacional.

A utilização de bens alheios (bens privados ou bens públicos)[2] necessária à im-

1. A Constituição Federal determina quais são os serviços públicos e quais são os privados, inclusive, os de competência privativa da União Federal, art. 21, XI e XII. Em relação aos serviços de telecomunicações, tanto o de telefonia fixa, quanto o de rede e circuito especializado, para serem caracterizados como serviços públicos, deverão ser de abrangência de interesse coletivo.

2. Art. 66 do Código Civil: "Os bens públicos são: I — de uso comum do povo, tais como os mares, rios, estradas, ruas e praças; II — de uso especial, tais como edifícios, terrenos aplicados a servi-

plantação de infra-estrutura para prestação de serviços públicos também era realidade na fase em que o Estado detinha, por exemplo, o monopólio estatal dos serviços públicos de telecomunicações,[3] onde o acesso às áreas públicas de uso comum por um ente federado, processava-se praticamente sem quaisquer encargos.

O crescente movimento jurídico-político almejando a remuneração de espaço público municipal utilizado para instalação de infra-estrutura de empresas de prestação de serviços públicos, pode ser atribuído: (i) ao impacto "pós-privatização" consolidado pelas Emendas Constitucionais 5 a 9, todas promulgadas no ano de 1995, que transferiu o controle acionário de várias empresas prestadoras de serviços públicos para a iniciativa privada; (ii) aos diversos entendimentos doutrinários acerca da possibilidade de remuneração pelo uso de espaços públicos, quando necessários à prestação de serviços públicos, em decorrência de lacunas ou má aplicações normativas, queira no campo de tributário, civil, administrativo ou constitucional.

Acrescenta-se ainda que para o presente estudo, considerar-se-ão serviços públicos de *natureza essencial*,[4] todos os serviços considerados por lei como essenciais à comunidade, conforme previsão legal contida na Lei 7.783, de 28.6.1989, caracterizados pela tutela legal objetivando garantir a continuidade no provimento dos mesmos à sociedade.

Assim, a crescente fiscalidade que determinou a otimização dos entes jurídicos dotados dessa capacidade, fez surgir a questão relativa à possibilidade de cobrança pelos Municípios de uma específica exação, em virtude da utilização do espaço terrestre e/ou aéreo.

Para uma avaliação do tema, é imprescindível duas premissas sem as quais o devido delineamento sistemático poria em risco a qualidade e imparcialidade da análise, visto a existência de argumentos que se debruçam não só sob os domínios do direito constitucional, tributário e administrativo mas também, como exposto acima, pelos direitos civil e financeiro.

Dentre essas premissas, salta primeiramente aos olhos a que identifica como "receita pública", qualquer remuneração paga a um ente político ou parafiscal, sujeitando o trato da matéria ao regime estatuído pelo direito financeiro. Nesse campo, até que venha a lei complementar prescrita pelo § 9º do art. 165 da CF, remanesce em vigor as disposições de sua normal central, a Lei 4.320/1964 editada pela União Federal e recepcionada pela Constituição *ex vi* do art. 24, I e II.

Ao abordar as receitas públicas, a Lei 4.320/1964, mais precisamente em seu art. 11, divide-as em dois grandes grupos quais

ço ou estabelecimento federal, estadual ou municipal; dominiais que constituem patrimônio da União, dos Estados ou dos Municípios".

3. Época anterior à Emenda Constitucional 8, de 15.8.1995, que alterou o disposto original no art. 21, XI, da Constituição Federal, tendo em vista a reforma do Estado e o Programa Nacional de Desestatização.

4. Lei 7.783/1989, "Dispõe sobre o exercício do direito de greve, define as atividades essenciais, regula o atendimento das necessidades inadiáveis da comunidade, e dá outras providências. (...). Art. 10. São considerados serviços ou atividades essenciais: I — tratamento e abastecimento de água; produção e distribuição de energia elétrica, gás e combustíveis; II — assistência médica e hospitalar; III — distribuição e comercialização de medicamentos e alimentos; IV — funerários; V — transporte coletivo; VI — captação e tratamento de esgoto e lixo; VII — telecomunicações; VIII — guarda, uso e controle de substâncias radioativas, equipamentos e materiais nucleares; IX — processamento de dados ligados a serviços essenciais; X — controle de tráfego aéreo; XI — compensação bancária. Art. 11. Nos serviços ou atividades essenciais, os sindicatos, os empregadores e os trabalhadores ficam obrigados, de comum acordo, a garantir, durante a greve, a prestação dos serviços indispensáveis ao atendimento das necessidades inadiáveis da comunidade. Parágrafo único. São necessidades inadiáveis, da comunidade aquelas que, não atendidas, coloquem em perigo iminente a sobrevivência, a saúde ou a segurança da população. Art. 12. No caso de inobservância do disposto no artigo anterior, o Poder Público assegurará a prestação dos serviços indispensáveis".

sejam as "receitas correntes" ou "de capital". Considerando que o segundo grupo trata essencialmente de receitas advindas de operações financeiras, como bônus de dívida e empréstimos, interessa-nos aqui tão-somente o primeiro grupo. Nesse encontramos as principais fontes de receita como os tributos e a remuneração pela utilização do patrimônio público pelo setor privado, devidamente segregadas, "pois, ao determinar a constituição das *receitas correntes*, a lei simplesmente evitou qualquer conceito doutrinário e especificou no § 1º deste art. 11, quais são as receitas".[5]

O exame das espécies de receitas contidas no § 1º do art. 11, ante a possibilidade de imposição pecuniária que aqui estudamos (remuneração à pessoa jurídica de direito público interno pela utilização do espaço urbano) permite-nos apontar que a sua legitimação se fará somente sob duas hipóteses: ou tratar-se há de receita tributária que é a receita oriunda da cobrança de tributos; ou de receita patrimonial (concessão, permissão ou autorização de uso de bem público), por se referir do resultado financeiro da fruição do patrimônio imobiliário estatal, como adiante será explicitado.

Afastamos desde já a possibilidade de se cogitar de "receita de serviços", pois não há aqui qualquer contraprestação ou empreendimento da municipalidade ou de seus funcionários em prol das empresas concessionárias de serviços públicos que se utilizam em caráter especial, *uti singuli*, dos bens públicos municipais.

Dessa feita, na medida dos poderes constitucionais, lapidados pelo ordenamento que categoriza as receitas auferidas pelos entes públicos, sedimentamos desde início que a cobrança pelos Municípios poderia ser efetuada, a princípio, através da imposição tributária ou de remuneração pela utilização do solo, *ex vi* respectivamente dos arts. 145 e 30, I e VIII da Constituição Federal.

5. *A Lei 4.320 Comentada*, J. Teixeira Machado Jr. e Heraldo da Costa Reis, p. 35.

2. *A dupla possibilidade: preço público ou taxa*

Consignamos dessa forma que ante o perfil jurídico das possibilidades de auferimento de receitas públicas que tem os entes políticos em face da Constituição, a par das remissões que serão feitas abaixo pela análise dos casos em concreto, vemos que abstratamente, os Municípios tem a faculdade de exigirem tais exações sob a rubrica de taxas ou de preços públicos[6] (receitas patrimoniais).

O que importa relevar todavia, embora princípio inerente a teoria geral do direito, que a fixação do *nomen juris* não servirá para se fixar e portanto legitimar a cobrança de um ou de outro,[7] caso não sejam obedecidos os requisitos constitucionais e legais pertinentes a cada uma dessas, por vezes próximas, porém distintas categorias do Direito Financeiro.

2.1 A imposição do tributo taxa como forma de ordenamento do solo urbano

No Brasil, talvez a ausência de tratamento legislativo que permita segregar conceitual e exemplificativamente as hipóteses que devam ser remuneradas por taxa ou preço público, diferentemente do que ocorre em outras jurisdições,[8] permitiu pro-

6. A denominação "preço público" há de servir não só para identificar as hipóteses de serviços prestados diretamente pelo Estado e seus consectários (autarquias, empresas públicas etc.), como também para o valor, preço, pago pela utilização especial e privada de bens públicos através de cessão de uso.

7. Em se tratando de espécie tributária dispõe o CTN, art. 4º: "A natureza jurídica específica do tributo é determinada pelo fato gerador da respectiva obrigação, sendo irrelevante para qualificá-la: I — a denominação e demais características formais adotadas pela lei".

8. Na Espanha a Ley 8/89 reformada pela Ley 25/98, não só conceitua positivamente as duas espécies (arts. 6 e 24) como também menciona hipóteses específicas. No que se refere a utilização do solo urbano, a aludida lei é taxativa ao afirmar em seu art. 15, que poderá ser imposta taxa "cuando se conceda la utilización privativa o el aprovechamiento especial".

digiosa jurisprudência a respeito de tema tão controvertido.[9] Assim é que mesmo sob os iniciais auspícios do sistema tributário nacional, constitucionalizado por força da carta de 1967, o Supremo Tribunal Federal, tentou dirimir a controvérsia editando a Súmula 545,[10] que se mostrou contudo impotente para dirimir os conflitos até hoje existentes, redundando em velada crítica da doutrina[11] quanto a adequação daquele enunciado face a evolução jurisprudencial.

Se por um lado há ausência de disposição legislativa que determine uma vertente para imposição de taxa ou preço público, é de se ressaltar que o aspecto material de incidência do tributo foi precisamente delineado pelo art. 77 que estabeleceu uma divisão dicotômica pela qual as taxas têm por fato gerador a prestação de serviço público ou o exercício regular do poder de polícia.

Apressando-nos a atingir o foco central desse estudo vemos por conseguinte que no caso presente a eventual imposição de taxa só se legitimaria por força do regular exercício do poder de polícia, conquanto na utilização do solo ou espaço urbano não há qualquer prestação de serviço aos contribuintes desse tributo, no caso as empresas concessionários ou similares de serviços essenciais.

Dessa feita, e tendo por cerne o objeto desse trabalho, identifica-se que a definição precisa e concisa do art. 78 do Código Tributário Nacional, ao conceituar poder de polícia ajusta-se integralmente aos poderes deferidos pela Constituição de 1988 aos Municípios outorgando-lhes competência para legislar sobre assuntos de interesse local (art. 30, I), promovendo o adequado ordenamento territorial e da ocupação do solo urbano (art. 30, VIII).

Presente portanto a integração e interpenetração do arquétipo constitucional com o fato gerador — poder de polícia (limitação de direito ou interesse em razão de interesse público) desse tributo, conforme definido em lei complementar, sedimentamos o arcabouço normativo pelo qual as Prefeituras podem e devem estabelecer a imposição de taxas de polícia, de modo a exercer na plenitude a competência plena constitucionalmente atribuída, ora determinada por força da Lei de Responsabilidade Fiscal.[12]

Resta saber agora, todavia, se o exercício do poder de polícia, levando-se em consideração a utilização do espaço (solo ou subsolo urbano) a que se refere o aproveitamento por parte das empresas para passagem de dutos, cabos ou de infra-estrutura de serviço público, envolve uma atividade contínua, ou melhor uma relação continuativa entre Administração e administrado, ou simplesmente se consuma de uma só vez.

Mais uma vez aqui faremos referência a jurisprudência já produzida acerca do assunto, seja nos tribunais pátrios ou no direito comparado, onde como vimos acima o fenômeno também existe, sem prejuízo de lançarmos mão de pontos eventual-

9. V. *RT* 686/612 sobre Adicional de Tarifa Portuária; Taxa Judiciária, ADIn 1.378-5-ES, Rel. Ministro Celso de Mello Pedágio, STF; RE 181.475-6-RS Rel. Ministro Carlos Velloso.

10. Súmula 545, STF: "Preços de serviços públicos e taxas não se confundem, porque estas, diferentemente daqueles, são compulsórias e têm sua cobrança condicionada à prévia autorização orçamentária, em relação à lei que as instituiu".

11. Para Ricardo Lobo Torres "a compulsoriedade não tem a importância que se tenta atribuir-lhe na definição de tributo, e, muito menos, na de taxa. A compulsoriedade do uso há que se restringir ao serviço público essencial de utilização obrigatória, sendo uma conseqüência da essencialidade, e não uma premissa para a construção do conceito de serviço público" (*Curso de Direito Financeiro e Tributário*, 8ª ed., p. 362).

12. Com a introdução do art. 11 da Lei de Responsabilidade Fiscal (Lei Complementar 101/2001), tem agora os entes federativos a obrigação de otimizar, dentro da atribuição de competências/discriminação de rendas, a possibilidade de suas receitas. Fica ultrapassada hodiernamente qualquer discussão como a defendida no passado por doutrina do quilate de Roque Carrazza ou até mesmo de Seabra Fagundes, para quem "a competência para tributar supõe a opção entre criar tributos ou não" ("Revogabilidade das isenções tributárias", *Revista de Direito Administrativo* 58/31).

mente ainda não calcados pela exegese jurisdicional.

Primeiramente é de se elogiar a construção efetuada pelo STF não permitindo que as taxas de polícia se legitimassem pela simples possibilidade ou potencialidade de uma intervenção ou limitação genérica do ente político ao administrado. Em síntese apertada, tendo essa questão sido assentada em vários arestos, a imposição de taxas de polícia só se legitimaria na medida em que necessária, imprescindível e efetiva a atuação estatal, devendo para tanto a Administração Pública estar preparada para realmente exercer o poder de polícia, enquanto pressuposto de fato convalidador da imposição dessa espécie tributária.

Tal posicionamento ficou ainda mais claro no que se refere ao dimensionamento quantitativo da expressão monetária da taxa *vis a vis* o custo da atividade estatal, que se não absolutamente preciso, deveria ao menos ser mensurável.[13] Dessa forma, ausente a presença do aparato estatal ou sendo esse desnecessário, ou por outro lado, distorcido ou não ajustado com o montante coletado do sujeito passivo, se faria incompatível a cobrança da taxa, decorrendo especialmente nesses casos a importância da fixação da base de cálculo, sob pena de se travestir em tributo da espécie imposto, com conseqüente violação do art. 145, § 2º da CF.

Não bastasse a relevância da questão atinente a base de cálculo, sem querer aqui reprisar as eternas discussões que dividiram a doutrina acerca do tema, vemos que em se tratando da imposição de taxa ou preço público, também a doutrina universal entende que sem a presença efetiva de uma atividade estatal, as taxas de polícia restam improcedentes pelo fato de trazerem recursos sem a contrapartida da necessidade de um aparato estatal que permita asseverar a imperiosidade do exercício de poder de polícia, tornando-se, nessas circunstâncias, em verdadeiro enriquecimento sem causa da Administração.

Brasil, possível ocorrência já fora avalizada por Geraldo Ataliba, ao ministrar a impropriedade de instituição de taxas de polícia sem o seu respectivo *efetivo* exercício, na medida em que "estes (os agentes públicos) desempenham vistorias, perícias, verificações, avaliações cálculos, estimativas, confrontos, e outros trabalhos como condição ou preparo do ato propriamente de polícia, consistente em autorizar, licenciar, homologar, permitir ou negar, denegar, proibir etc. Entende-se que estas atividades se constituem na hipótese de incidência da taxa; elas é que justificam a sua exigência, da pessoa interessada nas conclusões ou no resultado de tais atos (este resultado, ou conclusões, sim eminentemente expressivos de poder de polícia). Dessas afirmações decorre que não se pode exigir taxa pelo poder de polícia quando o seu exercício não exija uma atividade ou diligência semelhante".[14]

Retornando agora as vicissitudes da questão que se põe, temos que se por um lado, a municipalidade possui legitimação constitucional para adequar a ocupação do solo urbano *ex vi* do art. 30, VIII da CF, conformando-se à hipótese de incidência preconizada pelo art. 78 do CTN, não menos verdade é que tal ordenação não de faz no caso presente sob os auspícios de uma relação continuativa.

Explicamos melhor.

A necessidade de uma melhor distribuição das atividades econômicas e das pessoas fez crescer um ramo do direito administrativo, qual seja o urbanismo ou Direito da Cidade. É com base nas competências acima mencionadas que os Municípios podem e devem estabelecer as posturas municipais, aqui compreendida em sentido lato, para certificar se o exercício de uma

13. A esse respeito, v. RE 54.194, 2ª T., j. 14.10.963, Rel. Ministro Luís Gallotti e RE 177.835-1, Pleno, j. 2.9.1997, Rel. Ministro Carlos Velloso.

14. "Taxa de polícia — Localização e funcionamento", in *Estudos e Pareceres de Direito Tributário*, v. 3, p. 241.

determinada atividade pode e deve ser estabelecida me determinadas condições e locais.

A utilização do solo ou subsolo urbano deve ser "precedida" de uma análise prévia das condições e da adequação de uma dada infra-estrutura, seja no interesse da saúde, higiene ou até mesmo por razões de conveniência administrativa. Para custear o aparato estatal que irá deliberar acerca da pertinência do desenvolvimento daquela atividade ou da instalação, pode e deve a Prefeitura proceder a uma análise prévia, munida dos requisitos estabelecidos na legislação municipal, cujo diploma prioritário é o plano diretor, instrumento básico da política de desenvolvimento e de expansão urbana, consoante o art. 182, § 1º da CF.

Pois bem, esgotada essa análise, e autorizada a instalação de um duto ou um cabo de fibra óptica, por exemplo, seja com a realização de obras ou não por parte do órgão encarregado, pode e deve a pessoa jurídica de direito público interno ser remunerada, ou melhor, ser indenizada, pelo custo do aparelho estatal disponibilizado ou empregado para autorização, licença e implantação. Trata-se, portanto, de uma atividade que se encerra a cada vez que um determinado projeto, uma licença, um estudo cartográfico, se consuma, com a efetivação de uma facilidade que permitirá, na maioria das vezes, a percepção de um novo serviço que poderá ser de índole pública ou não.

No caso específico da utilização do subsolo, malgrado a possibilidade de reparos necessários ou até mesmo por força das regulações edilícias, não há como se vislumbrar a imprescindibilidade do exercício de poder de polícia contínuo, não custando rememorar que muitas dessas instalações permanecem por anos e até por décadas sem qualquer necessidade de reparos, sem causar danos ao subsolo. Torna-se, assim, particularmente incompatível dimensionar o custo do aparato estatal com base em poder de polícia que não se efetiva. Assim é que, se a cobrança de uma taxa se refere a uma execução instantânea ou ao menos composta por atos que tendem a se encerrar (avaliação, acompanhamento, instalação da infra-estrutura), pode esta ser imposta *a priori* ou *a posteriori*, porém sempre cessando sua legitimidade tão logo cesse a atividade reguladora do ente político.

Diferentemente de outras atividades que requerem fiscalização permanente, como por exemplo, uma eventual atividade poluidora de um rio ou flagrantemente nociva a um bem tutelado constitucionalmente, a instalação de infra-estrutura nos subsolos dos Municípios tende a ser perene, sendo até paradoxal cogitar de exercício de poder de polícia constante na medida em que este não poderia ser efetuado sem fratura no terreno, cuja autorização dependeria de autorização da própria municipalidade.

Em suma, no caso *sub examen*, a imposição de uma taxa só se justifica em razão de atividade prévia e não contínua, redundando na dispensabilidade do exercício do poder de polícia, e conseqüentemente da impossibilidade da cobrança de uma taxa "pela" utilização do solo, justificando-se tão-somente a cobrança do tributo "para" fins de autorização da utilização do solo urbano.

E mais uma vez aqui ajusta-se o comando jurisprudencial, notadamente a inteligência que deflui da recente revogação da Súmula 157 do STJ,[15] que trata da renovação da Taxa de Licenciamento e Fiscalização. É que os mais recentes arestos que compunham a jurisprudência daquela Corte houveram por bem em abrandar a limitação da imposição da taxa, ou seja, a sua cobrança por mais de um exercício ou período, desde que a devida materialização do poder de polícia se faça necessariamente constante. Ou seja, utilizando-se da in-

15. Súmula 157 do STJ: "É ilegítima a cobrança de taxa pelo Município, na renovação de licença para localização de estabelecimento comercial ou industrial".

terpretação *a contrario*, mantém-se íntegro o entendimento esposado por aquela Corte, vazado na necessidade de uma recomposição do custo do aparato estatal, somente para aquelas situações em que o exercício de uma determinada atividade pelo administrado tenha que ser monitorado na mesma periodicidade, justificando-se a imposição contínua por meio dessa espécie impositiva.

2.2 *A cobrança de preço público*

Cumpre verificar ainda se a pretensão do Município em cobrar de empresas prestadoras de serviços públicos pela utilização de espaço público municipal, mediante preço público, encontra fundamento no ordenamento pátrio.

Neste sentido, cabe trazer a esclarecedora lição do Professor Helly Lopes Meirelles, ao definir características de preço público pela Administração, em análise comparativa com os tributos: "Os preços, diversamente dos tributos, são pagamentos que os particulares fazem ao Poder Público, quando facultativa ou espontaneamente adquirem bens, auferem vantagens ou se utilizam de serviços públicos ou de utilidade pública, remunerando-se de acordo com a tarifa fixada pela Administração (preço público)".[16]

Verifica-se, à luz da exposição do eminente jurista, que o preço público implica, necessariamente, em um negócio jurídico bilateral, oriundo de acordo de vontade entre as partes e não cobrança compulsória, revestindo sempre em natureza facultativa.

No mesmo sentido, o entendimento de Maria Sylvia Di Pietro, ao distinguir taxa dos preços públicos ou tarifas: "As últimas não têm caráter regulamentar, constituindo a remuneração de um serviço de utilidade pública, quer executado diretamente pela Administração, quer mediante concessão. (...) Não têm feição compulsória; são cobradas somente dos que se utilizam dos serviços e bens".[17]

O critério, portanto, para caracterizar preço público é bastante evidente, por ser uma forma não compulsória da remuneração, nunca imposta pelo Poder Público, sempre um ato negocial com o particular, tendo este liberdade para decidir sobre o pagamento.

A exação cobrada em alguns Municípios denominada "preço público" pela remuneração do espaço público por empresa prestadora de serviços públicos, retira, completamente, a característica de facultatividade no pagamento do "preço" instituído por decreto, já que ou se condiciona ao pagamento exigido, ou não lhe é dada licença para a implantação de seus equipamentos, ficando, inclusive, em quase que todas as normas desta natureza, adstrito a sanções que vão desde a suspensão de aprovação de projeto por prazos de até um ano, até retirada de equipamentos. Uma postura nitidamente compulsória.

Tal nota (comutatividade, consenso) também é comum em outros ordenamentos, sendo mesmo um critério distintivo para se certificar de preço público como noticia Pedro Herrera Molina na Espanha, ao asseverar que são esses "una prestación patrimonial de carácter público (en el sentido del art. 31.3 CE) que constituye el objeto de un vínculo obligacional derivado de un acuerdo de voluntades entre una persona y un ente público". Constituem segundo o juízo do Professor espanhol seus elementos essenciais: "a) Su origen contractual. Estamos ante una modalidad de 'ingresos patrimoniales' derivados de la actividad empresarial de la administración, b) El carácter público de su régimen jurídico, c) Su afectación al sostenimiento del servicio".[18]

No que concerne às empresas de serviços públicos de *natureza essencial*,[19] a

16. *Finanças Públicas*, p. 7.

17. *Uso Privativo de Bem Público por Particular*, pp. 54-55.

18. *Los Precios Públicos como Recurso Financiero*, p. 47.

19. Art. 10, Lei 7.783/1989.

garantia de continuidade na prestação dos mesmos além de ser encargo obrigatório de expansão de infra-estrutura, de qualidade de serviços, assumidos por empresas da iniciativa privada perante o Poder Público, conforme termos de concessão, autorização ou permissão específicos; consubstanciam um compromisso legal assumido pelo próprio Poder Público[20] em obediência a preceito de lei específica, em caso de descumprimento das obrigações assumidas pelas empresas, por colocar em risco a continuidade dos respectivos serviços à comunidade.

A título de exemplificação de previsão específica, o Plano Geral de Metas de Universalização,[21] juntamente com o Plano Geral de Metas de Qualidade, são resumidamente obrigações assumidas por empresas prestadoras de serviços de telecomunicações na expansão de redes de telecomunicações e na qualidade da prestação de serviços à comunidade, onde a desobediência no atendimento destes compromissos podem ensejar desde o pagamento de multa, até revogação das respectivas licenças outorgadas pela União Federal.

Nesse sentido, e considerando que não é facultativo o uso das vias públicas para instalação de infra-estrutura necessária à prestação dos serviços públicos, poderia se chegar à conclusão de que a cobrança de "preço público" pela entidade municipal poderá ser declarada pelo Poder Judiciário como um ato inconstitucional e ilegal, pois, ou a empresa instala os seus equipamentos, mediante implantação de infra-estrutura necessária, ou o serviço não é prestado dentre as exigências estabelecidas por lei específica, constante, inclusive, nos modelos de termo de concessão ou autorização firmado com as agências.

Ciente da divergência doutrinária em classificar o bem municipal como de uso comum, ou de uso especial, partimos da análise do preceito legal classificando-o como uso de interesse coletivo do bem público de uso comum.

Corroborando com este entendimento, trazemos à colação o ministério de Eros Roberto Grau:[22]

"Os bens de uso comum do povo consubstanciam propriedade pública. Não consubstanciam bens de propriedade do Estado; são, como ensina Ruy Cirne Lima, qual os bens do patrimônio administrativo, 'insuscetíveis de propriedade, quer dizer, vincular-se, pelo laço do direito real, a uma vontade ou personalidade'.

"De outra banda, como vimos, constituem, em si, o próprio serviço público (objeto da atividade administrativa) prestado pela Administração. Mas assim é apenas enquanto os particulares façam o uso comum (=uso normal).

"*Quando, porém, deles faça uso não um particular, mas o próprio Estado ou entidade prestadora de serviço público, e para fim de prestação desse serviço, tais bens já não constituem o próprio serviço, mas instrumentam a prestação de outro serviço público*" (grifo nosso).

Entretanto, para fins de cobrança de preço público, trazemos à colação a citação de Javier Martins Fernandes que defende a não possibilidade de cobrança de preço público quando se qualificar tal utilização como especial. Segue a transcrição: "A estes efectos hemos de distinguir entre

20. Art. 12, Lei 7.783/1989.

21. Plano Geral de Metas de Universalização (aprovado pelo Decreto 2.592/1998). No tocante às empresas prestadoras de serviços públicos, a Agência Nacional de Telecomunicações determinou as obrigações de universalização e de continuidade, atribuídas às prestadoras de serviços no regime público e privado (cf. Lei Geral de Telecomunicações, art. 79, e disposições constantes dos Termos de Autorização). Juntamente com o Plano Geral de Metas de Qualidade (Resolução 30, de 29.6.1998) são resumidamente obrigações assumidas por empresas prestadoras de serviços de telecomunicações na expansão de redes de telecomunicações e na qualidade da prestação de serviços à comunidade.

22. O Parecer foi tornado público com sua juntada aos autos do processo judicial 2000.51.01.01.9724-0, ação sob o rito ordinário promovida pela Cia. de Gás do Rio de Janeiro contra o DNER, na 11ª Vara Federal da Seção Judiciária do Rio de Janeiro.

las autorizaciones que habilitan para el uso especial y las concesiones que hacen lo propio respecto de los usos privativos. En el primer caso, estamos ante un acto unilateral de la Administración, que revestirá la forma de licencia o autorización y será constitutiva. En el segundo, podemos encontramos ante un acto unilateral o de autentico contrato administrativo".[23]

Neste sentido, e dentro do contexto acima analisado,[24] verifica-se que eventual pretensão municipal, dado o arcabouço jurídico regedor da matéria, seja mediante lei ou decreto, em tentar fazer incidir, compulsoriamente, e sem qualquer caráter de individualidade, uma exação denominando-a de preço público, não estaria acompanhada do devido supedâneo legal e constitucional.

3. *A Jurisprudência*

Apesar da substantiva produção jurisprudencial acerca de taxas/preços públicos, sendo a utilização do solo urbano, enquanto fonte de receita municipal, fenômeno relativamente recente, não se encontra ainda assentada a posição jurisprudencial, até mesmo em virtude das variadas formas que os Municípios tem pretendido estabelecer essa cobrança.

A par de alguns arestos,[25] e da possível utilização de casos análogos,[26] em sede de tribunais superiores, ganham relevo as recentes manifestações exaradas pelo Superior Tribunal de Justiça de onde se destaca a proferida 15.5.2001 no ROMS 12.081-SE, 2ª Turma, tendo sido Relatora a Ministra Eliana Calmon, sob a seguinte ementa:

> *Administrativo e tributário. Taxa de licença para publicidade e pela exploração de atividade em logradouros públicos.*
>
> 1. A intitulada "taxa" cobrada pela colação de postes de iluminação em vias públicas não pode ser considerada como de natureza tributária porque não há serviço algum do Município, sem o exercício do poder de política.
>
> 2. Só se justificaria a cobrança como PREÇO se se tratasse de remuneração por um serviço público de natureza comercial ou industrial, o que não ocorre em espécie.
>
> 3. Não sendo taxa ou preço, temos a cobrança pela utilização das vias públicas, utilização esta que se reveste em favor da coletividade.
>
> 4. Recurso ordinário provido, segurança concedida.

Do julgado acima, e pronunciando-se acerca da possibilidade de legitimação sob a rubrica de preço público, é de se realçar o ponto fundamental trazido pelo voto vencedor da eminente relatora ao afirmar se tratar de equívoco a aludida cobrança como

23. F. Javier Martin Fernandez, *Tasas y Precios Públicos en el Derecho Español*, pp. 230-231.

24. Para não falar que careceria de maiores digressões se a competência constitucional dos Municípios para legislar sobre o interesse local, como também, promover o adequado tratamento territorial, mediante planejamento e controle do uso, do parcelamento e da ocupação do solo urbano, se mostra compatível quando confrontada com a competência outorgada à União Federal, não só em razão da atividade de fiscalização como de estímulo à concretização das metas de universalização.

25. Sentença em mandado de segurança 2000.001.132377-1, ... Vara: "O Decreto Municipal cogitado, nutre vicio de inconstitucionalidade. Impor termo de permissão de uso, e condicionar o uso do subsolo e espaço aéreo para o tráfego das redes de telecomunicações a pagamento de retribuição pecuniária, é definir o regramento sobre a implantação, execução, continuidade e fiscalização de serviços que não são de competência do Município (...). Como já ressaltado, serviços de telecomunicações não integram o interesse local. É da União Federal a competência exclusiva para explorar os serviços de telecomunicações, e privativa de legislação do segmento. (...) Isto posto concedo a ordem nos limites da postulação, para compelir às autoridades a não exigirem a retribuição pecuniária prevista no Decreto 18.627, de 23 de maio de 2000".

26. Na ADIn 2.586, j. 16.5.2002, o Plenário decidiu pela improcedência da ação contra dispositivo de lei (Lei 9.314/1996), que delegava competência para o Ministro de Minas e Energia fixar através de Portaria, a cobrança pela utilização do subsolo mineral através de uma compensação financeira, tendo entendido o STF que se tratava de preço público que o particular paga à União pela exploração de um bem do domínio desta entidade federativa.

uma espécie de aluguel pelo uso do solo, conquanto "vias públicas, bem comum do povo, não podem ser negociadas pela sua utilização quando a mesma se dirige ao atendimento de um serviço de utilidade pública".

Ainda mais recentemente a 1ª Turma do STJ também decidiu pela improcedência da imposição de preços público ao julgar ação cautelar promovida por empresa de TV a cabo, com o fito de suspender a eficácia de decisão exarada pelo TJSP que autorizava a cobrança de preço pretendida pelo Município de São Paulo, mediante o Decreto 38.139/1999.

Como se vê, embora seja tímida ainda a manifestação jurisprudencial pode-se perceber uma leve tendência contra a imposição pela via do preço público. Todavia há que se mencionar a possibilidade do pronunciamento, em alguns desses casos concretos, por parte do Supremo Tribunal Federal, na medida em que o fundamento da eventual competência municipal há que se apoiar nas possibilidades criadas a partir da competência deferida pelo art. 30, VIII da Constituição Federal.

Bibliografia

ALESSI, R. *Instituciones de Derecho Administrativo*, Barcelona, Bosch, 1970.

ATALIBA, G. "Taxa de polícia — Localização e funcionamento", in *Estudos e Pareceres de Direito Tributário*, v. 3, São Paulo, Ed. RT, 1980.

CARRAZZA, Roque Antonio. *Curso de Direito Constitucional Tributário*, 12ª ed., São Paulo, Malheiros Editores, 1999.

DI PIETRO, Maria Sylvia Zanella. *Uso Privativo de Bem Público por Particular*, São Paulo, Ed. RT, 1983.

FAGUNDES, M. Seabra. "Revogabilidade das isenções tributárias", *Revista de Direito Administrativo* 58, Rio de Janeiro, Forense, 1972.

HERRERA MOLINA, P. *Los Precios Públicos como Recurso Financiero*, Madri, Civitas, 1991.

MACHADO JR., J. Teixeira e REIS, Heraldo da Costa. *A Lei 4.320 Comentada*, Rio de Janeiro, IBAM, 2001.

MARTIN FERNANDEZ, F. Javier. *Tasas y Precios Públicos en el Derecho Español*, Madri, Marcial Pons, 1995, pp. 230-231.

MEIRELLES, Hely Lopes. *Finanças Públicas*, São Paulo, Ed. RT, 1979.

______. *Direito Administrativo Brasileiro*, 19ª ed., São Paulo, Malheiros Editores, 1994.

______. *Direito Municipal Brasileiro*, São Paulo, Malheiros Editores, 1993.

TORRES, Ricardo Lobo. *Curso de Direito Financeiro e Tributário*, 8ª ed., Rio de Janeiro, Renovar, 2001.

TROTABAS, L. e COTTERET, J. M. *Droit Fiscal*, 4ª ed., Paris, Dalloz, 1980.

OS LIMITES DA INTERVENÇÃO LEGISLATIVA PARA A CONTENÇÃO DA ELISÃO FISCAL: UM PROBLEMA PARA A DOGMÁTICA DOS DIREITOS FUNDAMENTAIS

MARIANA BIGELLI DE CARVALHO
Advogada em São Paulo

1. Introdução. 2. Conceito de elisão fiscal. 3. A elisão fiscal inserida no subsistema normativo jurídico-tributário brasileiro: 3.1 Princípios da legalidade e da tipicidade; 3.2 Princípios da isonomia e da capacidade contributiva. 4. Hermenêutica da elisão fiscal: 4.1 Ponderação de princípios; 4.2 Dogmática dos direitos fundamentais. 5. Os limites da intervenção legislativa para a contenção da elisão fiscal: 5.1 Tipologia funcional; 5.2 Cláusula geral antielisiva; 5.3 Tipologia sub-rogatória. 6. Conclusão. 7. Bibliografia.

1. Introdução

A questão dos limites da intervenção legislativa para a contenção da elisão fiscal insere-se na ampla discussão acerca da hermenêutica da elisão fiscal, bem como no questionamento de quais os limites para a ingerência estatal na esfera individual.

Inicialmente, deve-se observar o fenômeno elisivo, apontando-lhe a conceituação. Somente a partir dessa conceituação é que se torna possível determinar a hermenêutica que se lhe aplica e, em decorrência, identificar a esfera individual que sofrerá a ingerência do Poder Legislativo ao pretender este conter a elisão fiscal.

Ademais, não se pode prescindir da identificação da esfera individual que sofrerá a ingerência do Poder Legislativo na contenção da elisão fiscal, pois apenas assim se poderão apontar os limites para uma tal atuação. Afinal, sendo a atuação do Poder Legislativo uma ingerência do Estado na esfera do indivíduo, segundo os ditames do Estado Democrático de Direito, deve tal atuação respeitar os direitos fundamentais.

Ao tratar-se da elisão fiscal, é importante a discussão acerca de sua contenção pelo Poder Legislativo, pois, em última instância, ao considerarem-se seus limites, está-se adentrando o campo do questionamento sobre a relação entre o direito e a política.

A ação política manifesta-se, entre outros campos, no trabalho do Poder Legislativo.[1] Os vários interesses sociais in-

1. Os termos *ação* e *trabalho* devem ser entendidos no sentido arendtiano. Cf. a respeito, H. Arendt, *Human Condition*, trad. port. de R. Raposo,

corporados à ação política acabam por gerar, como produto do trabalho do Legislativo, leis díspares, muitas vezes dificilmente coordenáveis – o caos tributário de que fala o autor alemão Klaus Tipke.[2] É usual, assim, falar-se em inflação legislativa no campo da tributação, na enorme complexidade das regras tributárias.

Exatamente em decorrência deste caos tributário (*Steuerchaos*), desta "anomia pelo excesso de regras", que gera insegurança e incerteza tributárias, é que o contribuinte deixa de ver o Estado Fiscal como um Estado de Direito e passa a considerá-lo arbitrário, um "Leviatã insaciável".

A partir dessa percepção, o contribuinte freqüentemente constata que o comportamento inconstante e imprevisível do Leviatã lhe legitima meios mais ou menos escusos de evadir-se da tributação.[3] Meios menos escusos, quando, em virtude da complexidade das regras, o contribuinte não consegue ter logro na realização da conduta devida, justamente porque não teve certeza de qual a conduta devida. Meios mais escusos, também porque as regras são complexas, o sistema é complexo, possibilitando ao contribuinte evadir-se da tributação, quer lícita quer ilicitamente. O fenômeno de evitar-se a tributação é, portanto, coexistente à própria idéia de tributação.

Em conseqüência, a elisão fiscal, como um dos fenômenos para evitar a tributação, é correlata à própria tributação: de um lado a atuação estatal, buscando arrecadar receitas para fazer face às suas despesas públicas; de outro, o contribuinte a procurar, por meios mais ou menos escusos, evadir-se da tributação.

Se a elisão fiscal é relação tributária (contribuinte face ao Estado) a sua contenção também o é (Estado face ao contribuinte). Embora a relação tributária não exista sem que tenha havido previamente a atividade política, pois que o caos tributário ensejou a conduta elisiva do contribuinte, a relação tributária não trata de uma relação de poder, regida pela política, mas de relação jurídica, regida pelo sistema jurídico.

De fato, na atividade de transformação do político para o jurídico, com a positivação do direito, a imprevisibilidade da política cede espaço à previsibilidade do direito. Considerando-se, assim, a dicotomia política-direito e a necessidade de vislumbrar a relação tributária como uma relação jurídica, conforme os ditames do sistema normativo jurídico, é que deve ser analisada a questão da elisão fiscal, bem como o tratamento que lhe é cabível. Destarte, a hermenêutica da elisão fiscal e a contenção da elisão fiscal devem ser situadas à luz do direito, como sistema autopoiético que é, prescindindo-se da política.[4]

O presente estudo, portanto, visa a determinar como deve ser analisada a hermenêutica da elisão fiscal para fins de apontar os meios possíveis de sua contenção e a limitação do Legislador para contê-la, sem que o operador do direito ultrapasse os lindes do direito e resvale para a atividade política.

2. *Conceito de elisão fiscal*

Quem sistematizou, de maneira insuperável, a conceituação de elisão fiscal foi Antônio Roberto Sampaio Dória,[5] embora

A condição humana, 9ª ed., Forense Universitária, 1999. Destaca-se o trabalho do Poder Legislativo, como atuação estatal, para referir-se à ação política, pois a tributação, desde tempos anteriores à formação do Estado de Direito, pode decorrer somente da lei.

2. K. Tipke – J. Lang, *Steuerrecht*, 17ª ed., Köln, Otto Schmidt, 2002, p. 61.

3. Ibidem.

4. Direito e Política, embora sejam relacionados, pois que a constituição é vínculo imanente entre eles, não se confundem. Cada um desses sistemas convive como sistemas fechados, autopoiéticos. Assim, quando o sistema jurídico sofre interferência do político, dá-se quebra da autopoiése, de forma a passar a haver a alopoiése (M. Neves, *A constitucionalização simbólica*, Acadêmica, 1994 pp. 65-66, apud H. T. Tôrres, *Direito tributário e direito privado: autonomia privada, simulação, elusão tributária*, Ed. RT, 2003, p. 56).

5. Cf. *Elisão e Evasão Fiscal*, 2ª ed., Buhatsky, 1977.

Rubens Gomes de Souza já houvesse determinado um critério distintivo objetivo entre a elisão fiscal e institutos afins.[6] A partir de sua conceituação, toda a doutrina epigonal vem fazendo alusão à conceituação.[7] Assim, também serão utilizadas a conceituação e classificação do renomado autor.[8]

Pode-se conceituar a elisão fiscal em sua estrutura, para fins do presente estudo, como a conduta do contribuinte (i) tendente a retardar, reduzir ou evitar o pagamento da prestação pecuniária tributária, (ii) decorrente de lacuna imprópria e involuntária do subsistema normativo jurídico-tributário,[9] sendo que (iii) tal lacuna deve se referir à ausência de tributação do negócio jurídico indireto tal como o negócio jurídico direto[10], (iv) realizada anteriormente ao evento tributário, como proposta de auto-qualificação pelo contribuinte[11], e

6. C. A. G. Pereira, "A Elisão Tributária e a Lei Complementar n. 104/2001", in V. O. Rocha (coord.), *O Planejamento Tributário e a Lei Complementar 104*, Dialética, 2001, p. 25.

7. S. C. N. Coêlho, "Interpretação econômica em Direito Tributário – Prevalência do conteúdo sobre a forma – Impossibilidade no Direito Brasileiro", in *RDT* 49/187; J. Marins, *A Elisão Tributária e sua Regulação*, Dialética, 2002, p. 30; H. T. Tôrres, "Limites ao planejamento tributário – normas antielusivas (gerais e preventivas) – A norma geral de desconsideração de atos ou negócios do direito brasileiro", in J. Marins (coord.), *Tributação e Antielisão*, Juruá, 2003, pp. 32-36 e H. T. Tôrres, *Direito Tributário e Direito Privado*, cit., pp. 182-186; M. A. M. Derzi, "A Desconsideração dos Atos e Negócios Jurídicos Dissimulatórios, segundo a Lei Complementar n. 104 de 10 de janeiro de 2001", in V. O. Rocha (coord.), *O Planejamento Tributário e a Lei Complementar 104*, cit., p. 212 e D. P. M. Malerbi, *Elisão Tributária*, Ed. RT, 1984, p. 13.

8. *Elisão e Evasão Fiscal*, cit., pp. 32-40. Dado o escopo deste estudo, não nos estenderemos na explicação da classificação e da conceituação do autor, nem mesmo de cada um dos elementos do conceito estrutural da elisão fiscal adotado, mas apenas nos remetemos às conceituação e classificação do autor para demarcar o ponto de partida da nossa conceituação.

9. Distingue-se, portanto, a elisão fiscal autêntica, decorrente de lacuna imprópria, involuntária, de que trata este estudo, da elisão fiscal induzida, decorrente de lacuna intencional do legislador. Embora o sistema jurídico seja dotado de completude, pois que há a possibilidade de o sistema oferecer o critério de regulação para qualquer caso, seja por meio de norma geral inclusiva, ou norma geral exclusiva, é possível falar-se em lacuna imprópria ou ideológica de dado sistema jurídico. O sistema normativo jurídico-tributário, por exemplo, é completo por meio da norma geral exclusiva no que se refere à exigência do tributo. Veda-se, portanto, a analogia para a exigência do gravame (art. 108 §1º, CTN, e art. 150, I, CF): todas as condutas a que não se prescrever a incidência de tributo poderão ser realizadas sem que se exija tributo. Em virtude da norma geral exclusiva é possível ao contribuinte optar pelo negócio jurídico indireto, em vez do negócio jurídico direto, a fim de obter idêntico efeito ulterior, sem que lhe seja exigido tributo. Destarte, embora não tenha lacuna própria, o subsistema normativo jurídico-tributário pode ter lacuna não-intencional, ideológica, ou imprópria, que se revela na ausência de um critério satisfatório, justo, de determinação de qual norma a aplicar. Cf. N. Bobbio, *Teoria Generalle del Diritto*, G. Giappichelli, 1993, pp. 237-259.

10. A este propósito convém distinguir a tipologia estrutural da tipologia funcional. Elemento de distinção dessas tipologias é o modo de descrição do antecedente da norma tributária de instituição de tributo na hipótese tributária. Nos tipos estruturais, o critério material da hipótese tributária é estabelecido em função da estrutura do negócio jurídico que se pretende tributar, independentemente do resultado ulterior a que se vise. Assim é que imposto incidente sobre a transmissão da propriedade não poderá incidir sobre negócios que, a despeito de terem alcançado o efeito de transmissão da propriedade, não tratam juridicamente de transmissão da propriedade. Daí se dizer que pela tipologia estrutural, os negócios jurídicos indiretos não são abarcados pela norma particular inclusiva que impõe o tributo, mas pela norma geral exclusiva, dando ensejo à elisão fiscal. No tipo funcional, por outro lado, o critério material da hipótese tributária é determinado pelo resultado econômico atingido. Pela tipologia funcional, portanto, qualquer negócio jurídico (seja o direto ou o indireto) é abarcado pela norma particular inclusiva impositiva, pois que se prescinde da exteriorização de riqueza mediatizada por dada forma jurídica. Cf. A. Xavier, "Evasão e elisão fiscal e o art. 51 do Pacote", in *RDT* 40. Diante da implicação intensiva, que vincula o antecedente ao conseqüente da norma jurídica tributária, os efeitos jurídicos da norma somente se produzirão diante de fato que reproduza todas as características estruturais descritas na norma (cf. P. B. Carvalho, *Direito Tributário. Fundamentos Jurídicos da Incidência Tributária*, 2ª ed., Saraiva, 1999, p. 9).

11. É proposta de auto-qualificação do evento tributário, pois o contribuinte busca amoldar a sua operação segundo a norma tributária extraída por sua interpretação, de forma que não seja possível a sub-

(v) por meio lícito (negócio jurídico indireto[12]).[13]

Não basta a conceituação estrutural da elisão fiscal, contudo, para a identificação das conseqüências jurídicas que lhe podem impor o Legislador. Faz-se necessário situar a elisão fiscal no subsistema normativo jurídico-tributário, a fim de determinar-se como lhe deve ser a hermenêutica e, então, apontar a limitação do Legislador para a contenção da elisão fiscal.

3. *A elisão fiscal inserida no subsistema normativo jurídico-tributário*

O sistema jurídico tem como atributos a ordem, estabelecida pela coexistência de regras e princípios, e a unidade, revelada por meio da adequação valorativa.[14] O sistema jurídico tem como nota característica a ordem, ou estrutura hierarquizada, por meio da qual se verifica que cada unidade normativa encontra o seu fundamento de validade (quer material quer formal) em normas superiores. Não obstante, não é o seu único atributo. O sistema jurídico também é unitário e homogêneo, no sentido de que todas as normas convergem para um único fundamento de validade: a norma fundamental (*Grundnorm*).[15]

A norma fundamental é um pressuposto do pensamento, pressuposto gnosiológico e integrante ontológico,[16] para entender-se a estrutura hierarquizada, a pertinência das normas ao sistema jurídico e a autopoiese sistêmica. Contudo, o atributo da unidade do sistema, revelada por meio da adequação valorativa, há de encontrar-se na Constituição Federal, e não na norma fundamental. Destarte, a análise da elisão fiscal deve ser inserida no contexto constitucional.[17]

sunção do fato tributária à norma tributária impositiva, na medida em que os moldes da operação se encontram no negócio jurídico indireto não previsto pela norma particular inclusiva extraída do texto da norma. Cf. C. A. G. Pereira, *Elisão Tributária e Função Administrativa*, Dialética, 2001, p. 191.

12. Negócio jurídico indireto distingue-se da simulação. A simulação é uma declaração enganosa da vontade, visando a produzir efeito diverso do ostensivamente indicado (Clóvis Bevilaqua, *Comentários ao Código Civil*, v. I, 8ª ed., 1949, p. 371, *apud* A. R. S. Dória, *Elisão e Evasão Fiscal*, cit., p. 62). Nela revela-se disparidade entre a declaração de vontade exteriorizada e a declaração de vontade querida. Se a conduta for simulada, não mais se trata de elisão fiscal, mas evasão fiscal *stricto sensu*. Negócio jurídico indireto, de outro lado, há "quando as partes recorrem, no caso concreto, a um negócio determinado para alcançar, consciente e consensualmente, por seu intermédio, finalidades diversas das que, em princípio, lhe são típicas" (T. Ascarelli, *Problemas das Sociedades Anônimas e Direito Comparado*, 2ª ed., Saraiva, 1969, p. 94). No negócio jurídico indireto as partes reconhecem ter realizado um negócio que, ao contrário, não realizariam, senão para o fim ulterior de servir-se dos efeitos jurídicos e econômico que lhe advém.

13. Heleno Taveira Tôrres supera tal classificação. Ele identifica no que a doutrina tradicional convencionou chamar de elisão tributária a economia lícita de tributos, deixando o uso da expressão "elusão tributária" para a conduta que se configura como ilícito atípico. Segundo ele, elusão tributária seria o "fenômeno pelo qual o contribuinte, mediante a organização planejada de atos lícitos, mas desprovidos de "causa" (simulados ou com fraude à lei), tenta evitar a subsunção de ato ou negócio jurídico ao conceito normativo do fato típico e a respectiva imputação da obrigação tributária" (*Direito Tributário e Direito Privado*, cit., p.179) Afasta-se, portanto, o autor da doutrina que ele mesmo designa como "doutrina comportada da elisão fiscal". No presente estudo, contudo, identificamos a elisão tributária com a conduta lícita do contribuinte, mas que ocorre mediante negócio jurídico indireto, e, portanto, se distancia da economia lícita de tributos. Logo, nosso conceito de elisão fiscal distancia-se do conceito do referido autor.

14. A respeito da discussão acerca de como deve entender-se o conceito de sistema na Ciência do Direito, cf. C. W. Canaris, *Systemdenken und Systembegriff in der Jurisprudenz*, 1983, trad. port. de A. M. Cordeiro, *Pensamento Sistemático e Conceito de Sistema na Ciência do Direito*, 2ª ed., Lisboa, Fundação Calouste Gulbenkian, 1996, pp. 12-23.

15. P. B. Carvalho, *Curso de Direito Tributário*, 14ª ed., Saraiva, p. 133.

16. H. T. Tôrres, *Direito Tributário e Direito Privado* ..., cit., p. 39.

17. Sobre o conceito de sistema de direito também se manifesta em sentido semelhante Heleno Taveira Torres, para quem os atributos da unidade e unicidade do sistema de direito são conferidos pela homogeneidade estrutural a partir de proposições prescritivas a formar um sistema comunicacional que se auto-reproduz. Ademais, o autor acrescenta que o

Canotilho, influenciado pelo pensamento do jurista alemão Friedrich Müller, reforça a importância de entender-se o Direito Constitucional como sistema de regras e princípios, para que o discurso do texto normativo seja transformado corretamente em norma[18]: "o discurso do texto tem um 'segredo' escondido. Esse segredo deve, porém, revelar-se aos que pretendam ir ao fundo das coisas".[19] Conforme a lição de Friedrich Müller, o trabalho do jurista consiste na concretização do texto normativo em norma jurídica mediante a metódica jurídica (*juristische Methodik*).[20]

Dessa forma, deve-se entender não só o Direito Constitucional, mas também o Direito Tributário, como sistemas de regras e princípios, a fim de que possa haver a exata concretização de textos de normas em normas jurídicas relativas à questão da elisão fiscal e, assim, entender-se a relação que se manifesta entre o Estado e o contribuinte no fenômeno da elisão fiscal, bem como no fenômeno de sua contenção.

A compreensão da Constituição como sistema, assim como a compreensão do Direito Tributário como um sistema, demanda que se reconheça a existência de princípios, subprincípios e regras que dêem coesão a esta ordem jurídica. O sistema jurídico em sua totalidade compreende, entre outros, o subsistema constitucional e o subsistema tributário. Em um e outro há regras e princípios de diferentes graus de concretização "(= diferente densidade semântica)",[21] que propiciam a coesão necessária para a construção de um sistema.

Canotilho identifica três espécies de princípios no subsistema constitucional, de acordo com a densidade semântica de cada um:[22] (a) princípios estruturantes; (b) princípios gerais fundamentais; e (c) princípios especiais.

Os princípios estruturantes constituem e indicam as diretrizes de toda a ordem constitucional, eles fundam, dão as bases de toda a estrutura sistêmica constitucional. São o núcleo essencial da Constituição, garantindo-lhe identidade e estrutura.[23] Entre os princípios estruturantes do sistema normativo jurídico brasileiro, encontram-se, por exemplo, o princípio do Estado Democrático de Direito (art. 1º, *caput*, CF) e o princípio da vinculação dos Poderes Executivo, Legislativo e Judiciário aos direitos fundamentais (art. 1º, III, título II, e outros dispositivos esparsos CF).[24]

Os princípios gerais fundamentais são subprincípios que densificam, dão concretização, aos princípios estruturantes, "formando, ao mesmo tempo, com eles, um sistema interno".[25] Assim, no Direito Brasileiro o princípio constitucional estruturante do Estado Democrático de Direito é densificado, entre outros, pelo princípio geral de legalidade da administração (art. 37, *caput*, CF) e pelo princípio da isonomia (art. 5º, I, CF).

Os princípios gerais, por sua vez, são concretizados por princípios especiais. Destarte, o princípio da legalidade da Ad-

sistema está sob a égide da Constituição, que lhe confere fechamento formal e axiológico (idem, pp. 38-42).

18. Sobre a transformação do texto de norma em norma e a importância da interpretação e da linguagem no Direito, cf. F. Müller, trad. port. de P. Naumann, *Métodos de Trabalho do Direito Constitucional*, Max Limonad, 2000, pp. 61-70.

19. J. J. G. Canotilho, *Direito Constitucional*, 6ª ed., Almedina, p. 170.

20. *Recht – Sprache – Gewalt – Elemente einer Verfassungstheorie I*, trad. port. de P. Naumann, *Direito – Linguagem – Violência – Elementos de uma teoria constitucional I*, Sergio Antonio Fabris, 1995, p. 28.

21. J. J. G. Canotilho, *Direito Constitucional*, cit., p. 180.

22 Idem, pp. 180-182.

23. J. J. G. Canotilho, *Direito Constitucional*, cit., p. 345.

24. Canotilho, todavia, entende que o princípio da vinculação dos Poderes Legislativo, Executivo e Judiciário aos direitos fundamentais configura princípio geral densificante do princípio estrutural do Estado Democrático de Direito, com o que não concordamos, porquanto a vinculação do poder estatal aos direitos fundamentais não advém do modelo adotado de Estado.

25. Idem, p. 181.

ministração, por exemplo, é densificado pelo princípio da primazia da lei (*Gesetzesvorrang*) e pelo princípio da reserva da lei (*Gesetzesvorbehalt*).

A coesão do sistema, no entanto, não se dá de maneira unidirecional – de cima para baixo (princípios mais abertos para princípios mais fechados) ou de baixo para cima (dos princípios mais densos para os mais abstratos). "A formação do sistema interno consegue-se mediante um processo bi-unívoco de 'esclarecimento recíproco' (Larenz)".[26]

A partir da identificação dessas espécies de princípios do subsistema jurídico constitucional, podem-se apontar os mesmos princípios com relação ao subsistema jurídico-tributário: os princípios constitucionais estruturantes do ordenamento jurídico do Estado Democrático de Direito e da vinculação dos Poderes Executivo, Legislativo e Judiciário aos direitos fundamentais, os princípios gerais tributários da legalidade e da tipicidade tributárias e os princípios gerais tributários da isonomia e da capacidade contributiva.

A doutrina, ao tratar do sistema jurídico como Estado Democrático de Direito, usualmente afirma que o mesmo compõe-se da associação entre o conceito de Estado de Direito e Estado Social. A discussão emerge, contudo, na determinação de como se deu a superação do Estado de Direito em sua concepção formal-liberal, que enfatiza os princípios da segurança jurídica e da legalidade, exigindo-se determinabilidade e certeza das leis, bem como densidade normativa: pelo revigoramento do conceito de Estado de Direito material ou pelo conceito de Estado Social de Direito.[27]

Esta substituição, qualquer que seja o modelo substituinte, assenta suas bases na idéia de que se devem flexibilizar os princípios rígidos decorrentes do conceito formal do Estado de Direito, para que sejam privilegiados também os valores de solidariedade e justiça, que sempre estiveram associados ao critério da isonomia.[28]

A Constituição Federal Brasileira objetiva, assim, a construção de um Direito justo, sem que se prescinda da segurança jurídica. Conformando o Estado de Direito em sua configuração atual, justiça e segurança são valores primordiais. A expressão Estado Democrático de Direito na Constituição Federal (art. 1º) deve ser entendida, portanto, como a ordem jurídica capaz de revelar a adequação valorativa entre os princípios gerais do Estado de Direito formal e os princípios gerais do Estado Social.

No Estado Democrático de Direito não há incompatibilidade entre Estado de Direito e Estado Social, mas síntese dialética. Não basta, portanto, que o subsistema jurídico-tributário seja justo. Para que seja condizente com o Estado Democrático de Direito, tal como prescrito na Constituição, é necessário ainda que seja seguro.[29]

Dessa necessidade de equilíbrio entre os valores *segurança* e *justiça*, enfatizados, respectivamente, no Estado de Direito e no Estado Social, é que decorre o terreno fértil de discussão sobre a legítima regulamentação a ser dada à elisão fiscal ou à conduta elisiva.

Trata-se de encontrar a adequação valorativa que confere a unidade do sistema jurídico como Estado Democrático de Direito, competindo, assim, aos intérpretes do direito identificar o liame necessário para

26. Idem, p. 182.
27. Idem, pp. 390-391.

28. Como bem sintetizou Canotilho, "o problema que se põe é o de como a conformação social e econômica pode e deve ser feita sem sacrifício das garantias jurídico-formais de um Estado de Direito. Neste sentido se alude a uma estadualidade social-democrática informada pela 'primazia do direito'. Aponta-se para um equilíbrio entre os dois conceitos – Estado de Direito e Estado Social –, pois a liberdade é inconcebível sem um elevado grau de solidariedade e de igualdade social, e, por outro lado, o progresso social, o desenvolvimento econômico e a proteção das classes mais desfavorecidas devem fundar-se no respeito pelo Estado de direito constitucional" (idem, p. 394).

29. J. Marins, *A Elisão Tributária e sua Regulação*, Dialética, 2002, pp. 16-17.

que o princípio estruturante do Estado Democrático de Direito não seja "desestruturado" por um conflito entre os princípios gerais do Estado de Direito formal e os princípios gerais do Estado Social de Direito, pois que tal liame determina a harmonia entre eles. Sendo o subsistema normativo jurídico-tributário brasileiro parte do sistema normativo jurídico, portanto, sua compreensão, bem como o deslinde da questão acerca da elisão fiscal, pressupõe a identificação desta adequação valorativa.

Dessa feita, o terreno de discussão sobre a elisão fiscal e sua contenção é fértil, pois cada teoria doutrinária vem fundamentando o encontro da adequação valorativa de uma forma.

Não obstante isso, antes de se determinar como o operador do Direito, utilizando-se da metódica jurídica, deve encontrar a adequação valorativa a conferir o liame para o Estado Democrático de Direito, contudo, devem-se mencionar quais são os princípios gerais tributários densificadores do princípio estruturante do Estado Democrático de Direito no subsistema normativo jurídico-tributário.

A partir da compreensão desses princípios é que se poderá entender como a doutrina dominante vem fundamentando o encontro da adequação valorativa e averiguar se tal encontro coaduna-se à tarefa do direito, especialmente no que se refere à discussão acerca da elisão fiscal.

3.1 Princípios da legalidade e da tipicidade

O valor "segurança jurídica" materializa-se com o princípio específico da determinabilidade de leis, demandando leis claras e densas, e o valor "proteção da confiança dos cidadãos" revela a necessidade de existência de leis não lesivas à previsibilidade dos cidadãos quanto aos efeitos jurídicos.

Sem que haja leis claras, a equivocidade de interpretações não provê os destinatários das normas com estabilização de expectativas, porquanto ficam em estado de indecisão quanto à prescrição normativa. Outrossim, a regulamentação deve ser densa o suficiente, para que possa "alicerçar posições juridicamente protegidas dos cidadãos, constituir uma norma de actuação para a administração e possibilitar, como norma de controlo, a fiscalização da legalidade e a defesa dos direitos e interesses dos cidadãos".[30]

Por outro lado, "a indeterminabilidade e a abertura da lei poderá ser justificada pelo facto de o legislador se querer limitar a leis de direção e deixar à administração amplos poderes de decisão. Isto já foi observado: a indeterminabilidade normativa significa, muitas vezes, delegação da competência de decisão. A determinabilidade ou indeterminabilidade é, pois, um problema de distribuição de tarefas entre o legislador e o aplicador ou executor das leis. O controlo destas 'normas abertas' deve ser reforçado".[31-32]

A exigência de densidade normativa relaciona-se diretamente com o princípio específico da reserva de lei. Trata-se de determinar em que extensão se pode autorizar a discricionariedade da administração, permitindo-se uma maior elasticidade do princípio da reserva da lei.

Diferentemente do Direito Administrativo, em que o princípio da reserva legal surgiu somente a partir da formação do Estado de Direito, no Direito Tributário muito antes já existia o princípio. No entanto, o princípio da legalidade na esfera

30. J. J. G. Canotilho, *Direito Constitucional*, cit., p. 372.

31. O reforço do controle dessas normas abertas, tal como o é a cláusula geral antielisiva – que confere amplos poderes de decisão à Administração – pode ser estabelecido com a regulamentação de um procedimento administrativo para a desconsideração de atos ou negócios jurídicos praticados para a elisão fiscal. Somente com uma regulação adequada, que preveja regras garantidoras de recurso contencioso contra tais atos da administração, concretiza-se o princípio geral da legalidade da administração.

32. J. J. G. Canotilho, *Direito Constitucional*, cit., pp. 372-373.

do Direito Tributário apresenta especificidades, se comparada com o do Direito Administrativo.[33]

O princípio geral da legalidade da Administração desdobra-se em dois princípios específicos, a saber: o princípio da primazia ou preeminência da lei (*Gesetzesvorrang*) e o princípio da reserva da lei (*Gesetzesvorbehalt*).

Segundo o princípio específico da primazia da lei, no Direito Administrativo, cada ato da Administração só será válido se em conformidade com a lei material.[34] Trata-se, segundo Alberto Xavier, de uma fórmula negativa ou regra de conformidade. De outro lado, o princípio específico da reserva da lei revela-se como fórmula positiva ou regra de compatibilidade, segundo a qual, cada ato concreto de ingerência da administração na esfera de liberdade e de propriedade do cidadão (*Freiheit-und-Eigentum-Klause*) necessita de autorização de lei material.

No Direito Tributário, contudo, não basta a mera reserva de lei material; é obrigatória a reserva de lei formal, para que se institua o tributo ou se eleve sua alíquota.[35] Exige-se ainda a reserva *absoluta* da lei formal, ou seja, "se o princípio da reserva de lei formal contém em si a exigência da *lex scripta*, o princípio da reserva absoluta coloca-nos perante a necessidade de uma *lex stricta*: a lei deve conter em si mesma todos os elementos da decisão no caso concreto, de tal modo que não apenas o fim, mas também o conteúdo daquela decisão seja por ela diretamente fornecidos".[36] As normas tributárias que instituem tributos são, assim, normas de decisão material (*Sachentscheidungsnormen*), porque impõem o critério da decisão concreta, predeterminando o conteúdo do comportamento de seus destinatários. Não tratam de simples normas de ação (*Handlungsnormen*), que se limitam a autorizar o órgão de aplicação do direito ao exercício de um poder.[37]

Tendo-se discorrido acerca do princípio da legalidade tributária (*Grundsatz der Gesetzmässigkeit der Besteuerung*), cumpre salientar a sua relação com o princípio da tipicidade tributária (*Grundsatz der Tatbestandsmässigkeit der Besteuereung*), esclarecendo, inicialmente, que este não se confunde com aquele.

O princípio da tipicidade tributária foi a primeira vez referido pela doutrina alemã, baseada no § 3 da *Steueranpassungsgesetz*, segundo o qual "A dívida tributária surge assim que se realiza o fato jurídico ao qual a lei tributária liga o tributo" ("die Steuerschuld entsteht, sobald der Tatbestand verwirklicht ist, an den das Gesetz die Steuer knüpft"). A partir de então emergiram várias teorias sobre o conteúdo do princípio.[38] Fato é que o princípio da legalidade e o da tipicidade são ontologicamente ligados, na medida em que este é expressão daquele em sua manifestação de reserva absoluta de lei.[39]

Segundo Alberto Xavier, o princípio tributário da tipicidade é um *plus* do princípio penal da tipicidade.[40] Enquanto no subsistema jurídico penal o legislador subtrai do órgão de aplicação do direito somente o critério da incriminação, ao fixar os fatos que são dignos de tutela penal, e deixa-lhe a tarefa de determinar a medida exata da pena, no subsistema jurídico-tributário

33. A. Xavier, *Os princípios da legalidade e da tipicidade da tributação*, Ed. RT, 1978, p. 13.

34. Lei formal é aquela que atende aos requisitos da forma da lei, ou seja, são instituídas pelo Poder Legislativo, e lei material é aquela que, a despeito de não ter a forma de lei, ou seja, de não ser instituída pelo Poder Legislativo, tem o conteúdo de lei (generalidade e abstração).

35. Posteriormente, o princípio de reserva legal evolui para exigir que a lei formal ou material também seja proporcional (*reserva legal proporcional*).

36. A. Xavier, *Os princípios da legalidade e da tipicidade da tributação*, cit., pp. 37-38.

37. W. Flume, *Steuerwesen und Rechtsordnung*, 1952, pp. 31 e ss., *apud* A. Xavier, *Os princípios da legalidade e da tipicidade da tributação*, cit., p. 39.

38. A. Xavier, *Os princípios da legalidade e da tipicidade da tributação*, cit., pp. 58-62.

39. Idem, p. 70.

40. Idem, p. 71.

inclusive os efeitos são subtraídos do aplicador do direito. No direito tributário tipifica-se não só o fundamento da decisão, mas também o próprio critério de decisão. Daí se sustentar que as normas instituidoras de tributos são normas de decisão material (*Sachentscheidungsnormen*), que pré-determinam o conteúdo da decisão administrativa, devendo basear-se no exato processo de subsunção.

São corolários do princípio da reserva absoluta de lei (ou princípio qualificado da legalidade da tributação): 1) o princípio da seleção; 2) o princípio do *numerus clausus*; 3) o princípio do exclusivismo; e 4) o princípio da determinação ou da tipicidade fechada.[41]

Pelo princípio da seleção, o legislador não pode fazer uso de cláusula geral ou conceito indeterminado para abranger extensa área de situações tributáveis. O legislador deve selecionar, por meio de tipologia, cada fato singularmente, possibilitando-lhe a incidência tributária. Assim, a seleção tipológica necessariamente implica a exclusão de certos fatos à tributação.

O princípio da seleção é concretizado pelo princípio do *numerus clausus*, segundo o qual, entre as formas possíveis de tipologia – a exemplificativa, a delimitativa e a taxativa –, a tributação demanda a última. Destarte, os elementos do evento tributário, quando do momento de aplicação da lei tributária, devem corresponder aos critérios da hipótese tributária, sem o quê não há a incidência tributária e, assim, não ocorre o fato jurídico-tributário.[42]

Do princípio do exclusivismo decorre que a conformação dos elementos do evento tributário aos critérios da hipótese tributária é condição necessária *e* suficiente à tributação.[43]

O princípio da determinação ou da tipicidade fechada exige que os elementos integrantes do tipo sejam precisos e determinados na sua formulação legal, de forma que ao órgão de aplicação do direito não reste possível a introdução de critérios subjetivos de apreciação na aplicação da norma que traz o tipo.[44]

3.2 Princípios da isonomia e da capacidade contributiva

O princípio geral da isonomia, segundo o qual todos são iguais perante a lei, é avesso a qualquer tipo de privilégio: todos as pessoas são iguais, sem que haja qualquer espécie de discriminação arbitrária. Assim, é a generalidade como uma das feições do princípio da isonomia.

41. A. Xavier, *Tipicidade da tributação, simulação e norma antielisiva*, São Paulo, Dialética, 2001, p. 18.

42. Como assevera Paulo de Barros Carvalho, "esse enquadramento do fato à hipótese normativa tem de ser completo, para que se dê, verdadeiramente, a subsunção. É aquilo que se tem por tipicidade, que no Direito Tributário, assim como no Direito Penal, adquire transcendental importância. Para que seja tido como *fato jurídico tributário*, a ocorrência da vida real (evento tributário), descrita no suposto da norma individual e concreta expedida pelo órgão competente, tem de satisfazer a todos os critérios identificadores tipificados na hipótese da norma geral e abstrata. Que apenas um não seja reconhecido, e a dinâmica que descrevemos ficará inteiramente comprometida" (*Curso de Direito Tributário*, cit., p. 243).

43. Em lógica, o conectivo utilizado para exprimir a expressão "é condição necessária e suficiente" é o bicondicional (↔). Assim, a expressão "p é condição necessária e suficiente para q" equivale dizer "a incidência tributária, se, e somente se, a conformação dos elementos do evento tributário aos critérios da hipótese tributária", onde p é a incidência tributária e q é a conformação dos elementos do evento tributário aos critérios da hipótese tributária. Pela lógica, resta claro que a sentença $p \leftrightarrow q$ será verdadeira, quando p e q não divergirem em valores lógicos. Em lógica jurídica o fenômeno é denominado implicação intensiva, que é acolhida pelo artigo 114 do CTN ("Fato gerador da obrigação principal é a situação definida em lei como necessária e suficiente à sua ocorrência"). Consoante a lição de Paulo de Barros Carvalho, a despeito da equivocidade da perniciosa expressão *fato gerador*, a norma referida trata da conjugação de duas entidades: "um acontecimento que se dá no campo real-social e um conceito que, seletor de propriedades, enuncia quais sejam as condições necessárias e suficientes para que ele possa efetivamente ocorrer" (idem, p.267).

44. A. Xavier, *Tipicidade da tributação, simulação e norma antielisiva*, cit., p. 19.

O princípio geral da isonomia traduz-se não apenas numa igualdade perante a lei (*vor dem Gesetz* - igualdade formal), mas também numa igualdade pela lei (*durch das Gesetz* – igualdade material).[45] De um lado o Estado está limitado a não fazer discriminações arbitrárias, que carecem de fundamento (igualdade formal); de outro, está obrigado a fazer discriminações, a fim de criar um mínimo de igualdade inicial (igualdade material).[46] Não obstante, não há incompatibilidade entre a igualdade formal e a igualdade material, o conceito de igualdade é uno, assim como é una a idéia de Estado Democrático de Direito.[47]

A igualdade formal, no entanto, já emergiu desde a formação do princípio estruturante do Estado de Direito Formal, enquanto a igualdade material surgiu somente com a passagem do Estado de Direito Formal para o Estado Social de Direito, com a consideração de que direitos fundamentais não são somente aqueles que, segundo a definição clássica, são direitos de resistência (*Abwehrrechte*) do titular do direito fundamental contra a ingerência estatal, obrigando o Estado a um não-fazer ou deixar-fazer, mas também aqueles que são direitos de prestação do Estado (*Leistungspflicht*), tendo em vista que ao Estado não cabe apenas a observância dos direitos fundamentais, mas também sua proteção.[48]

A justiça fiscal é extraída do princípio geral da isonomia.[49] Algumas constituições, entretanto, vão além e determinam que a justiça fiscal seja extraída do próprio princípio de isonomia fiscal.

Enquanto algumas constituições não especificam o princípio geral da isonomia fiscal,[50] devendo-se extrair do princípio geral da isonomia a justiça fiscal, muitas outras constituições o especificam. Assim o é a nossa Constituição Federal de 1988, que apresenta o princípio geral da isonomia no art. 5º, *caput*,[51] e o princípio geral da isonomia fiscal no art. 150, II.[52]

A isonomia na tributação significa, portanto, generalidade da tributação, sem que haja uma discriminação arbitrária dos contribuintes. Note-se que, consoante o princípio da isonomia fiscal, não é proscrita uma discriminação entre contribuintes, mas, apenas, uma discriminação arbitrária. Afinal, a discriminação é essencial à própria idéia de igualdade.

O princípio da isonomia interpreta-se como proibição ao arbítrio (*Willkürverbot*), não devendo o essencialmente igual ser tratado arbitrariamente como desigual e, da mesma forma, não devendo o essencialmente desigual ser tratado arbitrariamente como igual. A fórmula aristotélica da justiça aplicada ao princípio da isonomia tributária exige que o que é essencialmente igual seja tributado igualmente e o que é essencialmente desigual seja tributado desigualmente, na medida dessa desigualdade.

45. J. C. Nabais, *O Dever Fundamental de Pagar Impostos – Contributo para compreensão constitucional do estado fiscal contemporâneo*, Almedina, 1998, pp. 435-436.

46. O direito à igualdade seria, portanto, um direito fundamental em seu aspecto de direito de resistência (*Abwehrrecht*), como igualdade formal, bem como em seu aspecto de direito de prestação (*Leistungsrecht*), como igualdade material.

47. M. A. M. Derzi, in A. Baleeiro, *Limitações Constitucionais ao Poder de Tributar*, Forense, 1999, p. 530.

48. O artigo 1º da Constituição alemã é emblemático no que se refere a tal dicotomia entre direitos fundamentais como direitos de resistência (*Abwehrrechte*) e como direitos de prestação (*Schutzpflicht* ou *Leistungspflicht*): "A dignidade humana é intocável. Ela deve ser observada e é obrigação de todo o poder estatal protegê-la" ("Die Würde der Menschen ist unantastbar. Sie sind zu achten und zu schützen ist Verpflichtung aller staatlichen Gewalt").

49. K. Tipke e J. Lang, *Steuerrecht*, cit., p. 74.

50. Assim o é a lei fundamental alemã (*Grundgesetz*), que prevê, no art. 3º, I, que todos são iguais perante a lei ("Alle Menschen sind vor dem Gesetz gleich").

51. "Todos são iguais perante a lei, sem distinção de qualquer natureza."

52. "Sem prejuízo de outras garantias asseguradas ao contribuinte, é vedado à União, aos Estados, ao Distrito Federal e aos Municípios instituir tratamento desigual entre contribuintes que se encontrem em situação equivalente."

Encontraríamos um círculo vicioso, no entanto, ao procurar determinar o conteúdo da isonomia fiscal nas idéias abstratas de justiça fiscal e proibição do arbítrio. Não obstante isso, é possível aproximarmo-nos de uma determinação, a partir de um *tertium comparationis*: a relevância das semelhanças ou das diferenças de grupos a serem comparados depende da medida de comparação que será aplicada.[53]

É necessário, portanto, encontrar a medida da desigualdade, ou seja, o critério comparativo que levará o legislador a diferenciar a tributação dos indivíduos. Ou seja: a idéia de igualdade pressupõe o contraste de grupos, e tal contraste deverá basear-se em algum critério.

No subsistema normativo jurídico-tributário brasileiro, ao princípio da isonomia apontado pelo art. 150, II, da CF, é acrescentado o princípio da capacidade econômica (art. 145, §1º, da CF), que oferece o *tertium comparationis* entre as relações jurídicas tributárias, segundo o qual sempre que possível, os impostos[54] terão caráter pessoal e serão graduados segundo a capacidade econômica do contribuinte.

Quando a Constituição Federal prescreve capacidade econômica, refere-se ao princípio da capacidade contributiva.[55] O constituinte optou pela referência imediata à capacidade econômica, pois pretendeu afastar outros critérios, que não o econômico, para medir a capacidade de o pagador de impostos contribuir.[56]

O princípio da capacidade contributiva é, portanto, um limite material para a instituição de tributos, sendo possível vislumbrar um aspecto absoluto e um relativo desse limite: "de um lado, a hipótese de incidência deveria descrever fatos com conteúdo econômico, exteriorizadores de riqueza (capacidade contributiva absoluta). De outro, o mandamento da norma tributária deveria dimensionar o dever tributário segundo a quantidade de riqueza exteriorizada pelo contribuinte (capacidade contributiva relativa)".[57]

Assim, havendo a instituição de dado tributo, sua hipótese tributária deverá referir-se a uma exteriorização econômica, e a determinação do quantum tributário também deverá ter como medida a exteriorização de riqueza manifestada pelo contribuinte.

Segundo a função garantidora do princípio em comento, em cotejo com o princípio da seleção (corolário do princípio da reserva absoluta de lei), o legislador deve selecionar fatos que revelem uma exteriorização de riqueza para prescrever-lhes a incidência do tributo. Trata-se de limitação negativa ao poder de tributar.

Há, contudo, quem veja também uma função solidarística do princípio da capacidade contributiva, decorrente dos valores de justiça e isonomia, enfatizados no Estado Social.

A função solidarística do princípio da capacidade contributiva ressaltaria que a relação jurídica tributária não poderia mais ser vista como uma relação de agressão do Estado ao patrimônio e à liberdade do particular, posto que o sistema jurídico não mais configuraria um Estado de Direito formal, mas um Estado Democrático de Direito, que reuniria os conceitos de Estado Social e de Estado de Direito Formal.[58]

A função solidarística determinaria um dever estatal de atuar, ou seja, uma limita-

53. K. Tipke e J. Lang, *Steuerrecht*, cit., p. 77.

54. Embora a Constituição Federal prescreva o princípio da capacidade contributiva apenas aos impostos, a doutrina entende que o princípio também possa ser estendido às taxas, quando, então, o princípio transforma-se em princípio do benefício, demandando haver uma referibilidade quantitativa entre a prestação estatal e o *quantum* do tributo.

55. J. M. Conti, *Princípios Tributários da Capacidade Contributiva e da Progressividade*, Dialética, 1996.

56. M. A. M. Derzi, in A. Baleeiro, *Limitações Constitucionais ao Poder de Tributar*, cit., p. 690.

57. C. A. G. Pereira, *Elisão Tributária e Função Administrativa*, cit., p. 163.

58. M. A. Greco, *Planejamento Fiscal e Interpretação da Lei Tributária*, São Paulo, Dialética, 1998, p. 28.

ção positiva do poder de tributar, que impõe ao Estado que, todos aqueles que têm capacidade contributiva, sejam gravados.[59] Ademais, o princípio da capacidade contributiva evidenciaria ainda um dever de solidariedade, segundo o qual os contribuintes não contribuem na medida da sua capacidade contributiva em virtude do prescrito pela lei, mas, sim, porque têm os contribuintes o dever de contribuir, em virtude de sua capacidade contributiva.[60]

4. Hermenêutica da elisão fiscal

Do tópico anterior, restou claro que, dependendo da indicação da adequação valorativa referente ao subsistema jurídico-tributário, sua interpretação será diversa. Assim é que, se se acentuarem os valores *segurança* e *certeza* incorporados pelos princípios da legalidade e da tipicidade, não poderá haver qualquer flexibilização, abertura, ou indeterminabilidade da lei tributária; em contrário, se se indicar que o liame a sustentar o Estado de Direito e o Estado Social no Estado Democrático de Direito são os valores da *justiça* e *isonomia* incorporados pelos princípios da isonomia e da capacidade contributiva, terá o Legislador o dever de tributar aquele que demonstra capacidade contributiva, bem como terão os contribuintes o dever de solidariedade de pagar o tributo.

Entendemos, no entanto, que a solução para a hermenêutica da elisão fiscal não está em situá-la em meio aos princípios gerais tributários, como sopesamento de bens jurídicos. Está, isto sim, em identificá-la como um problema para a dogmática dos direitos fundamentais. Nesse sentido, deslocamos o conceito estrutural da elisão fiscal para uma apreciação do fenômeno elisivo como uma conduta do elisor imediatamente em face do Estado, e a conduta deste imediatamente em face do outro contribuinte, que não realiza a conduta elisiva.

Dessa feita, partindo-se do conceito estrutural identificado no tópico sob o número "1", tomamos uma visão mais abrangente, de modo a poder abarcar como o mecanismo da elisão fiscal poderia afetar outros personagens envolvidos (Estado e terceiros contribuintes). Destarte, pode-se resumir a questão da elisão fiscal no exemplo a seguir relatado.

De um lado o contribuinte "A", exercendo sua liberdade geral, ou mais especificamente sua livre iniciativa (ou autonomia privada[61]), em virtude da limitação estatal trazida pelos princípios tributários da legalidade e da tipicidade, aproveita-se da lacuna imprópria do subsistema normativo jurídico-tributário brasileiro e, assim, realiza a elisão fiscal, obtendo uma economia de tributos. Saliente-se que o contribuinte aproveita-se de lacuna imprópria, ideológica, do subsistema, em virtude de ausência de um critério, satisfatório, justo,[62] dian-

59. À função garantidora é acrescentada a função solidarística do princípio da capacidade contributiva, por Moschetti, segundo o qual: "El requisito de la capacidad contributiva, en efecto, no se erige solo en tutela del contribuyente gravado, sino de todos los miembros de la colectividad social. No solo todos deben ser gravados en razón a la capacidad contributiva, sino que también todos aquellos que tienen capacidad contributiva deben ser gravados" (Moschetti, *El principio de la capacidad contributiva*, Madri, 1980, p. 359, *apud* C. A. G. Pereira, *Elisão Tributária e Função Administrativa*, cit., p. 163).

60. Ilustrativo do pensamento daqueles que consideram a relação jurídica tributária como um reflexo também do dever de solidariedade é o seguinte argumento: "a busca de uma sociedade justa e solidária, fundamento do poder impositivo tributário, permite visualizar a imposição tributária não apenas do ponto de vista do Estado, como exercício de um poder constitucionalmente atribuído, sem qualquer conotação axiológica, mas também do ponto de vista dos sujeitos passivos, como dever de todos de concorrer para o financiamento das despesas públicas na medida de sua capacidade contributiva" (H. C. Pontes, *O Princípio da Proporcionalidade e o Direito Tributário*, São Paulo, Dialética, 2002, p.105).

61. H. T. Tôrres, *Direito Privado e Autonomia Tributária*, cit., pp. 107-111.

62. Sem adentrarmos a discussão do que seja justo, deve-se ter presente, como se demonstrará adiante, que, segundo os atributos do sistema normativo jurídico, o critério satisfatório será aquele em consonância com a adequação valorativa do subsistema normativo jurídico-tributário.

te do caso concreto, uma vez que a elisão fiscal é fenômeno que *aparentemente* demonstra um desconforto entre os princípios gerais do Estado de Direito formal e os princípios gerais do Estado Social, presentes no princípio estruturante do Estado Democrático de Direito.

De outro lado, por *suposta* deficiência do subsistema normativo jurídico-tributário, o contribuinte "B", nas mesmas condições econômicas de "A", pois que atingiu o mesmo desiderato ulterior que A revelou, embora não manifestando a mesma exteriorização de riqueza de "A", porquanto tal exteriorização é mediatizada pelo princípio da seleção (corolário da reserva legal), não realiza o planejamento fiscal e acaba sendo tributado diferentemente do contribuinte "A".

Trata-se de *suposta* deficiência do subsistema normativo jurídico-tributário, porque, admitindo-se uma limitação positiva do princípio da capacidade contributiva, o legislador teria se omitido à tributação do contribuinte "A" da mesma forma do que o contribuinte "B", de forma que impossibilitasse ao contribuinte "A" a prática da elisão fiscal.

Saliente-se a qualificação *suposta*, pois a admissão da necessidade de o Estado abarcar toda capacidade contributiva é questão controvertida, que pressupõe a análise prévia do dever do Estado de agir para criar condições de igualdade material entre pessoas em condições de diferença material. Se houvesse tal dever de agir do Estado em matéria tributária, o Estado deveria atuar de forma a impossibilitar que a elisão fiscal fosse praticada pelo contribuinte "A", já que o contribuinte "B" não teria condições materiais, tais como tem "A", de assessorar-se com estratégias para a elisão fiscal.[63]

Somente com tal análise prévia, lograr-se-ia provar a eficácia positiva do princípio da capacidade contributiva, para o fim de conter a elisão fiscal. Saliente-se, no entanto, que tal análise prévia significaria adentrar a discussão dos direitos fundamentais como direitos de prestação no Direito Tributário, o que desde já afastamos, como limite de escopo do presente estudo. Realizando-se tal corte metodológico, portanto, parte-se da premissa de que a elisão fiscal pode e vem sendo contida pelo poder estatal.[64]

Em vista da premissa acima, cumpre neste momento mencionar que, procurando entender a questão da elisão fiscal tal como ela se apresenta a partir do exemplo definido em termos de direitos fundamentais, várias teorias forjaram uma interpretação do fenômeno elisivo. Cada teoria de interpretação da elisão apresenta as regras determinantes para a interpretação do fenômeno, de forma que se pode falar em uma hermenêutica da elisão fiscal.

Os resultados a que chegam as teorias, no entanto, assentam suas bases no ques-

63. Para Heleno Taveira Tôrres, o dever de o Estado eliminar a "elusão fiscal" (termo utilizado pelo autor) põe-se em outros termos: sendo a elusão tributária um ilícito atípico, mesmo que seus negócios aparentes sejam lícitos, deve o Estado aplicar norma tributária sancionatória. Segundo o autor, eludir é "usar de negócios jurídicos atípicos ou indiretos desprovidos de causa ou organizados como simulação ou fraude à lei". O autor, diz, então, afastar-se da "corrente comportada" da elisão fiscal (*Direito Tributário e Direito Privado*, cit., pp. 194-195). Entendemos, contudo, que a elisão fiscal não se constitui como ilícito. É exercício do direito fundamental de liberdade, mais especificamente, de autonomia privada do contribuinte, o que não significa afirmar que tal exercício não possa sofrer nenhuma ingerência estatal, seja como limitação a seu exercício ou sanção decorrente de seu exercício. Deverá haver, no entanto, justificação constitucional para tal ingerência.

64. A elisão fiscal pode ser contida, por ser opção política. Não há nem mesmos limitações constitucionais, como se demonstrará no desenvolvimento deste tópico. A elisão vem sendo contida, pois houve a edição da Lei Complementar n. 104, de 10.1.2001 e a edição da Medida Provisória n. 66, de 29.8.2002, que pretenderam a introdução no ordenamento jurídico brasileiro de norma geral antielisiva. Ademais, há vários dispositivos no ordenamento jurídico brasileiro, tipos sub-rogatórios, como se verá no tópico

tionamento, ainda mais profundo, de onde resta a adequação valorativa do subsistema jurídico normativo-tributário brasileiro: dependendo do encontro da adequação valorativa do subsistema, que fornecerá o critério justo para resolução da lacuna imprópria que ensejou a conduta elisiva, haverá uma hermenêutica da elisão fiscal e, por conseguinte, uma contenção que lhe possa ser aplicável.

Antes da indicação do conteúdo de cada teoria hermenêutica da elisão fiscal, entretanto, cumpre uma justificação preliminar da classificação, ora proposta, das teorias, posto que tal classificação se afasta daquela vislumbrada pela doutrina até o momento.

A doutrina vem apontando uma classificação ora dúplice,[65] ora tríplice,[66] das teorias que tratam da hermenêutica da elisão fiscal. Dúplice, pois que haveria apenas duas teorias antagônicas: (i) uma a privilegiar os valores *segurança* e *previsibilidade*, decorrentes do Estado de Direito formal, mediante a sobrevalorização dos princípios tributários da legalidade e da tipicidade; e (ii) outra a privilegiar os valores *justiça* e *solidariedade*, decorrentes do Estado Social de Direito, em virtude da sobrevalorização dos princípios tributários da isonomia e da capacidade contributiva. De outro lado, tríplice, pois que, além das duas referidas, haveria uma terceira intermediária, que procuraria uma harmonização entre aqueles valores, decorrentes da fusão entre o Estado de Direito formal e o Estado Social de Direito no Estado Democrático de Direito.

Não obstante a classificação dúplice ou tríplice das teorias, o fato é que, até o momento, todas essas teorias justificaram a adequação valorativa do subsistema jurídico-tributário brasileiro por meio da ponderação de princípios. Assim é que, procurando entender a questão da elisão fiscal tal como se nos revela o exemplo acima referido, as teorias doutrinárias brasileiras que até agora surgiram salientam a oposição que se manifesta no fenômeno elisivo entre, de um lado, os princípios da legalidade e da tipicidade, e, de outro, os princípios da isonomia e da capacidade contributiva.

Interessa-nos, no presente estudo, ressaltar que a adequação valorativa foi encontrada pelos intérpretes da questão da elisão fiscal de forma metodologicamente inadequada para o direito. A adequação valorativa não há de se procurar no peso dos bens jurídicos tutelados (*Abwägung der Rechtsgüter*), mas, sim, na dogmática dos direitos fundamentais (*Grundrechtsdogmatik*), com o pensamento de ingerência e limitações estatais (*Eingriffs- und Schrankendenken*).

Abandona-se, portanto, a adequação valorativa pela ponderação de bens jurídicos e persegue-se a adequação valorativa pelo pensamento da ingerência e limitação estatais. Isso porque não se devem ponderar princípios, mas sim se buscar a estrutura do sistema, que se encontra na vinculação dos poderes estatais aos direitos fundamentais. Ademais a questão da hermenêutica da elisão fiscal insere-se na ampla discussão da relação entre Direito e Política e da hermenêutica constitucional.

Como foi apontado supra, a questão da elisão fiscal surge justamente em virtude do caos tributário existente, em decorrência dos díspares interesses sociais incorporados na ação política.[67] Um dos pres-

sob o número "5.3", que servem à profilaxia da elisão fiscal.

65. A. Xavier, *Tipicidade da tributação, simulação e norma antielisiva*, cit., pp. 98-105 e H. C. Pontes, *O Princípio da Proporcionalidade e o Direito Tributário*, São Paulo, Dialética, 2002, pp. 113-114.

66. R. L. Torres, "Normas Gerais Antielisivas", in *Anais do Seminário Internacional sobre Elisão Fiscal*, realizado pela Escola de Administração Fazendária–ESAF, de 6 a 8.8.2001, ESAF, 2002, pp. 373-376, e A. L. C. Estrella, "A Norma Antielisão e seus Efeitos ...", cit., *Revista de Direito Constitucional e Internacional* 44/187-189.

67. K. Tipke e J. Lang, *Steuerrecht*, cit., p. 61.

supostos para a hermenêutica da elisão fiscal, portanto, é verificar como tal imprevisibilidade da política pode ser estabilizada, visto que o caos tributário é ocasionado por tal imprevisibilidade manifestada pela legislação tributária.

O Direito é o que estabiliza a Política. Segundo Celso Lafer, influenciado pelo pensamento político de Hannah Arendt, o Direito e a Política apresentam relação de complementariedade: "O Direito é constitutivo e regulador da ação política, requer consenso e se fundamenta na promessa (...). A promessa estabelece um limite estabilizador necessário à imprevisibilidade e à criatividade da ação. Daí a importância, na interação humana, do *pacta sunt servanda*, no qual se fundamenta o direito. Uma Constituição (...) tem duas dimensões que esclarecem a relação entre direito e política de maneira mais concreta. São elas a da construção pelo *homo faber* do espaço público, e a da obtenção do acordo para o agir em conjunto, por meio da promessa. A Constituição é, portanto, um construído convencional, no qual a contingência do consenso, cuja autoridade deriva do ato de fundação, é uma virtude, pois a verdade da lei repousa na convenção criadora de uma comunidade política, que enseja a gramática da ação e a sintaxe do poder".[68]

Política e direito são, portanto, matérias diversas, embora relacionadas. O direito serve para estabilizar a política, através do *pacta sunt servanda;* a política serve para promover a alteração do *status quo*, sendo imprevisível. A Constituição, como "construído convencional" e lei máxima do Direito, é acordo de como deve ser (prescritivo) a "gramática da ação e a sintaxe do poder", conferindo limites para a ação estatal na política e, assim, protegendo os indivíduos contra as ingerências estatais indevidas.

Se há a atuação estatal, há também, portanto, seus limites, dentre os quais os mais importantes são estabelecidos na Constituição Federal. Assim é que, se a elisão fiscal decorre daquele caos tributário, e este caos tributário somente pode ser estabilizado com o direito, a elisão tributária deve ser interpretada em conformidade com o Direito Tributário como sistema, com atenção máxima è lei fundamental e, segundo a hermenêutica constitucional, com atenção máxima aos direitos fundamentais.

A adequação valorativa do subsistema normativo jurídico-tributário, portanto, não há de se encontrar na ponderação de bens jurídicos, o que cabe à política, mas, sim, no pensamento da ingerência e limitações estatais, com especial atenção aos direitos fundamentais, o que cabe ao Direito, ao imprimir um anteparo limitante à ação política e, assim, estabilizar o caos.[69]

Neste contexto, instaura-se o amplo conflito entre o pensamento da ingerência e das limitações estatais e o pensamento valorativo segundo a ponderação de bens jurídicos a determinar a hermenêutica constitucional e, conseqüentemente, a hermenêutica da elisão fiscal.[70]

68. C. Lafer, *A Reconstrução dos Direitos Humanos: um diálogo com o pensamento de Hannah Arendt*, 4ª ed., Companhia das Letras, 2001, p. 26.

69. Com primor de clareza, sobre a diferença entre as atividades política e jurídica, Leonardo Martins assevera: "Por mais que esta rígida divisão seja difícil de ser traçada, sendo sua possibilidade até mesmo contestada por muitos (inclusive juristas), podem ser ressaltadas diferenças metodológicas e de fundamentação constitucional bastante claras. Com efeito, enquanto o primeiro momento, da decisão política, é marcado por uma resposta especificamente política aos problemas concretos envolvendo a fixação de regras, que nortearão a vida em sociedade, atividade esta que implica uma ponderação axiológica dos bens e interesses envolvidos, o segundo, do controle jurídico, é pautado por normas constitucionais que margeiam, ou seja, dão pauta às disputas e transformações políticas em face da liberdade individual" (*Crime Organizado, Terrorismo e Inviolabilidade do Domicílio. Sobre o controle de constitucionalidade de novas regras do direito processual penal alemão e sua relevância para a interpretação do art. 5º, XI, CF*, manuscrito elaborado até 29.3.2004, p. 3).

70. Cf. a respeito B. Schlink, "Freiheit durch Eingriffsabwehr – Rekonstruktion der klassischen Grundrechtsfunktion", in *EuGRZ* 17(1984).

Com a persecução da adequação valorativa pelo pensamento da ingerência e limitações estatais, nada mais se faz a não ser admitir a diferença entre direito e política, deixando aos operadores do direito, o direito, e, aos operadores da política, a política: "Um pensamento da ingerência e das limitações (estatais), que prescinde da avaliação do princípio da proporcionalidade em sentido estrito, transfere as decisões questionáveis do âmbito do direito ao da política. Tal pensamento não ignora que uma sociedade não possa orientar-se sem a ponderação de interesses individuais e de interesses coletivos, sem a decisão a favor ou contra determinados valores e bens, sem a fixação de preferências. Ele deixa tal tarefa ao processo político, pois que ela não pode ser satisfatoriamente controlada do ponto de vista do método jurídico".[71]

Se houvesse a permanência na adequação valorativa pela ponderação de princípios, permitir-se-ia a desestabilização do direito pela política, quando, pelo contrário, deveria ser o direito a estabilizar a política. Assim, se a elisão fiscal decorre da instabilidade da política e seus intérpretes, operadores do direito, a fim de conferir-lhe dada hermenêutica, utilizam-se da política – em virtude da decisão pessoal do intérprete quanto ao valor a ser privilegiado –, estão eles desestabilizando ainda mais a questão da elisão fiscal, em vez de estabilizá-la com o direito. À política é que cabe a decisão de qual valor privilegiar.

Sendo assim, vislumbra-se uma outra forma de classificação das teorias que fundamentam a hermenêutica da elisão fiscal. Não, segundo o resultado a que chegam as teorias, tal como vem sendo efetuada a classificação até o momento, mas segundo o critério da justificação da adequação valorativa do subsistema normativo jurídico-tributário brasileiro utilizada pelas teorias.

71. Idem, p. 462.

As teorias até agora apresentadas, portanto, podem ser condensadas em uma única teoria, a saber, a que busca a adequação valorativa do subsistema normativo jurídico-tributário na ponderação de princípios. Em oposição à teoria hermenêutica da elisão fiscal, que busca a adequação valorativa mediante a ponderação de bens jurídicos revelados em princípios jurídicos (*Abwägung der Rechtsgüter*), há uma segunda teoria hermenêutica da elisão fiscal, a que esta monografia se filia, segundo a qual a adequação valorativa do subsistema normativo jurídico-tributário brasileiro é procurada no pensamento de ingerência e limitações estatais (*Eingriffs- und Schrankendenken*), em especial atenção à dogmática dos direitos fundamentais.

A teoria da hermenêutica da elisão fiscal que encontra a adequação valorativa na ponderação de princípios, por sua vez, justamente porque se utiliza da política, em virtude da decisão pessoal do intérprete quanto ao valor jurídico a ser privilegiado, encontra resultados díspares e, assim, ramifica-se em duas teorias. Destarte, segundo a ponderação de princípios, a decisão do intérprete do direito determinará se preponderam no Estado Democrático de Direito os valores trazidos pelos princípios gerais do Estado de Direito Formal, ou os valores trazidos pelos princípios gerais do Estado Social, e, por conseguinte, determinará se há a possibilidade contenção do fenômeno elisivo. Assim, subdivide-se tal doutrina em hermeneutas liberais e hermeneutas sociais.

A teoria hermenêutica da elisão fiscal que encontra a adequação valorativa no pensamento de ingerência e limitações estatais, em especial atenção à dogmática dos direitos fundamentais, por outro lado, pois que encontra apenas um resultado, não se ramifica em outras teorias.

Em quadro sintético acerca das teorias hermenêuticas da elisão fiscal, pode ser ainda mais bem visualizada a classificação que ora se propõe:

Hermenêutica da elisão fiscal
- a) Ponderação de princípios
  - a.1) Hermeneutas liberais
  - a.2) Hermeneutas sociais
- b) Dogmática dos direitos fundamentais

4.1 Ponderação de princípios

A adequação valorativa pela ponderação de bens jurídicos (*Abwägung der Rechtsgüter*) revelada pela ponderação de princípios tem suas origens no desenvolvimento de uma moderna teoria dos direitos fundamentais baseada na compreensão anglo-saxã de que os direitos fundamentais devem ser entendidos como princípios.[72]

Os princípios, assim, na solução do caso concreto, deveriam ser sopesados, a fim de determinar-se qual, daqueles em tensão, deveria ser privilegiado no caso concreto. Trata-se, em última instância, de um pensamento valorativo (*Wertdenken*) dos direitos fundamentais que confere ao operador do direito o poder de decidir qual valor deve prevalecer em dado caso. Destarte, aos operadores do direito é conferida tarefa da política, em virtude da decisão pessoal do intérprete quanto ao valor jurídico a ser privilegiado.

Não obstante, no direito, diferentemente do que ocorre na política, não cabe o dissenso: enquanto na política cada agente pode ter a sua opinião quanto ao valor a ser privilegiado, no direito somente cabe o consenso.

Isto é ainda mais verdadeiro no sistema romano-germânico de direito (ou *civil law*), em que aos juízes não compete a criação de valores ou a determinação de qual valor é privilegiado. A criação de valores e o privilégio conferido a tal valor são de competência do Poder Legislativo no sistema da *civil law*. Assim, no sistema romano-germânico, o dissenso da Política é transformado em consenso, pelo resultado do trabalho legislativo (a legislação), de forma que as opiniões quanto aos valores são transformadas em prescrições quanto aos valores. Portanto, os operadores do direito passam a trabalhar com o consenso dos valores positivados e do privilégio prescrito a dado valor. Diferentemente, contudo, ocorre no sistema anglo-saxão de direito (ou *common law*), em que há a criação do direito pelos juízes, pois que o sistema é baseado nos *stare decisis*. Aqui sim haveria sentido em dizer os direitos fundamentais como valores, porque, de fato, compete aos juízes a criação de valores e a determinação do privilégio a ser conferido a dado valor.

No sistema romano-germânico, ao qual se filia o sistema jurídico brasileiro, portanto, não há de admitir-se a adequação valorativa pela ponderação de princípios, pois que a ponderação abstrata de valores não cabe aos operadores do direito, mas aos operadores da política. Se houver a permanência do pensamento valorativo (*Wertdenken*), que traz a ponderação de bens jurídicos (*Abwägung der Rechtsgüter*), na metódica jurídica, instaura-se o dissenso no direito, a política no direito, quando, em verdade, deveria o direito, o consenso, estabilizar a política.

72. R. Alexi, *Theorie der Grundrechte*, 3ª ed., 1996, *apud* B. Schlink e B. Pieroth, *Grundrechte – Staatsrechte II*, 18ª ed., C. F. Muller, 2002, p. 23. Cf. sobre a influência de Alexi na teoria da ponderação entre princípios W. S. Guerra Filho, "Princípio da Proporcionalidade e Teoria do Direito", in E. Grau e W. S. Guerra Filho (orgs.), *Direito Constitucional – Estudos em homenagem a Paulo Bonavides*, Malheiros Editores, 2001, p. 272: "A proporcionalidade na aplicação é o que permite a coexistência de princípios divergentes, podendo-se, mesmo, dizer que entre esses e ela, proporcionalidade, há uma relação de mútua implicação, já que só princípios fornecem os valores para serem sopesados, e sem isso eles não podem ser aplicados".

De qualquer forma, embora percebamos ser inadequada ao jurista a metódica da ponderação de princípios, a doutrina majoritária brasileira, até o momento, parece ter adotado o pensamento valorativo, dada a influência de Alexi.[73]:

A primeira corrente hermenêutica da elisão fiscal a adotar a ponderação de princípios é composta por hermeneutas liberais, uma vez que identificam nos princípios densificantes do Estado de Direito formal os valores fundamentais ao princípio estruturante do Estado Democrático de Direito no subsistema normativo jurídico-tributário. Alguns propugnadores de tal teoria são A. R. Sampaio Dória,[74] Alberto Xavier,[75] Sacha Calmon Navarro Coêlho,[76] Misabel Derzi,[77] James Marins,[78] Diva Prestes Marcondes Malerbi[79] e Heleno Taveira Tôrres.[80]

Os princípios gerais tributários da legalidade e tipicidade, mesmo com a passagem do Estado de Direito formal para o Estado Democrático de Direito, não haveriam sofrido nenhuma alteração.[81] Assim, o princípio da reserva absoluta de lei formal continuaria a exigir a determinabilidade e a certeza da lei tributária, sem que seja possível qualquer abertura.

Nesse sentido, os corolários desses princípios, quais sejam o princípio da seleção, o princípio do *numerus clausus*, o princípio do exclusivismo e o princípio da determinação ou tipicidade fechada não permitiriam a existência de um tipo indeterminado, nem mesmo de cláusula geral tributária. Importante é salientar a decorrente vedação da cláusula geral, o que impediria, por exemplo, a norma geral antielisiva, um dos meios de contenção à elisão fiscal.

Ressalve-se, contudo, que mesmo os hermeneutas liberais divergem quanto ao tratamento aplicável à elisão fiscal, embora tenham o mesmo fundamento argumentativo, ainda que velado, qual seja, da importância absoluta dos princípios tributários da legalidade e da tipicidade no Estado Democrático de Direito, no que se refere ao subsistema normativo jurídico-tributário. Alguns admitem a contenção da elisão fiscal, outros não,[82] e alguns divergem sobre a possibilidade de contenção por meio de norma geral antielisiva.[83]

A segunda corrente hermenêutica que adota o pensamento valorativo é dos hermeneutas sociais. Ao contrário dos hermeneutas liberais, acreditam os hermeneutas

73. Exemplos de excertos que demonstram tal aceitação são: "(...) da vinculação aos princípios é dedutível ainda outra limitação, de natureza lógica. Como os princípios fornecem razões de decidir, a serem conjugadas com as de outros princípios, será sempre necessária uma *ponderação* entre elas, para verificar qual obtém a prevalência" (R. Alexi, *Theorie der Grundrechte*, cit., p. 100, *apud* R. I. Ávila e H. B. Ávila, "Legalidade tributária: aplicação e limites materiais", in M. A. M. Carvalho, *Estudos de Direito Tributário em homenagem à memória de Gilberto de Ulhôa Canto*, Forense, 1998, p. 288); e "a colisão de princípios é resolvida pela técnica da ponderação de valores, pois transcorre na dimensão do peso, isto é, do valor" (A. L. C. Estrella, "A Norma Antielisão e seus Efeitos – Art. 116, parágrafo único, do CTN", in *Revista de Direito Constitucional e Internacional* 44/195).

74. *Elisão e Evasão Fiscal*, cit.

75. *Tipicidade da tributação, simulação e norma antielisiva*, cit.

76. "Os Limites Atuais do Planejamento Tributário", in V. O. Rocha, *O Planejamento Tributário e a Lei Complementar 104*, cit., pp. 281-304.

77. "A Desconsideração dos Atos e Negócios Jurídicos Dissimulatórios, segundo a Lei Complementar n. 104 de 10 de janeiro de 2001", in V. O. Rocha, *O Planejamento Tributário e a Lei Complementar 104*, cit., pp. 207-232.

78. *A Elisão Tributária e sua Regulação*, São Paulo, Dialética, 2002.

79. *Elisão Tributária*, cit.

80. *Direito Tributário e Direito Privado*, cit.

81. Argumenta a doutrina que, embora o Direito Administrativo tenha presenciado uma tal elastização da reserva legal, em virtude de o legislador delegar à Administração Pública o critério decisório para a implementação das políticas públicas, com a transformação para o Estado Democrático de Direito, o Direito Tributário não experimentou uma tal flexibilização. Cf. A. Xavier, *Tipicidade da tributação, simulação e norma antielisiva*, cit., p. 126.

82. Cf. M. Derzi, *Elisão Tributária*, cit.

83. Heleno Taveira Tôrres, por exemplo, entende não ser a norma geral antielisiva uma norma geral inclusiva. Diferentemente de Alberto Xavier, para quem, sendo norma geral inclusiva, a norma geral antielisiva é inadmissível em virtude dos princípios gerais tributários da legalidade e da tipicidade.

sociais que, com a transformação para o Estado Democrático de Direito, deve-se deslocar o eixo fundamental do Estado Democrático de Direito no susbsistema normativo jurídico-tributário dos princípios gerais densificantes do Estado de Direito formal para os princípios gerais do Estado Social. Alguns nomes que se classificam em tal teoria são, no direito estrangeiro, Heinrich Beisse,[84] Ernst Höhn,[85] Klaus Tipke,[86] e, no direito brasileiro, Marco Aurélio Greco,[87] Hermes Marcelo Huck,[88] Ricardo Lobo Torres,[89] Helenílson da Cunha Pontes[90] e André Luiz Carvalho Estrella[91-92]

Assim, enfatizam a importância dos princípios gerais tributários da isonomia e da capacidade contributiva para a hermenêutica do subsistema normativo jurídico-tributário, bem como para a hermenêutica da elisão fiscal.

84. "O critério econômico na interpretação das leis tributárias segundo a mais recente jurisprudência alemã", in B. Machado (coord.), *Direito Tributário – Estudos em homenagem ao Prof. Ruy Barbosa Nogueira*, Saraiva, 1984.

85. "Evasão do Imposto e tributação segundo os princípios do Estado de Direito", in B. Machado (coord.), *Direito Tributário – Estudos em homenagem ao Prof. Ruy Barbosa Nogueira*, cit.

86. K. Tipke e J. Lang, ob. cit.

87. *Planejamento Fiscal e Interpretação da Lei Tributária*, Dialética, 1998.

88. *Evasão e elisão fiscal no direito tributário internacional*, Saraiva, 1997.

89. "Normas Gerais Antielisivas", in *Anais do Seminário Internacional sobre Elisão Fiscal*, realizado pela Escola de Administração Fazendária – ESAF (no período de 6 a 8.8.2001), 2002.

90. *O Princípio da Proporcionalidade e o Direito Tributário*, Dialética, 2002.

91. "A Norma Antielisão e seus Efeitos ....", cit.

92. Ainda que os dois últimos autores citados utilizem-se da dogmática dos direitos fundamentais para a compreensão do tratamento a ser conferido à elisão fiscal, eles mesmos acabam resvalando para a teoria da ponderação de princípios, podendo ser classificados como hermeneutas sociais, porquanto, no exame trifásico de análise da observação, pela medida estatal que atua no espaço de liberdade do indivíduo, ao princípio da proporcionalidade, utilizam-se os autores do critério da "proporcionalidade em sentido estrito", e acabam por dar prevalência aos princípios densificantes do Estado Social, como se demonstrará no tópico sob número "4.2".

Entendem que a relação tributária não seria informada por somente uma ingerência do poder estatal na esfera individual, mas remeteria, sobretudo, a uma relação de solidariedade, um dever de solidariedade entre os contribuintes, afirmada no interesse coletivo decorrente do Estado Social. O princípio tributário a encarnar tais valores de solidariedade e justiça seria o da capacidade contributiva, que, além de sua eficácia negativa, teria uma eficácia positiva.[93]

Destarte, a eficácia positiva da capacidade contributiva demandaria que a capacidade econômica fosse atingida até onde ela fosse detectada, sob pena de não se privilegiarem a isonomia e a justiça. Desse modo, seria uma imposição ao Estado de gravar todos aqueles que têm capacidade contributiva. Ademais, em virtude da relação de solidariedade entre os contribuintes, e não da imposição legal apenas, é que cada contribuinte tem dever de contribuir segundo sua capacidade contributiva.

Se cada um teria o dever de contribuir, em virtude do valor solidariedade trazido pelo princípio tributário da capacidade contributiva, pode ser que uma conduta do contribuinte que se evade da tributação viole tal dever. Assim é que se poderia aferir a legitimidade ou não de dada conduta elisiva.

Aceitar-se-ia a elisão fiscal, se não cometida por abuso de direito.[94] O abuso de direito há, segundo a hermenêutica social, "quando o agente ultrapassa (...) o destino social do direito e a proporção que deve existir entre a conduta realizada em cotejo com o interesse do titular e o perfil do direito exercido. Há abuso quando ocorre um

93. M. A. Greco, *Planejamento Fiscal e Interpretação da Lei Tributária*, cit., p. 28.

94. Embora haja variações na doutrina da hermenêutica social da elisão fiscal quanto à sua natureza jurídica (abuso de direito, abuso de formas, fraude à lei), as várias vertentes admitem que a função social seria constitutiva do direito de propriedade e, se o contribuinte exerce seu direito de opção fiscal sem atentar para a função solidária do tributo, comete um ato que não há como ser albergado pelo ordenamento jurídico.

desvio no perfil daquele direito. Quando o agente utiliza um direito fora da sua função objetiva; ou seja, fora daquilo para o qual existe e serve".[95-96]

Vislumbram que, em se tratando de ato abusivo, por meio do qual o contribuinte se evade do dever de solidariedade de pagar tributos e, ainda, não apresenta motivo relevante para tanto, não há direitos de propriedade e de liberdade de auto-organização a serem protegidos e, portanto, pode o Fisco desconsiderar o negócio praticado e requalificá-lo, a fim de exigir o tributo, graças ao princípio tributário da capacidade contributiva.

Esta teoria está alicerçada, portanto, no entendimento de que o direito de o contribuinte auto-organizar-se para a economia de tributos pela elisão fiscal está balizado não só pelo direito de propriedade (art. 5º, *caput*, XXII, CF), mas também pela função social da propriedade (arts. 5º, XXIII, e 170, III, CF), considerando que é objetivo fundamental da República a construção de uma sociedade livre, justa e solidária (art. 3º, CF). Entendem, assim, que a função social condiciona, portanto, o próprio direito de propriedade, legitimando e justificando a propriedade.[97] Assim, a liberdade de iniciativa econômica, a liberdade de auto-organização dos negócios fiscais, somente se justificaria se atendesse à função social, se se voltasse à consecução do interesse público, com a apresentação de um motivo relevante, que fosse capaz de demonstrar a não-evasão do dever de solidariedade para com a sociedade.

95. M. A. Greco, *Planejamento Fiscal e Interpretação da Lei Tributária*, cit., p. 79.

96. De maneira semelhante H. M. Huck, *Evasão e elisão fiscal no direito tributário internacional*, cit., pp. 135-136 e R. L. Torres, "A Chamada 'Interpretação Econômica do Direito Tributário', a Lei Complementa 104 e os Limites Atuais do Planejamento Tributário", in V. O. Rocha (org.), *O Planejamento Tributário e a Lei Complementar 104*, cit., p. 240.

97. E. Grau, *A Ordem Econômica na Constituição de 1988*, 7ª ed., Malheiros Editores, 2002, p. 276.

Destarte, sendo a função social constitutiva do direito de propriedade,[98] se o contribuinte exerce seu direito de opção fiscal, de liberdade de organizar os seus negócios, abusivamente, sem atentar para a função solidária do tributo, sem apresentar uma causa para sua conduta, comete uma conduta que não pode ser albergada pelo direito.

Do exposto, os hermeneutas sociais não hesitam em afirmar não só a necessidade, mas a obrigação do Estado de conter a elisão fiscal, principalmente se não houver motivo relevante do contribuinte que indique não ter quebrado o dever de solidariedade.

4.2 Dogmática dos direitos fundamentais

O raciocínio sobre o qual se assentam os hermeneutas sociais sustenta uma relação tributária que observe o dever de solidariedade entre os contribuintes, vislumbrando, no princípio da capacidade contributiva, não só uma função garantidora do contribuinte, mas também uma função solidarística. Olvidam, contudo, a verdadeira natureza da relação jurídica tributária.

Subjaz a esta concepção o olhar da relação jurídica tributária decorrente do sopesar de princípios, conferindo-se primazia aos princípios gerais densificantes do Estado Social e, portanto, afirmando que, se é dever do Estado formar uma sociedade mais justa e igualitária, também a relação jurídica tributária deveria estar envolta pelo dever de solidariedade, que se revelaria como um aspecto da função social da propriedade.

Não obstante isso, a relação jurídica tributária não deve ser analisada à luz da ponderação de princípios, por meio de um

98. "Quando se fala em função social da propriedade isto significa que o Direito não está mais regulando a simples titularidade sobre o bem, mas dispondo sobre o modo pelo qual serão exercidas as prerrogativas inerentes àquele direito e àquele bem" (M. A. Greco, *Planejamento Fiscal e Interpretação da Lei Tributária*, cit., p. 74).

pensamento valorativo (*Wertdenken*), mas à luz do pensamento de ingerência e limitações estatais (*Eingriffs- und Schrankendenken*), sobretudo em atenção aos direitos fundamentais.

Considerando o pensamento de ingerência e limitações estatais, não se pode ignorar que a relação jurídica tributária é configurada pelo poder impositivo que detém o Estado de ingerir na esfera dos direitos de propriedade e liberdade particulares, mediante a exigência de pagamento de tributo. A questão da elisão fiscal, portanto, tal como qualquer outra relação jurídica tributária, trata da ingerência do Estado na esfera do particular, bem como das limitações para esta ingerência.[99]

O pensamento da ingerência e das limitações estatais entende que a liberdade individual deva ser observada e garantida pelo Estado. Isso não significa, contudo, que não possa haver ingerência estatal em tal esfera individual, mas que, em havendo, deverá o Estado respeitar as limitações previstas para a sua atuação. Pressupõe, portanto, o pensamento da ingerência e das limitações estatais que a cada ação estatal corresponde um seu limite.[100]

Os direitos fundamentais são condições legitimadoras do desenvolvimento do Estado, limitando-lhe a atuação e obrigando-o, de forma que qualquer atuação ou ingerência estatal deva ser justificada e ninguém deve ser sancionado por exercer seu direito fundamental, a não ser que haja justificação.[101] Trata-se da clássica concepção, reiterada pela doutrina[102] e jurisprudência[103] alemãs, dos direitos fundamentais como direitos de resistência (*Abwehrrechte*).

O conceito clássico de direitos fundamentais como direitos de resistência foi elaborado quando da consagração do Estado de Direito no século XIX, quando então se torna célebre o brocardo jurídico "kein Eingriff in Eigentum und Freiheit ohne Gesetz",[104] consubstanciando a cláusula "liberdade e propriedade": só deveria haver ingerência estatal na esfera particular de liberdade e propriedade, se houvesse uma fundamentação legal (*Gesetzesvorbehalt*).[105]

Os direitos de resistência funcionam como uma ordem direcionada ao Estado de deixar fazer (*Unterlassungsgebot*) ou, de outra forma, como comando ao Estado de proibição de intervenção (*Eingriffsverbot*), garantindo ao indivíduo um espaço livre de atuação (*status negativus* dos direitos fundamentais ou liberdade do Estado – "Freiheit vom; gegen den Staat"). O Estado não deverá ingerir-se na esfera dos particula-

99. Na elisão fiscal vislumbram-se de maneira cristalina os direitos fundamentais que podem sofrer a ingerência estatal se o Estado opta por conter o fenômeno, quais sejam, o direito à propriedade e o direito de liberdade, mais especificamente de autonomia privada. Sobre o direito de propriedade, cf. L. Martins, *Direito Fundamental à Propriedade e Tratamento Constitucional do Instituto da Propriedade Privada* (manuscrito cit.). Sobre o direito de autonomia privada com relação à questão da elisão fiscal, cf. H. T. Tôrres, *Direito Tributário e Direito Privado*, cit., pp. 97-130.

100. B. Schlink, "Freiheit durch Eingriffsabwehr – Rekonstruktion der klassischen Grundrechtsfunktion", in *EuGRZ* 17(1984), p. 457.

101. B. Schlink – B. Pieroth, *Grundrechte – Staatsrechte II*, 18ª ed., C. F. Muller, 2002, Rdnr. 43.

102. Idem, ibidem.

103. *BverfGE* 7, 198 (204).

104. Nenhuma ingerência na propriedade e na liberdade sem lei (tradução livre).

105. O princípio de reserva de lei (*Gesetzesvorbehalt*) como garantia dos direitos fundamentais tem sua justificação histórica na luta da burguesia contra a coroa. A este respeito Leonardo Martins, baseado em Schlink, faz interessante observação acerca da evolução do princípio de reserva da lei do Estado de Direito na Alemanha: "Como a classe burguesa estava bem representada no parlamento alemão na fase do chamado *Spätkonstitutionalismus* (neoconstitucionalismo), bastava a reserva de lei para se garantir a liberdade (incluindo a propriedade). Com o incremento da representação democrática e a conseqüente pulverização do poder político ocorrido logo após o término da Primeira Guerra Mundial, os direitos fundamentais transformaram-se de garantias de reservas legais para garantias de reservas legais *proporcionais*" (cf. L. Martins, *Direito Fundamental à Propriedade e Tratamento Constitucional do Instituto da Propriedade Privada*, manuscrito cit., p. 1).

res[106] – seja mediante a proscrição de dados comportamentos tutelados pela norma de direito fundamental, seja mediante a prescrição de sanções aos comportamentos tutelados pela norma de direito fundamental – e permitirá uma ampla atuação dos particulares a seu próprio talante, a não ser que haja uma fundamentação constitucional para dada ingerência.[107]

É digno de nota que os direitos fundamentais não advêm do modelo de Estado adotado por tal ou qual sistema normativo jurídico. Não é porque a República Federativa do Brasil se constitui em Estado Democrático de Direito (art. 1º, *caput*, da CF) que os direitos fundamentais deverão ser respeitados pelo Estado, mas sim porque tal Estado Democrático de Direito tem como um dos fundamentos a dignidade da pessoa humana (art. 1º, III, da CF) e tem como princípio regente das relações internacionais a prevalência dos direitos humanos (art. 4º, II, da CF), determinando como cláusula pétrea os direitos e garantias individuais (art. 60, § 4º, IV, da CF). Daí o motivo para a afirmação de que são princípios estruturantes do sistema normativo jurídico brasileiro não só o Estado Democrático de Direito, como também o princípio de vinculação dos poderes do Estado aos direitos fundamentais.

A partir da conceituação de direitos fundamentais como direitos de resistência, foi desenvolvido um método de exame de constitucionalidade das ingerências estatais nos direitos fundamentais, denominado dogmática dos direitos fundamentais. "A dogmática serve à solução juridicamente correta do caso. O caso (*Sachverhalt*) é a matéria *sub judice*, é o conflito ensejado pela ação do Estado que esbarra na liberdade individual, violando potencialmente garantia constitucional".[108]

Primeiramente, deve-se identificar a área de proteção (*Schutzbereich*) da norma de direito fundamental cuja possível lesão se analisa. Em segundo lugar, deve-se perceber se houve a ingerência (*Eingriff*) estatal em tal área de proteção. Em terceiro, deve-se observar se tal ingerência é justificada constitucionalmente (*verfassungsrechtliche Rechtsfertigung*).

O espaço livre garantido aos indivíduos pelos direitos fundamentais configura a área de proteção (*Schutzbereich*) da norma de direito fundamental. Por meio de cortes da realidade (*Wirklichkeitsausschnitte*), a norma de direito fundamental abar-

106. Os titulares de direitos fundamentais são qualquer pessoa, tanto física ou jurídica, que possa ter sua área de proteção lesada. Via de regra, são eles todos os homens e mulheres; entretanto, admite-se que sejam também as pessoas jurídicas, contanto que os direitos fundamentais possam ser suscetíveis de serem exercidos pelas pessoa jurídicas. Por exemplo, é possível falar em área de proteção do direito à propriedade tanto em referência à pessoa física como à jurídica; no entanto, enquanto é possível vislumbrar uma área de proteção do direito à vida em relação às pessoas físicas, não é admissível que às pessoas jurídicas se atribua um direito à vida. Embora tal argumentação não venha expressa no texto constitucional brasileiro, tal qual no texto constitucional alemão ("Art. 19 Abs. 3 GG: Die Grundrechte gelten auch für inländische juristische Personen, soweit sie ihrem Wesen nach auf diese anwendbar sind" – "Art. 19 § 3º da Constituição Alemã: Os direitos fundamentais também valem para as pessoas jurídicas internas, contanto que sejam aplicáveis ao ser das pessoas jurídicas"), a interpretação dos direitos fundamentais aí veiculados a autoriza em virtude do art. 5º, § 2º, da CF, segundo o qual "Os direitos e garantias expressos nesta Constituição não excluem outros decorrentes do regime e dos princípios por ela adotados, ou dos tratados internacionais em que a República Federativa do Brasil seja parte". Cf. a respeito L. Martins, *Direito Fundamental à Propriedade e Tratamento Constitucional do Instituto da Propriedade Privada*, manuscrito, data final de elaboração de 8.5.2003, p. 15. De forma semelhante entende P. G. G. Branco, "Aspectos de Teoria Geral dos Direitos Fundamentais", in G. F. Mendes, I. M. Coelho e P. G. G. Branco, *Hermenêutica Constitucional e Direitos Fundamentais*, Brasília Jurídica, 2002, p. 165.

107. L. Martins, *Apostila do Curso de Einführung in die Deutsche Juristische Sprache und in das Deutsche Rechtssystem*, ministrado no Goethe Institut, São Paulo, durante o ano letivo de 2003, pp. 8 e 19.

108. L. Martins, *Direito Fundamental à Propriedade e Tratamento Constitucional do Instituto da Propriedade Privada*, manuscrito cit., p. 3.

ca um certo dado conferindo-lhe proteção.[109-110]

A ingerência estatal, por sua vez, ocorre quando o Estado se utiliza de dado meio, a fim de que torne impossível ao indivíduo atuar em sua esfera particular livre, ou a fim de que lhe seja imposta uma sanção em decorrência de uma sua conduta acobertada por aquela norma de direito fundamental.[111]

A ingerência estatal, no entanto, poderá ser justificada constitucionalmente. O procedimento para verificar a justificação constitucional é bifásico, envolvendo, em um primeiro momento análise de questões de caráter formal e, num segundo momento, questões de caráter material.

Para a análise de questões de caráter formal, é necessário observar: (i) qual a tipologia de reserva de lei (*Typologie der Gesetzesvorbehalte*) prescrita pela Constituição para que haja a ingerência estatal em dado direito fundamental: reserva legal simples, reserva de lei qualificada ou sem reserva de lei (*einfacher Gesetzesvorbehalt, qualifizierter Gesetzesvorbehalt, ou ohne Gesetzesvorbehalt*); (ii) por qual veículo normativo pode vir a limitação estatal a dado direito fundamental: basta a reserva legal ou deve ser a reserva do Parlamento (*Parlamentsvorbehalt*); e (iii) se foi observado o procedimento constitucional para a criação do veículo normativo válido.

De outro lado, a análise da constitucionalidade material da ingerência pressupõe, sobretudo, a observância do princípio da proporcionalidade (*Verhältnismässigkeitsgrundsatz*). Afinal, não basta atentar para a reserva legal, é imprescindível que seja a reserva legal proporcional. Trata-se, em realidade, de um dos elementos fundamentais para as limitações das limitações dos direitos fundamentais (*Grundrechtsschrankenschranken*): "O conceito de limitações das limitações assinala a limitação que vale para o Legislador, quando ele for determinar limitações ao exercício do direito fundamental".[112]

É extremamente acurada a seguinte síntese sobre o princípio da proporcionalidade: "O critério para limitação e justificação da limitação constitucional por excelência é o critério da proporcionalidade, entendido como o ônus de demonstração da necessidade da medida interventora estatal. Segundo a regra do ônus argumentativo (*Argumentationslastregel*), o Estado que promove a intervenção na área de proteção de direito fundamental deve demonstrar que persegue um escopo legítimo, por meio de intervenção em si permitida e que mantenha com o escopo uma relação (*Verhältnis*) que seja caracterizada ao mesmo tempo pela adequação e necessidade do meio (intervenção) em face do seu fim (propósito legítimo)".[113]

Destarte para o exame da conformidade com o princípio da proporcionalidade, deverão ser analisadas as seguintes questões: (i) se o fim a que se dirige a ingerência estatal é legítimo (legitimidade do fim – *Legimität des Zwecks*); (ii) se o meio pelo qual se dá a ingerência é adequado ao fim a que a ingerência se propõe (adequação do meio – *Geeignetheit des Mittels*); e (iii) se o meio pelo qual se dá a ingerência é imprescindível ao fim a que a ingerência se

109. B. Schlink e B. Pieroth, *Grundrechte – Staatsrechte II*, cit., Rdnr. 197.

110. Área de proteção, contudo, difere da área de regulação (*Regelungsbereich*) de um direito fundamental: por meio daquele corte de realidade, o constituinte seleciona certo campo de regulamentação, mas dentro ainda deste campo é que selecionará a área de proteção do direito fundamental. O art. 5º, XVI, da CF, por exemplo, "não tutela toda e qualquer reunião (recorte da realidade social onde incide a norma de direito fundamental: área de regulamentação), mas somente as pacíficas onde os participantes não portem armas" (L. Martins, *Direito Fundamental à Propriedade e Tratamento Constitucional do Instituto da Propriedade Privada*, manuscrito cit., p. 6).

111. A doutrina distingue o conceito clássico de ingerência estatal do seu conceito moderno. A este respeito, cf. B. Schlink e B. Pieroth, *Grundrechte – Staatsrechte II*, cit., Rdnr. 239 e 240.

112. B. Schlink e B. Pieroth, *Grundrechte – Staatsrechte II*, cit., Rdnr. 274.

113. L. Martins, *Direito Fundamental à Propriedade e Tratamento Constitucional do Instituto da Propriedade Privada*, manuscrito cit., p. 7.

propõe (necessidade do meio – *Notwendigkeit des Mittels*). Se a ingerência não obtiver respostas positivas às questões supra, ela não será proporcional e, portanto, será inconstitucional materialmente, devendo o Estado abster-se de realizá-la. Por outro lado, passando pelo exame da conformidade do critério da proporcionalidade, a ingerência estará em conformidade com a Constituição, de forma que caberá ao particular suportá-la.

A legitimidade do fim há de ser encontrada na Constituição. A única limitação quanto ao fim a ser escolhido pelo Legislador é negativa: ele não poderá escolher fim que contrarie a ordem jurídica como um todo. A adequação do meio significa que o meio deve servir ao fim. Necessário, contudo, será o meio, se não houver nenhum outro meio igualmente adequado e que grave a liberdade intervinda de maneira menos intensiva, para que seja atingido aquele fim.[114] O critério da necessidade exige que dentre os variados meios igualmente adequados, o menos intensivo, o menos gravoso, seja escolhido. O legislador só poderá passar para o nível seguinte superior de intensidade da ingerência, quando ele não conseguir atingir, por uma ingerência menos gravosa, aquele fim a que se propôs.[115]

Os critérios da adequação e da necessidade, vale dizer, são orientados empiricamente: são criadas hipóteses de meios sobre o contexto empírico entre aquele meio adotado e aquele outro meio que poderia ter sido adotado, alternativamente, a fim de ser atendido o fim legítimo. Trata-se de "prognóstico que pode ser refutado a qualquer tempo pelos operadores jurídicos envolvidos".[116] Se algum desses meios, segundo o contexto empírico, for tido como menos gravoso ao particular, este *impreterivelmente* deverá ser adotado pelo Poder Estatal. Somente o que é adequado pode também ser necessário; mas o que é necessário não pode ser inadequado.[117]

Digno de menção é, também, que parte da jurisprudência e da doutrina alemãs acrescenta um quarto critério ao exame da conformidade da ingerência estatal ao princípio da proporcionalidade: o critério da proporcionalidade em sentido estrito (*Verhältnismäßigkeit im engeren Sinn*). Além de exigir-se que o meio pelo qual se dá a ingerência seja adequado e necessário para o fim que se quer atingir, exige-se, ainda, que a ingerência esteja numa relação proporcional, adequada, sopesada com o fim que se quer atingir. Ou seja: o ônus jurídico imposto pela ingerência ao particular deve também ser compensado pelo benefício ainda maior que pode trazer o fim que justificou a ingerência.

A doutrina constitucionalista brasileira adotou majoritariamente o entendimento de que o exame da proporcionalidade exige também a análise da proporcionalidade em sentido estrito: "Um juízo definitivo sobre a proporcionalidade ou razoabilidade da medida há de resultar da rigorosa ponderação entre o significado da intervenção para o atingido e os objetivos perseguidos pelo legislador (*proporcionalidade ou razoabilidade em sentido estrito*)".[118]

114. "Em termos de direitos fundamentais, resta rejeitada a ingerência estatal, se há uma alternativa para a mesma, com a qual o fim do Estado é atingido da mesma forma e a liberdade do cidadão é melhor preservada" (tradução livre de B. Schlink, "Freiheit durch Eingriffsabwehr – Rekonstruktion der klassischen Grundrechtsfunktion", in *EuGRZ* 17 (1984), p. 460).

115. B. Schlink e B. Pieroth, *Grundrechte – Staatsrechte II*, cit., pp. 68-69.

116. L. Martins, *Crime Organizado, Terrorismo e Inviolabilidade do Domicílio. Sobre o controle de constitucionalidade de novas regras do direito processual penal alemão e sua relevância para a interpretação do art. 5º, XI, CF*, manuscrito, data final de elaboração 29.3.2004, p. 25.

117. B. Schlink e B. Pieroth, *Grundrechte – Staatsrechte II*, cit., pp. 66-67.

118. G. F. Mendes, *Direitos Fundamentais e Controle de Constitucionalidade*, Celso Bastos, 1999, p. 44. Cf. também G. F. Mendes, I. M. Coelho e P. G. G. Branco, *Hermenêutica Constitucional e Direitos Fundamentais*, cit., pp. 246-275 e W. S. Guerra Filho, "Princípio da Proporcionalidade e Teoria do Direito", in E. Grau e W. S. Guerra Filho, *Direito Constitucional – Estudos em homenagem a Paulo Bonavides*, cit.

Também foi aplicado o princípio da proporcionalidade para o exame da constitucionalidade das relações jurídicas tributárias e, da mesma forma, adotou-se o entendimento da necessidade da análise do quarto critério, qual seja, o da proporcionalidade em sentido estrito.[119]

Não obstante, a exigência deste quarto critério traz novamente o pensamento valorativo (*Wertdenken*) de ponderação de bens jurídicos (*Abwägung der Rechtsgüter*) revelada pela ponderação de princípios, para o pensamento jurídico, que deveria se basear apenas no pensamento da ingerência e das limitações estatais (*Eingriffs- und Schrankendenken*).

De fato, enquanto a adequação valorativa pela ponderação de princípios, desde o início da análise de qualquer questão, traz o pensamento valorativo para o pensamento jurídico, o critério da proporcionalidade em sentido estrito, volta a trazer, ainda que em momento um tanto posterior, o pensamento valorativo para o pensamento da ingerência e das limitações estatais e, assim, novamente traz tarefa da política aos operadores do direito.

Emergem várias críticas à teoria que adota a necessidade de análise do critério da proporcionalidade em sentido estrito para o exame da conformidade ao princípio da proporcionalidade: "Um tal sopesamento e ponderação carece de critérios racionais e mandatórios. Mesmo o recurso a uma ordenação de valores dos direitos fundamentais ou da Constituição somente afirma um critério, mas não pode mostrá-lo. Assim, o exame de proporcionalidade em sentido estrito corre sempre o risco de, em todas os esforços de racionalidade, salientar a decisão e o preconceito daquele que realiza o exame. Não se pode justificar que o Tribunal Constitucional aplique suas decisões subjetivas de acordo com as decisões do Legislador; lá, onde apenas se podem encontrar decisões subjetivas, começa, pelo contrário, o âmbito e a legitimidade da política".[120]

Assim, satisfatórios somente podem ser os três outros critérios mencionados, pois que são manejáveis pelo Direito.[121] Entende-se, assim, que a adequação valorativa do subsistema jurídico-tributário brasileiro mediante a atenção especial à dogmática dos direitos fundamentais, prescinde de qualquer ponderação,

(i) seja de princípios – quando a adequação valorativa é encontrada em tal ponderação –,

(ii) seja de bens de interesse individual (*Individualgut*) e bens de interesse coletivo (*Gemeinschaftsgut*) – na exigência de análise do critério de proporcionalidade em sentido estrito na adequação valorativa mediante a dogmática dos direitos fundamentais.

Em última análise, reitere-se, objetiva-se um critério estabilizador da política, ou seja, o direito, e não um critério ainda político a desestabilizar ainda mais a política, a atuação estatal, sem lhe conferir um controle racional manejável pelo direito. Somente assim se consegue deixar aos políticos a tarefa política e aos operadores, a tarefa jurídica.[122]

119. H.C. Pontes, *O Princípio da Proporcionalidade e o Direito Tributário*, Dialética, 2000, p. 127 e A. L. C. Estrella, "A Norma Antielisão e seus Efeitos", cit., *Revista de Direito Constitucional e Internacional* 44/196.

120. B. Schlink e B. Pieroth, *Grundrechte – Staatsrechte II*, cit., Rdnr. 293.

121. "Assim há uma fronteira extremamente importante entre, de um lado, a prova da adequação e da necessidade da ingerência no direito fundamental ou da limitação do direito fundamental e, de outro lado, do sopesamento comparativo de bem individual e bem coletivo, das liberdades do cidadão e fins do Estado. A partir da adequação e da necessidade se pode controlar de maneira correta metodicamente, de maneira racional e dogmaticamente generalizável. De maneira contrária, as operações de valoração e sopesamento da proporcionalidade em sentido estrito não logram ser metódica e dogmaticamente satisfatórias e prestam, em última análise, apenas a um decisionismo" (B. Schlink, "Freiheit durch Eingriffsabwehr – Rekonstruktion der klassischen Grundrechtsfunktion", in *EuGRZ* 17(1984), p. 462).

122. B. Schlink, "Freiheit durch Eingriffsabwehr ...", cit., in *EuGRZ* 17(1984), p. 462.

Somente de tal forma se consegue que a Constituição, como "construído convencional" e lei máxima do direito, seja efetivamente a "gramática da ação e a sintaxe do poder", conferindo limites para a ação estatal na política e, assim, protegendo os indivíduos contra as ingerências estatais indevidas. Restando claro que a adequação valorativa do subsistema normativo jurídico-tributário deva ser encontrada pela dogmática dos direitos fundamentais que prescinde do pensamento de ponderação de bens jurídicos, deve-se analisar especificamente como tal adequação soluciona a questão da elisão fiscal que se nos apresenta.

Destarte, em vez de analisar a necessidade de contenção, vislumbrando a relação dos contribuintes "A" e "B" perante o Poder Impositivo Estatal na questão da elisão fiscal, a dogmática dos direitos fundamentais acima estudada será aplicada diretamente na análise dos meios de contenção à elisão fiscal, vislumbrando em tal questão um problema de ingerência estatal no exercício de direito fundamental, em atenção apenas à relação bilateral do contribuinte A, que pretende praticar a elisão fiscal, perante o Poder Impositivo Estatal, que procura conter a elisão fiscal.

Do exemplo exposto no presente estudo da elisão fiscal em termos de direitos fundamentais, o contribuinte "A" somente deverá suportar a ingerência estatal (tributação) na sua esfera particular referente às normas do direito fundamental à propriedade e do direito fundamental de autonomia privada – ou seja, somente deverá suportar que o Estado limite o exercício de seu direito fundamental de auto-organizar-se, ou suportar que o Estado aplique alguma sanção para tal comportamento, se o Estado justificar uma tal atuação no sentido de conter a elisão fiscal.

5. Os limites da intervenção legislativa para a contenção da elisão fiscal

Posta de lado a questão do porquê ou do dever de o Estado conter a elisão fiscal, parte-se para a questão de quais meios o Estado é autorizado constitucionalmente a valer-se com propósito de conter a elisão fiscal. Note-se que este estudo dedica-se apenas às limitações que são impostas ao Poder Legislativo, embora seja possível a discussão, em termos, semelhantes, com relação aos Poderes Executivo e Judiciário.

Verificamos que a questão da elisão fiscal deve ser inserida no subsistema normativo jurídico-tributário e, para tanto, faz-se necessário o encontro de um dos atributos desse sistema, qual seja, da unidade, mediante a adequação valorativa que forneça o liame necessário à coesão do Estado de Direito formal e do Estado Social, presentes no princípio estruturante do Estado Democrático de Direito.

Dado ser metodologicamente inadequado ao direito o encontro da adequação valorativa do subsistema normativo jurídico-tributário por meio da ponderação de princípios, visto que se trata de tarefa política, deve-se analisar a possibilidade de o Estado intervir para a contenção da elisão fiscal pela perspectiva do pensamento de ingerência e limitações estatais com observância à justificação constitucional para tal intervenção, com especial atenção para a dogmática dos direitos fundamentais.

Dessa feita, admitindo o pensamento de ingerência e limitações estatais para a determinação dos meios constitucionais para a contenção da elisão fiscal, cumpre, inicialmente, mencionar que tendo o fim de conter a elisão fiscal, a ingerência estatal, antes do exame da observância ao princípio da proporcionalidade (*Verhältnissmäßigkeitsgrundsatz*) ou dos limites dos limites (*Schrankenschranken*), deverá respeitar a prevista tipologia do direito fundamental, para tanto. No caso da tributação, tal ingerência deverá respeitar a tipologia da reserva do parlamento, bem como o processo legislativo previsto.

A seguir, identificando-se a área de proteção (*Schutzbereich*) das normas de direito fundamental cuja possível lesão se analisa, temos que, na questão da contenção da elisão fiscal, se trata da área da propriedade e da autonomia privadas, porquanto o contribuinte "A" tem o poder de criar normas negociais, selecionando suas condições e conteúdo, inclusive escolhendo formas jurídicas que lhe possibilitem economia de tributo, em virtude da norma geral exclusiva[123] e porque a tributação que há, em virtude da contenção da elisão fiscal, implica expropriar o contribuinte de parcela de seu patrimônio.[124]

A ingerência (*Eingriff*) que se pretende é a contenção da elisão fiscal, ou seja, a limitação da esfera de propriedade e autonomia privada do particular "A", pois que, contendo a elisão, se lhe exigirá tributo da mesma forma que se exige do contribuinte "B" e, dependendo do meio utilizado para conter a elisão fiscal, poderá haver a imposição de formas jurídicas para a realização de certo negócio jurídico e a consecução de seu respectivo fim típico.[125]

Determinada a ingerência de que se trata, deve-se observar se tal ingerência é justificada constitucionalmente (*verfassungsrechtliche Rechtsfertigung*). Importa-nos no momento a justificação constitucional de caráter material da ingerência, que pressupõe, sobretudo, a observância do princípio da proporcionalidade (*Verhältnismässigkeitsgrundsatz*): se há os direitos fundamentais de propriedade e de autonomia privada do contribuinte "A" de praticar a conduta elisiva e não lhe ver exigido o tributo, este direito pode ser limitado, contanto que tal limitação observe, por sua vez, sua própria limitação.

Para o exame da conformidade com o princípio da proporcionalidade, devem ser analisadas as seguintes questões:

(i) se o fim a que se dirige a ingerência estatal é legítimo (legitimidade do fim – *Legimität des Zwecks*);

(ii) se o meio pelo qual se dá a ingerência é adequado ao fim a que a ingerência se propõe (adequação do meio – *Geeignetheit des Mittels*); e

(iii) se o meio pelo qual se dá a ingerência é imprescindível ao fim a que a ingerência se propõe (necessidade do meio – *Notwendigkeit des Mittels*).[126]

O fim a que se propõe a ingerência é, como já dito, a contenção da elisão fiscal.

123. H. T. Tôrres, *Direito Tributário e Direito Privado*, cit., p. 114.

124. Conforme o art. 5º, *caput*, da CF, são garantidos aos brasileiros e residentes no País a inviolabilidade do direito à liberdade e do direito à propriedade, bem como do direito de propriedade (art. 5º, XXII, CF). Ademais, são fundamentos da República Federativa do Brasil os valores sociais da livre iniciativa (art. 1º, IV, CF) e a ordem econômica é fundada na livre iniciativa, observado o princípio da propriedade privada (art. 170, III, CF). Note-se que não é porque também se garante a função social da propriedade (art. 5º, XIII, CF), porque a ordem econômica deve observar o princípio da função social da propriedade (art. 170, III, CF) e porque constitui objetivo fundamental da República Federativa do Brasil construir uma sociedade livre, justa e solidária (art. 3º, I, CF) que a função social é constitutiva do direito de propriedade, embora a doutrina constitucional brasileira assim entenda. A função social, ela mesma, configura-se como limitação ao direito de propriedade, e não como um seu elemento constitutivo. Cf. a este respeito L. Martins, *Direito Fundamental à Propriedade e Tratamento Constitucional do Instituto da Propriedade Privada*, manuscrito cit. Daí que a afirmação de que a elisão fiscal configura-se um direito que desde logo nasce limitado por uma função de solidariedade, tal como entendem os hermeneutas sociais, não deve prosperar. A própria função de solidariedade, ou princípio de solidariedade, como é por eles denominada, é uma limitação estatal ao direito de propriedade e ao direito de autonomia privada e só vem a existir se introduzida pelo legislador, como por exemplo, com a criação de normas que contenham a elisão fiscal.

125. A imposição de formas jurídicas, em tese, seria uma possibilidade no meio de contenção da elisão fiscal da norma geral antielisiva, dependendo dos critérios adotados para sua incidência, à semelhança da norma geral antielisiva existente no ordenamento jurídico alemão, por exemplo.

126. Já há notícia de que o próprio tribunal constitucional alemão apreciou a questão dos meios de prevenção de manobras elisivas com atenção à dogmática dos direitos fundamentais, realizando um juízo de valor sobre a relação meio-fim pretendidos (*BVerfGE* 6, 55, 83). A respeito da identificação da capacidade contributiva não mais como princípio abstrato, mas como direito fundamental, cf. P. M. H. Molina, *Capacidad Económica y Sistema Fiscal. Análisis del ordenamiento español a la luz del Derecho alemán*, Marcial Pons, 1998, pp. 23-80.

A pergunta que se segue é se tal fim é legítimo, ou seja, se, constitucionalmente, é proibido ao Estado que restrinja a possibilidade de elisão fiscal, pois tal objetivo se configuraria ser contra a ordem jurídica como um todo. A resposta à pergunta só pode ser negativa, pois a Constituição prevê os princípios tributários da isonomia (art. 150, II) e da capacidade contributiva (145, § 1º), bem como preceitua ser objetivo fundamental da República Federativa do Brasil construir uma sociedade livre, justa e solidária (art. 3º, I), sendo que a ordem econômica tem por fim assegurar a todos existência digna, conforme os ditames da justiça social (art. 170, *caput*).

Com a contenção da elisão fiscal se pretende atingir de tal modo a generalidade das manifestações da capacidade contributiva, que se contenha a elisão fiscal, mediante a promoção de condições materiais idênticas entre o contribuinte "A" e o contribuinte "B", de forma que aos dois reste impossibilitada o logro na conduta elisiva.

Trata-se, realmente, de privilegiar o valor solidariedade contido nos princípios tributários da isonomia e da capacidade contributiva, trazendo ou não uma elasticidade ao princípio tributário da tipicidade, a fim de promover uma sociedade mais livre, justa e solidária.

Note-se que se trata de decisão política, que, sopesando valores, resolve privilegiar o valor solidariedade, em detrimento ou não, do valor segurança, *apenas especificamente* para o fim de conter a elisão fiscal.[127]

É necessário identificar, demais disso, qual, dentre os meios de contenção à elisão fiscal, serve ao fim legítimo de eliminar a elisão fiscal, sendo adequado e necessário para tanto. O critério da necessidade exige que dentre os variados meios igualmente adequados, o menos intensivo, o menos gravoso, seja escolhido. O legislador só poderá passar para o nível seguinte superior de intensidade da ingerência, quando ele não conseguir atingir, por uma ingerência menos gravosa, aquele fim a que se propôs.

Como o critério de necessidade é orientado empiricamente, a resposta relativa à necessidade de cada um dos meios só pode ser dada com a comparação dos diversos meios, de forma que tal comparação deverá ser feita apenas após a apresentação de cada um dos meios.

São três os meios possíveis, considerando que a elaboração de hipóteses é orientada empiricamente: a tipologia funcional, a cláusula geral antielisiva e a tipologia subrogatória.

5.1 Tipologia funcional

A elisão fiscal somente se torna possível, pois ao contribuinte se deixa uma opção entre atingir o efeito econômico pretendido ou pelo negócio jurídico direto ou pelo negócio jurídico indireto.

Pressupõe-se, portanto, para que haja a elisão fiscal, que o critério material da hipótese tributária esteja estruturado como um negócio jurídico, independentemente do resultado econômico a que se visa. Justamente porque a lei tributária captou a exteriorização de riqueza pela estrutura, forma, do negócio (tipologia estrutural), e não pela sua substância, pelo seu conteúdo econômico ou fim ulterior (tipologia funcional), há de se falar em mediatização da capacidade contributiva pela forma, não podendo haver incidência da norma tributário no negócio indireto.

Já que a origem da elisão fiscal é a construção do critério material da hipótese

127. Contrariando tal argumentação, há quem sustente que o princípio da tipicidade é petrificado, não podendo sofrer elastização pelos princípios da isonomia e da capacidade contributiva: "A tipicidade tributária, concebida como regra de rigidez pétrea, é transformada num 'elástico', que ora se estende, ora se encolhe, ora se aplica, ora deixa de aplicar-se. A tipicidade, feita de dura pedra, transforma-se em regra de borracha, mole e flexível ao sabor das circunstâncias dos casos concretos. (...) Estamos ainda num Estado de Direito?" (A. Xavier, *Tipicidade da tributação, simulação e norma antielisiva*, cit., p. 136).

tributária com base em conceitos estruturais, poder-se-ia argumentar que o sistema normativo jurídico-tributário poderia eliminar a existência da elisão fiscal, se fosse assentado somente sobre tipos funcionais, de sorte que o critério material de qualquer hipótese tributária fosse determinado pelo resultado econômico, ou fim ulterior, atingido. As formas jurídicas seriam, então, desprezíveis. Assim que se atingisse dado efeito econômico, o tributo seria devido.

A tipologia funcional, portanto, eliminaria qualquer possibilidade de escolha do contribuinte de formas para atingir dado resultado econômico e, assim, elimina, por completo o direito fundamental do contribuinte de autonomia privada para organizar seus negócios para a elisão fiscal. Revela-se, destarte, um grau extremamente intenso de intervenção na esfera individual do contribuinte.

A tipologia funcional é adequada, se serve ao propósito de conter a elisão fiscal. Como referido logo acima, a elisão fiscal só há se os tipos são construídos estruturalmente. Ela elimina a causa para a elisão fiscal, porquanto não há como haver o negócio jurídico indireto. Portanto, a tipologia funcional é meio adequado constitucionalmente.

Ainda que se postergue a comparação da intensidade de violação do direito fundamental do meio da tipologia funcional com os demais meios, vale ressaltar que resta impossível ao legislador infraconstitucional a transformação dos tipos estruturais em funcionais, dados limites materiais constitucionais existentes em virtude da própria repartição de competências tributárias.[128]

Desde logo, portanto, restaria eliminada a possibilidade de transformação dos tipos estruturais em funcionais como meio à contenção da elisão fiscal, dado que inconstitucional, em virtude da limitação constitucional de delimitação de competências tributárias. Ademais, deve-se ter presente que a tipologia funcional traz grau intenso de ingerência estatal na esfera de autonomia privada do particular, pois as formas jurídicas são desprezíveis.

5.2. Cláusula geral antielisiva

Outro meio possível de contenção à elisão fiscal é a cláusula geral antielisiva. Por meio dela se estabelece que, em caso de elisão fiscal, ou seja, se o contribuinte manipulou as formas de direito privado a fim de evadir-se da tributação, quer seja a elisão qualificada como abuso de formas, abuso de direito, fraude à lei ou negócio jurídico indireto, prevalecerá o fato econômico sobre a forma jurídica adotada, a fim de ser-lhe exigido o tributo.

São vários os ordenamentos jurídicos que adotam a cláusula geral antielisiva, *e.g.* Alemanha, França, Holanda, Espanha, Argentina, EUA, Inglaterra, Canadá e Austrália.

No entanto, ela assumirá em cada um dos ordenamentos uma roupagem diversa, de acordo com os requisitos estabelecidos para que a conduta elisiva do contribuinte seja desconsiderada pelo Fisco: ora se exige a ausência de propósito negocial, ora se prescinde desta exigência, determinando-se que a mera manipulação de formas já deve acarretar a desconsideração.

Dada a diversidade de cláusulas gerais antielisivas, cumpre apenas determinar as características comuns às mesmas. Via de regra, as cláusulas gerais antielisivas prescrevem que deva haver: (i) a intenção de escolher a forma jurídica do ato ou negócio jurídico menos onerosa do ponto de vista fiscal; (ii) obtenção, através desta escolha, de um resultado econômico equivalente àquele decorrente da escolha de forma jurídica mais onerosa fiscalmente; e (iii) o fim de subtrair-se da incidência da norma particular inclusiva.[129]

128. C. A. G. Pereira, "A Elisão Tributária e a Lei Complementar n. 104/2001", cit., p. 232.

129. A. Xavier, *Tipicidade da tributação, simulação e norma antielisiva*, cit., p. 88.

A elisão fiscal consiste em negócio jurídico indireto, que foi assim praticado, para que se pudesse resvalar para a incidência da norma geral exclusiva, e assim, não sofrer a tributação prevista na norma particular inclusiva incidente no negócio jurídico direto. A norma geral antielisiva, combatendo tal conduta, ocasiona que tal negócio jurídico indireto seja tributado tal qual o negócio jurídico direto, a despeito da forma jurídica adotada e, assim, revela-se como uma norma geral inclusiva.

A norma geral inclusiva prescreve que os casos não previstos pelas normas particulares inclusivas, mas similares ou análogos aos mesmos, serão regulados de modo idêntico. Basta que se encontrem as condições de semelhança entre o caso previsto e o caso não previsto. Portanto, deixa de haver lacunas impróprias e involuntárias no subsistema normativo jurídico-tributário com a introdução da cláusula geral antielisiva.[130]

A cláusula geral antielisiva autoriza uma tributação *a simile* dos negócios jurídicos indiretos extratípicos, que não se podem subsumir ao tipo estrutural do negócio jurídico direto, mas que são considerados semelhantes, na medida em que produzem efeitos econômicos idênticos.[131] Assim, a norma geral inclusiva prescreve que a regulação do negócio indireto será a mesma do negócio direto, exigindo-se o tributo da mesma forma.

Trata, portanto, a cláusula geral antielisiva de certa elastização dos princípios gerais tributários da legalidade e da tipicidade bem como de seus corolários, mas somente quando houver a elisão fiscal.

A cláusula geral antielisiva é meio adequado ao propósito de eliminar a elisão fiscal, pois configura uma norma geral inclusiva que faz com que os negócios e atos praticados que, em princípio, não estariam abarcados pela incidência das normas particulares inclusivas, mas pela norma geral exclusiva, sejam alcançados pela norma geral inclusiva.

A norma geral inclusiva, contudo, só incide de acordo com o preenchimento de critérios determinados pela lei. Esses critérios, normalmente, são formados por conceitos indeterminados, tal como abuso de formas, ausência de propósito negocial,[132] e equivalência de resultados econômicos, de forma que acaba por competir à Administração Tributária a decisão final da quanto a terem sido ou não preenchidos os critérios para a incidência da norma geral inclusiva.[133]

Com a hipótese da tipologia funcional, verificou-se a extinção por completo da possibilidade de elisão fiscal, porquanto faz deixar de existir a opção do contri-

130. Da mesma maneira pensa Alberto Xavier: "A cláusula geral antielisiva conduz, assim, quase que imperceptivelmente, mas de inevitável modo, à introdução no Direito Tributário de uma norma geral inclusiva, contendo uma autorização genérica do argumento a símile para fundar positivamente a tributação" (*Tipicidade da tributação, simulação e norma antielisiva*, cit., p. 92).

131. A. Xavier, *Tipicidade da tributação, simulação e norma antielisiva*, cit., p. 85.

132. O *business purpose test* é conceito jurídico determinado, mas depende, para sua aplicação, de conceitos indeterminados, tais como o de equivalência de resultados econômicos, segundo C. A. G. Pereira, em *Elisão Tributária e Função Administrativa*, cit., p. 235.

133. Apresentando a cláusula geral antielisiva critérios indeterminados, o que também revela elastização do corolário da determinabilidade das normas tributárias decorrente do princípio da reserva absoluta de lei, justifica-se um maior controle da abertura da norma, porquanto a indeterminabilidade significa maiores poderes de decisão à Administração (J. J. G. Canotilho, *Direito Constitucional*, cit., pp. 372-373). O reforço de controle da abertura dessas normas pode ser estabelecido com a regulamentação de um procedimento administrativo para a desconsideração de atos ou negócios jurídicos praticados para a elisão fiscal. Somente com uma regulação adequada, que preveja regras garantidoras de recurso contencioso contra tais atos da administração, concretiza-se o princípio geral da legalidade da administração. Heleno Taveira Tôrres afirma que a cláusula geral antielisiva, antes de tolher a certeza jurídica dos contribuintes, a amplia consideravelmente, pois a segurança jurídica é alcançada pela criação de procedimentos específicos (*Direito Tributário e Direito Privado*, cit., p. 271).

buinte de estruturar os seus negócios com a forma mais adequada a seus propósitos de economia tributária, dado que a forma jurídica passa a ser irrelevante em qualquer caso. Com a cláusula geral antielisiva, contudo, ainda se deixa ao contribuinte a opção de estruturar os seus negócios com a forma mais adequada aos seus propósitos de economia tributária, contanto que sua conduta não preencha os requisitos para que haja a incidência da cláusula geral antielisiva.

Mostra-se, portanto, a cláusula geral antielisiva como uma ingerência na esfera de autonomia privada e propriedade do contribuinte (de quem se exige o tributo em decorrência da incidência da cláusula geral antielisiva) de intensidade inferior àquela revelada pelo meio da tipologia funcional.

Logo, em comparação à tipologia funcional, a cláusula geral antielisiva é necessária para o propósito de contenção da elisão fiscal.

Höhn admite a necessidade da cláusula geral antielisiva para contenção da elisão fiscal, mas admite que ela pode trazer perigo, por serem estabelecidos conceitos excessivamente indeterminados para prescrever quando se deve desconsiderar o negócio elisivo:

"Por outro lado, a cláusula geral da lei contém em si o perigo de ser o conceito de evasão[134] (sic) de imposto interpretado extensivamente".[135]

Isso é observado também por Heleno Torres:

"O recurso às chamadas 'cláusulas gerais antielusivas', que são espécies de normas gerais e abstratas criadas para autorizar a desconsideração de atos ou negócios perpetrados pelos contribuintes, quando apresentem conteúdos incompatíveis com as qualificações jurídicas exigidas pela norma tributária (sem que se configure como simulação ou fraude), tem gerado inúmeras críticas, justificadas pelos conflitos com relevantes princípios constitucionais, particularmente o da legalidade e da tipicidade. Em todos os Estados que as adotaram, residem dúvidas sobre a respectiva utilidade. O fato é que essas normas obtiveram baixa efetividade na experiência jurídica de países como Portugal, Itália, França, Holanda e Bélgica. Na Alemanha, mesmo se a prática lhe tenha reservado melhor acolhida, os julgadores predicam-lhe ainda pouca confiança. No Reino Unido há uma preferência declarada pelas normas de prevenção, fechando-se o sistema com decisões judiciais e precedentes fundados na *step-stone transaction* e *substance over form*".[136]

Em virtude das críticas doutrinárias, portanto, revela-se indício de que outros meios poderiam ser mais necessários ao propósito de conter a elisão fiscal do que a cláusula geral antielisiva.

5.3 Tipologia sub-rogatória

Outro meio que serviria ao propósito de conter a elisão fiscal é a tipologia sub-rogatória. Os tipos sub-rogatórios, ou *fattispeci surrogatori* segundo a doutrina italiana,[137] tratam de técnica preventiva da elisão fiscal por meio da utilização de presunções legais. Tendo definido o critério material da hipótese tributária exclusivamente pela estrutura do negócio jurídico, convém, como profilaxia da elisão fiscal, a utilização de cláusulas *ad hoc*,[138] por meio

134. Deve-se entender o termo como referente à elisão fiscal.

135. Trad. port. de B. Machado, "Evasão do Imposto e Tributação Segundo os Princípios do Estado de Direito", in B. Machado (coord.), *Direito Tributário – Estudos* ..., cit., p. 289.

136. H. T. Tôrres, *Direito Tributário e Direito Privado*, cit., pp. 238-239.

137. C. A. G. Pereira, em *Elisão Tributária e Função Administrativa*, cit., p. 106.

138. C. A. G. Pereira considera que os tipos sub-rogatórios são cláusulas *ad hoc* antielisivas. Isto porque elas são criadas caso a caso, preventivamente à ocorrência da elisão fiscal. Alguns atos e negócios jurídicos, se não tipificados, poderiam servir ao propósito de elisão fiscal, e, portanto, por uma antecipação do legislador, são tipificados.

das quais os efeitos de certos negócios são assemelhados aos do tipo estrutural.

Trata-se de técnica profilática, pois tem o intuito de anteceder-se à possibilidade de ocorrência da elisão fiscal. Diferentemente da cláusula geral antielisiva, que impede a elisão *a posteriori*, ou seja, tendo ocorrido a elisão, a norma geral faz com que a mesma se torne inoponível ao Fisco, a tipologia sub-rogatória manifesta-se com a antecipação do legislador para as hipóteses de elisão, de forma que as mesmas passem a ser identificadas em dado tipo tributário.

Trata-se de colmatação das lacunas impróprias do subsistema normativo jurídico-tributário, por meio de um aperfeiçoamento legislativo, prevenindo a elisão fiscal, porquanto deixa de permitir a existência de "brechas" que sirvam à destreza do contribuinte de elidir a tributação.

A tipologia sub-rogatória é denominada por Heleno Taveira Torres como normas de prevenção, ou de correção, as quais, sob a égide do princípio tributário da tipicidade, estabelecem antecipadamente em tipos os atos ou negócios jurídicos possivelmente desencadeadores da elisão fiscal.[139]

Dado que seu controle à elisão fiscal se manifesta de maneira anterior à conduta elisiva, inadequado é dizer tratar a tipologia sub-rogatória de normas antielisivas.

Se o legislador antecipou-se ao prever em tipos atos ou negócios jurídicos possivelmente desencadeadores da elisão fiscal, o descumprimento da norma tributária que antecipou a tipificação de condutas possivelmente elisivas é frontal, e não mais tangencial, como ocorre na elisão fiscal, em que se pretende contornar o tipo estrutural, em virtude do princípio tributário da tipicidade e em virtude da existência de lacuna imprópria. Lesioná-las é praticar evasão *stricto sensu*, e não mais elisão fiscal.[140]

139. H. T. Tôrres, *Direito Tributário e Direito Privado*, cit., p. 276.

140. Idem, p. 277.

Daí a preferência pela denominação da tipologia sub-rogatória de meio de contenção à elisão fiscal. Por este meio, a contenção é prévia, tal qual pela tipologia funcional, mas diferentemente da cláusula geral antielisiva, mediante a qual a contenção é posterior, em virtude de tornar inoponível a conduta antielisiva à Administração. Logo, pode-se afirmar que enquanto as tipologias funcional e sub-rogatórias são técnicas profiláticas de contenção à elisão fiscal, a cláusula geral antielisiva é técnica de tratamento posterior à elisão fiscal.

Na tipologia sub-rogatória, no entanto, ou não há nenhuma limitação ao direito de autonomia privada, com relação à escolha de formas jurídicas para a consecução de certos fins, ou há a limitação pontual, e não genérica, como ocorre com a tipologia funcional. Ademais, não se configura como cláusula geral, nem mesmo necessita de critérios indeterminados para sua aplicação. Tratam os tipos sub-rogatórios de normas particulares inclusivas. O que há é a previsão, em virtude da antecipação do Legislador, em tipos tributários, de atos e negócios jurídicos, que, se não previstos, poderiam ser utilizados para a elisão tributária. Faz-se uso, portanto, somente do princípio tributário da tipicidade para conter a elisão fiscal, em vez de fazer com que sofra uma elastização.

O ordenamento jurídico brasileiro depende também de tipos sub-rogatórios para conter a elisão fiscal.[141] Exemplos de tipos sub-rogatórios podem ser encontrados na contenção da elisão fiscal internacional,[142] ou mesmo no regime de distribuição disfarçada de lucros, que assimila ao conceito estrutural de distribuição de lucros de negócios indiretos que tenham resultado econômico equivalente.[143]

141. C. A. G. Pereira, em *Elisão Tributária e Função Administrativa*, cit., p. 229.

142. H. T. Tôrres, *Direito Tributário e Direito Privado*, cit., pp. 277-278.

143. A. Xavier, "Evasão e elisão fiscal e o art. 51 do 'Pacote'", in *RDT* 40/194.

A tipologia sub-rogatória é meio adequado, pois traz normas particulares inclusivas que, sob a égide do princípio tributário da tipicidade, estabelecem antecipadamente em tipos os atos ou negócios jurídicos possivelmente desencadeadores da elisão fiscal. Logo, elimina a tipologia subrogatória a elisão fiscal, porquanto, se a norma que traz o tipo tributário for violada, não se trata mais de elisão fiscal, mas de violação frontal da norma tributária que prevê o tipo.

Apresentados os meios de contenção da elisão fiscal passíveis de utilização pelo Legislativo, chegamos à conclusão parcial de que a cláusula geral antielisiva é o meio necessário de contenção da elisão fiscal, se comparada coma tipologia funcional. Cumpre, a seguir, portanto, determinar se a cláusula geral antielisiva continua a ser o meio necessário, se comparada com a tipologia sub-rogatória.

A cláusula geral antielisiva é caracterizada por apresentar requisitos, geralmente indeterminados ou determináveis e cujo preenchimento é verificado pela Administração, para a sua incidência. Em última instância, traduz-se como autorização dada pela Lei à Administração de exigir tributo por analogia, considerando preenchidos os critérios legais. Portanto, trata a contenção da elisão fiscal por meio da cláusula geral antielisiva de flexibilização dos princípios gerais tributários da legalidade e da tipicidade.

Note-se que por meio da cláusula geral antielisiva, o contribuinte não tem certeza prévia quanto a aplicação da norma à sua conduta, visto que estão presentes requisitos indeterminados ou determináveis, cuja determinação fica a critério da Administração.

Somente quando da aplicação da norma tributária é que o contribuinte saberá se presentes os critérios para a incidência da cláusula geral antielisiva.

A cláusula geral antielisiva, portanto, pode introduzir critérios subjetivos de apreciação na sua aplicação concreta e, assim, abalar os valores segurança jurídica e proteção da confiança dos cidadãos, pois que a lei formal (reserva de lei formal) não basta para a exigência do tributo, sendo necessário ainda o preenchimento de critério subjetivo cuja decisão competiria a Administração.[144]

Ainda que se argumente que a tendência contemporânea dos diversos ordenamentos é a qualificação e tipificação do fenômeno elisivo utilizando-se de critérios cada vez mais objetivos, através, de forma a se poder afastar o argumento de que a cláusula geral antielisiva se utiliza de critérios subjetivos, ainda sim se contra-argumenta que o que está em causa, para definir se o meio de contenção à elisão fiscal pela norma gera antielisiva é necessário, é a inexistência de outro meio que corrobore maior segurança jurídica e proteção da confiança dos cidadãos.

Saliente-se que não se trata de retrocesso ao pensamento de ponderação de bens jurídicos, conferindo sacralização aos valores determinados pelo Estado de Direito Formal, mas apenas de análise do exame da necessidade como terceiro passo de averiguação da atenção ao princípio da proporcionalidade: se há um meio menos gravoso, que não aflija o contribuinte na incerteza do desconhecimento prévio da conduta devida, e que, ainda sim, seja da mesma forma adequado, este deve ser preferido e o outro que se mostra da mesma forma adequado ao fim deve ser preterido.

144. Não obstante isso, considerando que a avaliação da necessidade dos meios de atuação estatal é orientada empiricamente, pode ser que os intérpretes jurídicos considerem que o estabelecimento de um controle reforçado da abertura da cláusula geral antielisiva permita tanta segurança e, portanto, tão menor intensidade de ingerência estatal na esfera do contribuinte, quanto a mera introdução de tipos subrogatórios permite.

No entanto, ainda não há no ordenamento jurídico brasileiro uma tal regra de reforço, que poderia ser a criação de procedimentos administrativos específicos para a desconsideração do negócio jurídico praticado em elisão fiscal.

Como o critério de necessidade é orientado empiricamente, ou seja, com a criação de hipóteses de meios, o examinador verifica qual, dentre as hipóteses criadas, é a menos gravosa ao particular. O menos gravoso para o particular, no caso do fim de contenção à elisão fiscal, é o meio que traga maior segurança à expectativa do contribuinte que pretende a elisão fiscal, que oriente efetivamente sua conduta.

Entre uma cláusula geral antielisiva que traga critérios objetivos para sua aplicação e a tipologia sub-rogatória, que prevê antecipadamente em tipos atos e negócios jurídicos que poderiam ser eventualmente utilizados ao escopo de elisão fiscal, o legislador deve escolher o meio que traga maior certeza e segurança acerca da conduta devida ao particular titular dos direitos fundamentais de autonomia privada e propriedade, cujas áreas de proteção sofrerão a ingerência estatal, ao ser contida a elisão fiscal.

Tal meio é aquele, portanto, que respeite o princípio da tipicidade fechada, bem como os demais corolários do princípio da reserva absoluta de lei (princípio da seleção, princípio do *numerus clausus* e princípio do exclusivismo), posto que corroboraria ainda mais os valores de segurança jurídica e proteção da confiança dos cidadãos.

Uma cláusula geral, tal como se estrutura a cláusula geral antielisiva, já não observa o princípio da seleção, pelo qual o legislador não pode fazer uso de cláusula geral, devendo selecionar cada fato singularmente. Destarte, já rompe com um dos pilares que sustentam a maior segurança jurídica e confiabilidade dos cidadãos.

Logo, em vez de cláusula geral, da norma geral inclusiva (cláusula geral antielisiva), o meio necessário à contenção da elisão fiscal são cláusulas específicas, normas específicas inclusivas (tipologia subrogatória).

145. H. T. Tôrres, *Direito Tributário e Direito Privado*, cit., p. 277.

A tipologia sub-rogatória, portanto, ao mostrar a antecipação do legislador em caracterizar como tipos atos ou negócios jurídicos possivelmente utilizados ao propósito de elisão fiscal, mostra também o respeito do legislador pelos corolários supra referidos e, portanto, ao meio menos gravoso ao titular de direitos fundamentais.

Ademais, mesmo a doutrina afirma que tal meio é o necessário: "Poucos são os autores que põem dúvidas sobre a adoção de leis específicas como o modo mais eficaz para lutar contra o fenômeno elusivo, prevenindo suas hipóteses, por prévia tipificação, respeitando, assim, os magnos princípios de legalidade e tipicidade da tributação".[145] Mesmo aqueles que advogam a existência essencial a qualquer ordenamento jurídico de cláusula geral antielisiva, admitem que o meio mais ideal de contenção à elisão fiscal é a tipologia sub-rogatória:

"Por outro lado, a cláusula geral da lei contém em si o perigo de ser o conceito de evasão[146] (*sic*) de imposto interpretado extensivamente".[147]

6. Conclusão

A discussão acerca dos limites da intervenção legislativa para a contenção da elisão fiscal adentra no questionamento da relação entre direito e política, ou seja, de como a atividade política estatal é controlada pelo direito.

A contenção da elisão fiscal significa tributação e, como qualquer outra relação tributária, trata da ingerência do Estado na esfera de liberdade e propriedade privadas do particular. Onde há ingerência estatal, contudo, há os seus limites, que são impostos pela "gramática e sintaxe do Poder", que é a Constituição.

146. Deve-se entender o termo como referente à elisão fiscal.

147. E. Höhn, trad. port. de B. Machado, "Evasão do Imposto e Tributação Segundo os Princípios do Estado de Direito", in B. Machado (coord.), *Direito Tributário – Estudos ...*, cit., p. 289.

A Constituição brasileira demonstra que o sistema normativo jurídico é estruturado pelo princípio do Estado Democrático de Direito, que se compõe de princípios gerais densificantes do Estado de Direito Formal, bem como do Estado Social, dos quais se enfatizam, respectivamente, os valores segurança e certeza, e justiça e isonomia. Da aparente contradição entre os valores decorrentes de tais princípios é que surge o terreno fértil sobre a hermenêutica da elisão fiscal e sobre os limites à sua contenção.

No entanto, a contradição é aparente: o sistema normativo jurídico é dotado de unidade, a ser encontrada na adequação valorativa, a fim de que se não desestruture o Estado Democrático de Direito. Assim, deve-se ter presente que princípio estruturante do sistema normativo jurídico também é a vinculação dos poderes estatais aos direitos fundamentais, pois a República Federativa do Brasil, que se constitui em Estado Democrático de Direito (art. 1º, *caput*, CF), tem como fundamentos a dignidade da pessoa humana (art. 1º, III, CF), tem como princípio regente das relações internacionais a prevalência dos direitos humanos (art. 4º, II, CF) e determina ser cláusula pétrea os direitos e garantias individuais (art. 60 § 4º, IV, CF).

A adequação valorativa do sistema normativo jurídico, bem como no subsistema normativo jurídico-tributário, não há de ser encontrada na ponderação de princípios, mas a partir do pensamento de ingerência e limitações estatais, com atenção aos direitos fundamentais, já que o Estado Democrático Brasileiro, segundo a CF, é vinculado pelos direitos fundamentais.

Ademais, o abandono da adequação valorativa pela ponderação de princípios, e a adoção da adequação valorativa pela dogmática dos direitos fundamentais, admite que se deve deixar a tarefa política de sopesamento de bens jurídicos aos políticos, e a atividade jurídica, aos juristas, devendo o direito prevalecer para o controle da política.

Assim é que se há a ingerência do Poder Legislativo para a contenção à elisão fiscal, mediante um dos meios possíveis (tipologia funcional, cláusula geral antielisiva e tipologia sub-rogatória), tal ingerência deverá respeitar os limites da dogmática dos direitos fundamentais. A questão da contenção da elisão fiscal, portanto, deve ser inserida no subsistema normativo jurídico-tributário como uma questão de limitação de direitos fundamentais, pois dessa forma se encontrará a adequação valorativa do subsistema de maneira metodologicamente adequada ao direito, prescindindo-se da tarefa política.

Destarte, não é porque o contribuinte elisor é acobertado pelas normas do direito fundamental de liberdade, mais especificamente de autonomia privada, e do direito à propriedade e de propriedade que ele não possa ver sua esfera de proteção limitada. A atuação legislativa que limite sua conduta elisiva, entretanto, deverá ser justificada constitucionalmente.

Deverá, então, a intervenção legislativa passar pelo exame trifásico da observância ao princípio da proporcionalidade, um dos exames para a justificação constitucional da medida interventiva. O exame da ingerência do Poder Legislativo na esfera de autonomia privada e propriedade do contribuinte elisor consistirá em determinar:

(i) se o fim de contenção à elisão fiscal é legítimo,

(ii) se o meio eleito pelo Legislador para tanto é adequado ao fim,

(iii) se o meio é necessário, ou seja, se não há nenhum outro meio igualmente adequado e que grave a esfera de proteção do particular de maneira menos intensiva.

Do exame da conformidade da atuação legislativa ao princípio da proporcionalidade, resta, comprovado que, para o fim de contenção à elisão fiscal, em privilégio da igualdade material, deve o Legislador se utilizar da tipologia sub-rogatória, porquanto, é meio adequado e, dentre as várias hipóteses aventadas (tipologia funcional, cláusula geral antielisiva e tipologia sub-rogatória), se mostra como o menos gravoso para o contribuinte que pretende a prática de elisão fiscal e cujas áreas de proteção dos direitos fundamentais de autonomia privada e propriedade sofrerão tal atuação estatal.

7. *Bibliografia*

ARENDT, Hannah. *The Human Condition*. Trad. port. de Roberto Raposo, *A Condição Humana*. 9ª ed., Rio de Janeiro, Forense Universitária, 1999.

ÁVILA, Humberto. *Teoria dos Princípios – Da definição à aplicação dos princípios jurídicos*. 2ª ed., São Paulo, Malheiros Editores, 2003.

ÁVILA, René Izoldi, e ÁVILA, Humberto B. "*Legalidade Tributária* – Aplicação e limites materiais", in Maria Augusta Machado de Carvalho (coord.), *Estudos de Direito Tributário em homenagem à memória de Gilberto de Ulhôa Canto*, Rio de Janeiro, Forense, 1998.

BALEEIRO, Aliomar. *Limitações Constitucionais ao Poder de Tributar*. Atualização e notas de Misabel de Abreu Machado Derzi, Rio de Janeiro, Forense, 1999.

BATISTA JR., Onofre Alves. *O Planejamento Fiscal e a Interpretação no Direito Tributário*. Belo Horizonte, Mandamentos, 2002.

BEISSE, Heinrich. "O Critério Econômico na Interpretação das Leis Tributárias segundo a mais recente Jurisprudência Alemã", in Brandão Machado (coord.), *Direito Tributário – Estudos em homenagem ao Prof. Ruy Barbosa Nogueira*, São Paulo, Saraiva, 1984.

BOBBIO, Norberto. *Teoria generale del diritto*. Turim, G. Giappichelli, 1993.

CANARIS, Claus-Wilhelm. *Systemdenken und Systembegriff in der Jurisprudenz*. Trad. port. de Antônio Menezes Cordeiro, *Pensamento Sistemático e Conceito de Sistema na Ciência do Direito*. 2ª ed., Lisboa, Fundação Calouste Gulbenkian, 1996.

CANOTILHO, José Joaquim Gomes. *Direito Constitucional*. 6ª ed., Coimbra, Almedina, 1993.

________. "Civilização do Direito Constitucional ou Constitucionalização do Direito Civil? A Eficácia dos Direitos Fundamentais na Ordem Jurídico-Civil no Contexto do Direito Pós-Moderno", in Eros Roberto Grau e Willis Santiago Guerra Filho (orgs.), *Direito Constitucional – Estudos em homenagem a Paulo Bonavides*, São Paulo, Malheiros Editores, 2003.

CARVALHO, Paulo de Barros. *Curso de Direito Tributário*. 14ª ed., São Paulo, Saraiva, 2002.

________. *Direito Tributário – Fundamentos Jurídicos da Incidência*. 2ª ed., São Paulo, Saraiva, 1999.

COÊLHO, Sacha Calmon Navarro. "Interpretação econômica em Direito Tributário. Prevalência do conteúdo sobre a forma. Impossibilidade no Direito Brasileiro. Princípio da legalidade", *RDT* 49 (1989).

________. "Os Limites Atuais do Planejamento Tributário", in Valdir de Oliveira Rocha, *O Planejamento Tributário e a Lei Complementar 104*, São Paulo, Dialética, 2002.

CONTI, José Maurício. *Princípios Tributários da Capacidade Contributiva e da Progressividade*. São Paulo, Dialética, 1996.

DERZI, Misabel Abreu Machado. "A desconsideração dos Atos e Negócios Jurídicos Dissimulatórios, segundo a Lei Complementar n. 104 de 10 de janeiro de 2001", in Valdir de Oliveira Rocha (coord.), *O Planejamento Tributário e a Lei Complementar 104*, São Paulo, Dialética, 2002.

DÓRIA, Antonio Roberto Sampaio. *Elisão e Evasão Fiscal*. 2ª ed., São Paulo, Bushatsky, 1977.

ESTRELLA, André Luiz Carvalho. "A Norma Antielisão e seus Efeitos – Art. 16, parágrafo único, do CTN". *Revista de Direito Constitucional e Internacional* 44 (2003).

GRECO, Marco Aurélio. *Planejamento Fiscal e Interpretação da Lei Tributária*. São Paulo, Dialética, 1998.

GUERRA FILHO, Willis Santiago. *Princípio da Proporcionalidade e Teoria do Direito*, in Eros Roberto Grau e Willis Santiago Guerra Filho (orgs.), *Direito Constitucional – Estudos em homenagem a Paulo Bonavides*, São Paulo, Malheiros Editores, 2003.

HÖHN, Ernst. "Evasão do Imposto e Tributação Segundo os Princípios do Estado de Direito", trad. port. de Brandão Machado, in Brandão Machado (coord.), *Direito Tributário – Estudos em homenagem ao Prof. Ruy Barbosa Nogueira*, São Paulo, Saraiva, 1984.

HUCK, Hermes Marcelo. *Evasão e elisão fiscal no direito tributário internacional*. São Paulo, Saraiva, 1997.

LAFER, Celso. *A Reconstrução dos Direitos Humanos – Um diálogo com o pensamento de Hannah Arendt*. São Paulo, Companhia das Letras, 2001.

MALERBI, Diva Prestes Marcondes. *Elisão tributária*. São Paulo, Ed. RT, 1984.

MARINS, James. *A Elisão Tributária e sua Regulação*. São Paulo, Dialética, 2002.

MARTINS, Leonardo. *Apostila do Curso de Einführung in die Deutsche Juristische Sprache und in das Deutsche Rechtssystem*, ministrado no Goethe Institut, São Paulo, durante o ano letivo de 2003.

________. *Crime Organizado, Terrorismo e Inviolabilidade do Domicílio. Sobre o controle de constitucionalidade de novas regras do direito processual penal alemão e sua relevância para a interpretação do art. 5º XI CF*, manuscrito, data final de elaboração 29.3.2004.

________. *Direito Fundamental à Propriedade e Tratamento Constitucional do Instituto da Propriedade Privada*, manuscrito, data final de elaboração 8.5.2003.

MENDES, Gilmar Ferreira. *Direitos Fundamentais e Controle de Constitucionalidade*. 2ª ed., São Paulo, Celso Bastos, 1999.

MENDES, Gilmar Ferreira, COELHO, Inocêncio Mártires, e BRANCO, Paulo Gustavo Gonet. *Hermenêutica Constitucional e Direitos Fundamentais*. Brasília, Brasília Jurídica, 2002.

MOLINA, Manuel Herrera Molina. *Capacidad Económica y Sistema Fiscal. Análisis del ordenamiento español a la luz del Derecho alemán*. Madri, Marcial Pons, 1998.

MÜLLER, Friedrich. *Métodos de Trabalho do Direito Constitucional*, trad. port. de Peter Naumann, São Paulo, Max Limonad, 2000.

________. *Recht–Sprache–Gewalt–Elemente einer Verfassungstheorie I*. Trad. port. de Peter Naumann, *Direito–Linguagem–Violência–Elementos de uma teoria constitucional I*, Porto Alegre, Sergio Antonio Fabris, 1995.

NABAIS, José Casalta. *O Dever Fundamental de Pagar Impostos – Contributo para compreensão constitucional do estado fiscal contemporâneo*. Coimbra, Almedina, 1998.

NEVES, Marcelo. "A Interpretação Jurídica no Estado Democrático de Direito", in Eros Roberto Grau e Willis Santiago Guerra Filho (orgs.), *Direito Constitucional – Estudos em homenagem a Paulo Bonavides*, São Paulo, Malheiros Editores, 2003.

PEREIRA, César A. Guimarães. "A Elisão Tributária e a Lei Complementar n. 104/2001", in Valdir de Oliveira Rocha (coord.), *O Planejamento Tributário e a Lei Complementar 104*, São Paulo, Dialética, 2001.

________. *Elisão Tributária e Função Administrativa*. São Paulo, Dialética, 2001.

PIEROTH, Bodo, e SCHLINK, Bernhard. *Grundrechte – Staatsrechte II*. 18ª ed., Heidelberg, C. F. Muller, 2002.

PONTES, Helenilson Cunha. *O Princípio da Proporcionalidade e o Direito Tributário*. São Paulo, Dialética, 2000.

SCHLINK, Bernhard. "Freiheit durch Eingriffsabwehr – Rekonstruktion der klassischen Grundrechtsfunktion", in *EuGRZ* 17 (1984).

SCHOUERI, Luiz Eduardo. *Preços de transferência no direito tributário brasileiro*. São Paulo, Dialética, 1999.

TIPKE, Klaus, e LANG, Joachim. *Steuerrecht*. Köln, Otto Schmidt, 2002.

TÔRRES, Heleno Taveira. *Direito Tributário e Direito Privado. Autonomia privada, simulação, elusão tributária*. Ed. RT, São Paulo, 2003.

________. "Limites ao Planejamento Tributário – normas antielusivas (gerais e preventivas) – a norma geral de desconsideração de atos ou negócios do Direito Brasileiro", in James Marins (coord.), *Tributação e antielisão*, Curitiba, Juruá, 2003.

TORRES, Ricardo Lobo. "Normas Gerais Antielisivas", in *Anais do Seminário Internacional sobre Elisão Fiscal,* realizado pela Escola de Administração Fazendária – ESAF, no período de 6 a 8 de Agosto de 2001, Brasília, ESAF, 2002.

XAVIER, Alberto. "Evasão e elisão fiscal e o art. 51 do 'pacote'", *RDT* 40 (1987).

________. *Os princípios da legalidade e da tipicidade da tributação*. São Paulo, Ed. RT, 1978.

________. *Tipicidade da tributação, simulação e norma antielisiva*. São Paulo, Dialética, 2001.

O CRÉDITO FINANCEIRO DO ICMS — ART. 20, § 1º, DA LEI COMPLEMENTAR 87/1996 — BENS DE USO, CONSUMO E ATIVO PERMANENTE E O SEU REGIME NO IVA DO MERCADO COMUM EUROPEU

ANDRÉ LUIZ CARVALHO ESTRELLA[1]

Membro do Instituto Brasileiro de Direito Constitucional — IBDC e do Instituto Brasileiro de Direito Tributário — IBDT. Representante da Fazenda no Conselho de Contribuintes/RJ. Procurador do Estado do Rio de Janeiro. Advogado

I — Introdução. II — Aspectos constitucionais do princípio da não-cumulatividade: II.1 Conceitos de operação, circulação e mercadorias. III — O regime do crédito do ICMS: III.1 A natureza jurídica do crédito; III.2 A garantia constitucional do crédito físico. IV — O regime do crédito financeiro: IV.1 Origem e conceito; IV.2 A natureza jurídica do crédito financeiro. V — O sistema do IVA no Mercado Comum Europeu e seus reflexos no ICMS. VI — O art. 20 da Lei Complementar 87/1996 e a adoção limitada do crédito financeiro: VI.1 Os limites ao crédito financeiro pelo conceito de mercadorias ou serviços alheios à atividade do estabelecimento — Art. 20, § 1º, da Lei Complementar 87/1996. VII — Conclusão. VIII — Bibliografia.

"O temor ao Senhor é o princípio do saber (...). No caminho da sabedoria te ensinei e pelas veredas da retidão te fiz andar. Em andando por elas, não se embaraçarão os teus passos; se correres, não tropeçarás." (Provérbios 1:7 e 4:11)

I — Introdução

O presente estudo tem por objetivo analisar constitucionalmente o regime dos créditos do ICMS, especialmente, no que diz respeito ao crédito físico e financeiro e seus respectivos efeitos. Com a entrada em vigor da Lei Complementar 87/1996, que imprime efetividade ao inc. XII, § 2º do art. 155 da CF/1988, permitiu-se a adoção do regime do crédito financeiro. No entanto, este regime contém limites expressos na própria norma que o estabelece, importados que foram do Regime do IVA — Imposto sobre o Valor Agregado — vigente na Comunidade Comum Européia.

Atualmente, no Brasil, os contribuintes pretendem a adoção da não-cumulati-

1. *E-mail*: <andre.luiz.estrella@terra.com.br>.

vidade absoluta do crédito financeiro, fazendo crer que a LC 87/1996 seria inconstitucional, pois estaria restringindo este tipo de crédito, que teria sua nascente em águas constitucionais. Fato comprovado pela pretensão ao amplo e irrestrito crédito dos bens de uso/consumo e ativo permanente (bens de capital).

Desejamos demonstrar com isso que (a) o sistema constitucional do ICMS adota como critério principal e predominante o regime do crédito físico, sendo complementado, *secundariamente em lei*, pelo crédito financeiro; (b) o crédito financeiro tem natureza de benefício legal; (c) a restrição ao uso do crédito financeiro é perfeitamente constitucional; (d) a expressão "alheios à atividade do estabelecimento" pode ser traduzida em atividades-meio do contribuinte; (e) não podemos importar acriticamente o instituto do crédito financeiro vigente no IVA para o sistema do ICMS, sem fazer as devidas correções estruturais, pois os impostos diferem tanto na abrangência do fato gerador quanto na extensão do direito ao crédito; (f) o uso do crédito financeiro de forma ampla e irrestrita tem o condão de provocar um efeito negativo na arrecadação tributária dos Estados-membros, violando, assim, o pacto federativo.

Para cumprir tal desiderato, traçaremos as linhas mestras do funcionamento do ICMS, os créditos e seu manejo, buscando no IVA, primo mais velho do ICMS, respaldo para nossos argumentos.[2] Ressalto, ainda, que não farei alusão às LCs 99/1999 e 102/2000, que prorrogaram a entrada do crédito financeiro dos bens de uso e consumo para 1.1.2003, já que, por si só, elas se explicam. Porém, é importante mencionar que esse dispositivo tem sua vigência continuamente diferida, uma vez que não se conhece a extensão do impacto dessa nova concessão sobre as receitas estaduais e municipais. Fato esse que se comprova pela promulgação da *Lei Complementar 114/2002*, que diferiu, para 1.1.2007, a permissão do crédito financeiro aos bens de uso e consumo, energia elétrica e serviços de comunicações.

II — Aspectos constitucionais do princípio da não-cumulatividade

A não-cumulatividade dos impostos tem sua *origem* associada à reforma fiscal efetuada na França, em 1954, visando à desoneração da produção pela incidência em cascata do imposto. Então, engendrou-se o Imposto sobre o Valor Agregado, assim dito: "Así, Lauré en una serie de artículos y conferencias, y una Comisión para la reforma fiscal presidida por Loriot en 1952, impugnaron el régimen vigente y propiciaron su reemplazo por un impuesto al valor agregado".[3]

No Brasil, em 1958,[4] o princípio ingressou no IPI — Imposto sobre Produtos Industrializados. Foi somente com a Emenda Constitucional 18/1965 à Constituição de 1946, que o princípio entrou definitivamente no ICM. Este imposto plurifásico e não-cumulativo veio a substituir o antigo Imposto sobre Vendas e Consignações — IVC — previsto na CF de 1946, também plurifásico, mas cumulativo (imposto em cascata).

Os autores explicam a frustração com o IVC, uma vez que a cumulatividade a ele inerente estimulava a concentração vertical das empresas, processo pelo qual o mesmo agente econômico extraía a matéria-prima, fabricava o produto final e o distribuía ao mercado consumidor atacadista ou varejista. Este sistema favorecia a formação de grandes monopólios, o aumento arbitrário de preços e a redução dos fornecedores de matéria-prima. Nesse caso, abandonou-se o IVC para dar guarida, agora, ao novo

2. O leitor deve condescender com as limitações e angústias do texto, atribuídas às penosas reflexões do autor, face às infindáveis discussões sobre o ICMS no seio jurisprudencial de alto gabarito.

3. Cesare Cosciani, *El Impuesto al Valor Agregado*, p. 56, *apud* Hugo de Brito Machado, *Aspectos Fundamentais do ICMS*, p. 136.

4. Ricardo Lobo Torres, *Curso de Direito Tributário e Financeiro*, p. 331.

imposto — ICM —, acrescido do regime já instituído com o IPI, a não-cumulatividade.

O *imposto cumulativo* aplica-se, em cada fase, ao valor bruto da mercadoria no momento da venda, englobando o valor das matérias adquiridas para a produção, com inclusão do imposto pago na respectiva aquisição. Este efeito cumulativo e de dupla tributação torna o impacto real do imposto, na fase final, diferente segundo a extensão do ciclo de produção-distribuição, o que origina distorções de concorrência em benefício das empresas que conseguem produzir e comercializar em ciclo mais curto.

O conceito da *não-cumulatividade* melhor se expressa na voz abalizada do Procurador de Estado-RJ, João Guilherme Sauer:[5] "Consiste ele na compensação do valor do ICMS incidente em cada operação com o do incidente nas operações anteriores, independentemente de ser o sujeito ativo da obrigação tributária exsurgente de cada uma dessas incidências o mesmo Estado ou outros. Portanto, a não-cumulatividade[6] do ICMS pressupõe a existência de mais de uma fase do ciclo alcançável pelo imposto, ou, em outras palavras, de mais de uma operação tributável no processo de circulação. Devem acontecer operações *anteriores* a *posteriores* sujeitas à tributação".

Para a concretização desse princípio, necessário se faz a sua operacionalização mediante o *método contábil de compensação de débitos e créditos*, previsto no art. 155, § 2º, inc. I da CF/1988. Por meio dessa técnica, o contribuinte procede à escrituração contábil no livro fiscal de registro de apuração de ICMS dos débitos e créditos do imposto. Vale dizer, como regra geral, a cada "entrada" de mercadoria em seu estabelecimento (operação anterior) gera um crédito contábil e a cada "saída" de mercadoria de seu estabelecimento gera um débito contábil (operação posterior), excepcionando-se os casos de isenção e não-incidência previstos no inc. II, § 2º do art. 155 da CF/1988. Ao final de cada período de apuração, confrontam-se os débitos com os créditos, por meio de uma operação matemática dentro da contabilidade da empresa. Após essa operação o tributo será apurado na conta-corrente do ICMS, conta de resultado.[7] O imposto é apurado pelo valor incidente sobre as vendas (saídas) deduzido do imposto sobre as compras (entradas). Se houver mais débitos (saídas ou vendas) do que créditos (entradas ou compras), implicará na existência de saldo devedor. Esse é o valor efetivamente a ser pago pelo contribuinte. Já, se houver mais créditos (entradas ou compras) do que débitos (saídas ou vendas) implicará na existência de saldo credor, indicando créditos acumulados, direito do contribuinte, que poderão ser levados para o próximo período de apuração. Nesse caso, não haverá imposto a pagar pelo contribuinte.

Essa compensação pode ser feita por dois métodos. O primeiro é o *base on base* (base sobre base). Nesse sistema compen-

5. Procurador do Estado-RJ e advogado brilhante, que gentilmente cedeu seu material de aulas sobre o ICMS e ISS; desde já, meus sinceros agradecimentos pela sua generosidade.

6. No entanto, com sua curial maestria, João Guilherme Sauer observa que há também dois casos em que não ocorre a não-cumulatividade, isto é, o imposto vira custo para o contribuinte. No caso da importação, pois não há operação anterior para que se tenha imposto a compensar. E no caso de operação interestadual, quando a venda se faz ao consumidor final, pois não haverá saída de seu estabelecimento, devendo anular o crédito da entrada.

7. Faremos a análise por meio de conta de resultado para não causar confusão ao leitor, onde saldo devedor é saldo a pagar e saldo credor é saldo a receber. A terminologia de saldo devedor e credor deve ser vista com os olhos da contabilidade comercial para não confundir o leitor. Nas Ciências Contábeis, dependemos da natureza do objeto, se de direitos ou obrigações, para classificarmos corretamente na conta de ativo ou passivo. Assim, há a conta ICMS a recuperar, conta de ativo, direito do contribuinte, de saldo devedor, onde contabiliza-se o excedente das entradas menos as saídas. Há também a conta ICMS a recolher, conta de passivo, obrigação do contribuinte, de saldo credor, onde contabiliza-se o excedente de saídas menos as entradas, gerando o imposto a pagar.

sam-se as bases de cálculo, isto é, da base de cálculo do imposto devido na fase posterior subtrai-se o que foi base de cálculo na fase anterior. O segundo método é o *tax on tax* (imposto sobre imposto). Aqui compensa-se o valor do imposto. O imposto da fase seguinte é confrontado com o imposto da fase anterior e apurado se há saldo a pagar ou saldo a recuperar. Este é o sistema brasileiro.

Em síntese, podemos concluir que o imposto incide sobre o valor acrescentado a cada fase do ciclo econômico de circulação da riqueza. Aqui se distingue o imposto monofásico do plurifásico. No *monofásico*, o imposto incide uma única vez sobre o preço final da mercadoria, como acontecia com o Imposto de Transacções — IT —, criado em 1966, no modelo português de tributação geral do consumo.[8] No *plurifásico*, o imposto incide sobre cada fase do ciclo econômico. Se incidir sobre o valor total da operação, será *cumulativo*. Do contrário, será *não-cumulativo*.

II.1 Conceitos de operação, circulação e mercadorias

Nesse passo, resta-nos conceituar o que se entende por operação, circulação e mercadorias para enquadrar finalmente o regime de crédito do ICMS. Denomina-se *operação* todo e qualquer ato ou negócio jurídico que implique no impulsionamento do bem ou mercadoria ao seu destino final, passando desde a origem da cadeia econômica até o consumo. Ou seja, todo ato que leve o bem a circular economicamente em direção ao consumo. Esse ato pode compreender a transferência de titularidade do bem ou não, assim como a movimentação física do bem ou não.[9] Para que ocorra o fato gerador do ICMS, deverá cada hipótese ser descrita em lei, não obstante ter sido praticada uma operação.

Nessa longarina, exsurge o conceito de *circulação econômica*. É a movimentação econômica do bem desde a sua origem, passando por todas as fases de agregação de valor até chegar ao consumidor como produto final. É a idéia de que a matéria-prima recebe tratamento desde a sua concepção, sendo beneficiada de maneira a revelar um produto novo, acabado e pronto ao consumo, cumprindo todas as fases do ciclo de produção do bem. É o exemplo do sapato e do tecido, que vêm desde o couro bruto e o algodão, respectivamente, até chegar às suas diversas espécies.

Por fim, é muito importante conceituar *mercadoria*. Ela se destaca pelo elemento subjetivo de seu conceito. A vontade ou intenção do comerciante de emprestar-lhe destinação mercantil. Conceito esse traduzido da segunda parte do art. 191[10] do Código Comercial, que diz ser unicamente considerada mercantil, a compra e venda de efeitos móveis ou semoventes para os revender por grosso ou a retalho, na mesma espécie ou manufaturados (...). Portanto, *mercadorias*[11] são as coisas móveis, adquiridas com intenção de revendê-las a terceiros, de forma habitual e profissional.

III — O regime do crédito do ICMS

III.1 A natureza jurídica do crédito

Diversos autores discutem a respeito da natureza jurídica do crédito do ICMS.

8. Miguel Silva Pinto e A. Carlos dos Santos, *Legislação do IVA Anotada*, p. 25.

9. João Guilherme Sauer, ob. cit., p. 11.

10. Pelo critério da especialidade, esse dispositivo não ficou revogado pelo Novo Código Civil, Lei 10.406/2002.

11. O renomado jurista J. X. Carvalho Mendonça conceitua mercadoria como: "Tudo que pode ser objeto de comércio, vendido ou locado, é mercadoria. Mercadoria é a coisa comercial por excelência, na frase de Vidari. Nesse sentido, fala-se em mercar, isto é, comprar e vender, especular, e de mercancia, significando mercadoria. A palavra mercadoria não tem no Código Comercial sentido definido. Ora é empregada a antítese, as coisas móveis, dinheiro, papéis de crédito, efeitos e valores, ora compreende qualquer objeto que, tendo valor de troca, pode entrar na circulação comercial" (*apud* Guilherme Pereira das Neves, "ICMS — Comercialização de conteúdos digitais na Internet — Imunidade", *Revista Dialética* 74).

Nesse passo, observamos a existência de duas linhas de pensamento. O crédito de índole financeira e de índole tributária. Para melhor apresentar o tema, descreveremos seus desdobramentos em quatro correntes.

A *primeira corrente*, preconizada por Paulo César Bergstrom Bonilha, entende que o crédito possui natureza meramente escritural, de índole financeira. Esta corrente estabelece que o termo crédito reputa-se inadequado, exprimindo um caráter que não tem. Logo, "deve ser entendido dentro de um restrito alcance escritural, pois o ato não cria nem é representativo de direito de crédito na acepção jurídica de que o contribuinte tenha direito, por esse fato, de exigir prestação patrimonial a que alguém (ou o Estado) esteja obrigado".[12]

A *segunda corrente*, capitaneada por Geraldo Ataliba e Cléber Giardino, declara que "o crédito detém natureza de direito público subjetivo, de nível constitucional, oponível ao Estado na forma de crédito financeiro. Assim, estaremos diante de uma relação jurídica obrigacional (porque de conteúdo econômico), constitucional (porque disciplinada exaustivamente na Constituição) e que se pode qualificar como financeira, em oposição a tributária, no sentido de que, embora envolvendo valores econômicos, nada tem a ver com as relações tributárias".[13] Semelhantemente, observou Gilberto de Ulhôa Canto,[14] para quem "o crédito do imposto teria emprego limitado ao propósito especificado na Constituição, qual seja: o de prestar-se, unicamente, ao abatimento do tributo devido em função das operações (hoje também prestações) operadas pelo contribuinte, de forma a quantificar o exato montante a ser recolhido". Em virtude disso, não teria o contribuinte o direito de receber do Estado, em dinheiro, o montante do crédito, por qualquer motivo não utilizado.

A *terceira corrente*, com lastro em Marco Aurelio Greco, fundamenta-se na teoria procedimentalista, a qual enxerga no crédito do imposto não uma relação jurídica de caráter financeiro, mas de caráter tributário. No seu entender, "o tributo tem por objeto uma norma, mas se estrutura como um instituto; vale dizer, um conjunto normativo enucleado pela norma que confere tipicidade àquela exação".[15]

E por fim, a *quarta corrente*, defendida por Alcides Jorge Costa, sustenta que "trata-se de verdadeiro crédito, na acepção jurídica do termo, instituído pela Constituição com a finalidade de ser compensado com o crédito tributário a favor do Fisco (...). Informa, também, que não sendo viável o 'encontro de contas', cabe a restituição do crédito do imposto em dinheiro (...). Na impossibilidade de compensação (como, p. ex., ao encerrar-se a atividade de uma empresa) deve haver restituição sob pena de ocorrer a cumulatividade proibida pela Constituição. A não restituição equivaleria a uma verdadeira 'regra de teto'(*règle du butoir*) que a lei não refere e seria incompatível com a Constituição".[16]

III.2 A garantia constitucional do crédito físico

O Decreto-lei 406/1968 introduziu no ICMS o *regime de crédito físico*, segundo o qual gerava crédito o imposto cobrado nas entradas das *mercadorias* que viessem, subseqüentemente, a sair do estabelecimento do contribuinte com incidência do imposto.[17] O espírito é de que somente a *mercadoria* que participasse do processo de fabricação, na condição de ser consumida

12. Paulo César Bergstrom Bonilha, *apud* Luiz Fernando de Carvalho Accacio, "A natureza jurídica dos créditos do ICMS", *Revista Dialética* 75/111.

13. Geraldo Ataliba e Cléber Giardino, *apud* Luiz Francisco Lippo e José Eduardo Soares de Melo, *A Não-Cumulatividade Tributária*, p. 131.

14. Gilberto de Ulhôa Canto, *apud* Luiz Fernando de Carvalho Accacio, ob. cit., p. 111.

15. Marco Aurelio Greco, *apud* Luiz Fernando de Carvalho Accacio, idem, ibidem.

16. Alcides Jorge Costa, *apud* Luiz Fernando de Carvalho Accacio, idem, ibidem.

17. Aroldo Gomes de Mattos, "ICMS — Comentários à LC 87/1996", *Revista Dialética*, p. 142.

ou integrada ao produto final, como elemento indispensável à sua composição, geraria direito ao crédito. Asseverava, portanto, o direito ao crédito das *mercadorias* ingressadas no estabelecimento, que iriam ser agregadas a outras, para fins de formação do produto final, com sua respectiva saída.

Assim, Hugo de Brito Machado preceitua que o *regime do crédito físico do ICMS* pode ser definido como aquele segundo o qual somente geram créditos as entradas de *mercadorias* que se destinem a sair do estabelecimento, tal como entraram ou integraram, fisicamente, o produto cuja fabricação constituem insumos.[18] Apenas se refere a mercadorias e não aos bens de capital.

Esse era o regime adotado pelo antigo Convênio ICMS 66/1988,[19] no art. 31, incs. II e III, pelo qual não gerava crédito a entrada de bens de capital, como a energia elétrica, serviços de comunicação, serviços de transporte, bens de uso e consumo e bens integrantes do ativo permanente. Cabe assinalar que o regime do crédito físico disciplinado nesse Convênio tinha sustentação constitucional, pois o Convênio era o veículo normativo preconizado no art. 34, § 8º, do Ato das Disposições Constitucionais Transitórias da CF/1988. Permitia-se a celebração de convênio entre os Estados e o Distrito Federal para disciplinar provisoriamente a instituição do ICMS, até a edição da lei complementar prevista nos arts. 146, inc. III, alínea *b*, e 155, § 2º, inc. XII, da Constituição, conforme esclarece Maria Lúcia Américo dos Reis.[20]

Com efeito, o regime assegurado pela Constituição é o do crédito físico. A não-cumulatividade dos créditos do ICMS está assegurada, constitucionalmente, apenas às mercadorias, que têm destinação comercial, e não aos bens de capital, sem qualquer propósito de revenda a terceiros. Esse foi o critério eleito pelo constituinte originário, como se depreende da leitura sistemática do art. 155, § 2º, inc. I da CF/1988.

Por dedução, a Constituição Federal estabeleceu, como garantia constitucional, o princípio da não-cumulatividade aos créditos físicos do ICMS. Desta sorte, compreendo que o regime dos *créditos físicos* tem natureza de direito fundamental, pois assegura a preservação da dignidade da pessoa humana. Esse princípio permite o direito à dedução do imposto pago na operação anterior, garantindo, ao contribuinte de fato, o menor preço do produto e a liberdade na concorrência, pois desonera a produção econômica e desestimula a criação dos monopólios. Assim, as mercadorias básicas, que sustentam o mínimo existencial, podem ser consumidas pelos menos favorecidos na economia, a um custo mais baixo.

Diante disto, é possível concluir que o regime do crédito do ICMS adotado pela CF/1988 caracteriza-se por ser físico, real e condicionado. *Físico*, porque somente gera crédito a *mercadoria* (e não os bens de capital) associada, empregada ou que participa fisicamente do processo de industrialização ou comercialização.[21] *Real*, pois deve corresponder ao "montante cobrado nas operações anteriores pelo mesmo ou outro Estado". *Condicionado*, dado que necessita de posterior saída da mercadoria para evitar a sua anulação. Logo, o crédito fica sujeito à condição resolutória de ulterior desgravação fiscal.[22-23]

18. Hugo de Brito Machado, ob. cit., p. 133.

19. De 14 de dezembro de 1988.

20. Maria Lúcia Américo dos Reis e José Cassiano Borges, *O ICMS ao Alcance de Todos*, p. 69.

21. Ricardo Lobo Torres, ob. cit., p. 333.

22. Ricardo Lobo Torres, idem, ibidem, p. 334.

23. Nesse contexto, pode ainda ocorrer o crédito *presumido* e *incondicionado*. O primeiro surge quando ocorre a utilização do crédito correspondente à operação isenta, na entrada da mercadoria no estabelecimento do contribuinte. Possui a natureza de renúncia de receita, tendo em vista que opera na entrada da mercadoria, conforme art. 155, § 2º, II, letra *a*, da CF/1988. Já o segundo, ocorre quando a legislação autoriza a manutenção do crédito nas operações de saída que forem isentas. Na verdade, constitui-se em verdadeiro incentivo fiscal, uma vez que

IV — O regime do crédito financeiro

IV.1 Origem e conceito

A tributação sobre o consumo já era realizada no Egito Antigo, há 3300 anos a.C., onde qualquer mercadoria em trânsito do lugar de produção ao local de consumo era tributada. Em Roma, 9 anos d.C., o Imperador Augusto instituiu a *centesima rerum venalium*, que incidia sobre o giro dos negócios, destinando-se a financiar os gastos militares. Na França, em 1292, o Rei Felipe impôs alíquotas de 5 a 12% sobre todas as vendas e compras. Em 1950, Nicholas Kaldor elaborou um modelo do IVA, que fosse neutro, justo e transparente. Em 1952, na França, surge o IVA francês, TVA (*Taxe sur la Valeur Ajoutée*).

O regime do crédito financeiro teve inicialmente seu berço em 1952, na França, onde eclodiu a TVA (*Taxe sur la Valeur Ajoutée*). Mais tarde, seria adotado definitivamente pela União Européia, nos termos da *Primeira Directiva IVA*, de 11 de abril de 1967, que regula o Imposto sobre Valor Agregado — IVA. Assim, os Estados-membros da CEE começaram a substituir os seus sistemas gerais de impostos indiretos por um sistema comum de imposto sobre o valor acrescentado, como tributo indireto, plurifásico e não-cumulativo.

Nessa vertente, o professor Hugo de Brito Machado conceitua o *regime de crédito financeiro*[24] como "aquele no qual todos os custos, em sentido amplo, que vierem onerados pelo ICMS, ensejam o crédito respectivo. Sempre que a empresa suporta um custo, seja ele consubstanciado no preço de um serviço, ou de um bem, e quer seja este destinado à revenda, à utilização como matéria-prima, produto intermediário, embalagem, acondicionamento, ou mesmo ao consumo ou à imobilização, o ônus do ICMS respectivo configura um crédito desse imposto".[25] É um regime de não-cumulatividade absoluta. Não-cumulatividade que leva em conta o elemento financeiro, por isto mesmo denominado crédito financeiro.[26]

IV.2 A natureza jurídica do crédito financeiro

A LC 87/1996, a seu turno, instituiu, no sistema do ICMS, o novel regime do crédito financeiro, importado que foi do sistema do IVA — Imposto sobre o Valor Agregado. No meu sentir, a Constituição de 1988 somente deu guarida ao crédito físico como garantia constitucional e autorizou a lei complementar instituir o crédito financeiro como benefício legal.

De toda sorte, algumas correntes ainda discutem a constitucionalidade do art. 20 da LC 87/1996, instituidora do crédito financeiro. A *primeira corrente*, defendida por vários doutrinadores, defende um direito irrestrito do crédito financeiro (um regime de não-cumulatividade absoluta). Por conseguinte, gera um reconhecimento do direito ao crédito seja qual for a destinação das mercadorias ingressadas no estabelecimento. Sustentam que a Constituição não fez qualquer restrição à não-cumulatividade, no art. 155, § 2º, inc. I. Esse direito teria sede diretamente na Constituição. As únicas exceções seriam os casos de isenção ou não-incidência do art. 155, § 2º, inc. II. A principal crítica que podemos tecer é que o princípio da não-cumulatividade visa

opera seus efeitos na vertente da saída da mercadoria, conforme art. 155, § 2º, II, letra *b*, da CF/1988.

24. Osvaldo Bispo de Beija conceitua crédito financeiro sob a ótica da destinação do bem, assim: "Crédito financeiro importa no direito do contribuinte ao crédito do valor do imposto 'cobrado' relativamente a operações ou prestações anteriores *independentemente* da destinação a ser dada às mercadorias e bens adquiridos e serviços tomados, incluídos os materiais destinados ao uso ou consumo e os bens integrantes ao *ativo permanente*, ou seja, mesmo não tendo qualquer relação direta com as operações ou prestações subseqüentes praticadas pelo contribuinte" ("ICMS — Crédito fiscal sobre material de uso ou consumo e de bem do ativo permanente na Constituição Federal e na Lei Complementar 87/1996", *Revista Dialética de Direito Tributário* 75/161).

25. Hugo de Brito Machado, ob. cit., p. 133.

26. Hugo de Brito Machado, idem ibidem, p. 146.

a tributar o valor agregado em cada fase do ciclo econômico, onde a mercadoria "entre" no estabelecimento com ICMS, agregue-se um valor à mesma, oriundo da atividade-fim da empresa e "saia" um novo produto acabado com destino ao consumo. Se o bem é consumido dentro do estabelecimento ou se não tem saída ou se não fica agregado ao produto final, então não cabe invocar a não-cumulatividade. Logo, esta corrente prega a *não-cumulatividade absoluta*, o que não podemos concordar.

A *segunda corrente*,[27] à qual nos filiamos, entende que o crédito financeiro consubstancia-se em um benefício legal, autorizado em norma constitucional, pois tem sustentação no art. 155, § 2º, inc. XII da CF/1988, que diz caber à lei complementar disciplinar o regime de compensação do imposto. Advoga esta corrente que a norma do art. 155, § 2º, inc. I da CF/1988 traz em si uma delegação de competência para a Lei Complementar disciplinar o regime dos créditos, interpretado conjuntamente com o art. 155, § 2º, inc. XII da CF/1988. No entanto, o Procurador do Estado do RJ, Márcio Gomes Leal, com sua acuidade notável, *critica* este posicionamento. Deduz ele que a Constituição Federal regulou especificamente em seu texto normas a respeito da operacionalização da não-cumulatividade, como regime da compensação e a anulação dos créditos na isenção ou na não-incidência, sendo desnecessário o disciplinamento dessa matéria em lei complementar, até mesmo pela análise histórica das Constituições anteriores. Argumenta ainda que os limites ao princípio da não-cumulatividade já se encontram expostos no texto da CF/1988.

Não obstante essas considerações de peso, a Constituição deve ser encarada com simpatia, como dizia Pontes de Miranda, para que não exista uma lacuna de interpretação. Ainda que norma constitucional não faça alusão expressa ao crédito financeiro, e nem deveria, este agente que exerce uma função secundária de alavancagem e fomento da atividade econômica deve ter regulação por via legal e não por via constitucional. Diante da função secundária e complementar exercida na economia empresarial, o crédito financeiro pode ser mais ou menos implementado de acordo com os rumos da política econômica. O que se afigura dizer que a medida de freios e contrapesos no uso desse benefício pode ser instituída de maneira mais rápida e eficiente, sem a necessidade de emenda à Constituição, o que poderia causar danos irreparáveis à economia. Pelo conteúdo complementar que possui na economia, o crédito financeiro,[28] sendo regulado por lei, pode ter seu grau de influência na arrecadação fiscal controlado com maior agilidade. É uma excelente ferramenta de política governamental. Ficará demonstrado a seguir que um dos efeitos do crédito financeiro é a diminuição na arrecadação do ICMS nos Estados. Logo, a medida exata para contenção do abuso no emprego desse benefício deve ser regulada em lei. É o efeito desse benefício na economia que o qualifica e o caracteriza. Por tais razões, o crédito financeiro vem sendo adiado, com freqüência pelo legislador federal. Sua última vez, pela *Lei Complementar 114/2002*. Desta sorte, o crédito financeiro tem autorização constitucional para ser implementado por lei complementar, tendo a natureza de benefício legal.

A *terceira corrente* pontifica que o crédito financeiro advém constitucionalmente da ressalva inscrita no inc. II, § 2º do art. 155 da CF/1988, que se lê "salvo determinação em contrário da legislação". O que implica dizer que a Constituição regulou expressamente o crédito físico, dei-

27. Hugo de Brito Machado, *Curso de Direito Tributário*, p. 274.

28. Diante das liberdades econômicas asseguradas pelo texto constitucional, o crédito financeiro se posiciona como fomentador da atividade econômica, pois exerce a função de alavancagem da atividade empresarial. Os bens e serviços que dão origem ao crédito financeiro geram aumento de competitividade dos produtos nacionais nos mercados interno e externo.

xando para a legislação tributária regular o crédito financeiro.

Entrementes, *há aqueles*[29] que alegam a inconstitucionalidade formal do art. 20 da LC 87/1996, porque a não-cumulatividade prevista na Constituição só toca aos créditos físicos relacionados às mercadorias e não aos bens de capital. Ademais, como o crédito financeiro reduz a carga tributária, possui feições de benefício fiscal, concedendo-se um direito excepcional. Logo, concedeu-se um benefício sem obediência ao disposto no art. 155, § 2º, inc. XII, letra *g*, da CF/1988, que exige Convênio entre os Estados para concessão de benefícios fiscais. Nesta linha de raciocínio, o art. 20 da LC 87/1996 padece de vício de inconstitucionalidade formal,[30] porque se concedeu um benefício sem obediência ao disposto no art. 155, § 2º, inc. XII, letra *g*, da CF/1988, que exige Convênio entre os Estados para concessão de benefícios fiscais. Alegam que a lei complementar não é o veículo normativo correto, pois a Constituição, quando desejou dispor sobre casos de manutenção de crédito o delegou expressamente à lei complementar fazê-lo. Logo, invadiu esfera de competência dos Estados-membros. O que se traduz na *inconstitucionalidade, por vício formal, da norma da lei complementar que instituiu o crédito financeiro*, pois foi elaborada de maneira diversa da prescrita pela Constituição.

No entanto, ousamos discordar deste posicionamento, uma vez que dentro do texto constitucional originário, não há possibilidade de haver conflito de norma constitucional. Poder-se-ia vislumbrar um conflito entre o art. 155, § 2º, inc. XII, letra *c*, com o mesmo dispositivo letra *g*. No entanto, tal suposto conflito se resolve pelo *princípio da Unidade*. A lógica da ordem jurídica passa pela existência de uma multiplicidade de normas, conexas entre si, orientadas por princípios e seus valores fundantes. A convivência deve ser em equilíbrio, mesmo em situações conflituosas. A amálgama desse conflito é o *princípio da Unidade da Ordem Jurídica*. Este vetor de interpretação decorre do sistema constitucional e irradia seus efeitos sobre todas as normas infraconstitucionais. É citado, na Alemanha, como o mais importante princípio de interpretação, em seu sentido lógico.[31]

Neste passo, o *princípio da Unidade* obriga o intérprete a considerar a Constituição na sua globalidade e a procurar harmonizar os espaços de tensão existentes entre as normas constitucionais a concretizar.[32] Sua função principal é a otimização das normas, na medida em que se tem de produzir um equilíbrio, sem jamais negar por completo a eficácia de qualquer norma. Portanto, a hermenêutica constitucional prevê uma saída interpretativa segura, de modo a assegurar o crédito financeiro, na qualidade de benefício legal, sem ofender a norma do art. 155, § 2º, inc. XII, letra *g*.

No sentido do texto, a jurisprudência do STF vem sufragando o entendimento de que (a) a norma que estabelecia a restrição ao uso do crédito financeiro, no antigo Con-

29. Mateus Viana Neto, Procurador-Geral do Estado do Ceará, *apud* Osvaldo Bispo Beija, ob. cit., p. 164. Cumpre frisar que o renomado Procurador adota a tese de que o crédito financeiro tem natureza de benefício fiscal. A bem da verdade, está correto o seu entendimento, porque quando o contribuinte usa o crédito financeiro dos bens que não têm saída, estará, por fim, adquirindo esses bens com "isenção", na acepção financeira da palavra. Havendo o crédito desses bens sem o correspondente débito, o contribuinte poderá abater todo o custo tributário desse bem quando fizer a compensação dos débitos e créditos. Equivale dizer que financeiramente a operação ficou isenta de imposto, pois o custo tributário foi todo ele deduzido na compensação da conta corrente do ICMS.

30. A *inconstitucionalidade formal* se manifesta quando a lei infraconstitucional é elaborada de maneira diversa da prescrita pela Constituição ou quando é elaborada com vício de iniciativa legislativa. Neste sentido, ver a excelente obra sobre o tema do Prof. Clèmerson Mérlin Clève, *A Fiscalização Abstrata de Constitucionalidade das Leis*, São Paulo, Ed. RT.

31. *Apud* Daniel Sarmento, ob. cit., p. 11. Entendimento firmado pela Corte Constitucional Alemã, *BverfGE*.

32. J. J. Gomes Canotilho, ob. cit., p. 232.

vênio ICMS 66/1988, não era inconstitucional; (b) não há inconstitucionalidade na lei estadual que veda o crédito financeiro, concluindo que o crédito financeiro tem sede em lei e não na Constituição, do contrário a lei estadual é que seria inconstitucional; (c) a Constituição, por si só, não adotou o regime de crédito financeiro. O que se afigura correto dizer que o crédito financeiro tem seu nascedouro em berço legal e não constitucional. Esclarece a jurisprudência do STF, *in verbis*:

(*a*) RE 200.168-RJ, STF, Rel. Ministro Ilmar Galvão, *DJ* 22.11.1996, cuja ementa a seguir se transcreve: (...)

> *Ementa*: *Tributário. Pretendido crédito relativo ao ICMS incidente sobre a energia elétrica consumida em estabelecimento comercial. Descabimento.* "Não implicará crédito para compensação com o montante do imposto devido nas operações ou prestações seguintes, a entrada de bens destinados a consumo ou à integração no ativo fixo do estabelecimento" (art. 31, II do Convênio ICMS 66/1988). *Se não há saída do bem, ainda que na qualidade de componente de produto industrializado, não há falar-se em cumulatividade tributária.* Recurso não conhecido. Do exposto, nego seguimento ao agravo. Publique-se. Brasília, 9 de outubro de 2001. Ministro Carlos Velloso, Relator.

(*a.1*) RE 195.894, STF, Rel. Ministro Marco Aurélio, *DJ* 16.10.2001:

> *Imposto de circulação de mercadorias e serviços. Princípio da não-cumulatividade. Objeto.* O princípio da não-cumulatividade visa a afastar o recolhimento duplo do tributo, alcançando hipótese de aquisição de matéria-prima e outros elementos relativos ao fenômeno produtivo. A evocação é imprópria em se tratando de obtenção de peças de máquinas, aparelhos, equipamentos industriais e material para a manutenção.

(*b*) AGRG no RE 224.531-0-SP, Rela. Ministra Ellen Gracie, *DJ* 28.6.2002:

> *Ementa*: A jurisprudência de ambas as Turmas, citada no despacho agravado, continua firme no sentido de *inexistir ofensa ao princípio da não-cumulatividade no fato de a legislação estadual não autorizar a compensação de créditos do ICMS advindos da aquisição de bens destinados ao consumo e ao ativo fixo do contribuinte com os débitos decorrentes da alienação das mercadorias produzidas.* Agravo Regimental desprovido.

(*c*) AG-365.935-RJ, Rel. Ministro Carlos Velloso, *DJ* 26.2.2002, j. 9.10.2001, Despacho:

> *Decisão*: Vistos. Autos conclusos em 3.10.2001. O acórdão recorrido porta a seguinte ementa: "Tributário. ICMS. Art. 155, § 2º, I e II, da Constituição Federal. Abatimento do valor cobrado nas operações anteriores. Não-cumulatividade do imposto. Inexiste violação ao princípio da não-cumulatividade do ICMS à proibição de compensação dos valores pagos pela entrada de bens e mercadorias para consumo ou integração ao ativo fixo, uma vez que eles não se destinam, em princípio, a sair. *A Constituição de 1988, por si só, em relação ao ICMS, não adotou o critério dos 'créditos financeiros', que, em suma, propiciaria ao contribuinte uma compensação de valores pagos com todas as operações anteriores, independente da finalidade da aquisição.* Legitimidade da norma insculpida no Convênio ICMS 66/1988. Não tem cabimento a pretensão quanto ao crédito do ICMS pelas aquisições de bens para ativo fixo ou consumo ocorridas antes de 1.11.1996, data da entrada em vigor da Lei Complementar 87/1996. Precedentes do STF e STJ. Recurso improvido" (f. 67). Daí o RE, sustentando-se contrariedade ao art. 155, II, § 2º da Constituição, e art. 34, §§ 5º, 8º do ADCT, o qual foi inadmitido. A decisão é de ser mantida, dado que ajustada à jurisprudência desta Corte.

Por fim, afigura-se possível concluir que: (a) a Constituição de 1988 albergou em seu texto o crédito físico, reservando à lei complementar disciplinar, *secundariamente*, o crédito financeiro (face à sua função complementar exercida na economia); e (b) em decorrência deste regime, o crédito financeiro foi instituído pela *Lei Com-*

plementar 87/1996 como sendo um benefício fiscal. Assim, o *crédito físico* se caracteriza como um direito fundamental e o *crédito financeiro* como um benefício legal. Nesse viés, os acórdãos do (a) Tribunal de Justiça do Rio Grande do Sul; (b) Tribunal de Justiça de Minas Gerais; e (c) do Supremo Tribunal Federal:

(*a*) Apelação e reexame necessário 70002658847, 1ª Câmara Cível do TJRS, Rel. Desembargador Irineu Mariani, j. 29.8.2001.

> *Ementa: Tributário. Crédito de ICMS. Princípio da não-cumulatividade. Integrações real e simbólica. Bens do ativo permanente, de uso e consumo no estabelecimento, energia elétrica e serviços de comunicação. Quadro vigente para a integração simbólica. Princípio da anterioridade. LCs 87/1996, 92/1998, 99/1999 e 102/2000. Principio da não-cumulatividade e as integrações real e simbólica.* 1. O *conceito de não-cumulatividade* posto no art. 155, § 2º da CF, abrange apenas os bens de integração real aos produtos nas operações de saída, uma vez que o imposto é de Circulação de Mercadorias e Serviços. Quanto aos bens com integração simbólica, como são os do *ativo permanente*, os de uso e consumo no estabelecimento, energia elétrica e os serviços de comunicação têm o legislador complementar a faculdade, conforme a conveniência e oportunidade, de conceder, ou não, o creditamento, sem receio de violar a Carta Magna, pois trata-se *benefício legal*, e não de garantia constitucional. (...) (grifos nossos).

(*b*) Ap. 237.885-9/00, 1ª Câmara do TJMG, Rel. Desembargador Francisco Lopes de Albuquerque, *DJMG* 12.4.2002. No mesmo sentido, AP 224.397-0/00, o mesmo Relator, *DJMG* 12.4.2002:

> *Lei Complementar 102, de 11.7.2000. Decreto Estadual 41.218, de 23.8.2000. ICMS. Aproveitamento de crédito. Energia elétrica e serviços de comunicação.* O aproveitamento de crédito do ICMS, relativo ao fornecimento de energia elétrica e de serviços de comunicação, não é direito constitucionalmente assegurado, mas simples benefício fiscal, que pode ser alterado, diminuído, ou *mesmo* suprimido, por legislação do mesmo nível daquela que o instituiu.

(*c*) Tribunal Pleno do STF, ADI-MC 2.325-DF, Rel. Ministro Marco Aurélio:

> *Apuração de crédito do ICMS.* Iniciado o julgamento de medida liminar em ação direta ajuizada pela Confederação Nacional da Indústria — CNI —, contra dispositivos da LC 102, de 11.7.2000, que, alterando a LC 87/1996, modificam o critério de apropriação dos créditos do ICMS decorrentes de aquisições de mercadorias para o ativo permanente, de energia elétrica e de serviços de telecomunicação (inserção do § 5º ao art. 20, alteração do inc. II do art. 33 e acréscimo do inc. IV). (...) *À primeira vista, o Tribunal entendeu que a modificação do sistema de creditamento pela Lei Complementar impugnada, quer consubstancie a redução de um* ***benefício de natureza fiscal***, quer configure a majoração de tributo, cria uma carga para o contribuinte e, portanto, sujeita-se ao princípio da anterioridade. Relativamente à alegada ofensa ao princípio da não-cumulatividade, após o voto do Min. Marco Aurélio, Relator, deferindo a medida liminar, o julgamento foi adiado pelo pedido de vista do Ministro Ilmar Galvão (j. 29.11.2000, *Informativo* 212, 6.1.2000, p. 1) (grifos nossos).

V — O sistema do IVA no Mercado Comum Europeu e seus reflexos no ICMS

Com a formação do Mercado Comum Europeu, houve a necessidade de uniformizar a legislação tributária dos países-membros. Assim, nos termos da *Primeira Directiva IVA*, de 11 de abril de 1967, os Estados-membros começaram a substituir os seus sistemas gerais de impostos indiretos por um sistema comum de Imposto sobre o Valor Acrescentado, como tributo indireto, plurifásico, não-cumulativo e neutro. O objetivo consistia em conseguir a transparência na "desoneração de imposto" das exportações e no "reoneramento" das importações no comércio interno da CEE. Com isso, o Conselho das Comunidades Européias elaborou a 6ª Directiva (77/388/CEE, de 17 de maio de 1977), que procedeu à uniformização da base tributável do imposto a aplicar em todos os Estados-membros da CEE, vale dizer, cobrasse o IVA sobre as mesmas transações.[33]

Portugal, um dos membros da CEE, teve de reformular seu sistema de tributação indireta para se adequar ao novo regime que se impunha. Em 1.1.1986, passava-se do Imposto de Transacções — IT —, imposto único, de difícil controle e com uma base tributável exageradamente reduzida[34] para o IVA — um imposto geral sobre o consumo, que se aplica em todas as fases do circuito econômico por que passam os produtos até ao consumidor final. Nessa linha, vários países também adotam esse tributo.[35]

A título ilustrativo, a tributação sobre o consumo foi largamente utilizada em Portugal desde o século XIV, com o nome de "sisas correntes". Em 1832, foi abolido o antigo imposto português sobre o consumo — o das sisas correntes,[36] sob a justificativa de que os impostos indiretos eram tidos por alheios a critérios de "justiça tributária".[37] Assim, em 1966, fundados no duplo motivo de aumento das despesas públicas e da perda de receitas alfandegárias, implementou-se em Portugal o Imposto de Transacções — IT —, que, vinte anos depois, veio a ser substituído pelo IVA.[38]

Neste contexto, consubstancia-se relevante conceituar a expressão *valor agregado ou acrescentado*, como preferem os portugueses. O Professor Saldanha Sanches observa que essa expressão é oriunda da Ciência Econômica, que visa a impedir a dupla contagem dos produtos intermédios usados na produção de outros produtos: para que não se incluísse na medição do produto interno bruto o valor do pão e também o da farinha com que o pão é produzido.[39]

Em síntese, o IVA pode ser assim caracterizado: (a) imposto indireto, plurifásico, não-cumulativo e neutro; (b) tributação do consumo total, alargando-se o fato gerador das transmissões de bens e das prestações de serviços, como p. ex., se *o bem utilizado da empresa foi para uso próprio do seu titular, do pessoal ou foi para fins alheios à mesma* (*é serviço prestado que gera débito*) consoante arts. 3º e 4º do Código do IVA; (c) adota o princípio do país do destino, onde o imposto é cobrado no país em que a mercadoria é consumida;[40] (d) permite o exercício do direito ao crédito (direito à dedução), embora sujeito a limitações, conforme arts. 19, 20 e 21 do Código do IVA c/c arts. 19, 20 e 21 do RITI — Regime do IVA nas Transações Intracomunitárias. À vista disso, o regime do IVA apresenta uma estrutura que toca em diversos pontos do ICMS, mas distanciando-se do mesmo em várias regras e na abrangência do fato gerador.

33. <www.europarl.eu.int>, *site* oficial do Parlamento Europeu.

34. Maria Teresa Lemos, "A tributação sobre o consumo", <www.bdo.pt>, *apud* Paulo Lourenço, *Boletim BDO*, jan. 1998.

35. Cumpre-nos informar que, na América Latina, outros países adotam o IVA, como Chile e Argentina; esta última parceira no Mercosul, o qual somente restará integrado na visão de um Mercado Comum no momento de uniformização da legislação tributária sobre o consumo. Outro país que adota o IVA é Moçambique, por influência de Portugal.

36. Apenas como curiosidade, no século XIV, a sisa que era cobrada nos mercados tinha o nome de *açougue* e a cobrada sobre a carne denominava-se *alcavala*.

37. Martinez Soares, *Direito Fiscal*, p. 614.

38. Saldanha Sanches, *Manual de Direito Fiscal*, p. 262.

39. Samuelson/Nordhaus, *Economics*, 15ª ed., MacGraw-Hill, *apud*, Saldanha Sanches, ob. cit., p. 265.

40. Na verdade, mitigado pelo princípio do país de origem em algumas operações. Este é um dos intrincados problemas que assolam a CEE, a questão da justiça na distribuição dos recursos entre os vários Países-membros, se consumidores ou fabricantes. Ainda em fase de elaboração, os membros da CEE discutem soluções a serem implementadas para o deslinde da questão.

No ponto que nos interessa, o direito ao crédito (direito à dedução) no IVA sofre restrições[41] que existem para assegurar a tributação sobre o valor agregado ao produto, *oriundo da atividade principal do contribuinte*. Este é o primeiro argumento.[42] O valor agregado ao produto é o decorrente da atividade principal do contribuinte, pois é essa força que faz o produto ser impulsionado até o consumo. Aplicando ao Brasil, entende o Ministro Nelson Jobim, do STF, que a não-cumulatividade pressupõe que o ICMS tenha incidido no mesmo bem que voltará a circular *por força da atividade-fim do contribuinte, in verbis*:

AG 361024-RJ, Rel. Ministro Nelson Jobim, *DJ* 19.11.2001, j. 21.8.2001. O STF fixou orientação:

> *Imposto de circulação de mercadorias e serviços. Princípio da não-cumulatividade. Objeto.* O princípio da não-cumulatividade visa a afastar o recolhimento duplo do tributo, alcançando hipótese de aquisição de matéria-prima e outros elementos relativos ao fenômeno produtivo. A evocação é imprópria em se tratando de obtenção de peças de máquinas, aparelhos, equipamentos industriais e material para a manutenção (RE 195.894, Marco Aurélio, *DJ* 16.2.2001);
>
> *Tributário. Pretendido crédito relativo ao ICMS incidente sobre a energia elétrica consumida em estabelecimento comercial. Descabimento.* "Não implicará crédito para compensação com o montante do imposto devido nas operações ou prestações seguintes, a entrada de bens destinados a consumo ou à integração no ativo fixo do estabelecimento" (art. 31, II, do Convênio ICMS 66/1988). Se não há saída do bem, ainda que na qualidade de componente de produto industrializado, não há falar-se em cumulatividade tributária. Recurso não conhecido (RE 200168, Ilmar Galvão, *DJ* 22.11.1996).

O acórdão recorrido não divergiu. Está na ementa:

> *Não há ofensa ao princípio da cumulatividade se o bem tributado é consumido no próprio estabelecimento, não se destinando à comercialização ou à utilização em processo de produção de novos bens. A aplicação da compensação prevista no art. 155, § 2º, I, da CF pressupõe que o ICMS tenha incidido no mesmo bem que voltará a circular por força da atividade-fim do autor* (fl. 72). Correta a decisão agravada. Nego seguimento ao agravo. Publique-se. Brasília, 21 de agosto de 2001.

Nessa longarina, caminhamos ao segundo argumento. Não se pode importar acriticamente o instituto do crédito financeiro vigente no IVA para o sistema do ICMS, sem se fazer as devidas correções. O IVA busca tributar todo o consumo, tanto nas transmissões de bens[43] quanto nas

41. A exclusão do direito à dedução abrange situações em que, embora os bens e os serviços possam destinar-se a atividades tributáveis, por vezes não o são integralmente. Trata-se do IVA suportado em bens ou serviços não essenciais à atividade exercida, ou mesmo, supérfluos, ou ainda facilmente desviáveis para utilizações privadas, pois não constituem objeto de atividade principal do sujeito passivo. Esse é o espírito da norma. Assim, não será, em geral, dedutível o IVA suportado nas seguintes despesas: (a) aquisição, fabrico, importação, locação, utilização, transporte e reparação de viaturas de turismo (nos termos definidos no código do IVA), barcos de recreio, helicópteros, aviões, motos e motociclos; (b) com aquisição de combustíveis normalmente utilizados em viaturas automóveis, com exceção do gasóleo que é dedutível em 50% ou em 100% nas condições definidas no código do IVA; (c) de transporte e viagens do sujeito passivo e do seu pessoal; (d) despesas destinadas a alojamento, alimentação, bebidas e tabaco e de recepção, incluindo o acolhimento de pessoas estranhas à empresa; (e) aquisição de bens em segunda mão, quando o valor tributável da sua transmissão posterior for a diferença entre o preço de venda e o preço da compra. Em todos os casos de exclusão do direito à dedução, o IVA suportado será considerado custo dos bens e serviços adquiridos para efeitos de tributação sobre o rendimento. In <www.iva.mz>.

42. O ICMS incide sobre a força da atividade-fim do contribuinte.

43. Código do IVA, art. 3º, item 1: Consideram-se, em geral, transmissões de bens a transferência onerosa de bens corpóreos por forma correspondente ao exercício do direito de propriedade; item 3: *Consideram-se ainda transmissões de bens* nos ter-

prestações de serviços.[44] O ICMS não tributa todo o consumo. O IVA e ICMS se diferenciam na sua essência, que é a base tributável. Vale dizer, a abrangência do fato gerador do IVA é maior do que a do ICMS. É consideravelmente maior o número de mercadorias e de serviços atingidos.[45] Logo, não se pode aplicar o mesmo princípio a impostos diversos. No regime do IVA, à medida que existem mais serviços sendo tributados na saída ao consumo, inevitavelmente haverá o correspondente aumento dos débitos. Assim, todo serviço prestado gera um débito, inclusive se o bem utilizado da empresa foi para uso próprio do seu titular ou foi para fins alheios à mesma (art. 4º, item 2, do Código do IVA) e até mesmo nas prestações de serviço a título gratuito.

O *primeiro efeito* é que esses fatos geradores geram débitos ao IVA, sem, contudo, terem correspondência de débitos no ICMS. Aqui, inexistem essas hipóteses de incidência. *Por exemplo*: empresa fabricante de produto químico (atividade-fim). O contribuinte, quando deseja se creditar do ICMS na aquisição de material de propaganda de seu produto (atividade-meio), está gerando um crédito sem o correspondente débito. No IVA, a utilização desse material de propaganda gera um débito a ser compensado com o crédito, originando um saldo de IVA a pagar.

O *segundo efeito* é que, caso isso pudesse ser feito no ICMS, esses fatos iriam gerar direito ao crédito sem o correspondente débito. Desta sorte, a coluna de créditos cresceria sem aumento dos débitos. Essa operação tem reflexos diretos na arrecadação do ICMS, violando, por assim dizer, o pacto federativo na repartição das receitas tributárias, art. 158 da CF/1988 (federalismo fiscal).[46]

VI — O art. 20 da Lei Complementar 87/1996 e a adoção limitada do crédito financeiro

De certo que o leitor já percebeu a impossibilidade de se importar acriticamente o instituto do crédito financeiro vigente no IVA ao nosso ICMS. Não são todas as despesas financeiras que dão direito ao crédito. A abrangência do fato gerador do IVA impede a importação acrítica de suas regras, especialmente quando não há correspondência no ICMS. Ademais, há expressa restrição sobre os bens de uso e consumo ou ativo permanente adquiridos e utilizados para fins alheios ao do estabelecimento.[47] Logo, torna-se necessário definir o que sejam bens de uso/consumo ou ativo permanente para se compreender a restrição.

Os *bens de capital* quando utilizados nas atividades-fim da empresa geram créditos visando à renovação do parque industrial e melhoria na competitividade do produto brasileiro nos mercados interno e externo. Este sistema tributário tem por finalidade possibilitar a capitalização da em-

mos do item 1 deste artigo: (...). f) *A afetação permanente de bens da empresa, a uso próprio do seu titular, do pessoal, ou em geral a fins alheios à mesma*, bem como a sua transmissão gratuita, quando, relativamente a esses bens ou aos elementos que os constituem, tenha havido dedução total ou parcial do imposto.

44. Código do IVA, art. 4º, item 1: *São consideradas como prestações de serviços* as operações efetuadas a título oneroso que não constituem transmissões ou importações de bens. Item 2: *Consideram-se ainda prestações de serviços* a título oneroso: a) *A utilização de bens da empresa para uso próprio do seu titular, do pessoal, ou em geral para fins alheios à mesma* e ainda em setores de atividade isentos quando, relativamente a esses bens ou aos elementos que os constituem, tenha havido dedução total ou parcial do imposto; b) *As prestações de serviços a título gratuito* efetuadas pela própria empresa com vistas às necessidades particulares do seu titular, do pessoal ou em geral, *a fins alheios à mesma* (grifos nossos).

45. Soares Martinez, *Direito Fiscal*, p. 619.

46. A coluna de créditos crescendo sem aumento dos débitos pode gerar: (a) redução do ICMS a pagar; (b) inexistência de ICMS a pagar com a manutenção de créditos para o período seguinte de apuração.

47. Urge salientar que essas são as restrições de caráter material. As restrições de caráter formal vêm consubstanciadas no art. 23 da LC 87/1996, pois dizem respeito à idoneidade da documentação. Da mesma forma é feita no IVA, do qual importamos.

presa para que possa fazer novos investimentos na substituição de máquinas e equipamentos desgastados pelo uso, ou ultrapassados na tecnologia.[48]

Desta sorte, *os bens destinados ao ativo permanente* caracterizam-se por sua finalidade em manter o funcionamento da atividade empresarial. O art. 179, inc. IV, da Lei 6.404/1976, determina que se classifique na conta de ativo imobilizado: "os direitos que tenham por objeto bens destinados à manutenção das atividades da companhia e da empresa, ou exercidos com essa finalidade, inclusive os de propriedade industrial ou comercial". São todos os bens de permanência duradoura, visando ao funcionamento normal da sociedade e de seu empreendimento.[49]

Paralelamente, *os bens de uso e consumo* assumem a função de manutenção dos bens do ativo imobilizado. Possuem, como característica, o tempo de vida útil inferior a um ano. Esses materiais de pouca duração exercem a missão de manter a vida útil dos bens destinados à atividade empresarial. *Por exemplo*: o óleo e a graxa das máquinas de fabricação de uma empresa de tecidos. Pela sua característica de rápida substituição no prazo inferior a um ano, os bens de consumo são classificados no ativo circulante, na conta estoque, como materiais auxiliares.[50]

O argumento final está na limitação que o IVA faz aos créditos na aquisição de bens utilizados em atividades alheias à empresa. O interessante é que essa hipótese gera, em regra, débito de IVA, mas não gera crédito em alguns casos. Não é qualquer bem de capital que gera direito ao crédito, apenas os que são destinados ao exercício da atividade profissional, consoante art. 21, n. 2, alínea *a* do Código do IVA. Ou seja, o ICMS foi buscar no IVA a regra do crédito financeiro, adotando a mesma restrição no art. 20, § 1º da LC 87/1996. O próximo item se destina a demonstrar o argumento final, estudando o conceito da expressão "alheios à atividade da empresa".

48. STJ, REsp 235.324-SP.

49. Sergio Iudícibus, Eliseu Martins e Ernesto Gelbcke, *Manual de Contabilidade das Sociedades por Ações*, p. 182.

50. Classificação adotada pelos Profs. Sergio Iudícibus, Eliseu Martins e Ernesto Gelbcke, ob. cit., p. 182.

VI.1 Os limites ao crédito financeiro pelo conceito de mercadorias ou serviços alheios à atividade do estabelecimento — Art. 20, § 1º, da Lei Complementar 87/1996

O art. 20, § 1º da Lei Complementar 87/1996 estabelece que: "Não darão direito a crédito as entradas de mercadorias ou utilização de serviços resultantes de operações ou prestações isentas ou não tributadas, ou que se refiram a mercadorias ou serviços alheios à atividade do estabelecimento". Determina, também, exemplificativamente, uma hipótese de mercadoria alheia à atividade do estabelecimento, os veículos de transporte pessoal, no mesmo molde do IVA, art. 21, item 1, do seu Código. A incerteza do significado e alcance deste dispositivo, gerada pela timidez legislativa, deixa à doutrina elaborá-los e à jurisprudência aplicá-los.

De todo exposto acima, podemos concluir que a mercadoria será considerada *alheia à atividade do estabelecimento* quando não fizer parte da atividade-fim[51] da empresa, vale dizer, quando integrar as atividades-meio[52] da empresa. Como, por

51. A *atividade-fim* se caracteriza como aquela em que toda a força produtiva está voltada à elaboração do produto principal da empresa. Vale dizer, aquilo que a empresa se propôs a executar no ato de sua constituição, nos limites do seu objetivo social. Visa, em última análise, ao mercado consumidor, satisfazendo o interesse primário da estrutura empresarial montada. Está ligada aos interesses finalísticos.

52. A *atividade-meio* está ligada aos interesses secundários da empresa, onde a mesma os realiza visando a alavancar a atividade-fim. Por isso são caracterizados como instrumentais.

exemplo, o computador que desenha a propaganda para vendas de refrigerante, uma vez que é uma atividade-meio que auxilia a atividade principal da empresa na fabricação de bebidas. O contribuinte adquiriu esse bem na qualidade de consumidor final e não como prestador de serviços de publicidade.

A norma que traz essa restrição adota o princípio da tributação sobre o valor agregado oriundo da força desprendida da sua atividade principal. Essa é a *mens legis*. A interpretação teleológica deste dispositivo comprova o alcance do princípio nos tributos sobre o consumo. O propósito da empresa em fabricar certo produto é que faz nascer uma das fases da circulação econômica. É essa força produtiva que faz devolver o produto ao mercado. É ela quem dá saída à mercadoria, impulsionando-a desde a fabricação até o consumo. Por isso ser importante os conceitos de operação e circulação econômica. Como bem ressaltou o Ministro Nelson Jobim, a mercadoria volta a circular por força da atividade-fim do contribuinte. Sem ela, não há que se falar em circulação econômica.

O que define valor agregado é a atividade principal da empresa, pois a finalidade é, na sua fase do ciclo econômico, acrescentar valor ao produto dentro daquilo a que ela se propôs fazer. Vale dizer, nos limites do objetivo social da empresa. *Por exemplo*: se a empresa é indústria de calçados que se destina essencialmente a fabricar sapatos, então esse é o valor que se agrega ao produto final, decorrente de sua força-motriz principal. Caso a empresa queira fazer propaganda desse produto mediante utilização de bens próprios, estará realizando uma atividade fora de seus objetivos sociais. Pelo nosso sistema jurídico, sobre essa prestação não incide ISS. E, também, não podem gerar crédito de ICMS os bens adquiridos para alcançar esse objetivo, tais como veículo, material, roupas e combustível. Haveria o desvirtuamento do objeto social da empresa se houvesse o crédito sem o correspondente débito. Nesses serviços não há débito, pois não há saída.

Esse acúmulo de atividades-meio provoca a concentração vertical[53] das empresas. Processo já definido acima, em que se desejou evitar com o uso de tributos não-cumulativos. O contribuinte, além de executar a atividade que lhe pertence, onde toda a força de produção está voltada, começa a realizar outras atividades diferentes da sua, desejando com isso se creditar dos bens adquiridos para esta atividade auxiliar da principal. Efeito: multiplicam-se as fases de agregação de valor dentro da empresa, sem a correspondente tributação.

Essas atividades, em regra, devem ser prestadas pelo setor terciário da economia. São elas executadas normalmente pelas empresas prestadoras de serviços. Exemplos de empresas desse setor com os bens de capital utilizados em suas atividades-fim: (a) empresa de transporte usa bens de capital como caminhão, combustível, óleo, graxa, parafuso, peças de reposição; (b) empresa de propaganda e *marketing* usa automóveis, gráfica, computadores de última geração, papel especial, canetas, tintas em geral; (c) empresa de limpeza usa sabão, vassoura, palha de aço, pano de chão, balde, saco plástico, detergente; (d) empresa de acondicionamento usa rolo de plástico, rolo de papel, máquinas de embalagem; (e) empresa de alimentação usa forno, panela, óleo de cozinha, gás, louças; (f) empresa de diversão usa aparelhos de ginástica, mesa de massagem, aparelhos de videokê, câmara de vídeo, mesa de pingue-pongue, mesa de bilhar, videogame, gamão, xadrez; (g) empresa de informática usa papel, impressora, computadores, cadeira, mesas; (h) escritório de advocacia usa cadeira, mesas,

53. Esse aspecto teve grande importância na evolução do IVA na Alemanha, onde o Tribunal Constitucional considerou lesivo da igualdade entre os contribuintes um modo de tributar o consumo que permitia economias fiscais mediante a concentração de empresas e que por isso o imposto deveria ser alterado. Birkenfeld, *Das gross Umsatzsteuer Handbunch*, Einführung 9-10 (Köln, 1992), *apud* Saldanha Sanches, ob. cit., p. 265. Talvez já seja em boa hora alterar o sistema do ICMS por um imposto mais moderno e eficiente. Estamos atrasados.

fichários, computadores, armários; (i) clínica de médicos usa estetoscópio, camas, aparelho de raios-X, aparelho de pressão, ultra-som, ressonância magnética; (j) empresa de alojamento usa lençóis, toalhas, beliche, camas, colchão, travesseiro.

Todas essas atividades estão sendo executadas internamente nas empresas do setor secundário[54] da economia. A diferença se encontra na finalidade da atividade, se principal ou auxiliar. Isto demonstra que as empresas do setor secundário estão concentrando em sua sede atividades do setor terciário. Pretendem com isso se creditar do imposto na aquisição de bens destinados às atividades do setor terciário, que estão fora do seu objetivo empresarial. Por exemplo, todos esses bens são considerados alheios à atividade de fabricar cerveja e refrigerante. Logo, não geram créditos de ICMS. São custos de fabricação do produto. Esses bens têm a função de auxiliar a atividade principal de empresas de fabricação, industrialização ou comercialização. Elas optam por executar, conjuntamente, a atividade-fim e a atividade-meio. Não há proibição legal que as impeça. No entanto, não cabe o crédito do imposto referente aos bens de uso/consumo ou ativo permanente, por estarem divorciados da atividade-fim do estabelecimento. Ocorre que estão sendo eles apropriados indevidamente como créditos de ICMS, provocando aumento na coluna de créditos sem o correspondente débito. Com esse acúmulo de atividades-meio na empresa, deixa-se de fomentar o setor terciário da economia, não gerando emprego nem renda. Essa vedação tem a função de evitar a quebra do princípio essencial de funcionamento tanto do IVA quanto do ICMS: a tributação sobre o valor agregado decorrente da atividade principal do contribuinte.

Por fim, apresentaremos um exemplo prático para melhor elucidar a matéria. Empresa fabricante de salgados e biscoitos[55] deseja se creditar do imposto na aquisição de combustível destinado a frota própria de caminhões, que realizam a distribuição do produto. Se o combustível pudesse gerar direito ao crédito, deveria também gerar direito ao débito o serviço prestado na utilização de bens da empresa para uso próprio do seu titular ou para fins alheios à mesma, conforme adota o regime do IVA. Porque (a) o combustível é bem de consumo utilizado em atividade alheia do contribuinte; (b) no regime do IVA esse combustível também não gera direito ao crédito e, acima de tudo, ele gera um débito pela prestação de serviços efetuada para fins próprios ou para fins alheios à atividade da empresa. Nesse sentido, o Tribunal de Justiça de Minas Gerais, *in verbis*:

> Apelação cível 000.185.587-3/00, Comarca de Uberlândia. Apte.: (...) Apdo.: Fazenda Pública do Estado de Minas Gerais. *Ementa*: ICMS. Crédito. Aproveitamento indevido. Uso e consumo. *A empresa que, não exercendo como atividade econômica a prestação de serviços de transporte, adquire pneus, câmaras de ar, óleo combustível e lubrificante para emprego em sua frota própria de veículos transportadores, não pode aproveitar como crédito o ICMS pago naquela operação, pois como consumidora final foi que adquiriu aquelas mercadorias. (...) Ao adquirir pneus, câmaras de ar, óleo combustível e lubrificante para emprego em sua frota própria de veículos transportadores, fê-lo a apelante como consumidora final, e não como prestadora de serviço de transporte, atividade econômica que não exerce, nem tampouco figura no rol dos seus objetivos societários*. Com inteira pertinência e acerto lê-se no relatório subscrito pelo AFTE Ademar Inácio da Silva, por cópia acostado aos autos, fls.156/163-TJ. "Segundo consta da relação das notas fiscais, são pneus, câmaras de ar, óleo combustível e lubrificantes para emprego em sua frota de veículos. Como a empre-

54. Setor que engloba as atividades de industrialização, comercialização ou fabricação.

55. A atividade profissional da empresa é a fabricação de salgados e biscoitos, sendo o serviço de transporte executado por ela em frota própria de caminhões.

sa, ao efetuar o transporte de mercadorias vendidas a terceiros, o faz em seu próprio nome, não se pode admitir a existência formal de prestação de serviços. Esta só se caracteriza em relação a terceiros. A prestação vincula-se a um contrato, ainda que informal, presumindo sempre uma relação bipolar. Ninguém presta serviço para si próprio. Assim, quando a autuada transporta as mercadorias que vende em veículos seus, não nasce a figura da prestação. O fato de possuir frota própria para transporte de mercadorias vendidas sob cláusula CIF não a transforma em empresa transportadora. Os veículos são bens do ativo imobilizado. As mercadorias entradas para consumo nesse transporte, ou manutenção dos veículos, afiguram-se de uso/consumo do estabelecimento, não ensejando, *ipso facto*, suas entradas, crédito de ICMS. Apenas as empresas transportadoras, e como tal inscritas, podem se creditar do tributo pago na aquisição desses insumos e tão só na proporção dos serviços prestados sujeitos à incidência do imposto (grifo nosso).

Podemos, ainda, citar outros exemplos, como: (a) empresa que fabrica material cosmético desejando se creditar do imposto referente a materiais de propaganda e expositor *display* de acrílico; (b) empresa que fabrica produtos químicos desejando se creditar do imposto na aquisição de televisão, rádio, aparelhos de lazer, automóvel de propaganda; (c) empresa que fabrica óleo combustível desejando se creditar do imposto na compra de balança, aparelhos de musculação, ar condicionado, cavaquinho, aparelho de som, cafeteira elétrica, aparelho de videokê, computadores e automóveis. Em todos esses casos, as empresas figuram na qualidade de consumidoras finais. Por essa razão é que não cabe a aplicação do crédito financeiro ao ICMS nos mesmos moldes do IVA, como pretendem os contribuintes. São impostos parecidos, mas com regras diferentes.

VII — Conclusão

Percebe-se, portanto, a distorção que as empresas fazem no uso do crédito financeiro. A LC 87/1996 o adotou *de forma limitada*, não sendo um regime paralelo ao crédito físico, mas, sim, um *regime secundário* ao mesmo. Desta sorte, afigura-se impossível adotar o crédito financeiro nos mesmos moldes do IVA. Não há como misturar os sistemas. São fatos geradores diversos com regras diversas. Para que se possa adotar este regime, nos moldes do IVA, devemos adequar nossa legislação às idéias comunitárias vigente na Europa. Não podemos importar um instituto de maneira acrítica sem refletir sobre os efeitos que dele decorrem. Eles se espraiam por toda economia nacional e não apenas regional, o que poderá violar, em última análise, o federalismo fiscal na repartição de receitas tributárias, segundo o art. 158 da CF/1988.

Adotando o crédito financeiro, de forma absoluta, como pretendem os contribuintes, alguns efeitos podem ser detectados: (a) a concentração vertical das empresas será estimulada; (b) o federalismo fiscal será violado, pela perda na arrecadação tributária dos Estados-membros; e, em última análise, (c) o princípio da isonomia será violado conforme acentuou o Tribunal Constitucional Alemão.[56]

Em apertada síntese, compreendemos, que:

(a) o sistema constitucional do ICMS adota como critério principal e predominante o regime do crédito físico, sendo complementado, *secundariamente*, pelo crédito financeiro;

(b) a não-cumulatividade do crédito físico tem natureza de direito fundamental;

(c) o regime do crédito físico tem sede constitucional;

(d) o regime do crédito financeiro tem sede legal;

(e) o crédito financeiro tem natureza de benefício legal;

56. Na verdade, o crédito financeiro deveria beneficiar a sociedade com a redução do preço final do produto, pois na formação do preço haverá aumento na dedução do ICMS, o que diminuiria os custos da produção.

(f) a restrição ao uso do crédito financeiro é perfeitamente constitucional;

(g) o ICMS incide sobre a força-motriz da atividade-fim do contribuinte, ficando o crédito financeiro restringido pelo princípio da tributação sobre o valor agregado oriundo da atividade principal do contribuinte;

(h) a expressão "alheios à atividade do estabelecimento"[57] pode ser traduzida em atividades-meio do contribuinte;

(i) afigura-se incompossível a importação acrítica do instituto do crédito financeiro vigente no IVA ao sistema do ICMS, sem se fazer as devidas correções estruturais, pois os impostos diferem-se tanto na abrangência do fato gerador quanto na extensão do direito ao crédito;

(j) o uso do crédito financeiro de forma ampla e irrestrita provocará um impacto negativo na arrecadação tributária dos Estados-membros, violando, assim, o federalismo fiscal, disposto do art. 158 da CF/1988.

Assim sendo, a experiência do direito comparado deve trazer enorme contribuição ao direito tributário brasileiro. A Comunidade Européia já provou a complexidade da adoção do crédito financeiro e suas implicações à economia. São pelo menos 40 anos de experiência. A título de sugestão, a elaboração pelo CONFAZ de uma lista exemplificativa das atividades-fim e atividades-meio, de forma a espancar as dúvidas, viabilizará o aperfeiçoamento do Sistema Tributário Nacional. É cediço que não é das melhores soluções a adoção de listas, pela sua inerente precariedade temporal, mas, pelo menos, mostra-se apta a esclarecer os conceitos utilizados pela legislação federal, trazendo mais segurança jurídica, além da necessária transparência fiscal.

57. Com o objetivo de aplicar limitadamente o regime do crédito financeiro, alguns Estados-membros adotam em sua legislação conceitos diversos para a expressão "alheios à atividade do estabelecimento". Podemos, assim, colacionar alguns exemplos: (a) na legislação de Pernambuco, art. 20, § 2º, Lei 11.408/1996 — Salvo prova em contrário, presumem-se alheios à atividade do estabelecimento, além de outras hipóteses, os veículos de transporte pessoal, as aquisições para ativo permanente-investimento e os casos que forem definidos em portaria do Secretário da Fazenda; (b) na legislação de Minas Gerais, consideram-se alheios à atividade do estabelecimento todos os bens que não sejam utilizados direta ou indiretamente na comercialização, industrialização, produção, extração, geração e serviço de transporte interestadual e intermunicipal e de comunicação; (c) na Legislação do Rio de Janeiro, art. 32, § 2º e 3º da Lei 2.657/19 — "Os créditos do período (...), inclusive a destinada ao uso ou consumo ou ao ativo permanente, ou o recebimento de serviços de transporte interestadual e intermunicipal ou de comunicação, observadas as restrições previstas na legislação. § 3º. O disposto no parágrafo anterior somente se aplica quando a mercadoria destinada a uso ou consumo, ou ao ativo permanente, for vinculada à atividade-fim do contribuinte".

VIII — Bibliografia

ACCACIO, Luiz Fernando de Carvalho. "A natureza jurídica dos créditos do ICMS", *Revista Dialética* 75, São Paulo, Dialética, 2001.

AMARO, Luciano. *Direito Tributário Brasileiro*, 2ª ed., São Paulo, Saraiva, 1998.

AMÉRICO DOS REIS, Maria Lúcia e BORGES, José Cassiano. *O ICMS ao Alcance de Todos*, 2ª ed., Rio de Janeiro, Forense, 1992.

BEIJA, Oswaldo Bispo. "ICMS — Crédito fiscal sobre material de uso ou consumo e de bem do ativo permanente na Constituição Federal e na Lei Complementar 87/1996". *Revista Dialética de Direito Tributário* 75, São Paulo, 2001.

CAMPANHOLE, Hilton Lobo. *Constituições do Brasil*, 12ª ed., São Paulo, Atlas, 1998.

CARAZZA, Roque Antonio. *ICMS*, 8ª ed., São Paulo, Malheiros Editores, 2002.

CASIMIRO, Cícero Ivanildo Alves. *Crédito, Direito, Insumo, Processo, Produção, Industrialização, Consumo Integral, Industrial, Industrial Sem Integração Corpórea, Matéria-Prima, Produto Intermediário*, Parecer Normativo 10/75-RJ, *DORJ* 3.9.1975.

COSCIANI, Cesare. *El Impuesto al Valor Agregado*, trad. Carlos M. Giuliani Fonrouge, Buenos Aires, Ediciones Depalma, 1969.

IVA, Código do. <www.europarl.eu.int> *site* oficial do Parlamento Europeu.

IUDÍCIBUS, Sérgio. *Contabilidade Introdutória*, 7ª ed., São Paulo, Atlas, 1992.

______; MARTINS, Eliseu e GELBCKE, Ernesto, in *Manual de Contabilidade das Sociedades por Ações*, FIPECAFI, FEA/USP, São Paulo, Atlas, 2000.

JARACH, Dino. *El Hecho Imponible*, 3ª ed., Buenos Aires, Abeledo-Perrot, 1962.

LEMOS, Maria Teresa. *A Tributação sobre o Consumo*, <www.bdo.pt.>.

LOURENÇO, Paulo. *Boletim BDO*, <www.bdo.pt.>.

MACHADO, Hugo de Brito. *Aspectos Fundamentais do ICMS*, 2ª ed., São Paulo, Dialética, 1999.

______. *Curso de Direito Tributário*, 13ª ed., São Paulo, Malheiros Editores, 1998.

MATTOS, Aroldo Gomes de. *ICMS — Comentários à LC 87/1996*, 1ª ed., São Paulo, Dialética, 1997.

PINTO, Miguel Silva e SANTOS, A. Carlos dos. *Legislação do IVA Anotada. Comentários ao Regime das Operações Intracomunitárias*, Coimbra, Almedina, 1994.

ROCHA, Valdir de Oliveira (coord.). *O ICMS e a LC 102*. 1ª ed., São Paulo, Dialética, 2000.

______ (coord.). *ICMS, Problemas Jurídicos*, 1ª ed., São Paulo, Dialética, 1996.

SANCHES, Saldanha. *Manual de Direito Fiscal*, Coimbra, Lex, 1998.

SAUER, João Guilherme. *Uma Explicação do ICMS e ISS*, Curso de MBA em Direito da Economia e da Empresa, FGV, 1999.

SOARES DE MELO, José Eduardo. *ICMS, Teoria e Prática*, 5ª ed., São Paulo, Dialética, 2002.

______ e LIPPO, Luiz Francisco. *A Não-Cumulatividade Tributária*, 1ª ed., São Paulo, Dialética, 1998.

SOARES, Martinez. *Direito Fiscal e Estrutura Actual dos Impostos Portugueses*, Coimbra, Almedina.

TORRES, Ricardo Lobo. *Curso de Direito Financeiro e Tributário*, 4ª ed., Rio de Janeiro, Renovar, 1997.

A PROGRESSIVIDADE FISCAL DO IPTU À LUZ DO PRINCÍPIO HERMENÊUTICO DA UNIDADE DA CONSTITUIÇÃO

MARCELO JATOBÁ LÔBO

Mestrando em Direito Tributário pela Pontifícia Universidade Católica de São Paulo — PUC/SP. Procurador do Estado de Sergipe

1. Considerações preliminares. 2. Igualdade, capacidade contributiva e progressividade. 3. A classificação dos impostos em reais e pessoais. 4. A tese que pugna pela ausência de tributação progressiva nos "impostos reais". 5. Um sistema constitucional tributário exaustivo. 6. A inconsistência da dicotomia em face do princípio hermenêutico da unidade da Constituição. 7. Conclusões.

1. Considerações preliminares

A progressão de alíquotas do IPTU constitui tema assaz controvertido. O centro das divergências sempre foi a progressividade fiscal desse imposto, que se pauta no valor do imóvel urbano. Os que a defendem evocam os princípios fundamentais da igualdade e da capacidade contributiva. Os que a combatem argumentam que o IPTU ostentaria natureza real, incompatível com essa forma de progressividade.

Na trajetória das discussões, dois momentos se destacam: (1) a tomada de posição da Suprema Corte, reputando inconstitucional a progressividade em razão do valor do imóvel urbano,[1] e (2) o advento da Emenda Constitucional 29, que a autorizou em termos expressos.

Nenhum dos dois marcos citados foi suficiente para aplacar a controvérsia. A jurisprudência do STF não impediu continuasse a doutrina sustentando que a instituição da progressividade fiscal do IPTU não só seria possível, como constituiria um imperativo dirigido aos Municípios. A Emenda 29 tem, por outro lado, suscitado crescente debate acerca da sua constitucionalidade. Opõe-se-lhe o argumento de que o constituinte derivado teria malferido o direito fundamental a não ser tributado progressivamente por impostos reais. Existiria um tal direito? Haveria, no ordenamento jurídico brasileiro, espaço para a classificação dos impostos em pessoais e reais? É a resposta a tais questionamentos que esse ensaio se propõe a oferecer, sem a veleidade de pretender apresentar uma solução definitiva para essa interessante e controvertida temática.

1. Posição esta assentada no RE 153.771, cujo Relator foi o Ministro Moreira Alves.

2. *Igualdade, capacidade contributiva e progressividade*

Tornou-se assente o entendimento de que o destinatário por excelência do princípio da igualdade é o legislador, aqui entendido em sua acepção estrita, isto é, como órgão do Poder Legislativo. Fala-se, assim, não só em igualdade *perante* a lei, mas em isonomia *na* própria lei. Aliás, se o primado em questão não se dirigisse precipuamente ao legislador, careceria de um sentido útil, reduzindo-se, disse-o J. J. Gomes Canotilho, a uma mera refração do princípio da legalidade.[2]

Portanto, não só o aplicador do direito mas também — e principalmente — o legislador deve observar o princípio isonômico. Fá-lo-á sempre que mantiver a igualdade como conteúdo necessário da lei, de modo que a obediência ao primado da legalidade implique, *ipso facto*, a submissão ao princípio da isonomia.[3]

O sentido mais comum da igualdade *na* lei é negativo: vedar a concessão de privilégios e a imposição de discriminações arbitrárias. Reivindica um controle a ser realizado em face de um diploma legal já existente. O legislador, que é livre para exercer sua competência, não o pode fazer em desconformidade com o primado da isonomia. Se o fizer, estará incorrendo em inconstitucionalidade por ação.

A igualdade possui, entretanto, um sentido positivo, que se não dirige diretamente ao controle da lei, mas a exige como *meio*, como *instrumento* para a sua realização. Reclama-se, desta feita, o estabelecimento positivo de um trato desigualitário.[4] Mais do que simplesmente igualdade *na*, exige-se uma equiparação *mediante* lei.[5] A atividade legislativa surge aqui, não apenas como algo a ser controlado, mas fundamentalmente como um instrumento de realização daquele princípio, e sobre cuja ausência recai a eiva de inconstitucionalidade por omissão.

O ângulo positivo do princípio da igualdade está a exigir, no campo do direito tributário, a graduação dos impostos segundo a capacidade contributiva. Reconheceu-o Misabel Derzi,[6] referindo-se ao sistema jurídico inaugurado pela Constituição de 1967, em cujo contexto sequer havia a formulação expressa daquele último princípio: "Para nós, a juridicidade da capacidade contributiva resulta, como vimos, do lado positivo do princípio da igualdade: o dever imposto ao legislador de distinguir disparidades".

Prossegue a autora: "Sendo assim, o lado positivo da igualdade (dever de distinguir desigualdades) impõem seja o tributo quantificado segundo a capacidade contributiva de cada um, que é diversifi-

2. J. J. Gomes Canotilho, *Constituição Dirigente e Vinculação do Legislador: Contributo para a Compreensão das Normas Constitucionais Programáticas*, Coimbra, Almedina, 1994, p. 381.

3. Souto Maior Borges chega a afirmar que a linguagem da ciência pode unificar esses dois primados fundamentais, reduzindo-os a um só: o princípio da legalidade isônoma (José Souto Maior Borges, "IPTU: progressividade", *RDT* 59/73-94, São Paulo, Malheiros Editores).

4. A dimensão positiva do princípio isonômico não mereceu, contudo, maior atenção por parte da doutrina. Nem mesmo Celso Antônio Bandeira de Mello direcionou seus estudos para essa perspectiva, já que "não obstante o brilhantismo do tratamento que dispensou à matéria, também deu-lhe a seguinte abordagem: 'é vedado ao legislador distinguir'" (Misabel Abreu Machado Derzi e Sacha Calmon Navarro Coelho, *Do Imposto sobre a Propriedade Predial e Territorial Urbana*, São Paulo, Saraiva, 1982, pp. 61-62).

5. O termo "mediante", como preposição, significa *por meio de, com auxílio de, com intervenção de* (cf. Caudas Aulete, *Dicionário Contemporâneo da Língua Portuguesa*, v. III, 2ª ed., Rio de Janeiro, Delta, 1968, p. 2.553).

6. Ob. cit., p. 63. Assim também pensa Elizabeth Nazar Carrazza: "Importante remarcar, portanto, que o princípio da igualdade não se restringe à proibição de distinguir, como tradicionalmente se afirmava. Especialmente em matéria tributária, o seu outro pólo, ou seja, o dever de distinguir é inafastável, sempre que se esteja diante de situações fáticas que justifiquem tal proceder. É o que ocorre quando se procura aplicar o princípio da capacidade contributiva, já que a capacidade econômica varia de cidadão para cidadão" (Elizabeth Nazar Carrazza, *IPTU e Progressividade: Igualdade e Capacidade Contributiva*, Curitiba, Juruá, 1998, p. 38).

cada, e o lado negativo do princípio (dever de não discriminar) constrange o legislador a tributar, de forma idêntica, cidadãos de idêntica capacidade contributiva".

O princípio da capacidade contributiva é, pois, a principal forma de expressão da isonomia no direito tributário. Nessa seara a riqueza surge como fator de *discrímen*, estremando os indivíduos mais ricos daqueles menos abastados.[7] Trata-se, assim, desigualmente a desiguais, exigindo de cada contribuinte segundo a riqueza que possui.[8]

A satisfação do princípio da capacidade contributiva (fim) reclama o emprego da técnica da *progressividade* de alíquotas (meio). Não se realiza a contento com a simples *proporcionalidade*, já que esta última mostra-se incapaz de diferençar os indivíduos de acordo com as suas forças econômicas. Vale lembrar que um imposto é simplesmente proporcional quando a alíquota não acompanha o crescimento da base de cálculo, preservando-se sempre uniforme. Será progressivo, por outro lado, quando as alíquotas crescerem na medida em que houver o incremento da matéria tributável. O primeiro instrumento, a proporcionalidade, não atende ao primado da capacidade contributiva. Acaba antes penalizando o contribuinte de menor poder aquisitivo. Quem ganha 10 e paga 1 sofrerá maior oneração do que quem ganha 100 e paga 10, ainda que ambos estejam respondendo proporcionalmente pelo mesmo tributo (10% sobre a base de cálculo).[9]

A distorção só é corrigida com a progressividade. Aqueles que aceitarem essa premissa, surpreenderão a existência de vínculos de implicação sucessivos entre o princípio da isonomia, o primado da capacidade contributiva e a técnica da progressividade: o primeiro implica o segundo e este, a terceira. Não se pode sacrificar esta última sem comprometer os dois primeiros.

A idéia de que a igualdade importa a progressão de alíquotas está longe, porém, de ser pacificamente acolhida. Para muitos não haveria semelhante implicação. Mais do que isso: a progressividade fiscal só seria mesmo compatível com os chamados impostos pessoais. Aos reais estaria reservada tão-somente a técnica da proporcionalidade. É por sustentá-lo que um forte segmento doutrinário reputa inconstitucional a Emenda 29, na parte em que esse veículo introdutor de normas consagrou a progressividade do IPTU segundo o valor do imóvel urbano.

A tese funda-se, como se pode perceber, no dualismo impostos pessoais/impostos reais. Examiná-lo é, pois, necessário para que se possa averiguar se aquela emenda malfere, de fato, um suposto direito fundamental a não ser tributado progressivamente por impostos reais.

3. *A classificação dos impostos em reais e pessoais*

Bernardo Ribeiro de Moraes observa que são dois os critérios utilizados para a construção da dicotomia em perspectiva. O primeiro deles é o *critério do objeto*; o segundo, o critério *da forma de cálculo*. Consideremo-los de *per se*, tomando como ponto de partida a lição desse autor.

Critério do objeto

De acordo com esse fundamento, os impostos pessoais seriam aqueles que recaem sobre pessoas, sendo também chamados de impostos sujeitos ou impostos subjetivos. Os reais sê-lo-iam, por outro lado, aqueles que se projetam sobre as "coisas (*res*: coisa), sobre os bens, *v.g.*, um patri-

7. A capacidade econômica dos contribuintes não é aferida subjetivamente, indivíduo a indivíduo. É, antes sim, objetivamente manifestada pelo próprio fato imponível. Nesta medida, o que se leva em conta são "as manifestações objetivas de riqueza (ter um imóvel, possuir um automóvel, ser proprietário de jóias ou obras de arte, operar em Bolsa, Praticar operações mercantis etc.)" (Roque Antonio Carrazza, *Curso de Direito Constitucional Tributário*, 17ª ed., São Paulo, Malheiros Editores, 2001, p. 77).

8. Cf. Geraldo Ataliba, "IPTU: progressividade", *RDT* 56/75-83, São Paulo, Ed. RT, 1991, p. 76.

9. Cf. Roque Antonio Carrazza, ob. cit., p. 76.

mônio, um ato econômico ou situação jurídica".[10]

O critério do objeto tem merecido acerbas críticas da melhor doutrina, pois leva a crer possam existir vínculos jurídicos entre pessoas e coisas.[11] Estaria justificando a diferença entre duas classes de impostos pela circunstância de figurar, no pólo passivo da relação jurídico-tributária, uma pessoa (imposto pessoal) ou um objeto (imposto real), o que é peremptoriamente rechaçado pela Teoria Geral do Direito. Não é necessário insistir nesse ponto. Os "objetos inanimados (*v.g.*, serviços etc.) não são dotados de capacidade tributária e, portanto, não podem liquidar obrigações tributárias, independentemente das pessoas que as possuem ou que as realizem".[12]

O dizer que os impostos referem-se a coisas ou a pessoas pode conduzir a outras impropriedades se se compreender a palavra "imposto" na acepção de *norma jurídica*.[13] Para demonstrá-lo, façamos inicialmente a seguinte pergunta: sobre o que recai ou a que se refere a regra-matriz de incidência tributária? Qualquer norma — e com a tributária não poderia ser diferente — *refere*-se sempre e necessariamente a um comportamento interpessoal. Este o *objeto* de toda regra de direito. Sequer é possível, sob esse ângulo de análise, dizer que as normas jurídicas dirigem-se às pessoas. Não há referência imediata a um sujeito X ou Y, mas às condutas desses sujeitos em suas interferências intersubjetivas. Sobre esse ponto é, como soer, precisa a lição de Hans Kelsen:[14] "De mais a mais, é, porém, de considerar — como já notado no precedente — que a expressão: 'a norma é dirigida a uma pessoa', não significa outra coisa senão que a norma estatui como devida a conduta de um ser humano ou de um determinado ou indeterminado número de pessoas, quer dizer, conduta humana, e nenhum outro acontecimento. Não é um indivíduo na totalidade de sua existência e de sua conduta, *e sim uma determinada conduta humana, à qual a norma se refere quando a estatui como devida*" (grifamos).

Em outra passagem de sua obra, averba o mestre de Viena:[15] "*Objeto da norma é somente conduta humana*" (grifamos).

Reconheçamos que o termo "tributo" não significa apenas norma jurídica. É polissêmico, como tantos outros da linguagem normativa. Paulo de Barros Carvalho[16] chegou a registrar seis conteúdos semânticos distintos. São eles: a) tributo como quantia em dinheiro, b) tributo como dever jurídico, c) tributo como direito subjetivo, d) tributo como relação jurídica tributária, e) tributo como norma jurídica tributária, e f) tributo como norma, fato e relação jurídica. Escusado insistir, contudo, que as expressões "recaem sobre coisas" e "recaem sobre pessoas" não encontram sentido em qualquer das indigitadas acepções da palavra "tributo" e, por via de conseqüência,

10. Bernardo Ribeiro de Moraes, *Compêndio de Direito Tributário*, 2ª ed., Rio de Janeiro, Forense, 1993, p. 437.

11. É neste sentido o parecer de Roque Antonio Carrazza: "Por outro lado, impostos pessoais, são os que se referem a pessoas, e impostos reais, a coisas. (...) Essa distinção, sem dúvida, não é jurídica. Juridicamente, todos os impostos são pessoais, na medida em que o contribuinte é sempre uma pessoa (física ou jurídica). Dito de outro modo, no pólo passivo das obrigações impositivas — como, de resto, de todas as relações jurídicas — só pode figurar uma pessoa; nunca uma coisa" (ob. cit., nota de rodapé 44, p. 458).

12. Bernardo Ribeiro de Moraes, ibidem, p. 438.

13. Sobre essa acepção, observou José Souto Maior Borges: "(...); não cabe apreciá-las aqui (as acepções do termo 'tributo'), mas uma delas será que tributo é norma, se não fosse norma, ou melhor, subconjunto de normas, não poderia ser objeto sequer da nossa investigação, sem transposição, sem ultrapassagem do nosso campo de investigação científico-jurídica" (José Souto Maior Borges, "Progressividade no IPTU e no imposto sobre doações", Mesa *B* de Debates do XV Congresso Brasileiro de Direito Tributário, *RDT* 85/40-55, São Paulo, Malheiros Editores, p. 50).

14. Hans Kelsen, *Teoria Geral das Normas*, trad. José Florentino Duarte, Porto Alegre, Sergio Antônio Fabris, 1986, p. 38.

15. Ibidem, pp. 115-116.

16. Paulo de Barros Carvalho, *Curso de Direito Tributário*, 13ª ed., São Paulo, Saraiva, 2000, p. 19.

também da palavra "imposto". Podem até ter significado em outros setores do conhecimento científico, mas já não nos domínios da Dogmática Jurídica.

Critério da forma de cálculo

Propugna-se aqui a separação entre os impostos em função do modo de calculá-los. "O imposto é *pessoal* quando o mesmo é calculado atendendo às condições pessoais do contribuinte, *v.g.*, a sua situação familiar, os encargos de família, o conjunto de rendimentos etc. (...) O imposto é real quando o mesmo é calculado sem atender as condições pessoais do contribuinte, ou melhor, ignorando por completo a situação individual do contribuinte (o imposto grava uma riqueza dada ou uma situação da mesma maneira, qualquer que seja o sujeito passivo)".[17]

O fundamento centra-se, pois, no aspecto quantitativo da regra-matriz de incidência tributária. Pessoal seria o imposto em que aquele critério vê-se influenciado pelas condições subjetivas do contribuinte ou, o que é o mesmo, pela sua capacidade pessoal de arcar com a imposição da carga tributária. Já os impostos reais seriam, a contrário senso, aqueles sobre cujo aspecto quantitativo não exercem qualquer influência as condições financeiras do sujeito passivo da exação.

Semelhante critério presta-se a uma distinção *quantitativa* entre os tributos não-vinculados, mas jamais *qualitativa*. Expliquemos. Alguns impostos, por sua própria estrutura constitucional, são mais aptos a atender à personalização da carga tributária do que outros. O IPTU, ninguém o contestará, é menos propenso a satisfazê-la do que IR. Mas ambos devem persegui-la. O ser *pessoal* não é um traço característico de alguns tributos não-vinculados (e só deles), mas uma meta a ser perseguida na instituição de todos. É o que determina o art. 145, § 1º, da CF, ao exigir que os impostos, sempre que isso for possível, tenham caráter pessoal e sejam graduados segundo a capacidade contributiva.

Esse dispositivo não se traduz, como querem alguns, num vetor *negativo*, mas *positivo*. Não pode servir, dizendo-o com outras palavras, de fundamento para uma proibição de tributar progressivamente "impostos reais". Antes, e pelo contrário, exige que o legislador tenha presente a personalização da carga tributária, um de cujos instrumentos — talvez o mais eficaz — radica precisamente na progressividade de alíquotas. É necessário, contudo, avançar um pouco mais nesse raciocínio, o que se fará nos próximos tópicos.

4. A tese que pugna pela ausência de tributação progressiva nos "impostos reais"

Autores de elevada consideração têm questionado a constitucionalidade da Emenda 29, sob o argumento de que teria o poder constituinte derivado malferido cláusula pétrea, consubstanciada num direito fundamental a não ser tributado progressivamente por impostos reais.

De acordo com esse segmento doutrinário, o art. 145, § 1º, da CF haveria consagrado a dicotomia em causa. Teria sido, outrossim, assegurado o princípio de que progressivos só podem ser os impostos pessoais. À referida emenda constitucional não seria lícito, portanto, malferir um primado acolhido pelo Poder Constituinte Originário. É importante conhecer a tese nas palavras de seus próprios artífices:[18]

"Segundo o critério do objeto, denominam-se reais os impostos que tomam em consideração manifestações objetivas e concretas do patrimônio, isoladamente con-

17. Bernardo Ribeiro de Moraes, ibidem, pp. 438 e 439.

18. Ives Gandra da Silva Martins e Aires Fernandino Barreto, "Por ofensa a cláusulas pétreas, a progressividade prevista na Emenda 29/2000 é inconstitucional", *Revista Dialética de Direito Tributário* 80/105-126, São Paulo, Dialética, 2002, pp. 117-118.

siderado, sem analisar a situação do titular desses bens. São, pois, os que gravam determinadas coisas, *sem consideração à riqueza global dos contribuintes*.

"(...).

"Com efeito, quando a Constituição Federal de 1988 (art. 145, § 1º) diz que os impostos, sempre que possível, terão caráter pessoal, está inexoravelmente a absorver a dicotomia de impostos reais e pessoais.

"(...).

"Ora, no caso da progressividade, é inquestionável que a Emenda 29/2000 não apenas tende a abolir, como, de fato, aniquila, suprime, destrói, anula a restrição posta pelo princípio de que progressivos só podem ser os impostos pessoais" (grifamos).

De acordo com o referencial teórico que adotamos, o texto normativo, em si mesmo considerado, não possui qualquer sentido, vale dizer, não é uma caixa que se possa abrir e retirar uma significação pronta e acabada. Dista de constituir, com outras palavras, um repositório de "essências", que acabam por ser "reveladas" pelo intérprete. O processo de interpretação, longe de ser simplesmente *declarativo, é construtivo*. No dizer de Ingedore Villaça Koch,[19] "(...) *o sentido não está no texto*, mas se *constrói* a partir dele, no curso de uma interação" (os destaques são originais).

Se os textos não veiculam "essências", é perfeitamente possível haver duas interpretações diametralmente opostas sobre um mesmo conjunto de enunciados. Kelsen já o averbava, realçando a inexistência de um sentido unívoco para os textos normativos. Esse autor[20] entendia, contudo, que a norma pode gerar várias significações. De acordo com modelo teórico adotado, dir-se-á que a interpretação dos enunciados de um texto pode engendrar mais de uma norma. Isto porque não se interpretam normas. As regras jurídicas não possuem existência material. Possuem-na os textos. Esses consistem no ponto de partida do processo de geração de sentido; aquelas, no termo, no resultado da atividade de interpretação, que se não deve concluir sem uma passagem pelos princípios fundamentais do sistema.

A tese de que estamos cogitando oferece *um* sentido possível para os comandos do texto constitucional, particularmente para o art. 145, § 1º. Ao dizer que "sempre que possível os impostos terão caráter pessoal", o constituinte tê-los-ia distinguido *qualitativamente* em dois grupos: o dos pessoais e o dos reais. É sem dúvida uma exegese possível, mas não nos parece seja a melhor. Na tentativa de demonstrá-lo, vamos nos apoiar em dois pilares, o da *exaustividade do sistema constitucional tributário brasileiro*, e o do *primado da unidade da Constituição*.

5. *Um sistema constitucional tributário exaustivo*

A Constituição brasileira reservou um número considerável de seus dispositivos ao tratamento da matéria tributária. Forjou, com isso, um subsistema constitucional tributário exaustivo, cujo nível de detalhamento e perfeição não encontra paradigma em outros ordenamentos jurídicos.

Geraldo Ataliba, em seu *Sistema Constitucional Tributário Brasileiro*, chamou a atenção para essa singularidade do nosso sistema em relação aos ordenamentos de outros países de cultura ocidental.[21] O autor enfatizou — e essa é a tônica da sua obra — a reduzida margem de atuação cometida ao legislador ordinário no Brasil. A este último caberia explicitar apenas os

19. Ingedore Villaça Kock, *O Texto e a Construção dos Sentidos*, 4ª ed., São Paulo, Contexto, 2000, p. 25.

20. Hans Kelsen, *Teoria Pura do Direito*, 6ª ed., trad. João Baptista Machado, Coimbra, Armênio Amado, 1984, p. 467.

21. Quando escreveu o seu clássico *Sistema Constitucional Tributário Brasileiro*, o Professor Ataliba não tinha como referência a atual Constituição. Mas suas conclusões a respeito da peculiaridade do direito tributário nacional são, não obstante, inteiramente aplicáveis ao sistema jurídico inaugurado pela Carta de 1988.

comandos fixados pela Constituição, sendo-lhe inteiramente defesa qualquer iniciativa no sentido de modificar o que já foi preestabelecido pela Carta Magna. Ataliba chegou mesmo a afirmar que o constituinte "esgotou a disciplina da matéria tributária, deixando à lei, simplesmente, a função regulamentar".[22]

Não é diferente o pensamento de José Artur Lima Gonçalves,[23] para quem a "exaustividade do subsistema tributário brasileiro não encontra paralelo no direito comparado em geral, e, muito menos, em especial, no direito norte-americano".

Esse traço peculiar do sistema tributário brasileiro compele-nos a passar pelo texto constitucional quando pretendermos averiguar que impostos poderiam ser considerados reais ou pessoais — na suposição provisória de que é possível assim classificá-los. Isso porque é lá que estão as chamadas regras-matrizes de incidência ou normas-padrões de incidência constitucional, que predefinem as materialidades possíveis de cada tributo.[24]

Desde que se admita, como propugna a tese acima referida, que os impostos pessoais sejam apenas aqueles que consideram a "riqueza global dos contribuintes", será forçoso concluir que a Constituição já *predefiniu* um número excessivamente exíguo de impostos dessa índole. Salvo melhor juízo, apenas o imposto de renda e o imposto sobre grandes fortunas poderiam atender àquele requisito.[25] Isso porque só esses dois gravames consideram a riqueza global dos contribuintes. O primeiro, numa perspectiva dinâmica, recai sobre o acréscimo patrimonial, que se afere pelo cotejamento do patrimônio do sujeito passivo da exação, compreendido como universalidade de bens e direitos, em dois momentos distintos. Já o segundo, agora numa dimensão estática, irá considerar, se for instituído, a riqueza global num instante específico.[26]

Nenhum outro imposto da competência da União, dos Estados, ou dos Municípios tem por característica a consideração do patrimônio integral do contribuinte. Como, então, supor haja o texto constitucional exigido a personalização da carga tributária, *prefixando* ao mesmo tempo um sistema de impostos reais?

6. A inconsistência da dicotomia em face do princípio hermenêutico da unidade da Constituição

Sabe-se que a Constituição deve ser sempre compreendida como um todo harmônico, não comportando interpretações isoladas que possam conduzir a antagonis-

22. Geraldo Ataliba, *Sistema Constitucional Tributário Brasileiro*, São Paulo, Saraiva, 1968, p. 18.

23. José Artur Gonçalves, *Imposto sobre a Renda: Pressupostos Constitucionais*, São Paulo, Malheiros Editores, 1997, p. 213.

24. Cf. Roque Antonio Carrazza, ob. cit., pp. 440-442.

25. É certo que a Contribuição Social sobre o Lucro Líquido (CSLL) também recai sobre a riqueza global do sujeito passivo da exação, mas esse tributo não passa de um imposto de renda, com o produto de sua arrecadação afetado a fim específico (imposto finalístico). É de se reconhecer, outrossim, que as contribuições previstas no art. 149 da CF e os empréstimos compulsórios podem incidir, de igual modo, sobre a totalidade do patrimônio dos contribuintes. Mas o legislador da União, quando pretender instituí-los, se não lançar mão da sua competência residual (respeitando as limitações estabelecidas pelo art. 154, I), haverá de recorrer às materialidades que lhe foram reservadas pelo art. 153 da CF, criando, por conseguinte, um adicional do imposto de renda ou do imposto sobre grandes fortunas (cf. Roque Antonio Carrazza, ob. cit, pp. 503-504 e 516-518). Finalmente, pode a União Federal exercer, respeitados os pressupostos constitucionais, sua competência residual (arts. 154, I e 195, § 4º) e extraordinária (art. 154, II), hipóteses em que lhe será lícito instituir um gravame que leve em conta a riqueza global e que não se identifique com aqueles dois impostos citados. O legislador terá que ser, no entanto, bastante criativo se quiser criar um tributo que tenha em conta a riqueza integral do contribuinte e, ao mesmo tempo, não apresente o mesmo fato imponível ou a mesma base de cálculo do imposto sobre a renda e do imposto sobre grandes fortunas.

26. Cf. Roberto Quiroga Mosquera, *Renda e Proventos de qualquer Natureza: o Imposto e seu Conceito Constitucional*, São Paulo, Dialética, 1996, pp. 94-98.

mos, vale dizer, a incoerências internas em seu próprio texto. Suas normas devem ser consideradas a partir do sistema em que se encartam, e ao interprete cabe evitar exegeses que possam levar a situações de incongruência. Exige-o o princípio da unidade constitucional. Di-lo J. J. Gomes Canotilho:[27] "O princípio da unidade da Constituição ganha relevo autônomo como princípio interpretativo quando com ele se quer significar que o direito constitucional deve ser interpretado de forma a evitar contradições (antinomias, antagonismos) entre as normas, e, sobretudo, entre os princípios jurídico-políticos constitucionalmente estruturantes".

E conclui: "Daí que o intérprete deva sempre considerar as normas constitucionais, não como normas isoladas e dispersas, mas sim como preceitos integrados num sistema interno unitário de normas e princípios".

Seguramente não se conciliará com esse princípio hermenêutico a suposição de que a Carta Magna determinou que os impostos sejam, sempre que isso for possível, pessoais e, ao mesmo tempo, só admitiu assumam essa natureza os impostos que levam em consideração a riqueza global do sujeito passivo da exação.

Se o constituinte quis que os impostos fossem pessoais, como admitir que esse mesmo constituinte tenha construído, pormenorizadamente, um sistema de impostos reais? Poderia esse entendimento conviver com a coerência interna do texto constitucional? Quer nos parecer que não. E o afirmaríamos mesmo que outorgássemos sentido à cláusula "sempre que possível".[28] Do contrário, seríamos obrigados a admitir tenha o constituinte pretendido comunicar ao legislador infraconstitucional a seguinte estultice: faça, *sempre*[29] que isso for possível, com que os impostos tenham caráter pessoal, mas só atribua essa qualidade ao imposto sobre a renda e ao imposto sobre grandes fortunas. E logo se vê que seria uma mensagem prescritiva dirigida exclusivamente ao legislador da União, já que os impostos estaduais e municipais, todos eles, estariam alijados da exigência de personalização. Com o devido respeito, não parece ser esta a melhor exegese para o § 1º do art. 145 da CF.

Se a Constituição erigiu a pessoalidade à condição de valor a ser perseguido, não poderia restringi-la previamente a um universo tão pequeno de impostos. O entendimento contrário conduz a um antagonismo entre comandos constitucionais, não compatível com o já mencionado princípio da unidade da Constituição. Cria, com outras palavras, um paradoxo incontornável: exige-se, em termos genéricos, sejam os impostos pessoais e, ao mesmo tempo, forja-se um sistema constitucional tributário constituído, em sua grande maioria, por impostos reais. Uma tal exegese compreende,

27. J. J. Gomes Canotilho, *Direito Constitucional*, 4ª ed., Coimbra, Almedina, 1989, p. 162.

28. A expressão "sempre que possível" não deixa de ser inócua, pois o direito só opera no campo do possível, isto é, das condutas contingentes. Seria mesmo um despropósito, um sem sentido deôntico dispor sobre comportamentos necessários ou impossíveis. Paulo de Barros Carvalho é incisivo ao afirmá-lo: "Redundância tosca, que podemos relevar da parte do político, mas inadmissível quando recebe a chancela descritiva do cientista. A cláusula sempre que possível está pressuposta em toda e qualquer regulação da conduta, por um motivo muito simples: as normas jurídicas incidem, exclusivamente, no campo dos comportamentos possíveis, representando inusitado absurdo deôntico regular a *conduta necessária* (comportamentos intersubjetivos realizados em 'estado de necessidade') ou a *conduta impossível* (é *proibido, permitido ou obrigatório* ir ao planeta Marte no próximo fim de semana)" (destaques do próprio autor, ob. cit., p. 202).

29. O próprio advérbio "sempre", empregado pelo art. 145, § 1º, da CF, estaria indicando o dever de considerar a pessoalidade quando isso se mostrasse possível. Di-lo Misabel Derzi: "A pessoalidade sempre que possível, a que se refere o art. 145, § 1º, não é uma norma permissiva, nem confere poder discricionário ao legislador. Ao contrário, o advérbio *sempre* acentua o grau de imperatividade e abrangência do dispositivo, deixando claro que, apenas sendo impossível, deixará o legislador de considerar a pessoalidade para graduar os impostos de acordo com a capacidade econômica do contribuinte" (Misabel Abreu Machado Derzi, "Notas" ao livro *Direito Tributário Brasileiro*, de Aliomar Baleeiro, 11ª ed., Rio de Janeiro, Forense, 2000, p. 349).

no dizer de Eros Roberto Grau,[30] o texto constitucional "em tiras", deixando de assimilá-lo como um todo de sentido.

7. *Conclusões*

Ao cabo desse ensaio, pode-se concluir que todos os impostos devem atender, em maior ou menor grau, à exigência de personalização da carga tributária, veiculada pelo art. 145, § 1º, da Constituição da República. Não há, pois, "impostos reais", assim entendidos aqueles cujo critério quantitativo deixa de ser influenciado pela referida exigência.[31] Também não há "impostos pessoais", porquanto carece de sentido cogitar de uma classe (p) que não possua um complemento (-p).

Da conclusão anterior, chega-se a uma outra: a Emenda 29 não é inconstitucional por ferir um suposto direito a não ser tributado progressivamente por impostos reais, simplesmente porque não existem, no sistema tributário brasileiro, exações que possam ser assim classificadas.

Nada obsta, portanto, a que o IPTU seja progressivo em função do valor do imóvel urbano. Essa conclusão — que evidentemente não é a única possível — decorre de uma interpretação sistemática, apoiada no princípio hermenêutico da unidade da Constituição.

30. Eros Roberto Grau, *Interpretação e Aplicação do Direito*, São Paulo, Malheiros Editores, 2002, p. 34.

31. Certo, há impostos em que, mercê da estrutura de sua regra matriz constitucional, a personalização da carga tributária não se destina aos contribuintes. É o caso do ICMS e do IPI. Nesses tributos, não serão os sujeitos que realizam o fato imponível que irão suportar o impacto econômico da carga tributária, mas os consumidores finais. Tais exações não deixam de ser, contudo, inspiradas pela pessoalidade. Basta lembrar que a elas foi reservada a técnica da seletividade de alíquotas, por cujo intermédio tornam-se um pouco mais pessoais, tendo em conta não a condição contribuinte, mas do consumidor do bem ou serviço. O produto supérfluo, ordinariamente adquirido pelos mais ricos, deve sofrer uma oneração maior do que o gênero de primeira necessidade, do qual os mais pobres não podem prescindir. Busca-se — tal qual sucede com o IR, com o IPTU ou com qualquer outro imposto — a personalização da carga tributária. Tirante o destinatário dessa personalização, a diferença é, insista-se, apenas *quantitativa*. Nos impostos que "repercutem", a pessoalidade faz-se sentir com menor intensidade, já que os mais pobres pagarão, pelos produtos que lhes são acessíveis, o mesmo valor a ser despendido pelos mais ricos. Logo, conquanto não deixem de ser por ela inspirados, acabam satisfazendo menos à pessoalidade do que os demais impostos.

SERVIÇOS PÚBLICOS MATERIALMENTE OBRIGATÓRIOS E SUA REMUNERAÇÃO MEDIANTE PREÇO. RESERVA DE LEI

JOSÉ ANTONIO SAVARIS

Mestre em Direito Econômico e Social pela PUC/PR. Especialista em Direito Tributário e em Direito Processual. Juiz Federal em Ponta Grossa/PR

1.Introdução. 2. Serviços públicos de acesso gratuito. 3. Espécies de contrapartida pela utilização de serviços públicos: 3.1 As tentativas de distinção entre as espécies de remuneração do serviço público específico e divisível; 3.2 Mais uma proposta de identificação da espécie devida pela utilização de serviço público. 4. Preços obrigatórios e reserva de lei. Uma idéia nova?: 4.1 Identificação da compulsoriedade do serviço público a partir de critérios materiais. 5. Serviços públicos obrigatórios de fato e sua submissão ao princípio constitucional da legalidade.

1. Introdução

O final da década de oitenta é mundialmente marcado por um intenso crescimento da participação privada na execução de serviços e na gestão dos bens públicos. Após quarenta anos de condicionamentos econômicos, de forte intervenção do Estado na economia e de desenvolvimento dos modelos de Estado de Bem-Estar, assiste-se, desde o crepúsculo do século XX, movimento de retração da burocracia estatal e de expansão do âmbito de atuação do capital privado, conduzindo ao que já se chamou "ressurgimento triunfal" das concessões.[1]

São três as principais razões de que é tributário o novo apelo à participação privada no investimento das infra-estruturas públicas e na execução dos serviços públicos: a redefinição do papel do Estado, que se dá, em nível mundial, a partir da década de oitenta, muito por força da doutrina econômica de disciplina orçamentária; as recomendações de organismos internacionais quanto às vantagens do engajamento do setor privado no financiamento e gestão das infra-estruturas públicas; a realidade estatal de carência de recursos públicos para investimentos no setor de infra-estruturas.

Nessa atmosfera de transferência da execução de serviços e obras públicas a particulares, ganha em relevância a tarefa de controle jurídico dos preços exigidos dos usuários dos serviços ou bens públicos. Se em algum tempo a regra foi a de exigência

1. Diogo de Figueiredo Moreira Neto, *Mutações do Direito Administrativo*, 2ª ed., Rio de Janeiro, Renovar, 2001, p. 135.

de taxas como contrapartida pela prestação de serviços públicos, a descentralização dos serviços públicos consolidou a tendência de cobrança de preços públicos que, como se sabe, escapam das garantias constitucionais tributárias instituídas em favor dos contribuintes.

Sob a fundamentação de que o preço é uma figura contratual e de que os serviços públicos remunerados por essa figura são utilizados voluntariamente pelo particular, as tarifas são fixadas administrativamente, de acordo com os critérios postos pela Administração e o lance vencedor do processo licitatório. Não se fala em reserva de lei.

Não raras vezes, porém, a utilização dos serviços públicos é apenas formalmente voluntária, seja porque o serviço público é indispensável ao particular, seja porque prestado em regime de monopólio (de direito ou de fato). Nas hipóteses em que a vontade do usuário de serviço público constitui um mero detalhe de forma — uma vez que o que lhe restaria de opção seria renunciar a um serviço indispensável —, deve-se buscar no ordenamento jurídico elementos de efetivo controle dos preços públicos.

É viável a distinção entre serviços públicos formalmente obrigatórios e serviços públicos materialmente obrigatórios (ou obrigatórios de fato)? Sendo compulsória a utilização de serviços públicos, é possível que sua remuneração se opere mediante preço público? Afinal, quando a remuneração dos serviços públicos deve-se dar mediante taxa, submetendo-se ao feixe de garantias constitucionais tributárias, e quando deve ser exigido um preço público? A instituição de preço público como forma de remuneração dos serviços públicos libera o Poder Público das limitações do poder de tributar, do princípio da legalidade, inclusive?

A análise dessas questões consiste o objetivo do presente estudo.

2. *Serviços públicos de acesso gratuito*

É sabido que nenhum serviço público é gratuito. Mesmos a saúde, a assistência social, a limpeza urbana, ou a educação, oferecem custos que devem ser cobertos. Questão distinta é como e, em cada caso, quem e em que medida financia cada um deles. Fundamentalmente, a decisão supõe optar entre o financiamento a partir dos orçamentos públicos (e, portanto, a partir basicamente dos impostos) e o custeio do serviço pelo particular que o utiliza.[2]

Em princípio, a Administração tem o poder discricionário para deliberar a forma de custeio dos serviços públicos. Quando o acesso e uso de alguns serviços ou bens são gratuitos para os cidadãos, seu financiamento se fará a partir dos orçamentos das entidades públicas competentes. Porém, alguns serviços ou bens se encontram fora do poder político de definição do método de seu financiamento.

Há serviços públicos "relacionados com a dignidade da pessoa humana e que têm de ser desenvolvidos independentemente de qualquer remuneração", como as atividades ligadas à seguridade social, à educação etc. É que "um Estado democrático pressupõe certas dimensões irredutíveis de competências estatais".[3]

De fato, se a erradicação da pobreza e a redução das desigualdades constituem princípios constitucionais fundamentais, a justiça social corresponde a valor dos mais essenciais de nosso Estado Democrático de Direito, relacionando-se diretamente com princípio da dignidade da pessoa humana.

Como bem observa Marçal Justen Filho, os serviços públicos se relacionam com a "diferença entre pobreza e riqueza, nos termos mais crus", pois a riqueza "permite ao particular ignorar a deficiência dos serviços públicos e recusar-se a contribuir para os cofres públicos". De outro lado, "a po-

2. Francisco José Villar Rojas, *Tarifas, Tasas, Peajes y Precios Administrativos (Estudio de su Naturaleza y Régimen Jurídico)*, Granada, Editorial Comares, 2000, p. 1.

3. Marçal Justen Filho, "Sistema constitucional tributário: uma aproximação ideológica", *Revista de Interesse Público* 2/81, Notadez, 1999 (pp. 77-92).

breza produz a dependência dos serviços públicos e a ineficiência estatal conduz à impossibilidade de existência digna". O acesso à saúde, à educação e a outros serviços básicos garantidos pelo Estado é fundamental para os segmentos da população que não detém outra opção para satisfação de suas necessidades mais elementares.[4]

O *mínimo existencial*, de que trata Ricardo Lobo Torres, pode constituir o limite para a cobrança pela prestação de serviços públicos. Segundo o doutrinador, as prestações de serviço público específico e divisível serão gratuitas, como ocorre na prestação jurisdicional, educação primária e saúde pública, por exigência do mínimo existencial, que goza do *status positivus libertartis*. É a garantia de prestações estatais positivas que se fundamenta na idéia de liberdade, nos princípios constitucionais do devido processo legal, da livre iniciativa, da igualdade e da dignidade do homem, e nas imunidades e privilégios do cidadão.[5]

A referência ao *mínimo existencial* é pertinente, diga-se, quando se examina a pretensão de cobrança indistinta — de ricos e de pobres (ou menos ricos) — pela utilização de bem de uso comum do povo, considerada típica manifestação da liberdade de circulação e meio indispensável ao exercício e realização de várias aspirações humanas fundamentais. Tal questão se mostra mais delicada em nosso país, onde a precariedade da rede rodoviária nacional torna praticamente nula a possibilidade de utilização de uma alternativa gratuita àquela via de acesso remunerado.

Com essas observações preliminares, permite-se ingressar na seara dos serviços públicos específicos e divisíveis de utilização remunerada.

4. Marçal Justen Filho, "Sistema constitucional...", cit., *Revista de Interesse Público* 2/83-84.

5. Ricardo Lobo Torres, "A cidadania multidimensional na era dos direitos", in Celso de Albuquerque Mello *et al.*, *Teoria dos Direitos Fundamentais*, São Paulo, Renovar, 1999, pp. 262-264 (pp. 239-335).

3. Espécies de contrapartida pela utilização de serviços públicos

As receitas públicas, assim compreendidas as entradas que se integram ao patrimônio público sem qualquer reserva, são classificadas por Aliomar Baleeiro em *receitas originárias ou de direito privado*, e *receitas derivadas ou de direito público*. As primeiras, distintamente das últimas, são realizadas sem a nota da coação.

As *receitas originárias ou voluntárias* compreendem ingressos a *título gratuito* (doações pura e simples, bens vacantes, prescrição aquisitiva etc.) e a *título oneroso* (preços quase privados, preços públicos e preços políticos). De outra banda, as *receitas derivadas ou coativas* compreendem os tributos (taxas, contribuição de melhoria, impostos e contribuições parafiscais), as multas, penalidades e o confisco, e as reparações de guerra.[6]

Segundo Molina, o conceito de preço público foi elaborado por Einaudi, no âmbito da economia financeira, como um mecanismo de financiamento das empresas públicas e se caracterizava por quatro notas: 1) a entidade que fornece o bem ou o serviço deve ter natureza pública; 2) o preço deve produzir ingresso global igual ao custo total de produção do bem ou serviço; 3) o conjunto dos ingressos por meio de preços públicos deve ser inferior ao que se obteria mediante preços de mercado; 4) o serviço deve ser inteiramente divisível em unidades de venda, de modo que, segundo

6. Aliomar Baleeiro, *Uma Introdução à Ciência das Finanças*, 12ª ed., Rio de Janeiro, Forense, 1978, pp. 133-135. Na classificação de Seligman, da qual parte o eminente Mestre, os preços, como as demais entradas (taxas, contribuições especiais e impostos), são classificados de acordo com o grau dos interesses individual e coletivo. Nos *preços quase-privados*, há "vantagem particular como consideração exclusiva ao lado de interesse público acidental"; nos preços públicos, tem-se "vantagem particular menor, mas preponderante, ao lado de interesse público de alguma importância". Einaudi reelaborou a classificação de Seligman, suprimindo as taxas, que inclui entre os preços públicos, e incluindo "a categoria de preços políticos" (ob. cit., p. 133).

o interesse público, alguns usuários pagarão um preço superior ao custo de produção do serviço, ao passo que outros se beneficiarão de tarifas reduzidas.[7]

Ainda para Einaudi, agora referido por Baleeiro, os preços são classificados em quase privados, públicos e políticos. O preço quase privado "forma-se, como os da economia privada, segundo as condições do mercado, em regime de concorrência, mas incidentalmente garante um fim público". O preço privado, "apesar de anacrônico", encontra "vasto cabimento nas indústrias do Estado em regime de competição com usinas particulares. É o caso dos minérios da Cia. Vale do Rio Doce ou dos laminados da Cia. Siderúrgica Nacional etc., no Brasil". O preço público "é fixado de modo que cubra toda a despesa com o serviço que justifica sua cobrança", ao passo que, finalmente, o "preço político" é o preço insuficiente para suportar a despesa do serviço ou produção da coisa, cobrindo-se a diferença pelos recursos hauridos nos impostos.[8]

Segundo ensinamento de Américo Lacombe, "preço é a contraprestação decorrente de uma compra de bens ou serviços". Seu conceito, como prossegue, "é essencialmente do direito privado", sendo um elemento do contrato, pois "este é celebrado quando as partes acordam quanto à coisa e quanto ao preço".[9]

É, portanto, uma contraprestação pecuniária e, como ensinava Baleeiro, refere-se a coisas e, às vezes, a serviços de caráter industrial ou comercial (transportes ferroviários, marítimos, comunicações telegráficas etc.).[10] O preço encontra sua origem no acordo de vontades.

A figura do preço se justifica na possibilidade de obtenção de recursos materiais, pelo Estado, sem que necessite recorrer ao seu poder tributário. A alienação de seus bens, a cessão de uso, a venda de produtos e mesmo a prestação de serviços que são oferecidos à coletividade prescindem do poder de império, permitindo-se, pois, com base em uma relação contratual própria do direito privado, a entrada de recursos para além do impulso decorrente da arrecadação tributária.

A rigor, o vocábulo *tarifa* não seria sinônimo da expressão *preço público*. Antes, designa uma tabela de preços (e não os próprios preços). Sem embargo, como ensina Blanchet, na prática nada impede o uso das duas expressões como sinônimas.[11]

A taxa, de seu lado, é uma espécie do gênero tributário, submetendo-se, portanto, à plêiade de garantias correspondentes, como a estrita legalidade, a anterioridade, a irretroatividade e a igualdade. É exigida em razão do exercício do poder de polícia ou pela utilização, efetiva ou potencial, de serviços públicos específicos e divisíveis, prestados ao contribuinte ou postos a sua disposição (CF/1988, art. 145, II).[12] No conceito de Geraldo Ataliba, a "taxa é o tributo vinculado cuja hipótese de incidência consiste numa atuação estatal direta e imediatamente referida ao obrigado".[13]

7. Pedro Manuel Herrera Molina, *Los Precios Públicos como Recurso Financiero*, Madri, Civitas, 1991, p. 18.

8. Aliomar Baleeiro, *Uma Introdução...*, cit., 12ª ed., p. 140. Segundo o renomado tributarista brasileiro, duas outras formas poderiam ser particularizadas: "(a) preços de monopólios fiscais, em que à despesa se junta um alto lucro, com caracteres de imposto do consumo sobre a coisa vendida (*régie* do fumo com resultados financeiros de mais de 1.000% etc.); (b) preço social (Gangelmi) moderadamente superior ao custo, em atenção à conveniência publica de garantir a pureza do produto e evitar o lucro excessivo do negociante particular (monopólio do quinino na Itália)" (idem).

9. Américo Masset Lacombe, "Taxa e preço público", in Ives Gandra da Silva Martins (coord.), *Caderno de Pesquisas Tributárias* 10/15, São Paulo, Resenha Tributária, 1985 (pp. 7-22).

10. Aliomar Baleeiro, ob. cit., p. 136.

11. O que não se pode confundir, segundo o Professor paranaense, é *taxa* e *tarifa* (Luiz Alberto Blanchet, *Concessão de Serviços Públicos*, 2ª ed., Curitiba, Juruá, 2002, p. 65).

12. É essencialmente o mesmo conceito elaborado pelo art. 77 do CTN.

13. Geraldo Ataliba, *Hipótese de Incidência Tributária*, 6ª ed., São Paulo, Malheiros Editores, 2000, p. 152.

A existência de duas categorias a responderem pela natureza da remuneração de serviços públicos específicos e divisíveis e as diferenças verificadas entre os sistemas que as compreendem propiciam um espantoso ir e vir de opiniões doutrinárias e posicionamentos da jurisprudência pátria.[14]

De fato, a questão da natureza jurídica dos valores pagos pelos usuários de serviço público não se fecha nunca. É uma das chagas que os teóricos do direito não conseguem ligar. E isso porque depende de uma criteriosa distinção entre taxa e preço, que, como anota Sacha Calmon, é *uma das esquinas da tributarística*, um *verdadeiro sorvedouro de teses e critérios*.[15]

3.1 As tentativas de distinção entre as espécies de remuneração do serviço público específico e divisível

Taxa e preço são duas figuras jurídicas fundamentalmente distintas. A primeira é um tributo. A segunda é uma prestação devida pelo usuário de um serviço ou de um bem. Como tributo, a taxa emana da vontade da lei, do juízo lógico existente entre a hipótese de incidência e o comando normativo. Encontra-se no domínio público. O preço se acha no foro da manifestação da vontade, na equação entre a oferta e a demanda, próprias da seara privada.

Compreendidas em regimes tão distintos, ao leigo aparentaria contraditória a afirmação de que o tema da distinção resiste a uma solução. Não é difícil identificar uma taxa, pois pressupõe instituição por lei e observação ao quadro constitucional tributário. Por exclusão, é preço (ou tarifa) a exigência pela prestação de serviços públicos sem determinação legal. Não existem falsas taxas ou falsos preços públicos. Um preço pode ser inconstitucional não porque se trata de uma falsa taxa, mas porque naquela hipótese determinada deveria ter sido instituída uma taxa, e não um preço.

E aqui a grande questão: quando determinada exigência deve ser veiculada mediante taxa e quando deve ser cobrada mediante preço? Quando se impõe ao Poder Público que a cobrança se faça pelo regime tributário e em que hipóteses deve ser exigido preço? Como se percebe, a essas questões é ínsita a idéia de controle do poder de escolha do administrador.

São cinco as principais fontes que se propõem a oferecer distinção jurídica entre taxa e preço para fins de caracterização dos valores exigidos dos usuários de serviços públicos. Após a visitação de seus fundamentos, manifestar-se-á a concepção do autor do presente trabalho.

Inicialmente, cumpre fazer referência à corrente doutrinária que reconhece ao legislador o poder de definir a natureza jurídica da contrapartida pela prestação de serviços públicos.

Na conhecida lição de Sacha Calmon Navarro Coelho, os serviços públicos de utilidade (que não necessitam ser prestados exclusivamente pelo Estado), específicos e divisíveis podem ser remunerados por preços ou por taxas, sendo que "o dilema resolve-se pela opção do legislador". Porém, sustenta que "os preços seriam adequados para remunerar atividades estatais delegáveis, impróprias, ao passo que as taxas seriam utilizáveis para remunerar serviços estatais 'próprios', indelegáveis, tipo 'polícia', 'justiça', 'fisco' etc.".[16]

14. Remete-se, a propósito, às referências jurisprudenciais de Dinorá Adelaide Musetti Grotti (*O Serviço Público e a Constituição Brasileira de 1988*, São Paulo, Malheiros Editores, 2002, pp. 224-225).

15. Sacha Calmon Navarro Coelho, *Curso de Direito Tributário Brasileiro*, 6ª ed., Rio de Janeiro, Forense, 2002, p. 415. Recente trabalho de Dinorá Grotti investe um capítulo inteiro no trato da *remuneração pela prestação dos serviços públicos*, esboçando inventário de critérios sobre os quais se fundam os posicionamentos de nossa doutrina e jurisprudência. Trata-se da obra *O Serviço Público...*, cit., 406 p.

16. Com as seguintes conseqüências: "Se escolher o regime tributário das taxas, ganha a compulsoriedade do tributo, inclusive pela mera disponibilidade do serviço, se prevista a sua utilização compulsória (CTN, art. 79, I, *b*), mas fica manietado

Como escreve Ferreiro Lapatza, deve-se deixar claro que taxa e preço constituem duas figuras jurídicas bem caracterizadas e que incorporam diferentes regimes jurídicos, de maneira que o legislador, na hora de eleger entre taxa e preço, deve ter presente o regime jurídico que tal eleição predetermina. Portanto, em termos jurídicos, a diferença entre taxa e preço é clara.

Para o Mestre espanhol, quando a atividade administrativa seja, por sua natureza, inerente ao Estado e quando sua realização pelo Estado seja indispensável para a vida da comunidade, parece lógico que a prestação que se deva exigir dos particulares afetados se configure como taxa. De outra forma, quando a atividade da Administração é similar a que pode desenvolver-se pelos particulares e seu fim principal é o lucro, tal prestação deve ser submetida ao direito privado e remunerada por preços. Contudo, enfatiza: "Pero lo importante, lo fundamental, es que nos demos cuenta de que se trata, en todo caso, de una elección. De una elección política que no está condicionada, al menos en el ordenamiento español, por la Constitución, ni, en general, por conceptos ni calificaciones previas, pretendidamente técnicos, que unan indefectiblemente a ellos la exigencia de una tasa o de un precio".[17]

Uma segunda matriz sustenta que a remuneração dos serviços públicos se opera sempre por meio de taxa, por imperativo constitucional.

Buscando separar a taxa de preço, Geraldo Ataliba sustenta que a remuneração de serviço público deve-se dar pelo regime de taxa, não sendo permitida a adoção de preços. Não seria livre, o legislador, para fazer remunerar um serviço público por taxa ou por tarifa, ao contrário do que, segundo reconhece, afirma o entendimento doutrinário dominante.

Consoante o pensamento de Ataliba, mais do que facultar ou sugerir ao legislador a instituição de taxa para a remuneração de serviços públicos, a Constituição da República (art. 145, II) impõe-lhe que adote o regime tributário. É o direito constitucional do administrado ao regime tributário. Para o Mestre paulista, a eficácia dessa norma constitucional demonstra que a taxa é a única via pela qual pode ser remunerado o serviço público, um bem indisponível que não está em comércio e com que não se pode negociar. E se assim é, a delegação do serviço para particulares não levaria à alteração da natureza da prestação ou do regime jurídico aplicável.

Apoiando-se em Marco Aurelio Greco, sustenta que a prestação de serviço público seria incompatível com a negociação ou prestação contratual voluntária, pois a Administração é obrigada a prestá-lo e o administrado obrigado a se conformar aos procedimentos administrativos, para que tenha acesso ao serviço. Não há, nos serviços públicos, disponibilidade para negociação do objeto do negócio, que supõe igualdade entre as partes.[18]

pelas regras de contenção do poder de tributar. A fixação e o aumento da taxa só podem ser feitos por lei e só têm eficácia para o ano seguinte. Se escolher o regime contratual, perde a compulsoriedade da paga pela mera disponibilidade do serviço, mas ganha elasticidade e imediatez na fixação das tarifas, sistema feito previamente pelo usuário os subscrever o contrato de adesão, liberando, assim, o controle congressual e a incidência das regras constitucionais de contenção ao poder de tributar" (Sacha Calmon Navarro Coelho, *Curso...*, cit., 6ª ed., pp. 415 e 419).

17. José Juan Ferreiro Lapatza, "Tasas y precios. Los precios públicos", in Mariano Abad Fernández *et al.*, *Tasas y Precios en el Ordenamiento Jurídico Español*, Madri, Instituto de Estudios Fiscales/Marcial Pons, 1991, pp. 35-53. "Porém o importante, o fundamental, é que nos demos conta de que se trata, em todo caso, de uma eleição. De uma eleição política que não está condicionada, ao menos no ordenamento jurídico espanhol, pela Constituição, nem, em geral, por conceitos ou qualificações prévias, pretendidamente técnicos, que unam indefectivelmente a eles a exigência de uma taxa ou de um preço" (p. 39, tradução livre).

18. Geraldo Ataliba, "Taxas e preços no novo sistema constitucional", *RDT* 47/154, São Paulo, Ed. RT, ano 13, jan.-mar. 1989 (pp. 142-155). Ataliba sustentara, anteriormente, que a matéria se encontrava sob a discricionariedade do legislador (Geraldo Ataliba, "Considerações em torno da teoria jurí-

Daí que, segundo Ataliba, a Constituição cercou os administrados das garantias tributárias quando se vejam obrigados a remunerar serviço público de que se desejam utilizar. Em suas palavras: "toda vez que tiver que tirar dinheiro do bolso para dar ao Estado, regime tributário: lei, igualdade, generalidade, proporcionalidade, para que haja justiça na repartição do encargo com a manutenção dos serviços públicos. Portanto, o fato de se interpretar desta maneira, leva ainda, à plenitude da proteção pelo regime tributário dos administrados".[19] A sua conclusão é, pois, no sentido de que "se se tratar de atividade pública (art. 175) o correspectivo será taxa (art. 145, II); se se tratar de exploração de atividade econômica (art. 173) a remuneração far-se-á por preço".[20]

O entendimento de que a prestação de serviço público vincula-se à cobrança de taxas, como se adiantou, já havia sido levantado por Marco Aurelio Greco.[21] A problemática da categorização se desdobraria, então, para o tormentoso tema "conceito de serviço público", da qual Greco e Hamilton Dias de Souza não se esquivaram: à luz da Constituição de 1967, sustentaram que seriam serviços públicos os serviços judiciários, os serviços administrativos de cunho não econômico e que são ínsitos ao dever estatal de realizar atividades necessárias ao convívio social (como a manutenção do serviço postal), as atividades econômicas cuja exploração é expressamente atribuída ao Estado (que pode fazê-lo diretamente ou mediante concessão — se o legislador optar pela autorização, a prestação se dá sob regime privado) e outras "atividades instrumentais" à realização dos objetivos estatais, na forma definida pelo legislador.[22]

Também na lição de Roque Carrazza, a remuneração pela prestação de serviços públicos, específicos e divisíveis, somente pode ser feita por meio de taxa, o que não seria alterado, tal como sustentam Ataliba e Greco, se os serviços fossem prestados mediante concessão ou permissão.[23]

Aires Fernandino Barreto, na mesma linha, fundamenta-se na assertiva de que preço "é a contrapartida de uma obrigação *ex voluntate*", isto é, a remuneração de uma obrigação contratual e, por tal razão, não pode remunerar serviço público, *res extra commercium*, o que seria uma *contradictio in terminis*. Sua conclusão é a de que "Onde houver preço, não há possibilidade de haver serviço público. Onde houver serviço público será impensável o preço".[24]

Esta linha doutrinária é confortada pelos pensamentos de Regina Helena Costa, Benedicto Porto Neto, Américo Masset Lacombe, Edvaldo Brito, Hamilton Dias de Souza e Fábio Barbalho Leite.[25]

De outra parte, visualiza-se a tese de que a natureza da remuneração do serviço público decorre da modalidade de sua execução. Consoante esta orientação, a con-

dica da taxa", *Revista de Direito Público* 9/43, jul.-set. 1969, p. 51). Todavia, como o próprio Mestre esclareceu, "este artigo que escrevi, que está na *RDP* 9, e que reproduz esta lição que predomina na nossa doutrina, foi escrito no tempo da Constituição de 1946, antes da EC 18 (...). A EC 18 acabou com esta liberdade, ela diz: no caso de remuneração do serviços públicos, exige-se taxa. Dá para entender isto dentro do nosso sistema, isto vem até hoje e está na Constituição de 1988 também" (p. 154).

19. Geraldo Ataliba, "Taxas...", cit., p. 155.

20. Geraldo Ataliba, *Hipótese*..., cit., 6ª ed., p. 170.

21. Como refere Greco: "Assim, se o serviço público se caracteriza pelo regime jurídico, e este não se constitui em regime de direito privado, logicamente não pode dar ensejo a um preço que é a figura mais típica e expressiva de relação de direito privado" (*apud* Geraldo Ataliba, *Hipótese*..., cit., p. 166).

22. Marco Aurelio Greco e Hamilton Dias de Souza, "Distinção entre taxa e preço público", in Ives Gandra da Silva Martins (coord.), *Caderno de Pesquisas Tributárias* 10/112-126, São Paulo, Resenha Tributária, 1985 (pp. 111-132).

23. Roque Antonio Carrazza, *Curso de Direito Constitucional Tributário*, São Paulo, Malheiros Editores, 2002, p. 477.

24. Aires Fernandino Barreto, "Serviço de navegação aérea — Sua intributabilidade por via de imposto", *Cadernos de Direito Tributário e Finanças Públicas* 19/45, Ed. RT, abr.-jun. 1997 (pp. 20-50).

25. Dinorá Adelaide Musetti Grotti, *O Serviço Público*..., cit., p. 228.

cessão pressupõe uma modalidade de remuneração regida por princípios distintos da remuneração do serviço prestado diretamente pelo Estado, de sorte que se o serviço é prestado por este, é imperiosa a cobrança de taxa, mas se a prestação se realiza por meio de concessão, somente pode haver a cobrança de preço ou tarifa.

Para Marçal Justen Filho, a prestação direta de serviços públicos específicos e divisíveis pelo Estado, de consumo espontâneo ou obrigatório, deverá resultar necessariamente em taxa, pois, segundo entende, a atribuição de mera opção ao Estado para instituir taxas, podendo preferir tarifas, conduziria as regras do Sistema Tributário à inutilidade.[26] Porém, na hipótese de delegação do serviço público a particulares, por via da concessão ou permissão, a situação muda de figura.[27]

Observe-se o atual posicionamento do eminente Professor: "o concessionário assume o serviço *por conta e risco próprios*, estruturando-os segundo os postulados de direito privado. O regime jurídico da *prestação* dos serviços públicos concedidos continua a ser público. Mas o particular os exercita de acordo com as regras privadas. Promove investimento às custas de seu patrimônio, custeia as atividades necessárias. Tudo se faz para obtenção de lucro, o que é assegurado contratualmente. A concessão do serviço público produz, portanto, inovações no regime jurídico aplicável".[28]

As figuras do risco e do lucro e a necessidade de preservação do equilíbrio econômico-financeiro reclamam, ao ver de Marçal, um regime jurídico específico que pressupõe mutabilidade a qualquer tempo. O risco de insolvência do particular que assume o serviço e o direito à manutenção da equação econômico-financeira demanda garantia estatal de alteração da tarifa a qualquer tempo. Como sustenta, "se a recomposição da equação econômico-financeira faz-se na via administrativa, então a elevação da remuneração do concessionário independe de previsão em lei. Como pode fazer-se a qualquer tempo, não está assujeitada à observância do princípio da legalidade".[29]

Portanto, segundo sua visão a garantia constitucional de intangibilidade da equação econômico-financeira não altera o regime jurídico da prestação do serviço público, mas constitui regime jurídico de remuneração que reduz o campo de eficácia do sistema tributário, retirando do seu âmbito garantístico a remuneração dos serviços públicos outorgados aos particulares por via de concessão ou permissão.

Maria Sylvia Di Pietro, com a mesma concepção, escreve que a remuneração por meio de tarifa é inerente ao conceito de concessão, que, de sua vez, "é possível para qualquer tipo de serviço de natureza comercial ou industrial, ou seja, para qualquer tipo de serviço que permita a remuneração pelo usuário".[30]

A taxa, para a ilustre Professora, "é incompatível com a concessão, porque esta, por sua própria natureza, envolve a idéia de equilíbrio econômico-financeiro, a ser mantido precisamente por meio da tarifa". E mais: "A taxa entra para os cofres públicos, obedecendo à regra do 'caixa único'. Se o serviço é remunerado por meio de taxa, é o poder público que irá pagar ao contratado o valor estipulado no contrato. Deixa-

26. Marçal Justen Filho, *Concessões de Serviços Públicos*, São Paulo, Dialética, 1997, p. 143.

27. Como escreve Maria Sylvia Zanella Di Pietro, sob a influência de Geraldo Ataliba, Marçal Justen Filho perfilhava antes "a tese dos tributaristas quanto à natureza de taxa de todos os serviços públicos específicos e divisíveis utilizados ou postos a disposição do usuário", alterando sua opinião "ao estudar mais detidamente o assunto sob o ponto de vista da legislação sobre concessão de serviço público" (Maria Sylvia Zanella Di Pietro, *Parcerias na Administração Pública: Concessão, Permissão, Franquia, Terceirização e Outras Formas*, 4ª ed., São Paulo, Atlas, 2002, p. 338).

28. Marçal Justen Filho, *Concessões*..., cit., p. 144 e *Teoria Geral das Concessões de Serviço Público*, São Paulo, Dialética, 2003, pp. 346-347.

29. Marçal Justen Filho, ob. cit., p. 144.

30. Maria Sylvia Zanella Di Pietro, *Parcerias*..., cit., 4ª ed., p. 332.

rá de haver concessão de serviço público e haverá apenas locação de serviço".[31] Quando concedidos, mesmos os serviços obrigatórios devem ser remunerados por preço, pois a Constituição, ao admitir a prestação de serviço público por meio de concessão, "está permitindo que sua remuneração se faça por meio de tarifa, independentemente da obrigatoriedade ou não da utilização do serviço pelo particular".[32]

A intangibilidade da equação econômico-financeira e o cabimento de sua recomposição administrativa independentemente de lei,[33] o contra-senso jurídico em admitir-se relação tributária entre os usuários e o concessionário[34] e a previsão constitucional de prestação de serviços mediante concessão e permissão (CF/1988, art. 175) encontram-se dentre os argumentos dos que identificam na modalidade de execução dos serviços públicos, a natureza da contraprestação.[35]

Prosseguindo no exame das correntes que se propõem a caracterizar a paga dos usuários de serviços públicos, acrescenta-se que duas orientações que se consolidaram na doutrina pátria levam em conta a natureza do serviço público.

Para uma delas, consagrada na antiga Súmula 545, do Supremo Tribunal Federal, "preços de serviços públicos e taxas não se confundem, porque estas, diferentemente daquelas, são compulsórias e têm sua cobrança condicionada à prévia autorização orçamentária, em relação à lei que as instituiu". Os serviços públicos seriam remunerados por taxa quando sua fruição pelo administrado (efetiva ou potencial) for compulsória, ao passo que os serviços facultativos seriam remunerados por preço público.[36]

Segundo Hugo de Brito Machado, se a ordem jurídica obriga a utilização de determinado serviço público e veda a satisfação da necessidade por outro meio, "é justo que a remuneração correspondente, cobrada pelo Poder Público, sofra as limitações próprias dos tributos". É que "à liberdade que tem o Poder Público na fixação do preço público corresponde à liberdade do cidadão de utilizar, ou não, o serviço correspondente. Se o cidadão não tem essa liberdade, o Poder Público deve estar igualmente limitado pela ordem jurídica no pertinente aos critérios para fixação do valor a

31. Maria Sylvia Zanella Di Pietro, ob. cit., 4ª ed., p. 337.

32. Maria Sylvia Zanella Di Pietro, ob. cit., 4ª ed., p. 335.

33. Dinorá Adelaide Musetti Grotti, *O Serviço Público*..., cit., p. 240.

34. Caio Tácito, "Saneamento básico — Concessão municipal — Tarifa", *Revista de Direito Administrativo* 217/334, jul.-set. 1999 (pp. 332-335).

35. Segundo Dinorá Grotti, os "entendimentos que pugnam pela remuneração dos serviços públicos concedidos ou permitidos por tarifas parecem constituir a orientação dominante na doutrina brasileira", a eles se alinhando, p. ex., o pensamento de Celso Antônio Bandeira de Mello, Antônio Carlos Cintra do Amaral e Lúcia Valle Figueiredo (Dinorá Adelaide Musetti Grotti, ob. cit., pp. 240-241).

36. Apesar de seu enunciado, a Súmula, na verdade, refere-se à compulsoriedade do serviço e não à obrigatoriedade da cobrança da taxa. Cumpre notar que embora os precedentes da Súmula 545 (*DJ* 10.12.1969) tenham sido elaborados após a Emenda Constitucional 18/1965 (ERE 54.194-PE, *DJ* 23.6.1965; ERE 54.491-PE, *DJ* 16.6.1965; RE 54.496-PE, *DJ* 28.6.1968), eles se referem a casos concretos regidos pelo Decreto-lei 2.416/1940, que se encontrava sob o império do sistema tributário definido originariamente pela Constituição de 1946, que não explicitava contornos às taxas, quanto à hipótese de incidência. A Constituição de 1946 dispunha em seu art. 30: "Art. 30. Compete à União, aos Estados, ao Distrito Federal e aos Municípios cobrar: I — contribuição de melhoria, quando se verificar valorização do imóvel em conseqüência de obras públicas; II — taxas; III — quaisquer outras rendas que possam provir do exercício de suas atribuições e da utilização de seus bens e serviços. Parágrafo único. A contribuição de melhoria não poderá ser exigida em limites superiores à despesa realizada, nem ao acréscimo de valor que da obra decorrer para o imóvel beneficiado". A Emenda Constitucional 18/1965 modificou o sistema constitucional tributário, eliminando a categoria das "outras rendas", passando a enunciar no art. 18: "Compete à União, aos Estados, ao Distrito Federal e aos Municípios, no âmbito de suas respectivas atribuições, cobrar taxas em função do exercício regular do poder de polícia, ou pela utilização, efetiva ou potencial, de serviços públicos específicos e divisíveis prestados ao contribuinte ou postos à sua disposição".

ser cobrado, que será um tributo". O autor nega a existência de "taxas facultativas" (facultatividade na utilização do serviço público), ao fundamento de que a possibilidade de abstenção da realização do fato gerador de algumas taxas (como a judiciária) não a torna facultativa, pois "também do imposto pode-se fugir, bastando que se evite a situação que configura o respectivo fato gerador".[37]

No registro de Dinorá Grotti, a obrigatoriedade da taxa e a facultatividade da tarifa sustentam o "mais comumente seguido" critério para estabelecer o marco divisor entre as modalidades de remuneração de serviço público.[38]

A questão da obrigatoriedade do serviço se relaciona com sua essencialidade e aptidão para alcançar, primeiramente, um interesse público e subsidiariamente um interesse particular, caso de exigência de taxa. De outra parte, se o serviço prioriza interesse individual e apenas secundariamente um interesse da coletividade, o caso seria de preço. É a "teoria do grau crescente do interesse", idealizada pelo economista norte-americano Edwin Seligman e que parece se encontrar na raiz da Súmula 545.

Na lição de Gomes de Souza, Seligman parte de um conflito entre o interesse público e um interesse particular, categorizando as receitas públicas "segundo uma escala de graduações dos dois interesses em presença em cada caso". Ter-se-ia, assim, os preços quase-privados, os preços públicos, as taxas, as contribuições e os impostos. Ao que mais nos é caro, "*preços públicos* são as receitas cobradas pelo Estado tendo em vista *principalmente* o interesse dos particulares na atividade desempenhada pelo governo, mas atendendo também, embora secundariamente, à existência de um interesse público *geral e coletivo* nessa atividade". De outra parte, "*taxas* são as receitas cobradas pelo Estado tendo em vista *principalmente* o interesse público da atividade desempenhada pelo governo, mas considerando também que do exercício dessa atividade decorre diretamente para o particular um *interesse específico*".[39]

Pode-se visualizar, pois, que o acórdão exarado no RE 54.194-PE, que restou integrado pelos embargos declaratórios de mesmo número e que consiste em um dos precedentes da Súmula 545, passa pelo núcleo da teoria de Seligman: "Na taxa, há o benefício especial mensurável e um interesse público predominante (é o caso: no interesse da higiene e da saúde pública, impõe-se a obrigatoriedade); no preço público, o pagamento é feito por um serviço ou mercadoria do governo, em primeiro lugar um benefício especial do indivíduo e secundariamente é o caso: no interesse da comunidade".[40]

Nada obstante, o próprio Supremo Tribunal Federal reconheceu a inadequação do critério consagrado na Súmula 545.[41] Moreira Alves, em julgamento exarado em 4.9.1980, já declarava que o critério, "da maneira como explicitado nessa Súmula", era deficiente. Segundo esclarece o culto jurista, o critério distintivo consagrado pelo

37. Hugo de Brito Machado, "As taxas no Direito brasileiro", *Revista Forense* 363/64-65, set.-out. 2002 (pp. 51-75).

38. Esta a concepção das doutrinas de Alberto Deodato, Hely Lopes Meirelles, Diógenes Gasparini, José dos Santos Carvalho Filho, dentre outros (Dinorá Adelaide Musetti Grotti, *O Serviço Público*..., cit., p. 232).

39. Rubens Gomes Souza, *Compêndio de Legislação Tributária*, São Paulo, Resenha Tributária, 1975, pp. 36-37.

40. *Revista Trimestral de Jurisprudência* 31/44, jan.-mar. 1965 (pp. 39-46).

41. Nos embargos no RE 54.491-PE, o Rel. Ministro Pedro Chaves já criticava o critério da obrigatoriedade, referindo que "o conceito de obrigatoriedade, além de não ser peculiar à taxa, não desnatura a configuração do preço público, também obrigatório para todos que se utilizam do serviço". Na verdade, não seria a taxa obrigatória e o preço facultativo, como dispõe o enunciado sumular: "Para a conceituação da taxa basta que a utilidade seja posta à disposição do contribuinte; na compreensão do 'preço de serviço' só aparece a incidência com a utilização". A decisão, sem embargo, foi colhida como um dos precedentes da Súmula 545 (*Revista Trimestral de Jurisprudência* 33/147-151, j. 3.5.1965).

Supremo — e que não correspondia exatamente ao enunciado da Súmula — apenas se fazia aplicável nos casos em que o legislador ordinário estabelecesse que "a contrapartida devida pelo particular em virtude da prestação do serviço público é exigida, ainda que não use do serviço, pelo simples fato de estar colocado à sua disposição", quando estaria, então, caracterizada uma taxa.[42]

Mas há taxas, assim compreendidas "pela natureza mesma da relação jurídica entre o Poder Público e o particular", que só são exigidas quando este solicita e recebe a prestação de serviços, como no caso da taxa judiciária. A Súmula 545 não traria, aqui, luz à discussão, visto que "o Poder Público não a cobra pelo simples fato de haver colocado o serviço à disposição do particular".[43]

A tese sufragada no julgamento acima referido (RE 89.876-RJ) manifesta outra orientação de distinção entre taxa e preço, que parte da *natureza do serviço público*. Segundo este entendimento, o regime de remuneração faz "uma separação entre serviços essencialmente estatais, no exercício de sua soberania, e serviços acidentalmente estatais, que, em tese, não lhe devem ser privativos, porém são avocados pelo Estado, por motivos de oportunidade política ou de conveniência econômica".[44]

Analisando a constitucionalidade da Tarifa Básica de Limpeza Urbana instituída por Decreto do Prefeito do Município do Rio de Janeiro, o Supremo Tribunal Federal, conduzido pelo eminente Ministro Moreira Alves, identificou na obrigação estatal de diretamente prestar o serviço público, o elemento distintivo das taxas.

A identificação da natureza da contrapartida, segundo Moreira Alves, decorreria da natureza da relação jurídica entre o Poder Público e o particular, de maneira que "a contrapartida será preço público se o serviço prestado (remoção normal de lixo domiciliar) for serviço comercial ou industrial: será taxa, se for ele serviço próprio do Estado, ou seja, serviço que se prende intimamente às atribuições do Poder Público, que tem o dever de prestá-los por que eles visam, em primeiro plano, à coletividade, e, somente em segundo plano, ao interesse individual".[45]

Se o serviço é devido pelo Poder Público, isto é, obrigatório para ele, também o será para o particular, já que estaria em jogo, em primeiro plano, o interesse de toda a coletividade. Se o Poder Público apenas pode, ou não, prestá-lo, a prestação é facultativa e, por conseqüência, o particular tem, também, a faculdade de usar dele, ou não.

Segundo essa linha de entendimento, a natureza jurídica do serviço, determinando se este corresponde ou não à função essencial do Poder Público é que vai revelar se há compulsoriedade (para o Estado, em prestá-lo, e para o particular, na sua utilização), caso em que a remuneração somente se pode dar mediante taxa.

A célebre decisão restou assim ementada:

> *Tarifa Básica de Limpeza Urbana.* Em face das restrições constitucionais a que se sujeita a instituição de taxa, não pode o Poder Público estabelecer, a seu arbítrio, que à prestação de serviço público específico e divisível corresponde contrapartida sob a forma, indiferentemente, de taxa ou de preço público. Sendo compulsória a utilização do serviço público de remoção de lixo — o que resulta, inclusive, de sua disciplina como serviço essencial à saúde pública —, a tarifa de lixo instituída pelo Decreto 196, de 12.11.1975, do Poder Executivo do Município do Rio de Janeiro, é, em verdade, taxa. Inconstitucionalidade do referido Decreto, uma vez que

42. RE 89.876-RJ, Tribunal Pleno, *RTJ* 98/237, out. 1981 (pp. 230-281).

43. RE 89.876-RJ, Tribunal Pleno, *RTJ* 98/237, out. 1981 (pp. 230-281).

44. Dinorá Adelaide Musetti Grotti, *O Serviço Público*..., cit., p. 232.

45. RE 89.876-RJ, Tribunal Pleno, *RTJ* 98/237, out. 1981 (pp. 230-281).

taxa está sujeita ao princípio constitucional da reserva legal. Recurso extraordinário conhecido e provido.[46]

Na conferência inaugural do 10º Simpósio Nacional de Direito Tributário, o Ministro Moreira Alves sistematizou classificação dos serviços públicos que se prestaria como fundamento para a definição da adequada espécie de contrapartida dos usuários desses serviços. Os serviços públicos seriam classificados da forma seguinte.[47]

a) "*Serviços públicos ínsitos à soberania* são os serviços de natureza indelegável (só o Estado pode prestá-los) e relativamente facultativos, na medida em que o particular tem a opção de utilizá-los ou não", como os serviços judiciários, aos quais pode-se acorrer (ou abdicar do direito), e os serviços de emissão de passaporte, que são facultados ao particular que pretenda sair do país. Esses serviços, por sua natureza, são remunerados por taxa, "mas apenas nos casos em que houver prestação efetiva, não sendo admissível a cobrança em razão da mera potencialidade da sua utilização".

b) *Serviços públicos essenciais ao interesse público*: (...) Em razão de sua essencialidade, uma vez que é do interesse geral a sua prestação, temos como efeito a obrigatoriedade para o particular de remunerar tal serviço, abrindo-se portanto ao Estado a possibilidade de instituir *taxa*, agora sim, sobre a utilização *efetiva* ou *potencial*, como forma de "compelir o teimoso". É a própria lei que acaba por estabelecer, de maneira indireta, quais os serviços que são considerados essenciais, na medida em que admite a cobrança sobre a prestação potencial apenas, além de cominar penalidades àqueles que se utilizem quaisquer vias alternativas.

c) *Serviços públicos não essenciais*: "São aqueles prestados ainda no interesse público, mas que se algum particular deles não quiser se valer não estarão em nada prejudicando a coletividade". Esta espécie, que compreende, a título ilustrativo, os serviços de correio e telégrafos, "enseja a remuneração através do *preço público*".[48]

Sob esta perspectiva, a atuação estatal indelegável e aquela outra imposta como obrigatória renderiam ensejo à cobrança de taxa. A prestação de serviços não essenciais, assim compreendidos aqueles que, não sendo ínsitos à soberania do Estado, são facultados ao particular, conduzem à remuneração por preço.

É possível se perceber a opinião de Flávio Novelli nesta linha de construção. O autor reconhece que a tese da irrestrita liberdade do legislador para a qualificação dos ingressos públicos não encontrou acolhida no campo doutrinário ou jurisprudencial. Porém, dissente do entendimento de Ataliba porque a vinculação do conceito de taxa à noção de serviço público implicaria a exclusão da contratualidade da esfera das relações públicas de prestação, e a retirada do regime de preços da esfera do direito público. Servindo-se do ensinamento de Massimo Severo Giannini, de que na tarefa de distinção entre taxa e preço se deve eliminar, de logo, a noção de serviço público — principal fonte de confusão —, e de que existem serviços públicos prestados também segundo normas de Direito privado, Novelli sustenta ser indevida a identificação da *disciplina publicística* à *tributariedade*.[49]

46. RE 89.876-RJ, Tribunal Pleno, *RTJ* 98/230-281, out. 1981.

47. O conteúdo da Conferência foi materializado, de modo abreviado, por Vitório Cassone, Célia Pacheco Teixeira e Carlos Toledo Abreu Filho ("Taxa e preço público. Síntese do X Simpósio Nacional de Direito Tributário", Conferência inaugural de Moreira Alves, *Revista Forense* 299/398-403, jul.-ago. 1987).

48. Vitório Cassone, Célia Pacheco Teixeira e Carlos Toledo Abreu Filho, "Taxa e preço público...", cit., *Revista Forense* 299/399 (pp. 398-403).

49. Flávio Bauer Novelli, "Taxa — Apontamentos sobre o seu conceito jurídico", *RDT* 59/106-107, Malheiros Editores (pp. 95-123). Para o mesmo autor, além de deslocar o problema da distinção entre taxa e preço para a tormentosa caracterização do que se tem por serviço público, tal entendimento

Para o mesmo Professor, a vinculação do serviço público à taxa também inverteria tendência de crescente utilização de módulos convencionais para a prestação de atividade administrativa, dado que o serviço delegado a particulares não pode ser remunerado senão por tarifa ou preço público. Não fosse assim, estar-se-ia admitindo a absurda figura — art. 9º da Lei 4.320/1964 — de um tributo que não seria receita pública (Hely Lopes Meirelles) e a inconcebível hipótese — art. 119 do CTN — de uma obrigação tributária cujo sujeito ativo seria um particular (Zelmo Denari).[50]

O critério da *fattispecie* ou fato gerador é, para Novelli, o fundamento jurídico da distinção entre a taxa e o preço público. Em Dino Jarach, extrai ilações de que somente analisando a essência do fato que implica a instauração de uma relação jurídica de prestação pecuniária é que se podem distinguir as espécies de tributos e, mais do que isso, distinguirem-se os tributos de outras obrigações legais e, mais precisamente, definirem-se as fronteiras entre tributos (taxas) e contraprestações financeiras (preços públicos).

Novelli lembra que a taxa, enquanto tributo, é "uma prestação pecuniária, devida a um ente público e *juridicamente fundada* (frise-se: tanto quanto o imposto) no *poder de império* do Estado", sendo que "o seu fato gerador consiste, genericamente, no exercício de uma *atividade estatal específica* relativa ao contribuinte (cf. CTN, arts. 16 e 77)". Daí segue a conclusão: o critério diferencial entre a taxa e o preço público deve respeitar à natureza e ao conteúdo da atividade estatal, ocorrendo o fato gerador da taxa quando essa atividade for *específica*, ou seja, "atividade não apenas *subjetivamente pública*, mas *pública* no sentido de que necessariamente requeira, como de fato requer, para *fundamento jurídico* da correspondente prestação (pecuniária) do obrigado, o *poder de império do Estado*".[51]

O poder de império do Estado será o fundamento jurídico da prestação do obrigado, sob a forma de tributo, quando constitua forma necessária de uma relação jurídica instaurada por uma atividade estatal específica — inerente ao Poder Público —, relativa ao contribuinte. A existência de um serviço que somente pode ser prestado pelo Estado conduziria à sua remuneração pela via tributária da taxa.[52]

Expostas as orientações mais prestigiadas no Direito pátrio, encaminha-se manifestação de ainda uma nova proposta.

3.2 Mais uma proposta de identificação da espécie devida pela utilização de serviço público

A taxa não será, necessariamente, como pretendia Ataliba, a espécie de remuneração dos serviços públicos específicos e divisíveis, obrigatórios ou não.

A previsão constitucional da hipótese de incidência das taxas (CF/1988, art. 145, II) não afasta a possibilidade de que os serviços públicos referidos a determinados particulares sejam remunerados por preço.

Não se trata de redução das garantias tributárias, pois a Constituição, ao definir

importa a passagem à categoria de taxas, das *contraprestações típicas* que doutrina e jurisprudência, com raras exceções, têm reconhecido sempre como "preços públicos" ou "tarifas", como as que são pagas como contrapartida aos serviços de água, esgoto, transporte ferroviário, rodoviário e aéreo, manutenção e limpeza de estações aeroportuárias ou rodoviárias, de correios e telégrafos, de telefonia, de fornecimento de energia elétrica e de gás a domicílio, entre outros.

50. Flávio Bauer Novelli, "Taxa...", cit., *RDT* 59/113.

51. Flávio Bauer Novelli, "Taxa...", cit., *RDT* 59/116.

52. Flávio Bauer Novelli, ob. cit., pp. 117-120. O autor salienta que tal *atividade estatal específica*, verdadeiro exercício de potestades públicas, manifesta-se, na experiência jurídica, como provimentos (atos conclusivos de um procedimento) jurisdicionais ou administrativos. Louvando-se em Massimo Giannini, expressa o ensino de que às taxas correspondem as atividades dos poderes públicos que não tem propriamente o caráter de serviços, mas que são, antes, funções (p. 120).

a taxa ou dispor as hipóteses em que esta pode ser instituída, não elimina a possibilidade de que as entradas públicas que constituem receita originária sejam consubstanciadas pela contraprestação por serviços públicos de que voluntariamente se utilizam os particulares.

Se o Estado apenas faculta aos particulares a utilização de determinados serviços públicos que presta diretamente ou cuja execução transfere, na forma disposta no art. 175, da Constituição Federal, a taxa não se revela necessária e tampouco o instrumento mais adequado. Os particulares que desejam acessar as utilidades, delas se valem voluntariamente, numa relação contratual liberada das condicionantes próprias do Direito tributário.

Bem observa Aurélio Pitanga Seixas Filho que a extensa participação do Estado na prestação de serviços à população, com diversificados graus de interesse público, prejudica que a remuneração de seus custos sirva, sempre, "ao rigoroso e formal regime tributário". O regime tributário de custeio, em sua visão, deve ser reservado ou exigido "para regular a cobrança das prestações pecuniárias que devem ser pagas quando as pessoas são compelidas, pelo poder do Estado, a se sujeitarem a uma atuação específica de um organismo governamental".[53]

Nessas condições, quando o serviço é de utilização facultativo e prestado diretamente pelo Estado, sua cobrança pode-se dar mediante taxa ou preço, conforme a *conveniência política*.

Se esta atividade (facultativa) é delegada, o preço é a *figura pertinente*, conforme fundamentos da doutrina administrativista. Isso, contudo, não significa dizer que o serviço concedido não possa ser remunerado por taxa.

Sem embargo da cultura jurídica dos que abraçam a tese de que a concessão afasta a possibilidade de cobrança de taxa, os argumentos são questionáveis.

O equilíbrio econômico-financeiro, ao reclamar "mecanismos de revisão das tarifas" (Lei 8.987, art. 9º, § 2º) não é impraticável se acobertado pelas garantias tributárias, especialmente a anterioridade e a legalidade.

O reajuste anual e por lei não inibe uma adequada recomposição do valor da taxa porque a preservação do equilíbrio econômico-financeiro não se reveste de um grau absoluto. O princípio não reina soberano a ponto de não tolerar qualquer mitigação. Não pode, destarte, impor um *permanente estado de revisão*, de modo a alcançar, a todo tempo, o ótimo da segurança, impelindo todo o sistema jurídico a ele adaptar-se, custe o que custar.

É de se lembrar que em outro cenário, o da Ordem Social, a Constituição da República garante a irredutibilidade dos benefícios da seguridade social (art. 194, parágrafo único, IV) e explicita também a preservação, em caráter permanente, do valor real dos benefícios da previdência social (art. 201, § 4º). Tais princípios são atualmente concretizados por uma atualização anual (Lei 8.213/1991, art. 41, III, na redação da MP 2.022-17, atual 2.187-13, em vigor nos termos do art. 2º da EC 32, de 11.9.2001) e, mesmo em se tratando de verbas destinadas à subsistência dos desvalidos e carentes, reputam-se adequadamente realizados. O valor da remuneração do serviço público, como se vê, pode ser revisto anualmente, como, aliás, sói acontecer. Bastaria uma edição legislativa ao final de cada exercício para que fosse aperfeiçoado o equilíbrio econômico-financeiro, sem prejuízo do respeito às garantias tributárias.

De outra parte, não se vislumbra a referida inconveniência de se remunerar o concessionário através de taxa.

É conhecida, a propósito, a lição de Paulo de Barros Carvalho, quanto à possi-

53. Aurélio Pitanga Seixas Filho, "Caracteres distintivos da taxa e do preço público", *Caderno de Direito Tributário e Finanças Públicas* 3/126, Ed. RT, abr.-jun. 1993 (pp. 119-126).

bilidade de pessoa jurídica de direito privado — ou mesmo a de pessoa física — ocupar o pólo ativo da obrigação tributária, podendo exigir a prestação pecuniária, tendo, ainda, a "disponibilidade sobre os valores arrecadados, para que os aplique no desempenho de suas atividades específicas".[54]

Aliás, como anota Cleber Giardino, citado por Aires Barreto, o Estado continuaria sendo o sujeito ativo da taxa, porém adotando "mecanismo pelo qual o utente, ao invés de pagar taxa ao estado para que este remunere o concessionário do serviço, paga diretamente ao concessionário", tendo-se "duas relações jurídicas absolutamente distintas: (a) uma, entre o usuário do serviço e o estado e (b) outra, entre este e o concessionário".[55]

É de se acrescentar que a "política tarifária" expressada no art. 175, parágrafo único, III da Constituição Federal, refere-se à fixação de critérios inspiradores para a remuneração do serviço público prestado, diretamente, pelo Poder Público, ou sob regime de concessão ou permissão. É um equívoco, portanto, atrelar-se a referência constitucional de "política tarifária" à prestação de serviço concedido ou permitido, limitando-se suas diretrizes aos preços públicos por serviços delegados. A "política tarifária", envolvendo a prestação de serviços de forma geral, se refere a critérios legais que devem ser seguidos pelo Poder Público, na prestação de serviços, ainda quando estabelecido que a cobrança do serviço se dará mediante taxa. A Lei 8.987/1995, dispondo sobre o regime de concessão e permissão da prestação de serviços públicos previstos no art. 175, da Constituição Federal, dispôs nos arts. 9º e ss. sobre a "política tarifária" no âmbito dos serviços públicos concedidos e mesmo as suas estipulações não se revelam incompatíveis com a remuneração por taxa. "Política tarifária" corresponderia antes aos critérios de fixação dos valores exigidos como remuneração pelo serviço público do que à referência à categoria jurídica pela qual se deve remunerar tais serviços. Relembrando Blanchet, "o vocábulo *tarifa*, a rigor, não seria sinônimo da expressão *preço público*". Significa, na referência a Baleeiro, "uma tabela de preços, e não os próprios preços".[56]

É bom anotar que a mais recente jurisprudência do STJ tem afastado o critério do regime jurídico da prestação de serviços como o elemento fundamental na distinção entre taxa e preço. Desde o entendimento firmado no REsp 222.594-SP, o referido tribunal superior tem orientado que "não tem amparo jurídico a tese de que a diferença entre taxa e preço público decorre da natureza da relação estabelecida entre o consumidor ou usuário e a entidade prestadora ou fornecedora do bem do serviço, pelo que, se a entidade que presta o serviço é de direito público, o valor cobrado caracterizar-se-ia como taxa, por ser a relação entre ambos de direito público; ao contrário, sendo o prestador do serviço público pessoa jurídica de direito privado, o valor cobrado é preço público/tarifa" (1ª T., Rel. José Delgado, j. 2.6.1998, *DJ* 24.8.1998).

Mais recentemente, foi estabelecido que a "controvérsia" acerca da natureza jurídica do preço de um serviço público, sobre ser taxa, preço público ou tarifa, pressupõe a existência da atividade "em ato" ou "em potência", de maneira que "engen-

54. Paulo de Barros Carvalho, *Curso de Direito Tributário*, 6ª ed., São Paulo, Saraiva, 1993, p. 202. Na seqüência de sua sustentação, o Professor paulista critica a redação do art. 119, do CTN, que prescreve que "sujeito ativo da obrigação tributária é a pessoa jurídica de direito público titular da competência para exigir o seu cumprimento", que considera "letra morta no sistema do direito positivo brasileiro", pois levado a sério, "ruiriam todas as construções relativas à parafiscalidade, jogadas ao desconfortável reduto das normas eivadas de invalidade" (p. 203).

55. Aires Fernandino Barreto, "Serviço...", cit., p. 48 (pp. 20-50).

56. Luiz Alberto Blanchet, *Concessão...*, cit., 2ª ed., p. 65.

drada a cobrança em local onde o serviço sequer existia, o que assoma é a figura da apropriação indevida pelo concessionário, recebendo torpe locupletamento" (REsp 479.491-DF, 1ª T., Rel. Ministro Luis Fux, j. 4.2.2003, *DJ* 7.4.2003).

No seio do STJ, pode-se dizer, predomina a tese de que a natureza jurídica da remuneração decorre da essência da atividade realizadora, não sendo afetada pela existência da concessão, de maneira que "o concessionário recebe remuneração da mesma natureza daquela que o Poder Concedente receberia, se prestasse diretamente o serviço" (REsp 167.489-SP, 1ª T., Rel. Ministro José Delgado, *DJ* 24.8.1998; REsp 494.077-MS, 1ª T., Rel. Luis Fux, j. 10.6.2003, *DJ* 30.6.2003). Pode-se visualizar, é verdade, no âmbito do mesmo tribunal, a aplicação do critério da compulsoriedade: "À facultatividade da taxa afasta-se a sua natureza tributária, para situá-la como preço público" (REsp 464.599-SP, 2ª T., Rela. Ministra Eliana Calmon, j. 16.5.2002, *DJ* 2.12.2002). De qualquer forma, fica claro que o critério da variação da natureza jurídica de acordo com o regime de prestação do serviço público não logrou o prestígio do STJ.

O raciocínio de incompatibilidade entre taxa e concessão, com o afastamento da taxa, encerra ademais uma incoerência. Se o serviço público, por sua natureza ou índole compulsória, somente pode ser instituído mediante taxa, um rol de garantias tributárias cerca o contribuinte. Se nada obstante à compulsoriedade do serviço, este é concedido, não se pode ter como conseqüência lógica o desmoronamento das garantias tributárias. Se inviabilidade houvesse na cobrança de taxa pela prestação de serviços delegados, o estranho no ninho não seria a taxa, mas a modalidade de prestação de serviço escolhida pela Administração.

Segundo Moreira Alves, nada prova o argumento da incompatibilidade entre taxa e prestação de serviços mediante concessão, "porque não é a concessão que altera a natureza do serviço público para se saber se este pode, ou não, ser objeto dela". Como enfatiza, o que ocorre é justamente o contrário: "para se saber se pode haver concessão, é preciso verificar se o serviço público é compatível com esse tipo de exploração".[57]

Nessas condições, o adequado e o lógico são no sentido de que a remuneração do concessionário do serviço público (facultado ao particular) se faça mediante preço público, por tudo que sustentam Marçal Filho e Maria Sylvia. Mas, a rigor, a opção por um ou outro regime permanece nas mãos do legislador e, ressalte-se, a escolha política não afeta decisivamente o particular, que pode ou não utilizar o serviço público.[58]

De outra parte — e aqui se caminha por uma vereda apertada —, a prestação de serviços públicos obrigatórios (porque se proíbe outro modo de satisfazer a necessidade ou porque sua cobrança é realizada independentemente da efetiva utilização) também pode render ensejo à cobrança de taxa ou preço.

Se os serviços obrigatórios são prestados (ou postos à disposição) pelo Estado, somente a taxa será a espécie de prestação devida pelo particular. Aliás, parece inexistir discussão a respeito, visto que a exigência estatal de valores sem a concorrência da vontade do particular, quando não se trata de ato ilícito por este cometido, somente se pode dar pela via tributária e, nos termos do art. 145, II, da Constituição Federal, mediante taxa. A idéia de preço é, aqui, afastada.

Da mesma forma, os serviços que não são delegáveis, por se referirem à expres-

57. RE 89.876-RJ, Tribunal Pleno, *RTJ* 98/267, out. 1981 (pp. 230-281).

58. Na ausência de lei, pode ser cobrado o preço. Em sendo instituído a taxa, afasta-se a possibilidade daquela remuneração. Neste sentido a opinião de Sacha Calmon: "A nós interessa o *regime jurídico* adotado pelo legislador com escora, é claro, constitucional" (Sacha Calmon Navarro Coelho, *Curso*..., cit., 6ª ed., p. 417).

são da soberania do Estado (como a Justiça), somente podem propiciar a cobrança de taxa, conforme entendimento convergente das correntes doutrinárias que disputam o critério distintivo entre taxa e preço.

Porém, na hipótese de concessão ou de permissão de serviços públicos obrigatórios, é possível que a remuneração se opere tanto por taxa quanto por preço. Esta questão, na verdade, traduz a maior tensão entre os cultos que sustentam a impossibilidade de se utilizar preço para remunerar serviços obrigatórios e aqueles outros não menos dignos que proclamam o divórcio entre a concessão e a taxa.

Já se expôs acima que o serviço público concedido pode ser remunerado por taxa e tal entendimento tem a mesma aplicação no caso de serviços obrigatórios. De outra parte, a adoção de preços para a remuneração de serviços públicos obrigatórios concedidos não deve causar espanto. Mas nestas circunstâncias, tal cobrança pressupõe a observância de um detalhe que vem sendo olvidado pela doutrina.

A Administração tem de estar autorizada por lei e atentar a todas as demais limitações do poder de tributar para que se veja remunerar pela prestação de serviços públicos específicos e divisíveis obrigatórios. Isto porque não pode impor obrigações que importem no pagamento de pecúnia e que não constituam sanção de ato ilícito, senão através do poder de tributar.[59]

Se a Administração não pode invadir a esfera patrimonial do contribuinte sem fundamento em lei, também não pode atingir este objetivo através de terceiros. Estabelecido o princípio da legalidade em favor do cidadão contra abuso do poder estatal, não pode, tal garantia fundamental, esvaziar-se em seu conteúdo pelo exercício do poder discricionário da Administração que delega o serviço público. O administrador não pode fazer indiretamente o que não pode fazer diretamente.

A exigência de preço por concessionária, pela prestação de serviço público obrigatório, assim entendido aquele prestado independentemente da solicitação do particular e cuja remuneração é devida independentemente da efetiva utilização pelo particular, ressente-se de amparo em lei (no sentido formal e material), quando não se estaria diante de um quadro em que um particular — na busca do interesse coletivo, é verdade — estaria a exigir comportamento de outro, sem qualquer fundamento legal.

A mão dupla do princípio da legalidade, de um lado condiciona a exigência de uma prestação, pelo sujeito ativo, à existência de um comando normativo que lhe atribui o direito de exigi-la e, ademais, imponha a correspondente obrigação ao sujeito passivo; de outro, garante que ninguém será obrigado a fazer ou deixar de fazer alguma coisa, senão em virtude de lei (CF/1988, art. 5º, II).

O particular não pode ser obrigado a remunerar um serviço concedido que não tenha efetivamente utilizado, salvo se a lei lhe impõe este dever. É que não haveria *bilateralidade atributiva*, na lição de Reale; esta "proporção intersubjetiva, em função da qual os sujeitos de uma relação ficam autorizados a pretender, exigir, ou a fazer, garantidamente, algo".[60]

A *proporção*, que deve ser objetiva, pode corresponder a uma norma contratual ou a uma norma legal.[61] Ou a obrigação é

59. Tributo, à luz do art. 3º do CTN, "é toda prestação pecuniária compulsória, em moeda ou cujo valor nela se possa exprimir, que não constitua sanção de ato ilícito, instituída em lei e cobrada mediante atividade administrativa plenamente vinculada".

60. Miguel Reale, *Lições Preliminares de Direito*, 25ª ed., São Paulo, Saraiva, 2000, p. 51.

61. Na lição do Mestre: "a) sem relação que uma duas ou mais pessoas não há Direito (*bilateralidade em sentido social, como intersubjetividade*); b) para que haja Direito é indispensável que a relação entre os sujeitos seja objetiva, isto é, insuscetível de ser reduzida, unilateralmente, a qualquer dos sujeitos da relação (*bilateralidade em sentido axiológico*); c) da proporção estabelecida deve resultar a atribuição garantida de uma pretensão ou ação, que podem se limitar aos sujeitos da relação ou esten-

autônoma, decorrendo da vontade manifestada em um contrato, ou é heterônoma, neste caso decorrendo da lei (sempre no sentido formal e material).

Assim, por *ausência de proporção*, não é juridicamente exigível a cobrança de preço público pela prestação dos serviços públicos obrigatórios.

O legislador, desta forma, pode instituir taxa, atrelando a cobrança às demais limitações tributárias, ou pode dispor que a cobrança se fará por meio de preço, descrevendo os elementos essenciais para sua cobrança e os critérios de reajustamento. O ponto é que sem edição de lei, não é possível a cobrança pela prestação de serviços públicos específicos e divisíveis obrigatórios, seja por meio de taxa, seja mediante preço, nos termos consagrados pelo Tribunal Constitucional espanhol, como se expõe a seguir.

4. Preços obrigatórios e reserva de lei. Uma idéia nova?

A exigibilidade de preços públicos como contrapartida pela prestação de serviços públicos obrigatórios uma vez definida em lei a obrigação patrimonial constitui matéria já assentada no direito italiano e espanhol, ainda que em nosso país a matéria possa traduzir alguma novidade.

A Constituição da República italiana de 1947 assegura, em seu art. 23, que "nenhuma prestação pessoal ou patrimonial poderá ser imposta senão com base na lei".[62] Em face de tal garantia constitucional, a idéia de amparo legal para a exigência de preço decorrente da prestação de serviços públicos obrigatórios vem sendo desenvolvida pela doutrina italiana por mais de meio século.

Por força da afinidade entre esta disposição e aquela contida no art. 31.3, da Constituição espanhola de 1978, pela qual "somente podem ser estabelecidas prestações patrimoniais pessoais ou patrimoniais de caráter público com apoio na lei",[63] a doutrina espanhola foi buscar na jurisprudência italiana a aproximação do que fosse "prestações patrimoniais de caráter público".

Segundo ensina Javier Martin Fernandez, a Corte Constitucional italiana, na interpretação da norma veiculada no dispositivo acima transcrito, ampliou consideravelmente o âmbito da reserva de lei de maneira a fazê-la abranger todas as prestações patrimoniais impostas de caráter público, que se caracterizavam, segundo a Corte, por duas notas: "A primeira, por vir imposta por ato de autoridade. A segunda, porque surgem sem o concurso da vontade do particular ou quando sua manifestação se origina em uma relação que não é expressão de uma alternativa real, mas de uma verdadeira imposição". Com essa fundamentação, a Corte reconheceu "a existência de prestações patrimoniais impostas no âmbito das relações submetidas ao direito privado".[64]

Sem embargo, três orientações se levantaram na Espanha para a delimitação da categoria "prestação patrimonial imposta de

der-se a terceiros (*atributividade*) (idem). Para Luciano Amaro, é possível a cobrança de preço pela simples colocação do serviço à disposição, *se isso tiver sido contratado* (Luciano Amaro, *Direito Tributário Brasileiro*, 9ª ed., São Paulo, Saraiva, 2003, p. 46).

62. "Nessuna prestazione personale o patrimoniale può essere imposta se non in base alla legge" (tradução livre).

63. Art. 31.3: "Sólo podrán establecerse prestaciones personales o patrimoniales de carácter público con arreglo a la ley".

64. "La primera, por venir impuestas por un acto de autoridad. La segunda, porque surgen sin el concurso de la voluntad del particular o bien su manifestación se origine en una relación que no es expresión de una alternativa real, sino de una sustancial imposición". "La existencia de prestaciones patrimoniales impuestas en el ámbito de las relaciones sometidas al Derecho privado" (F. Javier Martin Fernandez, *Tasas y Precios en el Derecho Español*, Madri, Instituto de Estudios Fiscales/ Marcial Pons, 1995, p. 171, tradução livre). Como acrescenta o autor, a doutrina acolheu o conceito dado pela Corte Constitucional. Neste sentido, Bafile, Berliri, De Mita, M. S. Giannini, Fedele, Micheli, entre outros.

caráter público". Uma praticamente identificava seu conceito ao de tributos, excluindo a figura dos preços, onde se encontraria presente a contraprestação (Menéndez Moreno). Outra considerava como tal toda espécie de ingressos públicos de direito público (Ferreiro Lapatza). Para uma terceira linha, tais prestações seriam aquelas estabelecidas de maneira unilateral, sem concurso da vontade do obrigado (Pérez Royo). Segundo Javier Fernandez, que compartilha desta última tese, "la expresión se identifica con todas aquellas prestaciones satisfechas a un Ente público, tengan o no un origen *ex lege*, siempre que, en nestas últimas, la voluntad de satisfacerlas esté prácticamente determinada por la necesidad de acceso a un servicio público o una actividad administrativa".[65]

4.1 Identificação da compulsoriedade do serviço público a partir de critérios materiais

A doutrina espanhola, vendo na reserva de lei uma limitação ao poder discricionário da Administração, inclinou-se para a insatisfação com critérios formais para o exame da obrigatoriedade de prestações, como determinados preços públicos.

Deve-se ao trabalho de Falcón y Tella, o resgate da orientação italiana de delimitação do âmbito do princípio de reserva de lei a partir de um critério material.[66] Para o renomado Professor, os preceitos constitucionais em foco — arts. 23 da Constituição italiana e 31.3 da Constituição espanhola — guardam a idéia de imposição do ente público, de maneira que as prestações não assumidas voluntariamente pelo sujeito obrigado encontram-se reservadas à lei. E, mais, o caráter obrigatório ou voluntário da prestação de que se trate, devem ser entendidos em um sentido sociológico (material) e não meramente formal.[67]

Talvez essa investigação doutrinária não lograsse maior relevo se a figura do preço público, introduzida no Direito positivo espanhol em 13 de abril de 1989, com a Lei 8/1989, não revestisse exigências que até então eram buscadas mediante taxas, de maneira a iludir as limitações formuladas pela jurisprudência constitucional em torno da legalidade tributária.[68]

Falcón y Tella inicia sua tese recordando que, nos termos do art. 31.3 da Constituição espanhola, a reserva de lei cobre, para além das prestações tributárias, quaisquer outras prestações patrimoniais de caráter público. Em sua visão, a Constituição estaria a jungir à lei a idéia de *imposição pelo ente público* (imposição no sentido material e não formal de "imposto" ou "tributo"). Tal percepção "permite estender a exigência de lei a todas as prestações não assumidas voluntariamente pelo sujeito obrigado". A lição retoma a origem do princípio da legalidade: "A intervenção do legislador, qualquer que seja o significado de que se revista na atualidade, dota as prestações estabelecidas mediante uma norma emanada no legislativo das garantias inerentes à discussão pública e supõe, em definitivo, o consentimento dos cidadãos, por meio de seus representantes livremente eleitos, da carga que se lhes impõe. De outro modo, quando se trata de uma prestação assumida voluntariamente, a intervenção do legislador é menos necessária, pois cada cidadão é livre para aceitar ou recusar a prestação de que se trate. Ainda que com o risco de simplificar excessivamente, diríamos que na primeira hipótese as prestações

65. "A expressão se identifica com todas aquelas prestações satisfeitas a um Ente público, tenham ou não uma origem *ex lege*, sempre que, nestas últimas, a vontade de satisfazê-las esteja praticamente determinada pela necessidade de acesso a um serviço público ou atividade administrativa" (F. Javier Martin Fernandez, *Tasas...*, cit., pp. 173-175).

66. Conforme Francisco José Villar Rojas, *Tarifas...*, cit., p. 50; F. Javier Martin Fernandez, ob. cit., p. 176; e Pedro Manuel Herrera Molina, *Los Precios Públicos como Recurso Financiero*, Madri, Civitas, 1991, pp. 73-74.

67. *Apud* F. Javier Martin Fernandez, *Tasas...*, cit., p. 176.

68. Ramón Falcón y Tella, "Tasas...", cit., pp. 59-60.

são consentidas pela representação popular, e no segundo são consentidas, caso por caso, pelo particular a que afetem".[69]

Porém, a grande mudança de paradigma que se consolidaria na doutrina espanhola, de resto já consagrada pela Corte Constitucional italiana, consistiria no inconformismo com o critério formal de verificação da obrigatoriedade.

O que caracteriza, afinal, a obrigatoriedade de um serviço público ou de um bem do domínio público? Sua imposição por lei ou regulamento? A nota de cobrança pela mera disponibilidade do serviço? A imposição de sanção para o caso de não-utilização do serviço?

Enquanto parte da doutrina brasileira se perde no debate entre taxa e preço público e parte dela resigna à imposição de serviços obrigatórios remunerados por preço independentemente de lei, a doutrina e, como se verá adiante, a jurisprudência espanhola cuidaram de focalizar o núcleo do trauma, qual seja, a limitação do poder discricionário como efetiva garantia atribuída ao cidadão pelo princípio da reserva de lei.

Para Falcón y Tella, além das prestações *obrigatórias de direito* (formalmente obrigatórias) há outras *obrigatórias de fato* (materialmente obrigatórias) que resultam obrigatórias ainda que juridicamente construídas como prestações de uma obrigação *ex voluntate*.[70]

Do ponto de vista jurídico, os preços públicos — derivados de uma relação contratual — constituem o conteúdo de uma contraprestação assumida voluntariamente pelo particular, em troca de um bem ou serviço.

Nada obstante, "se este bem ou serviço resulta essencial para alcançar uma liberdade real ou efetiva, desde a ótica de *busca existencial*, e especialmente quando o Estado monopoliza a prestação do mesmo, não cabe dúvida de que se trata de uma voluntariedade fictícia, e nesse sentido ditas prestações devem considerar-se incluídas no âmbito da reserva de lei, pois na realidade são prestações 'impostas' ao cidadão, já que resulta ilusória a liberdade que supõe renunciar a uma parte importante da vida social".[71]

Na percepção de Falcón y Tella, a utilização de bens ou serviços públicos essenciais (irrenunciáveis) resulta obrigatória (de fato) para o particular e, em hipóteses tais, o preço público que lhe corresponde se amolda à categoria de prestações patrimoniais de caráter público, servindo à reserva de lei. O eminente doutrinador sustenta, com fundamento em tal apontamento, que ficam excluídos da reserva legal somente os preços que traduzam contraprestação de atividade realizada em concorrência dos setores público e privado, sempre que se trate de preços assumidos voluntariamente

69. "Permite extender la exigencia de ley a todas las prestaciones no asumidas voluntariamente por el sujeto obligado". "La intervención del legislador, cualquiera que sea el significado que revista en la actualidad, dota a las prestaciones establecidas mediante una norma emanada del legislativo de las garantías inherentes a la discusión pública y supone, en definitiva, el consentimiento de los ciudadanos, a través de sus representantes libremente elegidos, de la carga que se les impone. En cambio, cuando se trata de una prestación asumida voluntariamente, la intervención del legislador es menos necesaria, pues cada ciudadano es libre de aceptar o rehuir la prestación de que se trate. Aun a riesgo de simplificar excesivamente, diríamos que en el primer supuesto las prestaciones son consentidas por la representación popular, y en el segundo son consentidas, caso por caso, por el particular al que afecten" (Ramón Falcón y Tella, "Tasas...", cit., pp. 66-67, tradução livre).

70. "Resultan de hecho obligatorias algunas prestaciones construidas jurídicamente como objeto de una obligación *ex voluntate*" (Ramón Falcón y Tella, "Tasas...", cit., p. 67, tradução livre).

71. "Pero si este bien o servicio resulta esencial para alcanzar una libertad real o efectiva, desde la óptica de *procura existencial*, y especialmente cuando el estado monopoliza la prestación del mismo, non cabe duda que se trata de una voluntariedad ficticia, y en ese sentido dichas prestaciones deben considerarse incluidas en el ámbito de la reserva de ley, upes en realidad son prestaciones 'impuestas' al ciudadano, ya que la libertad que supone renunciar a una parte importante de la vida social resulta ilusoria" (Ramón Falcón y Tella, ob. cit., p. 67, tradução livre).

pelo cidadão e que não seja contrapartida de bens ou serviços essenciais.[72]

Assumindo a idéia de critério material de identificação de prestações obrigatórias, Javier Martin Fernandez também entende que, para além dos tributos e das sanções, a prestação patrimonial de caráter público pode ser imposta quando exigida pela prestação de um serviço público essencial em regime de monopólio ou bem pela utilização privativa ou pelo aproveitamento especial do domínio público.

Para este autor, ainda apoiando-se em Falcón y Tella, os serviços essenciais devem ser entendidos historicamente, segundo a idéia de Direito vigente em cada momento. A essencialidade, afinal, é um conceito indeterminado.

Buscando emprestar forma à exigência de legalidade, Martin Fernandez refere que o Tribunal Constitucional espanhol, na sucessão de seus julgados, tem delimitado o que seja serviço essencial. Na sentença de n. 8, de 16.1.1992, partindo de pronunciamentos anteriores, o Tribunal declarou que "a noção de serviço essencial da comunidade faz referência à natureza dos interesses a cuja satisfação a prestação se destina, entendendo como tais os direitos fundamentais, as liberdades públicas e os bens constitucionalmente protegidos".[73]

Sua opinião, porém, encaminha-se no sentido da necessidade de uma ampla enumeração legal, de maneira a impedir a discricionariedade administrativa na fixação de preços que são materialmente obrigatórios. Daí reputar conveniente o rol elencado no projeto de lei de greve que no art. 15.1 considera, a partir da jurisprudência constitucional, "aqueles cuja manutenção resulta necessária para garantir o exercício e desfrute por parte dos cidadãos dos direitos e bens constitucionalmente protegidos, independentemente do regime público ou privado de sua prestação".[74]

Quanto ao regime de monopólio, estabelecido como o segundo pressuposto à caracterização de uma prestação patrimonial imposta, escreve Martin Fernandez que as atividades qualificadas como serviço público são setores vocacionados para o monopólio, que assume as formas monopólio de direito/monopólio de fato.[75] Con-

72. Ramón Falcón y Tella, ob. cit., p. 67.

73. "La noción de servicio esencial de la comunidad hace referencia a la naturaleza de los intereses a cuya satisfacción la prestación se endereza, entendiendo por tales los derechos fundamentales, las libertades públicas y los bienes constitucionalmente protegidos" (*apud* F. Javier Martin Fernandez, *Tasas...*, cit., p. 178, tradução livre).

74. "Segundo o mesmo projeto, os serviços tidos por indispensáveis são 'aquellos cuyo mantenimiento resulta necesario para garantizar el ejercicio y disfrute por parte de los ciudadanos de los derechos y bienes constitucionalmente protegidos, con independencia del régimen público o privado de su prestación'. O mesmo projeto expressa os serviços dentre os que resultam indispensável para garantir o exercício ou desfrute dos referidos direitos, bens e liberdades, como se vê: '1. A saúde e higiene pública. 2. A defesa, a segurança e a proteção civil. 3. A circulação de pessoas, a ordenação do tráfego, os transportes públicos rodoviários, ferroviários, marítimos ou aéreos, os transportes urbanos, as telecomunicações e as comunicações postais e telegráficas. A produção, em seu caso, o transporte e o fornecimento de energia elétrica, água gás e combustíveis para usos domésticos, de locomoção e outras atividades compreendidas neste artigo. A produção, comercialização, transporte e distribuição de produtos alimentícios de primeira necessidade. (...) 8. O exercício pelos poderes públicos das funções constitucionalmente atribuídas e o desenvolvimento pelas Administrações Públicas das atividades necessárias para a consecução daquelas'" ("1. La sanidad y la higiene pública. 2. La defensa, la seguridad y la protección civil. 3. La circulación de personas, la ordenación del tráfico, los transportes públicos regulares de viajeros por carretera, ferrocarril, marítimos o aéreos, los transportes urbanos, las telecomunicaciones y las comunicaciones postales y telegráficas. 4. La producción, en su caso, el transporte y el suministro de energía eléctrica, agua, gas y combustibles para usos domesticos, de locomoción o en otras actividades comprendidas en este articulo. 5. La producción, comercialización, transporte y distribución de productos alimenticios de primera necesidad (...). 8. El ejercicio por los poderes públicos de las funciones constitucionalmente atribuidas y el desarrollo por las Administraciones Públicas de las actividades necesarias para la consecución de aquéllas") (F. Javier Martin Fernandez, ob. cit., p. 180, tradução livre).

75. Na doutrina espanhola, conforme refere Martin Fernandez, Villar Palasí, García Trevijano e

forme observa, a distinção é irrelevante para se qualificar a prestação como obrigatória, uma vez que a decisão de constituir um monopólio (de direito ou de fato) é alheia ao particular. O "realmente decisivo" é a condicionante de ter que acorrer a tão-somente um ente público para obter um determinado bem ou serviço essencial.[76]

Pode-se dizer que esse aporte doutrinário foi bem recebido pela jurisprudência constitucional espanhola.

Pela sentença STC 185/1995, o Tribunal Constitucional declarou: "Estamos ante uma prestação patrimonial de caráter público quando existe uma imposição coativa da prestação patrimonial ou, o que é o mesmo, o estabelecimento unilateral da obrigação de pagamento por parte do poder público sem o concurso da vontade do sujeito chamado a satisfazê-la".[77]

Segundo dispôs o Tribunal Constitucional na mesma sentença STC 185/1995, o preço público tão-somente escapará da qualificação de prestação patrimonial pública e à conseguinte submissão ao princípio da legalidade se ocorrerem as três condições seguintes:

> Em primeiro lugar, se os dois requisitos, voluntariedade e não monopólio do setor público, se dão de forma cumulativa e não alternativa. Com efeito, como temos arrazoado no fundamento jurídico citado, ainda que a solicitação do serviço ou atividade seja livre e espontânea, se os entes públicos os prestam ou realizam em posição de monopólio, deve considerar-se que a liberdade não é real. Em segundo lugar, para que a solicitação da prestação possa considerar-se efetivamente livre, deverá entender-se não só que não venha imposta legalmente, senão que o serviço ou atividade solicitada não seja imprescindível. E, por último, o serviço ou a atividade não deve ser realizado em posição de monopólio.[78]

Para que se caracterize uma prestação patrimonial de caráter público e, em conseqüência, se encontre sob o domínio da legalidade, é necessário, na dicção do Tribunal Constitucional, que seja imposta por um poder público e seja coativa, é dizer, estabelecida sem o concurso da vontade do sujeito chamado a satisfazê-la. Esta mesma decisão, aliás, teria oferecido outra nota característica das prestações públicas impositivas, qual seja, a de que a submissão da relação obrigacional a um regime de direito público não é decisiva na identificação de tais prestações.[79]

Como escreve Francisco José Villar Rojas, a definição desta categoria constitucional somente foi aperfeiçoada com um posterior julgamento. Para o Tribunal Constitucional, nos termos da sentença STC 182/1997, deve-se ter uma prestação patrimonial imposta por lei "sempre que, ao mesmo tempo, como se depreende da própria expressão constitucional (prestações de caráter público, diz o art. 31.3, CE), a prestação, independentemente da condição pública ou privada de quem a recebe, tenha

Ariño Ortiz predicam o monopólio como característica do serviço público. Para Garrido Falla, o monopólio é nota própria apenas dos serviços essenciais (F. Javier Martin Fernandez, *Tasas...*, cit., p. 180).

76. F. Javier Martin Fernandez, ob. cit., p. 181.

77. "Estamos ante una prestación patrimonial de carácter público cuando existe una imposición coactiva de la prestación patrimonial o, lo que es lo mismo, el establecimiento unilateral de la obligación de pago por parte del poder público sin el concurso de la voluntad del sujeto llamado a satisfacerla" (*apud* Francisco José Villar Rojas, *Tarifas...*, cit., p. 45, tradução livre).

78. "En primer lugar, si los dos requisitos, voluntariedad y no monopolio del sector público, se dan de forma cumulativa y no alternativa. En efecto, como hemos razonado en el fundamento jurídico citado, aunque la solicitud del servicio o actividad sea libre y espontánea, si los entes públicos los prestan o realizan en posición de monopolio, debe considerarse que la libertad no es real. En segundo lugar, para que la solicitud de la prestación pueda considerarse efectivamente libre, deberá entenderse no solo que no viene impuesta legalmente, sino que el servicio o la actividad solicitada no sea imprescindible. Y, por último, el servicio o a la actividad no debe ser realizado en posición de monopolio" (base de dados do Tribunal Constitucional, disponível em <http://www.tribunalconstitucional.es/JC.htm>, acesso em 16.7.2003, tradução livre).

79. Francisco José Villar Rojas, ob. cit., p. 47.

uma inequívoca finalidade de interesse público".[80]

Assim, na observação de Villar Rojas, além de ser (1) imposta pelo poder público e (2) ser também coativa, para se falar de prestação patrimonial de caráter público é preciso que essa prestação (o valor pago) (3) cumpra uma finalidade de interesse público, (4) independentemente da condição pública ou privada do sujeito que recebe o pagamento e, portanto, de sua afetação ao destino público ou privado. De resto, (5) é indiferente o regime (público ou privado) a que se submete a relação obrigacional.

Estas seriam, de acordo com Villar Rojas, as cinco notas sobre as quais se articulam as prestações patrimoniais de caráter público, na visão do Tribunal Constitucional. O Professor espanhol se lançou à sua análise e o estudo, neste passo do trabalho, mostra-se importante.

A imposição de obrigação por um Poder Público — primeira nota — é, ao seu ver, a menos conflitiva. O Poder Público que impõe a obrigação é o que tem a capacidade para estabelecer e exigir a obrigação patrimonial, isto é, as entidades públicas que podem manifestar poder de império derivado da soberania do Estado.[81]

Quanto à segunda nota — coatividade —, Villar Rojas escreve que o Tribunal Constitucional reconheceu ser ela a chave para identificação da prestação patrimonial pública, na forma como transcreve: "A imposição coativa da prestação patrimonial ou, o que é o mesmo, o estabelecimento unilateral da obrigação de pagamento por parte do poder público sem o concurso da vontade do sujeito chamado a satisfazê-la é, pois, em última instância, o elemento determinante da reserva de lei; por isso, bem pode concluir-se que a coatividade é a nota distintiva fundamental do conceito de prestação patrimonial de caráter público".[82]

Para que se entenda o posicionamento jurisprudencial, segundo Rojas, é preciso ter em conta que o Tribunal Constitucional analisa a coatividade de uma prestação sob a perspectiva do sujeito obrigado, a partir dali verificando se a obrigação nasce de um acordo de vontades ou se resulta de um mandato legal. Deixa-se de lado até mesmo a ponderação sobre a relação formal entre o gestor e o usuário, se pública ou privada, contratual ou regulamentária.

Aponta, o mesmo autor, três situações qualificadas como coativas pela jurisprudência.

Primeiramente, a coatividade estará presente se o suposto de fato que dá lugar à obrigação não é realizado de "forma livre e espontânea" pelo particular, seja por se tratar de serviços ou atividades de recepção obrigatória, seja porque a obrigação nasce da realização do fato imponível descrito pelo legislador.

Subjaz a este critério a clássica distinção entre obrigações *ope legis* e obrigações *ex contractu*, encontrando-se a diferença na origem da obrigação. A obrigação tributária nasce com a realização do fato imponível por força de lei. De outro lado, a obrigação de pagar um preço nasce da vontade do obrigado que, livremente, dá lugar ao nascimento da mesma e ao correspondente direito de cumprimento, pela outra parte. Segundo Villar Rojas, a diferença é nítida: "na obrigação *ex contractu*, a vontade do su-

80. "Siempre que, al mismo tiempo, como se desprende de la propia expresión constitucional (prestaciones de carácter público, dice el art. 31.3, CE), la prestación, con independencia de la condición pública o privada de quien la percibe, tenga una inequívoca finalidad de interés público" (*apud* Francisco José Villar Rojas, *Tarifas*..., cit., p. 50, tradução livre).

81. Consoante acrescenta o autor, o poder público que pode impor as prestações e delimitar seus elementos essenciais é o legislador (Francisco José Villar Rojas, ob. cit., p. 48).

82. "La imposición coactiva de la prestación patrimonial o, lo que es lo mismo, el establecimiento unilateral de la obligación de pago por parte del poder público sin el concurso de la voluntad del sujeto llamado a satisfacerla es, pues, en última instancia, el elemento determinante de la exigencia de reserva de ley; por ello, bien puede concluirse que la coactividad es la nota distintiva fundamental del concepto de prestación patrimonial de carácter público" (Francisco José Villar Rojas, ob. cit., p. 50, tradução livre).

jeito quer a obrigação, enquanto que na obrigação *ex lege*, aquele quer o fato que a origina (salvo quando ele mesmo é obrigatório)".[83]

Também se estará diante de uma prestação coativa quando o bem, a atividade ou o serviço requerido seja "objetivamente indispensável" para satisfazer as necessidades básicas da vida pessoal ou social dos particulares.

Este critério, como reconhece Villar Rojas, é o que melhor põe em manifesto a dificuldade de se adotar um critério material de coatividade. Segundo o Tribunal Constitucional, devem "considerar-se coativamente impostas (...) aquelas (prestações) nas quais o bem, a atividade ou o serviço requerido é objetivamente indispensável para poder satisfazer as necessidades básicas da vida pessoal ou social dos particulares de acordo com as circunstâncias sociais de cada momento e lugar, ou dito em outras palavras, quando a renúncia a estes bens, serviços ou atividades priva o particular de aspectos essenciais de sua vida privada ou social".[84]

A verificação da coatividade fica diferida, assim, para análise de cada bem ou serviço, das condições em que se presta, e de seu caráter básico para os cidadãos, de modo a se constatar se está presente um bem ou serviço "objetivamente indispensável" para "satisfazer necessidades básicas", individuais ou sociais.[85]

A reconhecida dificuldade em se operar com conceitos indeterminados não deve constituir, ademais, razão suficiente para se retornar a um critério de coatividade formal.

A terceira circunstância qualificadora da coatividade se dá quando a prestação pecuniária deriva da utilização de bens, serviços ou atividades realizadas em regime de monopólio, de fato ou de direito.

Com estes três critérios, que não exaurem outros possíveis, o Tribunal Constitucional espanhol elaborou "um conceito material de coatividade que atenta, exclusivamente, se o particular obrigado tem real liberdade de contratar ou de fazer uso do serviço, sem que a abstenção do consumo equivalha à livre voluntariedade na solicitação". No sentido oposto, "não são coativas aquelas prestações patrimoniais que nascem em condições de mercado, isto é, caracterizadas pela voluntariedade, liberdade, prescindibilidade e concorrência. Quando ocorrem estas notas, a obrigação de pagamento fica fora do âmbito do art. 31.3 da Constituição".[86]

83. "En la obligación *ex contractu*, la voluntad del sujeto quiere la obligación, mientras que en la obligación *ex lege*, aquél quiere el hecho que la origina (salvo cuando el mismo es obligatorio)". Como salienta Ferreiro Lapatza, "a vontade na realização do fato imponível nada tem a ver com a obrigação de pagamento que nasce da realização de tal fato" ("la voluntariedad en la realización del hecho imponible nada tiene que ver con la obligación de pago que nace de la realización de tal hecho") (*apud* Francisco José Villar Rojas, *Tarifas...*, cit., p. 51). A propósito, Falcón y Tella escreve que se o fato imponível constitui um ato voluntário, o consentimento daquele que o realiza não alcança a obrigação *ex lege*, que ainda que conhecida, juridicamente não pode configurar-se nunca como uma obrigação assumida voluntariamente (Ramón Falcón y Tella, "Tasas...", cit., p. 71). Ou, ainda, como destaca Vicente-Arche, citado por Martin Fernandez, "una cosa es la voluntariedad de la obligación, y otra muy distinta la voluntariedad del presupuesto de hecho" ("uma coisa é a voluntariedade da obrigação, e outra muito diferente a voluntariedade do pressuposto de fato") (F. Javier Martin Fernandez, *Tasas...*, cit., p. 173, tradução livre).

84. "Considerarse coactivamente impuestas (...) aquellas (prestaciones) en las que el bien, la actividad o el servicio requerido es objetivamente indispensable para poder satisfacer las necesidades básicas de la vida personal o social de los particulares de acuerdo con las circunstancias sociales de cada momento y lugar, o dicho con otras palabras, cuando la renuncia a estos bienes, servicios o actividades priva al particular de aspectos esenciales de su vida privada o social" (*apud* Francisco José Villar Rojas, *Tarifas...*, cit., p. 52, tradução livre).

85. Sem embargo, Rojas ressalva que a prestação paga pelo atendimento de uma necessidade básica, objetivamente indispensável, não determina a presença da coatividade se existe concorrência na prestação de serviços (Francisco José Villar Rojas, ob. cit., p. 53).

86. "Un concepto material de coactividad que atiende, exclusivamente, a si el particular obligado tiene libertad real de contratar o de hacer uso del

A terceira nota que deve concorrer para a caracterização de uma prestação patrimonial de caráter público é a "inequívoca finalidade pública" da contrapartida do usuário.

A prestação poderá ter finalidade tributária, mas também poderá ter outra natureza, como anota Rojas, referindo-se às finalidades públicas mais conhecidas, como financiamento dos serviços públicos, moderação e limitação do uso dos serviços públicos, garantia da suficiência do serviço (condição de prestação de novos serviços) ou da acessibilidade do preço para todos os cidadãos.

A quarta nota identificada pelo Mestre espanhol se refere ao regime jurídico da prestação.

Conforme manifestado na sentença STC 182/1997, o modo de gestão, público ou privado, da atividade ou serviço pelo qual se impõe a obrigação de pagamento não é determinante. O regime jurídico da relação obrigacional é apenas instrumental, de maneira que ainda que esta se produza sob os parâmetros do direito privado pode caracterizar uma prestação patrimonial de caráter público. O importante é que a obrigação seja imposta pelo Poder Público, seja coativa e persiga uma finalidade pública.

O autor salienta, a propósito, que "a dificuldade de conciliar um regime econômico-financeiro estabelecido por lei com modos de gestão indireta é isso, uma dificuldade, mas de modo algum motivo suficiente para deslocar a reserva de lei como garantia dos usuários".[87]

Finalmente, a quinta nota se refere à condição, pública ou privada, daquele que tem direito a receber o pagamento, que é irrelevante ao efeito de qualificação dessa obrigação. Segundo a mesma sentença STC 182/1997, a prestação pode ser recebida pela Entidade Pública que a estabeleceu ou por um terceiro, público ou privado, sem que se altere a natureza da obrigação.[88]

Os cinco elementos seriam, pois, determinantes para a caracterização de uma prestação patrimonial pública e, em conseqüência, para a verificação da necessidade de observância ao princípio da legalidade, pelas exigências decorrentes da prestação de serviço público específico e divisível.

5. *Serviços públicos obrigatórios de fato e sua submissão ao princípio constitucional da legalidade*

O Tribunal Constitucional da Espanha, a partir de subsídios doutrinários que repercutiram a experiência italiana de reafirmação do princípio da reserva de lei e de limitação do poder discricionário da Administração, elaborou critérios materiais para identificação da obrigatoriedade (e, por extensão, da voluntariedade).

Esses critérios, ainda que pressupondo manejo de conceitos indeterminados, constituem a reafirmação do princípio da legalidade, escudo contra abusos materializados em nome da discricionariedade.[89]

servicio, sin que la abstención del consumo equivalga a libre voluntariedad en la solicitud". "No son coactivas aquellas prestaciones patrimoniales que nacen en condiciones de mercado, esto es, caracterizadas por la voluntariedade, libertad, prescindibilidad y concurrencia. Cuando concurren estas notas, la obligación de pago queda fuera del ámbito del art. 31.3 de la Constitución" (Francisco José Villar Rojas, ob. cit., p. 54).

87. "La dificultad de conciliar un régimen económico-financiero estalecido por ley con modos de gestión indirecta es eso, una dificultad, pero en moo alguno motivo suficiente para desplazar la reserva de ley como garantía de los usuarios" (Francisco José Villar Rojas, *Tarifas*..., cit., pp. 55-59, tradução livre).

88. Francisco José Villar Rojas, ob. cit., p. 61.

89. A pretensão de Molina seguia além. Ainda em 1991, pugnava pela reforma da Lei de Taxas e Preços, para o efeito de redefinir os preços públicos, de modo que somente pudessem ser exigidos quando houvesse "verdadeira voluntariedade". Afinal, "al contrarió de lo que sucede actualmente, deben ser los precios públicos — y no las tasas — los que tengan un carácter residual" ("ao contrário do que sucede atualmente, devem ser os preços públicos — e não as taxas — os que tenham um caráter residual") (Pedro Manuel Herrera Molina, *Los Precios*..., cit., p. 74, tradução livre).

Nossa ordem constitucional, consagrando a legalidade como princípio fundamental (CF/1988, art. 5º, II), reclama a adoção de critério material para a verificação da obrigatoriedade e, em conseqüência, do campo de domínio do princípio da reserva de lei no que alude à remuneração não tributária pela prestação de serviços públicos.

Em nosso país, porém, atesta-se a existência da facultatividade ou voluntariedade quando não há imposição da exigência, na medida em que pode o particular se abster da utilização do bem ou serviço público.

A utilização do serviço, porém, muitas das vezes, não se opera pela real adesão da vontade do particular. Sendo irrenunciável o acesso a bens ou serviços "objetivamente indispensáveis" destinados a suprir "necessidades básicas", não se pode conceber a existência de real vontade na opção de utilização de tal bem ou serviço, especialmente se prestados em regime de monopólio (de fato ou de direito). Não há hipótese de abstenção e, por conseqüência, real escolha.

Pelo que se pode verificar, a caracterização de taxa ou preço aparenta ser trabalho de segunda importância, notadamente no mister de controlar o poder discricionário da Administração. O fundamental é a compenetração de que a Administração não pode manipular as garantias constitucionais de molde a, diretamente ou através de terceiros, impor comportamentos sem previsão legal. O cidadão, de seu lado, não deve ser obrigado a cumprir prestação sem justo título, é dizer, sem lei (consentimento prévio de seus representantes) ou contrato (seu posterior consentimento).

É possível se referir que a exigência de lei para a instituição de preço público o desviaria do campo do direito privado. Porém, como salienta Aurélio Pitanga Seixas Filho, "dificilmente um preço público será fixado estritamente em um regime jurídico de direito privado, já que o Estado, em maior ou menor grau, sempre tem necessidade de interferir na sua fixação". Ainda que não sejam determinados por lei, os preços públicos, em geral, "são regidos por normas de direito público, pois, de alguma forma a prestação de serviço é afetada pelo interesse público, razão de não serem um preço-privado".[90]

Com essas ponderações, pode-se verificar a necessidade de se condicionar à prévia determinação legal, a cobrança de preço pela prestação de serviços públicos obrigatórios concedidos.

Extrapolaria o objetivo do presente trabalho o prosseguimento da construção da tese de exigência de lei para a cobrança de preços públicos decorrentes da prestação de serviços públicos obrigatórios. São vários e relevantes os desdobramentos de tal idéia, mas se poderia adiantar que na exigência de reserva legal se revela compreendida a fixação do valor da obrigação e os critérios para seu reajustamento. A demonstração dos efeitos do princípio da legalidade sobre o poder arrecadatório, enquanto consentimento e garantia do cidadão, era o fundamental a ser mencionado neste momento. Cumpre, porém, anotar que no caso de serviços obrigatórios, a lei poderia estabelecer o valor máximo das tarifas, de molde a se permitir que a tarifa do serviço público concedido permaneça sendo determinada pelo preço da proposta vencedora da licitação (Lei 8.987/1995, art. 9º, *caput*). De outra parte, a reserva de lei poderia ser relativa, de maneira que os critérios de reajustes e revisões, previstos pelo legislador, possam ser aplicados pela autoridade administrativa competente, de maneira a se preservar a agilidade necessária à recomposição do equilíbrio econômico-financeiro do contrato.

Na opinião de Juan Martín Queralt, os critérios levantados como linhas de separação entre taxa e preço têm sido, todos eles, objetos de "numerosas e fundadas críticas", conduzindo à renúncia de critérios substantivos que sustentem a bipartição.

90. Aurélio Pitanga Seixas Filho, "Caracteres...", cit., *Caderno de Direito Tributário e Finanças Públicas* 3/126.

Resta a verificação, em cada caso, se a prestação já estabelecida tem como atributo a *coatividade, de fato ou de direito*, porque, como sintetiza: "Si se concluye que se trata de una prestación patrimonial coactiva, estaremos ante un ingreso público destinado a financiar un gasto público, que, por ser prestación patrimonial pública, deberá ser legalmente establecida y regulada. Si, por el contrario, al analizar la concreta prestación se entiende que ésta puede realizarse libre y voluntariamente, nos encontramos ante un ingreso público calificable como precio, sin que nada aporte el adjetivarlo de público".[91]

Se o que assume relevância é o controle jurídico e não a natureza da paga,[92] o exame material da vontade do indivíduo na utilização de bens e serviços públicos se revela meio fundamental para a contenção da discricionariedade administrativa de instituição de preços públicos. Inexistindo a marca da real voluntariedade, o impulso arrecadatório transferido aos particulares que prestam serviços públicos deve render-se ao domínio da legalidade.

91. "Se se conclui que se trata de uma prestação patrimonial coativa, estaremos ante um ingresso público destinado a financiar um gasto público, que, por ser prestação patrimonial pública, deverá ser legalmente estabelecida e regulada. Se, pelo contrário, ao analisar a concreta prestação se entende que esta pode realizar-se livre e voluntariamente, nos encontramos ante um ingresso público qualificável como preço, sem que acrescente adjetivá-lo de público" (Juan Martín Queralt, "Tasas y precios públicos", in José Juan Ferreiro Lapatza *et al.*, *Curso de Derecho Tributario*, 18ª ed., Parte Especial, "Sistema tributario. Los tributos en particular", Madri, Marcial Pons, 2002, p. 890 (pp. 883-914), tradução livre).

92. Sacha Calmon Navarro Coelho, *Curso...*, cit., 6ª ed., p. 417.

RDT 89

CADERNOS DE DIREITO TRIBUTÁRIO: ASPECTOS TRIBUTÁRIOS RELEVANTES DECORRENTES DO PLANO DIRETOR MUNICIPAL – PROGRESSIVIDADE DO IPTU E OUTRAS EXIGÊNCIAS PECUNIÁRIAS – AIRES F. BARRETO • A REPETIÇÃO DO INDÉBITO E A ATIVIDADE DE COBRANÇA DO CRÉDITO TRIBUTÁRIO – ENRICO DE MITA • EL PRINCIPIO DE IGUALDAD EN MATERIA TRIBUTARIA SEGÚN LA JURISPRUDENCIA DEL TRIBUNAL CONSTITUCIONAL ESPAÑOL – LUIS MANUEL ALONSO GONZÁLEZ • CONTRIBUIÇÕES SOCIAIS. CONTRIBUIÇÃO DE INTERVENÇÃO NO DOMÍNIO ECONÔMICO. NOVA CPMF – ASPECTOS RELEVANTES AO PLANEJAMENTO TRIBUTÁRIO E SIGILO BANCÁRIO – AMÉRICO LACOMBE • PERFIL CONSTITUCIONAL DO REGULAMENTO E ALGUNS REFLEXOS TRIBUTÁRIOS – JOSÉ ROBERTO VIEIRA, CLÉVERTON BUENO DE OLIVEIRA, FÁBIO ALESSANDRO FRESSATO LESSNAU, MARCELO COSTENARO CAVALI, RENATA BECKERT ISFER e RITA CAROLINA BARRETO • CONTRIBUIÇÕES SOBRE FATURAMENTO E RECEITA (PIS E COFINS): NÃO-CUMULATIVIDADE E OUTROS TEMAS – HELENO TAVEIRA TÔRRES • MARCO CONCEPTUAL, CONSTITUCIONAL Y COMUNITARIO DE LA FISCALIDAD ECOLÓGICA – DOMINGO CARBAJO VASCO e PEDRO M. HERRERA MOLINA • DIREITOS HUMANOS E DIREITO COMUNITÁRIO – RICARDO LOBO TORRES • PROCESSO ADMINISTRATIVO TRIBUTÁRIO. Princípios, amplitude, natureza e alcance das funções nele exercidas – EDUARDO D. BOTTALLO • SANÇÕES POLÍTICAS NO DIREITO TRIBUTÁRIO – HUGO DE BRITO MACHADO • COMPENSAÇÃO DO PREJUÍZO RURAL – JOSÉ HENRIQUE LONGO • *ESTUDOS E COMENTÁRIOS*: A REMUNERAÇÃO DAS MUNICIPALIDADES NA UTILIZAÇÃO DE ESPAÇOS PÚBLICOS DESTINADOS A INFRAESTRUTURA DAS EMPRESAS DE TELECOMUNICAÇÃO, TV A CABO, ENERGIA ELÉTRICA E SIMILARES – MARCOS ANDRÉ VINHAS CATÃO e ISABELA CAHÚ • OS LIMITES DA INTERVENÇÃO LEGISLATIVA PARA A CONTENÇÃO DA ELISÃO FISCAL: UM PROBLEMA PARA A DOGMÁTICA DOS DIREITOS FUNDAMENTAIS – MARIANA BIGELLI DE CARVALHO • O CRÉDITO FINANCEIRO DO ICMS – ART. 20, § 1º, DA LEI COMPLEMENTAR 87/1996 – BENS DE USO, CONSUMO E ATIVO PERMANENTE E O SEU REGIME NO IVA DO MERCADO COMUM EUROPEU – ANDRÉ LUIZ CARVALHO ESTRELLA • A PROGRESSIVIDADE FISCAL DO IPTU À LUZ DO PRINCÍPIO HERMENÊUTICO DA UNIDADE DA CONSTITUIÇÃO – MARCELO JATOBÁ LÔBO • SERVIÇOS PÚBLICOS MATERIALMENTE OBRIGATÓRIOS E SUA REMUNERAÇÃO MEDIANTE PREÇO. RESERVA DE LEI – JOSÉ ANTONIO SAVARIS

MALHEIROS EDITORES